U0639025

《世界马克思主义研究前沿理论追踪》
由复旦大学当代国外马克思主义研究中心、复旦大学马克思主义学院、
全国当代国外马克思主义研究会共同组织编写。

陈学明

吴晓明

张双利

李 冉 主编

世界马克思主义研究

前沿理论追踪

（第二辑）

（上）

天津出版传媒集团

天津人民出版社

图书在版编目（ＣＩＰ）数据

世界马克思主义研究前沿理论追踪.第二辑：上、下 / 陈学明等主编. -- 天津：天津人民出版社，2023.10
ISBN 978-7-201-19859-0

Ⅰ.①世… Ⅱ.①陈… Ⅲ.①马克思主义理论—理论研究 Ⅳ.①A81

中国国家版本馆 CIP 数据核字(2023)第 196689 号

世界马克思主义研究前沿理论追踪·第二辑(上、下)
SHIJIE MAKESIZHUYI YANJIU QIANYAN LILUN ZHUIZONG DIERJI SHANG XIA

出　　版	天津人民出版社
出 版 人	刘　庆
地　　址	天津市和平区西康路35号康岳大厦
邮政编码	300051
邮购电话	（022）23332469
电子信箱	reader@tjrmcbs.com

策划编辑	王　康
责任编辑	王佳欢
特约编辑	郑　玥　林　雨　佐　拉　郭雨莹　武建臣
封面设计	汤　磊

印　　刷	天津海顺印业包装有限公司
经　　销	新华书店
开　　本	710毫米×1000毫米　1/16
印　　张	40.5
插　　页	4
字　　数	600千字
版次印次	2023年10月第1版　2023年10月第1次印刷
定　　价	198.00元

前　言

习近平总书记指出："学习研究当代世界马克思主义思潮，对我们推进马克思主义中国化，发展21世纪马克思主义、当代中国马克思主义具有积极作用。"①回顾与总结当代国外马克思主义，特别是西方马克思主义在中国传播与产生影响的数十年历程，我们可以清楚地看到习近平总书记的这一判断是完全正确的。

推进马克思主义中国化，发展21世纪马克思主义，是直接关系中国乃至整个世界的前途与命运的当务之急。而马克思主义中国化展现出来的不是单纯地发生在中国语境中的文化现象，而是世界马克思主义宏观发展进程中的微观有机因子。所以我们既应当在马克思主义发展史中的历时性结构中探讨马克思主义中国化的时代发生，又应当在中国马克思主义与国外马克思主义的共时性结构中考察马克思主义中国化的民族生成。这就要求我们不断扩大理论视野，特别是把当代国外马克思主义思潮纳入自己的理论视野之内。

中国实施改革开放，国门一打开，外面的东西必然要涌进来。当然进入中国的不仅有国外的资本与技术，还有国外特别是西方的思想文化。面对这些外来的思想文化，中国改革开放的设计者与引路人没有简单地加以"封""堵"，而是用积极的态度对待它们，即一方面用自己开放的胸襟和恢宏的气魄，吸收和借鉴这些外来文化中一切优秀的成分，用它们来发展和完善自己；另一方面绝不盲目地全盘接受外来的思想文化，而是拒绝外来文化中

---

① 《习近平谈治国理政》(第二卷)，外文出版社，2017年，第65页。

的"糟粕",在吸收外来文化的优点的过程中决不失去自我。四十多年时间过去了,我们完全可以说,中国在消化和吸收外来文化方面是成功的。西方马克思主义是中国实行改革开放后,最早传播到中国来的,也是传播的规模最大的一种外来文化。西方马克思主义在中国传播的历程与影响,是改革开放成功消化吸收外来文化的最有说服力的例证。

习近平总书记在纪念马克思诞辰200周年大会上讲话中指出:"马克思主义是不断发展的开放的理论,始终站在时代前沿。马克思一再告诫人们,马克思主义理论不是教条,而是行动指南,必须随着实践的变化而发展。一部马克思主义发展史就是马克思、恩格斯以及他们的后继者们不断根据时代、实践、认识发展而发展的历史,是不断吸收人类历史上一切优秀思想文化成果丰富自己的历史。因此,马克思主义能够永葆其美妙之青春,不断探索时代发展提出的新课题、回应人类社会面临的新挑战。"①对于马克思主义的这种发展性和开放性,中国的当代国外马克思主义、西方马克思主义研究领域的专门研究者,无疑是特别具有认同感、参与感、自豪感的。我们与改革开放的伟大历史进程近乎同步地开启、发展、完善着西方马克思主义研究这一学科领域,我们以坚定的科学立场和广阔的历史视域考察着马克思和恩格斯的"后继者们"的丰富理论样态,从中批判地吸收优秀理论成果来丰富马克思主义、丰富中国的社会主义事业。在中国特色社会主义的新时代,我们尤其要站在探索新课题、回应新挑战的理论前沿,特别是注重以习近平新时代中国特色社会主义思想这一21世纪马克思主义的伟大成果为遵循,进一步开展世界马克思主义的"交换、比较、反复",让马克思主义的美妙青春活力在开放发展中进一步迸发。

当代中国之所以有这样的底气纪念马克思,之所以有能力搭建世界马克思主义交流互鉴的平台,之所以有责任担当要将习近平新时代中国特色社会主义思想这样的21世纪马克思主义理论成果贡献给世界,其物质基础是改革开放四十多年来中国特色社会主义的雄厚建设成就,而当代国外马克思主义、西方马克思主义研究则是树立在这个基础之上,能动地为其服

---

① 《习近平总书记在纪念马克思诞辰200周年大会上的讲话》,《人民日报》,2018年5月6日。

务，促进其发展的一项不可或缺的思想上层建筑。既然当代国外马克思主义、西方马克思主义研究在改革开放的不同阶段上都对我国的理论和实践产生了如此积极的影响，成为中国特色社会主义胜利前进的一个不可或缺的思想资源，那么这也就可以提示我们，在今后的历史阶段这一研究理应要更加大有可为，一定要使这一研究围绕着习近平总书记所说的"不断回答时代和实践给我们提出的新的重大课题，让当代中国马克思主义放射出更加灿烂的真理光芒"。

　　当代国外马克思主义、西方马克思主义研究的新意义呈现，尤其是要凝聚到"21世纪马克思主义"这一科学概念的旗帜上。党的十八大之后的几年间，习近平总书记提出并多次强调了"21世纪马克思主义"的科学概念，进而将之同"当代中国马克思主义"的提法联系在了一起，包括习近平总书记在中央政治局集体学习中关于学习研究当代世界马克思主义思潮的讲话当中，也是强调这项理论工作对我们发展21世纪马克思主义、当代中国马克思主义具有积极作用。特别是2018年党的十九届二中全会明确指出习近平新时代中国特色社会主义思想就是21世纪马克思主义之后，就更加为我们马克思主义理论学界全体同人提出了在理论上的明确建构性目标，对于究竟什么是"21世纪马克思主义"的问题，怎样更好地理解习近平新时代中国特色社会主义思想是21世纪马克思主义的问题，特别是中国共产党人和中国人民在习近平新时代中国特色社会主义思想的指引之下怎样为发展21世纪马克思主义做出了更大贡献等问题，当代国外马克思主义、西方马克思主义的相关研究工作尤其可以提供一个不可或缺的视角。尽管具体的科学研究工作各有侧重、各抒己见、观点纷呈，但我们的国外马克思主义、西方马克思主义研究工作有着一个基本的共识，即我们应当立足中国伟大的社会主义实践，放手比较研究21世纪西方马克思主义的发展，只有这样才能深刻认识习近平新时代中国特色社会主义思想对马克思主义所做出的原创性贡献。

　　这数十年我国的当代国外马克思主义、西方马克思主义研究的成果除了推出了一系列的以著作、论文、研究报告、教材等形式出现的理论成果之外，还涌现了分布在全国高校、科研院所、报纸杂志、新闻出版等各个领域、部门的数千名的当代国外马克思主义、西方马克思主义的研究者。这些研究者一批又一批跨出校门，来到全国的各个领域、部门。如果把中国社会科学院的徐崇温教授、原中共中央编译局的杜章智教授等算作我国当代国外马克思主义、西方马克思主义研究的第一代学者的话，那么到今天起码已先后有了四代研究者。这一研究队伍的存在和不断壮大，是承担当代国外马克思主义、西方马克思主义上述研究使命的强有力的保证。

我们的当代国外马克思主义、西方马克思主义研究已经有了一个很好的学术团体，这就是全国当代国外马克思主义研究会。这一学会把全国的相关研究者集合在一起，拥有上千名会员。学会每年召开一次全国性的年会暨学术研讨会。国外马克思主义的年会和论坛有着很好的声誉。国内一些权威期刊的编辑对我们评价极高，认为我们的年会和论坛有以下特点：第一，规模大，有气势；第二，年轻人多，非常活跃；第三，气氛好，能够展开争论；第四，论题集中，讨论深入；第五，视野开阔，参加我们的会，会产生到了国际学术平台上漫游一圈的感觉。

特别是每年的年会和论坛召开之际，都要收到上百篇学术论文。这些论文大部分出于年轻学者之手。只要稍微留意一下这些论文就会发现，这些论文充满着生机与活力，不但研究主题前沿，而且分析评判也十分尖锐深刻。非常遗憾的是，往年这些论文只是在年会交流一下，随后就流失掉了。

我们萌生了一个理念：决不能让它们成为"过眼烟云"，而是把它们郑重推出来，正式出版。我们的这一理念得到了天津人民出版社的大力支持，于是就编写出版了这套《世界马克思主义研究前沿理论追踪》。第一辑所选的文章主要选自2019年于复旦大学召开的当代国外马克思主义研究会的第十四届年会的论文。第二辑所选的文章则主要来自2020年在东北师范大学举办的当代国外马克思主义研究会的第十五届年会的论文。第一辑分上、中、下三册，第二辑则分上、下两册。

对第二辑的文章的要求与对第一辑的基本相同。我们要求作者在扩充和改写原先论文时做到三点：第一，研究的对象必须是处于目前世界马克思主义研究的最前沿；第二，不是简单地介绍，而是作出深入的评析；第三，尽量把研究成果聚集到推进马克思主义中国化、发展21世纪马克思主义这一大主题上。经过我们的审核，这里的论文基本上达到了这一要求。

收集在第二辑中的二十七篇论文,大致可以分为两个部分:一是对相关思潮和流派,以及热点问题的跟踪研究;二是对相关人物的跟踪研究。

我们觉得这一工作是很有意义的。我们希望这一工作得到读者及相关部门的大力支持。当然,最渴望的是能够得到大家的批评指正,让《世界马克思主义研究前沿理论追踪》越来越完善。

主编

2022 年 10 月 13 日

目 录

上 册

21 世纪世界马克思主义热点问题 / 003

法国激进左翼哲学中的毛泽东思想与当代启示 / 036

当代俄罗斯马克思主义批判学派研究 / 055

社会主义的伦理解读与微观建构
——布达佩斯学派的社会主义理论研究 / 082

后次贷危机时代国外马克思主义城市批判理论的理论格局、发展趋向与现实反思 / 110

新冠肺炎疫情与全球生态政治的现实主义转向 / 135

俄罗斯学者对疫情的反思和对中国共产党的研究 / 157

英国新马克思主义文化批判理论的思维模式与发展演变 / 182

21 世纪英国马克思主义人道主义思想的三维构图 / 205

超越人本主义与结构主义：马克思主义哲学构架的新探索 / 234

印度早期马克思主义的梯次传播及启示 / 263

英国马克思主义关于当代工人阶级的争论及其理论反思 / 285

拉美马克思主义的本土化探索及其对中国马克思主义的启示 / 315

如何在历史唯物主义的基础上阐释"什么是共产主义"
——以巴迪欧、哈特、奈格里和朗西埃的观点为例 / 342

批判理论传统中的物化批判
　　——论物化批判的主体间性辩护路径　/　366

下　册

反抗生命政治的主体建构
　　——阿甘本的"生命－形式"概念及其对生命政治的终结　/　393
如何建构人民：拉克劳的民粹主义及其批判　/　416
今日如何重读《资本论》？
　　——读比岱《如何对待〈资本论〉？》　/　436
真的存在"为了另一个世界的另一种马克思主义"吗？
　　——雅克·比岱与迪梅尼尔"另一种马克思主义"观评析　/　455
朱迪斯·巴特勒生命政治视域中的全球治理　/　475
两种共同体的生产与创造
　　——哈特、奈格里和朗西埃的政治共同体理论之比较　/　499
奈格里对共产主义的政治化解读
　　——以《〈大纲〉：超越马克思的马克思》为核心　/　517
德勒兹的"反俄狄浦斯"
　　——一种后马克思视角的资本主义批判　/　539
2016 年至 2021 年《新左派评论》研究动态述评　/　563
本雅明对"感性意识"的救赎　/　580
文化现代性视域下查尔斯·泰勒政治哲学诠释性政治主体阐释　/　593
道德公理、语境主义与唯物史观的兼容
　　——凯·尼尔森对马克思道德观的解读及其局限　/　615

上 册 >>>>>

21世纪世界马克思主义热点问题

　　自马克思主义诞生以来,马克思主义经历了一个曲折的发展过程。[①] 苏东剧变后,马克思主义在西方世界被进一步边缘化,在原苏东国家也失去了在意识形态与学术领域原有的主导地位。然而经过短暂沉寂之后,马克思主义迅速复兴。21世纪以来,在世界范围内甚至还出现了"马克思热"。从基本格局看,21世纪世界马克思主义主要分为四大区域:①21世纪欧陆国家马克思主义,主要包括德国、法国、意大利、西班牙等;②21世纪英语国家马克思主义,主要包括英国、美国、加拿大、澳大利亚等;③21世纪原苏东国家马克思主义,主要包括原苏联国家、中东欧国家;④21世纪亚非拉国家马克思主义,主要包括中国、印度、日本、韩国、越南、老挝、非洲国家、拉美国家,尤其是21世纪中国化马克思主义的最新理论成果。概言之,21世纪国外马克思主义与21世纪中国化马克思主义一起,构成了21世纪世界马克思主义基本格局;从"单数的、非反思的马克思主义"到"复数的、创新的马克思主义",构成了21世纪世界马克思主义研究基本框架。21世纪世界马克思主义至今只有二十多年的历史,但却纷繁复杂、精彩纷呈。21世纪世界马克思主义与21世纪社会主义－新共产主义思潮、激进左翼思潮、新社会运动交织在一起,构成了当代世界社会、经济、政治、思想文化领域的一道亮丽风景线。21世纪世界马克思主义研究热点问题主要体现在以下十个方面:

---

　　① 例如,恩格斯逝世后,伯恩施坦引发的"修正主义论争";苏共二十大赫鲁晓夫掀起的"去斯大林主义化";苏东剧变引发的"马克思主义终结论",等等。

一、MEGA² 编辑出版研究

（一）MEGA² 逻辑结构与编辑出版状况

MEGA 是一项"百年工程，它的开始、中断、再生直接反映了 20 世纪的历史悲剧"[1]。MEGA¹，即《马克思恩格斯全集（历史考证版第 1 版）》原计划出版 42 卷，实际上只出版了 12 卷 13 册。[2] MEGA²，即《马克思恩格斯全集（历史考证版第 2 版）》经过长时间酝酿、艰苦磋商，最终于 1972 年试编，1975 年正式出版。然而苏东剧变使这项工作在原苏联和东欧国家"戛然而止"。不过，1990 年，荷兰阿姆斯特丹国际社会史研究所、俄罗斯社会史与政治史国家档案馆、柏林布兰登堡科学院 MEGA 编辑部、特里尔马克思故居博物馆与研究中心组建的国际马克思恩格斯基金会（IMES）又使 MEGA²"凤凰涅槃"。IMES 组建编辑出版委员会接手 MEGA²，试图以国际合作方式推进其编辑出版工作。不仅与德国科学院签订合作协议（1992），重新确立编辑原则（1992），而且调整出版计划（1995），更换出版社（1998）。[3] MEGA² 准备将马克思恩格斯的全部作品"原原本本地"呈现给公众。正如 U. 劳尔夫所说："去政治化、国际化、学术化，是与 MEGA² 编辑出版继续推进联系在一起的三个愿望。"[4]

2015 年 10 月，德国科学联席会（GWK）决定继续资助 MEGA² 编辑出版工作，期限为 16 年。这标志着 MEGA 编辑出版工作进入了第四个时期。简言之，第一个时期（1927—1941）：MEGA¹；第二个时期（1975—1989）：MEGA² 前期；第三个时期（1990—2015）：MEGA² 重新规划与进一步推进；第四个时期（2015—），确定了 MEGA² 的数字化出版计划。就是说，MEGA² 未出版的

---

[1]　http://www.marxforschung.de/mega.htm.

[2]　详见王凤才：《重新发现马克思——柏林墙倒塌后德国马克思主义发展趋向》，人民出版社，2015 年，第 11 页。

[3]　同上，第 21 页。

[4]　Frankfurter Allgemeine Zeitung vom 7. October 1998.

大部分将以电子版面世并对公众开放。① 其中,《德意志意识形态》的数字化工作已经展开,电子版包括了根据原始手稿整理出来的文本和手稿的影印件,可以按照读者自己的理解来选择排序方案,以帮助人们更清楚地了解马克思恩格斯的笔迹和修改过程。此外,电子版还复原了 MEGA^1 的阿多拉茨基版、MEGA^2 试编版、广松涉版、涩谷正版,以方便读者进行比较研究。②

值得一提的是,在日本学者与其他国家学者的共同努力下,MEGA^2 "Ⅱ/《资本论》及其准备稿" 共 15 卷,已于 2012 年全部出齐。迄今为止,这是 MEGA^2 四个部分中唯一出齐的部分,从而为《资本论》研究提供了最为完整、最为可靠的第一手资料。

从逻辑结构上看,MEGA^2 分四个部分,即 Ⅰ/著作、文章、草稿(拟出版32 卷,已出版 24 卷);Ⅱ/《资本论》及其准备稿(拟出版 15 卷,2012 年已出齐);Ⅲ/通信(14400 封)(拟出版 35 卷,已出版 14 卷);Ⅳ/摘录、笔记、旁注(拟出版 32 卷,已出版 15 卷)。根据 1995 年调整后的出版计划,MEGA^2 拟出版 114 卷 122 册。截至 2022 年 4 月,MEGA^2 共编辑出版 68 卷 76 册,尚有 46 卷在编/待编。其中,1975—1989 年,出版 34 卷(不过,第 4 卷第 2 册、第 3 册,直到 1993 年和 2012 年才得以出版);1990—2022 年,出版 34 卷(外加第 4 卷第 2 册、第 3 册)。

表1　MEGA^2 逻辑结构与编辑出版状况(截至 2022 年 4 月)

逻辑结构	计划卷数	出版卷数			在编/待编卷数
		1975—1989年	1990—2022年	1975—2022年	
Ⅰ：著作、文章、草稿	32	13	11	24	8
Ⅱ：《资本论》及其准备稿	15	8 (-4.2/4.3)	7 (+4.2/4.3)	15	0
Ⅲ：通信(14400 封)	35	7	7	14	21

----

① 据悉,MEGA^2 第三部分剩余的 21 卷、第四部分剩余的 17 卷(除第 10、11、19 卷之外),将不再出版纸质版,只出版电子版。

② ［日］平子友长：《MEGA^2 第 Ⅰ 部门第 5 卷附录〈德意志意识形态〉CD - ROM 版的编辑问题》,田文译,《马克思主义与现实》,2007 年第 6 期。(关于 MEGA 编辑出版工作分期问题,本文作者根据实际情况做了细微修改。)

续表

逻辑结构	计划卷数	出版卷数			在编/待编卷数
		1975—1989年	1990—2022年	1975—2022年	
Ⅳ:摘录、笔记、旁注	32	6	9	15	17
合计	114	34	34	68	46

MEGA² 是研究马克思恩格斯文献最客观和最详尽的版本,它开启了解释马克思主义的新时代。①

(二)马克思主义经典著作编辑出版/再版

马克思生前公开出版的著作并不多。马克思逝世后,《马克思恩格斯全集》编辑出版工作历经千辛万苦,1955—1972 年最终完成了《马克思恩格斯全集》俄文第 2 版,共 50 卷 53 册。② 此后,几乎所有文字版本都是以《马克思恩格斯全集》俄文第 2 版为母本的。例如:《马克思恩格斯著作》德文版(MEW,41 卷 43 册,1957—1975);日文版(第 2 版 41 卷 43 册,1959—1975);英文版(50 卷,1975—2007);英文版(50 卷,1975—2007);中文第 1 版(50 卷 53 册,1956—1985);中文第 2 版(拟出版 70 卷,1995—),以中文第 1 版为基础,参考 MEGA²/MEW,重新编辑和译校"内容全、编译质量高、可长期使用的新版本"。

21 世纪以来,马克思主义经典著作编辑出版/再版工作也在继续推进。例如:国际马克思恩格斯基金会出版了 MEGA² 研究系列、《马克思恩格斯年鉴》;德国出版了《马克思恩格斯著作》(MEW 再版)、《马克思恩格斯研究文献:新系列》《马克思恩格斯研究通讯》等。此外,拉美国家也出版了一系列马克思主义经典著作,包括《工资、价格和利润》《共产党宣言》《共产主义运动中的"左派"幼稚病》等。

---

① ［美］莱文:《不同的路径:马克思主义与恩格斯主义中的黑格尔》,臧峰宇译,北京师范大学出版社,2009 年,"中文版序言"第 4 页。
② 详见聂锦芳:《清理与超越——重读马克思文本的意旨、基础与方法》,北京大学出版社,2005 年,第 15～16 页。

(三) MEGA² 中的马克思恩格斯关系研究①

马克思恩格斯关系问题是一个历久弥新的话题。20 世纪 90 年代以来,这个问题又成为 MEGA² 研究的关键问题之一。关于这个问题,国内外学界一直存在着几种不同观点:"对立论""一致论""差异论""多变论"。21 世纪以来,国内外学界关于这个问题的看法,基本上仍然处于以下三个模式中:①强调马克思与恩格斯/马克思主义的对立,认为马克思恩格斯思想统一是"神话";断定恩格斯的自然辩证法追求一种普遍有效的规律,这已经偏离了马克思恩格斯原来的共同信念,而陷入了实证主义。有学者甚至指出,传统马克思主义的核心是"恩格斯主义",所谓"马克思主义"实际上是"恩格斯主义"。②断言马克思恩格斯思想的"高度一致性",以及马克思学说与马克思主义的统一性。譬如:有学者指出,马克思恩格斯不仅拥有共同的理论框架、实践视角,而且一系列研究也表明晚年恩格斯的独立文献,恰好为马克思主义的创造性阐发做出了贡献。③认为尽管马克思恩格斯关注点不同,但要真正创立"恩格斯主义"则是不可能的。因为一是在马克思主义形成时马克思无疑起到了主要作用。二是"对立论"没有经过严格论证,《反杜林论》1885 年版序言曾经指出该书是在马克思督促下撰写的,马克思本人甚至还撰写了"政治经济学史"部分。三是马克思恩格斯对待无产阶级政党和组织问题的立场,都经历了从不成熟向成熟的发展过程;实际上,两人的立场没有根本性差异。四是马克思与恩格斯在对待资产阶级议会制与工人运动和平斗争方面也保持了一致。

此外,日本 MEGA² 编委会仙台小组的编辑工作新进展,也为研究马克思恩格斯关系问题提供了文献上的支持。众所周知,《资本论》第 2—3 卷编辑出版工作是由恩格斯完成的,而恩格斯在多大程度上忠实于马克思原意,这一直是颇受学界关注的问题。随着 MEGA²"Ⅱ/《资本论》及其准备稿"的

---

① 详见王凤才:《重新发现马克思——柏林墙倒塌后德国马克思主义发展趋向》,人民出版社,2015 年,第 44～69 页。

出版,这个疑问有望得到解答。① 例如:仙台小组在第 2 卷"附属材料"部分增加了三个特殊附录,即"结构比较""出处一览""出入一览",希望为解答上述疑问提供帮助。其中,"结构比较"列举了恩格斯编辑稿的结构与马克思原始手稿章节之间的区别;"出处一览"标明了恩格斯采用马克思原始手稿的出处;"出入一览"则揭示了恩格斯对马克思原始手稿的改动、补充和删除等具体情况。据估计,恩格斯对马克思原始手稿的改变有 5000 多处,比恩格斯本人在《资本论》第 2 卷序言中所承认的改变要多得多,而且有些改变未必"只是形式上的改动",实际上涉及对《资本论》内容的理解。②

二、马克思经典著作研究③

(一)《资本论》研究

《资本论》是马克思历经 40 年,最终由恩格斯等人共同完成的宏伟巨著。在国内外学界,《资本论》一直是马克思主义研究的重点。《资本论》研究是从多个维度展开的,既包括对《资本论》核心概念、基本思想的再阐释,也包括对《资本论》的政治内涵、现实意义的发掘,还包括对其中所蕴含着的经济规律与阶级斗争关系的考察等。

《资本论》:从重新阅读到重新诠释。①从"阅读《资本论》"活动到"马克思——秋季学校",在结合 MEGA²、重新阅读《资本论》的基础上,深入地探讨了原始积累、拜物教、阶级、革命、霸权、历史必然性等核心概念,扩大了《资本论》在青年知识分子和社会中的影响。②对《资本论》中马克思恩格斯的关系、《资本论》第 3 卷与《政治经济学批判大纲》的关系、《资本论》的方法论与黑格尔逻辑学的关系、《资本论》与政治经济学批判复兴的关系等问题进行了深入研究。③《马克思主义政治经济学的埃尔加指南》④一书中的

---

① 这里笔者吸收了课题组成员张利军的研究成果,特此致谢!

② 韩立新:《〈资本论〉编辑中的"马克思恩格斯问题"》,《光明日报》,2007 年 4 月 10 日。

③ 这里主要是王凤才、周爱民、吴猛、孙秀丽、鲁绍臣、张利军等人的研究成果,特此说明。

④ Saad Filho, Alfredo and Fine, Ben and Boffo, Marco, eds, *The Elgar Companion to Marxist Economics*, Elgar, 2012.

61个词条涵盖了从资本积累、分析的马克思主义、人类学、危机理论、依附理论到国家、激进政治经济等内容;该书不仅是单纯的知识性梳理,还试图对今日资本主义经济危机进行解释。其中,提出了许多有启发性的观点。例如:①《资本论》第1卷第6章"直接生产过程的结果"是从第1卷向第2卷过渡的桥梁;②资本形态变化及其循环形式,既是形式区分又是事实区分,这对于从不同视角反思今日资本主义问题具有重要意义;③《资本论》第2卷为资本的再生产功能方式提供了重要见解;④金融资本主义是资本主义发展的一个特殊历史阶段;⑤"形式"是马克思的核心概念,因而要从形式分析角度理解《资本论》,将"形式"理解为具有"内容"的、积极的现实性力量;⑥借用阿尔都塞对《资本论》的逻辑之共时性和历时性考察,阐明贯穿于《资本论》三卷中"价值"概念含义的变化,将之界定为社会必要抽象劳动时间等。

发掘《资本论》的政治内涵。①将公共领域概念与马克思的政治经济学批判联系起来,指出公共领域并不是超越结构的形而上的政治空间,而是现代资本主义结构的拜物教结果。②主张从财富和商品形式的对抗出发阅读《资本论》,以便探究它所具有的现实政治意义。③认为马克思的价值理论不是一种经济理论,而是现代社会"非人格的社会统治"理论。④断定《资本论》不是对古典政治经济学的简单批判,而是对工人运动之动机和目标的分析,是一部深刻的政治学著作。

此外,英国左翼杂志《历史唯物主义》召开了一系列年会,试图在新形势下重构马克思主义关于今日社会经济转型与解放政治的关系。例如:"资本的空间、斗争的时刻"(2011),"限制、障碍和边界"(2016),"《资本论》与革命的再思考"(2017)等。

揭示《资本论》的现实意义。学者们试图激活《资本论》的现实性,尤其是资本批判、劳动价值论、剩余价值论、剥削、全球化等议题的当代价值。例如:哈维出版了不少关于《资本论》研究的著作,讨论《资本论》的现实性。其中,《马克思〈资本论〉指南》(2010)指出,尽管《资本论》的写作是为了回应19世纪工业化引发的政治经济问题,但它对分析当代资本主义危机仍然具有现实意义;《历史与理论:对马克思〈资本论〉方法的评论》(2012)指出,在马克思的政治经济学著作和历史著作之间存在某种裂缝,因而需要理解马克思理论如何能够更好地适用于特殊状况。只有将历史性思考运用到对资本运动规律的理解中,才能分析从资本主义向社会主义转变的可能性;《马克思〈资本论〉第2卷指南》(2013)指出,"大萧条"之后规模最大的经济危机并没有真正结束,马克思的著作仍然是我们理解这个导致衰退的循环性危机的关键等。

关于《资本论》中的经济规律与阶级斗争的关系研究。如果说《资本论》揭示的是资本主义发展规律,那么无产阶级斗争在其中起到什么样的作用呢? 围绕这个问题,大多数学者认为,《资本论》为阶级斗争留下了空间:①马克思揭示了被压迫者在反抗压迫的过程中创造出与压迫者逻辑不同的新逻辑。这样,无产阶级一方面能够把握资本主义发展逻辑,另一方面也能够自觉地选择异于这种逻辑的新逻辑。②重新理解马克思的"规律"概念是将经济规律与阶级斗争结合起来的关键:这里的"规律"不是指自然规律,而是从特定社会形态的经济基础来理解的资本主义内在规律;它是一种趋向性规律,重点并不在于绝对必然性,而在于存在着若干可能促进或阻碍某种结构性趋势的要素,这些要素中就包含无产阶级斗争。③借用辩证法概念看待《资本论》中的经济规律与无产阶级斗争的关系,强调马克思要表达的意思不是历史正沿着某个方向前行,而是每种生产方式(包括资本主义生产方式)都为自己设置了界限。因此,给参与历史建构的、自觉行动的无产阶级留有足够的空间与可能性等。

(二)《德意志意识形态》等经典著作研究

《德意志意识形态》研究。《德意志意识形态:对费尔巴哈、B. 鲍威尔、施蒂纳为代表的现代德国哲学以及各式各样先知所代表的德国社会主义的批判》是马克思恩格斯试图"清算从前信仰"、第一次比较系统地阐发唯物史观的重要著作。因而,该书是唯物史观形成的标志,为科学社会主义奠定了理论基础。但《德意志意识形态》最重要的"费尔巴哈"章作者问题——是马克思还是恩格斯,抑或两人的共同作品——一直存在争论。日本学者大村泉的研究为此画上了句号。大村泉借助新的科学验证方法对手稿进行了细致观察和研究,发现"费尔巴哈"章左栏的文本虽然99%显示为恩格斯的笔迹,但手稿中所体现的撰写习惯不是恩格斯的,而是口述者马克思的,恩格斯仅仅是笔录者。①

《1844 年经济学哲学手稿》研究。《1844 年经济学哲学手稿》第一次试图对资本主义经济制度和资产阶级政治经济学观念进行批判性考察,并初步阐述自己的新的经济学、哲学观点和共产主义观点。①有学者指出,对《1844 年经济学哲学手稿》的理解不能忽视其自然主义的哲学立场和异化分析的政治意义,而这不仅需要梳理文本涉及的概念和内容,更需要还原和把握马克思创作时所面对的哲学背景和政治背景。②反对阿尔都塞提出的所谓“认识论断裂”,认为在“手稿”中马克思塑造了一种既不同于黑格尔哲学,也不同于费尔巴哈哲学的“感性本体论”,这种本体论构成了《资本论》的本体论前提。因此,《1844 年经济学哲学手稿》是理解成熟时期马克思著作的关键等。

《共产党宣言》研究。《共产党宣言》“这部著作以天才的透彻而鲜明的语言描述了新的世界观,即把社会生活领域也包括在内的彻底的唯物主义、作为最全面最深刻的发展学说的辩证法,以及关于阶级斗争和共产主义新社会创造者无产阶级肩负的世界历史性的革命使命的理论”②。围绕《共产党宣言》,学者们做了大量工作。例如:①出版《〈共产党宣言〉剑桥指南》(2015)③。在书里,讨论了《共产党宣言》的写作背景、政治回应、思想遗产及不同的英译本等;分析了《共产党宣言》的革命背景、修辞局限、阶级分析,以及全球化和后资本主义时代下《共产党宣言》等问题;补充了《共产党宣言》相关的导引文章、传记内容及书目历史的介绍;发掘了《共产党宣言》关于政治、社会、人性、科技、劳动、生产、经济、贸易、道德、家庭、女性、观念、行动、阶级、战争、和平、政府及民族等问题的论述。②分析了不同版本的《共产党宣言》“序言”及其演变过程,由此分析了马克思主义传播史和发展史,并将《共产党宣言》、马克思主义与国际工人运动、世界社会主义思潮、新共

---

① ［日］大村泉:《〈德意志意识形态〉“费尔巴哈”章作者身份问题的研究盲点与再考察》,盛福刚、陈浩译,《武汉大学学报》(哲社版),2019 年 3 月。

② 《列宁全集》(第 26 卷),人民出版社,1988 年,第 50 页。

③ Terrell Carver ed.,James Farr,*The Cambridge Companion to The Communist Manifesto*,Cambridge University Press,2015.

产主义运动的盛衰史联系在一起等。①

《路易·波拿巴的雾月十八日》研究。《路易·波拿巴的雾月十八日》运用唯物史观总结分析了 1848 年法国革命经验;阐明了马克思主义国家学说及工农联盟思想。这是马克思的一部比较独特的文本,同时也遭受很多争议。有研究者提出,要从方法论层面对《路易·波拿巴的雾月十八日》进行解读,指出马克思之所以研究法国的"即时历史",并非仅仅出于历史的兴趣,而是具有强烈的政治意味;与这种政治兴趣相关的是"预见的决心"。在这里,马克思显示出一个革命者的诉求。该著作尤为重视阶级斗争的复杂性,因而没有把政治斗争简化为阶级冲突,而是具有丰富的内涵等。

三、马克思思想及其当代价值研究

(一) 重新发现马克思

例如,德国马克思主义研究者试图在重新阅读马克思、重新诠释马克思的过程中"重新发现马克思",并体现出四个基本特点:①立足 MEGA²,对马克思思想与马克思主义进行了反思、批判、创新,或者说"反思、批判、创新"是德国马克思主义研究的核心议题。②跨学科、多层面、整体性研究马克思思想与马克思主义。③以广义理解的马克思主义反思历史、阐释现实、预测未来。④缺乏系统完整的马克思主义理论框架和统一的马克思主义概念,因而形成了不同的研究路向:一是文献学路向——这条路向中,学术为主,兼顾思想,不问现实,最重要的是学术;二是意识形态路向——这条路向中,是否学术无所谓,有无思想不重要,最重要的是信仰;三是政治经济学路向——这条路向中,学术是基础,思想是灵魂,最重要的是现实;四是政治伦理学路向——这条路向中,学术性、思想性、现实性统一,最重要的是思想。然而从总体上看,德国马克思主义研究存在以下问题:一是与马克思主义研究相关的学术活动非常热闹,但"热闹"背后显露出急躁情绪与焦虑心态;二

---

① Francesco Galofaro, Le prefazioni del Manifesto, Colpo d'occhio sullo sviluppo del marxismo in Italia, *Marx Ventuno rivista comunista*, No. 1 – 2, 2018, pp. 144 – 174.

是文献学研究逐渐成为热点,但陷入"有阅读、有研究、无信仰"的危险境地;三是过分注重马克思主义经济学、伦理学、美学等维度,哲学维度有所淡化;四是过分关注社会现实问题,理论深度有所弱化;五是研究视野过于宽泛,马克思主义研究与左翼思潮研究边界不明;六是研究队伍有些老化,后继人才亟须补充;七是被主流社会边缘化,经济状况不佳,社会政治地位堪忧。①

(二)重新塑造马克思

例如,英国马克思主义研究者致力于重新塑造马克思的理论形象:①从政治活动家角度重塑马克思形象,而不是将马克思单纯地视为一个哲学家、经济学家、政治思想家或者知识分子。② ②远离传统的政治意识形态解读路径,将马克思置入19世纪的历史、政治和观念背景中,尤其是德国古典哲学脉络中去介绍马克思的所惑与所思,展现一个有血有肉的马克思。③ ③指出马克思的理论分析在21世纪仍然具有有效性,如对全球资本主义经济发展动力及其摧毁力量的分析,以及对资本主义通过制造内部矛盾实现增长机制的分析等。④ 此外,俄罗斯学者基于对俄罗斯现代化道路的反思,主张重建历史唯物主义:①深入地剖析经济决定论的哲学基础、表现形式,以及与历史唯物主义核心范畴之间的根本界限。②批判历史领域中的实证主义立场。在苏联学界,长期存在两种对马克思主义的伪科学诠释:一是将马克思主义作为乌托邦理想或未来必然达到的世界图景,二是向实证主义与保守主义退却。这两种倾向都是关于人类社会历史进程(非辩证)的形而上学立场。我们认为,"马克思"只有一个,但至少有四个理论形象,即作为"哲学人类学家"的马克思、作为"政治经济学家"的马克思、作为"历史人类学家"的马克思,以及作为"政治革命家"的马克思;在马克思的全部精神遗产中,有

① 详见王凤才:《重新发现马克思——柏林墙倒塌后德国马克思主义发展趋向》,人民出版社,2015年,第304~305页。

② Terrell Carver, *Marx*, Polity, 2018.

③ Gareth Stedman Jones, *Karl Marx: Greatness and Illusion*, Penguin UK, 2016.

④ Eric Hobsbawm, *How to Change the World: Tales of Marx and Marxism*, Little, Brown, 2011. 中文参见[英]埃里克·霍布斯鲍姆:《如何改变世界:马克思和马克思主义的传奇》,吕增奎译,中央编译出版社,2014年。

四种精神是最为重要的,即科学精神、批判精神、实践精神、乌托邦精神。

(三)比较视阈中的马克思

例如:①在"卢森堡与马克思的关系问题"中,德国学者考察了卢森堡的资本积累理论与马克思的资本积累理论之异同,以及资本积累理论的现实意义。②在"凯恩斯与马克思的关系问题"中,德国学者分析了凯恩斯经济学与马克思经济学相互补充的必要性,以及凯恩斯主义在当今欧洲的适应性问题。③在宗教、道德、伦理学、女性主义、无政府主义与马克思主义的关系问题中,德国学者分别考察了宗教与道德、宗教批判与资本主义批判,以及伦理学、宗教社会主义、女性主义、无政府主义与马克思主义的关系问题。④在"心理分析与马克思主义关系"问题中,法国学者 K. 热内尔(Katia Genel)沿用了阿多尔诺的说法,将法兰克福学派关于马克思思想与心理分析的结合方式区分为"弗洛姆式"(弗洛姆、哈贝马斯、霍耐特)和"赖希式"(赖希、阿多尔诺、马尔库塞),并指出梳理法兰克福学派与心理分析关系史的意义,在于探讨社会批判理论在何种程度上能够接受"文化病理学"视角,同时又仍然能够保持自身的"解放之维"。⑤学者们比较海德格尔与马克思、M. 韦伯与马克思、克尔凯郭尔与马克思、无政府主义与马克思主义,以及不同类型的马克思主义之间的理论关联。⑥就马克思与汤因比、斯宾格勒、亨廷顿等人在历史发展方向、文明形态冲突等问题上的分歧,俄罗斯学者展开了积极的论争,这对分析俄罗斯独特的文明样态与民族复兴道路具有重要意义。

(四)回到马克思①

针对当代欧洲资本主义危机,法国左翼思想界再次提出"回到马克思"②的口号。不过,这并非"原教旨主义"地回到马克思思想,而是以马克思的资

---

① 这里笔者借鉴了课题组成员吴猛的研究成果,特此致谢!

② Yvon Quiniou, *Retour à Marx*: *Pour une société post – capitaliste*, Buchet Chastel, 2013.

本主义批判立场审视今日资本主义。在这个口号下,主要有以下主张:①概括了马克思哲学思想的重要贡献①:一是思考哲学概念的独特方式,突破了理论与实践、理智与感知、抽象与具体之间的对立,但并不消除它们的矛盾;认为哲学是概念中的理论实践,而概念是现实本身的形式。二是建构了一个社会现实分析框架,指明社会现实的异化模式及其经济根源。三是从共产主义高度揭示了今日生活的意义,将关于人的理论、关于社会的思想、经济学和关于未来的诗联结在一起,是人的解放、社会性的显现以及现实本身的现实化。②将马克思毕生理论工作的目标理解为从科学视角对资本主义经济进行批判,认为马克思的全部批判基于一个基础本体论,将生活着的个体行动者之主体性活动界定为现实的根源,将理论领域理解为人们的现实生活过程的体现。③断言马克思主义仍然是对抗新自由主义的最主要思想资源,其理论力量在于论证了只有基于资本主义的充分发展,共产主义才具有历史可能性。"充分发展"并非仅指物质生产的充分发展,更是指民主形式的充分发展。因而,与其说共产主义具有本体论的必然性,不如说它是康德意义上的道德律令,它着眼于人类的整体利益,为后资本主义时代到来敞开了可能性。

四、西方马克思主义及其最新发展研究②

(一)卢卡奇、葛兰西、阿尔都塞研究

作为西方马克思主义奠基人之一,卢卡奇思想历来是西方马克思主义研究的热点之一。21世纪以来,卢卡奇研究主要体现在以下方面:①卢卡奇物化思想研究,讨论了物化问题视野下的卢卡奇政治思想、卢卡奇物化思想与费希特哲学的关联。②卢卡奇美学思想研究,讨论了后期卢卡奇美学思想所关注的主要问题,③对卢卡奇关于20世纪先锋作家的某些偏见进行了

---

①　Olivier Dekens, *Apprendre à Philosopher avec Marx*, Ellipses Marketing, 2013.

②　这里笔者借鉴了课题组成员吴猛、孙秀丽、贺羡、李凯旋、袁东振等人的研究成果,特此致谢!

③　Pierre Rusch, *Esthétique et anthropologie. approche de la dernière esthétique de Georg Lukács*, Actuel Marx n°45.

批判性反思。③后期卢卡奇本体论思想研究,从本体论角度对海德格尔生存论与后期卢卡奇思想进行比较,分析了《社会存在本体论》中的发生学视角和过程学视角之间的内在张力。④讨论了《尾巴主义与辩证法》中卢卡奇与列宁主义的关系问题等。

作为西方马克思主义奠基人之一,葛兰西思想研究呈现出多样性,这主要表现在以下方面:①霸权理论研究,梳理了霸权的不同含义及其流变,认为霸权理论是对民主社会的政治斗争进行的解释。① 近年来,关于霸权与市民社会问题的研究更多地集中在文化、文艺领域。②葛兰西的组织危机理论研究。学者们认为,西方社会最致命的危机不是经济危机,而是事关霸权的"组织危机",或曰"整体国家"危机。③葛兰西教育思想研究②,将葛兰西讨论的学校中的"教-学关系"理解为权力运作的实践形式。④葛兰西"人民的-民族的"概念与民粹主义的关系研究。⑤从语言政治学角度重新解读葛兰西思想,将葛兰西研究与当代全球经济文化和国际政治联系起来成为新的趋向。⑥葛兰西生平与思想演变史,以及葛兰西思想在世界范围内的传播史和接受史研究等。

作为结构主义的马克思主义奠基人和最主要代表人物,阿尔都塞思想研究也非常活跃。21 世纪以来,阿尔都塞研究主要集中在以下方面:①阿尔都塞思想的整体形象和基本特点研究,指出不能将阿尔都塞思想与具体的历史情境分开——尽管阿尔都塞思想充满异质性,但从未动摇过对马克思主义的信念。②对阿尔都塞提出的所谓"认识论断裂"提出的挑战,主要围绕两个问题展开:青年马克思是费尔巴哈主义者还是属于青年黑格尔派?马克思在 1845—1846 年的思想转变是认识论的转变抑或哲学-社会学的转变?③认为阿尔都塞关于科学与意识形态的区分问题,可以在阿尔都塞"关于《社会契约论》"一文中找到线索。④关注早期阿尔都塞对马克思的解读,以及阿尔都塞在 20 世纪 60 年代末的思想转变问题等。

---

① Fabio Frosini, *Hégémonie : une approche génétique*, Actuel Marx, n°57.

② Daniel Frandji, *Rapport pédagogique et école unitaire dans la conceptualization gramscienne du pouvoir*, Actuel Marx, n°57.

(二) 法兰克福学派批判理论及其最新发展研究

批判理论的"政治伦理转向"研究。例如:自 2004 年以来,在法兰克福学派批判理论研究领域,王凤才提出了几个原创性观点,即"批判理论三期发展""批判理论的'政治伦理转向'""从批判理论到后批判理论"。他指出,法兰克福大学社会研究所是法兰克福学派的"大本营",批判理论是法兰克福学派的标志性贡献,甚至是法兰克福学派的代名词;但并非社会研究所所有成员都属于法兰克福学派代表人物,并非社会研究所所有理论成果都属于批判理论。法兰克福学派并非铁板一块,批判理论并非整齐划一,而是存在众多差异、矛盾甚至对立。尽管第一代批判理论家内部有着这样或那样的差异,但总体上都属于"老批判理论",体现着批判理论第一期发展;尽管第二代批判理论家内部有着三条不同的研究路径,但与"老批判理论"相比,基本上都属于"新批判理论",体现着批判理论第二期发展;尽管第三代批判理论家有着不同的学术取向,但总体上属于批判理论第三期发展,标志着批判理论最新发展阶段("后批判理论"),体现着批判理论最新发展趋向("批判理论的'政治伦理转向'")。批判理论第三期发展已经不再属于传统的西方马克思主义范畴,而是进入到与当代西方实践哲学主流话语对话的语境之中。[①]

承认理论研究。20 世纪 90 年代以来,由于霍耐特的《为承认而斗争》出版,承认理论又一次活跃于国内外学界。国内外学者全面分析了"在他者中认出自身"这个问题;[②]考察了承认理论与黑格尔、马克思的关系,认为即使历史唯物主义与承认理论有共同点,霍耐特与 N. 弗雷泽争论的问题仍然存在:人的解放是以认同为核心的承认概念,还是以社会地位平等为基础的正义概念。不仅如此,学者们还考察了承认、正义、伦理的关系问题。

协商民主理论研究。21 世纪以来,协商民主理论日趋成熟。N. 弗雷泽、

---

① 参见王凤才:《蔑视与反抗——霍耐特承认理论与法兰克福学派批判理论的"政治伦理转向"》,重庆出版社,2008 年。

② Bryan Smyth, *Comment to The Philosophy of Recognition*, *Historical and Contemporary Perspectives*, Lexington Books, Plymouth, 2010.

艾里斯·扬、S. 本哈比、J. 博曼等人在哈贝马斯的话语民主理论基础上,兼顾规范性与事实性,进行跨学科、跨领域研究,同时回应来自不同领域的挑战,进一步发展了协商民主理论。例如:N. 弗雷泽的一元三维正义论框架、艾利斯·扬的深层民主构想、S. 本哈比的文化多元主义背景下民主的可能性问题、J. 博曼对协商民主与代议制民主的结合等。

关于阿多尔诺、本雅明等早期批判理论家的研究。例如:阿多尔诺伦理思想与美学思想研究,发掘批判理论的审美维度和乌托邦维度,20 世纪中期人道主义的马克思主义在美国活动及其影响研究。此外,为了纪念本雅明逝世 70 周年,《工具杂志》第 43 期(2010)刊发了《本雅明专题研究》,对本雅明思想进行细致研究。例如:《危机与批判:对本雅明现实性的分析》《本雅明与现代性的体现》《革命与进步:本雅明的生态社会主义的现实性》等。

主办批判理论相关会议和课程班。例如:2016 年西班牙"马克思主义研究会"思想部与马德里大学欧洲-地中海大学研究所联合主办的"历史唯物主义与批判理论"第四期继续教育课程,主题便是"法兰克福学派与社会批判理论"。关于"批判理论"的会议,在中国已经召开过很多次,譬如:全国"国外马克思主义论坛"至今已经召开了 14 届,几乎每届论坛都有"批判理论"议题,甚至第 8 届全国外马论坛主题就是:"法兰克福学派与美国马克思主义——纪念阿多尔诺诞辰 110 周年";此外,还召开过不少批判理论国际会议,譬如:"社会自由与民主的理念——跨文化视野中的霍耐特社会哲学"(2016,台北);"否定与承认——批判理论及其最新发展"国际学术会议(2017,上海);"中德学者关于批判理论的对话"(2018,北京);"东欧新马克思主义文化批判理论"(2018,成都);"批判理论的旅行"(2019,北京)等。

(三) 西方马克思主义其他流派研究

在西方马克思主义研究中,除了早期西方马克思主义、法兰克福学派、结构主义的马克思主义研究之外,还有许多其他流派也非常引人注目。例如:

文化马克思主义研究。"文化马克思主义"有狭义和广义之分,从广义上看,近年来的"文化马克思主义研究"主要有:①关于阿多尔诺形象的新描述问题。研究者认为,阿多尔诺既不是高雅文化的辩护者,也不是流行文化的贬低者,而是探讨在经典音乐和流行音乐中共有的机械化和标准化问题。②关于马尔库塞的审美理论与哲学、艺术、历史分析、政治分析之间的关系问题。③剖析霍尔著作中的政治动力问题,认为它不仅对占支配地位的文化范式进行政治挑战,而且对霸权政治进行文化挑战。④关于文化多元主义的局限性和盲区问题。研究者认为,它是一种全球主义的经济认识论,实际上是一种殖民主义策略等。

分析的马克思主义研究。国内外学者主要讨论了分析的马克思主义代表人物柯恩对罗尔斯式自由主义的批评,说明他们关于差异原则的表述存在着某种不一致性;借助分析的马克思主义对全球化问题展开了持续的关注和批判性反思;此外,深入研究了分析的马克思主义正义论,并从政治哲学、道德哲学视角讨论了马克思与正义、马克思与道德等问题。

女性主义的马克思主义研究。关于女性主义的马克思主义研究有越来越热之势,他们关注的主要问题有:①分析女性主义运动发展历程、女性主义发展新阶段、女性主义政治和解放政治的结合等问题。②将性别、身份和述行行为结合起来,采用历史、哲学、文学、艺术史和其他视角研究性别、性别正义与社会平等问题。③在现代性与规范性的关系中考察女性主义批判理论的核心观点。④从权力在主体间性层面对主体性建构、对自我本质的阐释角度讨论女性主义问题。⑤对社会再生产进行研究,揭示对女性家务劳动的掩饰和否认,对剥削理论与性别化的关系进行研究。⑥从心理分析视角讨论女性主义,探讨心理分析中的女性气质、女性的屈从状态等。

生态学马克思主义研究。随着生态问题日益严重,随着人们对生态文明的向往越来越强烈,关于生态学马克思主义研究日趋热烈,主要表现在以下方面:①分析全球生态环境问题的根源及其出路,认为资本积累导致生态危机和生态灾难。因而,无限制的资本积累和保护地球之间存在着不可调和的矛盾。他们断定,"绿色资本主义"不是最终的解决方案,解决问题的唯一方案仍然是社会主义。②借助马克思的新陈代谢断裂理论,对自然与当代资本主义社会的关系进行批判;强调马克思的生态唯物主义对解决21世纪的生态危机和生态灾难具有重要意义;强调某些环境问题具有全球性质,因而需要世界性的而非地方性的解决办法;立足人类中心主义立场确立马克思主义与生态学之间的内在关联;批判生态殖民主义问题。③进入21世纪以来,中国生态文明建设思想得以深化,实施可持续发展战略与建设资源节约型、环境友好型社会等重要举措。总之,生态文明问题已经成为21世纪世界马克思主义研究的热点问题之一。例如:经典马克思主义生态文明思想研究,西方马克思主义生态文明思想研究,中国化马克思主义生态文明思想研究,社会主义生态文明问题研究。④中东欧新社会运动集中在乡村生态运动上,致力于创建乡村文化与城市文化的新融合,保障动物福利,追求乡村的可持续发展等。

五、阶级理论、阶级问题、两极分化研究①

(一)阶级理论与阶级问题研究

①关于阶级结构变化与阶级概念的适应性问题。学者们大都承认当代发达资本主义社会阶级结构的变化,但在阶级概念适应性方面却有不同的看法,主要分歧在于:"告别"阶级概念抑或"重新接受"阶级概念。②关于阶级意识与阶级斗争问题。尽管学者们还在讨论阶级意识与阶级斗争问题,但也有学者指出与阶级意识和阶级斗争意识相比,阶级感受已经处于支配地位。因此,他们从文化象征方面探讨工人阶级,突出阶级的认同、感知和情感维度,强调对阶级的分析不能被还原为一个没有情感因素的论争或纯粹抽象的代数关系,社会变迁不只是政治经济的变迁,同时还是文化观念的变迁;平等问题也不只是政治经济的平等,同时也是文化和象征的平等。③关于马克思的阶级理论的现实性问题。学者们的理解有所不同,但基本观点是:最近20年,尤其是自2008年经济危机以来,西方世界出现了阶级分析与阶级理论的复兴,马克思的阶级理论在今天仍然具有现实性,不过,必须与社会结构分析、社会不平等及女性问题等研究结合起来,才具有生命力。②④关于农民阶级问题。众所周知,尤其是在西方国家,关于马克思主义阶级

---

① 这里主要是王凤才、吴猛、孙秀丽、焦佩等人的研究成果,特此说明。

② 详见王凤才:《新世纪以来德国阶级问题研究》,《中国社会科学》,2016年第5期。

理论的讨论往往是围绕着无产阶级理论展开的,而农民阶级则被视为附属的。近年来,学者们开始关注农民阶级,认为马克思主义在农民阶级问题上并非没有解释力,并从多个角度考察马克思主义的农民阶级理论。⑤关于阶级流动性问题。人们往往认为,马克思没有关于阶级流动性的思想资源,近年来有学者从思想史角度进行反驳,并从多个方面考察马克思关于阶级流动性的论述,指出社会流动性问题不能被抽象地看待,而应该放在具体的时空中加以讨论。关于阶级结构和阶级行动等问题的研究表明,马克思是将阶级意识问题和社会流动性问题结合在一起讨论的;并且马克思对精英阶层的流动和选拔等问题也以自己的方式进行过思考。⑥关于社会阶级与劳工运动问题。学者们强调在当今社会政治研究中,市场分析法混淆了现象与本质,从而使现实问题神秘化。在他们看来,阶级分析法仍然是唯一有效的方法。通过对 21 世纪初出现的妇女就业、移民和知识分子劳动者等新现象的剖析,认为工人阶级必须重新团结起来,劳工组织的变革应该与进步的左翼政治力量团结在一起。⑦分析了 20 世纪末 21 世纪初以来工人阶级力量的变化:一方面工人阶级力量日益萎缩,另一方面各种松散、去中心化的抗议活动又日益频繁;但这些新型工人运动实际上是一种拒绝主义 + 实用主义的运动。因而,在全球视野下探讨当今资本主义条件下工人阶级的自我构成是马克思主义者的重要任务。

(二)两极分化与贫困化问题研究

①学者们注意到资本主义全球化背景下劳资矛盾和劳劳矛盾的深化,因而要求分析跨国剥削和劳动正义问题;在此基础上,展望跨国公司中的劳动者国际联盟的前景。②主张跳出单纯的经济领域,从人文角度探求两极分化的原因和对策。例如,从城市空间的角度切入,分析城市化过程中出现的两极分化现象,提出城市共享权和居住平等权概念;分析金融全球化背景下社会各个方面的变化。③通过统计数据、访谈、问卷等多种方法考察社会阶级结构的变化,发现在有些国家出现了城市中产阶级不断消失、在企业进军农业的背景下农民生活困顿、教师群体深陷学阀体系和等级制度,以及难民和非法移民处于劳动剥削的最底层等现象,并得出了这样的结论:在新自

由主义条件下,社会各个领域的劳动剥削都在加深且两极分化越来越严重。④在工人贫困化问题上,学者们指出,低工资的真正原因并不在于低生产率和低增长率,而在于政府在分配领域的不作为导致机会不均等、教育资源分配不公平等问题。

六、金融资本主义批判与后期资本主义危机批判性剖析①

(一)新自由主义、金融资本主义批判②

关于新自由主义的特征与命运问题。①关于新自由主义的特征问题,学者们普遍认为,新自由主义不仅是一种经济理论,而且是一种政治立场,它根源于冷战时期的反共思维以及对以国家干预经济为核心的凯恩斯主义公共政策的反动。譬如:比岱便将新自由主义理解为一种霸权政体。②关于新自由主义的命运问题,学者们有不同看法。他们分析了反抗新自由主义的各种形式,提出了不同的替代性方案,譬如:市场社会主义、民主社会主义、生态社会主义等。另外,还对以往的新自由主义研究进行了批判性反思。

关于金融资本主义的特征与2008年经济危机的性质问题。学者们认为,资本主义发展至今天,可以被称为"金融资本主义";但这并不意味着资本主义性质发生了根本变化,只是意味着资本主义发展到了以金融资本支配为基本特征的金融资本主义这一新阶段。至于这场经济危机的性质,从总体上看,学者们基本上都将它与新自由主义联系起来,但又给出了不同的定位。譬如:全方位的系统危机、严重的过度生产危机、信贷危机、货币危机、金融市场危机等;甚至有学者认为这也是一场生态危机,并导致"经济衍生伤害",强调这场危机对经济、政治、文化、意识形态等方面的消极影响。

关于能否走出以及如何走出金融危机的问题。学者们考察了这场经济

---

① 这里主要是王凤才、贺羡、周爱民、户晓坤等人的研究成果,特此说明。

② 详见王凤才:《重新发现马克思——柏林墙倒塌后德国马克思主义发展趋向》,人民出版社,2015年,第206~224页。

危机的原因、社会政治影响,以及替代性选择问题,尤其是分析了"与凯恩斯一起走出危机的可能性"。他们提出了国家资本主义、民主资本主义、金融资本主义、债务资本主义、技术资本主义、加速资本主义、认知型资本主义、监督型资本主义、信息跨国资本主义、数字资本主义等模式。他们认为,从总体上看,未来有三种可能性:①随着另一种资本主义体系的成功再造,危机将被消解。②全球性的阶级斗争将彻底颠覆资本主义世界体系。③建立一种新的世界体系,这种体系建立在生态可承受性和满足一般人口基本需求的基础之上,是一种高层次的经济、社会和政治民主。特别值得一提的是,在替代性选择问题上,学者们表现出了一种严谨的克制。譬如:M. 布里指出,社会主义只有建立在资本主义生产力高度发展的基础之上才切实可行,否则就只会沦入野蛮主义之中;霍耐特也认为,不存在完全的替代性选择,社会主义对新自由主义的扬弃仅仅是一种内在批判,即对资本主义所宣扬的"自由、平等、博爱"理念内在矛盾的揭示。

(二) 新帝国主义批判

①关于帝国主义理论与新帝国主义问题。学者们探讨了以下问题:帝国主义概念、理论及其现实性,尤其是列宁的帝国主义理论对革命的马克思主义政治纲领的现实意义;新帝国主义的经济基础、历史特征,新老帝国主义的结构形式;帝国主义意识形态与资产阶级意识形态、帝国主义政治的关系等问题。②关于世界体系变化与国际新秩序问题。学者们主要关注的是:世界不均衡与南北关系,北方国家与非洲国家之间的新殖民关系;资本主义中心国家与边缘国家的关系;北美、西欧、日本"三角关系"终结,"新兴国家"崛起;中、美、俄关系对国际新秩序的决定性作用,譬如:由于中国的参与,北方国家对非洲国家的剥削在一定程度上被弱化等。

(三) 后期资本主义批判性剖析

主要集中在(后苏联时期)俄罗斯"批判的马克思主义"对后期资本主义批判性剖析上,主要表现为:①承续马克思在政治经济学批判中揭示资本逻辑历史限度的思想方法,通过从抽象上升为具体的方法论架构分析和把握当代资本主义世界体系的内在矛盾及演化。②聚焦于分析经济因素与非经济因素相互作用的结构性、过程性与矛盾性,反对在哲学社会科学领域占据主导地位的实证主义与后现代主义方法论,以马克思"革命的"辩证法为基本立场,依循马克思社会-历史分析法把握后期资本主义的总体趋势与系统危机,研究后期资本主义社会矛盾的特殊表现形式及其向社会主义过渡的现实可能性。③以俄罗斯思想及其独特的社会现实阐释《资本论》的理论与方法,回应新自由主义经济学及其实践对马克思主义的质疑和挑战。④指出后期资本主义的多样态和非线性特征,强调个人在历史中的作用、非物质劳动的创造性、个体的文化素质与精神状态等,主张运用具体的多因素分析法,尤其关注特定社会历史阶段的复杂性、多维性、替代性。另外,有学者也用"后资本主义社会"指称这样一种变化了的社会:在今日资本主义社会生产与消费对立关系缓和的情况下,新的经济主体登场,形成了不同于以往形态的新资本主义社会形态;或曰:在反资本主义全球化浪潮中,在资本主义内部产生的以信息技术、信息产品和协作生产为基础的新社会形态。

七、现实社会主义批判与未来社会构想[①]

(一)"现实社会主义"批判性反思

"社会主义"观念重新理解与"现实社会主义"实践批判性反思。①重新理解社会主义观念——社会主义革命并不是彻底消除资本主义社会的核心价值观念;在制度层面,而不是在观念层面对社会制度进行重新安排。②批判性反思"现实社会主义"实践:不仅讨论了民主德国与社会主义、社会主义与民主的关系,而且分析了民主、人权、解放与社会主义的关系,并揭示了民主德国社会主义失败与民主社会主义萌芽问题。③考察现实社会主义失败与马克思主义危机的关系——不仅考察了现实社会主义失败的原因,强调需要"开放的""去神秘化的"马克思主义,而且分析了现实社会主义终结与

---

① 这里主要是王凤才、户晓坤、赵司空、孙建茵、袁东振等人的研究成果,特此说明。

马克思的人道主义终结的关系,指出尽管马克思的人道主义与现实社会主义实践有着内在关联,但现实社会主义实践与马克思的人道主义之间存在着很大距离。因而,现实社会主义终结并不意味着马克思的人道主义终结,现实社会主义失败也不意味着"历史的终结"。

苏联模式社会主义批判性反思。对苏联模式社会主义进行批判性反思,无疑构成了俄罗斯马克思主义独特的研究路径,其独特性在于:拒斥后现代主义消解历史宏大叙事的悲观主义立场和新自由主义的市场极权主义倾向;运用马克思主义的矛盾分析法把握苏联模式社会主义的突变性质与非线性特征;将对苏联社会主义经济、政治、文化的矛盾分析与根源解剖作为向社会主义过渡的理论探索,主要包括:①形成了关于苏联模式社会主义之过程性和矛盾性的溯因分析,认为苏联模式社会主义的形成与消亡是辩证统一的。②认为苏联"解冻"时期,一方面取得了许多成就,另一方面由于政治经济体制总体上仍然是僵化的,以致最终走向"停滞"时期;③对"停滞"时期苏联计划经济模式深层矛盾的内在根源进行分析,认为计划经济的高效优势是通过向精英阶层妥协实现的;而高度集权导致无法适应经济形势的变化,成为苏联社会主义经济体系瓦解的重要原因。

中东欧社会主义批判性反思:经历过 20 世纪末期的沉寂之后,21 世纪马克思主义研究在匈牙利、波兰、捷克等国出现复兴。学者们既反思历史又批判现实,既审视社会主义也审视资本主义,主要表现为:①对中东欧社会主义以"消费为导向"的福利专政政策进行批判,认为匈牙利等国在社会主义时期实行的福利政策,尽管短期维持了社会稳定和党的领导权,但从长期来看却为体制的瓦解埋下了伏笔。②对斯大林式意识形态的历史影响进行反思,考察了左翼专制主义与政治、民主与自由市场资本主义的必然关系,以及斯大林主义意识形态的政治用途和社会影响。

(二)21世纪社会主义——新共产主义再认识

关于俄罗斯"21 世纪社会主义复兴运动"问题。在研究后工业社会性质与资本逻辑全球化本质的基础上,俄罗斯学者推动的"21 世纪社会主义复兴运动"具有了时代性与现实性,远远超出了学术的或理论的旨趣,从根本上具有寻求俄罗斯民族复兴道路的实践意义。围绕着"21世纪社会主义"这个主题,俄罗斯学者主要讨论了以下问题:如何理解社会主义的性质? 如何在资本逻辑全球化背景下诊断后期资本主义的症候? 如何探索向社会主义过渡的理论基础与现实道路等重大主题? 形成了两条不同路径:①俄罗斯左翼政党将马克思主义作为构建社会主义制度的理论基础与政治纲领,寻求它在经济、政治、文化、社会生活领域中的具体实现。②俄罗斯左翼学者遵照马克思的历史发展理论,将社会主义作为通往共产主义的必经阶段,从西方资本主义文明的历史限度以及俄罗斯进入这一文明类型的非现实性角度,深入反思苏联社会主义实践经验,阐释21世纪社会主义的基本性质与特征,并积极探索将传统社会主义理论与左翼运动政治实践结合起来的方案。

关于拉美"21世纪社会主义"问题。21世纪以来,拉美左翼开始怀念马克思主义,各种思想观念杂糅成就了"21世纪社会主义"的理论内核。拉美学者对"21世纪社会主义"的探索主要包括以下倾向:①对"21世纪社会主义"正面评价(以M.哈内克为代表),提出五个方面的思考:"21世纪社会主义"的特点,生产组织的基本特征,完善激励机制和提高意识水平的重要性,关于社会主义阶段与向社会主义过渡的进程,参与式规划的核心是社会占有生产资料和生产方式。②对"21世纪社会主义"负面评价(以H.迪特里希为代表),否定查韦斯的"21世纪社会主义",指出拉美的民族社会主义已经终结;批评古巴的社会主义模式是一种不符合时代要求的"历史社会主义"。在批判性反思的基础上,提出了自己关于"21世纪社会主义"的理论主张。③对拉美"21世纪民族社会主义"的阐释(以á.加西亚为代表),主张包括:新自由主义是可以被战胜的,通过民主革命方法确立由边缘国家主导的全球化,"社群社会主义"和"美好生活社会主义"是未来社会的发展前景。④对21世纪社会主义的反思(以S.洛佩斯为代表),概括了"21世纪社会主义"的特点:生产资料社会化,国家对经济的主导作用,强调人民主权,尊重政党和媒体多样化等。

从"告别社会主义先生"到"回到共产主义"。21世纪以来,学者们不仅讨论了"共产主义假说"(巴迪欧)、"共产主义观念"(C.杜齐纳斯、齐泽克)、《共产主义理念(第2卷)》(齐泽克主编),而且试图重新"诠释共产主义"(G.瓦蒂莫)、畅想"共产主义的现实性"(B.波斯蒂尔)、展望"共产主义地平线"（J. 狄恩）等。

总之，在21世纪，学者们从不同视角对社会主义-共产主义进行重新理解。例如：从激进民主视角对新社会主义-新共产主义进行反思，讨论21世纪社会主义-新共产主义的可能性，认为激进民主理论是新社会主义构想的重要理论基石。在此基础上，学者们提出了各种不同的新社会主义构想。例如：民主社会主义、"计算机-社会主义"、市场社会主义、生态社会主义，以及"21世纪社会主义"等不同方案。概括起来，"社会主义"应该有三个关键词，即"市场""民主""生态"作为其定语。

八、当代左翼思潮与新社会运动研究[①]

（一）当代左翼思潮与新社会运动的关注点

当代左翼思潮与新社会运动关心的问题主要有：①政党政治问题。学者们基本持两种不同的观点：一是认为应当取消政党在社会运动中的作用，或者干脆消灭政党本身，预言新社会运动将会带来一种崭新的政治。二是认为如果没有政党的领导和引导，新社会运动的作用将是微乎其微的（譬如2008年以来的各种抵抗运动）；只有通过政党这种组织形式，才有可能促进社会转型。当然，目前左翼政党面临着各种困境：德国左翼政党人数不足6万，并受多方掣肘；意大利左翼政党碎片化、边缘化；西班牙联合左翼并未提出受欢迎的纲领；而拉美左翼政府最终大多采用了资本主义发展模式等。②工人的自我构成问题。学者们强调应在全球视野中探讨今日工人阶级的自我构成，认为工人阶级是在种族主义和帝国主义背景下、在日常斗争和政治行动中构成的。③新左翼与传统左翼的区分问题。新左翼反对传统左翼政党领导下的中央集权，更加重视社会解放自下而上的自主性、差异性和多样性；新左翼与新自由主义之间具有复杂的关系，即一方面它猛烈抨击新自由主义观念，另一方面也大力赞颂市民社会在未来社会解放中的地位和作用，尤其推崇其个人主义的社会文化。④激进主义与改良主义的区分问题。

---

① 这里笔者借鉴了吴猛、户晓坤等人的研究成果，特此说明。

欧洲的历史经验表明,在资产阶级革命时期,激进主义政治运动是成功的;但在后革命时期,改良主义政治运动是有效的。有学者认为,目前改善社会生活、减少经济和社会分化,以及内部紧张成为人们的普遍诉求。因而,从资本主义到社会主义的渐进改良是可能的。⑤当代左翼要不断地真正革新,并广泛地联系各种新社会运动,如女性主义、生态主义、少数族群争取权益的斗争等,甚至确立一种"泛左翼"模式。

(二)21世纪左翼运动是否存在危机

关于21世纪左翼运动是否存在危机问题,基本上可以分为三种立场:

存在危机。研究者认为,对左翼运动的传统认识不再适用于今天,左翼运动总体上是衰退的,并对左翼运动提出了三点质疑:①20世纪左翼运动的政治实践大部分失败了。②发达资本主义国家的经济和社会形势发生了显著改变,传统无产阶级的数量迅速减少,其生存状况、社会地位也发生了变化,阶级之间的界限日渐模糊,信息化社会改变了个体交往方式,工人之间的原子化倾向使其很难作为整体被组织起来,左翼运动的革命主体被瓦解了。③现代左翼运动领导人的立场是循规蹈矩的,其政策无非是通过社会改革,为民众争取最低生活保障和社会福利,追求选民的支持高于一切,而非致力于探求社会可持续发展途径,而且左翼政党也缺乏国际主义姿态。

不存在危机。①关于左翼主体问题,大多数学者依然认为西欧和第三世界社会民主党及前共产党构成了左翼的核心力量。近10年来,左翼是由反对行动的积极参与者、社会运动理论家,以及公共领域的代表构成的。②左翼运动仍然关心再分配问题,即不仅仅关心社会福利、社会最低保障等收入分配,更关心在迈向知识型社会的过程中,保障公民受教育以及发挥创造力的机会的公平性。③后工业社会的支配原则仍然是资本和市场原则,只要这一点不变,资本主义社会内部矛盾和冲突就不会根本改变。因此,左翼运动的批判对象仍然存在。④左翼的理论基础仍然是有效的,即社会发展过程不是线性的,而是多场景的、矛盾的,包括曲折和倒退、历史过程的逆转与回归。马克思主义者必须关注左翼政治实践,而不是在理论上消除社会主义的现实性。

危机只是策略问题,而非理论危机。左翼运动是以劳动与资本的内在矛盾为基础的。因而,只要资本原则没有改变,就不可能消解社会主义与资本主义的对立。当代左翼运动的危机在于试图取消上述根本原则的对立,机会主义的左翼政党组织为争取政治经济权力、社会保障而斗争,却试图回避资本原则,从而疏远了现代工人阶级。所以说当代左翼思潮和左翼运动的危机,根本上是政治实践的危机——如斯大林的极权主义模式、当代左翼政党的机会主义斗争策略——而非社会主义理论的危机。

九、民粹主义、民族主义与民族问题研究①

(一)葛兰西的"人民的—民族的"概念与民粹主义关系研究

笼统地说,民粹主义可以分为左翼民粹主义与右翼民粹主义,它们有着漫长的历史。民粹主义不仅是一个理论问题,而且是一个现实问题。2008年金融危机爆发后,在世界范围内,民粹主义异军突起,力量日益强大,从而引起了学界关注。例如,国际葛兰西学会——意大利分会 2018 年以"葛兰西与民粹主义"为主题召开了一场学术研讨会。在会上,学者们讨论了葛兰西霸权理论中关于民粹主义的思想,从不同角度分析了葛兰西与民粹主义的区别:①指出差异化的"人民"是有组织的霸权重构中的"人民",超越于政治之上。尽管葛兰西对"古老小世界"有所同情,但没有对人民"自然纯洁"的崇拜,也没有对民粹主义的赞赏。②从马克思、列宁、葛兰西的"人民"概念出发探讨民粹主义,指出葛兰西的"人民的—民族的"概念与当今民粹主义完全不同。③对葛兰西"人民的—民族的"概念与拉克劳的"民粹主义"进行了比较,指出了它们之间的差异。

(二)西班牙民族国家统一问题

在西班牙,民族国家统一问题是一个重要的历史问题,也是一个现实问

---

① 这里笔者借鉴了李凯旋、贺钦、林子赛等人的研究成果,特此说明。

题。2017 年,西班牙加泰罗尼亚独立风波,引起西班牙马克思主义学界极大关注。学者们从马克思主义国家理论和阶级理论等视角出发,对西班牙民族国家统一问题、加泰罗尼亚独立风波的历史成因以及解决之道进行了探讨。例如:①民族国家统一与佛朗哥主义的关系。对佛朗哥主义,西班牙左翼持有两种观点:一是将西班牙的思想传统与佛朗哥主义联系在一起;二是拒绝这样的历史关联,甚至将捍卫西班牙民族国家统一作为左派的实践纲领。这次风波之后,学者们再次讨论了这一问题,分析了西班牙民族问题没有从马克思主义左翼立场得到解决而走向分离主义的原因,并提供了面向未来的、切实可行的政治实践方案。②提出恢复主权、重建国家的方案,主张在各民族自由自愿联合的基础上捍卫联邦制国家的主权;尊重各民族国家的主权;通过有效机制以保障社会权利等。

(三) 非洲马克思主义与民族问题研究

经历了苏东剧变后的停滞期,21 世纪非洲马克思主义研究又有复兴趋势;与之相关,非洲社会主义运动的研究非常注重非洲国家的民族独立和人民解放进程。其主要表现为:

关注社会主义建设过程中的"非洲传统":①非洲的权力结构和地位结构仍然沿袭传统状态,大多数城镇由部落和民族组成,它们不是资本主义的创造物,而是殖民主义的产物。②非洲的传统精神源于把社会视为核心家庭延伸的观念,强调团结的重要性。因而,非洲社会主义的基础是"扩大了的家庭"(Extended Family)。③从民族文化传统角度理解殖民主义,指出殖民主义不同于以往的扩张和统治(如种族奴役),而是旨在消除被殖民地区的民族文化和价值观。④根植于非洲文化传统的法律有着独特的民族标记和本土精神,既不能全盘西化,也不能照搬东方经验。⑤非洲马克思主义政党建设带有群众性色彩,政党领导人所代表的是一个民族。

关注非洲社会主义与马克思主义的关系问题。①二者的区别在于:一是非洲社会不存在马克思意义上的资本主义阶级结构,因而不能完全套用马克思主义的阶级斗争理论分析非洲问题。二是在某种意义上,非洲社会主义是由反殖民主义的民族解放运动转化而来的,不是无产阶级运动的产物。对此,有学者提出"非洲的民族解放运动是否是阶级斗争的一部分?"这个问题,并结合列宁的观点对之进行分析。三是"非洲社会主义"这个名称涵盖了许多内容,但它们从来都不是"科学社会主义",而是与民族主义联系在一起的,非洲民族主义先于非洲社会主义。②二者的联系在于:一是非洲的反殖民主义斗争是 20 世纪世界反帝国主义斗争的重要组成部分。二是非洲社会主义者认为,非洲文化传统本身就有集体主义精神,可以孕育出社会主义的种子;非洲社会主义从某种程度上告诉人们:没有阶级斗争也可以引入社会主义。三是通过分析非洲民众的抗议、工人阶级形成、阶级认同和阶级意识、阶级斗争的历史、组织形式和有效性,主张恢复工会和工人行动主义的文化维度。四是对民族自决和种族主义的理解与工人阶级团结联系起来考察,认为白人工人也是种族主义受害者。五是考察马克思主义与黑人激进主义的关系、非洲的批判理论与黑人激进主义的关系,指出非洲的批判理论更加重视种族主义、性别主义和殖民主义对非洲的影响。

对非洲社会主义运动的挫折进行反思。非洲学界对非洲社会主义运动的失败进行了批判性反思,认为非洲社会主义运动存在以下问题:①重独立、轻建设,而且建设经验不足,导致经济落后、人才流失。②马克思主义政党主要领导人急躁冒进。③在社会主义建设过程中没有处理好腐败问题。④非洲国家主要领导人混淆了泛非主义和社会主义。不过,也有人认为,社会主义仍然是非洲发展的替代性方案,强调中国特色社会主义道路对非洲发展的启示意义和借鉴作用。

十、中国特色社会主义道路问题研究①

(一) 国外学界的研究

中国特色社会主义道路的理论与实践,既区别于西方现代化发展模式,又区别于苏东现代化发展模式,从而激发了各国马克思主义学者、左翼学者的研究热情。其中,日本学者的研究范围广泛、内容深刻、成果丰硕。例如:

---

① 这里笔者借鉴了张利军、闫宇豪、张娜等人的研究成果,特此说明。

　　关于中国经济性质问题：①日本马克思主义经济学界约有 1/3 的人认为，中国当前的经济是"具有中国特色的资本主义经济"，其特点就是：政府过度干预市场，使得市场经常出现扭曲；存在过度竞争，常常造成重复建设和资源浪费；潜规则大量存在，造成经济效率的低下。①　②部分学者坚持"资本主义经济论"，其依据在于：推动国有企业民营化、承认并奖励私营企业发展、无止境地剥削工人和压榨农民、社会贫富分化日益扩大、政府官僚腐败严重、允许私营企业家入党、社会主义意识形态衰落等。③部分学者坚持"资本原始积累阶段论"，认为中国当前的经济发展处于资本主义初期，属于马克思主义政治经济学所说的资本原始积累阶段。④少数学者支持"中国特色社会主义经济"，认为中国经济发展具有自己的特点，其构成主要有：土地国有、生产手段公有制为主体与经营管理的多样化、协商型的劳资关系。因而，"中国特色社会主义未来发展的经济基础是坚持公有制为主体，将市场经济作为补充，中国经济体制在 21 世纪史上将具有重要意义"②。

　　关于中国经济发展状况问题，日本学者持以下三种观点：①尽管当前中国经济高速发展，但与日本相比仍然有 40 年的差距。②中国经济发展动力是廉价劳动力，并将永远保持下去。③"中国经济崩溃论"认为，中国经济最终将因许多深刻的问题得不到解决而崩溃。不过，有的日本学者将俄罗斯的"休克疗法"与中国的"渐进改革"和"增量改革"进行比较，指出中国的渐进改革更有优势，因而是成功的。③

　　关于中国发展道路问题，德国学者给出了不同的定位。例如："效仿东亚模式的、国家资本主义道路""'政治实用主义'的、非资本主义道路""成功的、但非社会主义道路""超常规发展的、社会主义道路"。④

---

① 加藤弘之、久保亨：『進化する中国の資本主義』，岩波書店，2009 年，第 37～38 页。
② 中兼和津次：『体制移行の政治経済学』，日本経済評論社，2010 年，第 291 页。
③ 同上，第 130 页。
④ 详见王凤才、杨晓慧：《德国马克思主义学者视野中的"中国发展道路"》，《中国浦东干部学院学报》，2012 年第 2 期。

（二）中国学界的研究

"中国化马克思主义理论研究"主要聚焦以下问题：①中国化马克思主义理论总体性研究，如中国化马克思主义理论的内涵、意义，以及如何创新发展中国化马克思主义问题。②邓小平理论研究，如邓小平理论的内涵与特点，邓小平理论与马克思主义、毛泽东思想的关系问题，以及邓小平理论的地位问题。③"三个代表"重要思想研究，如"三个代表"重要思想与马克思主义、毛泽东思想、邓小平理论的关系问题，它要回答的根本问题，它的科学理论体系，以及如何落实"三个代表"的问题。④科学发展观研究，如科学发展观的内涵，以及科学发展观与马克思主义、毛泽东思想、邓小平理论的关系问题。⑤习近平新时代中国特色社会主义思想研究，如该思想的形成发展与马克思主义、毛泽东思想、邓小平理论的关系问题，习近平新时代中国特色社会主义思想体系、理论品质以及地位问题。

"中国化马克思主义现实关切问题研究"主要聚焦于：①中国话语体系问题研究，如中国话语体系的内涵、建构意义，以及建构策略等。②生态文明问题研究，如经典马克思主义生态文明思想、生态学马克思主义思想、社会主义生态文明思想，以及中国化马克思主义生态文明思想，尤其是习近平生态文明思想。③人类命运共同体问题研究，如人类命运共同体的内涵、理论基础、构建路径，以及人类命运共同体理念的意义等问题。

中国道路问题研究。2004 年，乔舒亚·库珀·雷默在发表的"北京共识"研究报告提出"中国模式"，从而掀起了关于中国模式和中国道路的研究热潮。所谓"中国道路"，即中国特色社会主义道路，就是在中国共产党领导下，立足基本国情，以经济建设为中心，坚持四项基本原则，坚持改革开放，解放和发展社会生产力，巩固和完善社会主义制度，建设社会主义市场经济、社会主义民主政治、社会主义先进文化、社会主义和谐社会，建设富强民主文明和谐的社会主义现代化国家。党的十八大将中国特色社会主义事业概括为中国特色社会主义道路、中国特色社会主义理论体系与中国特色社会主义制度的统一。

习近平在十二届全国人大一次会议闭幕式讲话中明确指出，"中国道路"就是中国特色社会主义道路。至此,关于什么是"中国道路",在国内已经基本达成共识。从此以后,关于中国道路问题的研究更加深入。例如:①关于中国道路的内涵问题,即政治经济文化社会生态等方面的全面推进,在全球化的时代背景下,坚持独立自主与开放包容相统一。②关于中国道路的特征问题,学者们从不同角度对之进行了探讨。有学者认为,实践理性、强势政府、稳定优先、民生为大、渐进改革、顺序差异、混合经济、对外开放;强调中国道路的创新特质,认为中国道路是既不同于资本主义,又大相径庭于苏联的社会主义制度;①因此,坚持社会主义是中国道路的根本特征。③关于中国道路的意义问题。有学者认为,中国道路的贡献在于:阐明了社会主义发展阶段理论,论述了社会主义本质,探索了社会主义发展动力,发展了科学社会主义的建党学说;②并且,中国道路还具有世界意义:开辟出了一条不同于西方化,却更成功的现代化道路,在发展经济、摆脱贫困方面,为第三世界指出了奋斗方向,开创出了当代社会主义的新形态。③

当然,21世纪中国马克思主义关于中国道路问题的研究,还应该重点关注以下几对重大关系。例如:中国道路的普遍性与特殊性关系问题,现代化道路与社会主义道路的关系问题,改革开放前后的道路的关系问题,坚持中国道路与排除各种干扰的关系问题,坚持走和平发展道路与坚决维护国家核心利益的关系问题等。

综上所述,21世纪世界马克思主义研究取得了很大成就,但仍然存在着许多需要进一步思考的问题。例如:学术性需要进一步提升,思想性需要进一步深化,现实性需要进一步加强,尤其重要的是如何将学术性、思想性、现实性统一起来? 如何处理好学术研究与意识形态的关系问题? 更进一步地说,21世纪世界马克思主义研究需要处理好以下十个问题:①马克思思想与马克思主义的关系;②马克思主义之科学性与批判性的关系;③马克思主义之理论与实践的关系;④马克思主义科学与共产主义信仰的关系;⑤马克思主义作为意识形态与作为学术的关系;⑥马克思主义之学术性、思想性、现

---

① 孙力:《制度创新:中国道路的核心机制》,《江苏行政学院学报》,2011年第5期。

② 陈学明:《论中国道路对科学社会主义理论的发展》,《中国浦东干部学院学报》,2015年第6期。

③ 徐崇温:《中国道路的国际影响和世界意义》,《毛泽东邓小平理论研究》,2018年第1期。

实性的关系;⑦马克思主义之学术话语、体制话语、大众话语的关系;⑧马克思主义之世界性与民族性、普遍性与特殊性的关系;⑨马克思主义之单数性与复数性、统一性与多样性的关系;⑩国外马克思主义与中国化马克思主义的关系。在马克思主义研究中,要确立对待马克思主义的正确态度,即从理论和实践两个维度,坚持继承与发展创新马克思主义;反对三种错误倾向,即马克思主义的教条主义化、马克思主义的虚无主义化、马克思主义的实用主义化。只有这样,才能使21世纪世界马克思主义以完整真实的形象呈现在世人面前。

王凤才(复旦大学)

刘利霞(四川大学)

法国激进左翼哲学中的
毛泽东思想与当代启示

新中国成立后,毛泽东的哲学文本在法国得到翻译和出版,法国马克思主义者开始将毛泽东思想视为无产阶级政治实践的重要思想资源。到了20世纪60年代,随着法国激进左翼实践的发展,以及以阿尔都塞为代表的结构主义哲学家对毛泽东辩证哲学的转述,毛泽东思想成为法国进步知识分子和工人阶级争取自由和民主的理论武器。然而由于毛泽东思想在当代法国政治哲学中始终被选择性地塑造为既与资本主义政治霸权对立,又与一切形式国家机器对立的激进思潮,其完整的哲学方法论并没有真正得到呈现,其所揭示的矛盾不平衡发展的客观层面也并未得到重视。随着冷战后新自由主义对历史和政治的重构,毛泽东思想作为法国激进左翼的批判符号的意义更为明显。当代资本主义的危机与失效折射出新民主主义革命以来包括毛泽东思想在内的解放理论之必要性与合理性,迫使今人更为客观地理解20世纪左翼哲学探索的正反经验,进而实现以学术之自我革命提供社会之思想解放的新条件。

毛泽东思想(La pensée Mao Zedong)也许在一个资本主义或消费主义的语境中是突兀和不合时宜的,似乎只属于那个遥远的、与当代断裂的时空。但在20世纪至今的法国政治哲学中,毛泽东思想始终是一个不可磨灭的路标,指向对资本主义霸权的非正义性的揭露,鼓舞着法国左翼学者持续表达对资本主义私有制及其政治秩序的不满,并坚持以唯物史观对各种抽象伦理原则发起批判。在当代法国政治哲学中,毛泽东是一个多元的形象,并非只是来自东方和异质性社会(社会主义国家)的政治理论或哲学方法论,而是指代了不同历史时期法国无产阶级政治实践的特定目标。

　　至今仍然如雷贯耳的当代法国政治哲学家名字,绝大多数都与毛泽东思想产生过(或仍存在)密切联系,他们或是通过学术研究宣传过毛泽东哲学,或是参与过毛泽东思想组织,或是为毛泽东旗帜下的群众反抗运动积极奔走。例如,萨特曾经是"革命万岁派"(Vive la révolution)等左翼机构的参与者,不断用他的世界性威望为毛泽东思想期刊的编辑们提供支持,甚至冒着被逮捕的危险与妻子波伏娃一起上街散发进步报刊。① 又如,阿尔都塞等直白地表明自己是毛泽东思想身份的哲学家——作为早期毛泽东思想组织UJC–ML 的理论启发者,曾经匿名为"马列主义共产主义青年联盟"(Union de la Jeunesse Communiste Marxiste–Léniniste)的机关刊物《马克思列宁主义札记》撰写支持"文化大革命"的文章,该组织的多位领导人(尤其是罗伯特·兰阿赫)大多是阿尔都塞的学生或朋友。② 阿尔都塞对辩证唯物主义和历史唯物主义(或历史科学)的辩护,使得结构主义不再被存在主义马克思主义、人道主义和异化等概念所困扰,也使得大量进步学生"涌向"阿尔都塞,包括乌尔姆俱乐部(cercle d'Ulm)的学生。③ 再如,福柯等在毛泽东思想组织外围对毛泽东思想提供支持。一方面,毛泽东思想及其指导下的法国进步运动对福柯的影响体现在,法国毛泽东思想政治犯对拘留条件、政治和一般法律的绝食抗议,使得福柯开始关注监狱问题,并且最终和德勒兹(Gilles Deleuze)、多梅纳克(Jean–Marie Domenach)和纳凯(Pierre Vidal–Naquet)一起成立了"监狱信息组织"(Groupe d'information sur les prisons)。④ 另一方面,体现为福柯对左翼哲学家的支持和保护,他在文森大学任哲学系主任时所聘任的毛泽东思想激进分子阿兰·巴迪欧(Alain Badiou)、雅克·朗西埃(Jacques Rancière)是至今仍活跃于欧洲的哲学学者。其中,巴迪欧的毛泽东思想政治实践经验极为丰富,在1969 年脱离社会党后,与出走"无产阶级左派"的娜塔莎·米歇尔(Natacha Michel)、席尔万·拉撒

----

　　① 　[美]马克·波斯特:《战后法国的存在主义马克思主义:从萨特到阿尔都塞》,张金鹏、陈硕译,南京大学出版社,2015 年,第73 页。

　　② 　[法]路易·阿尔都塞:《保卫马克思》,顾良译,商务印书馆,2011 年,第259~260 页。

　　③ 　[美]马克·波斯特:《战后法国的存在主义马克思主义:从萨特到阿尔都塞》,张金鹏、陈硕译,南京大学出版社,2015 年,第325 页。

　　④ 　Michel Foucault, *Dits et écrits*: 1954—1988, II, Gallimard, 1994, p.24.

路(Sylvain Lazarus)等人成立了毛泽东思想组织马列主义共产同盟(l'Union des communistes de France marxiste – léniniste)。他坦言,哲学在其政治主体性中扮演着重要角色,其中萨特是他的第一个路标(balise),但是他的政治主体性是与现实事件相关的(如阿尔及利亚战争、"五月风暴"),这些政治事件对他所要坚持的"真"哲学产生了重大影响。因此,准确地说,巴迪欧的马克思主义传统是在"后1968时代"对毛泽东思想的复归。[①] 而与他同一时代的朗西埃,虽然方法论未必一致,但是对毛泽东思想的忠诚却是其半个世纪以来最为鲜明的政治哲学特征。

一、阿尔都塞:《矛盾论》的结构主义嫁接

毛泽东思想首先引起法国政治哲学家关注的,并非是某种与中国传统相关的东方特质,而是对马克思主义辩证法的发展。一方面,这与毛泽东带给法国马克思主义者的最初形象有关。中国革命的胜利和毛泽东哲学文本的翻译出版,[②]使得毛泽东思想摆脱了某种异质的东方符号(例如孔子之于启蒙政治哲人),成为能够直接与现代政治实践衔接的理论。对于法国马克思主义者而言,毛泽东是"新列宁",是一流的马克思主义哲学家,同时也是一位天才的政治战略家。[③] 另一方面,这与法国马克思主义哲学的理论和实践需求有关。在理论上,战后受列宁主义和斯大林主义影响的学者,不论是为了法共的政治宣传,还是为了捍卫唯物主义,都急于对让·伊波利特(Jean Hyppolite)和自《巴黎手稿》译介以来的黑格尔主义进行清算。而毛泽东的矛盾论正好符合这一理论需求,能够用以说明"马克思主义中黑格尔遗产的断裂"[④]。在实践上,在与戴高乐政府对抗中处于弱势的法国马克思主义者,需要一种新的马克思主义来解释理论与策略、理论与实践的辩证关系,而毛

---

① Alain Badiou, Marcel Gauchet, *Que Faire*? Philo éditions, 2014, p. 21.
② 1952年,《矛盾论》首次被翻译成法文,并刊登在法共官方刊物《共产主义手册》上。
③ [法]路易·阿尔都塞:《政治与历史:从马基雅维利到马克思(1955—1972年高等师范学校讲义)》,吴子枫译,西北大学出版社,2018年,第17~24页。
④ 同上,中文版序第20页。

泽东关于"矛盾的各种不平衡情况的研究"①正好符合这一实践需求。如果说亚历山大·科瓦雷(Alexandre Koyré)、科耶夫和伊波利特的黑格尔哲学研究,让法国知识分子开始辩证地、而非实证主义地看待政治现象,那么毛泽东的辩证哲学则促使法国马克思主义政治哲学从方法论到实践指向都发生了革命性的转变。在熟练引用《矛盾论》的哲学家中,阿尔都塞和巴迪欧较为清晰地展现了这种引用的意图和落脚点。

《矛盾论》介入了结构主义的方法论,激励了法国马克思主义者的斗争实践。在20世纪60年代的法国知识界,对唯物辩证法的理解不仅是一个学术之争,更是一个对"马克思主义是生死攸关的"的重大问题。② 这是因为原先那种黑格尔主义的解读不仅会使得人臣服于冷战后西欧资产阶级政治统治的合理性,而且会使人囿于历史规律的教条而畏惧投身于可能"尚未成熟"的革命实践。为了解决这一问题,阿尔都塞借用毛泽东对矛盾的不平衡性的论述,一方面试图说明马克思对黑格尔辩证法结构的改造并非"颠倒",另一方面试图打破经济决定论和历史决定论等唯心主义教条,以启发马克思主义者去发现矛盾运动的多元决定的本质。

当然,这种借用要在远离中国上万千米的资本主义的法国产生影响,首先需要对毛泽东的矛盾理论进行有效的澄清和辩护。阿尔都塞尤为关注矛盾的不平衡发展(développement inégal)。在他看来,这是列宁和毛泽东的原创性概念,正确地解释了社会形成过程中多元决定的特征,并展现了历史真实(historique réel)的结构中共存着前进、后退、生存、发展的不平衡。③ 马克思主义哲学中存在着的各种(发展的、生存的、意识的)不平衡,实际上说明了没有一个矛盾可以单独地发展,在不同时空的矛盾不平衡运动促成了多元的社会发展方式。④ 他甚至认为,列宁和毛泽东的著作(《哲学笔记》和《矛盾论》)"在形式上已经相当完善"地解答了马克思主义辩证法有别于黑格尔辩证法的特性,以至于当代法国学者只要进一步思考、追根究源和加以

①　《毛泽东选集》(第一卷),人民出版社,1991年,第326页。

②　[法]路易·阿尔都塞:《保卫马克思》,顾良译,商务印书馆,2011年,第81页。

③　Louis Althusser, Etienne Balibar, Roger Establet, Pierre Macherey, Jacques Rancière, *Lire Le Capital*, Presses Universitaires de France, 2014, p.293.

④　Ibid., 2014, p.291.

发挥就可以了。① 当然,时人对外来的毛泽东辩证哲学的责难对阿尔都塞形成了挑战。针对毛泽东忽视一般矛盾运动的批评,阿尔都塞的辩护是:毛泽东所研究的对象并非是"只有一对矛盾的简单过程",而是"包括许许多多的矛盾"的整个社会,同时革命实践的情势和时间也不允许脱离具体社会的抽象研究。② 针对一些人对"普遍性存在于特殊性"原则的黑格尔主义误判——似乎毛泽东所说的普遍性"需要有一种附加普遍性才能够产生出特殊性",阿尔都塞的辩护是:毛泽东所说的"特殊性普遍地属于矛盾的本质性"并非是普遍性的前提,而是针对作为普遍性抽象化或产生哲学的(意识形态的)欲念,强迫其回到具有科学特殊性的普遍性地位。③ 阿尔都塞甚至为了论证马克思主义与黑格尔主义之间的断裂,不断试图将毛泽东的矛盾特殊性概念嫁接到社会作为结构的复杂统一体的论述,并指出在《政治经济学批判导言》和毛泽东1937年的论文中已经再也找不到黑格尔范畴的"丝毫痕迹"了。④

在结构主义兴起的20世纪中期,阿尔都塞的毛泽东思想辩证法及其历史科学几乎逼退了已繁荣半个世纪的存在主义马克思主义,而他对《矛盾论》基本概念的澄清和辩护最终被证实是卓有成效的。这主要体现为在阿尔都塞的影响下,法国马克思主义者对实践和理论辩证关系的理解终于摆脱了第二国际以来的教条特征,离弃了实证主义传统下的实践-理论的二元理解。毛泽东说:"客观现实世界的变化运动永远没有完结,人们在实践中对于真理的认识也就永远没有完结。马克思列宁主义并没有结束真理,而是在实践中不断地开辟认识真理的道路。"⑤

在阿尔都塞之前,这也许并不容易被法国马克思主义者广泛地接受。一方面,马克思主义作为某种"异质性"的理论,始终以德国哲学、列宁斯大林主义的形象而成为某种"洋教条";另一方面,从笛卡尔直至拉美特利、孔德、涂尔干,长达三个世纪的理性主义-实证主义传统,使得法国唯物主义者

---

① [法]路易·阿尔都塞:《保卫马克思》,顾良译,商务印书馆,2011年,第175页。

② 同上,第188页。

③ 同上,第176页。

④ 同上,第193~194页。

⑤ 《毛泽东选集》(第一卷),人民出版社,1991年,第296页。

始终处于一种理论"冒险"中,即谋求通过激进地运用特定理论来解决实践
中复杂的问题。这种现象归根到底是一种辩证理解的匮乏,既无法辩证地
认识实践-理论的矛盾关系,也无法辩证地对待作为实践对象的社会结构的
矛盾运动。在阿尔都塞看来,法国马克思主义者之所以从盖德主义者(gues-
distes)到二战后法共始终遭遇政治实践的失败,并非由于理论不具有真理
性,而是因为他们无法正视"具体的现实"和"当时的历史现实"。当"所有
的矛盾都受不平衡法则的制约",就"必须不惜一切代价去区分主要矛盾和
次要矛盾,区分矛盾的主要方面和次要方面"。① 中国共产党和布尔什维克
党已经证明了这一点,当历史出现断裂的"有利时机",如果能够认识到矛盾
的特殊性,把握到矛盾的主要方面,亦即掌握整体结构各环节间相互依存条
件的复杂关系,就能够在落后国家或弱势地位实现革命的胜利。②

　　当然,这种条件和矛盾特殊性的概念并不能满足具有理论洁癖的法国
马克思主义者,他们不仅认为毛泽东和列宁的矛盾不平衡性的理论不过是
权宜之计,更认为没有必要去解决这些离理论和概念十分遥远的"极端经验
主义的问题"。阿尔都塞则认为,必须"花九牛二虎之力去阐述一个早已经
被认识了的真理"。正如关于矛盾特殊性的真理虽然在毛泽东哲学文本中
已经十分清晰,并且在新民主主义革命实践已经被证实,但是对法国马克思
主义者而言,在其自身的实践中承认这一真理并不等于认识了这个真理(上
升成为理论)。③ 结合矛盾的不平衡发展,这种"与辩证唯物主义浑然一体的
唯物辩证法",实际上就是要打破作为平衡论或均衡论的各种教条主义。作
为一种以《矛盾论》为奥援的哲学方法论,阿尔都塞的结构主义政治哲学通
过矛盾主次方面的转化,赋予"马列主义共产主义青年联盟"和"无产阶级左
派"向帝国主义政权进攻的信心和勇气,并通过主次矛盾的关系部分地教会
了法国进步学生和工人在实践中把握关键问题。在十月革命后,不断被动
地接受第三国际理论指导的法国马克思主义,实际上只有在阿尔都塞及其
毛泽东思想辩证结构之后,才真正开始在本土政治实践中寻求法国理论的

---

① ［法］路易·阿尔都塞:《保卫马克思》,顾良译,商务印书馆,2011 年,第 6 页。
② 同上,第 202 页。
③ 同上,第 157~159 页。

努力。各种毛泽东思想政治组织在"五月风暴"前后震撼了西方世界的理论和实践,初次证明了毛泽东关于矛盾不平衡性的理论,已经被法国马克思主义者作为"革命政党正确地决定其政治上和军事上的战略战术方针的重要方法之一"①。

二、从马克思到毛泽东:重构政治概念的参照

阿尔都塞对毛泽东的辩证哲学的方法论嫁接,在政治哲学领域最终体现为"读《资本论》"小组成员对马克思主义、政治和历史的重新理解。虽然朗西埃等毛泽东思想哲学家最终与阿尔都塞决裂,但是阿尔都塞用以定义"症候阅读"的辩证方法最终在当代法国激进左翼政治哲学中得到继承。对于文本,"症候阅读"是一种超越性的"远征",它会使得文本中的问题得以澄清并传递到其他文本和症候。这要求读者在解读当代问题和《资本论》的时候,结合毛泽东哲学文本和马克思的《1857—1858 年经济学手稿》所提供方法论的文本(L'texte méthodologique)。② 对于实践,"症候阅读"所关注的是马克思主义哲学的实践存在(existence pratique),即存在于分析资本主义生产方式的科学实践中的个人实践状态,存在于工人运动历史的政治经济实践。这将使得文本中不可见的问题变得可视化。正如在能动的政治(politique active)中所展现的那样——列宁通过革命实践中的沉思发展了马克思主义辩证法的具体理论形态。而毛泽东的《矛盾论》进一步发挥了这一原则(ce principe),典型表现了马克思主义辩证法在政治实践中的反映。③ "症候阅读"虽然并不完全等同于毛泽东关于正确认识的论述,但在法国工人运动风起云涌的历史情势下很好地推广和宣传了毛泽东的研究(实践)方法——"通过实践而发现真理,又通过实践而证实真理和发展真理"④。这使得阿尔都塞之后的法国马克思主义者衔接起了文本和实践、马克思主义经典理论

---

① 《毛泽东选集》(第一卷),人民出版社,1991 年,第 326～327 页。

② Louis Althusser, Etienne Balibar, Roger Establet, Pierre Macherey, Jacques Rancière, *Lire Le Capital*, Presses Universitaires de France, 2014, p. 30.

③ Ibid., pp. 28 – 29.

④ 《毛泽东选集》(第一卷),人民出版社,1991 年,第 296 页。

和实践催生的新理论,并产生了延续至今的法国马克思主义者对政治概念的激进重构。

首先,政治的定义。以巴迪欧为例,当代法国激进左翼既承接了《共产党宣言》,又融合了对"文化大革命"的叙事。作为 1848 年革命的指导纲领,《共产党宣言》中的政治(politisch)作为一个定语,所揭示的历史真理几乎被 19 世纪末以来的法国马克思主义者"原封不动"地保留在每一个阶段的斗争实践中。"一切阶级斗争都是政治斗争"①成为一个原则性的律令,要求马克思主义者必须将革命政治首先定义为阶级斗争(Klassenkampf),而非那种王侯将相和资产阶级用以维持秩序的统治技艺。因此,不难理解巴迪欧所定义的政治是那种与作为阶级统治工具的国家相对立的阶级斗争状态,亦即国家和党派的那种"政治"只能产生"反政治的主体"。与之相反,正如巴迪欧"在毛泽东思想中所发现的",共产主义运动的观念绝不能被付诸国家机器(l'appareil d'état),而是要通过独立的群众运动,甚至区别于党的群众组织,"造反"也因此成为一种必要。②他公开表示自己所支持的共产主义既不是某种停留于哲学文本的理念,也不是被官僚化的党派所代表的共产主义,即那种严重依赖于权力的苏联的共产主义,而是体现在法国变体(variantes)中的毛泽东思想和"文化大革命"的事件。③他甚至认为,"列宁晚年对国家的长期存在感到失望",而毛泽东则更加冷静和大胆,使得真正的政治和共产主义运动在"文化大革命"中如火如荼地达到巅峰。④

除了用法国化的激进毛泽东思想强化了阶级政治的概念,对于巴迪欧而言,米利安·达隆妮、汉娜·阿伦特或其他自由主义传统下的"政治哲学家们"提供的通过投票/计数带来自由的方案,根本谈不上是真正的"政治"挑战。因为从启蒙时代直至当代自由主义的政治伦理原则,不过是完成了国家机器运转所需要的"政治幻想"(politischen Illusionen)。⑤作为巴迪欧多年"战友"的朗西埃则更为直接地向代议制民主发起了攻击,结合当代资本

---

① 《共产党宣言》,人民出版社,1997 年,第 37 页。
② Alain Badiou, Marcel Gauchet, *Que Faire?* Philo éditions, 2014, p. 52.
③ Ibid., p. 18.
④ [法]阿兰·巴迪欧:《存在与事件》,蓝江译,南京大学出版社,2018 年,第 140 页。
⑤ 《共产党宣言》,人民出版社,1997 年,第 30 页。

主义社会症候,揭示民主政治的本质不过是统治阶级向人民索取的虚伪的赞同。①

其次,在实践中澄清和检验已有的政治哲学概念。毛泽东在《矛盾论》中指出:"人的概念的每一差异,都应把它看作是客观矛盾的反映。客观矛盾反映入(疑为人——编者注)主观的思想,组成了概念的矛盾运动,推动了思想的发展,不断地解决了人们的思想问题。"②这种被 20 世纪前结构主义思潮指认为"反映论"的认识论,因结构主义对毛泽东思想的重视而被唤醒。尤其在"五月风暴"作为起点而非终点的法国工人运动实践中,不断失败却又坚持反抗的斗争实践,启发了原先对权利、国家、阶级和秩序等政治哲学概念知之甚少的工人,让参与其中的知识分子也进一步走出概念的迷雾,在实践所带来的客观矛盾中进一步认识资本主义社会真实的内在结构,从而更新了用以指导实践的理论和概念。

这一过程较为典型地反映在 20 世纪 70 年代初,福柯与一些毛泽东思想政治组织成员如邦尼·莱维和卡罗尔(K. S. Karol)的对话中。③ 在对话中,福柯代表了进步"政治哲人"对毛泽东思想组织的同情,以及对政治哲学概念之纯洁度的坚持,而莱维和卡罗尔代表了"哲人政治"在毛泽东思想实践中对政治哲学概念的反思。在 1972 年 2 月 5 日的对话中,福柯、德勒兹和化名为维克多(Victor)的邦尼就人民正义展开辩论。④ 福柯根据国家政治和法权现象的历史特征,质疑毛泽东思想者所要建立的"人民法庭"是国家机器的脆弱胚胎(l'embryon)的萌芽。因为一旦具备国家机器特征的法权秩序得到建立,不论其出发点是否超脱于阶级,都可能造成潜在的阶级压迫。更为重要的是,人民法庭是否能够"中立于人民与敌人",因此能够区分真与假、罪恶与无辜、正义与非正义?这难道不是另一种反对人民正义的方式吗?作为人民正义之形式的法庭,在历史上(例如资产阶级历史)难道不是最终

---

① [法]雅克·朗西埃:《对民主之恨》,李磊译,中央编译出版社,2016 年,第 57 页。

② 《毛泽东选集》(第一卷),人民出版社,1991 年,第 306 页。

③ K. S. Karol 的真名是 Karol Kewes。

④ 由于无产阶级左派(Gauche prolétarienne)在 1972 年已经成为非法组织,因此福柯用笔名来保护对话者,Victor 即 Benny Lévy,他当时是毛泽东思想组织的主要负责人,但在对话中伪装成萨特、德勒兹和 André Glucksmann 的秘书。(参见 Michel Foucault, *Dits et écrits*:1954—1988, II, Gallimard, 1994, p.340。)

都被扭曲了吗?[①] 邦尼并没有用概念来回击福柯,而是以中国革命的经验和事例进行澄清。他认为,举资产阶级革命的历史是不恰当的,因为真正的人民法院只在无产阶级运动中出现过。在中国革命进程中,最初出现的是群众的意识形态革命。在起义的农村,农民坚持反抗敌人,并通过处决专制者来回应数个世纪的折磨。在革命中人民处决敌人的案例不断增加,这被人民公认为是人民正义的实施;这说明农民的眼睛是雪亮的,所有进步的事情都在农村快速发展。当革命政党成立红军(Armée rouge)后,情况就开始发生变化,出场的不再只是起义群众和敌人,而是敌人、群众和作为群众的联合的红军。自此,人民正义的实施被红军所支持和规定,复仇行为需要通过司法权(juridictions),这种起点是人民正义直接行为的权利,与过去任何司法都是不同的。[②]

在1972年的另一场辩论中,福柯对毛泽东判断阶级立场的词句提出质疑,因为毛泽东所给出的判断左右的标准"总体上太模糊了"(en général très ambigus)。卡罗尔则更为巧妙地解读了这种模糊性,认为它是为了抓住"矛盾不平衡性"的内在意图。他认为,毛泽东及其词句的确在"文化大革命"中与权威息息相关,但毛泽东并不能直接干预革命,他只希望让群众自己发言。尤其在革命形势十分严峻的情况下,即"四旧"(les quatre vieilles)不论在中国还是在发达资本主义国家都是根深蒂固的,毛泽东的政治指示的"模糊性"赋予革命群众自觉性和自主性的空间。[③] 总之,毛泽东的辩证哲学和革命实践为法国马克思主义者重构政治哲学核心概念提供了充沛的资源,但在实践层面并没有收获与之对等的、足以撼动资本主义统治秩序的力量。因此,在某种程度上,毛泽东思想被法国毛泽东思想者转化为某种单纯意识形态的工具,而非变革政治经济的革命实践导向。

---

①② Michel Foucault, *Dits et écrits*: 1954—1988, II, Gallimard, 1994, p. 341.

③ Sur La Seconde Révolution chinoise, 1re partie, *Libération*, No. 157, 31 janvier 1974, p. 10.

三、从文本到现实：问题与未来挑战

随着"五月风暴"的"精英化"①蜕变和最终失败，马克思主义和毛泽东思想的"火堆"在法国政治哲学中逐渐冷却。虽然毛泽东思想在 20 世纪中叶法国无产阶级运动中扮演了极为重要的角色，但这毕竟是在法国的具体客观条件下发生的政治事件。法国无产阶级和进步知识分子对毛泽东思想的理解和运用，最终必然遭遇客观历史所造成的组织和意识形态的局限性。"五月风暴"和法国政治哲学中的毛泽东和马克思主义的符号，大多数时候都与"巴枯宁及其支持者"存在着历史共性，服务于实现直接民主、否定国家和阶级社会的纯粹自由的意识形态。② 事实上，发展至今的法国政治哲学中的毛泽东思想因素，随着巴迪欧和朗西埃对社会舆论的积极介入，仍然发挥着强大的社会影响力。然而这并不意味着他们继承自 20 世纪 60 年代的法国毛泽东思想的理论问题得到了解决。具体而言，当代法国政治哲学对毛泽东思想的转述主要存在两个方面的问题。

第一，对马克思主义和毛泽东思想的片面选择。在 20 世纪早期的法国马克思主义者那里，马克思的文本或是被选择性地用来向柏格森主义和笛卡尔主义开火，或是被选择性地用来建构存在主义和人道主义的马克思主义。马克思的哲学没有完整地在 20 世纪初的法国政治实践中出场，甚至直到 20 世纪中期都没有完整的马克思著作法文译本。从保罗·尼赞（Paul Nizan）、乔治·波利策（Georges Politzer）、诺伯特·古特曼（Norbert Gutermann）、萨特直到当代激进左翼的理论线索中，法国学者对本国和苏联官方马克思主义的警惕，最终使得他们一直没有正视作为整体的马克思主义哲学。例如，巴迪欧虽然肯定了马克思所揭示的阶级社会政治程序的真理，并最终认为经

---

① "五月风暴"的"精英化"既体现在参与者的构成上，又表现为抗争运动的场所。正如阿尔都塞所指出的，"五月风暴"的重要性原本应该体现在生产场所，最终却局限于被占领的大学或剧场等"文化庙宇"。（参见 Keith A. Reader, Khursheed Wadia, *The May* 1968 *Events in France: Reproductions and Interpretations*, Macmillan Press, 1993, p.4。）

② Guy Debord, *The Society of the Spectacle*, trans by Ken Knabb, Bureau of Public Secrets, 2014, p.43.

典马克思主义对于国家的描述在形式上是正确的,但是它的一般辩证法并不正确。经典马克思主义最终将政治还原为"赘余项"(国家机器),而主张"赘余项"是令人无法容忍的。①

毛泽东思想在法国哲学中更为明显地遭到"切割""挑选"和"重新包装"。一方面,这是因为毛泽东思想从发展脉络上并不具有马克思那样的首创性,而是被放置于马克思、恩格斯、列宁乃至斯大林这一序列的延续之中。例如,卢西恩·比安科(Lucien Bianco)就认为,"毛泽东主义"是列宁主义的一个变体(une variété),尤其是毛泽东的群众路线(ligne de masse)和民主集中制(centralisme démocratique)理论。尽管比安科承认"毛泽东主义"不是对列宁主义的复制(une copie),但也认为可以在毛泽东思想中看到永久革命(la révolution permanente)的托洛茨基的影子。② 另一方面,马克思主义和毛泽东思想实际上从来没有在 20 世纪中期以来的法国政治哲学中成为一种准则和方向,而是一直作为法国激进左翼政治的补充性思想资源。巴迪欧曾强调:"我从没有在过去或今天,成为马克思的盲目门徒,我甚至不是一个马克思主义者。至于毛泽东,我对他的评价是选择性的(sélective),根据政治情势和我的知识兴趣。"③在某种意义上,阿尔都塞对毛泽东的"矛盾不平衡性"的借用,将合理性赋予了这种对马克思主义和毛泽东思想的"选择性"理解。而罗兰·巴特的"试衣服"的比喻更为生动地解释了法国政治哲学中马克思主义和毛泽东思想的真实形象:

> 通过马克思主义的双眼,我想到了阅读书的欲望。我想象了一个画面:一个知识分子决定成为马克思主义者。他开始为自己选择马克思主义。哪一种马克思主义将成为主流呢? 列宁? 托洛茨基? 卢森堡? 巴枯宁? 毛泽东? 还是波尔迪加(Bordiga)或者别的什么人? 他走进图书馆,阅读所有的书,就像一个人不停地试衣服,选择最适合(convient)他的马克思主义,准备挑选最符合自己体型和经济状况的那种马克思

① [法]阿兰·巴迪欧:《存在与事件》,蓝江译,南京大学出版社,2018 年,第 139 页。
② Lucien Bianco, Essai de définition du maoisme, *Annales*, *Histoire*, *Sciences Sociales*, 1979, Vol. 34.
③ Alain Badiou, Marcel Gauchet, *Que Faire?* Philo éditions, 2014, p.73.

主义来开展关于真理的演说。①

第二,对意识形态革命的过度重视。从政治组织、口号和运动目标看,"五月风暴"中的知识分子实际上是将想象中的"文化大革命"复制到法国。他们将"文化大革命"的反官僚主义转述为对包括法国共产党在内的法国国家机器、政党和权力秩序的颠覆,将群众运动转述为进步知识分子和工人带领下的占领行动。但是正如巴里巴尔批判阿尔都塞关于毛泽东思想和"文化大革命"的想象一样,法国政治哲学中的毛泽东思想"很可能过于依赖一些在西方流传的神话,其中一些变形和过分的东西必须得到纠正"②。这种想象体现为对无产阶级实践的狭隘化,即意识形态和政治领域的解放。例如,巴迪欧认为,"在20世纪的所有冒险中,最为进步(le plus avancé)和具有希望的是中国的'文化大革命'"③,同时坦诚自己"并不是对毛泽东的一切都知晓"。然而尽管他认为自己认识到新中国的政治制度与苏联"有着不可争辩的延续性",官僚阶级所掌握的过剩权力(pouvoir démesuré)有着一定的共性,但是却对这些方面"没有关注",因为他主要感兴趣的是"文化大革命"。④

这是对中国社会主义革命和建设实践选择性的言说。这种既承认现实制度缺陷又坚持片面想象的悖论,在其他20世纪法国左翼政治中并不鲜见。例如,波伏娃主编的《女性主义问题》中的观点:艾伦·廷克(Irene Tinker)认为中国官方媒体热情宣传社会平等,但是在军队和政府首脑中几乎都是男性。那些访问过中国的人都被中国政府争取男女平等的努力而震撼,但那些到了联合国的中国代表,发现其他国家的男性根本无法理解女性应该被平等对待。⑤又如,米歇尔·洛依在1974年10月访问中国之后,认为知识分子和妇女的问题是批判儒家妇女观的关键。⑥廷克和洛依的看法的确有

①　Roland Barthes, *Roland Barthes par Roland Barthes*, Seuil, 1980, p.159.

②　[法]路易·阿尔都塞:《政治与历史:从马基雅维利到马克思(1955—1972年高等师范学校讲义)》,吴子枫译,西北大学出版社,2018年,第17页。

③　Alain Badiou, *Quel communisme? Entretien avec Peter Engelmann*, Bayard, 2015, p.8.

④　Alain Badiou, Marcel Gauchet, *Que Faire?* Philo éditions, 2014, p.54.

⑤　*Questions féministes*, Sept. 79, No.6, Tierce, Paris, 1979, p.84.

⑥　Ibid., pp.40-43.

现实参照,但仅仅抓住了毛泽东思想的政治解放层面,并没有看到中国女性解放的经济基础,即对旧社会土地所有权和生产方式的变革。

　　这两方面的问题虽然在 20 世纪中期可能只是体现为法国左派的路线之争,但在冷战结束后迅速发酵为对法国马克思主义者的巨大挑战。首先,新自由主义"保守革命"掀起"历史终结"的挑战。巴迪欧指出,由革命政治所开启的"20 世纪"十分短暂,以列宁的 1917 年(实际上这可以更为久远地追溯到罗伯斯庇尔的 1793 年)为开端,在斯大林的 1937 年达到顶峰,而在毛泽东逝世的 1976 年本质上走向结束。[1] 这个世纪之所在政治意义上仅仅持续了 60 余年,是因为在 20 世纪 80 年代以来新自由主义几乎重构了关于政治的定义,代议制民主及其统计学"真理"成为终结历史的元叙事,而从马克思到毛泽东给予人类的政治可能性被淹没在以消费主义为代表的资本主义文化工业的喧哗中。其次,一些对历史知之甚少的人轻信了新自由主义编写的关于正义和自由的历史,甚至认为马克思主义是法西斯的同谋。对此,巴迪欧试图为毛泽东思想和无产阶级运动进行辩护。例如,他指出在 20 世纪 60 年代,中国共产党虽然保持了斯大林主义的制度形式,但毛泽东的确试图通过领导造反来抗击官僚化的不平等,这与重建的"总体主义"(totalité)是相去甚远的。这种所谓的"极权主义"实际上只是现代社会的强制分工(violentes divisions)的产物。因为共产主义的哲学完全是辩证的,依赖于矛盾的运动,而纳粹则固定于一种人类的"纯正"本质的生物根据。因此,将历史上的共产主义与任何极权主义的宗教等同起来是高度悖论的,在本质上也是不合法的(infondé)。[2] 这个危机在国内学术界被标示为"历史虚无主义"。在从来没有无产阶级实行有效执政和治理的法国,这个危机不仅更为猛烈,而且造成的负面影响更广。正如朗西埃所指出的,当代资本主义的"新历史"将以统计学的方式被社会学家和经济学家标示出来:对于那些满足于资本主义总体秩序(l'ordre général)的人而言,没有什么特别事件是值得研究的。[3]

---

①　Alain Badiou, *Le Siècle*, Seuil, 2005, p. 12.

②　Alain Badiou, Marcel Gauchet, *Que Faire?* Philo éditions, 2014, p. 47.

③　Jacques Rancière, *Les noms de l'histoire: Essai de poétique du savoir*, Seuil, 1992, pp. 13-14.

　　当代法国和西欧社会对于阶级政治的冷漠，或许体现了资本主义文化工业对民众的意识形态重构，但其本质体现了 20 世纪法国马克思主义者政治实践和理论的局限。也许"五月风暴"中的毛泽东思想者仍然没有走出启蒙时代对中国和其他异质性理论（如马克思主义）的片面想象，在追求激进概念的政治行动中，试图实现某种巴特意义上的新词（sinité）①，而非真正具有经济基础的新社会。

　　值得肯定的是，在法国政治哲学中具有多重面向的毛泽东思想，虽然具有各种内在冲突和断裂（例如巴迪欧/朗西埃、朗西埃/阿尔都塞、阿尔都塞/萨特），但至今仍然将毛泽东思想作为坚持马克思主义阶级批判的政治观点的重要依据。毛泽东思想在当代法国政治思潮中的先锋地位，不仅在于其反对资本主义政治霸权的本质要求，更在于其对一切已有的无产阶级政治的局限性的批判。正如巴迪欧所指出的，毛泽东所做的一切都是为了"反对政治的取消"，"他在接见红卫兵时，虽然被人们视为政治领袖，但是却告诉人民：'将你自己和国家事务融合起来'"。② 这里，不仅是一种对斯大林遗产相反的姿态（un geste），更启发当代人去反思自我标榜为"自由"的代议制民主。在当代法国政治哲学中，朗西埃对代议制民主的意识形态的批判，以及巴迪欧的"元政治学"的建构，都体现了毛泽东对社会主义民主原则和人民权利的洞见。当代资本主义政治危机作为矛盾的一方面，尽管在近 40 年来呈现出霸权的表征，但始终无法阻挡毛泽东思想及其代表的无产阶级抗争精神在当代法国的持续存在，更无法阻挡唯物史观以新的理论形态向人民提供关于历史进步的思想。

---

　　① 法国毛泽东思想所坚持的并非是作为整体的毛泽东思想，也没有就此创造出与中国革命等量齐观的事件。那些通过片面想象的法国毛泽东思想的政治术语，是将毛泽东的哲学概念嫁接到法国的现实政治运动，构成关于"文化大革命"和中国的当代神话。"造反有理""群众运动"或"破四旧"实际上已经成为一种"旧词新意"。这些术语在法国政治哲学和政治实践中更多地表现为巴特所说的 sinité，例如将中国与法国小资产阶级这两类名称拼接起来，二者构成"铃铛花、人力车和鸦片室"的奇怪组合，因而并不是现有词汇能够描述的。（参见 Roland Barthes, *Mythologies*, Seuil, 1957, p.193。）

　　② Alain Badiou, Marcel Gauchet, *Que Faire?* Philo éditions, 2014, p.55.

四、反思：面向真正的解放

今天，世界正处于百年未有之大变局，中华民族正处于伟大复兴的关键时刻。面对新民主主义革命胜利以来，尤其是改革开放以来中国特色社会主义建设的伟大成就，解放和革命逐渐成为一个模糊的历史路标，一些人甚至认为，我们已经身处一个后革命的时代，解放理论和解放实践已经成为知识考古学的对象。具体而言，这类看法主要表现为三个方面：一是非历史唯物主义地理解解放，认为建立了社会主义制度就意味着解放的彻底完成，政治就是单纯的治理。二是"金盆洗手"地理解解放，认为无产阶级已经解放了自身和人民，已有解放实践的理论、组织和原则已经十分完备，无须再进行大胆的探索和创新。三是"关起门来"理解解放，认为解放是仅就一国、一个民族而言的任务，全球性的解放是不合时宜的"输出革命"或冒进。直观而言，这些误解是一种形而上学，试图将现实看作无矛盾的状态，不自觉地将解放局限于政治领域，试图弱化马克思主义中国化过程中所保持的斗争性和革命性。其根子在于无法以历史唯物主义的方法判断历史发展的内在逻辑，无法以人民的立场直面现实工作中的矛盾和挑战。随着社会主义道路从革命转向建设，这种僵化的、回避矛盾斗争的、修正主义的解放观不可避免地会在马克思主义者当中滋长。因此，回到毛泽东的哲学文本，不难发现，毛泽东在长期以来反对教条主义的斗争中已经准备了"对症下药"的理论，这些理论汇聚成一个科学性和革命性相统一的解放观。

第一，矛盾的普遍性迫使马克思主义者不断更新解放的对象和阻力。矛盾的普遍性或绝对性，在一般意义上意味着"矛盾存在于一切事物的发展过程中……每一事物的发展过程中存在着自始至终的矛盾运动"[1]。具体到历史中，矛盾的绝对性则意味着历史不会有一个"终结"的"弥赛亚"时刻，主导历史发展的客观物质世界始终都会设置"对立面"。只不过，这种"对立面"的具体内容在不同的历史阶段中表现出不同的样态。在阶级社会，"对立面"主要体现为阶级压迫的各种历史形式。在社会主义社会，"对立面"既

---

[1]　《毛泽东选集》（第一卷），人民出版社，1991年，第305页。

包括生产力进一步发展所将遇到的技术、社会和制度的阻碍,又包括有待解决的国内外不平衡的问题。因此,毛泽东所指出的社会主义分为"不发达"和"比较发达"两个阶段,①从侧面强调了"不发达阶段的社会主义"有待解放的社会经济矛盾,提醒着马克思主义者不能只把握矛盾运动的"相对的同一性"②。一方面,"阶级斗争没有完全结束"③,尤其在不平等的国际政治经济格局中解放的锋芒必须转向防御帝国主义侵略行为。另一方面,由《论十大关系》所揭示的国内发展不充分、不平衡的问题仍然是生产力和人的进一步解放的重要阻碍。马克思主义者当然"不是算命先生",无法使用辩证唯物主义的一般原理来精准预测未来的发展和变化,但是却应该以直面矛盾的实事求是的态度来展望历史发展的"大的方向"。④ 这个方向或许是矛盾较缓的新阶段,或许是矛盾尖锐的新斗争,但其本质却是不断生成的解放任务和解放对象倒逼着马克思主义者必须掌握新本领、投入新革命。

第二,历史唯物主义的具体化是一个永远在路上的"远征"。历史唯物主义抑或马克思主义的历史科学,其价值不在于成为被人们"供奉"的永恒真理,更不在于成为捍卫个人权威的口号和工具。160 多年来,历史唯物主义之所以能够推动无产阶级从革命走向政权建设,其力量主要来源于一般原理和客观具体、实践原则和具体实践的有机结合。换言之,历史唯物主义从来不是可以直接"拿来"的解放方案。那些被教条化为理论权威、价值规范的"历史唯物主义",尽管时时处处外化为不可置疑的真理,却妨碍了人类解放的事业,并且在一次又一次脱离实际的失败中消耗着马克思主义的理论信誉和自信。从新民主主义革命以来,毛泽东的首要工作就是批判各种形式的教条主义,迫使中国的马克思主义者勇敢地走出一条自己的解放道路。因为巴黎公社以来的无产阶级革命正反经验已经展示了一个颠扑不破的道理——具体化的历史唯物主义就是掌握群众、改变历史的伟大力量,教条化的历史唯物主义就是失去群众、历史倒退的压迫性力量。这种压迫性虽然与地主阶级、帝国主义等物质性压迫有本质区别,但是却达到了一个相

① 《毛泽东思想年编:1921—1975》,中央文献出版社,2011 年,第891 页。
② 《毛泽东选集》(第一卷),人民出版社,1991 年,第333 页。
③ 刘仁荣、方小年:《毛泽东思想的理论创新研究》,人民出版社,2004 年,第416 页。
④ 参见《毛泽东选集》(第一卷),人民出版社,1991 年,第106 页。

似的压迫解放主体的结果,即强迫人民群众和马克思主义者放弃具体的、真实的生存经验,而去无条件尊崇由个别理论权威负责解释的"本本"或"真理"。在共产主义实现之前,这种将历史唯物主义抽象化、一般化和教条化的危机将长期伴随着人类解放和生产力解放的事业,成为社会主义制度下一种十分顽固的、消极的、具有伪装性的意识形态。因此,在当下和未来很长一段时间内,马克思主义者必须认识到"我们的原则是革命的,但它是具体的,不是抽象的,必须结合着实际情况来解决问题"①。在社会主义国家走向现代化,并且由此建构新型国际政治经济格局的过程中,历史唯物主义的具体化对马克思主义者而言至关重要,必须认识到历史唯物主义绝不是"不会灭亡"的"形而上学"。②

第三,技术-金融垄断资本主义是全球性的压迫力量并不断生成新的解放主体。对世界人民而言,帝国主义仍然是有待解除的枷锁。在有待走向新民主主义社会的国家和地区,人民不仅遭受着新殖民主义加诸的军事、经济、技术和文化压迫,更要遭受新殖民主义通过代议制和话语操控所扶植的买办阶级的压迫。③ 在 20 世纪五六十年代,毛泽东认为这些亚非拉国家的民族解放和社会解放的主要任务是"反对帝国主义",而不是实现共产主义,既要"准备长期斗争",又要坚持"依靠自己力量为主,争取外国援助为辅"。④ 在社会主义国家,进一步解放的阻力则更为复杂。一方面,吉拉斯所说的使得党虚弱无力的"新阶级""党的寄生物"会成为公共利益的压迫力量;⑤另一方面,解放生产力无疑是主要矛盾,但是也会成为一些人忽视新形态阶级斗争的托词。毛泽东认为,当然不能让"阶级斗争干扰了我们的工作,大量的时间要做工作",但是"要有专人对付这个阶级斗争"。⑥

然而毛泽东的解放观,作为在新民主主义革命和早期社会主义建设实践中已经得到检验的科学理论,却在当代面临着转化为新动力、新方法的困

① 《毛泽东文集》(第二卷),人民出版社,1993 年,第 109 页。

② 参见《毛泽东文集》(第八卷),人民出版社,1999 年,第 391 页。

③ 包大为:《新民主主义论的当代性及其实践条件》,《广西师范大学学报》(哲学社会科学版),2020 年第 2 期。

④ 《毛泽东文集》(第八卷),人民出版社,1999 年,第 7 页。

⑤ Milovan Djilas, *The New Class*: *An Analysis of the Communist System*, Praeger, 1957, p.39.

⑥ 王立胜:《晚年毛泽东的艰苦探索》,陕西人民出版社,2008 年,第 104 页。

境。这种困境是马克思主义理论具体化过程中的一般问题,无非体现为两种思维惰性:或是无法在新形势下发展毛泽东的解放观,不对理论创新乏力的状况加以反思,反而强求 21 世纪的客观现实去迎合半个世纪前的理论语境;或是无法将发展了的理论应用于现实问题,只是把马克思主义中国化的有益成果作为一支利箭——"拿在手里搓来搓去,连声赞曰:'好箭! 好箭!'却老是不愿意放出去。"①前者是"无的放矢",不清楚当代马克思主义者的解放对象和实践目标;后者则是不愿"放矢",满足于把马克思主义作为精致的、具有现代气息的理论作品。当代法国激进左翼政治哲学的得失证明,时代要求知识界以自我之革命来提供全社会继续解放思想的条件。解放思想并不是特定阶段作为权宜之计的方法,而是马克思主义者永远都需创造的主观条件。因为关于什么是社会主义,什么是当下所遇到的主要矛盾这些问题"必然不是一眼就能看穿看透的",只有在实践中才能"逐步有了认识",并且"认识了一些,也不能说认识够了。如果认识够了,那就没有事做了"。②今天,相比宰制世界几个世纪的国际资本主义,社会主义国家及其进步力量还相对弱小。已有的成就源自一个世纪以来的共产党员艰苦卓绝的解放和斗争,未来的道路仍然要避免代价沉重的冒进或退却。这就容不得半点滞后于现实或投降于现状的思想。新民主主义以来的经验证明,不断推进解放思想必须做到两点:既要解放个性,"被束缚的个性如不得解放,就没有民主主义,也没有社会主义"③,只有解放个性的无产阶级才能够碰撞出最为自觉的阶级意识、最具锋芒的理论思想;同时,又要以党性引导解放的个性,对资本主义思潮进行及时和有效的批判,同时以先锋队的力量积极改造国内外的各种思想解放主体。

包大为(浙江大学)

---

① 《毛泽东选集》(第三卷),人民出版社,1991 年,第 820 页。
② 《毛泽东文集》(第八卷),人民出版社,1999 年,第 118 页。
③ 《毛泽东文集》(第三卷),人民出版社,1996 年,第 208 页。

当代俄罗斯马克思主义批判学派研究[*]

　　苏联解体后的俄罗斯,马克思主义依然存在并得到了一定程度的发展,大致经历了一个由低谷走向复苏的过程,我们将这一时期的马克思主义称为当代俄罗斯马克思主义。毋庸置疑,当代俄罗斯马克思主义是世界马克思主义格局中的一个组成部分和不可或缺的环节,也是国外马克思主义研究中的重要篇章。在当代俄罗斯马克思主义的研究中,以对一些历史和现实重大问题的不同态度和立场为依据,又可划分为若干不同的学派,其中,最具有代表性的当属当代俄罗斯马克思主义批判学派。当代俄罗斯马克思主义批判学派是在苏联历史与俄罗斯现实的比较中、在西方国家与俄罗斯民族政治文化传统的对比中,产生的具有俄罗斯特色的马克思主义,代表着当代俄罗斯马克思主义研究的主流方向,应予以特别关注。

一、当代俄罗斯马克思主义批判学派概述

　　大体上,我们把当代俄罗斯马克思主义划分为三大学派:以科索拉波夫为代表的正统派、以奥伊则尔曼为代表的反思派和以布兹加林为代表的创新派。其中,创新派即为当代俄罗斯马克思主义批判学派。该学派有多种称谓:创新的马克思主义、新马克思主义、后工业时代的马克思主义、后苏联批判的马克思主义等,这些名称不是研究者赋予的,而是学派根据自身的特点自我命名的。为了表述上的规范性,本文统一使用"当代俄罗斯马克思主

　　* 本文为2021年国家社科基金重点项目"当代俄罗斯新马克思主义学派《政治经济学》教材翻译与研究"(21AKS023)阶段性成果。

义批判学派"这一名称。

目前,学派的主要核心代表人物有包括布兹加林等在内的大概十人。亚历山大·弗拉基米洛维奇·布兹加林（Александр Владимирович Бузгалин）是学派的奠基者,现为莫斯科大学终身荣誉教授,莫斯科大学哲学系当代马克思主义研究科学教育中心主任,《抉择》和《政治经济学问题》两本左翼杂志的主编,俄罗斯著名经济学家、理论家、左翼社会思想评论家。曾当选为苏共二十八大中央委员,领导了一系列左翼政治运动,是当代俄罗斯著名的左翼运动组织者和召集人。

安德列·伊万诺维奇·科尔加诺夫（Андрей Иванович Колганов）教授是学派另一重要代表人物,现为莫斯科大学经济系比较经济系统分析教研室主任。他与布兹加林合作完成了大量的文章和著作,展现了学派丰硕的理论研究成果。学派在方法论领域比较著名的代表人物是戈那基·瓦西里耶维奇·罗巴斯托夫（Геннадий Васильевич Лобастов）教授。罗拉巴斯托夫现为莫斯科电子技术研究所哲学和社会学中心主任、"辩证法和文化"哲学学会会长、一年一度的"伊里因科夫阅读"国际学术会议组委会主席。他主要继承和发展了苏联时期著名哲学家伊里因科夫的基本思想。他着重强调从抽象上升到具体、逻辑与历史相统一等辩证方法的重要意义,强调具体历史的方法对于研究社会进程的重要意义。

在社会哲学和社会主义理论领域最为著名的代表人物是鲍里斯·费奥多罗夫·斯拉文（Борис Федорович Славин）和柳德米拉·阿列克谢叶夫娜·布拉夫卡（Людмила Алексеевна Булавка）。斯拉文是莫斯科国立师范大学的教授,苏联时期曾在苏共中央马克思列宁主义研究院担任过副院长一职,曾任《真理报》政治部主任和编委会成员。斯拉文撰写了大量的关于共产主义理想的文章,关注人的自由和谐发展问题,强调马克思主义理论的人道主义价值。布拉夫卡目前是俄罗斯科学院哲学所的研究员、莫斯科大学哲学系当代马克思主义研究科学教育中心教授,主要研究苏联文化和社会主义现实主义方法,认为只有走将社会解放的进程和人民群众的社会创造相结合的道路才能战胜社会异化。

在政治经济学领域最主要的代表人物是米哈伊尔·伊拉里奥诺维奇·瓦耶伊科夫（Михаил Илларионович Воейков）,现为俄罗斯科学院历史经济研究所政治经济中心负责人,主要研究当代俄罗斯政治经济学及苏联社会性质问题。此外,俄罗斯马克思主义批判学派也有一些年轻的代表人物,如莫斯科财经法律研究院研究员奥伊卡·弗拉基米洛夫娜·巴拉什科娃(Ольга Владимировна Барашкова)、俄罗斯科学院经济所研究员奥列格·奥列郭维奇·卡马洛夫(Олег Олегович Комолов)等,他们大多是学派重要代表人物培养的学生。

当代俄罗斯马克思主义批判学派有计划地开展各种学术研究活动和面向社会的实践活动来汇聚队伍,扩大学术影响力和社会影响力。该学派也因此成为当代俄罗斯最为活跃的马克思主义学派。

(一)系统而丰富的学术研究活动

当代俄罗斯马克思主义批判学派开展的学术研究活动主要包括创办刊物、出版著作、组织会议、对话交流等,内容非常丰富,具体可以概括为以下八个方面:

1. 定期出版马克思主义理论研究杂志——《抉择》

该杂志1991年创刊,这大致可以看作是该学派形成的起点和标志。办刊目的在于为支持社会主义思想的学者和积极分子们开展学术交流提供平台。该杂志在创办的最初几年用俄文和英文同时出版,后来英文版停刊,目前该杂志为季刊,印数从1000份增至目前的5000份。一般情况下,每期刊登13篇政治社会类文章。期刊文章的主要类型包括理论、实践、争鸣、分析与综述、历史、短评、书评、书信等。杂志主要研究社会主义、民主、当代马克思主义、工人运动等相关问题。杂志官网为http://www.alternativy.ru/,目前每天的访问量大约在500到1500人次。网站包括的板块比较丰富,主要有:我们是谁、后苏联马克思主义、教育和文化、莫斯科在诉说、历史、图书、马克思活着、21世纪社会主义等。"对于辩证法而言,永远没有绝对和神圣的东西"是《抉择》杂志的箴言,以此来表明杂志鲜明的批判立场,以及自身作为批判的马克思主义与教条主义马克思主义之间的原则性区别。

2. 2015年开始定期出版理论研究刊物——《政治经济学问题》

读杂志主要发表俄罗斯和国外学者关于政治经济学领域的文章。杂志的宗旨是"复兴古典政治经济学传统并积极推进创新发展,寻找解决现实生活中出现的各种复杂问题的答案,努力成为当代政治经济学研究者的交流中心和展开建设性对话的平台"。杂志的主要栏目和话题包括政治经济学领域内的基础理论和方法论研究;有关经济思想、经济生活历史方面的研究;关于教学大纲、教学方法等政治经济学教学材料;公开发表开展争鸣的商榷性文章;已经由俄语或其他语言公开发表的富有价值的政治经济学成果的文摘、评论和书评;青年学者、大学生等的创新性研究成果。

3. 出版系列著作

学派代表性著作有《21 世纪社会主义——后苏联批判的马克思主义流派的十四篇文章》(莫斯科,2009 年),书中收集了学派主要代表人物关于社会主义理论和实践的重要文章,在俄罗斯及其他俄语地区产生了广泛的影响;《列宁 online》(莫斯科,2011 年),主要阐明列宁的帝国主义理论、国家理论、社会主义建设理论,以及共产党和知识分子的作用等思想遗产对于面向21 世纪的社会主义学者具有重要的现实意义;《停滞·苏联解体前夕的潜势》(莫斯科,2011 年),这本书的主要观点是,如果从经济和军事战略角度看,1970—1980 年的苏联依然是世界大国,但内部存在着深刻的社会矛盾和不断叠加的深层次问题,其中最主要的就是党和群众的脱离,共产主义理想的缺失,陷入庸俗的消费主义泥沼;《规划:重新启动》(莫斯科,2016 年),这部集体合作完成的著作总结了市场经济条件下关于规划的国际经验,包括新经济政策时期苏联的经验、20 世纪中叶欧洲国家的经验和当代中国的经验。

《全球资本论》一书可看作是当代俄罗斯马克思主义批判学派最主要的理论成果,分上下两卷,2004 年首次出版,目前已出版了五版。这部书一经出版就获得了非常广泛的影响。布兹加林给予本书很高的评价,认为该书为"21 世纪资本论"奠定了基础。该著作批判性地继承了马克思的《资本论》的方法和理论,剖析了现代全球资本主义经济。针对 21 世纪的市场、货币、资本和危机进行了全面的分析,指出了该系统的矛盾之处及其质变的模式。第一卷主要内容包括:对实证主义和后现代主义及"文明"方法的建设性批评、马克思主义辩证逻辑和社会哲学的新潜力、经济的"要素的周期性系统"、消除社会异化和积极自由发展的理论。第二卷对现代全球经济体系进行了剖析。揭示现代全球经济体系的新特点和金钱-虚拟金融资本霸权的结果;阐明全球资本对全世界的劳动者及所有人及其空闲时间、创造潜能所建立的全面异化和从属的制度;指出全球霸权导致原始帝国的形成等。

《关于苏联的十个神话》也是学派的代表性著作,已出版了三版。书中对有关苏联诞生和消亡的最尖锐问题及对苏联本质这一重大问题进行了深刻思考,回答了苏联历史上的主要问题,调查并驳斥了有关苏联的常见错误。该书以辩证唯物主义方法论和事实为基础,揭示了苏联发展问题的现实矛盾,并向读者强调这样一个事实,即苏联人民的悲剧应该给未来提供借鉴和警示。苏联现象不仅是世界历史的一部分,而且是人类社会发展中充满悲剧和矛盾的、非线性道路上的重要里程碑。因为过去的伟大事业并没有停留在过去,而是留存于我们之中,推动我们去寻找应对新挑战的新答案。

学派还有一个很重要的理论成果就是编写出版了《古典政治经济学》教材,这是一本为高等院校经济学专业学生编写的教科书,已出版了两版。2008—2009 年全球金融危机爆发之后,世界各国对马克思的理论遗产和古典政治经济学的兴趣急剧增加,但俄罗斯大学经济教材却没有跟上这一形势,没有出版能够反映这一变化特点的教科书。在此背景下,布兹加林重新组织编写政治经济学教材以应对 21 世纪经济的挑战。本书第一次以历史再现的方式对现代经济关系进行全面描述,使读者找到经济生活中基本问题的答案,了解什么是市场、货币和资本及它们在 21 世纪的特征;企业为什么操纵消费者、如何操纵消费者,国家在现代经济中扮演什么角色;是什么使人成为"经济自我主义者",什么是货币拜物教和模拟市场;什么是财产,为什么今天有 1% 的人口占有大部分的世界财富;社会不平等和贫困的经济原因是什么;在市场出现之前的几千年中存在哪些经济体系,将要取而代之的是什么等。这本教科书的显著特点是,不仅继承了马克思主义政治经济学遗产,而且运用这些经典理论对当代世界经济新变化进行了分析,再次证明了马克思主义政治经济学的当代意义。

4. 每年组织召开大型国际会议

学派在莫斯科或其他城市每年多次组织召开大型国际会议,在这些会议中,相对比较固定的有四种:一是在最近几年每年都举办的致力于推进马克思主义理论与实践相结合的"ПНО"会议(ПНО是生产、科学和教育的俄文首字母);二是每年召开的国际政治经济会议,其中重点是马克思主义政治经济学;三是每年举行的"伊里因科夫阅读",主题侧重于当代马克思主义哲学思想;四是每年在圣彼得堡举行的"普列汉诺夫阅读",内容包括政治、社会、文化和历史等多个方面。

5. 每年组织召开以"批判的马克思主义——下一代"为主题的青年学者会议

参加会议的有俄罗斯知名大学的学生、青年教师和研究人员,以及俄罗斯科学院研究中心的人员。会议发言人年龄限制在35岁以下,超过年龄的学者在会议上只能提出问题,或做出简要的评论,年轻的马克思主义者提交的会议论文经常在俄罗斯重要学术期刊上发表。

6. 定期组织的专业研讨会活动

从2001年开始,学派在俄罗斯国家杜马教育科学委员会第一副主席奥列格·斯莫林院士领导下定期组织展开专业研讨活动。参加讨论的有莫斯科国立大学、俄罗斯科学院经济学研究所、哲学研究所,以及俄罗斯其他科学和教育中心研究所的著名教授和一些有才华的年轻研究人员。近年来,研讨会的主要议题如下:当代地缘政治经济问题研究背景下的信息和文明方法的比较;新技术革命和当代资本主义社会经济和政治思想关系的内涵变化;在解决21世纪社会主义问题中,世界不同流派的马克思主义的潜力和相互关系;21世纪社会国家经济调控;人民群众的社会创造和文化、社会解放:"必然王国"中相互联系的辩证法等。

7. 从1990年开始的辩论俱乐部——"对话"

这是一个经常进行公开讨论的俱乐部,苏联解体后俱乐部以"开放的马克思主义"命名,理论性比以前更强。从2000年开始,从中分化出了更加职业性、专门化的讨论会——《抉择》,这是该流派理论探讨的重要平台。此后,"对话"俱乐部的性质也开始转变,成为宣传和教育的平台。

8. 丰富而广泛的国际合作

这主要体现在学派的一些代表人物在国际马克思主义杂志上定期发表文章,以及在各种学术会议上的演讲。学派代表人物布兹加林的许多作品已被翻译成英文、中文、德文、法文、日文和其他语言。并且布兹加林已在全球

20 多个国家/地区的 100 多个论坛中做过学术报告。他在 *Cambridge Journal of Economics*（剑桥经济期刊）（英国），*Third World Quarterly*（第三世界季刊），*Science and Society*（科学与社会）（美国），*World Review of Political Economy*（世界政治经济学评论）（中国），*International Critical Thought*（国际思想评论）（中国），*New Left Review*（新左派评论）（英国）等国际期刊上发表文章。

（二）面向社会的实践活动

当代俄罗斯马克思主义批判学派面向社会的实践活动主要是理论宣传和社会教育活动，以及其他一些扩大社会影响力的实践活动。具体包括两个方面：

1. 定期开展的多层次的理论宣传和社会教育活动

布兹加林等学派的主要代表人物经常出现在俄罗斯媒体，特别是在俄罗斯联邦共产党的频道"红色路线"上有计划地进行演讲、授课和理论宣传。布兹加林教授每周在联邦广播——"共青团真理"主持"马克思还活着！"栏目。学派还经常举办面向青年的义务讲座，大约每周 2 至 3 次，二十多年来从未间断。在讲座中，社会活动家和所有有志之士交流马克思主义、社会主义运动的历史等诸多问题，从而不断扩大社会影响。

2. 支持并协助开展非政府组织的活动和以社会主义为目标的社会活动

这既包括学派协助俄罗斯独立工会和俄罗斯人民企业联盟开展的各种活动，又包括保护公民住宅权益和教育保障权的"教育为大家"运动，以及所开展的"教育、科学和文化工作者代表大会"活动。特别值得一提的是，有些活动还得到了俄罗斯教育机构的支持。

总之，当代俄罗斯马克思主义批判学派作为一支新生的理论力量吸引了越来越多的国内外学者关注。之所以称之为是一支新生的理论力量，原因在于它并不是从苏联原有的正统马克思主义中分化出来的一个流派。如果要追溯其直接的思想渊源，则主要是苏联时期伊里因科夫创造性的马克思主义。艾瓦里特·伊里因科夫（Эвальд Ильенков）是苏联著名哲学家，他以马克思从早期的《1844 年经济学哲学手稿》到晚期的《给维·伊·查苏利奇的信》等几乎所有著作为理论研究基础，借鉴了卢卡奇、萨特、弗洛姆等西方马克思主义者的思想,分析了异化和扬弃异化、自由、异化世界中人的作用、共产主义关系的起源、社会主义社会的民主和文化的形成等诸多问题。自20世纪60年代以来,在苏联逐渐形成了以其为代表且与官方正统的马克思主义不同的创造性的马克思主义。所以确切地说,当代俄罗斯马克思主义批判学派是从苏联时期创造性的马克思主义中汲取理论资源,并结合后苏联社会生活发生的重大变化而逐渐形成的一支新生的理论力量。学派经过苏联解体后近30年的发展形成了比较鲜明的理论主题,这也构成了学派理论体系的几大板块:主要包括晚期资本主义批判、对苏联社会主义的反思、新社会主义理想及其社会改造纲领。学派所呈现的基本特征可以简要地概括为"两个复兴":一是在理论层面上,深入挖掘马克思主义的现实意义,致力于马克思主义的再现实化①,实现"马克思主义的复兴";二是在实践层面上,结合当今世界和俄罗斯社会的现实展望21世纪的社会主义,致力于实现"社会主义的复兴"。学派的这一基本特征或者说价值目标在其理论主题中得到具体阐发,下面从几大理论主题入手,对学派进行较为系统的研究。

二、当代俄罗斯马克思主义批判学派的晚期资本主义批判

一般认为,资本主义经过自由资本主义和垄断资本主义发展阶段之后,在当今时代已经进入第三个阶段,即晚期资本主义阶段,也被称为"全球资本主义",因为这是一个资本逻辑全球性扩张的时期。所以晚期资本主义不仅是在时间意义上而言,更是指资本主义统治方式的变化。当代美国左翼学者德里克用"全球性的抽象"来深刻地表明晚期资本主义总的特征。《全球资本论》第二卷为《资本全球霸权及其界限》,集中对晚期资本主义进行了深刻的批判。书中首先对晚期资本主义发展史进行了分析,从中找到其自我否定的逻辑,在此基础上阐述了极权市场和全球资本及资本全面统治的新形式,即虚拟金融资本,继而深刻分析了全球资本的实质和界限及晚期资本主义危机。

---

①　"再现实化"由俄语"реактуализация"一词翻译而来,是当代俄罗斯马克思主义批判学派创造的术语。

（一）晚期资本主义是极权市场和全球资本霸权统治的时期

布兹加林等人将当代资本主义社会置于由必然王国向自由王国过渡的历史进程中去考量,将其看作是必然王国最强大、最完备的阶段,亦称之为"晚期资本主义"。他们认为,晚期资本主义的主要特征是市场掌握了无上的权力,变为极权市场;资本扩张到整个世界,成为真正的全球资本。他们指出,在过去的100年间,资本主义不断变幻着剥削和压迫劳动人民的形式及手段。市场由私营生产商的自由竞争空间转变为极权市场,一切都可以出售,人的生活商品化;"特别是垄断财团资本力量导致公益空间屈服于市场和私人所有,极力将教育和科学、住宅和保健、自然和文化商业化、私有化,使得商品生产关系扩展到了社会公益领域,市场掌握了无上的权力"①。"资本自身在100年内也发生了变化。资本扩张到整个世界,成为真正的全球资本,它把压迫和剥削的全部历史形式结合在一起了。包括对强迫赤贫阶层劳动的半封建式剥削和各国对有史以来人数最多的处于半边缘状态的产业无产阶级的'经典'剥削,包括抽取垄断利润、榨取帝国主义租金;使实体经济部门从属于金融部门;使人类的创造能力从属于资本。"②"现代全球资本不仅控制了劳动,也控制了人,包括人的品质、天赋和能力,无论是工作还是休息时间,它都支配着我们的生活,把人变成超级市场、美国有线电视新闻网、好莱坞大片和电脑游戏的提线木偶。"③他们还指出,虚拟金融资本是资本新的统治形式,这种资本不仅导致全球经济危机,而且导致当今形式上的民主规则通常被政治操控破坏。总之,他们认为,全球化进程的实质就是资本霸权统治,人和资本之间的矛盾已经变得全球化和全面化,现代世界处于历史僵局之中。出路在于将劳动和人从全球资本及其衍生物——市场、国家等产生的所有异化形式中革命性地解放出来,寻求另一种全球化的方案,即社会主义的方案。

---

①　См：А. В. Бузгалин, А. И. Колганов. *Глобальный капитал*（Т. 2）, Москва, 2014, с. 149.

②　Под общей редакцией Б. Ф. Славина и А. В. Бузгалина：*Вершина великой революции*, Москва, 2017, с. 1182.

③　там же, с. 1182 – 1183.

（二）晚期资本主义社会关系结构发生显著变化

当代俄罗斯马克思主义批判学派对晚期资本主义社会关系结构进行了分析。晚期资本主义世界越来越分化为中心和边缘两部分。"'中心'已成为同时集中了最发达和使用最不合理的生产力的世界，成为主要应用于各种虚拟生产领域的虚拟化技术的世界，这种不合理的生产产生了与广告、经纪等行业相关的大量工人阶层。同时，'边缘'日益成为产业劳动的世界。"①"中心"世界的社会关系结构是：上层是新的财团资本，这是掌握财团资本所有权和掌握政治意识形态操纵主要渠道的人物的联合。中间阶层的典型代表是服务于财团资本的"专业人士"精英，还包括资本家阶级的传统阶层——中小资产阶级。中间阶层越来越强的依附性地位使得他们越来越倾向于支持右翼保守分子。在"金字塔"底部是大量贫困阶层，其地位接近于流氓无产阶级。他们构成了右翼保守势力的社会基础。② 在边缘世界，形成了两个主要对立的社会力量：一是财团资本和为该阶层效忠的工作人员和服务人员；二是客观上形成的雇佣工人阶级和知识分子的联盟，这是左翼力量的社会基础。在边缘世界，中间阶层表现不是很明显，这种社会关系结构更接近于 20 世纪典型的社会和政治力量分布。

俄罗斯马克思主义批判学派对晚期资本主义社会结构进行分析的主要目的在于，从中寻找当今时代左翼策略和战略目标，寻找社会解放的主体力量。

（三）晚期资本主义社会存在深刻的矛盾

当代俄罗斯马克思主义批判学派指出，晚期资本主义社会内部和外部都存在着深刻的矛盾。就内部而言，存在无法解决的制度性矛盾。其主要

---

① Под общей редакцией Б. Ф. Славина и А. В. Бузгалина: *Вершина великой революции*, Москва, 2017, с. 1190.

② См: Под общей редакцией Б. Ф. Славина и А. В. Бузгалина: *Вершина великой революции*, Москва, 2017. с. 1192 - 1193.

表现在,晚期资本主义为维持自身的存在不得不借鉴一些共产主义因素,如社会规划、国家调控、有利于工人的利润再分配、采取保护生态环境的措施等。这使得晚期资本主义社会生产力和人类素质表现出相对的进步。但实际上,资本主义对共产主义因素是非常恐惧的,将之视为置之于死地的异己力量。因此,资本主义一方面在增加共产主义因素,另一方面又害怕越过边界,便开始倒退。所以该学派得出的结论是,"资本主义是一个一方面发展生产力,同时又限制其进步,并产生荒谬形式的制度"①。就外部而言,存在着发达资本主义国家与发展中国家的全球矛盾。布兹加林指出,当前主要资本都转换为金融投机性质的资本,并优先集中到美国与西欧的中心国家或地区。与此同时,从事工业和农业体力劳动的雇佣工人绝大多数都集中在中国、印度、拉丁美洲、俄罗斯、阿拉伯地区国家,这就形成了全球矛盾。一方面是金融投机资本集中在发达中心国家,另一方面则是大量的雇佣劳动者集中在边缘国家。也就是说,现代资本成为全球资本后,劳动和资本之间的矛盾便成为真正的全球矛盾。这样的矛盾对雇佣工人而言,就是采取统一的社会经济行动的必要性。总之,通过对资本主义矛盾的分析,该学派坚信,资本主义已经完成了进步的历史使命,是一个历史的有限性的系统,西方文明所铺设的道路是一条招致灭亡的道路。

三、当代俄罗斯马克思主义批判学派对苏联社会主义的反思

对苏联社会主义进行反思和批判是当代俄罗斯马克思主义批判学派的重要研究任务和鲜明的理论特色。"20世纪的陷阱"和"突变的社会主义"是他们在反思和批判过程中形成的两个关键词。

(一)20世纪的陷阱

当代俄罗斯马克思主义批判学派用"20世纪的陷阱"来揭示苏联特定的

---

① ［俄］布兹加林:《抉择的时代:全球化的世界、俄罗斯及左翼的任务——当代俄罗斯左翼力量宣言草案》,陈红译,《国外理论动态》,2019年第6期。

经济社会制度产生的原因。他们认为,一方面,20 世纪初期,建立一种新制度是大势所趋。世界经历了第一次世界大战的洗礼,东方展开了反殖民主义的运动,西方经历了痛苦的反帝国主义的运动,时代召唤新制度的建立。俄国的社会主义革命体现了时代发展趋势,符合底层民众的需求,立刻在世界范围内引起了巨大的反响;另一方面,当时俄国创建社会主义的先决条件严重不足。比如,工业化水平低、工业无产阶级人数较少;80% 以上的居民都从事手工农业,没有接受过教育,社会文明程度和社会创造力低下。由此,客观上形成了这样一个陷阱:建立新社会已是大势所趋、势在必行,但人民群众建设共产主义社会的可能性即使存在,也微乎其微。[1] 显然,"20 世纪的陷阱"一词意在表明苏联社会主义产生的时代趋势和现实条件之间的矛盾。他们指出,在这样的背景下建立的苏联社会主义国家势必要解决这个矛盾,但是事实上这个矛盾并没有解决,因而苏联才出现了一种极易导致其内部衰亡和自我毁灭的体制,这就是"突变的社会主义"。

(二) 突变的社会主义

当代俄罗斯马克思主义批判学派用"突变的社会主义"来表明苏联社会主义的性质。为什么用"突变""变异"这一生物学术语呢? 百度百科对"基因突变"是这样解释的:"基因组 DNA 分子发生的突然的可遗传的变异,从分子水平上看,基因变异是指基因在结构上碱基对组成或排列顺序的改变。"原因是受化学物质、辐射或病毒的影响,后果是可能导致细胞运作不正常,被自然选择所淘汰,当然也可能产生新的物种。布兹加林用基因变异、基因突变的概念进行类比,用以说明苏联社会主义"基因库"中的社会主义萌芽元素由于"20 世纪陷阱"的原因极容易发生变异,没有真正成长发展起来,而那些不适应未来变化的社会体制等特征却得到了最大的发展和巩固。结果,苏联在面对帝国主义冲突和世界大战的矛盾分歧时游刃有余,但却未能成功应对全球化和信息革命时代的挑战,也未能应对日益加剧的全球问题和 20 世纪下半期在发达资本主义国家大规模展开的新一轮的财富增长、

---

① 　See:Бузгалин, Андрей Колганов:10 мифов об СССР,М.: Яуза: Эксмо, 2010, с.381.

社会化和民主化进程的挑战。

该学派指出,突变的社会主义是一个强烈的矛盾体:一方面是官僚主义的"恶性肿瘤",另一方面则是社会主义特有的元素,即"高涨的人民创造力"的萌芽,萌芽因素中所蕴含的潜在力量逐渐被官僚主义的毒瘤所扼杀。所以这种社会制度虽然脱离了资本主义,但却没有发展成为向共产主义转变的基础,结果变异了的社会主义走向了灭亡。布兹加林用"突变的社会主义"来揭示苏联社会主义的性质,揭示苏联解体的深层原因,但是他反复强调,这样做"并不是对过去的谴责",而是"对历史事实的裁定"。"如果我们对变异发生这种事实视而不见,不从过去的悲剧中吸取教训,就如同我们忘却了我们的父亲、祖父和曾祖父为社会主义事业所做的英勇斗争一样,是一种犯罪。"①"在社会主义萌芽和变异的极端矛盾中蕴藏着我们过去的秘密。当今的任务就是冷静、科学地分析这些矛盾。我们不应该对过去犯下的错误视而不见,而是要弄清它们的本质和原因,区分社会主义建设者做出的伟大的贡献(从马格尼托哥尔斯克冶金联合企业中普通的建设者到列宁和马雅可夫斯基这样的伟人)与极权政治的不同,分清良莠。"②

(三)现实社会主义

当代俄罗斯马克思主义批判学派在用"20世纪的陷阱"和"突变的社会主义"来揭示苏联社会主义的产生和性质的基础上,又对苏联社会经济基础、阶级关系、官僚集团等进行了具体分析,以此进一步阐明苏联现实社会主义的基本状况。"过渡关系的拼图"是该学派对苏联经济基础状况的形象描述,这个拼图中有萌芽的社会主义的生产关系因素,有前资本主义的,也有资本主义的因素,它们奇妙地组合在一起。"社会主义因素本身是以一种不完整、断裂、扭曲的形式存在的,在工业化(部分是在前工业化的)生产的土壤上客观形成的资本主义元素也面临着同样的情况。它们也同样是不完

---

①② Александр Бузгалин, Андрей Колганов: 10 мифов об СССР, М.: Яуза; Эксмо, 2010, с. 389.

整、断裂、扭曲的,并诡异地与社会主义因素交织在了一起。"①他们认为,苏联"拼图"般社会经济制度之所以能够存在,取决于政治和思想的上层建筑的力量。这个上层建筑就是无产阶级和反资产阶级的文化传统,这些因素弥补了社会主义在物质技术、经济、社会和政治条件方面的不足,也就是说起到了极为重要的补偿作用。但是他们也指出,苏联当时工人阶级的力量还比较薄弱,这样的阶级状况不可避免地催生了政治体制中深层的官僚制度。官僚制度的机器愈是不断发展壮大,愈是不利于社会的发展。"与自己的纲领背道而驰,布尔什维克在将工人及其组织排除在生产管理之外的道路上越走越远……官僚制度成为了一种更行之有效的组织管理方式,而官僚阶层成了更积极、更活跃的社会阶层。"②在布兹加林等人看来,国家领导层面缺少民众监督、滥用权力,人民群众失去建设国家的热情和潜力是突变的社会主义达到极致的表现。他们认为,苏联的产生、发展和解体表明,仅仅依靠小市民的物质需求和党与国家的特权阶层的权力是不可能建成社会主义的,社会主义的实质和生命力是人们的社会创造力和热情,而把社会劳动和社会进步中自我价值的实现放在第一位,将金钱和权力的价值放到其次,则是社会主义新人的重要特点。

当代俄罗斯马克思主义批判学派对苏联社会主义进行了深刻的反思批判,揭示了苏联社会存在的矛盾。但是他们从不否定苏联是人类历史上向非资本主义社会前进的第一次大规模尝试,而且在社会和文化领域取得的成就都与这一社会制度的发展紧密相关。

四、新社会主义理想及其社会改造纲领

20世纪末苏联解体、东欧剧变,有一些人认为这就是社会主义的失败。对这一曾经甚嚣尘上的观点,以布兹加林为代表的当代俄罗斯马克思主义批判学派始终予以坚决驳斥,他们并没有因为苏联的解体而放弃社会主义理想,而是坚信社会主义具有强大的生命力。但是他们要构建一种与20世

---

① Александр Бузгалин, Андрей Колганов:10 мифов об СССР,М.: Яуза: Эксмо, 2010,с.407.

② там же, с.430.

纪社会主义不同的、以塑造新人为根本价值目标和根本特征的新社会主义,致力于实现21世纪社会主义的复兴。学派秉承马克思主义改变世界的实践品格,在对俄罗斯社会现实进行批判分析的基础上,提出俄罗斯左翼力量社会改造纲领,使新社会主义不仅是一种思想理论、理想目标,更是一种社会实践。

(一) 新社会主义理想

当代俄罗斯马克思主义批判学派从不同角度对新社会主义进行了界定,从中表明新社会主义的基本特征。布兹加林和科尔加诺夫在《作为全球社会转型时空的社会主义》一文中指出,社会主义是由异化的经济必然性的王国向"自由王国"转变的,一个统一的、曲折和矛盾的进程,社会主义制度的一个简单标准就是,比资本主义更高程度的经济绩效和人的自由和谐发展。[①] 布兹加林在《时代的抉择:全球化的世界、俄罗斯及左翼的任务——当代俄罗斯左翼力量宣言草案》一文中指出,社会主义是"自由王国"的开始,在其中逐渐清除各种形式的社会异化,人不再作为市场条件或官僚秩序的傀儡来从事社会实践活动,而是获得新的社会劳动形式,人成为人本身。因而,社会主义的最高目标及意义就是塑造新人。"为此,需创建这样的劳动、社会关系和文化空间,使人逐渐由为了'占有'而生活在人人自危、十面埋伏的战争世界中的一个自私自利的消费者,转变成为了'创造'而自由合作、和谐生活的人。这种转化的空间和时间就是社会主义。"[②] 布兹加林、科尔加诺夫、布拉夫卡等代表人物对新社会主义的特征还有其他不同的描述,但综合其基本观点可以做这样的概括:新社会主义是自由王国的萌芽、是自由王国的初级阶段,是由必然王国向自由王国转变的非线性的复杂过程,是不仅仅要消除资本主义的剥削,而且要消除所有形式的社会异化,将人转变为真正

---

① См:А. В. Бузгалин, А. И. Колганов. Социализм как пространство – время глобальных общественных трансформаций, из книг *Социализм – 21. 14текстов постсоветской школы критического марксизма*, Москва, 2009, с. 69.

② ［俄］布兹加林:《时代的抉择:全球化的世界、俄罗斯及左翼的任务——当代俄罗斯左翼力量宣言草案》,陈红译,《国外理论动态》,2019 年第 6 期。

的历史创造者的过程。①

　　当代俄罗斯马克思主义批判学派认为,新社会主义理想的实现具有必然性。他们指出,从历史角度而言,新社会主义已经在早期的无产阶级革命中得以体现,无论是法国巴黎公社还是苏联及世界其他社会主义国家都为新社会主义的实现提供了宝贵的历史经验。从现实条件而言,实现新社会主义的现实基础已经具备,现代智能技术、全球计算机革命、科学领域的巨大成就等表征着人类最新的生产力和创造力的进步,这正是未来非对抗性社会的物质基础。新社会主义符合人类社会发展规律,它正在现代全球资本的危机和社会政治矛盾中萌生。

(二) 对当代俄罗斯社会的批判

　　当代俄罗斯马克思主义批判学派对于他们置身其中的俄罗斯资本主义社会也进行了分析和批判。他们认为,斯大林主义不仅存在于苏联时期,在当今俄罗斯社会也存在。"由于我们实行的蹩脚的资本主义是在极其脆弱的社会经济基础上发展起来的,斯大林主义复兴就有了极为充分的前提条件。"②在布兹加林等人看来,当前俄罗斯大部分人口依然在缺少生机活力的工厂、科研机构和财政拨款不足的国家企、事业单位工作,这些人已丧失了对自己社会身份的认同。这种类型的人往往缺乏清晰表达个人利益的意识,同样也不会试图建立一个机构来保护自己的利益,他们只把希望寄托在领袖、领导和国家身上。显然,这样的环境正好为斯大林主义的复兴提供了条件。但是苏联时期的斯大林主义和当前俄罗斯社会的斯大林主义是不同的。

　　　　历史上的斯大林主义本质上相当保守(因为它意味着革命已彻底结束,取而代之的是稳定的官僚"秩序"),它寄生于革命动机之上,寄生

---

　　①　参见陈红:《马克思主义的当代价值——访俄罗斯新马克思主义流派代表人物布兹加林》,《马克思主义理论学科研究》,2016 年第 4 期。

　　②　Александр Бузгалин, Андрей Колганов:10 мифов об СССР, М.: Яуза; Эксмо, 2010, с. 440.

于以更公平的社会主义制度取代资本主义制度这一根深蒂固的思想之上。现代的斯大林主义不具有革命性。它起源于那些已初步适应并习惯了当前体制,害怕有巨大变化发生的人们。他们真正努力的目标是不仅对工人,还要对中小企业加强实行家长式的管理,使其免受国际竞争和国内金融寡头的威胁。事实上,他们公开宣称国家资本主义是自己的理想,将官方曾公认的作为斯大林学说思想理论基础的马克思主义弃之一旁。这从逻辑上讲是一个已完成进化,彻底与孕育了它的革命运动和革命思想断绝了关系的斯大林主义。①

从俄罗斯社会发展进程来看,学派认为,当代俄罗斯社会有前资本主义残余因素存在,有"现实社会主义"官僚主义因素的影响,也有全球化背景下晚期资本主义因素,当然还有社会生活中的人道化、生态化等代表自由王国发展趋势的积极因素。这些因素交互作用构成了俄罗斯社会发展进程中的基本样态——变形的资本主义。它在本质上是一种陈旧的资本主义关系,地方主义、本位主义明显。具体地说,在经济上,晚期资本主义的"半边缘"模式占主导地位,半封建形态的手工操作、附庸关系和贪污腐败掺杂其中。在政治上,对资产阶级民主基本准则形式上的遵守与波拿巴专制主义的集权相结合。在意识形态和精神生活中,主要是保守主义和教权主义。绝大多数公民的生活质量下降,社会分化明显。② 总之,他们认为,俄罗斯形成了一种毫无基础、极不稳定的资本主义模式,是特殊的"半边缘"的资本主义,主要特点是与国家最高官僚机构结为一体的寡头资本统治。

(三) 实现新社会主义的社会改造纲领

当代俄罗斯马克思主义批判学派一方面对苏联社会主义进行历史反思,总结了苏联解体的原因和教训,另一方面对现代晚期资本主义社会、当

---

① Александр Бузгалин, Андрей Колганов:*10 мифов об СССР*, М.:Яуза:Эксмо, 2010, с. 441.
② См:Под общей редакцией Б. Ф. Славина и А. В. Бузгалина:*Вершина великой революции*, Москва, 2017, с. 1211.

代俄罗斯社会进行了深刻的批判,并在此基础上提出摆脱困境实现新社会主义的社会改造纲领,阐明当代左翼力量的时代抉择、所应承担的历史任务。其具体内容集中体现在布兹加林所写的《时代的抉择:全球化的世界、俄罗斯及左翼的任务——当代俄罗斯左翼力量宣言草案》一文中,该文是布兹加林在纪念十月革命100周年之际代表学派所做的。他们明确提出当前左翼力量的最低纲领和基本原则,最低纲领是削弱资本统治,提升劳动者地位,增加自由时间,最大限度地为社会创造活动提供可能性。相应的基本原则可以简要概括为以下四个方面:

在经济方面,引导经济向人道主义目标发展;致力于形成社会的、人道主义的、生态环境标准的体制;所有自然资源国有化,将自然资源租金全部用于发展;确保透明度并限制金融资本的所有交易,发展对其社会监督形式;全面建立税收制度,征收社会最富裕阶层至少50%的个人所得税,并将这些收入用于社会发展。

在政治方面,旨在确定直接行动准则的宪法改革,这些准则确保公民直接参与管理的广泛形式(直接和基层民主)能够贯彻到政治实践中,加强社会运动和其他社会基层机构的作用,以及减少以职业活动为基础的政治组织的作用。

在社会生活和文化建设方面,建立公共消费基金,解决社会问题,特别是保障就业,发展国家扶持的社会生产体系和职业技能培训体系;在缩小知识产权私有制空间的条件下,扩大公益产品的生产,并加大这些产品的推广普及;将征收的托宾税和志愿者的捐赠,用于开发和建设医疗保健、医药、农业、教育、科学、艺术及科学技术等领域的国际大型免费公共产品(首先是高科技产品)的制造中心。

在国际事务方面,在充分发挥全球公民社会作用的基础上,对联合国和其他国际机构进行民主改革;解散北约和类似组织;只用联合国维持和平部队解决国际争端;大幅度削减战略进攻性武器和其他形式的大规模杀伤性武器。

此外,学派将关注的目光再次投向自己的祖国,基于以上对俄罗斯社会的分析,他们认为俄罗斯的情况是:在世界范围内经济发展水平属于中等,社会矛盾盘根错节,社会力量分布错综复杂,存在财团寡头和腐朽的资产阶级的结盟。产业无产阶级很薄弱并失去了阶级属性,自我组织和政治斗争的经验较少。目前,俄罗斯距社会主义之遥远,似乎前所未有。但是俄罗斯有复兴当代物质生产的巨大潜力,有形成大量的创造性劳动阶级和产业无产阶级联盟的可能,还有世界任何地方都没有的社会变革和创造历史的伟大经验与深厚的文化传统。[1]"社会主义方向的大门已经向当代俄罗斯敞开。"[2]

以上用较长的篇幅系统地呈现了当代俄罗斯马克思主义批判学派的理论图景,使我们对当代俄罗斯这一重要的马克思主义学派有了一个整体性的认识。

五、总结与评价

毋庸置疑,当代俄罗斯马克思主义批判学派是 21 世纪世界马克思主义格局中的一个组成部分,那么如何在这个大的格局中寻求其定位,从而进一步阐明该学派不仅仅是其中的组成部分,而是应该占有一席之地呢? 这首先需要转换视角,将其与一些影响力较大的马克思主义流派进行比较分析,从而对其作出一些基本的判断。

(一)在21世纪国外马克思主义格局中的定位

如果从地域分布上看,21 世纪世界马克思主义大致可以划分为四大区域:一是德国、法国、意大利等欧陆国家的马克思主义;二是英国、美国、加拿大等英语国家的马克思主义;三是苏联、中东欧等原苏东国家的马克思主义;四是中国、日本、越南、老挝、朝鲜、非洲国家、拉美国家等亚非拉国家的马克思主义。[3] 在这区域性的划分中,当代俄罗斯马克思主义很容易找到自己的定位,即属于原苏东国家的马克思主义。但是在特定的思想内涵和理

---

① See:Под общей редакцией Б. Ф. Славина и А. В. Бузгалина:*Вершина великой революции*,Москва,2017,с.1211.

② там же,с.1188.

③ 参见王凤才:《21 世纪世界马克思主义基本格局》,《学习与探索》,2017 年第 10 期。

论主题上如何定位,则是比较复杂的问题。

目前,一个不能否认的基本事实是,我国的国外马克思主义研究发展并不平衡,大多数研究集中在对卢卡奇、柯尔施、葛兰西等人所开创的西方人本主义马克思主义,以及兴起于第二次世界大战之后的西方科学主义马克思主义;还有女权主义马克思主义和生态学马克思主义等的研究上。此外,对东欧新马克思主义的研究近些年也取得明显进展,研究成果不断涌现。相较而言,对当代俄罗斯马克思主义的研究则是我国学术界关于国外马克思主义研究中明显的"短板"。因此,一方面,要入乎其内,对这一领域进行深入研究;另一方面,不能自说自话,还要出乎其外,将其置于世界马克思主义的格局中寻找定位。当然,需要说明的是,当代俄罗斯马克思主义批判学派作为一个学派不能反映出后苏联俄罗斯马克思主义的全貌,也不能代表全部,但是它作为当代俄罗斯马克思主义研究中影响力最大、最为持久的学派是具有一定代表性的。

首先,与西方人本主义马克思主义和东欧新马克思主义有比较接近的阐释路径。西方人本主义马克思主义是与正统的马克思主义特别是与斯大林主义相对立的新马克思主义思潮,主要包括卢卡奇、柯尔施、葛兰西等早期西方人本主义马克思主义;以霍克海默、阿多尔诺、马尔库塞、弗洛姆、哈贝马斯为核心的法兰克福学派;萨特的存在主义马克思主义;赖希的弗洛伊德主义马克思主义等。在这个庞大的思潮中,存在的基本立场就是人本主义马克思主义,核心要点包括:批判过于强调自然领域的客观必然性和社会领域的经济必然性的正统马克思主义的哲学立场,回到马克思的异化理论和实践哲学,将人作为历史发展的中心,强调人的主体性;以马克思的异化理论和人本主义为依据,对现存资本主义作了全方位的批判,深刻揭示了现存资本主义社会在经济、政治、文化、心理等各个方面所存在的异化力量和对人的总体性统治;基于对西方发达工业社会的分析提出超越现存社会的,实现人类解放的具体方案。

东欧新马克思主义继承了西方人本主义马克思主义的思想传统,在理论上它是以卢卡奇等人所代表的早期西方人本主义马克思主义的赓续,所以东欧新马克思主义与西方人本主义马克思主义在思想渊源、关注主题、信仰追求方面具有相通性。但是在实践上,东欧新马克思主义的产生与东欧艰难曲折的社会主义历程密切相关,是根植于东欧社会主义国家之中的对斯大林主义及其社会主义模式的反叛。所以这使得东欧新马克思主义在关于社会主义理论与实践、历史与命运的反思方面有着独特的学术贡献。

以布兹加林为代表的当代俄罗斯马克思主义批判学派从理论框架上看,是以人为核心的哲学人本主义;以异化理论为基础的晚期资本主义批判和现实社会主义批判;以21世纪新社会主义为目标的社会改革方案。布兹加林多次强调,他的思想深受卢卡奇、葛兰西、弗洛姆、萨特、沙夫等人的影响,他在《社会主义的复兴》《资本的界限:方法论和本体论》等诸多著作中明确阐明了这一点,可以说,卢卡奇、葛兰西等也是当代俄罗斯马克思主义批判学派的精神领袖。从理论实质上看,当代俄罗斯马克思主义批判学派属于人本主义马克思主义。但是相较而言,当代俄罗斯马克思主义批判学派和东欧新马克思主义更为接近,这是因为他们曾经所处的社会环境和所面临的历史问题非常接近。当代俄罗斯马克思主义批判学派的代表人物都是苏联社会主义实践的亲历者,切实感受到斯大林社会主义模式的弊端,布兹加林明确指出,斯大林主义的实质就是刚性的、官僚的、极权主义的国家制度。因此,他们所面临的一个重要问题和基本任务就是批判斯大林模式、批判教条主义的马克思主义,重建人道主义的马克思主义和21世纪新社会主义。东欧各国在第二次世界大战之后都普遍经历了一个"斯大林化"的过程,接受了斯大林的理论和苏联社会主义模式,而在"非斯大林化"进程中产生的东欧新马克思主义所面临的一个重要的历史问题也是批判斯大林主义,重建人道主义的马克思主义和人道的民主的社会主义。

其次,具有俄罗斯特色的人本主义马克思主义。当代俄罗斯马克思主义批判学派与东欧新马克思主义有着更为接近的阐释路径,这并不意味着没有自己的独特之处,这种独特之处更多地体现在他们对于苏联、俄罗斯等本国历史和现实问题的阐发,所以概而言之称之为俄罗斯特色。东欧新马克思主义的社会影响是深远的,但是作为独立的思潮已不复存在。当代俄罗斯马克思主义批判学派在后苏联的时空中逐渐发展起来,成员人数在不断增加,影响力也日渐扩大,它的崛起在某种程度上成为苏联解体之后俄罗斯马克思主义从低谷走向复苏的表征。恩格斯曾说,我们的理论"是一种历史的产物,它在不同的时代具有完全不同的形式,同时具有完全不同的内容"①。

当代俄罗斯马克思主义批判学派作为"在场"的思潮自然更多了一份现实感和时代性的特征。他们根植于后苏联的社会现实之中,在新的历史条件下对马克思主义进行了发展和创新,试图为走出社会困境寻找答案。其批判理论集中体现了这种特色和意蕴。例如,对苏联和俄罗斯现在依然存在的教条主义马克思主义、俄罗斯形形色色的反马克思主义进行批判,坚决反对正统马克思主义的"客体化哲学"和"线性决定论",反对把马克思主义僵化和教条化;关于晚期资本主义的批判理论全面而深刻地揭示了当代资本主义的新变化及其极权市场和全球资本霸权统治的实质,分析了西方发达国家作为"中心国"和俄罗斯等作为"边缘国"社会阶级结构的变化,以及晚期资本主义不可避免的矛盾。

对苏联社会主义的反思批判则被他们视作责无旁贷的学术使命。他们对该问题的反思有一个突出的特点:引证大量的历史事实,注重用数据说话,努力做到历史和理论相一致。该领域的代表作——《关于苏联的十个神话》一书回答了苏联历史上的十个主要问题,驳斥了十个关于苏联疯狂而又虚假的神话,并对俄罗斯十月革命、苏联的诞生与解体、苏联的工业现代化、农业集体化、苏联第一个五年计划等问题进行了深刻的分析,同时对列宁、斯大林、索尔仁尼琴等人物也进行了自己的解读。书中的阐述涉及大量的历史数据、统计数字,有一定的说服力。至于他们对当今俄罗斯社会的批判则与对苏联的反思有着内在的逻辑联系,体现了该学派学术观点的前后一致性,并且解构俄罗斯资本主义——这个非常特殊的"半边缘"资本主义,既是他们非常重要的一个研究课题,也是其批判理论的独特内容。

至此,我们可以用一句话对当代俄罗斯马克思主义批判学派做一界定:它是在全球化背景下、在苏联历史与俄罗斯现实的交汇中产生的,具有俄罗斯特色的人本主义马克思主义。

---

① 《马克思恩格斯文集》(第九卷),人民出版社,2009 年,第436 页。

（二）对丰富马克思主义理论和加深对社会主义的理解具有积极意义

马克思主义理论博大而精深，"这一理论犹如壮丽的日出，照亮了人类探索历史规律和寻求自身解放的道路"①。苏联解体后，自由主义思想在俄罗斯盛行，很多人极力与马克思主义划清界限，宣布其为伪科学和歪理邪说。但是随着时间的流逝，俄罗斯社会矛盾突出、危机不断，"民主"的俄罗斯被逐渐揭开神秘的面纱，马克思主义在俄罗斯日益受到关注。当代俄罗斯马克思主义批判学派在俄罗斯扛起马克思主义的旗帜，为俄罗斯寻找和探索社会主义的发展道路。这生动证明了马克思主义强大的生命力，证明了马克思主义的科学性和社会主义的影响力。

当代俄罗斯马克思主义批判学派在复兴马克思主义、复兴社会主义的双重使命中不懈探索，他们的理论探索也是颇具启示意义的。他们十分注重马克思主义辩证法的再现实化，运用辩证法分析社会系统产生、转化和衰亡的辩证过程，特别提出"反向运动辩证法"，揭示社会发展会出现倒退、退步、退化的辩证过程。他们提出当代世界是"必然王国"统治时期、资本主义生产方式没落时期和晚期资本主义新自由主义模式危机时期这三个进程相交织的论断；提出晚期资本主义的实质是发展未来元素的客观需要和极力使之屈服于资本扩张目标之间的矛盾，资本主义制度是一方面追求进步，另一方面又限制其进步的荒谬的制度。批判资本主义所主导的全球化正在陷入历史的僵局，积极倡导"另一种全球化"，提出曲折的社会变革和过渡关系理论，强调沿着社会主义道路前进是一个漫长曲折的过程——是改革与反改革、革命与反革命、胜利与失败、成功与挫折交替的过程，是在全世界范围内进行的过程；强调这个过程的各个环节之间存在着紧密的相互关联，要在国际社会的各个领域内发展向社会主义社会过渡的形式，为高效的、民主的、人道的、生态的社会主义联合体而奋斗。他们从俄罗斯实际情况出发探索社会主义发展道路，以自己的方式回答了"什么是社会主义，怎样建设社

---

① 习近平：《在纪念马克思诞辰 200 周年大会上的讲话》，人民出版社，2018 年，第 6 页。

会主义"的问题,等等。这些论述对我们深入把握马克思主义的精神实质,正确认识资本主义发展趋势和命运,加深对社会主义的理解具有重要的价值。

当代俄罗斯马克思主义批判学派由一批信仰坚定的马克思主义者组成,他们以推翻资本主义社会、实现马克思主义伟大理想而从事马克思主义研究。其理论的最终指向是对新社会主义价值目标的必然性论证,然后又将新社会主义理想指向具体的行动纲领,以此来进一步诠释和践行新社会主义理想。这继承、发扬了马克思主义不仅仅是"解释世界",更是要"改变世界"的革命实践精神。理想社会既是指一种未来的社会制度,同时也意味着一种现实的社会运动。正如马克思恩格斯所说:"共产主义对我们来说不是应当确立的状况,不是现实应当与之相适应的理想。我们所称为共产主义的是那种消灭现存状况的现实的运动。这个运动的条件是由现有的前提产生的。"①所以理想社会作为总的目标和价值取向需要一系列阶段性目标来实现,具有深刻的实践性。共产主义理想是最伟大的理想,它的实现必然经历许多历史阶段。

当代俄罗斯马克思主义批判学派所言的新社会主义可以看作是他们为最终实现共产主义远大理想所确定的阶段性目标,所提出的社会改造纲领即是为实现这一阶段目标所进行的现实运动。他们在俄罗斯资本主义语境下依然坚信社会主义是人类社会的必然选择,指出:"进入 21 世纪,我们再次走进金融资本及其具有侵略性的帝国政治统治的时代。资本主义发动第一次世界大战 100 年后,我们又一次站到了资本主义列强冲突加剧的门槛上,人类面临着被核导弹战争摧毁的威胁。之前,世界历史面对的问题是:是要社会主义还是要野蛮;现在,这个问题前所未有地变为:是选择社会主义还是选择人类文明的毁灭。"②他们也同样坚信新社会主义一定能实现,坚定地指出:"积极、真正、人道的社会创造活动一经开始,便具有引起'连锁反应'的惊人属性,在全世界和社会生活的各个领域广泛传播。真正的社会主

---

① 《马克思恩格斯文集》(第一卷),人民出版社,2009 年,第 539 页。

② Под общей редакцией Б. Ф. Славина и А. В. Бузгалина: *Вершина великой революции*, Москва, 2017, c. 1180.

义,即实践的人道主义,具有'传染性',当人们看到它已落实在行动上,而不仅仅停留在语言上,看到真正人道主义的实践和胜利时,人们需要它,也会追随着它,迅速由小市民转变为社会的创造者。"①这里所展现的寻找替代本国资本主义本土化形式的信心和决心表明,这是一支在科学社会主义道路上坚定前行的力量。当然,这种信心和决心在某种程度上也说明了中国特色社会主义的成功实践对世界社会主义发展的重要影响。布兹加林说:"俄罗斯是带有资本主义各种矛盾的半资本主义国家,是苏联社会的弊端和苏联人民社会解放创造性成就的伟大遗产交织在一起的国家。做出社会主义的选择不仅能使俄罗斯的经济增长拥有不低于中国的发展速度,而且还提供了发展构建新社会和新人类的可能。"②应当说,中国特色社会主义取得了举世瞩目的辉煌成就,影响力与日俱增,为社会主义赢得了广泛的声誉,也必将吸引更多的人认同马克思主义,实践马克思主义。

(三) 当代俄罗斯马克思主义批判学派的局限性

这里所说的局限性包括两个方面,一是该学派在当代俄罗斯时空背景下面临许多发展困境,这导致了该学派在自身发展过程中的局限性;二是该学派在理论上的局限性。

1. 现实困境

俄罗斯马克思主义批判学派形成于非常困难的条件下。事实上,在后苏联时期的俄罗斯,马克思主义被视为反对党——共产党的意识形态,得不到国家的支持。在学术界,同样也是拒绝这种理论范式占上风。因此,马克思主义学者们很难在知名的科研学术活动中获得发言权,难以发表他们的科学著作,基本不能获得科研经费的支持。所有这些都使这一学派的发展存在巨大的理论和实践困难。

---

① Под общей редакцией Б. Ф. Славина и А. В. Бузгалина: *Вершина великой революции*, Москва, 2017, с. 1208.

② там же, с. 1188.

2. 成员年龄结构的局限性

该学派的核心力量是由 60 岁以上的学者们组成。其中一些学者的年龄已经接近 80 岁甚至更高。学派内部也有 25 岁 ~30 岁的生力军，他们的报告和著作在一些论坛和学术会议上获得了好评，但是这支年轻的队伍还是形成之中的后备力量，在该学派的著名学者中几乎没有 40 岁 ~50 岁年龄段的。可见，该学派中间断层很严重，影响了学派的后续发展和进一步壮大。

3. 发展空间的局限性

该学派的发展空间几乎只局限在俄罗斯。在白俄罗斯、乌克兰、阿塞拜疆、格鲁吉亚和哈萨克斯坦这些国家里，有些学者的研究领域与该学派的研究方向比较接近，这些学者也积极参与到俄罗斯马克思主义批判学派的实践活动和著作出版中，但他们并不认为自己是这一学派的研究者，也就是说学派成员的归属感不强，这在一定程度上也表明，该学派的影响力还不够大、辐射面还不够广。另外，俄罗斯马克思主义批判学派在发展空间上的局限性还表现在，该学派的大部分著作都是用俄语撰写和出版的，而俄语目前并不被广泛应用，因此该学派的发展存在一定的封闭性。当然，应该强调的是，俄罗斯马克思主义批判学派的学者们正在努力克服这一局限性。特别是该学派的一些代表人物与世界上几十个国家的马克思主义者有着密切的联系，布兹加林、科尔加诺夫、布拉夫卡、斯拉文等人的重要理论成果已被翻译成中文、日文和英文等多种语言，其影响力也日益扩大。

4. 没有超越原有苏联的研究框架

这属于该学派的理论局限性。俄罗斯马克思主义批判学派主要延续了苏联批判的马克思主义的传统，在苏联传统科学的框架内进行研究，几乎没有超越这个框架。在马克思主义哲学领域中，主要是在苏联著名哲学家艾瓦里特·伊里因科夫（Эвальд Ильенков）所构建的理论框架内；在马克思主义政治经济学领域，很大程度上是在尼古拉·察戈洛夫（Николай Цаголов）所构建的理论框架内。

伊里因科夫前已述及，这里对尼古拉·察戈洛夫做一简单介绍。察戈洛夫是苏联时期著名的经济学家，曾获列宁勋章，发展了社会主义经济理论，是苏联社会主义生产关系理论体系的创始人，着重研究计划性。其主编了《政治经济学问题图书索引（1917—1966 年）》《政治经济学问题图书索引

(1967—1975 年)》《政治经济学教程(两卷本)》,出版了《列宁帝国主义论和政治经济学的现实问题》《政治经济学发展及其教学提升问题》等著作。当代俄罗斯马克思主义批判学派的一些学者试图对其进行批判反思,如德扎拉佐夫等人的《政治经济学及其苏联经典理论家的命运》一书就是其代表作,但是他们依然还未脱离察戈洛夫所构建的理论框架。

诚然,当代俄罗斯马克思主义批判学派发展面临一定的困境,也存在一定的局限性。但是该学派在当前俄罗斯非常困难的条件下依然取得了丰硕的研究成果,并且在世界范围内逐渐被了解和认可,这是十分难能可贵的,我们应当对其持续关注并进行深入研究。

陈　红(海南师范大学)

社会主义的伦理解读与微观建构
——布达佩斯学派*的社会主义理论研究

　　20 世纪,社会主义对东欧的社会历史发展产生了重大影响,在对东欧现实存在的社会主义的反思和批判中,东欧新马克思主义应运而生,同时对社会主义的理论研究成为东欧新马克思主义具有代表性的理论贡献。来源于社会主义意识形态内部的理论思索,既是由特殊的历史时期造成的,又与东欧社会主义的现实语境相关,同时这种思索也标志了其与 20 世纪其他马克思主义思潮的重大差别。由于东欧的社会主义实践经历,可以将其对马克思共产主义思想的理论研究和对现实存在社会主义的现实批判都以社会主义理论来概括。作为东欧新马克思主义的一个重要流派,布达佩斯学派既没有像当时东欧正统马克思主义那样从意识形态的角度去理解社会主义,也没有像西方马克思主义那样从资本主义视角去批判苏联模式的社会主义。同时,在东欧新马克思主义内部,布达佩斯学派没有像南斯拉夫实践派那样以自治社会主义构想扬名国际,虽然布达佩斯学派也围绕着什么是真正的社会主义和东欧社会主义该向何处去进行了理论思索,但是却被其文

---

　　* 布达佩斯学派是东欧新马克思主义思潮中最具代表性的流派之一,其成员多为卢卡奇的弟子。他们既从卢卡奇那里继承了对马克思主义的理论思索,又经历了苏东社会主义兴衰的人生体验,故而对社会主义的理论研究是其具有代表性的理论贡献,也是其能在 20 世纪新马克思主义思潮中占有一席之地的根本原因。然而布达佩斯学派既没有像当时东欧正统马克思主义那样从意识形态的角度去理解社会主义,也没有像西方马克思主义那样从资本主义视角去批判苏联模式的社会主义,更没有像南斯拉夫实践派那样以自治社会主义构想扬名国际,他们对社会主义的理论思索往往被其文化批判特色所淹没,其对社会主义的独特理解并未得到深入挖掘。事实上,布达佩斯学派对社会主义的思索是立足东欧现实存在的社会主义伦理维度缺失基础上的,他们从伦理维度批判了当时东欧社会的权力结构,在总体性的意义上重新阐释了东欧现实存在的社会主义,并试图探索一条微观的社会主义人道化之路。这在 20 世纪新马克思主义理论思潮中独具特色。

化批判特色所淹没;虽然也有人将布达佩斯学派的社会主义改良道路与东欧当时流行的"第三条道路"归为一类,但也没有深入挖掘和思考布达佩斯学派社会主义理论的独特性。

事实上,布达佩斯学派对社会主义的思索是立足东欧现实存在的社会主义伦理维度缺失基础上的,他们从伦理维度批判了当时东欧社会的权力结构,在总体性的意义上重新阐释了东欧现实存在的社会主义,并探讨了在微观层面促进社会主义的人道化的可能性和必要性。在布达佩斯学派的社会主义理论探讨中,可以明确其中贯穿的是对社会主义的伦理解读及对社会主义人道化的微观建构,这种对社会主义的解读和建构方式贯穿于他们对于东欧前共产主义、共产主义和后共产主义历史发展阶段的理解中,对于理解当下东欧社会很多问题的由来仍然具有重要的理论价值。

一、马克思恩格斯共产主义理论与东欧现存社会主义的伦理反差

对共产主义的探讨是马克思恩格斯思想中一个十分重要的内容,是他们在批判资本主义的基础上为人类社会规划的应然状态,共产主义标志着超越人在资本主义社会异化受动的存在状态而达到自由自觉的存在。马克思恩格斯对共产主义的阐释虽然零碎,但是十分丰富,被社会主义革命奉为理论指南。面对 19 世纪中期自由竞争资本主义的历史现实,马克思恩格斯说明了共产主义是私有财产的积极扬弃、人的自由自觉存在的实现,同时也在唯物史观中设定了超越资本主义的宏观革命道路,在科学社会主义的理论指引下,人类社会建立了旨在代替资本主义的社会形态。"资产阶级的生产关系是社会生产过程的最后一个对抗形式,这里所说的对抗,不是指个人的对抗,而是指从个人的社会生活条件中生长出来的对抗;但是,在资产阶级社会的胎胞里发展的生产力,同时又创造着解决这种对抗的物质条件。因此,人类社会的史前时期就以这种社会形态而告终。"①马克思认为,随着资本主义社会形态的告终,人类史前时期结束,十月革命实践了科学社会主

---

① 《马克思恩格斯选集》(第二卷),人民出版社,1995 年,第 33 页。

义理论,真正的人类历史从社会主义时期开始。

20世纪,人类境况发生了变化,旨在替代资本主义的社会主义形态在苏联以外的更大范围内得到实践,但是在发展过程中却出现了一系列新的问题,这些问题在东欧社会主义国家表现为产生了对人的新的压制。布达佩斯学派在这种历史条件下重新思索了马克思的共产主义理论,找寻东欧现实存在的社会主义与马克思恩格斯所说的共产主义之间的伦理反差,得出东欧现实存在的社会主义并没能实现人的自由而自觉的存在,在新的历史条件下实现人类解放必须转变传统路径,在微观层面上促进人的生存方式的转变。赫勒和瓦伊达在《共产主义和家庭》一文中说:

> 与乌托邦不同,马克思并没有给出共产主义社会的详细特征,因为从他的观点来看,正是人们自己,通过人类活动和社会斗争来塑造人类关系;预先把未来社会的具体结构固定下来将意味着理想不得不遭遇现实。然而,对共产主义社会详细特征的省略不应当使我们认为,马克思根本不去设想关于共产主义的价值,因为如果没有这些价值的实现,共产主义甚至无法构想。……马克思是在积极的价值假设上建立了他对现存社会关系的否定:主要目标不仅仅是用新的社会形式取代现存的社会形式,而是要建立更加全面的人类个体关系和社会关系。①

从这段阐释中可以看出,布达佩斯学派认为,马克思虽然省略了对共产主义详细特征的说明,但并不意味着放弃了共产主义的价值,反而恰恰是在对共产主义价值的假定基础上才得出了共产主义的实现需要改变资本主义的社会关系的观点。然而后来的很多马克思主义继承者恰恰忽视了马克思对共产主义价值的重视,将马克思的共产主义的实现简单地等同于改变资本主义的社会关系,而悬置了马克思假定的价值前提。布达佩斯学派认为,马克思对共产主义价值的假定说明共产主义的实现并不简单地等同于社会关系的转变,也即意味着社会的转变不能通过单纯的政治经济层面的转变

---

① [匈]安德拉什·赫格居什、阿格妮丝·赫勒、玛丽亚·马尔库什、米哈伊·瓦伊达:《社会主义的人道主义——布达佩斯学派论文集》,衣俊卿、文长春、王静译,黑龙江大学出版社,2014年,第1页。

来实现。

> 真正的自由社会所需的各种人能够完全通过政治和经济活动而被
> 创造吗？如果我们自觉的革命意图能以日常生活的变革为方向，那么
> 共产主义生产关系的变化和异化的力量结构向地方的和社会层面的自
> 我管理形式的转变就能够得以实现。这些因素是相互决定的。没有对
> 日常生活的有意识的、革命性的重建，生产关系的变革和统治关系的崩
> 溃是不能设想的，反之亦然。①

基于这种理解，布达佩斯学派回到了马克思的早期思想中，重新阐释了
马克思的共产主义理论，试图在新的历史条件下说明马克思共产主义理论
中原本具有却被后来的继承者所忽视的价值维度。

首先，马克思在《1844 年经济学哲学手稿》（以下简称《手稿》）中首次介
绍了什么是共产主义。他将共产主义看作是扬弃了的私有财产的积极表
现，同时马克思也解释了什么是"积极的扬弃"。"积极的扬弃"并不等于平
均的共产主义用普遍的私有财产反对个人的私有财产，同样也不意味着民
主的或专制的共产主义运用私有财产的关系掩盖人的关系。布达佩斯学派
回到了马克思早期对共产主义的阐释中，认为马克思之所以批判平均的共
产主义和民主的或专制的共产主义，是因为这两种共产主义并没有理解私
有财产的劳动本质，还把私有财产看作物。如果把私有财产看作物，就会脱
离实现人的解放的根本目标，所以可以明确，马克思虽然强调共产主义是私
有财产的扬弃，但通过私有财产是人的劳动结果这个中介表达的是要恢复
被财产关系掩盖了的人的关系，以及被异化劳动所片面化了的总体的人的
观点。布达佩斯学派批判东欧现实存在的社会主义对共产主义的理解恰恰
是将私有财产与人的劳动本质割裂开了，将私有财产仅仅看作物，致使将共
产主义仅仅与私有财产的扬弃相连而忽视了共产主义的价值，也即忽视了
私有财产与人相关的劳动本质。布达佩斯学派强调的人道主义的社会主义

---

① ［匈］安德拉什·赫格居什、阿格妮丝·赫勒、玛丽亚·马尔库什、米哈伊·瓦伊达：《社会主义
的人道主义——布达佩斯学派论文集》，衣俊卿、文长春、王静译，黑龙江大学出版社，2014 年，第 2 页。

正是要恢复马克思共产主义理论中具有但未加详细说明的价值维度。

其次，马克思在《手稿》中把共产主义看作是人自我实现的一个阶段、一个环节。"社会主义是人的不再以宗教的扬弃为中介的积极的自我意识，正像现实生活是人的不再以私有财产的扬弃即共产主义为中介的积极的现实一样。共产主义是作为否定的否定的肯定，因此，它是人的解放和复原的一个现实的、对下一段历史发展来说是必然的环节。共产主义是最近将来的必然的形态和有效的原则，但是，这样的共产主义并不是人类发展的目标，并不是人类社会的形态。"①可见，共产主义是人的发展的一个阶段、一个环节，扬弃私有财产就是这个阶段和环节，共产主义作为对私有财产的否定的否定而占有人的本质，这种占有还不是真正从人自身开始的肯定。可以这样理解，扬弃私有财产的对人本质的占有只是基于理论上的，是中介，还要进一步付诸现实。所以在《德意志意识形态》中马克思进一步将共产主义看作是运动。这种运动就是要对现存进行批判，批判的方式就是革命，只有革命才能推翻现有的东西，所以共产主义作为一种运动也是共产主义革命。

马克思认为，共产主义革命的实现是有条件的，只以人们对现存社会的不满为前提才有可能实现。布达佩斯学派这样解读马克思的共产主义理论："马克思主义的共产主义不是乌托邦；这种能够实现与它的价值设想相符合的社会条件的能力，依赖于现存社会已经存在的趋势。"②也就是说，马克思意义上的共产主义运动是通过自觉意识到现存的不合理而对现存进行批判，然而着眼于东欧现实存在的社会主义："眼下，共产党内的一部分人忘记了马克思所确立的目标：他们不是把共产主义作为运动，而是采取了传统政党的形式，并且不顾对于真正的马克思主义运动的需求正在增长的事实。我要重复的是，没有什么别的东西，只有马克思意义上的共产主义运动能够激发人们对传统日常生活形式的不满，推动人道化的社会的创建。"③在布达佩斯学派看来，现实存在的社会主义不能激发人们对传统日常生活形式的

---

① 《马克思恩格斯文集》(第一卷)，人民出版社，2009年，第197页。

② [匈]安德拉什·赫格居什、阿格妮丝·赫勒、玛丽亚·马尔库什、米哈伊·瓦伊达：《社会主义的人道主义——布达佩斯学派论文集》，衣俊卿、文长春、王静译，黑龙江大学出版社，2014年，第13页。

③ 同上，第45～46页。

不满是社会停滞不前的原因,没有对现存的不满就不会推动社会向人道化的转变。个人的活动即个人的选择是受世界观的影响的,而世界观是"一个人用以在实践总体之中安排自己的个体活动的世界图景"①。

归结起来,在布达佩斯学派对马克思的共产主义理论的解读中,可以发现他们认为东欧现实存在的社会主义与马克思所阐释的共产主义的差异主要在伦理层面,由于宏观革命在变革生产关系的过程中着重于对私有财产的批判而忘却了人自身的异化的扬弃,现实存在的社会主义只是人自身发展的一个阶段,共产主义作为一种运动必须以对现存的不满为前提,而在现实存在的社会主义社会,这种不满被压制了。也就是说,马克思的共产主义是异化的扬弃、人的解放,能够实现人的自由而自觉的存在,而现实存在的社会主义存在异化,并未实现生存方式的转变,这种差异就是伦理道德的差异。在对现存社会主义与马克思共产主义伦理反差的理解基础上,布达佩斯学派进一步在文化层面对东欧现存的社会主义进行了反思和批判。

二、东欧现存社会主义的文化反思

众所周知,东欧新马克思主义兴起于 20 世纪五六十年代,从西方马克思主义的理论中我们可以知道,资本主义在这个时期的发展已经进入发达资本主义阶段,这个时期的资本主义与马克思在 19 世纪批判的资本主义具有较大差异,西方马克思主义已经确证了文化在发达资本主义社会的作用,历时性上东欧社会主义社会与发达资本主义社会处于同一历史阶段,故其在理论研究中也明显带有文化反思和批判的意蕴,也是 20 世纪批判理论的一支。"批判理论的一个重大进展,一个一些人敢于大胆地从社会主义理论传统内部清除占统治地位的解释图式的伟大解放行动,他们宣称,作为应对资本主义矛盾的'现实的社会主义'是一种自主的社会-经济形态,它既不是资本主义的退化变体,也不是社会主义的实现,出乎马克思本人和马克思主义

---

① [匈]安德拉什·赫格居什、阿格妮丝·赫勒、玛丽亚·马尔库什、米哈伊·瓦伊达:《社会主义的人道主义——布达佩斯学派论文集》,衣俊卿、文长春、王静译,黑龙江大学出版社,2014 年,第43 页。

者的预料,这种社会形态没有消灭一切剥削和压迫,而是使其呈现为新的形式。我也认为,批判理论的任务是阐明这种社会形态的内在逻辑,而不是借助于资本主义的典型特征和一种预设的社会主义来解释它。"①那么东欧现实存在的社会主义的内在逻辑究竟为何呢?

第一,在布达佩斯学派看来,东欧现实存在的社会主义是基于现代性之上的一种新的社会形态,既不同于资本主义也不同于马克思恩格斯的共产主义。瓦伊达认为,苏联模式的社会主义不仅不能代表社会主义的价值观,甚至不是对资本主义矛盾的解答,而是对俄罗斯历史进退两难的回应,仅仅表现为一种从权力阶层视角出发的合理性,而不是对社会整体来说的合理性。所以苏联模式的社会主义是对现代性的一种理论-实践的回应,是意识形态和运动。"苏联社会不能被理解为对资本主义的一种回应,即使我们坚持认为,像作为社会经济形态的资本主义和社会主义这样的抽象只具有有限的理论功能。甚至在一种社会形态理论的框架中把1917年的俄国社会当作资本主义社会也没有意义。"②按照历史唯物主义的观点,社会主义一定优于资本主义,但是东欧这个时期的社会主义在某种程度上由于丧失了人道主义的价值维度而丧失了其自身的优越性。所以曾担任匈牙利总理的赫格居什有必要对社会主义进行自我批评:"关于改变的动力和真正的机能我们可以仍然坦言难以理解,除非我们认识到并承认,欧洲社会主义社会在其社会形态的发展中,即便不是同时地和在同等程度上,但是已经或者正要达到的成熟和完善的阶段,对这些形态的内部分析——即马克思所说的'自我批评'——在历史条件下,不仅已经变得可能,而且变得必要。"③因为一种新秩序的确定有其自身的规律,"历史经常看到的是,随着新秩序的巩固而来的便是比较快地被一个悲剧性的角色所逆转。……它们现在开始履行一个根本不同的功能,一段时间后停止去支持任何积极参与为进步而进行的斗争;它们不再为巩固新秩序做出贡献,而往往用自然的辩护来服务于当时的条

①② [匈]米哈伊·瓦伊达:《"现实的社会主义"是对什么的回应?》,张笑夷译,《学术交流》,2005年第3期。

③ [匈]安德拉什·赫格居什、阿格妮丝·赫勒、玛丽亚·马尔库什、米哈伊·瓦伊达:《社会主义的人道主义——布达佩斯学派论文集》,衣俊卿、文长春、王静译,黑龙江大学出版社,2014年,第157页。

件下的僵化的制度形式,辩护日益阻碍了社会的发展"①。

东欧现存社会主义作为一种新秩序就是如此。布达佩斯学派在对东欧社会主义的反思中得出,东欧这个时期的社会主义只是超越了私有制,而没有实现扬弃私有制后的人的解放的问题,即没有扬弃人的异化、没有实现人的解放,所以不应该囿于财产关系和社会形态来理解东欧现实存在的社会主义。布达佩斯学派认同马克思的历史唯物主义,认为社会主义是人类社会发展的历史趋势,他们批判的是斯大林主义背离了马克思恩格斯所设想的社会主义,东欧现实存在的社会主义需要改革。正如塞勒尼所说:"批判理论家的任务,是在经验上描述和评价与社会发展有关的可能性替代轨迹;去展示,已经存在的东西,并非不可避免;去指出,行为中的替代方式,对社会行动者来说是开放的;去阐明,这些行为方式的代价和后果;并且在不假定哪一个是正确的或合意的情况下,做所有这一切。"②所以说东欧现实存在的社会主义只实现了批判的形式而没有完成批判的实质,社会主义革命应该是总体性的革命,不仅是私有制的废除和社会关系的转变,更重要的是人的解放,这种对人的作用的强调正是文化批判最为重要的主题。

第二,东欧现实存在的社会主义权力结构的变化是其难题核心所在。首先,现存社会主义废除了生产资料的私有制,但是特殊政治派系的成员掌握了控制生产资料的权力,也即对生产资料的控制权由私人转变为社会的统治精英,谁掌握了政治权力谁就能获得控制经济的权力。布达佩斯学派认为,这是由官僚制的过度膨胀造成的,赫格居什专门分析过官僚制的问题,他认为官僚制一方面是现代性的结果,但官僚制的过分膨胀会导致对自由的压制。

对于赫格居什来说,官僚制现象比早期马克思主义批判已经实现

---

① [匈]安德拉什·赫格居什、阿格妮丝·赫勒、玛丽亚·马尔库什、米哈伊·瓦伊达:《社会主义的人道主义——布达佩斯学派论文集》,衣俊卿、文长春、王静译,黑龙江大学出版社,2014年,第161页。

② [哥伦比亚]吉尔·伊亚尔、伊万·塞勒尼、艾莉诺·汤斯利:《无须资本家打造资本主义——后共产主义中欧的阶级形成和精英斗争》,吕鹏、吕佳龄译,社会科学文献出版社,2008年,第293页。

的东西要更复杂和模棱两可。它的终极源头一定会在社会管理从"强制执行财产权和私有权的功能"的分离中找到,但是其发展也受"所有权实践"(占有)与潜在的财产权的"必要社会关系"的进一步分离所影响。因此,官僚制——特别是在现代条件下——体现了相对自主的权力形式和财产的派生形式,且这种结合在社会主义社会变得更加重要。换句话说,社会主义的官僚关系根植于行政和管理上的结构限制。进一步必不可少的是对官僚制的一种社会主义批判,官僚组织的客观必然性和合理性也不能被否认。从一种长时段的历史视角来看,可以想象官僚制的完全废除;在社会主义发展的给定阶段,最实际的策略是逐渐引入社会控制新形式,旨在控制和限制官僚组织的异化趋势。①

所以要对官僚制进行引导,实行管理的人道化,这样才能避免政治权力的过度膨胀。"事实上,马克思主义的乌托邦以一种否定的形式、靠被其批判者所描绘来实现,给我们社会主义者提出了新的理论任务。最重要的一个任务是详尽阐述一种新的国家理论,它将不再基于简单化的马克思主义的社会图景。或许这样做也将有助于阻止极权主义趋势的发展。"②布达佩斯学派的塞勒尼对东欧社会的权力结构进行了研究,分析了前共产主义时期、共产主义时期和后共产主义时期权力与经济资本、社会资本、文化资本之间的关系,在东欧共产主义时期,一切都依附于政治资本,这是对东欧社会主义时期权力结构的深刻揭示。"我们将资本主义界定为一个阶层化体系,其中经济资本是支配性的;而在共产主义体系中,社会资本(它被制度化为政治资本)才是权力与特权的主要来源。随着国家社会主义的衰退和后共产主义的兴起,政治资本的重要性正在下降,文化资本的作用逐渐增多,而经济资本充其量只能使它的占有者位居社会等级制的中层。"③资本主义

---

① ［冰岛］约翰·P. 安纳森:《东欧批判的马克思主义的观点和问题(下)》,杜红艳、梁雪玉译,《学术交流》,2019 年第 5 期。

② ［匈］米哈伊·瓦伊达:《国家与社会主义》,杜红艳译,黑龙江大学出版社,2015 年,第 99 页。

③ ［哥伦比亚］吉尔·伊亚尔、伊万·塞勒尼、艾莉诺·汤斯利:《无须资本家打造资本主义——后共产主义中欧的阶级形成和精英斗争》,吕鹏、吕佳龄译,社会科学文献出版社,2008 年,"导言"第 8 页。

社会经济权力决定政治权力,而东欧现实存在的社会主义政治权力控制经济权力,通过控制经济权力进而掌握了一切社会权力,通过政治权力操控其他领域,经济逻辑服从于政治逻辑。"社会主义的主要问题,并非在于它作为一种经济体制不能够运行,而是因为它无法将自己确立为一个民主的体制,从而从长远来看损害了其合法性。另外一个很大的可能在于,社会主义的政治不稳定与其精英不能实现自身的再生产有着密切的联系。"①

　　其次,计划经济取代了市场经济,却形成了对需要的操控,引发了生产和消费之间的不平衡。费赫尔专门分析了东欧苏联模式的社会主义的"匮乏和控制",匮乏是人类生存条件的外在方面,前现代社会匮乏暴露了人在大自然面前的无力性,匮乏主要体现在物质匮乏上。然而在现代社会,由于科学和技术的发展,物质匮乏可以随生产力的进步而消除,因而匮乏的含义也发生了变化。现代社会匮乏的意蕴在于对现状的不满,因为进步的速度永远赶不上需求,所以现代社会的匮乏是无法消除的,商品世界正是在这种匮乏的意义上构建起来的,现代世界一方面造成了生产的过剩,另一方面也造成了匮乏,市场的调节根本无法消除这种满足意义上的匮乏。"因此,普遍的市场不是对匮乏的否定,而是匮乏的假设(凭借作为增长、技术进步的动力市场体系的内在类别,需求超过了技术发展的现实情况);然而,市场,或者说是应该在'正常的'情况下,是对匮乏的否定。"②资本主义发展的这种市场规律同样被东欧现存社会主义所继承,包括经济方面的人类文化疾病,通过提高生产技术能力和加速经济发展来克服匮乏,但是正如匮乏在现代显示出来的不同,通过经济的发展无法消除满足意义上的匮乏,现代匮乏是一种内在的文化疾病。

　　　毫无疑问,让游牧的人类定居下来,从农村过渡到城市,从农业世界过渡到城市世界的主要工业模式的历史性壮举,只能通过将稀缺转化为一种刺激、一种经济激励来实现。这意味着通过一切手段促进人

---

　　①　[美]伊万·塞勒尼等:《新古典社会学的想象力》,吕鹏等译,社会科学文献出版社,2010年,第326页。

　　②　Ferenc Feher, The Socialism of Scarcity, *Thesis Eleven*, 1995, No. 37, pp. 98 – 118.

类创造力的不断增加,作为一种积极的原则和实践,社会主义继承了资本主义这种原则和实践,不加批判地同化为它自己的,同样虚幻的政治和社会想象的世界。它还意味着发展几乎所有主要的人类文化疾病。通过催生生产性技术能力和歇斯底里地加速其节奏来克服稀缺的狂热,赋予了工作狂以生命,即对物质消费和无限权力无休止循环的渴望的病态。①

费赫尔认为,现代生产以匮乏为动力,同时现代社会也为匮乏所困扰。因为现代的匮乏不是物质匮乏,所以生产力的发展、技术的进步无法克服满足意义上的匮乏,现代社会陷入了生产匮乏—为克服匮乏而生产—再生产匮乏的循环中。赫勒、梅扎罗斯同样表明了与费赫尔一致的理解。赫勒认为,物质的匮乏很容易被克服,但是生产关系的问题仍然被保留了。

> 这些关系必须被改变,并且它们必须以一种与先前由于生产力和生产关系的冲突所导致的改变完全不同的方式被改变。因为匮乏一直是突出的限制因素,所以充裕将会消除这种限制,也消除所有其他的限制。在充裕的条件下,生产不再是一种准自然的过程,社会关系获得了控制权,人们将完全控制社会和自然之间的新陈代谢。劳动的解放是对自然的最后的征服,是人类对他的生活过程的条件和前提的最终胜利。正是充裕改变了人类交往活动的关系网:剧本不是提前写给舞台演员的,他们是写剧本的人。②

也就是说,物质的匮乏随着生产力的进步可以被克服,资本主义已经克服了匮乏,但是现代匮乏是内在的文化疾病,是由生产关系决定的,故而现代匮乏的克服只能在生产关系上寻求解决之道。也是在这种意义上,梅扎罗斯表示人类解放的方向不是在量上解决匮乏而是促进社会关系的质的变

---

① Ferenc Feher, The Socialism of Scarcity, *Thesis Eleven*, 1995, No. 37, pp. 98 – 118.
② [匈]阿格妮丝·赫勒:《马克思与“人类解放”》,王静译,《马克思主义与现实》,2012 年第 2 期。

化："在资本制度结构性的约束内,完成所需要的重新定向和重新定义是无法想象的。因为这一任务既需要全面合理性地计划所有的物质与人类资源,也需要一种调节个人间社会交换的极其不同的方式(只有在此基础上,真实的计划才有可能实现)。科学技术仅仅是有待生产出来的可行性解放设计的尚需生产的部分,这警告我们不要把抽象的可能性——如果社会的再生产实践与生活范式没有成功地获得质的重新定向,这种抽象的可能性在总体上永远都是未被实现的可能性——与既定的现实性相混淆,哪怕是在把抽象的可能性转换成具体的可能性的条件下在相关的领域缺失时。而且,在这种情况下,我们必须记住,我们并没有充足的时间必然把潜能变成现实。"①东欧现实存在的社会主义不但没有消除匮乏,反而是对快速增长的不合理的计划和对低效率的保护,这就是经济结构所引发的对需要的专政。

最后,政治与经济交织,并以意识形态进行辅助,形成了新的统治形式,高度集中的政治统治和计划经济已经渗透到生产、生活、基本需要等各个层面。

布达佩斯学派想要证明对需要的专政这种制度不是社会主义,尽管它是应对资本主义及其矛盾的集中体现。"对需要进行专政的社会与自由竞争的社会一样,仅仅是一种无法实现的否定的乌托邦。以'真正的'合理性,不仅是'形式'合理性而且是'物质'合理性的名义——也就是以对需要进行专政的名义——建立起来的社会不是对需要的专政(这一点我同意),即使它们——并且这也不是要否定——原则上不能同等地满足人们的物质需要,正如所谓资本主义社会无法以等量的产品满足人们的物质需要一样。"②通过这种分析,布达佩斯学派批判了斯大林主义主导的苏联模式社会主义是对需要的专政,压制了人的自由与创造性,没有实现人的解放。"我们应该进一步说明,只要我们将社会主义视为克服'资本主义'问题和矛盾的一种新的社会-经济形态,那么我们所作的努力的结果最终必定是要么无能为力,要么是'对需要的专政'的意想不到的推进。"③无能为力指市民社会强

①　[英]I.梅扎罗斯:《超越资本——关于一种过度理论》(上),郑一明等译,中国人民大学出版社,2003年,第242页。

②③　[匈]瓦伊达:《"现实的社会主义"是对什么的回应?》,张笑夷译,《学术交流》,2005年第3期。

大到不允许自己再受压制,对需要的专政的推进指社会退步的结果是某种社会挫败的出现。

在布达佩斯学派看来,社会主义不是一种经济形态,而应是一种新的生活方式,标志着人的自由与解放的生存方式。基于这种理解,布达佩斯学派展开了微观层面的对现实存在社会主义的批判,通过理论的分析与总结,他们也看到了社会主义发展中的问题。赫勒在1988年东欧解体之前就预见了共产主义的变革和重组,赫勒说:"如果重组被定义为政治和社会当局的有意识和有目的的变革,那么无疑共产主义重组一定会发生。"①赫勒区分了极权主义国家和极权主义社会,极权主义国家意味着政治的极权主义,并不是文化、社会或经济的极权主义,其可容忍私人领域的市民社会,但不能容忍公共领域的市民社会,也即可以容忍文化、社会、经济的多元主义,但绝对不能容忍政治的多元主义。

三、真正的社会主义应立足总体性的革命

布达佩斯学派的理论先导卢卡奇在发达资本主义条件下重新探讨了社会主义革命的问题,提出发达资本主义社会物化已经深入到人的意识中,社会主义革命有赖于无产阶级意识的觉醒,总体性革命即以意识为核心的主体性革命。"只有当意识的产生成为历史过程为达到自己的目的(这个目的来自人的意志,但不取决于人的任意妄为,也不是人的精神发明的)所必须采取的决定性步骤时;只有当理论的历史作用在于使这一步骤成为实际可能时;只有当出现一个阶级要维护自己的权利就必须正确认识社会这样的历史局面时;只有当这个阶级认识自身就意味着认识整个社会时;只有因此这个阶级既是认识的主体,又是认识的客体,而且按这种方式,理论直接而充分地影响到社会的变革过程时,理论的革命作用的前提条件——理论和实践统一——才能成为可能。"②布达佩斯学派的社会主义理论进一步发展了卢卡奇的革命观,提出真正的社会主义应该立足总体性的革命,而总体性

---

① Agnes Heller, Can Communist Regimes Be Reformed? *Society*, May/June 1988, pp. 22 – 24.
② [匈]卢卡奇:《历史与阶级意识》,杜章智等译,商务印书馆,1996年,第49页。

的革命指代理论与实践的统一、个体与类的统一、经济与政治和文化的统一。

　　首先,布达佩斯学派将总体性革命的观点应用于分析东欧现实存在的社会主义社会,提出真正的社会主义是使人过上有意义的生活,而现实存在的社会主义没能实现这一目的,所以需要以文化革命来推动社会主义总体性的转变,进而使人在社会主义条件下过上有意义的生活。"我们不仅要变革机构,而且要为重塑我们自己的日常生活而斗争,我们要塑造那种可以赋予我们的生活以意义并且同时能够树立起典范的共同体。"①可见,在布达佩斯学派的理解中,真正的社会主义不仅是生产关系的变革,而且是在此基础上的文化生存方式的变化,特别是使社会主义所表征的意义和价值得以实现,有意义的生活表征了一种总体性的生活方式,即理论与实践的统一。布达佩斯学派期待真正的社会主义实现总体性的变革,尤其注重被忽视了的文化层面,因为"文化中的人只能够在这种文化中发展,因为只有在这种文化中自发性和感性本身才会被文化陶冶,才可以在不让他们的感觉成为理论的牺牲品的情况下使自己成为他自己的意识的对象,才能让感觉和智力和谐地发展"②。也就是说,东欧现实存在的社会主义与真正的社会主义之间的差别主要表现在是否实现了文化层面的变革,以及人是否过上了有意义的生活。而过上有意义的生活的前提就是个体需要具有一种自我意识,一种世界观,在这种世界观的引导下,个体能够明确自己的生存状态并在实践中安排自己的活动,进行有意识地选择与生活。可见,真正的社会主义是文化层面的转变,只有文化层面的转变才能带动实践的变化,才能使人过上有意义的生活。格鲁姆雷评价道:"现代化的进程威胁并削弱了文化为人的生存提供意义和方向的传统作用,现代世界,即使是最高的价值观念——自由也不能够重新点亮希望,文化充当了无以计数的人类意义的必不可少的载体。这样赫勒进入了现代性的核心,触及了价值、真实、意义、时空感、

---

　　① [匈]安德拉什·赫格居什、阿格妮丝·赫勒、玛丽亚·马尔库什、米哈伊·瓦伊达:《社会主义的人道主义——布达佩斯学派论文集》,衣俊卿、文长春、王静译,黑龙江大学出版社,2014年,第45页。

　　② [匈]阿格妮丝·赫勒主编:《卢卡奇再评价》,衣俊卿等译,黑龙江大学出版社,2011年,第65页。

完善和幸福等基本问题。"①

　　其次,在现实存在的社会主义条件下,布达佩斯学派将总体性理解为个体与类的统一。布达佩斯学派提出了现实存在的社会主义条件下面临的主要问题:"是否可以超越完全表现为'物'的消费社会的客观化的个体化,而且如果是这样的话,以人类价值和个体发展为目标的共同体结构(communal structure)以什么方式能够形成,或者是否能够形成。"②可见,布达佩斯学派认为,真正的社会主义应该是个体与类的统一,既具有人类价值,又为个体发展提供空间。与当时存在主义思潮追求的个体自由不同,布达佩斯学派不追求脱离共同体的个体的自由,而是促进在整体中的个体的有意义的存在和保证个体自由选择的共同体的生成,这也是他们认为真正的社会主义应该蕴涵的价值理念。瓦伊达说:"一个正义的社会(每个个体都属于许多不同的群体),不是以对特殊性的取消为基础,不是以社会的完全整齐划一为基础。"③马尔库什认为,脱离共同体的自由属于消极自由,积极的自由是个体具有自主选择的能力。马尔库什提出,"广义上的积极自由是指个人实现其自主选择的目的的实际能力,以自己的承诺、信念和利益为基础达到影响国家的相关行为和决定的目的"④。赫勒说:"马克思共产主义的自由是自由主义的自由在每个人身上的充分实现"⑤,所以共同体应该能保证个体的自由选择,布达佩斯学派向往的正是这样的共同体,真正的社会主义就是这样的共同体。

　　事实上,布达佩斯学派探讨的自由选择的共同体,与南斯拉夫实践派的自治社会主义在本质上具有一致性。"公社是一个自由选择的共同体:成员们选择属于它,并且能被这个共同体其他的成员所接受。个体进入公社,而且进入公社的每一个家庭成人成员都作为一个个体而成为公社成员。当

①　John Grumley, *Agnes Heller: A Moralist in the Vortex of History*, Pluto Press, 2005, p. 244.

②　[匈]安德拉什·赫格居什、阿格妮丝·赫勒、玛丽亚·马尔库什、米哈伊·瓦伊达:《社会主义的人道主义——布达佩斯学派论文集》,衣俊卿、文长春、王静译,黑龙江大学出版社,2014 年,第87 页。

③　[匈]米哈伊·瓦伊达:《国家与社会主义》,杜红艳译,黑龙江大学出版社,2015 年,第 12 页。

④　[匈]乔治·马尔库什:《论自由:积极的和消极的》,孙建茵译,《学术交流》,2019 年第 1 期。

⑤　[匈]阿格妮丝·赫勒:《马克思与"人类解放"》,王静译,《马克思主义与现实》,2012 年第2 期。

然,会员全体必须足够小,这样才能保证公社事务通过直接民主就能实现。"①布达佩斯学派追求的人道化的社会主义就是要建立一个现代化形式的劳动组织,提供给个体工人更大的自治,使工人拥有责任感和决策权,实现对社会的真正管理。"人道化的共同体……的一个主要特征在于,它不能是,而且必须不能成为一个组织,因为它的目标不是掌握行政权,而是把它放到大众的控制下。因此,目标不是建立某种新的状态,而是作为一个社会控制的动态的增长过程,产生一系列社会条件,在那里,人们持续地,不只是在偶尔的革命形势的过程中参与社会所发生的事情,并决定自己的命运。"②

最后,真正的社会主义不仅是生产关系和政治体制的变化,更重要的是人的生存方式的转变。在布达佩斯学派看来,政治革命只是社会主义的手段,社会主义的目的在于人的生存方式的变革,故而真正的社会主义应是由总体性革命促成的,涉及政治、经济、文化等方面的转变。

一是东欧社会主义虽然完成了政治革命,但并未完成文化革命的任务,也即完成了形式而未实现目的。"对马克思来说,'人类解放'(human emancipation),这条通向自由的大道,并不是由政治解放发展而来的。更确切地说,前者是后者的反题。政治解放给人们提供的是多元的'自由'(liberties),而不是'自由'(freedom)。"③赫勒认为,马克思的社会主义运动是总体性的革命,而非局部的改革、普遍的改革和政治革命运动,因为这三种改革最后都没能改变人的生存方式,人依然是异化的存在,要么是政治领域和日常生活领域相分离,要么是人作为私人的存在与作为市民社会成员的存在的分离,马克思所说的社会主义运动指向的就是具有自觉意图的,包括政治、经济、文化在内的旨在变革人的生存方式的总体性革命。"马克思主义的运动在资本主义条件下,只有伴随着他们的政治纲领,同时也提供一种新

---

① 〔匈〕安德拉什·赫格居什、阿格妮丝·赫勒、玛丽亚·马尔库什、米哈伊·瓦伊达:《社会主义的人道主义——布达佩斯学派论文集》,衣俊卿、文长春、王静译,黑龙江大学出版社,2014 年,第14 ~ 15 页。

② 同上,第101 页。

③ 〔匈〕阿格妮丝·赫勒:《马克思与"人类解放"》,王静译,《马克思主义与现实》,2012 年第2 期。

的道德,一种新的生存方式,才能是革命的和示范性的。"①

二是在东欧"非斯大林化"的过程中,人的生存方式的建构也是真正的社会主义面临的重要问题。"虽然斯大林主义政权的废除是建立一种人道化的生活方式必不可少的条件,但是还远不是充要的条件。因为在这些国家中,这一政权的消除(或多或少地)发生了,但是社会主义生存方式的建构功能的问题,像其他一些问题一样,依旧没有得到解决。"②可见,真正的社会主义的任务在于生存方式的建构。赫勒认为,生存方式建构的核心在于日常生活的转变,日常生活转变的关键在于个体的生成。"在人类的史前时期,对于一个人而言,为了能够从事他的日常生活,只要把自己的生活方式定位于特性就足够了。然而,任何人要想成为一个个体,他就必须持续不断地超越单纯的日常。"③超越单纯的日常生活意味着成为自觉的类存在,超越直接性和本能性,从而自觉地调整自己的生活。

四、社会主义人道主义的微观构建

与东欧新马克思主义的其他理论流派一样,布达佩斯学派理论阐释的最终目的也是实现社会主义的人道化,而对社会主义人道化实现的路径阐释,布达佩斯学派有自己独到的理解,其日常生活批判、需要理论,以及微观社会学分析都展现了布达佩斯学派在微观层面上构建社会主义人道主义的理论色彩。何为微观? 微观表现为通过家庭、宗教、伦理习俗、道德纲常等日常生活层面的自在规范,由本能引发的需要,以及两性关系、家庭关系、阶层关系等社会基本关系来实现人的生存方式的变革,从而实现社会主义的人道主义。

首先,布达佩斯学派在社会主义理论的阐释中注重的是人的生存方式的变革,而生存方式的变革正是日常生活的变化。"日常生活的持续革命化

---

① [匈]安德拉什·赫格居什、阿格妮丝·赫勒、玛丽亚·马尔库什、米哈伊·瓦伊达:《社会主义的人道主义——布达佩斯学派论文集》,衣俊卿、文长春、王静译,黑龙江大学出版社,2014年,第52页。

② 同上,第37页。

③ 同上,第42页。

是目标,但是,它同时也是社会主义能够完成自己的历史使命的先决条件。"①赫勒在《日常生活》一书中将日常生活定义为自在的类本质对象化领域,这是在根本上塑造人的生存方式的领域,也即文化的领域,只有日常生活的变革才是生存方式的真正转变。她说:"人们通过他人的眼睛审视自己,以规范的原则来判断自己,有意识地社会化自己的影响,形成自己的道德个性:这就是文化的意义,这就是文化人的行为。"②赫勒没有将社会主义改革的领域集中于高于日常生活之上的非日常生活领域,而是以微观的日常生活的衣食住行方式的变化也即文化的转变来标志人的生存方式的转变,所以她最终将日常生活人道化的途径归结为特性的人向个性的人的转变,日常知识和日常交往方式的变化,而这些都属于微观层面的建构。"日常生活批判范式的要点在于,它不再孤立地探讨和强调政治、经济等宏观社会历史因素的决定作用,而是把所有的社会历史因素都放到生活世界的文化意义结构中加以审视和评价。"③赫勒这样解读马克思:"对马克思来说,个体所获得的一定程度的发展,正如打破自然障碍一样,是共产主义的先决条件。"④

在《社会主义的人道主义》一书中,布达佩斯学派也是在微观层面上探索社会主义人道主义的途径和机制,他们将社会主义人道化的任务交给了社会主义的新人,通过人的转变实现社会转变,这就是微观层面的革命。"公社成员的一个基本的社会任务就是帮助共产主义的变革在每一个社会领域中产生;相反,除非在家庭中实现革命,否则指向共产主义的结构转变就不会是不可逆转的。"⑤布达佩斯学派认为,苏联模式的社会主义只提供了一种强制性的生活方式,人们不能作出存在的选择,不能选择自己的存在;

---

① [匈]安德拉什·赫格居什、阿格妮丝·赫勒、玛丽亚·马尔库什、米哈伊·瓦伊达:《社会主义的人道主义——布达佩斯学派论文集》,衣俊卿、文长春、王静译,黑龙江大学出版社,2014年,第51~52页。

② [匈]阿格妮丝·赫勒主编:《卢卡奇再评价》,衣俊卿等译,黑龙江大学出版社,2011年,第64页。

③ 衣俊卿:《现代性焦虑与文化批判》,黑龙江大学出版社,2007年,第393页。

④ [匈]阿格妮丝·赫勒:《日常生活》,衣俊卿译,黑龙江大学出版社,2010年,第19页。

⑤ [匈]安德拉什·赫格居什、阿格妮丝·赫勒、玛丽亚·马尔库什、米哈伊·瓦伊达:《社会主义的人道主义——布达佩斯学派论文集》,衣俊卿、文长春、王静译,黑龙江大学出版社,2014年,第20页。

真正的社会主义允许人进行生存方式的选择,选择从自在向自为跃升。"那些今天过着有意义生活的个体自觉选择和接受的任务,是创造一个异化在其中成为过去的社会:一个人人都有机会获得使他能够过上有意义生活的'天赋'的社会。并非是'幸福的'生活——因为不会出现向有限成就的世界的复归。真正的历史充满着冲突和对自己给定状态的不断超越。正是历史——人们自觉选择的和按人们的设计铸造的历史——可以使所有人都把自己的日常生活变成'为他们自己的存在',并且把地球变成所有人的真正家园。"①

其次,真正的社会主义应该使激进的需要得到满足。布达佩斯学派著有《需要理论》一书,集中批判了苏联模式社会主义对需要的专政,并提出了激进的需要理论,"我们认为,在马克思和每一位社会主义者的理想中,对需要的专政都是一种价值的退化,是对愿意自由地联合起来形成一个自由的社会的潜在的自由个体的破坏,尽管有自我生产的能力,对于我们说对需要的专政在历史上仍然是个死胡同"②,而激进的需要立足每个人的需要都应该得到满足,而要满足激进的需要以创造满足激进需要的社会条件为前提,这个社会条件是通过建立"合作生产者社会",即建立共产主义来实现的。也就是说,由于对需要的专政,东欧现实存在的社会主义虽然是应对资本主义及其矛盾的集中体现,但是没能实现对激进需要的满足,共产主义才是能够满足人的激进需要的不以附属和等级为基础的社会。"在这个框架中所有的需要也包括激进的需要,可能以平等的形式出现,对象化(客体、机构)满足同各种可选择的生活方式相应的需要。"③

布达佩斯学派分析激进需要本身是多元的,不能以统一的系统进行管理,人可以在需要的系统里进行选择,所以赫勒认为,如果激进运动不能展示出一种选择性就会丧失激进性,就不能成为批判现实的力量。赫勒从需要出发探讨了马克思的共产主义构想:"马克思关于共产主义的构想十分清晰:共产主义是不断拓宽人的质的(非异化的)需要的主导地位,压倒人的生

---

① [匈]阿格妮丝·赫勒:《日常生活》,衣俊卿译,黑龙江大学出版社,2010年,第258页。
② Ferenc Feher,Agnes Heller,Gyorgy Markus,*Dictatorship Over Needs*,Basil Blackwell,1983,p.221.
③ [匈]赫勒:《能假设"真实的"和"虚假的"需要吗?》,载[东德]凯特琳·勒德雷尔主编:《人的需要》,邵晓光等译,辽宁大学出版社,1988年,第244页。

存的和异化的(量的)需要的社会进程。"①可见,人的非异化的需要具有质的规定性,异化的需要具有量的规定性,只有质的规定性的需要才能阻止量的需要的积累,"在总体性的革命运动中,人民本身在不断对象化过程中改变他们自己的需要和价值结构。在这里,理论不再'遵从'群众现存的需要,即那些已经形成或者正处于形成过程之中的需要,它并不诉诸需要和生存之间的矛盾,而是在有机的——结构性的——群众运动本身之中发展和得以形成"②。共产主义不能强制人的需要,人应该在需要中区分真实的需要和虚假的需要、现实的需要和非现实的需要,"以对象化形式为数量不同的需要和需要系统创造平等的机会"③。

最后,布达佩斯学派通过对东欧社会的家庭关系、两性关系、妇女与工作、劳动分工,以及阶层划分的社会学的调查分析,通过微观层面的变革推进社会主义的人道化。在《共产主义和家庭》一文中,赫勒和瓦伊达就集中于家庭这一微观单位探索社会主义人道化的途径。布达佩斯学派认为,家庭是日常生活的组织核心,社会的再生产的单位是个体的再生产,而个体的再生产是通过家庭完成的。"家庭是我们日常生活所有活动的'运行基础'(base of operations):我们'离开'它,我们'返回'到这里,并且那是我们的生存空间、我们的家。"④在家庭中,人与人、男人与女人的关系可以以理想的方式呈现,所以布达佩斯学派认为在共产主义社会也不能取消家庭,因为家庭涉及成人与儿童、男人与女人之间的理想关系。也就是说,不能像资产阶级社会一样将家庭关系整合到生产关系和财产关系的整体结构中。"资产阶级家庭是建立在财产共同体的基础上的,无论如何它也是一个生产单位,或者它拥有能够带来收入的私有财产。家庭的权威结构意味着,对财产的使用要依靠家庭权威的决定;这或许导致我们产生有关家庭内部财产使用的

---

① [匈]安德拉什·赫格居什、阿格妮丝·赫勒、玛丽亚·马尔库什、米哈伊·瓦伊达:《社会主义的人道主义——布达佩斯学派论文集》,衣俊卿、文长春、王静译,黑龙江大学出版社,2014年,第63页。

② 同上,第68页。

③ [匈]赫勒:《能假设"真实的"和"虚假的"需要吗?》,载[东德]凯特琳·勒德雷尔主编:《人的需要》,邵晓光等译,辽宁大学出版社,1988年,第244页。

④ [匈]安德拉什·赫格居什、阿格妮丝·赫勒、玛丽亚·马尔库什、米哈伊·瓦伊达:《社会主义的人道主义——布达佩斯学派论文集》,衣俊卿、文长春、王静译,黑龙江大学出版社,2014年,第2页。

斗争,同时为了捍卫家庭的物质利益而反对所有其他家庭和群体。"[1]

赫勒专门分析了家庭中的两性关系,因为马克思认为两性关系是衡量社会人道化的标准。赫勒提出两性关系也不能整合到财产关系的整体结构中,因为整合进财产关系结构中就会出现不平等,阶级社会"妇女不是依据她自己在劳动分工中的地位,而是按照她的父亲或她的丈夫在劳动分工中的地位来受到评判的"[2]。两性关系的不平等属于类存在的异化,而人道化的社会是以自由和平等的关系为基础的。"未来的人们将依据个体的基础来选择他们关系的类型和内容,同时他们的本能需求不会因为性道德的禁止而被束缚或压制。"[3]布达佩斯学派认为,马克思主义社会理论忽视了家庭这一微观类型,只把家庭和社会之间的关系看作生产关系和财产关系的一个环节,却忽视了家庭这一微观单位的重要性。事实上,家庭在社会关系中非常重要,它是权威关系废除的最基本的单位,是培育"为我们的意识"的关键;同时,习俗标准和价值取向也是通过家庭维系和传递的,要想转变习俗标准和价值取向必须从家庭出发。"除非在家庭中实现革命,否则指向共产主义的结构转变就不会是不可逆转的。"[4]

在布达佩斯学派看来,东欧现实存在的社会主义没有涉及家庭的变革,没有触及家庭的理想类型,而东欧社会的人道化却必须从家庭出发来解决,因为民主的生活方式和活动规范只有从家庭出发才能摆脱被操控。"新家庭必须面对的标准是:①公社必须是民主地构成的,在那里能尽早地学会民主的倾向;②必须保证多元的人类关系,包括成人和儿童之间的关系;③必须保证个性的发展和实现,对于此,最基本的条件是甚至在儿童中间都必须保证人类联合体的自由和重新选择;④必须排除因一夫一妻制和一夫一妻制解体而产生的冲突。这是一种能够在新型家庭中找到的解决办法,我们称之为'公社'。"[5]公社是"自由选择的共同体"[6],它是共产主义社会中的家

---

① [匈]安德拉什·赫格居什、阿格妮丝·赫勒、玛丽亚·马尔库什、米哈伊·瓦伊达:《社会主义的人道主义——布达佩斯学派论文集》,衣俊卿、文长春、王静译,黑龙江大学出版社,2014年,第9页。

② 同上,第25页。

③ 同上,第34页。

④ 同上,第20页。

⑤ 同上,第13页。

⑥ 同上,第14页。

庭类型,公社仅仅具有家庭功能,通过创造适合共产主义要求的人来实现共产主义,成员属于公社并且能被其他共同体成员所接受,公社能够保证成员的自由选择权,但同时也从道德层面限制个体自由。当然,公社作为日常生活的组织中心,也会充满冲突。"但是它们不是一个依据所有权而建立的社会的冲突:它们是'真正的人'的冲突。"①可见,布达佩斯学派注重通过微观层面的家庭的变革来实现人与人之间的理想关系,从而实现人的生存方式的根本性变革。除了家庭、两性关系,布达佩斯学派还从对妇女的解放、自由时间与劳动分工关系的分析,探索真正的社会主义如何保证每个人的解放和每个人的自由选择权。这种微观层面的社会学分析表明了布达佩斯学派是从微观层面出发探寻真正的社会主义的实现途径的。

可见,在布达佩斯学派的理论中,社会主义的人道化就是要在微观层面上为生存方式的选择和需要的满足创造条件,通过对微观层面日常生活、需要、家庭关系等的调节来实现保证人有自由选择机会的社会关系,从而真正克服以依附和统领为基础的社会关系。

五、对布达佩斯学派社会主义理论的进一步思考

(一)伦理意义的确证

在布达佩斯学派对社会主义的阐释中,在其对东欧现实存在的社会主义的批判和对人道主义的社会主义的阐释中都展示了一种伦理的意蕴。

首先,布达佩斯学派是将社会主义置于历史哲学的视域内进行考察的,并将其与社会价值结合起来,形成了一种伦理的维度。布达佩斯学派以历史性的视野对苏联模式的社会主义进行了批判,认为社会主义是对现代社会人类面临的困苦的反映和清算。"一切社会主义的历史哲学都是批判的,因为其主要关注即未来,是与被超越的当下形成对比的。……这一使命的

---

① ［匈］安德拉什·赫格居什、阿格妮丝·赫勒、玛丽亚·马尔库什、米哈伊·瓦伊达:《社会主义的人道主义——布达佩斯学派论文集》,衣俊卿、文长春、王静译,黑龙江大学出版社,2014 年,第20 页。

社会内容也界定了'社会主义'这一概念的意义。……它可以被称作共产主义、一个联合起来的生产者的社会、一个自我管理的社会、实质民主、没有统治的交往社会、激进民主,如此等等。"①在这种历史性的理解基础上,他们反对苏联模式的社会主义对价值的忽视,认为社会主义必须包含自由、平等、每个个体都占有类的财富等社会价值。自由和平等作为最高价值是社会主义内蕴的价值维度,真正的社会主义必然超越当下并非每个人都能占有自己类本质的异化状态,从而实现保证个体具有自我选择权的社会关系。

其次,在布达佩斯学派对社会主义的阐释中赋予了人自由选择生存方式的可能性,而自由选择正是其对社会主义的伦理期许。赫勒说:"人类并不是由各种人组成的,它是由不同的文化、不同的历史组成的,所有这些都具有它们规范的传统。人类从这些传统、这些生活方式中解放出来,几乎根本不能叫作解放。自由的人或许根据他们个人的需要、才能、信仰和希望停止一种而加入另一种生活方式。但是只有一种可能性的人类不仅是不令人渴望的,而且甚至是不能想象的。"②玛丽亚·马尔库什和赫格居什在《共同体与个性》一文中,通过对人道化的共同体、集体化共同体、非人化的共同体、准共同体、补偿性的共同体的划分,明确了人道化共同体的主要特征在于:"它不能是,而且必须不能成为一个组织,因为它的目标不是掌握行政权,而是把它放到大众的控制下。因此,目标不是建立某种新的状态,而是作为一个社会控制的动态的增长过程,产生一系列社会条件,在那里,人们持续地,不只是在偶尔的革命形势的过程中参与社会所发生的事情,并决定自己的命运。"③可见,布达佩斯学派提倡进行生存方式的选择,而能进行生存方式选择的前提是对多元化的生存方式和自由的人的期许。瓦伊达说:"一个正义的社会(每个个体都属于许多不同的群体),而不是以对特殊性的

---

①　[匈]阿格妮丝·赫勒:《历史理论》,李西祥译,黑龙江大学出版社,2015 年,第 273 页。

②　[匈]阿格妮丝·赫勒:《马克思与"人类解放"》,王静译,《马克思主义与现实》,2012 年第 2 期。

③　[匈]安德拉什·赫格居什、阿格妮丝·赫勒、玛丽亚·马尔库什、米哈伊·瓦伊达:《社会主义的人道主义——布达佩斯学派论文集》,衣俊卿、文长春、王静译,黑龙江大学出版社,2014 年,第 101 页。

取消为基础,不是以社会的完全整齐划一为基础"①,真正的社会主义不能强制规定人的生存方式,而是要为人的自由选择提供条件。

(二)社会主义自治共同体的微观视角

首先,在布达佩斯学派的社会主义理论中,一直强调个体在社会主义变革中的重要作用,其所畅想的社会主义自治共同体包含着在微观维度上对个体与共同体关系的独特理解。一方面,布达佩斯学派强调个体自由,"事实上,'个体能力和才能的全面发展'的构想来自于自由主义的传统。在提出何种条件下,人类所有个体的才能和能力能够自由全面地发展的问题时,马克思把自由主义转变成了激进主义。他以下面的方式回答了这个问题:只有在脱离了任何种类的限制和必然的社会(或王国)里,它才是可能的。马克思共产主义的自由是自由主义的自由在每个人身上的充分实现"②;另一方面,这种对个体自由的捍卫并不是追求萨特早期所说的绝对自由,而是在强调个体自由的同时对共同体具有价值上的偏好,认同共同体的价值理想。这也是为什么布达佩斯学派始终强调改良社会主义而非彻底变革社会主义的原因。在布达佩斯学派理论中一直包含着对于个体与共同体关系的思考、关于普遍性与特殊性的关系的思考,如何在二者的张力之间达到平衡是他们所追求的,他们既想要个性又想要共性、既想要特殊又不想丢掉普遍、既想要个体的自由又想要拥有共同体。"我所主张的只是,资本主义社会的最重要的个性,正是那些不接受共同体已经在其中失效和变为空洞的世界的人们,和那些认为个性发展的主要前景在于建立选择的共同体——新型共同体——的人们。"③这种平衡事实上是一种主体内的平衡,赫勒称之对称性互惠,哈贝马斯将其命名为包容他者,科西克则称之为具体的总体。只不过在布达佩斯学派的理论中更倾向于文化共同体而非政治共同体,认

---

① 〔匈〕米哈伊·瓦伊达:《国家与社会主义——政治论文集》,杜红艳译,黑龙江大学出版社,2015年,第12页。

② 〔匈〕阿格妮丝·赫勒:《马克思与"人类解放"》,王静译,《马克思主义与现实》,2012年第2期。

③ 〔匈〕阿格妮丝·赫勒:《日常生活》,衣俊卿译,黑龙江大学出版社,2010年,第37页。

为靠政治维持的共同体容易被打碎,靠文化维持的共同体才是持久的,政治共同体必须以文化共同体为底蕴,缺少这种底蕴,共同体就会成为压制人的外在力量,所以政治共同体必须进一步以人道为特征构建精神层面的文化底蕴。传统社会个体与整体尚未分化,现代社会个体与整体分化了,成为对立面,如何在现代社会实现新的统一,确定人在悖论中的存在是布达佩斯学派在新的历史时期面对的新问题。

其次,在对社会主义的阐释中,布达佩斯学派也求助于自治的共同体,虽然这种对自治共同体的寻求没有南斯拉夫实践派的著名,但是在其理论中包含在微观视角上对自治共同体的畅想和价值追求。苏东剧变后,布达佩斯学派的成员之一梅扎罗斯在《超越资本》中分析了资本的幽灵对世界的控制是资本主义的结构性危机,苏东剧变并不是资本主义制度的胜利,也并不能证明资本主义是别无选择之路,反而在另一个层面上证明了资本逻辑自身的结构性问题,"比任何东西都令他们困惑的是,苏联体制的瓦解不仅推翻了他们喜好的自我辩护的托词,而且更糟糕的是,也不能将所有希望的有利结果向他们自己一方转化。因为西方资本制度通过对东方的'胜利'而达到的所期望的复兴,以及随之而来的世界上革命后地区的'自然的'和愉快的市场化,是绝对无法实现的。'先进的资本主义'的意识形态分子似乎想把苏联体制作为他们自身的截然对立面来思考。他们必须明白这一令人惶恐的真理:它只是同一枚硬币的正面"①。社会主义是出于"超越资本"的必然选择,因为资本的结构性危机是更严峻的问题,资本主义危机可以通过国家对经济进行调节的办法来克服,而要克服资本的结构性危机只有超越资本这条道路。社会主义就是克服资本力量的方式,所以苏东剧变后我们急需一种社会主义过渡理论。"从 20 世纪的发展和失望来看,对既定秩序构建一种可行的选择,这一历史挑战必然要求对社会主义的策略框架及其实现的条件有一个重要的重新认可。我们急需一种社会主义过渡理论,它不仅是对'历史的终结'的荒谬理论化的矫正,而且是对同时伴随的所谓社

---

① ［英］I. 梅扎罗斯:《超越资本——关于一种过渡理论》(上),郑一明等译,中国人民大学出版社,2003 年,第 61 页。

会主义过早埋葬的矫正。"①而替换现存资本主义制度的社会主义是"联合劳动者的自治的社会主义"。

(三)伦理维度和微观视角与伦理社会主义的差异

"伦理的社会主义"是马克思恩格斯对拉萨尔社会主义的称谓,马克思恩格斯曾明确批判过拉萨尔社会主义,将其归为小资产阶级的思想,批判其小资产阶级本质,认为其抽象思辨遮蔽了社会主义的政治内容,用抽象的人的本质的利益取代劳动人民的利益。"他们一方面企图把那些在某个时期曾经有一些意义,而现在已变成陈词滥调的见解作为教条重新强加于我们党,另一方面又用民主主义者和法国社会主义者所惯用的、凭空想象的关于权利等等的废话,来歪曲那些花费了很大力量才灌输给党而现在已在党内扎了根的现实主义观点。"②之后,考茨基、卢森堡和列宁也批判过伦理社会主义并非是马克思主义的社会主义。苏联学者别索诺夫也曾用伦理的社会主义来形容"新马克思主义":"许多资产阶级和小资产阶级理论家承认马克思是社会主义的奠基人,并且声称他们对社会主义和马克思主义抱有好感,但他们却否定了马克思主义的本质和工人运动的革命的阶级性质,用思想的、伦理原则的论争,道德意识的发展等等来偷换阶级斗争。结果,所谓伦理社会主义形成起来了。"③如果我们深入到新马克思主义内部,深入到布达佩斯学派的理论中,就会发现布达佩斯学派社会主义理论的伦理维度与这种受批判的伦理的社会主义的差别,并不能将二者混为一谈。

首先,对伦理道德理解上的差异,造成了在马克思主义发展史上对伦理社会主义的理解的矛盾。一方面,马克思既批判资本主义生产方式的不道德,又不得不肯定资本主义生产方式是走向共产主义的前提。"'人剥削人',人与人之间的社会关系物化为'物'(货币、商品)之间的关系,是对一

---

① 〔英〕I.梅扎罗斯:《超越资本——关于一种过渡理论》(上),郑一明等译,中国人民大学出版社,2003年,第6页。

② 《马克思恩格斯文集》(第三卷),人民出版社,2009年,第436页。

③ 〔苏〕别索诺夫:《在"新马克思主义"旗帜下的反马克思主义》,德礼译,中国人民大学出版社,1983年,第15页。

切生产、自然和人类的生存的前提的破坏。资本主义生产方式的所有这些消极后果都包含着道德的评价。然而,由于马克思把这种生产方式的一切阶段,包括殖民主义扩张阶段,都看作是未来社会主义社会的历史的必要前提,所以他不得不认可上述消极方面。"①另一方面,马克思既将伦理道德看作意识形态而加以摒弃,又对工人阶级的生活状况充满道德怜悯,其对资本主义社会的批判就是出于对无产阶级生活状况的不满进行的。这种对伦理道德理解上的差异导致了后来的马克思主义者们在这个问题上走入了"死胡同"。作为东欧新马克思主义重要组成部分的布达佩斯学派,对社会主义进行的是伦理维度的理解,与其他伦理社会主义理论不同。

其次,布达佩斯学派社会主义理论的伦理维度不是一种抽象的思辨,也不是用伦理道德争论偷换阶级斗争的概念,而是包含着真正促进社会主义人道化的理论目标。对此,波兰新马克思主义者沙夫对人道主义的定义恰恰能够说明这一点,"人道主义的特征与马克思作为出发点的人类个体概念紧密相关:如果出发点是现实的、具体的个体(从他的社会关系角度看也是具体的),那么这种人道主义是现实的;但是当我们从唯心主义对于'自我意识''精神'之类的东西的思考出发,建立在这种基础上的人道主义就是唯心主义的人道主义"②。在布达佩斯学派的社会主义理论中,其出发点就是日常生活中的个体,是现实的、具体的存在,同时道德伦理原则在布达佩斯学派的理解中也不是抽象的、思辨的,而是现实的微观力量,在现存社会主义的条件下通过道德伦理层面来改变人的生存方式是实现社会主义人道化的最好方式。所以说布达佩斯学派社会主义理论虽然具有伦理的维度,但与马克思恩格斯所批判的伦理社会主义完全不同。

总而言之,从对马克思恩格斯社会主义的分析出发,布达佩斯学派结合当时东欧特殊的社会历史现实,在新的历史条件下重新思索了什么是社会主义的问题。这种思索在当时的历史条件下是东欧社会主义要想发展就不得不回答的问题,虽然东欧的社会主义时代已然过去,但是东欧学者在社会

---

① [英]汤姆·博托莫尔:《马克思主义思想词典》,陈叔平等译,河南人民出版社,1994年,第184页。

② [波兰]亚当·沙夫:《马克思主义与人类个体》,杜红艳译,黑龙江大学出版社,2015年,第171页。

主义时期的这种理论探索及东欧剧变后对社会主义的反思,对于理解东欧社会的历史演变和东欧社会后共产主义时期的社会问题的由来都具有重要的史料价值。同时,东欧学者的这种理论思考对于我国新时代中国特色社会主义来说始终是一面历史的镜子,以史为鉴可避免走不必要的弯路。

杜红艳(宁波大学)

后次贷危机时代国外马克思主义城市批判理论的理论格局、发展趋向与现实反思[*]

2008 年,次贷危机爆发;2020 年初新冠肺炎疫情暴发,在这样的双重打击下,全球体系受到重大冲击,极大地破坏了城市的发展,引起"余震"持续至今,也使得城市批判理论获得了新生。城市批判理论本身就是一种对既有城市认识论进行批判性质疑和审视的方法,是对新解释的探索,目的在于不忘初心、把握不断变化的全球城市景观。正如博任纳所言:"为说明某些国家或时期快速变化的社会空间过程,城市理论概念框架也必须延伸更新,甚至是被彻底改造。"①任何一种理论批判视角的根本目的都是引发新思考,带来新知识,并运用新知识将世界越变越好。城市批判理论不同于研究城市知识形态的科学,而是强调城市空间的可塑性,探讨政治与意识形态的调和与社会意义。城市空间是一个具有特定历史性的社会权力关系的载体与结果,根植于对抗性关系中,既与城市知识相对抗,又与城市构成相对抗。在次贷危机后,国外马克思主义研究者纷纷以再议马克思和进行资本主义批判为起点,展开对当代资本主义城市的新认知和新批判,在马克思主义视域中重新挖掘城市理论资源,拓宽理论视野,力求增强马克思主义在城市批判理论中的说服力,实现城市与马克思主义的"基因拼接",开辟城市研究的新论域与新话语。那么我们应当如何看待城市批判理论在后次贷危机时代的快速成长呢?最重要的一点,就是要冷静地看待这种理论的繁荣,同时要

* 本文是国家社科基金青年项目"基于人类命运共同体理念的空间正义重塑研究"(18CZX004)成果之一。

① [美]尼尔·博任纳:《城市 地域 星球——批判城市理论》,李志刚、徐江、曹康等译,商务印书馆,2019 年,第Ⅲ页。

摆脱对现有成果的过度解读和依赖,通过客观的甄别和理性的分析做出实事求是的判断,继而站在中国特色社会主义之观点和立场上,取精华、去糟粕。牢牢握守马克思主义理论之基,把稳思想之舵,为创新发展当代中国马克思主义做出有益思考。

一、后次贷危机时代国外马克思主义城市批判理论的理论格局

次贷危机后,国外马克思主义城市批判理论的复兴逐渐成为空间社会学的热门话题,其吸收了前一阶段空间理论的立场观点和思维范式,又对新出现的问题进行了理论掘进和大胆突破,呈现出新的发展动向。国外马克思主义城市批判理论以空间转向为起点,并不断向前推进,目前已经出现了关于区域主义、城市化现象和从地方到全球的地域规模相关性等种种重要理念。关于资本主义城市批判的研究,虽然还处于上升阶段,但已经迈出了非同寻常的一步,正引领着更多学者去认识由于数字技术革新、全球经济一体化和文化创新所导致的多种衍生影响。在次贷危机后,资本主义经历了一次深层次的重构,其中最显著的标志是空间修复。为了从危机中复苏,努力减少社会动荡,城市、区域、国家和全球的空间结构已被重塑,我们可以通过城市的变革,洞察危机后的资本主义发展。当前的城市批判理论已构建起以资本主义批判为逻辑前提,以阶级结构变化为现实依据,以马克思主义认识论为出发点,以各种"后"学相嫁接为核心方法论的"四维"理论格局。

(一)城市批判理论的逻辑前提:资本主义批判

城市批判理论家以次贷危机为契机,试图通过分析资本主义的内在矛盾理解城市面临的挑战和危机,更新城市批判理论的话语,扩大其想象力和研究范围。通过对新自由主义、资本逻辑和空间资本化等问题进行批判,城市批判理论进行了自我更新,帮助我们理解危机及其与城市的关系,重塑城市批判理论的话语体系。

第一,对新自由主义的批判。空间重构起因于经济遭受重创后不得不通过对全球和大都市经济进行重组来进行修复。当城市聚集效应和区域发

展日益重要时,便出现了跨越城市边界,乃至全球规模的挑战国家主权的新力量。这些力量控制了很多国家的经济命脉,使得一些国家的经济被迫重组。这个重组过程的主导性力量便是新自由主义。次贷危机后,新自由主义的意识形态和经济体制已经名誉扫地,其营造的利润泡沫随之破裂。而一个基于积极国家干预主义来抑制市场力量的新型监管变革时代正渐露曙光,后新自由主义时代的思考引起热议。作为政治-经济哲学的新自由主义,反对国家干预,创造了以商品化、私有化和资本自由流动为主要特征的市场体系,为金融资本的横行提供了自由,并导致了空间极化、空间隔离等城市问题。作为政治策略,新自由主义在本质上造成了治理空洞化,并弱化了契约观念和社会公平。正如温迪·布朗所言:"政治被视为自由、秩序和进步的敌人。"①由此,新自由主义释放出强大的破坏力,造成了空间不均衡发展和中心-边缘格局。伴随着次贷危机的发生,新自由主义泡沫的破裂标志着经济重构时代走向了终结,但这既不是资本主义发展的终点,也非新自由主义变体的终点,而只是空间重建过程的起点。新自由主义正在经历着第一次全球性的和结构性的危机,大衰退是这次危机的重要表现,长期停滞的时代已经降临。城市正在经历的重重危机引发了批判意识的觉醒,学者们开始思索寻求美好城市生活的路径,以及对自由主义的矫治方法。

为此,学者们从新自由主义的危害、实质和替代性方案几个角度对其进行了批判。其一,对新自由主义的城市危害进行剖析。学者们认为,新自由主义是造成城市贫富差距拉大、社会不平等问题突出和助长政治霸权的重要根源。托马斯·皮凯蒂、蓝尼·艾伯斯坦、坦基扬、丹尼尔·斯特德曼·琼斯、热拉尔·迪梅尔等都认为新自由主义在城市场域凸显了资本主义的特征,加剧和扩大了再生产所致的社会不公平和不公正。② 大卫·哈维在2009 年巴西贝伦举办的"世界社会论坛"上对2008 年经济崩溃进行了生动

---

① [美]亨利·吉鲁:《新自由主义的法西斯主义批判》,吴万伟、张琪译,《国外理论动态》,2018 年第 12 期。

② [法]多米尼克·莱维、热拉尔·迪梅尼:《资本复活——新自由主义改革的根源》,徐则荣译,中国社会科学出版社,2017 年,第 122 页。

解读,将经济崩溃直接解读为城市危机,自由主义是造成危机的罪魁祸首。① 其二,对新自由主义的本质进行批判。学者们从思想史发展谱系、意识形态和国家等角度深入探讨了新自由主义的实质,认为新自由主义鼓吹保守的政治本性,②具有教条性、霸权性和虚假性,揭露了其反动本质。其三,探讨了替代新自由主义的新方案。大卫·哈维认为,城市危机是破解新自由主义迷雾的重要手段,通过危机使人们获得思想的解放,是摆脱新自由主义奴役的必由之路。③ 同时,缔结大众阶级联盟、建立公民社会也是反制新自由主义的重要手段。

第二,结合城市危机进行资本逻辑批判。在当代,城市生产已经和资本积累过程相互交织,资本积累不能顺利进行的根源是城市发展出现了问题。资本积累、流动和循环的过程与城市空间形成内在关联,城市是资本积累的条件,而资本积累则是城市发展的核心动力。城市化已经不仅仅是资本主义经历多次经济危机得以幸存的核心,而且是政治和经济斗争的关键。次贷危机从某种意义上就是城市发展整体走向的危机,是资本积累模式的危机。2019 年,理查德·佛罗里达的《新城市危机》一书的问世,刷新了人们对于全球化时代超级城市的认知。城市空间的格局不再是中心富裕、郊区落后,也不是逆城市化时期的中心贫困、郊区富裕。在资本逻辑的引领下,当今城市出现了新的分布形态,④不同空间交错分布,由此带来了学者们对资本逻辑的反思。城市发展进程是资本占领空间的过程,资本按照“本性”规划着空间秩序,并利用全球化架构资本的地理图景,进而导致了地理发展不平衡、城市生态危机、城市贫困等城市顽疾。资本的“创造性破坏”过程证明了权力的“非对称”本质,而遏制资本逻辑不能仅仅依靠道德呼吁或者技术干预,唯有超越资本的狭隘局限,建立新的城市生活方式和发展模式,才能遏制资本逻辑的蔓延。城市空间作为资本发展的前提与条件,不能无限扩

① [美]爱德华·W.苏贾:《寻求空间正义》,高春花、强乃社等译,社会科学文献出版社,2016 年,第191 页。

② [英]佩里·安德森:《思想的谱系:西方思潮左与右》,袁银传等译,社会科学文献出版社,2012 年,第17 页。

③ [美]大卫·哈维:《新自由主义简史》,王钦译,上海译文出版社,2016 年,第197～198 页。

④ [美]理查德·佛罗里达:《新城市危机》,吴楠译,中信出版社,2019 年,第68 页。

张,而资本依靠无限扩张才能生存的本性,使得二者出现对立与矛盾。唯有更新视野与思维,以人之需求为根本,重新规划城市发展,而非无限度以盈利为评价尺度,才能破除资本逻辑的主宰,实现城市的有序发展。

第三,开创"空间资本化"批判。空间资本化往往与资本主义的生产关系再生产过程密切相关,在资本逻辑的操纵下,空间成为资本生产的核心载体。空间不仅为资本积累提供了"容器",其本身也成为商品,空间生产的本质就是空间资本化,城市空间的资本化过程加剧了空间发展的非均衡性,为资本积累开辟了条件。一座城市的形式与成长不是"自然过程"产生的结果,而是取决于控制财富和其他关键资源的人和组织所做的决定。从城市的空间资本化视角看,城市就是谋利的机器,城市既是生产单位,又是社会再生产的中心,具有双重功能。大卫·哈维、爱德华·索亚、斯洛特戴克等人从空间视角对"物化"概念进行城市化重构,资本主义在城市化过程中不断获利,并探求克服经济危机和实现自我发展的内在源泉。他们认为,资本主义正是通过占有和生产空间达到空间资本化的目的,城市已经成为资本积累的工具,并使得城市生活不断异化,资本主义危机进一步蔓延。

(二)城市批判理论的现实依据:阶级结构变化

次贷危机后,城市空间的更新和重组导致了士绅化进程不断加速,重塑了当代资本主义城市的主要特征。所谓城市的士绅化主要代指大城市中心地带出现的低收入阶级被中产阶级以上阶级取代,并在空间上从城市郊区重新回到中心城区的一种新的空间现象。士绅化这种城市前沿的母题,不仅仅体现于建筑环境的物理改造和城市空间在阶级和种族方面重新的一种编码,也是一个更大的符号学编码。在传统观点看来,这种空间流动表征着城市阶级结构发生变化,新中产阶级出现,是城市生活新需求的体现。但是在次贷危机后,国外马克思主义理论家敏锐地观察到,士绅化实际是城市冲突的缩影,表征着与居住隔离相联系的社会和空间分化过程,①是后次贷危机时代政治、经济和文化转型的表现。士绅化预示着城市的阶级征服,新的城市拓荒者们试图将工人阶级的地理和历史从城市中完全清除。通过改造城市地理,资本家们同时改写了城市的社会历史,先发制人地塑造了新的城市未来。以此为基点,学者们探讨了投资方式、城市发展政策和无家可归者之间的关联,进而得出自由主义城市政策已然失效的结论。② 新城市里的士绅化和无家可归现象,是由资本的贪婪首先蚀刻的一个崭新的全球秩序的特定缩影。不仅是大致相似的过程在塑造着世界各地的城市,而且这个世界本身也在极大地影响着当地。道德·洛佩兹(Lopez Morales)提出士绅化意味着一种大规模的、系统性的隔离进程,而不仅仅局限于中心社区或地区,他把讨论的重点放在城市重组过程上,这一结论与大多数马克思主义或批判地理学一致。③ 这一观点也暗示着在后次贷危机时代,西方资本主义城市中存在着普遍的阶级分裂,中产阶级化非但不能缓解城市危机,反而加剧了这一进程,为城市批判理论的发展提供了坚实的现实依据。

在此基础上,国外学者重新审视了后次贷危机时代美国阶级结构发生的重大变革,一种全新且日益增长的不平等,以及前所未有的阶级固化开始出现。双钻型阶级结构已经取代了橄榄型的阶级构型,阶级流动受阻,社会结构固化,向上的社会流动越发艰难。城市已经成为特权阶级维系其阶级利益的工具,城市社会俨然成为无形的阶级帝国,阶级矛盾和空间冲突无处不在。因此,后次贷危机时代的城市已经成为超级阶级攫取利益、控制社会的手段。厄尔·怀松、罗伯特·佩卢奇、大卫·赖特和大卫·哈维等学者以此为基点,构建了城市批判理论的阶级分析维度,再次印证了城市已经被有

---

① Herzer, H., M. Di Virgilio, and C. Rodríguez, Transformations to the South and North of Buenos Aires: Similarities and Differences in Gentrification Processes in Buenos Aires Neighborhoods, Ociospatial Changes in Latin American Cities: Relevance of Gentrification? edited by Y. Contreras, T. Lulle, and O. Figueroa, Bogotá: Universidad Externado de Colombia, Universidad de Chile y Pontificia Universidad Católica de Chile, 2014.

② [英]尼尔·史密斯:《新城市前沿:士绅化与恢复失地运动者之城》,李晔国译,译林出版社,2018 年,第 48 页。

③ López Morales, E, Gentrification in Chile: Conceptual Contributions and Evidence for a Necessary Discussion, *Revista de Geografía de Norte Grande*, 2013, pp. 31 – 52.

差别地分配给全球权力阶级的不同层级,成为全球控制的中心。

(三) 城市批判理论的认识论基础:重塑马克思主义

次贷危机成为检验"历史终结论"和"马克思主义过时论"是科学性的有效注脚,验证了马克思主义的合逻辑性,也为城市批判理论注入了新的活力。在次贷危机后,城市与马克思主义的关系研究成为理论界关注的焦点,一些曾经被忽略的文献得到了关注,其中受关注度最高的当属《都市马克思主义:马克思主义者的城市叙事》和《马克思主义与城市》两本著作。学者们认为,马克思主义在城市批判领域的重要性被严重低估了,马克思主义作为理解与反思现代性的最重要工具应当成为探讨城市批判的有力武器。卡茨尼尔森系统描绘了马克思主义城市批判理论的谱系问题,认为这一理论起始于亨利·列斐伏尔,经过大卫·哈维、曼纽尔·卡斯特、多琳·马西等人的发展已经成为城市研究领域主要的创新源泉。在此基础上,他运用马克思主义理论重构了城市社会的阶级结构理论,并提出了新的理论见解。安迪·梅里菲尔德充分论证了城市实践的马克思主义意义,率先提出了都市马克思主义概念,而且提出了辩证城市主义、城市化拜物教、城市工人阶级、城市空间反抗等一系列构成都市马克思主义核心论域的重大问题,把"城市学科"升级到"城市实践的知识"层面,强化了城市批判的马克思主义维度。

同时,新唯物主义地理学异军突起,通过将唯物主义方法论应用于地理学,探索城市社会中物质性元素的内在关联,将城市研究的重点从人文领域转向技术领域,并通过绘制城市权力的社会技术几何图形,来展现城市所凝结的社会利益机制。代表性的作品有布劳恩、沃特莫尔和斯登格的著作《政治问题》(2010),质疑了科学和政治的实践与秩序之间的关系;斯温格杜的著作《液体动力》(2015)探讨了城市中社会、文化和政治进程,进而论证材料、技术和科学并非中立的存在,而是通过各种安排和实践而成为政治的对象。①

---

① Swyngedouw, E, Liquid Power, *Contested Hydro – Modernities in Twentieth – Century Spain*, MIT Press, 2015, p. 127.

空间辩证法与都市辩证法引起了学界更多关注。辩证思维提供了理解世界的关系方式,这与主流社会科学所支持的分类的、笛卡尔式的因果框架有本质的区别。自20世纪70年代以来,在人文地理学领域中辩证法被理解成黑格尔意义上的命题,总是存在反命题来否定这一命题,并将自己分解成新的命题,进而产生自己的反命题。在这一观点中,二元对立和解决的序列被概念化为沿着目的论道路重复自己,直到期望的最终状态出现。与此不同的是,索亚转向了他称之为"空间—历史—社会性"的辩证法研究。爱德华·索亚按照马克思主义的思路,认为在塑造资本主义的矛盾和动力方面,空间性与经济力量和阶级一样,是强大的结构性力量。① 在次贷危机后,批判经济地理学中所谓的"关系转向"试图质疑马克思主义的基础和争论,仅仅强调社会空间辩证关系思维的一个基本方面,这引起了马克思主义者的强烈反对。学者们将空间辩证法运用于从城市到经济和文化分析,从批判的种族研究到自然与社会的关系分析等领域。理论方法从马克思主义延伸到后殖民理论、地理信息系统、民族志和视觉分析等。研究区域也从北大西洋扩展到亚洲、非洲、拉丁美洲,甚至古希腊。就未来的研究轨迹而言,空间辩证法仍将是城市和区域研究的持久基石。事实上,以这种地理方式思考城市和经济地理问题,已经深刻地改变了人们对城市和地区问题的认识。在资本主义全球化语境下,人们的注意力不再集中在以平衡为导向的推理上,而是转向资本主义全球化的不平衡动力,以及它为什么倾向于复制而不是减轻社会空间的不平等等方面。因而空间辩证法的影响也将超出了城市和区域研究的范围。

(四)城市批判理论的方法论转向:"后"学迅猛发展

次贷危机后,各种"后"学社会思潮得到了空前发展,成为城市批判理论新的生长点。与此同时,由列斐伏尔等人所开创的经典城市批判理论在逻辑上也走向分化,取而代之的是如万花筒般的碎片化、分裂化多元格局,较

---

① [美]爱德华·W. 苏贾:《寻求空间正义》,高春花、强乃社等译,社会科学文献出版社,2016年,第78页。

为突出的特征就是在方法论方面将马克思主义与各种"后"学相嫁接。因此,城市批判理论也在各种"后"学的包装下得到了全新的解构与阐释,其中"后政治城市""后结构主义空间理论""后现代大都市"等术语,就是这种新发展的体现。"后政治城市"主张当代民主政治已经发展出一种与社会变革相适应的关系,城市意味着民主政治诉求的边缘化。学者们试图利用这种对政治边缘化的理解来确定民主需求可能重新出现的地方,将对城市进程的分析与民主社会的规范性承诺联系起来。① "后结构主义空间理论"没有把注意力集中在空间的结构和产生稳定的效果上,而是放在通过社会实践进行空间重组的许多可能性上。其出发点是将空间看作不断出现和衰落的过程,人类行为的空间化被理解为过程的组成部分。

"后现代大都市"的研究形成了六种不同的理解或者话语。后现代大都市以解构与重构原始意义上的都市化和郊区化为着眼点,表现为对未来都市化过程的描绘,进而寻求当代城市危机的解决之道。学者们的六种话语主要涵盖以下内容:后福特主义生产模式与城市发展的关系研究;全球化进程中的城市发展问题;扩散性城市的重构路径;零碎空间中的城市形成、两极化和多样态问题;堡垒型城市空间问题;电子城市的社会规范建设等。② 这些话语揭示了后现代大都市个体化、大众化、差异化、碎片化和离散化的主要特点,更新了认识城市的新方法。通过与后现代主义进行融合,后结构主义重新思考了时间与空间的关系,强调了社会空间的历史性,进而分析"社会空间"及其权力与斗争的关系。综观这些层出不穷的"后"学理论,实际上都是打着马克思主义之名为"后"学服务,导致了城市批判理论逻辑分化日益严重、路线分歧日益加剧的情况,需要审慎观察。

二、后次贷危机时代国外马克思主义城市批判理论的话语特点

次贷危机造成的负面影响至今仍然困扰着西方国家,各种解决危机的

---

① Davidson,M.,and Iveson,K,Recovering the Politics of the City: From the "Post – Political City" to a "Method of Equality" for Critical Urban Geography, *Progress in Human Geography*, 2015,39(5),pp. 543 – 559.

② 强乃社:《论都市社会》,首都师范大学出版社,2016 年,第 89 ~ 92 页。

新理论、新实践层出不穷,其中空间转向的话语思路日益清晰,城市化变迁成为思考解决空间危机的核心命题,推动着城市批判理论出现了问题域扩大化、发展跨学科化、空间诉求政治化、思考方法政治哲学化的四个突出的话语特点。

(一)启蒙思想与马克思主义批判精神的弘扬

强调方法与理论的批判性是马克思主义城市理论的主要特征,用怀疑一切、消解一切的态度批判与重塑城市现实,着眼在实践中动员反资本主义的多元微观力量是城市解放的主要方法。从学理角度看,当代城市批判理论家关注的问题与传统马克思主义并没有太多交集,但从精神气质来看,却体现出与马克思主义殊途同归的价值追求,即对传统与现实的彻底颠覆与批判。城市批判理论从未形成统一的话语模式,他们都寻求将马克思主义差异化,对差异化和多样性的追求是其共同的目标与语境。从这个层面上看,马克思主义与其说是一种遗产,不如说是一种精神。城市批判理论在全新语境中拓展了马克思主义的论域,为马克思主义的发展提供了新的可能。在次贷危机后,自由主义的失效倒逼国外马克思主义者反思资本主义城市化的致命弱点,并逐步建立了面向全球化的复杂城市批判理论,使这一理论的逻辑越发分散,问题域不断扩大。技术型工业区、全球城市、网络城市、创意城市、生态城市等名词的大量涌现,催生了后殖民城市理论、城市集合理论、星球城市化理论等一批新兴城市批判理论的成长。空间视域被放大为政治经济学和历史唯物主义的根基,以此重构了马克思主义的社会批判理论。但是冷静地分析不断扩大化的城市批判视域不难发现,各色理论的实践方案越发"乌托邦",虚无主义色彩日渐浓厚。后殖民城市理论过度强调了知识的地区性和特殊主义;城市集合理论的核心缺陷在于不确定性与折中主义;星球城市化理论则过度低估了城市经济地理的集聚与节点性力量。正如迈克尔·斯托珀和艾伦·斯科特在2016年发表的论文《当前的城市理论争辩:一个批判性的述评》中所表达的那样,作为当前三个最有影响力的城市批判理论,后殖民城市理论和城市集合理论虽然对于如何开展城市研究具有很强的说服力,但二者未能弥合对城市认知的误区。星球城市化理论是激进城市理论的代表,将城市融入全球空间经济之中。但三种批判都有明显的盲点和扭曲,无法调和彼此的矛盾并形成统一的城市概念,更不能得出有关城市批判的逻辑与机制的一般性见解。①

(二)城市批判的文化转向明显

在城市社会中孕育的文化,在历史与理论层面都有自己的特性。符号互动论对城市日常生活的描述,以及文化社会学家分析"意义建构"的方法,都对城市文化产生了重大影响,由此出现了城市批判的文化转向。城市风景构成了罗伯特·帕克口中的"道德秩序"或沙朗·佐京所称的"权力景观",但城市文化不仅仅由金钱和权力决定,文化本身就是城市应有的维度,城市文明的复杂性和矛盾性便是它的源头活水。城市批判的文化研究关注人与地方之间的象征性关系,以及地方如何被赋予意义和价值。城市建筑环境的开发和重建被视为理解文化价值、观念和活动的重要方式。在次贷危机后,城市批判研究的文化转向趋势明显,从现代性都市文化逐渐转向了后现代都市文化。这意味着新的城市故事与想象已经展开,该转向在本质上是对城市空间实践中人文主义空间诉求的知识表征,将多元文化主义、世界主义的空间,记忆、想象和心灵的空间都纳入了研究的视野。通过对城市现代性的批判,理论家们揭示了个人本真性得以生成的城市根源或社会道德前提,发展了新的范式和新的见解。通过借鉴利奥塔、福柯和鲍德里亚对后现代主义的认识,将城市批判的核心从空间生产的物质和经济领域转移到文化、想象和超现实领域,这一研究方法自觉地打破了物理空间、精神空间和社会空间的界限,贯通了真实空间与现象空间的研究。多样性、差异性、碎片化、虚拟化、超现实主义和模拟等概念同时被嵌入城市批判的故事之中,乌托邦城市、神话和幻想找到了施展的舞台。城市批判的文化转向将城市研究的重心从资本批判拉回到了思想、社交、情感等人类精神文化的场域,城市被想象为充满机遇和情怀的空间,文化景观和消费场景,充满魅力、

① Michael Storper, Allen J Scott, Current Debates in Urban Theory: A Critical Assessment, *Urban Studies*, 2016,53(6),pp. 1114 – 1136.

文化、活力和流动性的空间。在城市批判的具象语境中探寻文化如何运用独特的空间书写方式参与社会意义的建构,同时思考文化再现空间又是如何作为当代社会文化的符码和表征,介入思考现实生活的多变性和复杂性问题的。

当前,西方学者主要从以下六个理论和实践领域孜孜不断地进行文化研究:①城市的意象与表征,②城市社区和城市文化,③基于地方的叙事和集体记忆,④地方的与对地方的情感和意义,⑤城市的身份和生活方式,⑥活动及互动场所的文化意义。学者们的著作着重强调存在于地方身份、性格和意象的构建背后那些动态、理性的社会过程。城市文化的发展得益于城市中整体的"符号表征",同时这些符号又反过来创造城市的整体意象。

(三) 思考方法的政治哲学化

城市是政治和权力生存与发展的土壤,是政治运行的核心场域,城市的政治属性在全球化时代被不断强化。政治哲学以其特定的政治世界观和方法论阐释了现实城市社会的"是其所是",并根据政治实践的价值指向进行城市的自我完善与自我修复。由此,政治的空间化与空间的政治化成为城市批判理论的重要特征,城市政治的伦理和道德尺度问题不断升温,围绕着城市革命和斗争策略等主题,系统论述了城市发展不均衡引发的地缘政治问题,提倡激进的城市革命。空间思维和地理学角度已经在政治哲学和法律哲学研究中营建了特殊的论域。最早发起这一研究的是地理学家布罗姆莱,后来姆普逊和德莱尼将这一论域不断发展,形成了关于领土、区域、财产权、公共空间和种族地理学的研究,在政治哲学和城市批判理论间建立起了伙伴关系。

在这种交叉领域的研究中,最终哺育出了对于正义、市民、民主、统治权和人权等内容的空间新思考,其集大成者为爱德华·苏贾。在2010年出版的《寻求空间正义》一书中,苏贾认为正义问题在城市和空间的研究中已经被理论化了。正义本身存在空间的维度,空间正义并非是社会正义的附属品,而是独立的论域。在城市占据主导的社会中,解决社会问题的基本坐标就是实现城市正义。城市批判的政治哲学化可以从两个维度得以描述:其一,主张将城市化进程与民主社会的规范性研究联系起来,倡导建立社会与政治协商一致的治理体系,实现城市的共享与共治;其二,反思城市作为民主空间在全球化背景下应当如何运作,试图用政治化诉求回应城市民主政治的必要性与可能性。①

　　基于次贷危机造成的严重破坏性,国外马克思主义研究者不断追问资本主义制度的合理性和合规律性,展开了以批判自由主义政治哲学传统为核心的制度之问,并构建了以追求城市正义和城市权利为核心的城市危机解决路径。马克思主义理论家们重申了群体认同的重要性,认为城市正义应该被理解为包含民主、公平和多样性的维度,所有公共决策都应该赋予正义以特权。苏珊·费恩斯坦认为,城市正义包含了平等、民主和多元性等元素。唐·米切尔在《城市权:为社会正义和公共空间而斗争》一书中区别了空间正义和以往的权利理论的根本区别。在资本主义社会,过去的权利理论一般认同天赋人权或者个人权利优先的原则,很少认同权利的公共属性和道德性。而城市权则不是这样的一种权利。城市权围绕公共空间和公共权利而展开,是从人道主义和道德权利为切入点探讨空间问题的新方法,空间正义和城市权都具有集体性和公共性特征,是对传统西方人权理论的挑战。法恩斯坦认为,政府决策应当符合民主规范,其结果要增强相对弱势群体的能力,以及承认和尊重自我选择的群体认同。② 莉奥妮·桑德科在《走向大都市》一书中强调,正义城市是具有社会包容性的城市,在此差异不仅被容忍,更被尊重和认可。

　　当前城市批判理论对城市正义的阐述也是对根植于社会理性中强调过程正义和对根植于政治经济学分析中强调结果正义的一种调和。在此基础上,布伦纳等人还将正义城市与城市权利、"好城市"的定义结合起来。③ 莎伦·马尔也认为:"不考虑人类的美好生活而拓宽正义这一理念似乎很困

① Davidson, M., and Iveson, K, Recovering the Politics of the City: From the "Post – Political City" to a "Method of Equality" for Critical Urban Geography, *Progress in Human Geography*, 2015, 39(5), pp. 543 –559.

② Fainstein, Susan, *The Just City*, Cornell University Press, 2010, p. 67.

③ Brenner, Neil, Peter Marcuse, and Margit Mayer, *Cities for People, Not for Profit: Critical Urban Theory and the Right to the City*, Routledge, 2012, p. 89.

难。"①由此,城市政治哲学的研究范畴被不断扩大,城市与美好生活的互动关系受到关注。城市权利已经不仅仅为了共享现有的城市,还呼唤更美好的世界愿景。还有一些学者专门探讨了少数民族在当代城市中的重要意义,并将差异性与多样性作为衡量城市正义与否的重要标准。②

(四)女权主义话语介入城市研究

西方女权主义对城市研究的介入是近年来城市批判理论的一个重要视角。从历史上看,女权问题研究最初发端于社会科学领域,其出现的背景是西方资本主义国家经历了严重的经济衰退和社会危机,贫困、性别不平等等问题凸显。这一思潮广泛渗透到政治、经济、地理等多个学科,在半个世纪左右的时间里成为批判理论的重要维度。城市空间中始终充斥着不平等的权力关系,压迫性的社会政治结构,以及各种歧视与排斥。在次贷危机后,伴随着经济形势的恶化,妇女、老人、性别和弱势群体的边缘化问题再次抬头,城市再一次成为压力与非正义的中心地带,进一步塑造了边缘群体的社会地位和生活方式。女权主义对于城市研究的介入始终抱有强烈的社会批判与角色反思色彩,认为城市本质上是男性的代言人,女性的生存与发展空间一直被压制与忽视。在城市中充斥着性别不平等与对女性的歧视,并由此产生了种种城市危机。要从根本上在城市世界中创造新的生活方式,使人类走向完美公正的生活,就需要从女性视角来对城市空间进行重构,创造女权主义的城市世界。女权主义的城市旨在改善女性的生活境遇,提高女性的生活质量,重新定义社会良治的模式。

在新冠肺炎疫情肆虐时,当我们着眼于对城市的拯救与重建时,我们需要重新思考城市是谁的? 为了谁? 完善的城市应当具备哪些因素? 如果我们希望城市变得更加美好,就必须重新思考我们的起点。女权主义对于由性别产生的空间差异和空间非正义问题提出了基于女性的独特感受,女权

---

① Fainstein, Susan, *The Just City*, Cornell University Press, 2010, p. 6.

② Song, Lily K., Race, Transformative Planning, and the Just City, *Planning Theory*, 2015, 14(2), pp. 152 – 173.

主义的思维往往可以改善弱势群体的福祉,使城市更加人性化。女权主义城市批判理论主要指涉认识论批判、西方中心主义批判、二元论批判。关注的核心议题包括女权主义社团、女性政治领导、女性社会运动、城市政治暴力等内容。探究发达国家与发展中国家城市女性生存境遇和利益诉求的发展差异,城市女性群体的种族、阶级与阶层的时代差异,不同城市及同一城市不同发展阶段城市发展的过程差异等。女权主义城市地理学家莱斯利·克恩在2020年发布了新书《女权主义城市:在男性建造的城市中声张空间权利》,深入探讨在城市中有形的不平等和压迫系统。从城市空间的性别层面入手,结合自己的经历、女权主义城市研究成果和流行文化,将女性问题带入讨论。从母亲之城、友谊之城、单身之城、抗议之城和恐惧之城五个维度,运用交叉性女权主义视角,分析一刀切的城市规划建设如何加剧了社会性别不平等。[①] 这是审视新冠肺炎疫情中城市危机的奇特视角,是女权主义城市研究的最新力作。

女权主义对城市空间的介入从理论角度看明显带有一点"都市乌托邦"的色彩。它希望社会能对女性在内的所有弱势群体都进行全面的考虑,但这一点不太可能实现,因为优势不同的弱势群体间可能会造成利益冲突。但也不乏对实际问题的考究。因此,我们应该用辩证的观点看待女权主义,将这一视角运用于城市批判理论中,消除城市性别空间的差异、男女空间占有上的不平等。女权主义的社会效应也改变了人们因男女性别差异而不平等的观念。

三、后次贷危机时代国外马克思主义城市批判理论的发展趋向

2008年次贷危机以来,资本主义城市的各种潜在危机纷纷爆发,当代国外马克思主义围绕着城市危机、全球城市化、民主危机和空间政治经济学反思等重大理论及现实问题展开深入分析,为我们审视当代资本主义的新特征、新变化及其发展趋势提供了有益启示。

---

① Leslie Kern, *Feminist City: Claiming Space in a Man-made World*, Verso, 2020, p.45.

（一）聚焦星球城市化问题

星球城市化理论由列斐伏尔提出，在全球化条件下学者们对这一问题进行了全面系统的改造，认为全球城市的转型与重构具有多样性、非均衡性和普遍联系性，也提供了理解星球城市化的一系列新视角、新理论和新框架。城市化过程一直被认为是其他事物的空间表现，如工业化、阶级斗争和国家调控，但在全球化时代这一定位已经不再适用，我们目睹了不啻一场世界范围内的城市化，城市化的普遍化和世界化与批判社会理论相互交织，前所未有地难分彼此。星球城市化打破了乡村与城市、边缘与中心、自然与社会的空间边界，城市、区域、国家和全球尺度的边界变得模糊不清，产生了高度城市化的新景观。正如博任纳和施密德所言："只有通过彻底突破既有的城市话语体系，突破该认知所捆绑的对城市状态的片面理解，才能填补当代城市研究与实践中认识论的缺口。"[1]

学者们对星球城市化的研究分为三个层次：①认识论层次，主张创造城市化的新尺度。伴随着城市化的延伸，城市间相互依存的关系正在形成与巩固，创造了庞大的"城市星系"，城市化正在经历被区域化和再区域化的历史进程。昔日的城市"腹地"已经解体和被功能化，以促进行星城市网络的持续扩展。昔日的"荒野"空间走向终结，与星球城市化的节奏同步共振。②方法论层次，主张要推动城市研究的范式转移，从"城市中心主义的方法论"到"没有外部的城市理论"，用"去外部化"的城市理论解释全球城市化中新兴的城市景观。③实践论层次，认为城市实践已经扩展到了全球尺度，原有的城市扩建逐渐被创造性毁灭，并在全球蔓延，使城乡界限模糊进而成为有机融合的共生体。因此，要构建超越以城市为中心的研究范式，将非城市空间纳入城市化的审视范围，以此考察城市化在地球上所呈现的多样化地域、景观和生态系统，进而构建多元城市化研究模型。

在对星球城市化进行研究的基础上，城市化与资本主义之间的密切关

---

① ［美］尼尔·博任纳：《城市 地域 星球——批判城市理论》，李志刚、徐江、曹康等译，商务印书馆，2019 年，第 227 页。

系也成为研究的新话题,星球城市化和全球资本主义的发展轨迹是如何交织的,逐渐成为研究的热点。有学者认为,当前已经进入了城市-资本主义共同体时代,并将其与生命政治研究相结合,强调生活是城市、资本主义及其相互依存的动态关系核心。迈克尔·哈特和安东尼奥·奈格里在分析了星球城市化和全球资本主义的内在关系后,认为这种关系就像一个"本体论机器",通过隶属关系和激活关系,不停地产生新的主体性。[①] 吉奥乔·阿甘本和保罗·维尔诺通过考察资本主义社会中生命存在的物质性,特别是语言、身体和情感方面,引导我们体验全球资本主义在某一特定时期所产生的波动的生命形式。生活本身越来越多地融入资本主义的城市机制中,生命与制度、经济、文化和社会已经高度融合。这种新的视野开辟了星球城市化研究的新领域,将主体性、人之生活方式与资本逻辑、文化危机的对抗关系表现得淋漓尽致。

(二) 空间政治经济学不断升温

次贷危机引发的"《资本论》热"持续引起关注,使得空间政治经济学不断升温。空间政治经济学集中探讨了空间过程与社会过程结合的过程,以《资本论》为蓝本和出发点,强调要将城市空间视为生产关系的核心环节,论证了城市空间与生产资料和生产力一样是资本主义生产的必要组成部分,参与资本积累和资本循环的过程,进而分析了世界经济政治因素对城市社会的影响,并运用马克思主义政治经济学理论重新建构对空间的认知。空间政治经济学的不断升温验证了《资本论》的有效性,为我们提供了透视资本主义生产方式在空间中运作表象的方法,帮助我们理解经济危机与城市的内在关联。哈维在题为"马克思《资本论》导读"的主旨演讲中提到,马克思曾经批判的现象在我们的身边仍然广泛存在,唯一不同的是,在马克思凝望的时代,这种现象仅仅占据世界的一角,而当前已经覆盖全球,其产生的效应更加明显。[②] 城市批判理论认为,《资本论》仍然是我们理解资本主义生

---

① [意]乌戈·罗西:《城市与全球资本主义》,国荣译,江苏教育出版社,2020 年,第 14~16 页。
② 田曦:《在资本主义困境与危机中凝聚左翼力量》,《世界社会主义研究》,2019 年第 10 期。

产方式和经济结构的重要工具,是批判城市和日常生活最有力的武器,为剖析次贷危机的根源提供了理论资源,为寻找危机根源、城市发展不平衡、资源分配不均等问题的解决之道提供了借鉴。同时,马克思恩格斯历史考证全集(MEGA^2)的陆续问世,也为空间政治经济学提供了更多理论依据,帮助我们看清城市危机的本质,从而推动空间政治经济学作为一门新兴学科不断发展。

空间政治经济学已经成为经济学的重要理论生长点,是马克思主义政治经济学在空间语境中的延展与传承,两者不但在研究路径和核心话题上具有共通性,其深层逻辑与方法论选择也一脉相承。空间政治经济学的科学内涵,可以从理论和实践两个层面上加以探讨。从理论视角看,空间政治经济学是以马克思主义为指导,研究空间生产方式和生产关系,探索空间经济活动规律和本质,通过经济现象揭示生产力与生产关系本质的一门科学。从实践视角看,空间政治经济学的出现和发展反映了全球化和信息化时代空间发展的必然规律。它立足世界经济发展的客观规律和实践,并且将空间实践进行了理论化提升。可以认为,空间政治经济学是与现阶段时空体验变迁相结合的必然产物,空间从附属的、次生的视角,上升为资本主义生产方式本身。马克思将对资本主义生产方式的批判转化为对空间生产方式的综合性批判,马克思主义政治经济学的空间批判也就升级为空间政治经济学。这一转变不仅更新了空间认知范式,而且丰富和发展了马克思主义政治经济学的理论体系。空间政治经济学探索引入一种马克思主义空间进程的解释,通过追踪资本积累的过程及其与空间的关系,尝试从全球角度分析空间发展,通过劳动力和资本的集中,聚焦空间财富的生产。空间政治经济学与马克思主义政治经济学一样拥有彻底的批判意识,运用历史唯物主义和辩证法,将空间话语融入生产、消费和资本积累的三个维度,这三个空间话语维度的结合,既体现了时代精神的天然走向,又体现了空间政治经济学研究内在结构和功能体系的互补性与完整性,从而在学理层面将空间问题与马克思主义政治经济学进行了深度融合与创新发展。[1]

---

[1]　赫曦滢:《空间政治经济学的叙述方式及对中国的启示》,《经济纵横》,2018 年第 12 期。

（三）城市问题的本土化、具象化建构路径日渐清晰

伴随着全球化深入发展，城市批判理论开始思考地方化与全球化、本土性与世界性、特殊性与普遍性之间的关系，逐渐开启城市批判从宏大叙事向微观精细，从全球主义到地方经验，从世界性到本土性和民族性问题思考的研究转向。城市不再被界定为有边界的地域单元，而成为一种根植于广泛且动态演进过程中的社会空间联系，是更大范围、多尺度关系框架下的社会空间关系结构的结晶。"全球地方化"概念由埃里克·史温吉道提出，用来强调全球化与本土-地域重构相互交织的过程，表征了空间尺度依然在矛盾的重构、交织与再分化过程中。在这一进程中，国外马克思主义意识到城市发展的差异性都有各自的优势，许多发展中国家由于自身的制度原因，即使未能形成西方国家看来标准的城市善治，也不应当完全抛弃，而是要有选择性地进行改良，走符合本国实际的城市发展道路。而对于马克思主义理论的应用也不应当教条理解，必须结合地方经验、本土特色、民族特质和具体问题，才能发挥理论的最大化效果，从而形成马克思主义的本土化、具象化路径。如城市批判与生态、性别、种族等问题的结合，可以从不同角度拓展马克思主义与城市空间研究的问题域和方法。洛杉矶学派的复兴与芝加哥学派的退场，显示了差异化与多样化研究的现实意义。尼科尔斯认为，城市变成了开放的社会经济节点，不同的节点以不平衡的方式固定着城市结构……城市被视为社会经济过程的结果，它将大都市分割成无数的碎片。① 因此，需要用新的模型来解释城市的新变化，并应对碎片化带来的差异性。但是当前研究还存在一定的局限性，没有处理好马克思主义基本原理与本土化和民族化之间的关系，过分强调了差异性，而弱化了统一性，需要进一步加强研究。

---

① Nicholls, Walter J, The Los Angeles School: Difference, Politics, City, *International Journal of Urban and Regional Research*, 2011, 35(1), pp. 189–206.

(四)城市生态问题的关注度不断提高

地理学家段义孚曾发问,城市的基本要素是什么? 他认为,城市是被放置在纯人工环境和自然间的一系列充满人工制品和人类技巧的小世界。城市作为一个脱离自然的事物,表现出双重属性:一是以人类的生产与生活为核心的社会属性,二是以城市所在地区为核心的自然属性。城市生态问题探讨的就是这两种属性间存在相互作用关系。在新冠肺炎疫情暴发后,城市生态问题出现了新的研究命题和关注领域。城市既是生态问题的根源,同时又是解决方法。国外马克思主义理论家并非站在纯生态学或者城市规划学的角度看待层出不穷的生态问题,而是延续批判理论和传统马克思主义的论域对这一问题进行掘进,创造出了一批新的概念和观察城市问题的新视角,值得我们关注。学者们认为,"城市"既是环境概念,又是社会概念。城市是建立在生态过程基础上的,是一个复杂而独立的生态系统。同时,城市又是社会工艺品,解决城市生态问题不能脱离社会的维度。城市处于社会和环境辩证关系的中心位置,连接着环境与政治问题,表现出多样性与复杂性。由此,调整城市-自然关系的过程也就是调整生态学与权力关系、社会关系的过程。当下,有一些新的生态问题批判维度值得我们了解,可以总结为以下几个主要方面:

(1)生态系统资本或生态资本问题研究。该术语主要批判了人类像使用商品或者服务的方式那样利用生态系统,并重塑了"资本"一词的概念。资本已经不仅仅是对自然环境的经济核算方式,而成为一种特殊的社会关系,这种社会关系将自然环境看作不同人群是经由资本和服务流中介而形成的。我们对资本的批判也不仅是为了合理提供使用资源,更重要的是为了给对资源社会性使用的批判性观点提供基础。

(2)生物物理循环和社会进程问题研究。传统生态学的一个核心主题是建立生物物理循环模型,根据物质不灭原则,探讨碳元素、磷元素和氮元素的循环利用。但当下的研究拓展了单纯的生物学研究模式,着重探讨城市在改变生物地化循环中所起的作用,指出城市和生物地化循环相互作用的复杂关系。生物物理过程与社会-自然行为之间存在复杂性关联,政府的决策系统将生态与经济、社会和政治发展联系在一起。我们不但要从生物-物理过程来思考如何改善生态环境,更要注重思考社会-经济过程如何改进生态模式。

（3）城市的生态群落问题研究。在城市化的世界中,城市已经成为重要的生态类型,新的生态区位随着城市化的发展与变化而变更。城市化已经改变了全球的生态系统,促进了更加适应城市的植物、动物和鸟类新生命形态的发展。城市这个社会-自然体是社会-政治和生态过程相互作用的结果,人类不但在发展自然,而且在加工和改造自然。自然与其说是自然性的,不如说是政治性的,理解自然的最佳方式是将其看作社会-自然混合体。由此,学者们认为创建新的城市发展模式具备可能性,这个模式既包括生态面向,也包含社会-经济过程。将生态融入城市发展以及将城市融入生态建设中都会极大地丰富传统的研究领域,为解决生态环境问题提供新思路。

（五）数字资本主义或平台城市批判成为新热点

在次贷危机后,在城市消费领域,经历了一场以数字技术为主导的,令人目眩的快速增长阶段。数字资本主义以数字技术为基础,凸显了资本主义将整个生活商品化的倾向,创造了剥削与自我剥削的新模式。在共享经济和平台经济时代,工作场所和私人领域的分野逐渐模糊,使得全球范围内的"企业社会"发展模式最终成型。平台城市由各种硬件与程序支撑,城市虽然具有物理边界,却也是全球综合城市的一个节点,使得每一个本地城市都成为全球动员与分治的对象,各自构成全球经济的一个本地样例。[①] 平台城市不但汇合了全球各地的城市,而且用光纤网络加以连接,造成城市群地理等级下的具体物与物之间的网络关系。学者们从多个层面批判了数字资本主义和平台城市的剥削本性和危害。有学者认为,数字资本主义造就的平台城市将使得政治地理图景发生不可逆的重塑。主权地理被云计算平台扭曲,将替代所有城市背后的主权框架。城市文脉和城市肌理将被各种软件和程序所摧残,城市性将被颠覆,所有城市都会被数字资本主义的语法把

---

① 陆兴华:《人类世与平台城市》,南京大学出版社,2021年,第47页。

控,不可避免地被平台化。国家对于政治地理的垄断权被彻底打破,平台城市就是各民族国家主权式微后自然形成的幸存单位。平台城市依然被资本逻辑和资本主义发展模式所笼罩,是资本主义全行星计算的产物。它将辅助全球各大城市之间联结为一个包含全球城市的平台,一方面制造着便利,另一方面制造着抵抗和斗争。如何破局并找到未来城市发展的可行路径成为学者们争论的焦点。

关于数字技术和平台城市批判可以划分为三类问题:第一类是对"网络信息城市"的关注,分析数字技术对真实城市的影响,平台城市对传统城市的颠覆,以及对市民生活方式和经济社会的负面影响等;第二类是对"数字鸿沟城市"的批判,阐述个人信息和通信技术,以及计算机辅助设计等软件技术对城市设计、规划以及社会融合等方面产生的影响;第三类是对"后人类城市和电子人城市生活方式"的探讨,着重分析城市在数字资本主义社会中的性质,真实的空间结构和分布如何被卷入虚拟世界,真实城市与虚拟城市的关系,真实的人与虚拟城市如何互动,如何反馈我们的感受等。这类问题最终指向了智慧城市的建设问题,西方左翼学者提议我们要缔造一种马克思主义式的新批判理论,批判城市研究中破碎的方法论,用整体性思维来反对其他学科对城市现象的各种分析,摧毁所有的终结论。要在全球城市社会中生产出社会主义空间,借用列斐伏尔城市革命的口吻将城市的未来与城市权斗争相结合。也有学者探讨知识世界的共同生产问题,人类主体与数字编码以及包含着他们的有形空间如何实现无缝连接问题。但是这些方面的研究刚刚起步,很多的探讨方式和思维方法依然延续了传统的空间批判理论方法,与时代发展未能形成同步共振。毋庸置疑,数字时代开启了新的乌托邦城市未来,有可能实现参与、对话和获取知识的新空间,城市生活本身也会产生新知识,创造新的价值与意义,这方面研究需要在未来加以拓展和深入思考。

四、后次贷危机时代国外马克思主义城市批判理论的现实反思

从上述对国外马克思主义城市批判理论的理论格局、话语特点和发展趋势进行归纳和总结可以看出:第一,马克思主义仍然是城市批判理论的科

学依据,以往对马克思主义的质疑随着现实和理论的回归都不攻自破,马克思主义显示出强大的生命力。通过聚焦现实的城市问题,马克思主义与城市话语的融合趋势更加明显,呈现出全新的理论面貌。本着"不忘本来、吸收外来、面向未来"的原则,中国学术界已经对城市批判理论进行了超过十年的系统研究,形成了一套被实践证明为科学的认知立场和方法,即辩证地批判与吸收。我们学习国外的"初心"正是为了更好地应对国内的城市问题,辩证地看待城市化给人类带来的利弊,以马克思主义为指导,更好地应对城市发展中遇到的挑战。第二,城市批判理论反映了全球化时代的复杂性。城市是开放的,是社会关系的地理聚焦。它置身于权力与信息的世界网络中,是经济和贸易流通的复合体,是移民的社会断裂和个人迁移,是媒体、文化和通信的中心,还是各种想象的焦点,并成为它们的核心。正因为城市拥有如此广泛的地理和社会关系设定,我们才更需要用整体性和复杂性的方法来认识与理解它。无论是对资本主义现实的批判,还是对发展出路的追问;无论是对新社会运动的尝试,还是对公共领域和激进民主的诉求,城市社会都表现出前所未有的多样性和复杂性。我们比任何时代都需要明确研究的历史方位感,正确地认识人类在新时代中所处的相对位置,努力在复杂的城市"幻像"下挖掘解决人类所面临的普遍问题的世界经验,进而实现从经验到理论的升华。

(一)后次贷危机时代国外马克思主义城市批判理论的缺陷

我们应当清醒地认识到,国外马克思主义城市批判理论还未形成从自发到自觉的发展格局,存在诸多的研究盲点和缺陷:其一,创新点围绕方法论而非社会现实问题的解决。次贷危机后的城市批判理论更多地表现为研究方法的转换与创新,交叉学科方法不断参与使城市分析呈现出五花八门的特点,但研究的重点是分析问题,而非解决问题。面对层出不穷的城市危机,除了大声疾呼之外,仍然束手无策,未能改变以往研究理论价值大于现实价值的窘境。其二,研究的唯心主义色彩浓重。在城市批判理论近期的研究中,学者们将市民标榜为"第四权力"和"社会公器",注重从主体维度挖掘解决城市危机之道。尤其是从非理性因素和人的主观性角度探求空间抗争的力量,缺乏科学的理论依据,将个人良知、意愿作为真理战胜谬论的基础,主张从人的潜意识和身体寻找空间革命的因素,完全忽视了实践和社会条件对人认知的限制与影响,空想色彩明显。其三,后现代主义色彩浓重,将城市问题解构为无限多层面的解释,并将女性、民族、生态、阶级等问题都融入城市批判的视域。这种研究方法虽然突出了多样性和差异性的研究特点,但也导致了主题分散化、价值相对主义、怀疑主义和虚无主义的产生,弱化了城市批判理论的内在统一性。

(二)后次贷危机时代国外马克思主义城市批判理论的现实反思

通过对国外马克思主义城市批判理论进行研读,我们深刻地认识到,次贷危机后的西方国家面临着严重的发展困境,资本主义城市的顽疾始终困扰着西方社会的发展。城市危机与社会危机呈现出正比例关系,当社会危机加剧,城市空间就表现出剧烈的动荡。城市批判理论提出了一个重要的现实问题,即城市已经成为社会发展的重要内容,我们正在步入都市社会的道路上。站在新的历史起点上,我们需要重新认识城市在社会发展中的重要作用,建设中国特色的社会主义都市社会已经成为重要的发展战略。在当今中国,无论是国家竞争力、国民生产总值还是人口和土地面积,城市已经无可争辩地成为国家发展的核心。社会主义先进生产力推动着中国城市走向了一条可持续发展的通途,中国城市已经摒弃了西方城市发展的老路,成功地避免了西方城市危机的毁灭性打击,成为世界城市发展的典范。中国城市正在升级为充满生机活力、与时俱进的新型城市样态,与全面建成小康社会的目标相契合。因此,在未来的国外马克思主义城市批判理论研究中,我们应当更加注重对中西方城市发展进行比较研究,在历史与现实的对比中挖掘中国的制度优势、领导优势和战略优势;应当更加注重对西方城市发展进行批判性研究,探寻一系列空间危机和城市危机背后的制度根源、社会根源和文化根源;应当更加注重对马克思主义理论的再造和"进化",从国外学者城市批判的视角挖掘马克思主义在城市研究中的价值,进而丰富中国城市化发展的理论基础;应当更加注重对中国城镇化道路发展经验的总结和理论化,站在马克思主义的视角总结规律,形成新的城市发展理论,以挑战西方城市发展理论长期以来的统治地位。

赫曦滢(东北师范大学)

新冠肺炎疫情与
全球生态政治的现实主义转向[*]

　　新冠肺炎疫情危机不仅是一场因病毒引发的人类生存危机,更是一场因全球经济发展与气候变化等因素导致的生态危机。面对史无前例的全球疫情危机,国际社会围绕应对策略产生了巨大的分歧:一方是基于人类命运共同体的全球主义生态政治,强调生命至上与全球协作;另一方则是基于资本主义的民主政治,强调个体自由至上与本国优先,造成霸权主义的国家意志、经济主义的发展政治、自由主义的生命政治对全球主义的生态政治的巨大冲击。一时间,全球生态政治何去何从,成为人们亟待解决的难题。实际上,问题的根源在于目前的生态政治忽略了启蒙精神与现实国际政治的巨大影响,聚焦于克服工业文明的弊端,盲目主张消解国家主权,从本质上来说,当前的全球生态政治是一种浪漫主义的政治冲动。由于疫情的冲击,全球生态政治将转向一种基于生命共同体意识、国家主权意识,同时坚持着自由主义价值追求的现实主义生态政治。

一、新冠肺炎疫情及其起源的生态学反思

　　相较于人类进入 21 世纪后遭遇的"非典"、中东呼吸综合征、"僵尸鹿"等疫情,新冠肺炎疫情的影响最大、严重程度最高,导致全球经济、政治、文

　　* 本文是国家社科基金项目"21 世纪马克思主义的生态政治理论发展趋向研究"(19BKS077)阶段性成果。此外,需要说明的是,本文是在《论后疫情时代全球生态政治的现实主义转向》[《南京林业大学学报》(人文社会科学版),2020 年第 4 期]基础上扩充而成的,并根据近期国内外学术界有关疫情政治的研究,对原文进行了部分修改。

化等领域发生了重大变化。因此,为了探析后疫情时代全球生态政治的发展方向,需审慎分析新冠肺炎疫情的基本定义、特征、发展现状,并对当前疫情进行必要的生态学反思。

(一)新冠肺炎疫情的内涵、危害与特征

第一,新冠肺炎疫情的内涵及其危害。新冠肺炎疫情危机是由新型冠状病毒引发的人类生存危机。根据国际知名期刊《科学》(*Science*)的文章,新型冠状病毒不仅会对肺部造成严重损害,还会伤害其他器官,包括大脑、眼睛、心脏、肝脏、肾脏、肠道等。正如耶鲁大学纽黑文医院的心脏病专家哈兰·克鲁姆霍尔兹所说:"这种疾病几乎可以攻击人体内的任何东西,造成毁灭性的后果。"[1]根据美国有关组织的统计数据,截至2022年5月7日,全球累计新冠肺炎确诊病突破5亿例,累计死亡病例超过600万例。可是按照世界卫生组织2022年5月5日发布的最新数据,2020年和2021年两年间,新冠肺炎已造成约1500万"超额死亡"(excess deaths)人数,这个数字约为原有各国官方统计数据的3倍。其中,印度"超额死亡"人数约为官方统计的10倍(470万),几乎占全球死亡人数的1/3。在这里,世卫组织也只是统计了新冠肺炎疫情造成的医学危害,还没有考虑疫情对全球经济、政治、文化与生态所产生的巨大冲击。

第二,新冠肺炎疫情的特征。相较于人类遭遇过的或正在遭遇的其他重大疫情,新冠肺炎疫情具有以下六点鲜明特征:一是传播范围更广。世卫组织将新冠肺炎定义为全球性大流行病,认为新冠肺炎是一种在全球范围内广泛地人传人的新疾病。二是途径更多。新冠肺炎疫情的传播方式主要有空气传播、接触传播、粪口传播三种,几乎包括了各种传染病的传播方式。三是隐藏性更强。知名医学杂志《柳叶刀》(*The Lancet*)的一篇报告显示,新冠病毒在患者体内的潜伏期中位数大概是20天,在某些患者身上甚至可长

---

① Meredith Wadman, Jennifer Couzin - Frankel, Jocelyn KaiserandCatherine Matacic, *How Does Coronavirus Kill? Clinicians Trace AFerocious Rampage through the Body*, from Brain to Toes, https://www.science. org/content/article/how - does - coronavirus - kill - clinicians - trace - ferocious - rampage - through - body - brain - toes.

达 37 天。而且根据已报出的实际病例显示,存在 40 天乃至 94 天的超长潜伏期。四是复发率更高。新冠肺炎疫情暴发以来,全球多地都出现了出院患者复检呈阳性的情况。五是变异更快。三年不到的时间内,多种变异毒株相继登场,包括阿尔法、贝塔、德尔塔、奥密克戎及其亚型变异毒株 BA. 2 等。六是对人体的伤害更大。新冠病毒对危重症病人的损害,如同 SARS 与 AIDS 的加强结合体,既攻击人体的各处器官,从大脑到脚趾无一幸免,还攻击人体免疫系统,使得患者陷入任由病毒吞噬的绝境。

(二)新冠肺炎疫情起源的生态学反思

进入 21 世纪以来,人类一方面在科技创新与生物医学技术等方面取得了巨大进展,另一方面也不断遭遇新的疫情,例如,2002 年的 SARS 、2012 年的中东呼吸综合征、2019 年的"僵尸鹿",以及新冠肺炎等疫情。在这些疫情中,新冠肺炎疫情的影响最大,波及全球。各国政府、科学界与社会公众纷纷从不同角度探讨疫情产生的根源,寻求对策。但是由于新冠疫情的复杂性,学界没有就其产生的原因达成共识。从生态学视角来看,目前影响最大的观点主要有以下四种:野生动物滥食说、自然报复说、气候变化说和自然节律说。应该承认,这四种观点都有一定的依据,但也存在证据不充分的问题,以致难以形成有效的防治对策,因此需要认真反思和综合应对。

第一,野生动物滥食说。这是目前社会上最为流行的看法。它认为,此次疫情在很大程度上是由于人类滥食野生动物,特别是滥食蝙蝠或穿山甲、果子狸引起的。据医学研究,蝙蝠体内存在数百种病毒,是病毒的自然界原宿主,而其他野生动物如穿山甲、果子狸等在与蝙蝠的接触过程中或通过其他途径会感染病毒,成为病毒的中间宿主。通常情况下,与病毒和谐相处的野生动物不可能主动将病毒传播到人类身上,但是如果人类不当地对待野生动物",如人类捕杀、食用蝙蝠、果子狸等野生动物,则很可能会导致新型冠状病毒传播到人类身上,"最终会影响到人类的生命安全和身体健康"[1]。

---

[1]　张云飞:《完善野生动物保护法的系统之策——基于新型冠状病毒肺炎疫情防控阻击战的思考》,《国家治理》,2020 年 Z2 期。

有证据表明,具有地域性的疫情,如 2002 年暴发的 SARS、2012 年暴发的中东呼吸综合征,以及新冠肺炎疫情均"与蝙蝠有关"。[①] 蝙蝠很可能也是此次新冠肺炎疫情的自然界原宿主,中间宿主则可能是穿山甲或者果子狸。

应当承认,野生动物滥食说是有一定科学依据的,然而不可否认,这种观点也有明显的不足之处。其一,科学家并没有找到新冠病毒从蝙蝠到穿山甲再传染到人类的完整、清晰而明确的路线图;其二,在新冠肺炎疫情流行之前,世界上已经有不少人吃过蝙蝠、穿山甲或者果子狸等野生动物,但是并没有暴发严峻的新冠肺炎疫情;其三,根据目前的科学研究,此次新冠肺炎疫情危机是有多个源头的,此前,各种不明肺炎就已开始在各地流行,亚洲与欧洲、非洲、美洲的疫情源头也不尽相同。尤其值得一提的是,欧美地区环境保护与动物保护的意识较强,并不普遍存在滥食动物的问题,但是仍然出现了疫情大流行问题,这些令人难以理解。

第二,自然报复说。这种观点在哲学界颇为流行。它认为,此次疫情是大自然以病毒为工具向人类展开的报复。自然生态系统由人类、灵长类等高等动物,以及其他动植物、微生物等组成。事实证明,作为自然生态系统重要组成部分的病毒先于人类在地球上广泛存在,"在维持全球生态平衡方面扮演着关键的角色"[②]。在人类对自然改造能力有限的前工业革命时代,整个自然界是一个稳定的生态系统,生态系统中的微生物、人类、其他动植物等各自生活在独立的领域,处于相对平衡的状态。进入工业时代以后,人类为追求经济的快速增长不断拓展其生存空间,无休止地开发自然地域,侵犯动物、病毒的独立生活空间,导致野生动物向人类生活空间迁徙,人类的生活空间里出现更多病毒。新冠肺炎疫情的暴发就是大自然对人类无休止的开采行为进行报复的产物。

法国著名新马克思主义学者大卫·哈维明确指出,新冠病毒并不是一场自然灾害,而是由于"资本改造了自身再生产的周边环境"所导致的人为灾害,是"大自然对四十多年来所遭受的粗暴而残忍的虐待给出的报复"。[③]

①　参见王琦:《新病毒为何频发》,《光明日报》,2020 年 6 月 14 日。

②　范可:《经天纬地的行动者之网:关于病毒的一些思考》,《西北民族研究》,2020 年第 2 期。

③　[美]大卫·哈维:《新冠时代的反资本主义政治》,搜狐网,https://www.sohu.com/a/382916566_567216。

处于失衡状态的大自然为维持自身的平衡,发动病毒向人类展开报复。因此,为维护自然生态系统的平衡性、稳定性,许多人主张应当放慢经济发展的速度,减小对自然环境的破坏程度,将人类的活动、经济发展的速度限制在自然界可以承受的范围内,以保持经济发展与自然系统的平衡、稳定。

不可否认,自然报复说虽然也有一定的根据,但它是建立在人类大胆的猜测基础上的,只能算是一个隐喻。大自然毕竟是非生命存在物,没有情感、没有意志,何来报复? 即使新冠病毒是因为人类的行为侵犯,为什么有些国家与地区疫情严重,有的地方疫情轻微,对此,自然报复说也难以解释。

第三,气候变化说。这是气候界比较流行的看法。气候界认为,新冠肺炎疫情与全球气候变化有一定的关系。王琦认为,全球气候变暖为病毒的生存、繁衍、传播提供了良好的环境,因为全球气候变暖不仅"为病毒的传播媒介和中间宿主提供了良好环境",如传播疾病的蚊虫、携带病毒的鹿鼠等在温暖的气候条件下存活时间更久、繁殖速度更快,而且也引起许多动物的迁徙,导致这些动物将所"携带的微生物传播至其他地带",从而进一步扩大了病原体与传播媒介的分布区域。① 赵斌指出,"病原体、宿主和传播环境"是大多数传染病的三种不可缺少的因素,气候变暖"可能通过影响病原体、媒介生物、宿主及其生存环境来影响传染病",进而影响"疾病暴发的时间和强度"。② 瑞典左翼激进生态马克思主义者安德烈亚斯·马尔姆认为,新冠肺炎疫情与全球变暖相伴相生,只是气候危机里的一个表现。全球气候变暖会导致携带病原体的野生动物向北方和高海拔地方迁徙,从而导致病原体和野生动物分布的地理范围发生变化,增加人畜感染病毒的风险。与此同时,在资本积累的贪婪性的驱动下,全球变暖导致的新冠病毒等病原体蔓延的趋势无法得到根本性扭转,进而逐渐演变成一种慢性紧急状态,这是全球变暖后果的阶段性表现。③ 此外,气候变暖不仅有利于病毒的生存,同时也为其发生基因突变提供了条件。法国哲学家拉图尔也认为,这场流行病

---

① 参见王琦:《新病毒为何频发》,《光明日报》,2020 年 6 月 14 日。

② 赵斌:《人类传染病频发与气候变化有关吗》,澎湃网,https://www.sohu.com/a/390676778_260616。

③ See Andreas Malm, *Corona*, *Climate*, *Chronic Emergency*: *War Communism in the Twenty - First Century*, Verso, 2020.

与当前的气候危机具有相关性,此次疫情"正在预备、劝导和鼓动我们为气候变化做准备"①。因此,从人类生存的长远角度考虑,我们在关注新冠肺炎疫情的同时,还必须关注气候变化,控制全球气候变化的速度,从根本上采取措施节能减排,开发清洁能源。

毋庸讳言,这种看法的优点在于注意到了新冠肺炎疫情暴发的气候条件,具有一定的科学依据,但是全球气候变暖并非最近两年发生的事情,为什么各国情况不一呢? 对此,气候变化说也难以给予圆满的解释。

第四,自然节律说。这是中医学界比较流行的一种看法。它认为,所谓SARS、新冠肺炎疫情之类的疫病是在一个气候周期内发生的自然现象,与异常的气候变化和相应的地理环境有关,五运与六气之间的相辅相成与制约关系能自动调节气候变化,应对疫情。自然界具有自稳定机制,可以自动调节气候演变中出现的不稳定状态,如新冠肺炎疫情表现为"三年化疫",其间出现的相关流行病三年内也会在自然的调节下自行消失。根据这种自然节律,此次新冠肺炎疫情是人类历史上出现的瘟疫的一种,是一种周期性的自然变化现象。从整体层面上讲,它与一个甲子气候周期的"天时气化规律"有关,局部地区的"异常气候条件"②,如湿、热等,也为疫病的暴发提供了适宜的条件。换句话说,自然环境的非时之气、乖、戾等是疫病发生的重要外因,因此我们在医学上可以运用"三年化疫"机制预测疫情的发生、发展趋势。

毫无疑问,这种观点虽然也有一定的医学根据与气候学根据,但这种类型的自然节律说是针对中国的地理环境与气候条件而建立的本土性医学理论,具有本土的局限性,能否突破地域限制推广至国外,还面临很大的质疑。

一句话,上述四种假说都面临一定的理论困境,难以完全解释新冠肺炎疫情,需要拓宽思路,系统考虑,综合应对。从人类文明史视角看,当前疫情频发是由于工业文明的大发展而导致的生态失衡的结果。正如法国医学教授让-路易·维尔代指出,传染病的流行是在一个特定时期内"人与周围微

---

① 〔法〕布鲁诺·拉图尔:《健康危机是气候危机的一次预演》,澎湃网,https://m.thepaper.cn/newsDetail_forward_6721254。

② 苏颖:《新型冠状病毒肺炎与五运六气异常气候及其趋势的分析》,《长春中医药大学学报》,2020 年第 2 期。

生物环境关系的结果",无论是微生物,还是人类、气候条件等,都处于不停发展变化之中,导致人与其周围微生物环境之间的关系"发生变化,建立起新的平衡"。① 频发的疫情,除病毒本身的因素外,也与洪涝等自然灾害、极端异常的气候、过分开发土地、城市化建设等因素破坏了生态平衡有密不可分的关系。病毒或者病原微生物是导致疫情暴发的直接原因,气候变化及其周期性为疫情的频发提供了温床与机遇,而人类的活动,如为发展经济入侵野生动植物的生存空间,以及人类滥食野生生物则是疫情频发的间接原因。值得一提的是,为应对疫情危机,现在许多人一味谴责工业文明的发展,实际上,工业文明的发展也是基于人类的生存需要而发展的,不可遏制,各种病毒也不会因人类停止工业发展而不再产生,对此,我们只能从发展中去解决问题。由于全球疫情危机,在相当程度上是一种工业文明与资本主义的全球化发展引发的生态危机,我们有必要从生态政治的视角寻求对策。

二、疫情治理引发的生态政治之争

当代资本主义的民主政治及新自由主义治理方式的弊端在新冠肺炎疫情面前已暴露无遗。鉴于此,西方思想家纷纷对未来全球生态政治的走向提出了自己的见解,部分思想家之间展开了激烈的论战,在相当程度上可以说新冠肺炎疫情引发的生态政治之争已经形成。

一是阿甘本与其他哲学家之争。在这场西方哲学家的生态政治之争中,阿甘本可以说是始终站在论战的核心地带,甚至可以说是其他哲学家的重点批判对象。那么是什么导致这位意大利著名哲学家落入被其他哲学家"讨伐"的境地呢? 2020 年 2 月 25 日,阿甘本以意大利国家研究委员会 2 月 22 日的声明为依据,发表了一篇题为"由无端的紧急状态带来的例外状态"的文章。在文章中,他担心意大利政府采取的强硬防疫措施,会导致悬置法律效力的"例外状态"正常化,促使国家权力扩大对人民的奴役。在意大利封国的第二天,即 3 月 11 日,阿甘本发表了《论感染》一文,再次重申自己的观点,认为政府"以'新冠瘟疫'之名,极尽传播恐慌之能事,其最不人道的产

---

① 王琦:《新病毒为何频发》,《光明日报》,2020 年 6 月 14 日。

物之一就是'传染'的概念"①,担心政府的防疫措施会导致"人际关系的恶化"。3月17日,阿甘本发表文章《声明》。在文中,他认为一旦人们习惯了恐惧,会更加渴望安全,会为了安全而自愿放弃个人的自由,成为"赤裸生命"。自阿甘本2月25日发表第一篇文章以来,陆续受到其他哲学家或委婉或尖锐的批评。首当其冲的是阿甘本的好友,法国哲学家让-吕克·南希。2月27日,他发表了一篇题为"病毒性例外"的文章,指出阿甘本只批判了意大利政府,然而,"这种例外实际上在这样一个世界中成了一种规则"。3月5日,将阿甘本视为"我最喜欢的哲学家之一"的意大利哲学家塞吉奥·本维努托发表文章《欢迎来隔离》,批评阿甘本将政府采取的措施看成是"统治阶级暴虐本能"的结果,认为这种不切实际的观点容易助长阴谋论。哲学家洛可·隆奇在14日发表的《病毒的美德》中指出,与人保持距离并不是对自由的限制,因为真正的自由是"在特定情况下做必须做的事情"②。对阿甘本最尖锐的批评来自哲学家兼记者保罗·弗洛雷斯·达凯斯。他在3月16日发表的文章《哲学与病毒:阿甘本的幻觉》中尖锐批评了阿甘本的文章"旨在证明并没有传染病,而只有传染观念的传播"③,认为阿甘本提供的是一种"糟糕的哲学"。3月18日,阿甘本的另一位好友,斯洛文尼亚哲学家斯拉沃伊·齐泽克在《温情脉脉的野蛮行径乃是我们的宿命》中明确指出:"虽然对阿甘本充满敬意,但我不同意他的见解。"④法国《世界报》于3月24日刊登了与处在论战中心的阿甘本的访谈。阿甘本在访谈中指出,他关注的是新冠肺炎疫情引发的伦理和政治后果,从未想要参与科学界关于新冠大流行的讨论。这篇访谈意味着持续了近一个月的论战画上了象征性的句号。

　　二是南希与埃斯波西托之争。在《病毒性例外》中,让-吕克·南希回应了阿甘本2020年2月25日在《宣言报》上登载的社论。他指出:"有一种病毒性的——生物的、信息学的、文化的——例外是,它在我们中爆发开来。

---

　　①　[意]阿甘本:《疫情与例外状态(三则)》,搜狐网,https://www.sohu.com/a/382243466_365770。

　　②　王悦:《因为疫情,欧洲哲学家们吵翻了!》,凤凰网,https://ishare.ifeng.com/c/s/7vKolWmjAJF。

　　③　[意]保罗·弗洛雷斯·达凯斯:《哲学与病毒:阿甘本的幻觉》,腾讯网,https://new.qq.com/omn/20200321/20200321A04JHG00.html。

　　④　SlavojZizek,*Is Barbarism With A Human Face Our Fate?* https://critinq.wordpress.com/2020/03/18/is－barbarism－with－a－human－face－our－fate/.

政府只是可悲的执行者,指责它们更像是一种分散注意力的把戏,而不是一种政治反思。"①南希表明了自己对"生命政治"概念的怀疑态度。2月28日,意大利哲学家罗贝托·埃斯波西托在《共和报》和"二律背反"网站上各发表了一篇文章,分别为《党派与病毒:生命政治当权》和《"治"到最后》,主要是为了回应南希的观点。在埃斯波西托看来,"生命政治"在现代社会的应用有目共睹,而南希却认为生命政治的污染跨越了政治、社会、医疗和技术多种语言。作为唯一一位在论战中为阿甘本辩护的哲学家,埃斯波西托同意阿甘本的观点。他认为,紧急法令"并非绝对必要",如果将政治推向例外状态,终会损坏民主国家所珍视的权力平衡。与阿甘本的观点相比,埃斯波西托的观点比较折中。他和意大利哲学家卡奇亚里一致认为,当前意大利政府的措施与其说是政府权力不断扩大,不如说是因政府的"脆弱且无脑"而导致的"公共机构的崩溃"。②3月17日,南希再次发声。他在长文《一种太人性的病毒》中直接表达了他对"生命政治"及其狭隘视野的批判,认为生命政治是可笑的。他主张:"作为一种瘟疫,冠状病毒从各个方面来看都是全球化的产物。"③而在疫情肆虐的形势下,"没有任何马基雅维利式的阴谋家的狡诈算计,也不存在什么国家权力的滥用"④。各个国家的"例外状态"必须结合人类的整体处境来看,否则就只会让人陷入阴谋论的狂想。与此同时,新冠病毒揭示了问题"是由我们的生活、物质和毒性条件引起的"⑤。这些内在于我们的危险并非超越人性,而是"太过"人性。

　　三是后疫情时代世界的发展方向之争。西方哲学家围绕疫情治理展开了激烈的论战,在一定程度上为疫情治理提供了启示。关于后疫情时代世界的发展方向,西方的多位哲学家也纷纷表达了自己的见解。

　　首先,新的正常状态的出现。多数西方哲学家认为,在疫情大流行基本结束后,即后疫情时代,全球不可能恢复往昔的样貌,而会出现一些变化,呈

---

① ［法］让-吕克·南希:《病毒性例外》,澎湃网,https://baijiahao.baidu.com/s?id=1659849130898620183&wfr=spider&for=pc。

② 参见王悦:《因为疫情,欧洲哲学家们吵翻了!》,凤凰网,https://ishare.ifeng.com/c/s/7vKolWmjAJF。

③④⑤ ［法］让-吕克·南希:《一种太人性的病毒》,腾讯网,https://mp.weixin.qq.com/s/MH93pYGiPrlbEm NteLiPOA。

现一种新的正常状态。纽约时报专栏作者、《世界是平的》的作者托马斯·弗里德曼认为,新冠肺炎将像"公元前和公元后"一样,成为历史分期的起点。这似乎听起来有些耸人听闻之嫌,但仔细思考一番,也存在一定的道理。齐泽克指出,"大流行病改变了人们的生活方式,使我们陷入医学危机、经济危机和心理危机之中",再回到之前所谓的常态已再无可能,"新的'正常'必须建立在我们原有生活的废墟之上,否则我们将发现自己处于一种新的野蛮状态,其迹象已清晰可见"。① 英国马克思主义理论学者约兰·瑟伯恩也认为,新冠大流行扩大了阶级差距,"加速了从大融合到大分裂的转变,放大了新自由主义主导下的阶级结构"②。尤瓦尔·赫拉利在长文《冠状病毒之后的世界》中指出,当前我们为处理新冠疫情而果断采取的短期紧急措施,会带来长期后果,会加快历史进程。毋庸置疑,人类终将度过这场风暴,将继续存在,"但是我们将会活在一个不同的世界里"③。虽然新冠肺炎疫情会对国际关系产生负面影响,使我们生活在不一样的世界,但每次危机也是一个机遇,为人类"提供了一个重新思考和重塑我们这个世界的机会"④。阿甘本则认为,政府会将采取紧急措施的"例外状态"坚持下去,使之成为一种"正常"状态。无论是新冠肺炎疫情自身带来的影响,还是紧急措施带来的影响,都将摧毁过去的正常状态。因此,"我不认为人们——或者至少那些尚存一丝理智的人——还可以重返从前的生活"⑤。在后疫情时代,一种新的正常状态必将诞生,因而我们需要考虑,疫情过后我们应该如何共同生活。正如美国生态马克思主义领军人物福斯特所说,"整个社会革命改造"的必要性再次重现,"需要建立一个以公有公用地为基础的社会代谢再生产

---

① [斯]斯拉沃热·齐泽克:《新冠肺炎疫情与资本主义体系:基于共产主义理念的思考》,韩振江、罗俏鹃译,《国外理论动态》,2021年第2期。

② 李旸、王卓群:《新冠肺炎疫情背景下西方左翼思想界对资本主义的全面批判》,《当代世界与社会主义》,2021年第6期。

③ [以]尤瓦尔·赫拉利:《冠状病毒之后的世界》,网易网,https://www.163.com/dy/article/F97IAHDJ0521SB3I.html。

④ [美]诺姆·乔姆斯基、罗伯特·波林:《为了从新冠疫情中痊愈,我们必须想象另一个不同的世界》,观察者网,https://baijiahao.baidu.com/s?id=1666166614834693156&wfr=spider&for=pc。

⑤ [意]阿甘本:《反思瘟疫》,https://site.douban.com/264305/widget/notes/190613345/note/756714173/。

体系"。① 德国杜伊斯堡-埃森大学的资深教授托马斯·海贝勒也指出："大流行病对世界格局的影响仍无法确定,它所产生的后果是全球必须共同应对的挑战。"②

其次,对资本主义的新批判。面对全球新冠肺炎疫情,资本主义民主政治与新自由主义治理方式暴露出其处理重大突发事件的弊端。部分西方哲学家就此展开批判与反思。美国马克思主义女性主义学者南茜·弗雷泽从女性主义视角分析了新自由主义对公共卫生系统的破坏,这使得累积的"照护危机"暴露出来。③ 美国学者诺姆·乔姆斯基在访谈中也指出:"高度专制的邪恶国家是与新自由主义相容的。"④新冠肺炎疫情危机的根源可以追溯到市场的本质,"新自由主义带来的深层的社会经济问题,野蛮的新自由主义使市场加剧恶化"⑤,而且新自由主义瘟疫阻止了应对疫情的正确做法。福斯特认为,新冠肺炎疫情发生在特朗普政府为争夺全球霸权而针对中国展开的经济战背景之中,产生在全球垄断金融资本制度的基础之上,资本已成为疾病的主要传播媒介。而且资本主义商品链的延伸与新自由主义对公共卫生系统的破坏,加速了全球疫情的传播。新冠肺炎疫情与其他流行病的威胁是晚期帝国主义的产物。⑥ 韩炳哲同样指出,新自由主义为了加速资本的自由流动,已经废除了冷战时期无处不在的边界和围栏,当病毒闯入一个"在免疫上被全球资本主义严重削弱的社会",就引起了强烈的恐慌和休克。⑦ 意大利哲学家马西莫·卡奇亚里在接受访问时,批评意大利政府漏洞百出的防疫措施,造成了一种无意义的封锁,即封锁归封锁,活动归活动。他认为意大利政府是"脆弱且无脑"的,只能被动遵循孤立主义的逻辑。事

---

① ［美］约翰·贝拉米·福斯特、因坦·苏旺迪:《新冠肺炎疫情与灾难资本主义——商品链与生态—流行病—经济危机》,佟艳光、曹立华译,《国外理论动态》,2020 年第 5 期。

② ［德］托马斯·海贝勒:《中国抗击新冠病毒的斗争:历史经验以及对国内政策和外交政策的影响》,姜颖、张红山译,《国外理论动态》,2020 年第 5 期。

③ See Nancy Fraser, Contradictions of Capital and Care, *New LeftReview*, No. 100, 2016, pp. 99 – 117.

④⑤ ［美］诺姆·乔姆斯基:《在自我隔离中提问,我们想要生活在怎样的世界中?》,澎湃网, https://baijiahao. baidu. com/s?id = 1662658521883526141&wfr = spider&for = pc。

⑥ 参见［美］约翰·贝拉米·福斯特、因坦·苏旺迪:《新冠肺炎疫情与灾难资本主义——商品链与生态—流行病—经济危机》,佟艳光、曹立华译,《国外理论动态》,2020 第 5 期。

⑦ 参见［德］韩炳哲:《为什么东亚对疫情的控制比欧洲有效?》,澎湃网,https://m. thepaper. cn/newsDetail_forward_6676893。

实也如卡奇亚里所说,意大利果断实施对外封国,却无力妥善处理国内的混乱。还有一些左翼哲学家提出,新自由主义由于其自由市场的无序性、公共服务供给不足、政府资金短缺等问题,在疫情的紧急状态下无法存续,很有可能会走向灭亡,全球生态政治将会走向基于社会主义或共产主义的新型生态政治。① 齐泽克也指出,"危机之下人人都是社会主义者",新冠肺炎疫情将人们团结起来,增强了人们的个人责任感,在某些地方也会出现以苏联的"战时共产主义"为模型的超越民族国家的社会主义。② 马尔姆认为,列宁的战时共产主义政策是针对灾难驱动因素本身而采取的瓦解资本积累、打破资本主义生产方式与所有制关系的根本措施。面对新冠肺炎疫情这类的慢性紧急状态,仅凭社会主义还不足以解决问题本身,必须实施一种生态战时共产主义方案才有可能。③

我们认为,上述这些西方左翼思想家在此问题上的预言过于乐观。实际上,资本主义国家采取的这些所谓反自由主义的措施,只是意味着西方新自由主义在新冠肺炎对策问题上的严重失利,意味着社会主义与共产主义在当今西方资本主义社会体系中还存在一定的空间与文化土壤,但是目前毕竟是全球资本主义体系占据主导地位,能否出现社会主义或共产主义的生态政治仍是个未知数。况且哈维以政府干预界限为根据划分自由主义与社会主义,其对社会主义的理解并不符合经典马克思主义的理解;齐泽克则将共产主义理解为紧急状态下的"战时共产主义",从某种意义上说也不符合经典马克思主义对于共产主义的解释。马尔姆虽然要求根除资本主义私有制,但他的方案既饱含不切实际的"乌托邦"幻想,也充斥着对上层阶级的妥协,还呈现出一种走向生态恐怖主义的倾向。无论何种意义上的社会主义还是共产主义,它们都是建立在颠覆或者是超越资本主义的社会政治革命基础上的。在疫情状态下,资本主义国家所提供的诸如医疗服务等社会

---

① 参见刘魁、李玉:《论后疫情时代全球生态政治的现实主义转向》,《南京林业大学学报》(人文社会科学版),2020年第4期。

② 参见[斯洛文尼亚]斯拉沃热·齐泽克:《新冠疫情的最大威胁,是人性面具下的野蛮》,豆瓣网,https://m.douban.com/mip/note/755537654/。

③ See Andreas Malm, *Corona*, *Climate*, *ChronicEmergency*: *War Communism in the Twenty - First Century*, Verso,2020.

保障措施实际上是在维护资本主义制度，只是一种应对疫情的紧急策略，不可过于拔高。从短期来看，资本主义的地位并未受到影响，新型冠状病毒也不会带来"病毒革命"。或许疫情危机为西方左翼思想家提供了社会主义或共产主义的思想实验场所，未来能否出现基于社会主义或共产主义的新型生态政治，仍需要历史的进一步检验。

再次，数字监控时代的到来。近年来，关于个人隐私的激烈争论此起彼伏。随着新冠肺炎疫情的暴发，关于个人隐私的讨论或迎来转折点。在与新冠肺炎疫情的斗争中，部分国家政府通过运用大规模数字技术时刻监控每个人的身体状况，有效地遏制了疫情进一步扩散的势头。大规模数字监控现已被证明是十分有效的疫情处理措施。因而一些拒绝使用大规模监视技术的国家实现监控正常化已不再遥远。后疫情时代世界走向数字监控似乎已无法避免。韩炳哲指出，新冠肺炎疫情后的世界将会走向数字监控，但他也提醒我们要更加警惕政府通过数字技术对信息的全面掌控与监控。[①]当人们面对健康与隐私的两难境地时，健康通常是他们的选择。然而赫拉利指出，"实际上，让人们在隐私和健康之间进行选择是问题的根源。因为这是一道错误的选择题。我们可以并且应该同时享有隐私和健康"[②]。他认为，除了集中监控与严厉惩罚之外，信任也是促使人们遵守防疫准则的有效方法，"要建立人们对科学，公共当局和媒体的信任，现在还为时不晚"[③]。同时，他也主张人们应该利用数字监控技术，但这些技术不是以促使政府权力扩大化为目的的，而是以帮助人们更好、更明智地作出个人选择为目的的。

针对西方哲学家的发言，国内学者也纷纷撰文表达自己的观点。吴冠军认为，西方哲学家未能突破思维限制，未能考虑到新冠肺炎疫情实际上已经改变了传统学术的分析框架，当生命受到威胁时，"存活"才是首要的思考对象，但他们却将"生物性的最底层平等"排除在外。[④]在陈培永看来，阿甘本的观点存在明显的缺陷：一方面，政府在新冠期间的权力运用实则是为了

---

①　参见［德］韩炳哲：《为什么东亚对疫情的控制比欧洲有效？》，澎湃网，https://m.thepaper.cn/newsDetail_forward_6676893。

②③　［以］尤瓦尔·赫拉利：《疫情中我们将创造怎样的世界？》，搜狐网，https://www.sohu.com/a/382043575_120032。

④　参见吴冠军：《后新冠政治哲学的好消息与坏消息》，《山东社会科学》，2020年第10期。

保护人的生命安全,可是阿甘本却将之阴谋化,漠视了政府权力的积极作用,以及全体人类正在遭遇的疫情危机;另一方面,生命政治既具有否定意义,也具有积极意义,是一种"使人活的善的积极性政治"。当人的基本生命都无法得到保证时,单纯讨论精神的自由实际上是一种伪善。^① 吴静也指出阿甘本观点的不足,认为关于个体自由的问题是值得思考的,但值得注意的是,自由不只是物理空间上的自由占有,仅仅讨论社交自由的重要性是"对自由的窄化"。阿甘本观点的明显缺陷正是忽视一切条件只谈自由。^②

总之,面对全球新冠肺炎疫情,以上诸位哲学家都运用各自的理论体系,从本国或全球的现实维度出发,对疫情下全球生态政治的发展状况、未来走向提供了或易让他人接受的,或引起他人激烈批评的观点。哲学家关于全球生态政治的见解与观点,固然具有相当的合理性、可行性,然而他们争论的观点未能精准把握到后现代生态政治的根本问题,即生态政治的浪漫主义冲动。正是因为这份浪漫主义冲动,导致全球生态政治陷入困境。

三、生态政治的未来趋向:从浪漫主义走向现实主义

自 20 世纪 60 年代暴发全球生态危机以来,为了拯救人类,一些学者盲目倡导与追求全球多元化,反对国家主权政治,削弱国家主权,片面强调生态意识与生态责任,贬低个人的主体意识与身份自由,陷入了浪漫主义的政治冲动,忽视了西方中心主义的文化霸权意识、资本主义的经济发展冲动与公民对身份自由的极端重视,忽视了启蒙精神对个人身份自由的盲目崇拜,导致西方共同体意识、个人责任意识,以及对超越经济发展的信仰追求的削弱,从而促使夸夸其谈的全球生态政治在严酷的疫情危机面前陷入二律背反的尴尬处境。因而我们认为,后疫情时代生态政治将从浪漫主义走向现实主义。

---

① 参见陈培永:《如何栖思于新冠病毒带来的例外状态——回应阿甘本》,《马克思主义与现实》,2020 年第 4 期。

② 参见吴静:《例外状态与自由的边界——后疫情时代对阿甘本生命政治理论的反思》,《马克思主义与现实》,2020 年第 4 期。

（一）浪漫主义的具体表现：盲目追求全球多元化与削弱国家主权

全球生态政治的浪漫主义冲动有两大具体表现：

一是追求全球多元化。具有浪漫主义冲动的全球生态政治盲目追求全球多元化，追求单纯的全球一体化进程，忽略了各国的差异性。15 世纪左右，早期的全球化就已经开始了，全球性的政治、经济、文化交往日益密切。20 世纪 40 年代以来，随着新技术革命与世界市场的不断发展，全球多元化已渗透到人们社会生活的每一个角落。全球多元化是历史发展的必然趋势，将西方的先进文明成果传播到了全球，为世界人民带来了诸多便利，同时，它也带来了全球性的风险与挑战。中美贸易争端与新冠肺炎疫情更是为全球多元化的发展前景蒙上了一层阴影。在盲目追求全球多元化的生态政治背景下，一些具有讽刺意味的事件正在发生。一些曾经坚决支持全球化的政府与媒体开始质疑全球化，民粹主义和保护主义返潮。比如，全球化的"领路人"——美国现在却是民粹主义呼声最高的国家。然而正如多丽丝·奈斯比特所指出，"民粹主义不能提供解决方案，而会让局势走向机会主义式的戏剧化"[①]。2020 年初，为了抗击日益严重的新冠肺炎疫情，多国政府采取口罩管制措施，发布口罩出口禁令，禁止护目镜、口罩、防护服和手套等医疗物资出口，在欧洲甚至出现国与国之间互相拦截口罩的荒诞一幕。

二是削弱国家主权。具有浪漫主义冲动的全球生态政治盲目追求全球多元化，也主张消解国家主权。实际上，全球化在一定程度上会使得跨国组织的权力不断扩大，导致国家主权被削弱。英国的戴维·赫尔德教授认为，全球化会给民族国家的国家权力带来五个方面的深刻影响。其一，决定政治利益与结果的多方面因素已超越单一国家范围；其二，权力的核心不再等同于民族国家与政府；其三，公共权力取代传统的国家权力概念；其四，公共物品的培育与强化要求多边合作；其五，国内事务、政治问题与国外事务、政

---

① ［美］约翰·奈斯比特、［奥］多丽丝·奈斯比特：《多边合作是抗疫成功和经济复苏的关键》，《光明日报》，2020 年 5 月 15 日。

治问题之间的区别愈发模糊。① 西方学界的几种新国家理论也指出,全球化可能会带来国家主权削弱的风险。比如持"国家主权弱化论"的学者认为:"国家主权遭到了全球化的强烈冲击,国家主权已经被严重地削弱了,它不再具有先前的那种绝对性和至高无上性,但国家主权依然存在,远没有消失,也没有过时,在国内政治生活和国际事务中依然处于核心和基础的地位。"②持"国家主权过时论"的学者认为:"传统的国家主权已经开始彻底崩溃,国家主权已经成为一个过时的概念,国际政治的'后威斯特伐利亚'时代已经来临。"③总而言之,浪漫主义冲动的生态政治希望通过追求全球多元化与削弱国家主权实现更好的社会治理,保护全体人类的利益。然而因为这份冲动,全球各国在新冠肺炎疫情中付出了昂贵的代价。不止于此,全球生态政治还面临着难以逃脱的现实困境。

(二)浪漫主义的现实困境:面临三重巨大冲击

在与新冠肺炎疫情抗争的过程中,以美国为代表的一些西方国家对于全球抗击疫情不仅不给予积极合作,反而制造种种障碍,对当前的生态政治形成了严重的冲击。

一是霸权主义国家政治的冲击。由于启蒙运动以来自觉或不自觉形成的民族主义、资本主义与西方中心主义的文化遗产的影响,以美国为代表的一些西方国家、机构与人士,为了维护本国乃至西方的政治、经济、技术、军事与文化霸权,对于全球抗击疫情不仅不给予积极合作,反而设置种种障碍:其一,对于联合国世界卫生组织领导的全球抗疫斗争不仅不给予经费与道义上的支持与合作,反而进行各种不公正的霸权主义政治指责,甚至断绝经费支持,甚至退出世界卫生组织,以致引起国际社会的普遍不满。其二,面对严峻的疫情,不仅不关心全人类的生存危机,反而公然提出"反对全球化""美国至上""去中国化"等霸权主义与民粹主义口号,反对全球合作,大力推行霸权主义的国家政治,在政治、经济、技术发展与文化交流方面对他

---

① See David Held, Anthony McGrew, *Governing Globalization*, Polity Press, 2002, pp. 305 – 324.
②③ 俞可平:《论全球化与国家主权》,《马克思主义与现实》,2004 年第 1 期。

国设置种种障碍,对俄罗斯、欧盟、中东进行打压,迫使他国和盟国在中美之间选择站队,甚至不顾盟友关系与外交准则,哄抢豪夺他国防疫物资。其三,对于面临严峻疫情危机的中国不仅不给予支持,反而落井下石,进行"政治污名"与民族歧视,甚至进行霸权主义的"法律滥讼",引起各界正义人士的巨大愤慨;其四,在疫情危机的关键时期,不断从联合国的各种组织退出,或者以退出相威胁,还公然倡导核威胁与外星空间战争,破坏全球和平。

二是经济主义发展政治的冲击。自近代以来,由于西方社会从由宗教占据主导地位的传统社会走向了世俗的社会,经济发展成为现代西方资本主义国家中的占统治地位的头等大事。在疫情期间,一些国家为了发展经济,有意忽视严峻的疫情危机,片面强调经济发展的重要性,导致严重的人道主义危机。比如美国、英国、意大利、巴西等国家政府面对严峻的新冠肺炎疫情,不及时采用已被证实有效的防范措施阻挡病毒传播,导致疫情日趋严重。此外,为了发展经济,一些西方发达国家不顾气候变暖的严峻形势,有意放松过去的环境保护政策,鼓励开采石油、页岩气等化石能源,以致环境污染、气候变暖局势严峻。在美国,特朗普政府为了发展经济,甚至削减卫生医疗保健的资金预算,将这部分预算用于生产化石燃料,由此导致环境污染加剧。

三是自由主义生命政治的冲击。新冠肺炎疫情危机涉及个人自由与政府管制的关系问题,自启蒙运动以来,为了对抗政府等社会强势组织的独裁威胁,自由主义的生命政治成为西方国家知识精英与社会大众不可动摇的"意识形态"与"政治圣经"。即使政府与医疗机构为了防止新冠肺炎疫情扩散,保护公众的生命安全,也遭到了多方抵制与质疑。阿甘本就认为,政府通过此次疫情试图将"例外状态"常态化,通过限制人们的自由,让人们长期生活在没有自由、令人恐惧、不安全的紧急状态下,人们以牺牲自由为代价追求所谓的生命安全,成为仅有赤裸生命的"神圣人"。政府让人们产生限制个人自由以追求人身安全的需求。实际上,正如著名学者巴迪欧指出的,管控措施是控制疫情传染的有效途径,因为除了"采取必要的保护措施,等到病毒因缺少传染目标而消失"之外,没有其他的方法。人们遵守政府的要求和纪律不仅可以保护自己免受感染,同时也是对"所有易感人群提供了支持和基本保护"①。究其根本,上述的霸权主义的国家政治、经济主义的发展政治和自由主义的生命政治之所以在国际政治中具有巨大的市场,是因为启蒙运动的巨大影响力。

(三)浪漫主义的内在原因:忽略启蒙精神的巨大影响

生态政治忽略启蒙精神的影响是导致其具有浪漫主义冲动的内在原因,主要体现在以下两个方面:

一是对自由的迷失。自由是启蒙思想的核心,是一种关于人自身发展的价值规范。启蒙运动以个人的自由为前提,但是"自由是在个体与整体的关系、个人与他人的关系中来理解的"②。正如卢梭所说:"人生而自由,却又无往不在枷锁之中。"③自由是人与生俱来的权利,是人的天性,但人是生活在现实社会中的人,因受到种种限制而生活在不自由之中。因此,人为了获得自由就需要打破枷锁。然而打破枷锁并不意味着消灭社会这个整体,而是在社会生活中服从经自己认可的法律,在道德生活中听从良知的呼唤。这就是人"可以有所不为",是自由的一种消极形式。当然,人也能获得积极的自由,即人能够充分发挥自己的能动性,积极地认识和改变世界。然而,在新冠肺炎疫情肆虐的欧美国家,经由启蒙运动带上现代文明舞台的自由已迷失了初衷。部分民众希望达到一种"为所欲为"的个人自由,这种自由凌驾在个人生命与整体安全之上,是一种消解整体的、类神的绝对自由。2021年3月,考虑到欧洲地区新冠肺炎疫情愈发严峻的形势,荷兰政府颁布防疫规定,自当地时间13日起,实施为期至少3周的防疫措施,非必要情况,商店、餐厅、酒吧和咖啡馆应提早打烊,体育赛事不接待观众,限制未接种疫苗人员的行动。从19日起,荷兰就爆发了多场群众示威活动,抗议政府防疫措施,抗议政府对其自由的限制。鹿特丹警方在维持秩序过程中被迫开枪,至少3人被子弹击中受伤。值得一提的是,在示威活动中,参与者扎堆抗议,

---

① [法]阿兰·巴迪欧:《太阳底下无新事》,澎湃网,https://m.thepaper.cn/newsDetail_forward_6664126。
② 邓晓芒:《西方启蒙思想的本质》,《广东社会科学》,2003年第4期。
③ [法]卢梭:《社会契约论》,李平沤译,商务印书馆,2011年,第4页。

且几乎都未佩戴口罩。

二是理性的缺失。理性在西方语境中具有复杂的含义。人本主义与理性主义是启蒙思想的两大基本原则。"人本主义所说的人,是理性的人,而理性主义所说的理性,是人的理性。理性与人其实是一个东西。"①理性应该被理解为人的理性能力,理性的人是拥有普遍理性能力的人,即具有认识能力的人。正如邓晓芒教授所说,"对于人的理性来说,更重要的是对事物的'解释'和'重新解释',如果忘记了人的这种自由,那么就是忘记了理性主义的根本。这就是'理性的人'"②。从人与人的交往到国与国交往,交往双方都不可能掌握对方的全部信息,但是又需要做出选择,这时候就需要以理性作为支撑的信任。理性是信任的根基,然而,当人类在面对现代性问题时,却出现了理性的空场。刘永谋指出,"新冠疫情清清楚楚地表明:理性在欧洲文化圈已经衰落"③。缺失理性,信任只能依赖于一个"跃步",但这个跳跃可能会跳入深渊,因而信任遭遇危机。④ 在疫情治理中,信任危机不断上演。英国著名药企阿斯利康公司与牛津大学联合研发的牛津-阿斯利康新冠疫苗遭遇严重的信任危机。自2020年3月以来,多个国家民众在接种该疫苗后,出现罹患血栓,甚至死亡的病例。因此,全球二十多个国家暂停接种该疫苗。虽然在这些病例出现之后,包括欧洲药品管理局、世界卫生组织等在内的政府机构与国际组织都纷纷为其背书,多国领导人纷纷为其代言,韩国总统及其夫人甚至公开接种该疫苗,但仍有多个国家未取消对该疫苗的暂停接种。与之相反的是,中国通过一系列的有力措施获得了民众的信任。中国在围绕疫情阻击战发生的信息舆论战上显示出制度与国家治理体系的巨大优势,既做到了信息公开透明,又依法行政,防止不真实的信息或谣言蔓延以导致民众恐慌,产生过激反应。⑤ 总而言之,我们认为,忽视启蒙精神的巨大影响,是生态政治具有浪漫主义冲动的根本原因。

---

①② 邓晓芒:《西方启蒙思想的本质》,《广东社会科学》,2003年第4期。

③ 刘永谋:《阿甘本和大家吵什么?》,腾讯网,https://mp.weixin.qq.com/s/xGEFzF7YyThftbco9h-fCQ。

④ 参见吴冠军:《重思信任:从中导危机、新冠疫情到区块链》,澎湃网,https://m.thepaper.cn/baijiahao_6342461。

⑤ 参见鲁品越:《中国新型制度文明在疫情防控中锤炼与升华》,《学术界》,2020年第2期。

（四）浪漫主义的必然结果：陷入二律背反的处境

自20世纪后半叶以来，由于生态危机的全球性与"人类命运共同体"意识的不断增强，有许多学者设想，未来会出现长期稳定的跨国合作以应对生态问题，国家主权地位下降。然而随着现实发展的复杂化，全球生态政治逐渐陷入尴尬境地。

首先，从国际组织对于疫情的应对效果来看，国际间的委托授权运转不良，不仅欧盟等国际组织在应对疫情中表现较差，无法调动各国达成一致行动，暴露出其能力不足，国际合作也由此变得支离破碎。英国著名政治哲学家约翰·格雷认为，世界上并不存在一个能够协调地缘政治的"世界政府"，"那些认为这场危机可以通过前所未有的国际合作被解决的信念，纯粹是异想天开"①。

其次，疫情危机之下依靠自由市场或个人主权无法有效维护国民的安全，而真正有效的途径是依靠国家的力量。由此可知，在应对新冠肺炎疫情时，即使是倡导市场自由、反对政府干预的新自由主义国家，也发挥着"看得见的手"的作用，行使政府权力，为人们提供公共服务。正如巴迪欧所指出的，疫情局势在社会秩序上会使国家"威权主义干预"②应运而生，迫使国家不得不扮演代理人的角色，国家权力在保护国民生命安全中表现出其高效性。

再次，从疫情对经济全球化的冲击来看，依赖科学技术进行生产要素全球性分配的经济全球化进程会适度放慢，欧美等国家认识到本国生产医疗设备能力不足，将其跨国企业迁至本国，并进行产业重组，这实际上是增强了国家的经济主权。因此，疫情危机呈现出的国际组织的软弱性、自由市场与个人主权的无序性，以及经济全球化的不足都在提升国家主权，西方国家的主权意识可能会不断增强，但不会从根本上动摇自由主义的地位。

---

① ［英］约翰·格雷：《新冠危机为何是历史的转折点》，澎湃网，https：//m. thepaper. cn/news-Detail_forward_6835965。

② ［法］阿兰·巴迪欧：《太阳底下无新事》，澎湃网，https：//m. thepaper. cn/newsDetail_forward_6664126。

最后,国家主权意识的增强在一定程度上冲击了西方自启蒙运动以来的思想局限性。个人自由权并非不受约束与限制,在紧急情况下,个人主权表现出无序性,需要政府干预个人自由,个人行使自由权时也需要考虑适用范围,不能以危害社会集体利益为代价。同时,在衡量个人自由权与生命权时,西方学者在不同程度上支持政府为保障个人生命安全而采取的限制个人自由的措施,已经表明其对生命权与自由权的衡量,认可生命权高于自由权。尽管新冠肺炎疫情影响了自由主义国家的稳定性,西方国家对于自由主义与市场意识的迷恋并未减弱,如著名政治学学者弗朗西斯·福山指出的,可以通过"不惜一切代价改变自由主义、社会保障和国家干预之间"①关系的方式缓解新自由主义危机。可以看出,西方国家对自由主义的追求不会因生态危机而受到阻碍,也不会因国家主权的提升而动摇,而是会在新的约束框架内追求自由主义。

对于自由主义,学术界尽管已经从政治哲学、法学、社会学以及经济学等视角进行了有力的抨击与批判,尤其是后现代思潮从现代性批判与反思视角进行的抨击与瓦解尤为猛烈。但是自由主义的价值追求毕竟是现代社会的思想根基,各种思潮与各种视角对于西方自由主义的价值批判,只是意味着西方资产阶级的自由主义价值观陷入了危机,并不意味着其终结,除非被新的价值观所取代。只要现代性的价值追求还没有被历史淘汰,自由主义就难以被取代。实际上,自20世纪60年代以来,现代性遭受了生态主义、女性主义、后现代思潮等的猛烈抨击与批判,在学术界有人已断言现代性的危机,宣称后现代的来临。实际上,只要启蒙精神与工业化还存在,只要资本主义制度还存在,现代性就会继续存在。现代性的危机实际上只意味着现代性受到了来自现代政治、经济、文化与生态等方面危机的严重挑战,意味着人类进入了现代性的反思与探索阶段。而且虽然西方国家对自由主义的追求受到生态危机与疫情危机的阻碍,但这并不会动摇它们的追求,它们会在新的条件下继续追求自由主义。因而后疫情时代的全球生态政治仍需要坚持自由主义的价值追求,但为了拯救人类的集体生存,个体的自由主义

---

① ［美］弗朗西斯·福山:《中国模式应对疫情很成功,但难以被复制》,观察者网,https://m. guancha. cn/FuLangXiSi – FuShan/2020_04_21_547632. shtml。

价值追求会受到生命共同体与人类命运共同体的生态价值链的束缚与约束。我们认为,后疫情时代自由主义追求的自由应该是一种基于个人与他人关系、个人与整体关系的自由,对内应该服从内心道德和良知的规范,对外应该服从法律、社会规范、客观规律的制约。总而言之,现实主义的生态政治需要坚持生命共同体意识、国家主权意识以及自由主义的价值追求,在重视人类共同利益的同时维护本国的利益,在重视国家主权的同时维护自由主义的价值追求,在重视生命权的同时维护自由权,使得各种疫情治理措施发挥出积极的效用。

　　一句话,鉴于全球生态危机的严峻性、国家主权在现代治理体系中的核心地位,以及自由主义的现代价值追求,21世纪的全球生态政治将从浪漫主义转向现实主义,即转向一种既基于人类命运共同体意识,又具有自由主义的价值追求与国家主权意识的生态政治。

刘魁、李玉、刘颖(东南大学)

俄罗斯学者对疫情的反思
和对中国共产党的研究

俄罗斯学者围绕新冠肺炎疫情的本质与现象、影响与变化、问题与出路,深入思考了新冠肺炎疫情引发全球性危机的根源、新冠肺炎疫情对重塑世界政治新秩序的影响,以及后疫情时代全球化发展的新方向。当今世界正处于"百年未有之大变局",在"百年未有之大疫情"的叠加影响下,不稳定性和不确定性更加突出,在全球经济持续低迷、世界市场日益萎缩、保护主义逐渐上升的背景下,中国共产党以得力的抗疫举措和瞩目的辉煌成就庆祝了自己的百年华诞,迈入了下一个百年。不同于众多西方左翼学者对中国特色社会主义道路的否认和对中国成就的无视,俄罗斯学者普遍高度肯定中国共产党的历史成果和战略举措,表达了对中国共产党未来道路和人类共产主义事业的坚定信心,并结合苏联的经验教训,提出了中国共产党仍需警惕的重要问题。

一、全球性危机的根源在于资本主义和新自由主义

当今世界正日益陷入一场前所未有的危机,公共卫生安全遭遇挑战,全球经济快速下滑,全球治理体系运转失灵。俄罗斯学者普遍认为,新冠肺炎疫情只是加速这场危机爆发的"催化剂",危机表面上看是医疗卫生问题,而实质上是世界政治、经济发展不平衡所致,是资本主义体系本身固有矛盾在新条件下的爆发,是全球资本霸权对全球发展的灾难性威胁,其性质是晚期资本主义社会经济体系的系统性危机,其根源在于资本主义和新自由主义。

只要资本主义制度存在,经济危机就不可避免。马克思恩格斯基于自

身所处时代的资本主义社会现实,科学地揭示了资本主义经济危机的必然性。俄罗斯战略发展与意识形态系统研究中心主任 B. B. 苏博金指出:"2020年的这场全球性危机实质上是以新冠肺炎疫情为导火索的资本主义经济危机的又一次爆发。20 世纪 20 年代,苏联经济学家 H. Д. 康德拉季耶夫提出世界经济周期性理论,已提前预测到了 2020—2022 年的经济危机。他从经济学视角提供了预测危机的工具并指出,在作为发达经济体的资本主义社会,其社会动荡和战争源于经济生活的节奏和压力,以及为争夺市场和原料而进行的斗争。现代资本主义社会的发展证明,这种类似于多神教共鸣的社会现象对整个世界都是极其危险的,因为它加剧了资本主义的社会矛盾和紧张局势。"①这表明,尽管资本主义经历了自由竞争资本主义、垄断资本主义、国际金融垄断资本主义等不同阶段,古典自由主义、凯恩斯主义和新自由主义等各个流派也通过各种手段缓和危机,但也只能使危机的影响范围、蔓延速度、破坏程度有所不同,生产社会化与资本主义生产资料私有制之间的矛盾不得到根本解决,危机就会周期性出现。

乌拉尔州立师范大学社会学、哲学和文化学系副教授 A. A. 科里亚科夫采夫也认为,新冠肺炎疫情非但不是危机根源,反而成为西方新自由主义者用以掩盖体制弊端的"遮羞布"。他尖锐地指出:"新冠肺炎疫情并不是这次全球性危机的根源,但它加速了危机的爆发。疫情对世界的影响在经济方面表现得最为突出。西方媒体急于将 2020 年经济危机的原因归结于疫情,为其政府施行的新自由主义路线辩护,但实际上危机在 2019 年底就开始出现,那时疫情还没有成为一种全球性现象。新冠肺炎疫情不仅加剧了全球经济和社会危机,同时也使新自由主义制度潜在的缺陷浮出水面。"②

莫斯科国立大学当代马克思主义研究教育中心主任、经济学博士 A. B. 布兹加林指出:"作为一名马克思主义社会科学家,我虽然无法指出新冠肺炎疫情大流行的医学方面的直接原因,但我可以指出它加剧全球性危机的原因。我们能看到与此次新冠肺炎疫情大流行有关的许多重要问题,包括它的根源、后果及其对世界经济和社会生活造成的影响等。长期以来,我们

---

①② 郭丽双:《根源与出路:反思新冠肺炎疫情与全球性危机——俄罗斯学者访谈》,《马克思主义与现实》,2021 年第 1 期。

仅从未来学或社会哲学研究层面来考察全球性问题,而此次疫情大流行中的疫情预防、自我隔离、治疗等环节都暴露出严重的不平等问题,这阻碍了对疫情的有效防控。当前,在以新自由主义为主导的社会关系体系下,市场的统治、资本的霸权加剧了全球性风险。加剧的原因包括资本对利润的盲目追求、公共生活的军事化以及外交政策冲突等,当然其中最主要的原因是资本主义固有的和仍然存在的主要矛盾——大多数人(即劳动人民)通过生产活动创造的社会价值与日益高度集中的资本之间的深刻矛盾。疫情大流行已经清楚地表明,这些矛盾的加剧和社会两极分化不仅对人类健康形成威胁,而且导致了它们自身无法解决的全球性问题。"①

俄罗斯学者通过揭示资本主义的内在矛盾和新自由主义的弊端深入挖掘此次危机的根源,在没有直接明确证据的条件下,他们对于新冠病毒是否是人为制造的"生化武器"这一问题保持着克制审慎的态度。正如俄罗斯科学院乌拉尔分院哲学和法律研究所 Д. А. 达维多夫所言:"我无法判断到底是什么原因导致了新冠肺炎疫情的暴发。关于这个问题有很多不同意见。不幸的是,在后真理时代寻找事件的真相成为一项艰巨的任务。"将科学政治化的错误做法曾给苏联生物学的发展带来了极为不利的影响,当代俄罗斯学者反对将疫情政治化、将科学政治化的态度,一方面证明了他们始终保持着对政治与科学、哲学与科学关系的深刻反思,另一方面也是对以美国为首的西方国家借疫情溯源污名化他国做法的有力驳斥。

二、新冠肺炎疫情对世界政治秩序的影响

这场由疫情加剧的危机严重威胁着全球人民的生命健康,还对世界各国经济带来了不同程度的冲击,加剧了国际社会本已非常尖锐的矛盾。在疫情暴发之前,单边主义、贸易保护主义已然盛行,个别国家横行霸道,扰乱多边机制,逆全球化倾向逐渐抬头,作为资本主义发展的当代形态的国际金融垄断资本主义以新自由主义为理论基础,金融垄断资本又通过控制国家

---

① 参见郭丽双:《根源与出路:反思新冠肺炎疫情与全球性危机——俄罗斯学者访谈》,《马克思主义与现实》,2021 年第 1 期。

机器推行霸权,在疫情的叠加影响下,以资本主义国家为中心的国际政治旧秩序愈发难以维持,这也将引发构建国际政治新秩序、改组无力的国际组织等一系列行动,各国只有达成真正的团结才能有效应对全球性危机。

布兹加林立足于马克思主义理论,结合当代资本主义特征,分析了资本主义的内在矛盾。他认为:"当前,在以新自由主义为主导的社会关系体系下,市场的统治、资本的霸权加剧了全球性风险。加剧的原因包括资本对利润的盲目追求、公共生活的军事化以及外交政策冲突等,当然其中最主要的原因是资本主义固有的和仍然存在的主要矛盾——大多数人(即劳动人民)通过生产活动创造的社会价值与日益高度集中的资本之间的深刻矛盾。疫情大流行已经清楚地表明,这些矛盾的加剧和社会两极分化不仅对人类健康构成威胁,而且导致了它们自身无法解决的全球性问题。新冠肺炎疫情引起了国际关系的变化,加剧了国际社会已非常尖锐的矛盾——解决全球性问题所需要的国际社会的团结与政治、经济民族利己主义之间的矛盾。实际上,这种政治、经济民族利己主义在很大程度上不过是20世纪初第一次世界大战期间列宁和卢森堡等人所揭示的帝国主义本质的体现。"①

俄罗斯科学院乌拉尔分院哲学与法律研究所首席研究员 П. Н. 康德拉绍夫也敏锐地发现了现行国际体系及国际合作机制的脆弱性,呼吁各国增强共同体意识,摒弃狭隘民族主义,共同探索构建长效合作机制以应对危机。他指出:"类似于欧盟这样建立在资本利益之上的国际联盟在面临全球灾难时是不稳定和无用的。例如在意大利暴发新冠肺炎疫情时,欧盟和北约伙伴拒绝对其提供帮助,而对它施以援手的是建立在信任基础上的中国和俄罗斯,新自由主义主导的国际关系和超国家的联盟日益脆弱。随着全球性危机的出现,资本主义国家变得孤立和片面,它们从资本利益出发,对其他国家展开恶意攻击,忽视了流行病在全球蔓延的潜在风险,导致错失了疫情控制的最佳时机。尽管新冠肺炎疫情大流行带来了悲惨的结果,但它对国际关系产生了一些积极的影响。随着流行病的结束,新的国际联盟将不再建立在资本主义经济(自私的)、政治(通过意识形态对抗其他联盟)和

①　郭丽双:《根源与出路:反思新冠肺炎疫情与全球性危机——俄罗斯学者访谈》,《马克思主义与现实》,2021 年第 1 期。

军事基础上,而是基于团结、互助和信任。当然,这种新型国际关系体系并不排除经济内容。但在我看来,新型国际关系中最重要的因素将是文化、教育、扶贫、集体安全、人道主义援助等。"①新冠肺炎疫情是全球共同面临的巨大挑战,但同时也是自然界对人类的及时警醒,如何调整现代人的生存方式,如何重构人与人、人与自然的交往方式是当代各国学者面临的重大课题。

自2008年以来,金融危机的阴霾迟迟未能消散,这与国际金融垄断资本主义和新自由主义的畸形发展密切相关,国际金融垄断资本通过各种手段在经济金融领域制造的关于新自由主义的神话走向破灭。新冠肺炎疫情的暴发更是凸显了资本主义与新自由主义在国家治理、社会治理和医疗卫生等领域的弊端,在资本原则的主导下,医疗资源无法为全民所共享,反智主义盛行,抗疫反应迟缓,措施乏力,一些国家甚至推出"群体免疫"政策,更有政客将疫情当作捞取政治资本和选票的工具,暴露了社会分裂和体制缺陷等诸多方面的深层次矛盾。奉行新自由主义的资本主义国家在疫情大规模扩散的情况下,仍然不愿牺牲经济利益,不顾人民群众生命财产安全推行复工复产,然而这种做法却无法止住经济衰退的颓势,全球产业链逐渐向疫情防控措施得当、供应链体系完备、营商环境良好的国家转移。正如马克思所指出的那样,资本在追求无限增殖时,遇到的最大的阻力就是资本自己。以中国为代表的社会主义国家,在面临疫情威胁时做出快速反应,为了每一个生命不计成本,不惜代价,保障了人民群众的生命财产安全,保证了国内经济平稳运行,为其他国家提供了必要的救援物资和抗疫经验,展现了大国担当。莫斯科国立大学经济系社会经济比较研究中心主任 A. И. 科尔加诺夫高度评价中国的抗疫举措。他指出:"导致新冠病毒快速传播有两个主要因素:第一,世界上大多数国家不愿意立即采取严厉的检疫措施来有效控制潜在的感染源(过境人员);第二,国家卫生系统没有准备好应对大规模的感染。事实证明,医疗保健系统的有效性被经济的有效性牺牲了,这在美国和一些欧洲国家都是显而易见的。只有像中国这样的社会主义国家才愿意不

---

① 郭丽双:《根源与出路:反思新冠肺炎疫情与全球性危机——俄罗斯学者访谈》,《马克思主义与现实》,2021年第1期。

惜牺牲经济利益,立即采取严厉的检疫措施,把普通民众的利益放在第一位。"①

俄罗斯科学院哲学研究所首席研究员、国际儒学协会顾问 B. Г. 布洛夫也就东西方国家面对新冠肺炎疫情时的不同立场和不同做法进行了比较。他尖锐批评道:"以美国为首的西方国家试图捏造各种借口,无理指责和污蔑东方国家(中国和俄罗斯)在新冠病毒大流行中的行动。美国没有在本国内采取积极行动抗击疫情,也没有在国际社会中负担起大国的责任,它为了本国的利益弃自己的地缘政治盟国于不顾,以指责他国为手段转移自己抗疫失败的国内矛盾。美国以惨痛的教训表明了资本主义利己主义的严重危害。总之,在新冠肺炎疫情期间,美国政府的国际形象大打折扣,美国内部不断发出反抗政府的声音,并发生了一系列的暴力事件,其他国家也不断抨击美国现政府和领导人狭隘的利己主义和以资本利益优先的价值立场。"②

在疫情状态下,经济实力的对比变化和疫情防控的治理能力都对旧有政治秩序产生了冲击,国际关系的内涵出现了新的变化。以竞争与冲突为关键特征、以地缘政治权力角逐为核心诉求的国际关系旧理念和旧实践越来越无法适应时代要求,"人与健康""自然与生态"成为国际关系分析与实践的重要议题。③ 疫情的防范化解能力成为衡量一国治理水平、综合国力和国际影响力的重要参考标准,一国应对新冠肺炎疫情的政策也将直接影响其在未来全球资源再配置格局中的地位,共同体意识与实践将在外交领域得到进一步体现和增强。④冷战思维、本国优先战略,以及将病毒和病毒溯源政治化、污名化他国的做法不仅会损害本国形象,更无益于更加公正合理国际新秩序的构建。

三、呼唤应对全球化困境的社会主义新方案

俄罗斯学者普遍认为,资本主义国家和新自由主义主导的全球化遭遇

---

①②　郭丽双:《根源与出路:反思新冠肺炎疫情与全球性危机——俄罗斯学者访谈》,《马克思主义与现实》,2021 年第 1 期。

③④　参见李海东:《疫情如何深刻影响国际关系格局》,《人民论坛》,2020 年 4 月。

困境,但全球化仍然是不可阻挡的历史潮流,人类迫切需要一种全新的社会主义全球化方案,从而走出困境。早在二十年前,俄罗斯哲学家 B. Г. 费多托娃就指出,全球化就是资本战胜民族利益,其目的是使资本能够以适合于它的形式转移到它想要去的地方。全球化是符合西方国家利益的全球化,是受他们欢迎的全球化,西方国家在全球化进程中只关心资本的自由流动,对于被卷入这一进程的不发达国家的利益和发展漠不关心。① 现实也确实证明,在全球化有利于自身利益时,西方国家不遗余力地鼓吹推进全球化,当全球化阻碍自身发展时,又转而推动单边主义,疫情更是加剧了各国各地区间的矛盾,"退群脱钩""闭关熔断"屡见不鲜。然而在面临全球性危机时既没有任何一个国家能够独立解决危机,也没有任何一个国家能够独善其身,人类早已成为休戚与共的命运共同体,探索全新的社会主义全球化方案已经势在必行。当代俄罗斯学者普遍判断,现代资本主义是一个充满高度适应性的体系,它将采取新的变通方案以适应新的全球化,尽管在苏联解体、东欧剧变后的三十多年中,国际共产主义运动仍未走出低潮期,但共产主义仍是人类未来的前进方向,他们呼吁各国的马克思主义学者担负起时代使命,认真思考疫情背后的社会经济、政治、意识形态等复杂问题,努力探索不同于资本主义全球化的社会主义全球化新方案。

在全球化的影响下,世界各国各区域间的交流频繁,不仅经济危机具有全球性,公共卫生等各种危机也会在一个区域爆发后迅速蔓延全球,在此背景下,重建科技伦理的迫切性日益凸显。俄罗斯学者普遍认为,科学不应受到国界束缚,只有打破利益藩篱,人类才能共克时艰。莫斯科国立大学哲学系教授 A. H. 丘马科夫指出:"全球化是一种客观的自然历史过程。马克思是最早思考全球化问题的人之一,他的世界历史思想已经揭示了,全球化不是某一个人的发明或专门开发的项目,而是社会关系从地方层面提升到全球范围的客观历史趋势。随着全球化进程的加快,疫情产生的全球性威胁正日益增加。从抗击新冠肺炎疫情的现实可以得出结论,无论是单个国家还是整个人类,都需要以严谨的科学精神和全面的价值理性来客观审视全

---

① 参见安启念:《俄罗斯向何处去:苏联解体后的俄罗斯哲学》,中国人民大学出版社,2003年,第 384 页。

球化进程中凸显的问题,将科学研究的伦理性放在第一位,重视科学家肩负的重大道德责任,同时从正反两方面充分评估人类改造世界的有限能力。新冠肺炎疫情自暴发以来,其流行速度之快、范围之广,与全球化进程密切相关。我们要客观认识全球性医疗健康问题。在人类历史上,新冠肺炎疫情不是第一场全球性的传染病。在全球化进程的初始阶段,1918—1919 年,西班牙流感致使大约 5.5 亿人感染,占当时世界人口的 29.5%。从那时起,医疗保健问题就开始具有了全球性。100 多年过去了,全球化进程非但没有终结,反而使各国经济、政治、文化获得了世界性轮廓,所有公共生活领域都直接或间接地参与到全球化进程中。因此,新冠肺炎疫情不会导致全球化终结,但它会提醒人们矫正全球化进程中的负面效应,使其趋向多维性的公正。"①布兹加林也认为:"解决全球性危机的唯一办法是通过真正的国际团结。这次新冠肺炎疫情特别迫切地表达了这一需要,人类只有团结起来才能解决这类问题。具体而言,首先是为了解决全球性问题,特别是为了治疗新冠病毒而放弃知识产权;其次是加强建设解决全球问题特别是公共健康问题的国际组织,完善其工作职能和效率。马克思主义学者还应该对比不同政治制度的国家应对疫情的价值立场和结果,向全世界揭示马克思主义致力于全人类福祉的真理性。"②

苏博金进一步指出:"面对疫情和新一轮的全球性危机,对于马克思主义学者来说,首要的任务是进一步发展马克思列宁主义理论。列宁曾强调马克思主义理论存在教条化的危险,并指出应根据特定历史条件的不断变化而发展马克思主义理论的必要性。科学社会主义是一门需要持续发展的科学,其核心要义是充分利用经济为战略发展服务,以马克思主义的价值立场正确处理社会和政治关系,而不是片面强调经济发展的重要性。其次,要运用马克思列宁主义理论来揭露这次全球性危机的根源在于资本主义自身的矛盾。在资本主义社会中,社会关系是建立在竞争和持续的斗争之上的,其目标是实现资本利润最大化。全球化时代的社会化大生产与资本主义私人占有之间的矛盾日益加剧,造成了大规模的冲突,各国和各利益集团为分

---

①② 郭丽双:《根源与出路:反思新冠肺炎疫情与全球性危机——俄罗斯学者访谈》,《马克思主义与现实》,2021 年第 1 期。

配资源而不断斗争。正如列宁在其著作《帝国主义是资本主义的最高阶段》中指出的,帝国主义战争是不可避免的。再次,要充分展现社会主义的优越性。在社会主义生活方式发生多样性转换的条件下,经济斗争的原则已经被互助的原则所取代。因此,社会主义国家的性质保障其经济可持续、稳定地增长,而战争和社会动荡是资本主义国家产生社会压力的表现。被国际社会公认的积极例子是,社会主义的中国在科学技术、文化、艺术等方面取得的重大成就以及互助的社会行动,极大地增强了人们彼此间的交往与团结,为社会发展提供了强大的动力。最后,在宣传方面,要强调所有国家都处于同一个问题域中——资本主义世界的宣传给它们带来了巨大压力和灾难。资本主义是一个系统,不管它以什么模式演进,都创造了一个内部紧张的社会。对所有国家来说,社会主义是人类生存的客观需求,将资本主义模式转变为社会主义模式是必要的,变革不能只在一个国家或一个地区发生。建立世界各地的社会主义模式是唯一能消除资本主义周期性危机的有效工作机制。下一场危机可能会更加严重,这对地球上的所有生命都构成了威胁,因此,国家现代管理模式的转换尤为重要。”①

　　深刻关怀人类的命运是俄罗斯文化的重要特点。② 受东正教、横跨欧亚的地理位置、传统文化等因素的影响,俄罗斯人心中广泛存在着一种“救世思想”,这种思想既体现在陀思妥耶夫斯基和托尔斯泰的文学作品中,也体现在“第三罗马”和列宁第三国际的伟大抱负之中。从苏联早期德波林派与机械派关于道德的阶级性和全人类性的大讨论,到20世纪50年代谢列克托尔关于各国人民和平共处的主张,再到苏联末期 И. Т. 弗罗洛夫对超阶级、超民族的人类统一的向往,都反映出俄罗斯学者深切关怀人类命运的博大胸怀。俄罗斯学者很早便开始反思全球化的弊端并对其展开批判,当代俄罗斯学者也认识到,资本主义国家和新自由主义主导的全球化无力应对全球性危机,疫情为全人类带来了惨重的损失和巨大的挑战,然而它也为人类提供了反思全球化进程负面效应、制定全新全球化方案的宝贵机遇。与习

---

　　① 郭丽双:《根源与出路:反思新冠肺炎疫情与全球性危机——俄罗斯学者访谈》,《马克思主义与现实》,2021年第1期。

　　② 参见安启念:《俄罗斯向何处去:苏联解体后的俄罗斯哲学》,中国人民大学出版社,2003年,第344页。

近平提出的"人类命运共同体"理念相似,他们也认识到,只有将全人类紧密团结在一起,才有可能真正解决全球性危机。他们站在全人类共同利益的高度上,深入挖掘马克思主义思想资源,强调马克思主义的当代价值,继承俄罗斯文化中的"救世主义"传统,主张克服西方版本全球化的弊端,呼唤一种超越经济利益和政治权力的社会主义全球化方案,展现了当代马克思主义者的使命担当。

四、中国共产党百年成就原因探析

中国共产党的诞生与俄国十月革命和马克思列宁主义密切相关,由于中国共产党领导的无产阶级革命和中国特色社会主义道路与十月革命、苏联社会主义道路有着密切的政治、历史关联,俄罗斯学者始终特别关注对中国的研究,在中俄比较视域下对马克思主义中国化的理论与实践及中国共产党进行深入研究。俄罗斯学者普遍认为,中国共产党成立百年来,将马克思主义基本原理同中国具体实际相结合,逐步探索出一条符合中国文明模式、独具特色的社会主义发展道路。中国共产党团结带领中国人民,取得了举世瞩目的辉煌成就,将"国家富强、民族复兴、人民幸福"的"中国梦"一步步地变为现实,他们从多个角度对中国共产党取得瞩目成就的原因进行了分析。

(一)中国共产党正确领导了中国革命和社会主义建设

苏博金认为,中国共产党领导全国人民多次粉碎了侵略者分裂中国的企图,是团结全国各族人民的中坚力量。他指出,西方侵略者多次企图分裂中国,曾对中国人民实行了骇人听闻的种族灭绝行动。侵略者企图将新生的中华人民共和国扼杀在摇篮中,中国共产党领导全国人民取得了胜利,避免了国家分裂,成为团结全国各族人民的中坚力量,在维护国家统一、提升国民智力水平、实现人民福祉、维护边界安全等方面下苦功、做实事,工作卓有成效,利国利民。

俄罗斯共产党主席Г.А.久加诺夫认为,中国共产党是中国实现国家统一的核心力量。他指出,中国共产党出色地承担了统一全国的主要任务,1949 年中华人民共和国的成立,意味着地球上每四个人中就有一个是社会主义中国的公民。这是中国共产党对世界社会主义发展的一个重大贡献。中国共产党成立 100 周年是一个具有特殊意义的日子。它具有重大的历史意义,是中国人民和全人类共同财富。当年,如果没有一小群勇敢的革命者聚集在上海,就不会出现今天这个拥有数千万党员的政党。没有中国共产党,很难想象中华人民共和国能够诞生;没有永远前进的中国,也无法想象今天的世界会是何种模样。中国共产党走过了一条百年奋斗的光辉道路。因为有了中国共产党的领导,建设统一独立中国的伟大任务才得以完成。中国社会先进阶层能够充分发挥奉献精神和才华,体现了"以人为本"的基本原则,他们坚决贯彻落实中国共产党的领导,发挥了自己作为全国工人阶级和全体劳动人民先锋队的作用。这也就是说,党是中国社会的领导力量和组织力量,是社会主义意识形态智慧的有效载体,能够真实地表达群众的根本利益,也能够促进社会和谐,增进人民的相互了解。

布兹加林认为,中国是繁荣强盛、蒸蒸日上的发展中大国,这应该归功于中国共产党的正确领导。他指出,中国共产党成立 100 周年是一个具有特殊意义的纪念日。中国共产党团结带领中国人民,不仅经受住了许多严峻的考验,在极端艰难的条件下取得了革命的胜利,而且在国家建设方面也带领中国人民走上了一条康庄大道,如今中国已成为世界上最大的制造业国家,中国人已不再为吃穿住用发愁,而取得这些成就的关键在于中国共产党的正确领导。

科尔加诺夫认为,正是在中国共产党的正确领导下,中国不仅取得了社会主义革命的胜利,而且在物质匮乏的条件下探索出了建设社会主义的正确方法——通过将计划调控与市场相结合,为经济的高速增长和消除贫困创造了条件。他指出,中国共产党在一个资本主义尚未得到充分发展的农业国完成了社会主义革命,在物质匮乏的条件下探索建设社会主义的方法,通过将计划调控与市场相结合,为经济的高速增长创造了条件,也为社会主义的进一步发展积累了物质基础。在过去半个世纪全世界贫富差距不断增长的背景下,中国在脱贫工作领域取得了前所未有的辉煌成就,中国还取得了许多新科技成果,在全球高科技产品市场上占据着重要地位。

（二）中国共产党善于从群众中汲取智慧力量

布兹加林认为，中国共产党百年华诞具有非凡意义的一个深层原因在于，许多中国共产党员把实现共产主义作为自己毕生的目标和生命的意义。他指出，正是在无数合格中国共产党员的共同努力下，中国共产党历经百年探索出色承担了国家统一、人民富裕的历史使命。许多中国共产党党员把共产主义原则——团结、友谊、为劳动人民服务、不追求私利作为自己最高的道德准则和生命意义的追求，日复一日地践行共产主义原则，将他们锻造成了真正的共产主义者。

久加诺夫认为，中国共产党成功领导中国革命和建设的原因在于以马克思列宁主义为指导并坚持向群众学习。他指出，中国共产党的正确领导保证了中国的快速发展，使中国成为社会主义建设的排头兵，中国以其成功的社会主义成就击碎了反共分子的错误论断。中国共产党的历史经验证明，20世纪末社会主义所遭受到的挫折，并不是反共分子宣称的"乌托邦式社会主义方案的破产"。中国共产党是世界上最大的政党，具有强大的影响力。中国共产党之所以能够发挥引领作用，是因为它不仅是一个被先进理论武装起来的政党，还是一个懂得以史为鉴、坚持向人民群众学习的政党。

俄罗斯共产党莫斯科国立大学委员会第一书记 A. Б. 拉赫曼诺夫认为，中国共产党成功领导中国革命和建设的原因在于它坚持以人民为中心，始终保持了社会主义性质。他指出，百年来中国共产党取得的成果有目共睹，当前中国已成为一个强大的社会主义大国和世界发展的中心，这是社会主义制度、马克思列宁主义优越性的最好证明，也是毛泽东、邓小平、江泽民、胡锦涛、习近平等中国马克思主义者思想力量的最好证明。

俄罗斯共产党莫斯科市委第一书记、俄罗斯共产党中央主席团委员 B. Ф. 拉什金认为，人民民主专政是中国劳动人民战胜资产阶级、社会主义战胜资本主义的根本保障，在新的时期也是确保中国总体安全的坚强后盾。他指出，根据历史唯物主义基本原理，从社会主义初级阶段向更高的阶段过渡，从阶级社会向无阶级社会过渡，都必须依靠无产阶级专政。对于中国来说，在国内，只有强化人民民主专政，才能确保对新生资产阶级、反抗社会主义的剥削者以及社会主义建设破坏者的压制和管控；在国际上，只有防御帝国主义的武装挑衅及和平演变，才能保卫全体人民，继续推进中国新时期的社会主义建设，将中国建设成为一个现代化的社会主义超级大国。

基于对共产主义信念的执着追求和对马克思主义理论的研究，基于对社会主义道路的曲折探索，俄罗斯学者发自肺腑地称赞中国共产党的正确领导。中国共产党始终坚持以人为本的基本原则和人民民主专政，始终不忘自己作为工人阶级先锋队的使命和责任，无论在革命年代还是和平建设时期，始终发挥领导作用和组织作用。中国共产党领导中国人民不仅承担了反抗列强入侵、统一国家的历史使命，而且成功地探索出在落后的东方农业国建设社会主义国家的道路；不仅保证了中国经济的高速增长，而且在抗击新冠肺炎疫情的艰难时期完成了脱贫攻坚的任务。在西方资本主义国家主导的全球治理体系下，在全世界贫富差距不断增长的背景下，中国的成就体现了社会主义国家制度强大的生命力，印证了共产主义价值追求至上的真理性。

（三）中国共产党善于从优秀传统文化中汲取养分

中国共产党始终坚持将马克思主义基本原理同中国具体实际相结合，推动马克思主义基本原理同中华优秀传统文化相结合，开辟了中国特色社会主义道路，用鲜活丰富的当代中国实践推动了马克思主义的新发展，形成了习近平新时代中国特色社会主义思想这一最新成果。

作为访华六十多次的俄罗斯著名东方学家，布洛夫一直长期研究中国传统文化，关注中国思想体系的理论发展，他十分重视中华优秀传统文化的当代价值，密切关注马克思主义中国化的最新进展。他认为，与中华优秀传统文化相结合，推动马克思主义中国化进入新阶段是习近平新时代中国特色社会主义思想的首要内容。党的十八大以后，习近平在讲话中多次强调，要把马克思主义基本原理同中华优秀传统文化结合起来，这种方法是具有开创意义的。① 党的十九大不仅总结了以习近平同志为核心的党中央集体领导下的第一个五年任期的政治实践活动,提出了未来三十年中国共产党的行动纲领,而且在此报告中形成了中国特色社会主义新的理论观念和新的思想体系纲领,新观念和新传统与东方的政治文化传统十分契合。

布洛夫认为,中国共产党在马克思主义中国化过程中的中国传统政治智慧体现在以下四个方面:①渐进的改革方式保障稳中有进,中国共产党有步骤地运用"社会主义市场经济";②严肃而专业的分析论证保障决策的正确性,中国共产党在将各个层次研究成果汇总并在广泛分析基础上做出最终决策;③经过深思熟虑的反复考验选定党中央的领导人保障了政权的平稳过渡和改革道路的延续性;④将马克思主义的一般原则与中国的具体实践相结合保障了马克思主义中国化的创新性思维方式,在解决具体的社会经济和思想体系挑战时,必须考虑到中国的条件,确定所提供的措施是否符合中国社会的能力。中国思想体系的不断发展创新是中国社会主义建设取得成功的决定性因素,这也决定了中国是一个有未来的国家。②

马克思主义产生于19世纪40年代的欧洲,国别化、时代化是马克思主义自身发展逻辑的必然要求,俄国十月革命的胜利和苏联社会主义的建设都是马克思主义与当时俄国具体实际相结合的产物,列宁主义的形成既是马克思主义俄国化、时代化的重要成果,也推动马克思主义进入新的发展阶段。自十月革命一声炮响,马克思主义传入中国以来,中国的马克思主义者就从未停止过对马克思主义同传统文化之间关系的思考,中国的马克思主义者在艰辛的探索中曾付出过惨痛代价,奉行"拿来主义",照搬照抄"苏联经验"曾使中国革命几乎半途而废。如今,中国已走上了正确的道路,取得了举世瞩目的辉煌成就,积累了丰富的"中国经验",这些经验不是供给别国的教条,而是将马克思主义基本原理与具体国情和时代密切结合的实践方法。

---

① 参见[俄]弗拉季连·布洛夫:《习近平"七一"讲话:用科学眼光审视中国历史和未来发展前景的纲领性文件》,郭丽双、王嘉亮译,郭丽双校,《俄罗斯研究》,2021年第6期。
② 参见郭丽双:《俄罗斯学者论习近平新时代中国特色社会主义思想》,《中国社会科学报》,2019年11月28日。

五、中国共产党百年探索的世界意义

基于对马克思主义俄国化理论的研究和对苏联社会主义道路的反思，基于对中俄两国马克思主义理论研究和实践探索的对比，俄罗斯马克思主义者得出重要论断：中国共产党扛起了苏联共产党失落的旗帜，成为国际共产主义事业的新旗手，并以创造性劳动推动了 21 世纪国际共产主义的跨越式发展。

（一）中国共产党是国际共产主义事业的新旗手

当代俄罗斯学者大多亲历过苏联的覆灭和解体后的种种混乱，中苏两国在 20 世纪八九十年代都曾身陷困境，并遵循不同思路进行了改革，而结果迥然不同。面对中国今天的成就，俄罗斯学者的心情是极为复杂的，我们可以看到他们对自己曾经的祖国，也是人类历史上第一个社会主义国家的覆灭无比痛惜，也能看到他们对中国这个国际共产主义运动新旗手的无限期待。

久加诺夫指出，中国的经济社会成就引人瞩目，中国经济在过去四十年保持了高速增长，已成为世界最大的经济体之一，这为国际共产主义运动的未来奠定了坚实的物质基础，这是中国共产党对世界社会主义的重大贡献。他认为，中国共产党扛起了从兄弟般的苏联共产党手中失落的旗帜，成为国际共产主义事业的新旗手，推动世界社会主义的发展。首先，中国共产党的领导作用有目共睹，它在国际共产主义运动中发挥了特殊作用，为社会主义、人道主义和世界和平做出了杰出贡献。当今的中国共产党领导集体，堪称坚决贯彻马克思主义理论、坚定继承革命理想信念的典范。在中国共产党的领导下，中国人民能够沉着应对一切时代挑战，在新时代中国特色社会主义的正确道路上阔步前行，中华民族的未来掌握在中国人民自己的手中。当今许多国家的民众对中国刮目相看，他们对中国的发展充满了信心。在中国共产党的领导下中国取得的成就令人瞩目，为国际共产主义运动的未来奠定了坚实的物质基础。其次，在国际共产主义运动遭受挫折的艰难岁月里,中国经受住了考验,捡起了从兄弟般的苏共中央手中失落的旗帜,成为国际共产主义事业的新旗手。中国共产党人知道那些企图主宰世界的人会有何种下场。社会主义者完全有机会去见证,当代帝国主义者们的全球化方案是如何破产的。因为挡在他们面前的,是各大洲千百万劳动群众的理想;挡在他们面前的,是人类对美好未来和公正人道的向往,这些社会图景都是马列主义理论为我们勾画出来的;挡在他们面前的还有中国共产党,它紧密依靠着勤劳智慧的中国人民,始终忠实于社会主义建设事业。

与久加诺夫相似,拉赫曼诺夫也认为中国共产党手中高举未来世界范围内新一轮的社会主义革命的旗帜。他指出,首先,中国共产党是目前世界上最主要的进步政治力量,在 20 世纪,人类进步的领导者是苏联,在 21 世纪,社会主义中国成为这样的领导者,中国共产党承担了特殊的责任。全人类问题的战略解决方案——战胜一切形式的剥削、贫困、经济危机、战争、疾病、民族和宗教冲突、环境问题等——只能与整个世界向社会主义过渡联系在一起。未来世界范围内新一轮的社会主义革命浪潮是不可避免的。尽管东欧剧变、苏联解体,但社会主义的旗帜仍然在中国的手中高举,在中国共产党的手中高举。而这同时也让中国和中国共产党承担了特殊的责任,这也就是中国共产党是目前世界上最主要进步政治力量的根本原因。其次,在社会主义中国与亚洲资本主义发展中国家比较的视域下,社会主义的优越性和中国共产党的正确领导显而易见。他指出,如果我们把社会主义中国的成功与主要资本主义发展中国家——印度、巴西、印度尼西亚、巴基斯坦、孟加拉国等国在 20 世纪后半期和 21 世纪初的发展轨迹相比较,社会主义的优越性和中国共产党的领导作用就会更加明显。这些国家在 1949 年有的比中国发达,有的与中国齐头并进。但由于中国选择了社会主义发展模式,再加上中国共产党的领导,中国目前在社会生活的各个领域都领先于这些国家。这再一次令人信服地证明了社会主义的优越性,以及中国共产党当前政治路线的正确性和前瞻性。

俄罗斯国家图书馆"普列汉诺夫书屋"主任 T. И. 菲莉莫诺娃认为,中国共产党是世界历史上最受尊敬的马克思主义政党。中国共产党不仅团结带领中国人民在社会主义革命和建设中取得了辉煌成就,而且它继续了苏联共产党中断的工作,向全世界展示了共产主义理论转化为现实的强大力量,为推动国际共产主义事业做出了突出贡献。如马克思、恩格斯、普列汉诺夫和列宁所指出的那样,这是共产党"广泛历史意义"目标的实现。

苏博金也指出,中国共产党肩负着历史重任,坚持以人民为中心的发展理念,始终将人民群众的利益放在首位,始终坚持共产主义理想,这不仅为国际社会度过社会主义低潮期提供了机会,也为全人类迈向公正的社会铺设了道路。

中国共产党领导中国人民取得的一系列成就都彰显了社会主义的力量,为不同国家探索适合本国的社会主义道路提供了成功经验。中国用自身成就和实际行动表明,虽然国际共产主义运动事业在 20 世纪 90 年代遭受了重大打击,但共产主义的前景仍然是光明的,共产主义的旗帜仍在高高飘扬。

(二) 中国共产党推动了国际共产主义的跨越式发展

布兹加林认为,中国共产党所提倡的高科技和创造性劳动是 21 世纪共产主义跨越式发展的基础。他指出,中国共产党取得了许多历史性成就,建党百余年来,中国共产党践行共产主义理想的迫切意义得到了前所未有的呈现。21 世纪的科学技术革命将人类从繁重的体力劳动中解放出来,"智慧生产"方兴未艾,知识成为重要生产资料,建立在信息交流、纳米技术、生物技术和其他高新技术基础上的生产为人类主要从事创造性劳动提供了机会。高科技和创造性劳动的发展是 21 世纪跨越式发展的基础,也是实现共产主义的基础。创造性劳动不是创造性商业活动,而是教育劳动者、医生、计算机工作者、科研工作者的劳动。马克思主义认为,创造性劳动是具有自我激励特性的劳动,能给人带来满足感,让人身心愉悦,赢得他人尊敬。创造性劳动是共产主义的需要,一方面,它是所有快速发展的技术和社会进程的基础;另一方面,它不会将人驱赶进一味追求消费的"死胡同",过度消费不仅会戕害人的心灵,还会破坏生态环境。像中国这样沿着共产主义踏步向前的国家会赋予国民以生命的最高意义,这样的国家也必将成为全球发展的领导者。

科尔加诺夫认为,中国共产党领导中国人民构建了新型社会主义公共关系,这有力地推动了 21 世纪共产主义的跨越式发展。他指出,中国政府和中国共产党监管下的经济快速发展为社会主义的进一步发展积累了物质基础。新型社会主义公共关系的构建不应通过抑制资本主义发展来实现,而是要通过构建更高效的社会经济关系来实现。融合了社会主义、资本主义和市场元素的各种新型关系完全可以替代旧有关系。中国共产党为脱贫付出了巨大的努力,这些努力清晰表明,中国的经济方针与资本主义大国的经济方针是迥然不同的。从全球层面看,在过去的五十年里,贫富差距呈现不断增长的态势,中国在脱贫工作上取得了前所未有的辉煌成就。

拉什金认为,中国共产党领导中国人民取得的经济成就具有重大的政治意义,这些成就巩固并完善了世界社会主义体系。他指出,事实证明,在中国的新时代社会主义建设进程中,对重大的经济问题和其他问题的解决具有重要的政治意义,问题的解决之所以具有政治意义,是因为它与国际上的两种体系——社会主义与资本主义的竞赛和斗争有着密切的联系,此外,它还与社会主义世界体系的巩固紧密相关。从国内角度来看,问题的解决也具有同样重要的政治意义,因为阶级差别还没有消失,反对旧的、资本主义世界残余的斗争还正在进行。中国共产党领导中国人民正在由经济而政治促进21世纪共产主义的跨越式发展。

在中俄社会主义道路的比较视域下,俄罗斯学者认为,中国共产党领导中国人民正在努力完成苏联共产党领导苏联人民未竟的事业,不仅为国际共产主义事业奠定了坚实的物质基础,而且始终忠实于社会主义,在十月革命开创的正确道路上展现了社会主义的优越性和革命性,有力地反击了当代资本主义国家以资本全球化方案称霸世界的企图;同时,中国共产党是坚持马克思列宁主义的忠实政党,马克思主义的革命性在很大程度上来源于异化劳动理论的批判性,中国共产党正在从理论与实践的双重维度超越资本主义的全面异化世界,以马克思所主张的创造性劳动实现人的价值来推动21世纪国际共产主义的跨越式发展。

(三)中国共产党百年探索弥补了苏联理论阐述和实践探索的不足

当代俄罗斯学者在历史与现实、理论与实践等多重视域下,审视了中俄两国社会主义革命与建设的内在关联，认为中国共产党百年探索不仅借鉴了苏联的有益成果，还汲取了苏联理论脱离实践等教训，正在努力完成苏联未竟的事业。

久加诺夫认为，中国共产党虽然借鉴了苏联布尔什维克的经验，但它从成立之初就具有自身的民族特色并从未停止独立探索。他指出，中国的社会主义建设从最初开始就必然具有民族特色。马克思主义是在欧洲土地上生长、在苏联社会主义建设中得到成功检验的伟大思想，但它必须适应于中国的特殊国情。例如，俄国十月革命时代，就是列宁结合马克思主义和本国实际而前进的时代。但是新社会秩序的建立充满了许多未知数。早期中国共产党只能部分借鉴苏联的经验。在那个历史时期，苏联经验是其他国家进行社会主义改造的唯一可借鉴方案。因此，中国共产党在建立全新社会制度时部分地借鉴苏联经验，在大多数情况下，中国共产党领导人在推进本国社会主义建设的同时，不得不在缺乏现成办法的情况下进行独立探索。理论研究的缺乏在很大程度上要靠中国人民世代积累的经验弥补，这种独特的经验屡屡推动了中国历史的发展。中国共产党之所以能够发挥引领作用，是因为它不仅以先进理论武装自己，而且还善于以史为鉴、坚持向人民群众学习。

久加诺夫进一步指出，中国共产党汲取了苏联后期过度否定前期领导人导致的政治失序的教训，保证了中国政治秩序的稳定和国家安全。他指出，对于布尔什维克党和国际工人运动来说，列宁的过早逝世造成了非常沉重的损失。但他的逝世没有演化为一场灾难。斯大林接过了列宁手中的旗帜，并带领苏联实现了独具特色的现代化，取得了反法西斯战争的胜利，完成了战后重建。斯大林去世后，苏联的危机开始逐渐增多。赫鲁晓夫短视的唯意志论政策是造成这种现象的部分原因。苏共二十大关于"揭露个人崇拜"的决定不仅对苏联，而且对整个社会主义世界都造成了难以估量的消极影响。中国共产党立刻认清了此种现象的危害，并强烈谴责了这种易被世界反动势力所利用的政策。中国共产党领导全国人民坚持马克思列宁主义，批判当代帝国主义者们企图以资本主义全球化方案称霸世界的野蛮行径。

拉赫曼诺夫认为，中国共产党汲取了苏联后期理论脱离实际的教训，正在努力完成苏联未竟的事业。他指出,与中国共产党相比,苏共在 20 世纪 60 至 80 年代对社会主义的问题重视不够,这导致苏联失去了发展生产力的先机,党群关系被削弱,理论脱离实际。尽管当时苏联成就斐然,但未能在劳动生产率方面战胜发达资本主义国家。历史证明,在中国共产党的领导下,中国走上了一条比当时苏联更正确的道路,一系列成就证明,中国能够完成苏联未竟的事业。

科尔加诺夫指出,中国共产党汲取了苏联始终无法解决社会主义理想与物质条件匮乏之间矛盾的教训,以改革开放"关键一招"成功解决了这一难题。他指出,苏联始终无法解决社会主义理想与物质条件匮乏之间的矛盾。这导致资本主义隐蔽发展,党内官僚主义悄然复辟,最终苏共失去了执政地位,社会主义道路也遭到终结。而相比之下,为了解决这对矛盾,中国共产党在实践和理论两个层面进行了艰难摸索。邓小平提出要改革经济政策,长期坚持计划经济与市场经济相结合。中国共产党在改革前对既有经济方针进行了深刻反思,采取渐进的改革方案,摸着石头过河。中国特色社会主义道路不仅促进了中国的发展,还为许多工业资本主义尚不发达,但希望走上社会主义道路的国家指明了方向。

中俄两国的社会主义革命与建设究竟有着怎样的关系?关于这一问题的答案已十分明了:布尔什维克领导的十月革命及其开创的苏联社会主义道路,与马克思主义中国化、中国特色社会主义道路有着密切的政治关联,对中国的意义不仅仅是历史事件、政治符号、思想意识上的变革,而且是政治革命、政治道路的先导,是马克思主义哲学的第一次成功实践,是我们理解现实的基础,它改变了国际政治秩序,改变了中国的思想意识和中国的历史发展方向。[1] 不能以苏联解体否定十月革命和苏联社会主义道路所取得的一系列有益成果。中国共产党百年探索弥补了苏联理论阐述和实践探索的不足,既借鉴苏联的有益成果又保持独立探索,在汲取苏联教训基础上勇于理论创新和实践探索。

---

① 参见郭丽双:《十月革命是中国革命成功道路的起点》,《毛泽东邓小平理论研究》,2017 年第 7 期。

六、中国共产党百年探索需要警惕的重要问题

中国共产党曾长期"以俄为师，以苏为鉴"，虽然苏联共产党已不复存在，苏联解体三十多年来国际局势也发生了重大变化，但当代俄罗斯马克思主义者仍在对此进行全面而深刻的反思，中国共产党仍应以史为鉴，汲取苏共的失败教训，维护好百年探索取得的积极成果。

（一）汲取苏共丧失政权的失败教训

苏博金指出，苏联共产党与中国共产党有很多共同点，两党领导建立的新政权都是在内战结束后才被国际社会所承认。遗憾的是，苏联作为人民委员领导的共产主义国家并未持续很长时间，斯大林去世后，苏共的领导权逐渐落入叛徒和资本主义代理人的手中。中国共产党要以史为鉴，汲取苏共丧失政权的教训。

拉什金认为，人民民主专政是中国劳动人民战胜资产阶级、社会主义战胜资本主义的根本保障，也是确保中国总体安全的坚强后盾。历史唯物主义认为，无论是从社会主义初级阶段向更高阶段过渡，还是从阶级社会向无阶级社会过渡，都必须依靠无产阶级专政。苏联解体的历史事实证明，无产阶级专政在社会主义国家当前阶段不仅是必需的，而且也是必要的。

拉赫曼诺夫认为，保证中国共产党领导权威和正确性的关键是，根据世界的新变化发展马克思列宁主义和中国特色社会主义思想。他特别强调，中国共产党绝不能重蹈苏联共产党的覆辙。绝不能允许任何势力和力量削弱中国共产党的领导，如果中国共产党的领导被弱化，那么中国的人民民主专政也会随之削弱，中国的社会主义政权就会面临生死存亡的考验，而这种情况不仅是中国人民和中国的灾难，也是整个世界的灾难。对20世纪末的世界人民来说，苏共崩溃和苏联解体是社会主义的灾难。社会主义理论不是自发形成的，发展社会主义需要中国共产党领导下的劳动人民进行自觉的、系统的活动。汲取苏联共产党的教训，中国共产党需要进一步发展马克思列宁主义，进一步发展习近平新时代中国特色社会主义思想。

（二）警惕以支持文化多样性为借口的民族分裂主义

苏博金指出，苏联共产党上层没有制定出科学合理、切合实际的国家发展战略，在支持个别民族的幌子下宣扬民族主义，以支持文化多样性为借口，煽动民族主义情绪，为苏联解体埋下了祸根，乌克兰就是一个明显的例子。这些破坏活动导致了灾难性的后果，离心力越来越大，地方特权阶层对自治的渴望越来越强烈，于是苏联这个庞大的国家被分裂成了一个个小"公国"，解体后的大部分国家都处于敌人的影响和控制之下。苏联共产党没能维持好国家的统一。中俄两国有着相同的文化密码，中国无论如何都不应重蹈苏联覆辙。中国共产党肩负着历史重任，如果中国共产党能坚持以人民为中心的发展理念，始终将人民利益放在首位，那么它将得到所有地方官员的拥护，因为这是一个得到大多数人民绝对信任的政权。

（三）警惕西方全球主义者恶意贬低和攻击中国

苏博金认为，应以明确的标准判断中国共产党所领导的中国是社会主义国家，以实践为标准有力反击西方资本主义国家对中国的诋毁。他指出，全球主义者故意贬低中国的角色和功绩，将中国共产党贬低到西方资本主义经济体系一个执行者的角色，声称中国被嵌入西方资本主义国家主导的全球治理体系中。全球化主义者颠倒黑白，宣称中国经济是依照西方意识形态和西方模式而建立的，是西方资本主义经济体系的一部分。马克思教导我们，与资本家没有什么可谈的，不要看资本家怎么说，要看资本家在那个位置上怎么做。我们应该以实践为标准来评价中国共产党，这个判断标准具有很强的普遍性。对于中国政府来说，维护国家统一是衡量工作成果最重要的标准，第二条标准是国民文化和智力发展水平，第三条标准是人民的福祉，第四条标准是边界安全问题。依据以上标准可以清晰判断中国共产党所领导的中国是社会主义国家，而不是西方资本主义经济体系的一部分。

拉什金认为，中国共产党应该有力反击西方国家为颠覆中国的人民民

主专政所制造的舆论。他指出,国际垄断资本及其在中国国内的附庸疯狂
攻击中国的人民民主专政制度,为颠覆中国的人民民主专政制造舆论,新疆
棉花事件就是这方面的典型案例。即使美国及其西方盟友在国际政治和经
济上对中国进行打压,但在以习近平同志为核心的党中央领导下,中国人民
战胜了疫情等各种艰难险阻,社会主义中国在中美阿拉斯加会面中表现出
了一种全新的姿态,这打破了以美国为首的西方资本主义国家企图继续霸
凌中国的美梦,结束了苏联解体后资本主义国家对社会主义国家霸凌的
历史。

科尔加诺夫认为,中国共产党领导中国人民确保国家科学技术和金融
的独立性是中国反击西方主导的全球资本垄断、推动世界社会主义发展的
前提。他指出,现在中国面临两个严峻的挑战:一是确保国家科学技术的独
立性,从而摆脱对国外技术的依赖,依靠在世界处于领先的国产科技实现发
展;二是确保中国金融体系的独立性,摆脱全球资本主义和美元霸权,这是
推动社会主义发展的另一个必要前提。

(四)警惕共产党纯洁性遭到损害

苏博金认为,中国共产党的九千多万名党员要保持好自身的纯洁性和
对共产主义的坚定理想信念,应把这项工作作为重中之重。他指出,中国应
该为自己的干部队伍感到骄傲,中国共产党的干部是当今中国最具才能的
一批人。但是与苏联的某些时期一样,中国的一部分中国共产党党员没有
领悟到自己肩负的重任,没有领悟到共产党人应该是那些知识渊博、视野广
阔、将工人从资本主义压迫中解放出来的人。在苏联后期,利用党员身份追
名逐利是党面临的最严重的威胁。从勃列日涅夫时期起,党员入党不是为
了公平正义,而是为了占据高位,结果就是祸起萧墙。在中国同样存在这种
危险倾向,中国共产党应特别重视党员干部的综合素质和共产主义理想信
念培养,坚决维护党的纯洁性。

（五）警惕马克思主义发展的"三个陷阱"

布兹加林认为，马克思主义的发展有"三个陷阱"，即将马克思主义理论教条化、马克思主义理论修正化和马克思主义理论孤立化。

第一个陷阱是将马克思主义教条化。那些在社会领域和科学研究中从不求真务实，只会趋炎附势、重复陈词滥调的人最容易将马列主义等理论奉为教条。这使得创造性发展马克思主义的机会愈发渺茫，由此还催生了一批假科学家和教条主义教师。他们照本宣科，导致学生排斥、厌恶马克思主义伟大思想。这种趋势成为苏联走向自我毁灭的重要原因之一。因此，运用和发展马克思主义理论的根本途径和重要条件就是公开、自由的讨论。

第二个陷阱恰好是教条主义的反面，即修正并最终拒斥马克思主义。与教条主义者相反，修正主义者放弃了马克思主义的基本思想，不再用辩证唯物主义看待社会和历史问题，不再考虑资本主义的历史局限性和资本与工人的利益矛盾。这一历史经验在当今仍有着重要意义，就如党的十九届六中全会公报所指出的那样，要以咬定青山不放松的执着奋力实现既定目标。

第三个陷阱是马克思主义在国家的支持下快速发展，但马克思主义将自己置于一个孤立的空间之中，与其他社会科学流派相分离，无法在相互对话、相互批评和相互充实中实现发展。

马克思主义发展的"三个陷阱"十分具有代表性，面对中国特色社会主义的喜人成果，我们要始终保持清醒头脑，坚持马克思主义的指导地位，坚持在实践中推进马克思主义理论创新，让马克思主义在与其他理论的对话中不断丰富，并用最新的理论成果指导中国特色社会主义实践。

当代俄罗斯马克思主义者通过反思苏联共产党亡党亡国教训而提出的建议，对我们具有很强的现实意义。警惕以任何借口削弱中国共产党的领导、警惕以支持文化多样性为借口的民族分裂主义、警惕共产党党员追名逐利、警惕西方全球主义者对中国恶意贬低和攻击、警惕马克思主义发展的"三个陷阱"等，这是我们在看到中国共产党百年辉煌成就的同时，需要重视的关键问题。当代俄罗斯马克思主义者对中国共产党百年探索的祝贺是真诚的,其思考是丰富而深刻的。其中的重要论断和建议对于我们坚定中国特色社会主义理论自信和道路自信具有重大而特殊的意义,同时对于中国共产党引领21世纪世界共产主义运动具有重要的学术意义和应用价值。

从马克思主义理论研究和社会主义实践探索的双重维度看,21世纪俄罗斯马克思主义对马克思主义俄国化及苏联共产党的深入研究和反思、对马克思主义中国化及中国共产党的跟踪研究,均比西方马克思主义对我们的影响和意义要大得多。21世纪俄罗斯马克思主义者通过严谨的学术研究肯定了中国的改革开放、中国特色社会主义道路探索的正确性,尤其是聚焦对中国共产党的研究,这对我国坚定中国特色社会主义道路具有重要的国际意义,对于推动世界社会主义运动具有积极的理论意义和实践参考价值。

郭丽双、王嘉亮(复旦大学)

英国新马克思主义文化批判理论的
思维模式与发展演变

　　形成于 20 世纪 50 年代末至 60 年代初的英国新马克思主义,作为西方马克思主义学术流派的重要分支,其最为突出的学术特征和思想贡献集中在文化批判理论。这一理论得益于 20 世纪 20 年代后马克思主义在英国的传播,随之产生了一大批在英国从事马克思主义研究的青年学者,他们针对当代资本主义社会发展的现实矛盾,并根据英国社会思想体系发展的现实状况,对马克思主义进行了英国本土化的思想改造。关于马克思主义的文化批判理论,英国新马克思主义与几乎同时代产生的法兰克福学派在这一方面的研究不分伯仲,共同形成和引领了 20 世纪以来西方马克思主义文化批判理论的学术思潮。

　　英国新马克思主义文化批判理论不同于一般文学研究方式的文化批评理论,它不只是对文学文本为对象的文化批评,而是面向了"作为整体生活方式""多元决定论""符号化对象"的文化批判,涵盖了对日常生活、人的符号化活动和消费社会的批判,把文化批判作为对资本主义社会现实的批判。

　　英国新马克思主义文化批判理论的形成和发展不是一蹴而就的,而是在几代思想家不断探索中发展而成的。整体呈现出,因具体问题的转变和代际思想的差异而产生思维范式转换和思维模式演进的发展过程。大致而言,英国新马克思主义的文化批判理论承载了三代思想家的思想,包括第一代"英国文化研究的三驾马车"①:理查德·霍加特、雷蒙德·威廉斯、E. P.

---

　　①　Richard Hoggart, The Uses of Literacy: Aspects of Working - class Life, Chatto & Windus, 1967, p. XⅦ.

汤普森,第二代"英国文化研究之父"斯图亚特·霍尔(Stuart Hall)和"英语世界显赫的文化理论批判家"特里·伊格尔顿、"著名马克思主义文学理论家"托尼·本尼特,第三代"英国黑人文化研究专家"保罗·吉尔罗伊、"英国文化唯物主义批判领军人物"乔纳森·多利莫尔和艾伦·辛菲尔德(Alan Sinfield)等。

　　从"文化主义"范式到"结构主义"范式再到"结构-文化主义"范式的更迭和演进路径,展现了英国新马克思主义文化批判理论的思维模式和发展变化的主要脉络。在范式的转换中,分别从代际人物之间思想的联系与差别上,以及从某一位思想家先后思想的变化发展做出分析,体现了从"文化主义"到"结构主义"再到"结构-文化主义"范式转换之间既相互关联又相互区别的演进特征。英国新马克思主义文化批判范式转换的三个阶段,每个阶段都有其理论发展的阶段特点和发展需求,前一阶段的发展为后一阶段产生奠定了基础。正如美国文化史学家丹尼斯·德沃金、英国新左派的马克思主义玛德琳·戴维斯主张以"英国新马克思主义"①来统称第一代和第二代的英国新左派,从而减轻因代际差异而造成对英国新马克思主义文化批判理论整体理解的干扰。

　　英国新马克思主义将文化批判作为对资本主义社会现实的批判,把文化批判从文学文本拓展到了更广泛的社会现实,并体现了出鲜明范式转换的特征:以"文化主义"范式开启"整体生活方式"的文化批判;以"结构主义"范式形成"多元决定论"的文化批判;以"结构-文化主义"范式实现"符号化对象"的文化批判。借助对其文化批判范式转换的分析,探寻"文化"丰富而复杂的内涵,形成从"人类学""社会学""文学理论""语言学"和"符号学"不同介入视角所彰显的"文化"意义,并在探究"结构-文化主义"范式中思考社会结构与文化事件的张力关系、"内容"与"结构"以及"事实"与"形式"的交互关系,达至对人的符号化世界的文化批判路径。

　　英国新马克思主义文化批判的范式转换是一个连续而渐进式的发展过程,以经验主义关注人的现实的文化活动,将"文化"概念从形而上学的、抽

---

　　①　复旦大学当代国外马克思主义研究中心、复旦大学马克思主义学院、复旦大学哲学学院编:《国外马克思主义研究发展报告(2020)》,天津人民出版社,2021 年,第 91~92 页。

象的、文学的、美学的"文化",转变为普通人民作为文化实践主体的、具象化生活的、具有参与社会变革和构建社会秩序的"文化"观念,从而实现了"文化主义"范式的理论诉求。而"结构主义"范式的转换在于,英国新马克思主义者在文化批判的发展中,认识到仅以经验事实的描述不足以对社会发展加以清晰的认识,缺乏对社会规律科学而系统的准确把握,并且,他们作为当代马克思主义理论思潮的参与者,受到来自"语言转向"和"符号转向"的深刻影响,于是这一范式得以开展。值得关注的是,在这一范式转换的过程中,他们同样认识到"结构主义"范式也有其自身理论存在的局限,即仅以结构、形式和形态等地层学意义上考察社会发展,只是对社会结构框架的排列,这是缺乏事实、内容和材料的,是失去人的实践活动和人的主体性的。为此,他们看到了"形式"与"内容"、"结构"与"材料"和"语言构形"与"言语活动"之间的辩证张力,形成了"结构主义"与"文化主义"的融合,建构了"结构-文化主义"范式的转换。他们以文化批判范式的转换,在结构化、系统化地对社会发展的分析中,并入了具体现实情节和具象化内容,实现了"形式"与"内容"互为关联的研究模式。

英国新马克思主义打开了文化批判理论的丰富场域,不仅呈现了不同社会、历史和人文思潮语境下各种姿态的"文化"概念,而且为文化批判走向文学之外提供了聚焦现实社会问题的实践路径。这为我们深化世界马克思主义当代发展形态的研究具有一定的理论意义,同时,也为我们体系化挖掘"文化"内涵以及"文化"的社会功能提供了有意义的借鉴。

一、"文化主义"范式:"作为整体生活方式"的文化批判

英国新马克思主义文化批判理论自形成以来,在对旧式文化谱系学的分析,即对精英主义文化观批判的同时,进一步针对资本主义所营造的"'无阶级社会'的幻象"[①],即对资本逻辑所裹挟的相对主义文化进行了尖锐批判。英国新马克思主义者综合思考了资本主义社会秩序所安置的文化存在的两种现实样态,一方面是传统学术体系对文化研究进行了形而上学化的

---

① 马援:《英国新左派现代性文化批判的政治诉求》,《哲学动态》,2017 年第 4 期。

鸽笼式束缚,另一方面是现代资本流向对文化商品化的操控。英国新马克思主义力图改变这样的文化序列,以文化批判为利刃,揭露精英主义为维护少数人的文化立场而为"文化"限定道德风向标的目的,同时破解以资本逻辑刺激文化消费而兴起文化市场的意图。他们在对资本主义社会文化秩序批判的过程中,根据具体的历史文化语境,结合现实场景的文化情境,逐步形成了一整套体系化的思维模式,并在对现实问题的不断解决中,演进和发展着自身理论的思维模式。

"文化主义"范式主要是指将人的实践经验和实践行为纳入文化内涵的理解之中,主张由人类经验生活显影而成的文化观,彰显展现人类生存意义的文化功能。"英国新马克思主义在对本国史和世界史的全方位研究中,逐步形成了文化是人的生存和生活本身的基本理念,将文化解放看作人自身解放的根本力量。"①英国新马克思主义第一代学者霍加特、威廉斯、汤普森借助"文化主义"范式,将作用于人感觉经验的文化视为文化研究的真实来源,强调源自生活世界文化观念的价值和作用。他们采用"文化主义"范式,用经验事实对社会生活的直观描摹,回归文化语义的真实场景,力图打破资本主义"自上而下"意识形态操控的文化符号链条,解开资本主义文化符号背后意义关系的幔帐。

"文化主义"范式"赋予文化展现人类生存意义的价值"②,是英国新马克思主义冲破传统文化谱系学,批判形而上学文化观的必然阶段。"文化主义"范式的出现是在英国新马克思主义接受"结构主义"思想之后,为了体现其代际差异而区别命名的。"事实上,文化主义是一个在此之后(结构主义)的术语,它的精确意义正是因为与结构主义的对比。"③第一代学者沿着马克思恩格斯历史唯物主义的基本观点,强调历史认识论的重要作用,从人类社会实践的现实场景出发,探究文化生成的真实来源,批判抽象化剥离文化的意义。在传统文化谱系学中,构成文化的词汇意义、编撰方式、语言规则和语体风格被严格地圈定在精英主义"文本自律"的边界中,文化被抽离于现

---

①　乔瑞金等:《英国的新马克思主义》(上),人民出版社,2020年,第25页。
②　马援:《文化唯物主义语言哲学思想研究》,经济管理出版社,2019年,第45页。
③　[英]克里斯·巴克:《文化研究——理论与实践》,孔敏译,北京大学出版社,2013年,第14页。

实生活的情境之外,被悬置起来的文化成为形而上学的存在。英国新马克思主义关注文化实践主体的能动作用,注重历史现实的文化意义,力图突破精英主义的文化囚笼。

英国新马克思主义"着力分析的不是语词的含义或者固定的用法,而是在特定历史文化的语境中构成这一语义或用法的形成过程,从而窥探社会历史发展的总体趋势"①。例如,威廉斯借助历史文化语义学,以词源学与历史语境结合的方式考察了130个词语历史流变的意义。《关键词》以非词典编撰的方式,分析了词汇在文化、社会、历史中的形塑过程,同时,在逆向追溯词汇的语言变体,以"意义的变异"反观文化与社会之间的密切关联。在威廉斯看来,语义流变暗含着权力关系的张力结构,在探究关键词时,就有意凸显了关键词内部的层级结构,即"'主流'与'非主流'意涵"。例如,他在对"标准化"(standardization)语义流变的分析中溯源其词根,即来自15世纪拉丁文词源"标准"(standards)表示具有权威来源的衡量,作为肯定甚至略有褒义的词语来使用,但是在19世纪后期经科学研究与工业生产中"标准化"流入社会文化中使用时,这一"标准化"成为利维斯等精英主义者的口头禅,如"商品标准化""生活标准""人的标准化",在威廉斯看来,这一词语以所谓的"标准"模糊了"阶级"概念和掩盖了社会真相,"标准"还有"旗帜"的意义,它指向了少数人精英主义者的利益,社会权力和财富仍控制在少数人手中。威廉斯能够在一个共断面上拉平"主流"与"非主流"、"精英"与"底层人民"之间展开文化对话可能的有效距离,就在于采用了经验主义原则的"文化主义"范式。

除此在外,威廉斯还对"财富"(wealth)、"福利"(warfare)、"失业"(unemployment)、"民主"(Democracy)等对现代社会思想观念起着非常重要关键词的语义流变的阐释,而这种词语流变的阐释不是词条式的逐一列举,而是结合词语演进史的关键文献、历史事件和具体情节的探源,如上至溯源词根拉丁文、古法语词源的语义系统,之后进入17世纪后成为英文词汇包括文学、艺术、哲学中不同方面的使用状况,下至具体的社会历史事件如维多利

---

① 马援:《语言哲学的现实功能——以英国新左派语言哲学四重奏为例》,载《当代国外马克思主义评论》(第15辑),中国人民大学出版社,2017年,第410页。

亚时期英国政府提倡所谓经济"自助"、英国战后《贝弗里奇报告》，以及《文萃月刊》《审查者》等杂志刊物的文献资料，来推演词语语义为什么会产生这样的变化，分析语义流变的具体社会状况。威廉斯将他所提出的"情感结构"，以语言生发的感情色彩和隐喻机制，反观影响社会观念的关键语词的流变特征，从而窥探社会历史发展的具体真相和结构规律。实际上，威廉斯对这种词项流变的研究，综合了历时层面纵向维度的词项演进史与共时层面横向维度的词项形态的分析，某种程度上，已经渗透了结构主义和符号学的影响。

同样，霍加特以白描式的手法记录了工人阶级的日常生活语言、礼仪风俗习惯和现实社会场景，构成了工人阶级所思所想的真实文化生活的景观。霍加特开创了民族志书写文化的方式，为英国新马克思主义文化批判提供了社会学、人类学田野调查式的方法。他以英国贫困小镇工人阶级的童年生活，通过"奖学金男孩"接受高等教育，并跻身成为英国知识分子，以这种身份变化的经历为背景，将自身作为文化叙事的观察者和叙述者，以第一人称的视角让人们感受和体悟文化是什么，工人阶级文化生活的真实样态是什么，而现代资本主义又是如何侵蚀工人阶级文化特性的，从而激活工人阶级对自我文化的珍视和捍卫，审视"大众文化""商业文化"对工人阶级文化祛身化和祛灵化的腐蚀。

霍加特所启用的是对真实状态的人的文化活动、文化样态直观而富有情感的刻录。从某种程度上讲，文化是一种文本，一种可以描述的文本。而霍加特正是以可描述的文本形式，细致入微、淋漓尽致地展现工人阶级文化生活的画卷。以这样一幅生动的工人阶级文化图景展示出别样于精英主义框定的文化单向度的理解。为此，他在提到谁是工人阶级？以及使用"阶级"概念时，并不是在经济关系或者社会结构上讨论和使用这一概念，而是将"阶级"置于经验生活的文化之中，在"我们"与"他们"具有差异性的习俗、礼仪、观点和态度中，也就是在具体的文化生活中组建象征关系、信仰系统和观念共识，从而内生出阶级的认同方式，以及与其他阶级划分距离的方式。霍加特使用符号学意义上的文化或以人类学、社会学的方式探究文化很重要的原因，就在于他看到了消费社会、文化商品化的现代资本主义社会对工人阶级自我认同方式的蚕食，他重拾工人阶级"旧"秩序，而这种"旧"秩序就是具有辨识度的工人阶级文化生活,如"共同使用的习语""说话的方式""态度""口述传统"等展现工人阶级生活方式的真实特征。同时,他以"新"秩序也就是资本逻辑的文化秩序,以"棉花糖的世界""点唱机男孩""重口味杂志""性与暴力小说"等充斥新大众艺术的世界。工人阶级从原先具有"他们"与"我们"的边界感、自我"真实"世界的获得感和活在"当下""保持快乐"和"拥有幽默"的富足感,滑落到"新犬儒主义""冷漠主义""无根可寻和焦虑"的状态,这正是因为资本主义商业文化破坏了工人阶级的文化生态。20 世纪 50 年代之后工人阶级"无阶级感"的出现就意味着工人阶级文化的内生系统已经失衡,霍加特以经验主义的方式呈现工人阶级文化的"断裂"来说明这一文化现象。

英国新马克思主义正是看到了传统文化观与传统语言哲学研究的弊端,他们认为解决这一弊端首先就是要让"文化回归人的现实生活""文化同样是普通人的""文化即生活""从根本上说文化还是一种整体性的生活方式"①等这样一些文化经验主义定义得到确定。这也是为什么在英国新马克思主义的发展初期会有着明显"文化主义"或者"经验主义"痕迹的缘由。这是思想发展的必然选择和解决此时矛盾的最佳选择,也为后期"结构主义"发展,以及"结构主义"与"文化主义"的"接合"奠定了关键的思想基础。只有"文化主义"的开场,才使得"文化"所具有的人类学和社会学意义在更为宽广的视域中得以彰显,为"文化"自下而上的发展、以多数人共享意义的文化符号展开而得到彻底的变革与发展。文化主义在很多时候被认为因感情色彩浓厚而失去科学性,然而,对于撼动当时坚如磐石的文化传统和改变原先的文化符号秩序而言,它具有重要的历史性意义。

英国新马克思主义早期文化批判的三部曲正是基于对资本主义后工业社会为现实来源的创作。英国新马克思主义的文化批判不是理论内部抽象化的推演,或以建立某种严格理论规则为目的,而是以文化批判的视角审视资本主义社会的深层矛盾,形成具有现实指向的文化批判理论。被《卫报》誉为"当今英语世界首屈一指的文化批评家——伊格尔顿",对文化批判功能的基本定位是,"现代批评是在反对绝对主义政权的斗争中产生的,除非

---

① [英]雷蒙德·威廉斯:《文化与社会》,高晓玲译,商务印书馆,2018 年,第 457 页。

现在把它定义为反对资产阶级政权的斗争,否则它可能根本没有前途"。①
第一代英国新马克思主义正是基于对资本主义批判展开文化批判研究的。
他们意识到资产阶级通过政治权力,借助自上而下的符号操控,进行巩固、
收编和编码资本主义的文化场域,从而形成资产阶级意识形态流。在被资
产阶级排序的文化序列中,底层人民的文化形态和文化意识不被接纳,一直
处于被排挤和被边缘化的状态。正如伊格尔顿所述:"部分是受到全球资本
主义危机的重重压力,部分是受到社会主义内部新主题和力量的影响,文化
研究所关注的中心,已从狭隘的纯文本或概念分析转移到了文化产生问题
和艺术品在政治中的运用。"②英国新马克思主义针对资本主义的现实社会
进行文化批判研究,实现了文化理论与文化实践的有机结合,"提出了有关
社会主义文化理论与文化实践的关系"③。而这一具有突破性的文化观念变
革,最初就源于第一代英国新马克思主义学者共同努力而奠定的思想基础,
即将文化批判指向现实社会经验的思考范围。下面以英国新马克思主义文
化批判的三部曲为例,分析他们是如何在以经验事实为基础的"文化主义"
范式中,寻求批判资本主义社会的理论依据的。

第一部:1957 年出版的霍加特的《识字的用途》。作为文化马克思主义
文化批判的先锋之作,它选取工人阶级生活文化的语料,打破了精英主义视
角的传统文化分析方式,以民族志介入对文化阐释的新替代方案,以贴近生
活的文化展示文化存在的意义和价值,"将文学批评的特殊性介入到整体文
化研究中"④。这本著作以振聋发聩的声音敲响了对文化传统旧秩序不满的
警钟,揭示了资本主义文化对工人阶级有机文化生活的侵蚀与破坏。这本
对传统文化旧秩序最先发轫之作,对于当时思想界而言,是一个不小的冲
击。正如安德鲁·古德温所述,"理查德·霍加特的罪过在于:要突破学术
规范的边界。《识字的用途》不仅把通俗文化这种发臭的玩意儿当作研究对

---

① ［英］特里·伊格尔顿:《批评的功能》,程佳译,西南师范大学出版社,2018 年,第 171 页。
②③ ［英］特里·伊格尔顿:《瓦尔特·本雅明或走向革命批评》,郭国良、陆汉臻译,商务印书
馆,2015 年,第 Ⅱ 页。
④ 马援:《霍加特文化实践思想研究》,北京师范大学出版社,2019 年,第 92 页。

象；它也毫无羞耻地用社会和政治问题玷污了文学分析的事业"①。然而，这本被当时学界看成"不守规范"和"冒犯学院专业特性"的作品，却成为后来英国新马克思主义文化批判的开山之作。这一著作以带有个人自传性的记叙方式与社会历史和文化批判融合在一起，彰显了普通工人阶级文化生活的可贵之处，并揭示了工人阶级文化"断裂"的根源在于，工人阶级文化被动成为顺从资产阶级文化操控的牺牲品。霍加特在被称为断裂文本——《识字的用途》的第一部分，以充满温情地笔调展示了由"母亲""父亲""邻里"和"'他们'与'我们'"之间所构成的工人阶级人物景观，以"口述传统""没有比较更好的地方""通俗艺术周刊""通俗艺术例证"串联成一幅幅工人阶级"真实"而"富足"的生活世界。这种经验式的描述以存留在现实生活的具体文化样态，以作为生活体验的文化观念，再现了英国工人阶级生活的真实品质，让读者对工人阶级文化生活产生情感共鸣，并生发出对正在消失的工人阶级文化的惋惜之情。之所以称之为"断裂"就在于，霍加特有意在第二部分全然扭转笔锋，以"失去行动力的弹簧""被棉花糖世界包裹的新大众艺术""自动点唱机男孩""轰鸣刺耳的酒吧"，围绕着犯罪、幻想、性爱为主题的"火辣"杂志，这些充满"病态的""不健康的"和"空洞乏味"的大众文化作为题材，用一种强有力的反差与对比关系，使读者自发产生对新大众文化裹挟世界的厌恶，发出对资本主义文化批判的呐喊。

第二部：被称为《识字的用途》姊妹篇的《文化与社会》。它同样采用了经验主义的研究方式，表达了威廉斯"对工业文明及其文化和思想中已经发生、当时正在发生的事件的感受"②。《文化与社会》记录了从 19 世纪到 20世纪以来，影响英国思想界主要的 25 位思想家所形成的"工业革命期间英语的演变"③，也就是伴随工业革命以来，以伯克传统为标志的具有实际复杂性的思想演进史。在伯克传统规划和限定的文化发展坐标系中，文化的边界、文化的精神、文化的规约性问题基本上被圈囿在了"国家精神""国民性

---

① Richard Hoggart, *The Uses of Literacy: Aspects of Working - class Life*, Chatto & Windus, 1967, p. Ⅷ.

② ［英］雷蒙德·威廉斯：《文化与社会》，高晓玲译，商务印书馆，2018 年，第 5 页。

③ 同上，第 2 页。

格""上帝意志""神的指引"和"完美标准",①这些理应所在的位置上。威廉斯以切入生活的文化叙述,关注人类社会实践的文化场景,审视伯克传统以来文化格式化的思维进程。威廉斯反思传统的文化程序到底是谁写入的和为谁写入的,提出了"文化即生活""普遍反映共同生活状况变迁的文化观念"②"基于生命存在平等的共同文化"③的思想。而这些文化观念早已离开了伯克传统以来所限定的文化观念的坐标。威廉斯以一个多世纪文化观念的演进变化,阐释了文化观念的内涵,即"文化的观念是针对我们共同生活状况所发生的普遍和重大变化所做出的一种普遍反映"④。文化观念的形成并非静止和统一化的,而是充满了复杂而多样的过程,承载了不同文化主体探索各自不同文化生活所做出的努力。威廉斯用这样一种开放式的文化观念,突破了伯克传统以来对文化解释的无限权威,对当时文化观念的来源和方法论发起了巨大挑战。

第三部:《英国工人阶级的形成》。它虽说是一部典型历史研究的著作,但同样被视为早期英国新马克思主义文化批判三部曲中的一部,其主要原因在于"把阶级经历用文化的方式加以处理,它体现在传统习惯、价值体系、思想观念和组织形式中"⑤。这种对历史与文化杂糅状态的研究,事实上是英国新马克思主义运用"文化主义"范式的显影方式。《英国工人阶级的形成》改变了传统以来历史编纂学的记叙方式,将历史叙事呈现于具体历史事件和历史事件的感觉经验之中,而非抽象地陈设于特定的结构之中。E. P.汤普森以经验主义分析方式展现了工业革命时期英国工人阶级的形成过程,一方面,以"单数"而非"复数"呈现"阶级",在于凸显"阶级"历史关系的整体性;另一方面,以"形成"一种动态的呈现过程,凸显"阶级"作为"一种历史现象"⑥诠释的意义。汤普森借助工业革命以来由工人阶级共有的、共同的经历而结成的阶级意识和阶级感,揭示宏观社会结构之下真实而鲜活

---

① ［英］雷蒙德·威廉斯:《文化与社会》,高晓玲译,商务印书馆,2018 年,第 76～110 页。

② 同上,第 423 页。

③ 同上,第 449 页。

④ 同上,第 425 页。

⑤ ［英］E. P. 汤普森:《英国工人阶级的形成》,钱乘旦等译,译林出版社,2013 年,第 2 页。

⑥ 同上,第 1 页。

的工人阶级的本真样态。他对工人阶级的描述从劳动到生活,从组织方式到政治活动,从宗教习惯到文化娱乐,以回归生活的和沉淀于生活内部的具体历史事实揭开工人阶级形成的现实场景,从而抛去传统以来对工人阶级描述的刻板印象。汤普森对"穷苦的织袜工、卢德派的剪绒工、'落伍的'手织工、'乌托邦式'的手艺人……"①细致入微的描述,就在于烘托工人阶级在工业革命间共同经历而自发生成工人阶级的阶级意识和阶级情感。汤普森正是用潜藏在文化中的工人阶级"意识""无意识"和"潜意识",使得工人阶级摆脱盲从,从社会无意识的文化源泉中,获得工人阶级共有的思想观念和革命意识。

英国新马克思主义的早期三部曲以"文化主义"范式,展示了看待文化问题的多种可能性,不再盲从于传统以来鸽笼式学科定位的文化划分,提供了不同主体对待文化的不同态度和形成不同观念的选择方式,从而使得文化研究成为探究人类真实社会样态的一种重要来源。

英国新马克思主义者通过人类对文化生活的直观感受,以"文化即生活""作为实践的文化"和"作为整体斗争方式的文化"这些体现经验范畴的文化概念,阐释文化在人类社会的重要作用,强调历史性和实践性的文化符号作为社会发展的关键构成。他们看到二战之后英国社会的主要矛盾不再是物质匮乏的经济矛盾,而更多呈现出了人们思想意识迷茫的文化矛盾。文化的物质形态和呈现方式在现代性社会发生了巨变,文化伴随着工业生产的发展,形成了文化符号"物质的"与"非物质的"、"商业化的"与"独创性的"、"虚拟的"与"现实的"、"大众媒体的"与"文献式的"各种文化符号呈现形式的杂糅。英国新马克思主义者反对将文化和意识作为经济生产力的直接反映,恢复文化实践在社会历史中的作用,寻求文化生产的真正源泉和动力机制。而文化生产的真正源泉和动力机制,来自人的现实的文化生活,存在于共享意义的文化实践之中。英国新马克思主义以"从下往上看"的方式看待文化,这就形成了与反映论"从上往下看"将"文化"归于"上层建筑"的不同,全然改变了对待文化发展秩序的看法,文化既不是被经济关系的派生物,也不是某一类人的专属物,而是内在于整个人类生活的存在。

---

① ［英］E. P. 汤普森:《英国工人阶级的形成》,钱乘旦等译,译林出版社,2013年,第11～13页。

二、"结构主义"范式："多元决定论"的文化批判

在对"文化主义"范式的探索中，英国新马克思主义也受到了结构主义思潮的影响，形成了对"结构主义"的认识和自我转化，产生了介入"结构主义"范式的文化批判研究。英国新马克思主义对"结构主义"范式的介入，不是对先前"文化主义"范式研究的否定和丢弃，一方面认识到"文化主义"范式研究缺乏科学实证研究的局限性，另一方面警惕脱离事实而纯粹形式主义的研究而掉入抽象结构序列的圈套。他们对"结构主义"的认识，与前面提到的"文化主义"有密切的关联，在对文化批判的研究中，看到了社会结构对意义生成的作用力，认识到仅以经验主义的认识原则探究语言符号问题还远远不够，需要寻求"语言"与"符号"、"意义"与"社会结构"之间富有张力的隐喻关系，以更加科学理性的方式研究嵌入社会结构的文化问题。至此，英国新马克思主义对传统结构主义思潮进行了扬弃，形成了不同于传统结构主义研究的路径，产生了关照"历史事实"和"文化经验"的"结构主义"范式的介入研究。

文化批判是西方马克思主义发展的重要理论向度，也是西方马克思主义区别于第二国际、第三国际马克思主义不同发展的关键标识。西方马克思主义回归马克思恩格斯的经典文本，领悟到马克思主义的新唯物主义与以往旧唯物主义的本质不同，批判第二国际理论家机械地将马克思主义视作经济理论和社会理论，而忽视马克思主义深刻的哲学内涵；反对第三国际理论家把马克思主义"存在"与"思维"、"物质"与"意识"作为一种单线的和绝对的"决定"关系，而将马克思主义哲学停留在了近代哲学非现代哲学的框架。西方马克思主义强调关注马克思主义中"思维与存在的辩证关系""人的本质""人的实践方式"和"人的全面发展"问题，以"总体性""辩证性"和"实践性"开启了马克思主义在西方世界的传播与发展。而其中，"文化"作为西方马克思主义语境中至关重要的关键词，一方面，就在于他们对"文化"相关问题的思考与介入有效地展现了上述他们对马克思主义理论发展的研究特质；另一方面，他们面对20世纪以来，特别是后工业时代资本主义发展的新格局，以"文化"作为切入对现代性社会批判的着眼点，从马克思主

义文化批判视角洞察现实矛盾和解决现实问题,为马克思主义的当代发展注入了重要的思想活力。

"文化主义"范式为批判"经济基础——上层建筑"决定论奠定了坚实的基础。英国新马克思主义者形成文化批判理论的关键之处在于重新看待经济、文化、社会之间的结构关系,反对经济和社会关系对文化的决定关系,批判将文化置于社会和经济的从属地位,强调文化实践的意义和作用。他们认识到第三国际徘徊于马克思主义"思维与存在"关系的对立中,机械地将经济基础与上层建筑简单割裂,忽视了文化的能动性和实践性。第三国际的马克思主义将生产力发展作为衡量社会问题的决定性基础,把文化等社会领域的其他方面归入"上层建筑",经济基础作为一种自主的、自决的和绝对的存在,对上层建筑具有决定性的支配,上层建筑只是经济基础的一种反映。这种经济决定论或被称为文化反映论是英国新马克思主义所抛弃的。

在"文化主义"的范式中,威廉斯在《马克思主义与文学》中从马克思主义对"文化""语言""文学"和"意识形态"四个概念的运用进行了考察,其中在对马克思主义"文化"概念的分析中归类出两条线索:一条是社会形态观上的"文明"意义,以社会主义必然取代资本主义发展阶段的历史形式,用"批判视野"对资本主义生产方式的批判;另一条是历史唯物主义的"文化"观,强调历史的物质性和客观性,以及人的能动性和创造性在人类社会历史发展中的作用,也就是人的文化属性在社会历史的功能。威廉斯在对马克思恩格斯文献史研究的基础上,认为马克思恩格斯并没有严格意义上像从卢梭开始到浪漫主义运动那样形成"文化"与"文明"区分甚至是对立的使用,并且将马克思恩格斯对"文化"或"文明"概念的使用归类为上述的两条线索。

在威廉斯看来,日后马克思主义者对马克思恩格斯"文化"或"文明"两条线索或者两种情况使用的理解,成为他们对待和处理文化、经济与社会关系至关重要的方式。就目前马克思主义者对马克思恩格斯"文化"概念的理解,威廉斯认为,他们大多数偏向对第一条线索的理解,甚至以进步式或者线性式来理解"文化",以此来强调马克思主义的科学性。"马克思主义对(属于结构性类型的)社会过程的强调受到一种更早的并持续至今的理性主义的限定,它便同那种进步式的线性发展假说发生关联,成为一种关于发现社会的'科学规律'的论述。"①威廉斯指出,这是目前马克思主义文化观的整体思想倾向,这样一来,就忽视了马克思恩格斯在第二条线索中所强调"文化"的意义内涵,即文化的物质性和文化的能动性,而将文化降至经济派生物的位置。"这样,作为一种创造着独特的、与众不同的'生活方式'的结构性社会过程,文化概念的充分可能性本来应当因强调社会的物质过程而被大大深化,可它却遭受到长期忽视,并且实际上总被一种抽象的、直线发展的普世论所取代。与此同时,那种被定义为'精神生活'和'艺术'的取代性的文化概念的深刻意义,也因文化被降为'上层建筑'而连带受损。"②为此,威廉斯试图重新回到马克思恩格斯原本语义中的"文化"概念,批判"经济基础——上层建筑"单线论对文化的解释模型,复原文化在社会历史发展中的作用和价值。

威廉斯在论述"基础与上层建筑"的关系问题时,分析了这个具有"比喻性"关系的复杂性。在他看来,"基础与上层建筑"之间不是"凝固的、界限分明的空间关系"③,而是充满了"时间'延宕'或'不平衡'"④。为论证这一观点,威廉斯以文献考据的方式追溯和分析了马克思恩格斯对"基础""上层建筑"的使用,从《〈政治经济学批判〉序言》《路易·波拿巴的雾月十八日》《费尔巴哈与德国古典哲学的终结》《致布洛赫的信》《资本论》中寻找对"基础""上层建筑"的术语变体,认为马克思恩格斯对这一对词语的使用不是以概念式而是以隐喻式来使用,因此在理解中要认识到这对词语的复杂隐喻关系,而非简单化、凝固化其意义或者封闭在某种范畴之内。威廉斯指出马克思历史观的核心命题之一在于,"在实际的发展过程中,一直存在着生产关系方面以及随之而来的社会关系方面的深刻矛盾,因此也存在着这些力量动态演变的持续可能。……只有当我们意识到'基础'(习惯上人们也把'变体'归入其中)本身就是一种动态的、充满内在矛盾的过程——包含着现实人们和由他们构成的阶级所进行的种种具体活动,以及一系列从协作到敌

---

① [英]雷蒙德·威廉斯:《马克思主义与文学》,王尔勃、周莉译,河南大学出版社,2011年,第17页。

② 同上,第18页。

③ 同上,第80页。

④ 同上,第85页。

对的活动——的时候,我们才能把自己从这种带有凝固性质的某一'领域'或某一'范畴'的观念中解脱出来,从而推导出'上层建筑'的多变过程"①。因此,威廉斯反对当前很多马克思主义者如普列汉诺夫以"五个顺序性因素"对"基础与上层建筑之间关系"的阐释,以一种排序或者序列关系割裂了"因素"之间的不可分性和复杂性。在此基础上,威廉斯进一步对"决定"一词进行语义分析,指明"决定"不是"铁的规律""绝对的客观条件"又或是"抽象客观性",而是"多元决定"、发生在"过程中的""由过程整体上的'规律'起作用"和"历史客观性"作用的。威廉斯正是在对"基础——上层建筑"关系的澄清过程中,聚焦马克思主义文化理论,形成了文化批判理论的基础,激活了"文化"具有相对自主和实践作用的意义。第一代英国新马克思主义者,威廉斯、霍加特、汤普森着眼于"文化主义"范式的文化批判理论,赋予文化展现人类生存意义价值的内涵。他们借助历史文化语义学、二战前后工人阶级语言符号变体、承载社会关键词的语义流变,对经验生活的日常语言、工人阶级的言说方式和普通人民的文化常识,进行了具体经验层面的文化研究。

第二代英国新马克思主义者,霍尔、伊格尔顿、本尼特、威利斯,在延续"文化主义"语言研究的基础上,认识到文化符号意义的复杂性和多层次性,单纯经验主义文化研究缺乏系统理论,展开了对文化隐喻关系多维度的思考。"结构主义"范式呈现出"多元决定论"的文化批判,这体现了"文化主义"向"结构主义"范式转换的接连与发展,即对"基础与上层建筑"单一决定论的反思与批判。他们批判性地吸收了结构主义对语言研究的方法,认识到结构主义固然有对语言符号缜密的科学研究方法,但过于强调结构的作用而忽视了结构背后历史主体的价值。这一研究范式对传统结构主义进行扬弃,改变了格式塔般传统语言哲学的现状,从语言符号内部逻辑研究,转向了语言事实和言语内容相结合的研究,强调言语意义与日常生活的密切关联。英国新马克思主义文化批判理论接受"结构主义"的思想大致可分为两种路径:一是,以索绪尔为代表的语言深层结构的路径;二是,以阿尔都

---

① [英]雷蒙德·威廉斯:《马克思主义与文学》,王尔勃、周莉译,河南大学出版社,2011 年,第 88~89 页。

塞为代表的意识形态分析的路径。

路径之一：以索绪尔为代表的语言深层结构的批判路径。威廉斯在回顾以往的语言哲学发展史的过程，阐明了语言哲学的现实状况，认识到索绪尔语言哲学的分析是一种语言结构的自生系统，语言对外部世界的指向是被排除在研究范围之外的。索绪尔语言哲学完全符合现代西方哲学思想家的研究路径，以对近代西方哲学形而上学的批判，用语言内部逻辑构造哲学，是一种纯哲学内部的研究。威廉斯主张语言符号研究与现实社会的关联思想。威廉斯翻开了关于社会维度语言符号研究的代表思想家——维柯和赫尔德的思想，然而他们的思想是一种生物学或者先验论的语言研究，对语言符号构成性观念形成于人的生物学基础。威廉斯试图以马克思主义哲学，重新对语言符号的构成性观念加以诠释。他以马克思主义的哲学品质为基础，即不同于现代西方哲学对准哲学内部的思考，而是展开了哲学面向现实社会问题的研究。

本尼特对索绪尔之后文本自律论的美学原则进行了批判思考。他提出，索绪尔的这种意义与现实之物的关系可运用于美学意义文学批评的分析中，"'文学'指的是一套有特殊意义的虚构、想象性和创造性写作形式的观念……正是这样一种'文学'观念使得我们发现在美学中所关注的问题"①。而这种美学性的文学分析多被英美新批判学者所接受，他们以文本的自律性原则，强调文本内部结构的优先性，以文本陌生化的方式拉开与现实世界之间的距离。在本尼特看来，这种美学意义的文学分析，由于选自不同层次的理论分析和不同层面的自我关注，就会产生形式迥异，甚至是相互抵触的"文学"批评任务。在此情境下，本尼特认为，这就需要有马克思主义角度的文学批评理论的出场，以文学之外的视阈打开对传统文学批评分析固定化的模式。

路径之二：以阿尔都塞为代表的意识形态分析的批判路径。英国新马克思主义在汲取语言范式之后，受阿尔都塞结构主义马克思主义影响，产生了将马克思主义与结构主义进行融合的新思路。以霍尔为核心的第二代英国新马克思主义学者，受到阿尔都塞结构主义的影响，开始了结构主义的马

_____

① ［英］托尼·本尼特：《形式主义和马克思主义》，曾军译，河南大学出版社，2011年，第5页。

克思主义转向。阿尔都塞以"矛盾与多元决定"的思想,对黑格尔主义的"表现的总体性"进行了批判,认为无论是斯大林主义还是与斯大林主义针锋相对的人道主义的马克思主义都是黑格尔主义的残余,应以科学理论重新建构马克思主义。阿尔都塞的这种思想受到了英国新马克思主义学者的关注。在阿尔都塞"多元决定"的思想中,认为"社会总体性包含了不同层级的接合全体……比如,包括经济基础、政治——法律以及意识形态的上层建筑在内"①,"诸如社会形态等有结构的复杂整体的具体演变'被理解'为'复杂的、有结构的、不平衡的规定性'"②。英国新马克思主义以阿尔都塞的"多元决定论"看待文化问题,以文化的相对自主性对待文化、经济、政治之间的关系。

正是在多元决定论的影响下,英国新马克思主义进行了文化符号研究场域多元化和多向度的扩展,包括对电视、数字媒体文化、城市文化、青年文化、边缘群体、性别文化等方向的研究。这正是他们认识到了文化批判理论的复杂性和多元性,以由不同群体组成的文化集合其内部独特的结构和相对自主的实践形式,来探究文化符号与社会结构之间具有张力的隐喻关系,从而以文化结构的内部生成变革整个社会结构的动力,从微观结构的变化发出对整个社会结构运行方式的反作用。

英国新马克思主义对阿尔都塞思想的接受不是全盘和被动的,主要采纳了其中关于"不同层次的抽象之间的连续而复杂运动"③的思想,然而也看到了多元结构论影响中产生系统阐释的高度形式主义的危险。虽然阿尔都塞结构主义的思想在霍尔所主持开展的文化研究中产生过重要影响,正如格罗斯伯格和斯莱克所强调的"'阿尔都塞要素'在文化研究进入结构主义领域的重要性"④所述,霍尔的"批判范式",即"从内容转向结构或者说从显示意义转向符码层级"⑤也主要受其影响。但是英国新马克思主义也看到了

① Althusser L, *Philosophy and the Spontaneous Philosophy of the Scientists*, Verso, 1990, p. 6.

② Althusser L, *For Marx*, Vintage Books, 1970, p. 209.

③ Ibid., p. 210.

④ Grossberg L. and Slack J. D, An Introduction to Stuart Hall's Essay, *Critical Studies in Mass Communication*, No. 2, 1985, p. 88.

⑤ Hall S, The Rediscovery of 'Ideology': Return of the Repressed in Media Studies, in Michael Gurevitch, et al., ed., *Culture, Society, and the Media*, Metheun, 1982, p. 71.

这种大量去除历史、高度抽象结构和注重形式的弊端,特别是后结构主义对结构主义的冲击也影响了英国新马克思主义对阿尔都塞结构主义的认识。英国新马克思主义认识到阿尔都塞过于强调结构的无主体和结构的连贯性,从而陷入了无行动主体的困局,并产生了无力解决意识形态冲突和如何解构意识形态的问题。英国新马克思主义逐渐认识到结构主义与文化主义存在的优势与弊端,试图将两种范式进行有效结合。在霍尔看来,葛兰西转向有助于结构主义与文化主义的融合,有助于超越文化主义、结构主义的局限。

三、"结构-文化主义"范式:"符号化对象"的文化批判

"结构-文化主义"范式体现了英国新马克思主义文化批判理论的最新范式转换的样态,主要体现为三个特征:"将'文化'作为接连'语言'与'言语'的桥梁","'结构式'理解与'主体式'理解的联合被看作互为补充的解释因素","'共时性'与'历时性'的交互影响",这些特征体现出连续性,即"把共时与历时、语义与语用、本义与含义、语言理论与言语事实等二元对立归入虚假对立,将'格式塔'的结构主义与'实体论'的文化主义进行嫁接,变革从共时横断面上对音素、语义、转换生成语法和话语转化的割裂分析,使这些概念置入历史的总体中,形成相应的语言变体、语言符码、语言生成理论和话语实践的连续性,并关注语言连续性的渐变因素"。①

在整个结构主义对英国新马克思主义的影响来看,主要可以呈现出三个历史时期:以索绪尔、列维-施斯特劳斯和巴特的"语言学范式",以阿尔都塞结构主义的马克思主义转向,以葛兰西转向实现文化主义与结构主义的超越。这三个阶段也代表着英国新马克思主义实现"结构-文化主义"范式融合的演进过程。英国新马克思主义达到两种主义的融合范式是在经历了将结构主义原则运用于文化与社会研究过程中,在不断尝试、探究、总结和改进中摸索出来的。

英国新马克思主义者在看到阿尔都塞结构主义的弊端时,将其目光转

---

① 马援:《文化马克思主义语言哲学的新形式思想探讨》,《哲学动态》,2019 年第 9 期。

向了葛兰西思想,最终实现了"结构主义"与"文化主义"的范式融合。英国新马克思主义者逐渐认识到,结构主义过于追求结构的抽象化而走向过度的形式主义,绝对去除复杂文化符号场景中的历史事实而无法解决文化符号组织中"无意识""常识"与社会结构组织关系的问题。霍尔在《文化研究:两种范式》一文中指出,葛兰西"为我们提供了一套大量与'无意识'有关的更为精妙的术语,并且以一种更为积极而有机的意识形态形式给出了文化的'常识'范畴,而这具备一种干预常识领域的能力"①。英国新马克思主义者通过葛兰西对"意识形态""常识""霸权"和"权力"的分析,有效地推进了结构主义与文化主义两种范式的接合。在葛兰西看来,意义链的顶端是由制造、维护及再生产这些权威理论和实践规定,即所谓的"霸权"所决定的,但是这种决定不是静态的实体和持续的稳定系统,而是充满着不平衡、冲突、斗争、协调和重新平衡的动态过程。

英国新马克思主义者看到了符号隐喻实践对于反霸权的积极作用,文化符号被归为具有独立存在意义和实践意义的范畴。"符号隐喻可将符号的'形式''结构''秩序'与符号承载的'内容''文化''意义',以类别、配对、分离、聚类、迁移和交换等隐喻作用,形成对事物系统化的理解。"②文化符号与意义张力关系的探究,在英国新马克思主义者的后期研究中得到了颇为有效的发展,在具体探究文化中的意义生成时,不仅探讨广泛被接受的"意义图表",更为重要的是,展开了"意义"流通中产生的差异、冲突、认同和利益关系的询问;不仅对观念系统的"意义"或者表征系统的"意义"进行了分析,而且更进一步地对实践的"意义"或者功能的"意义"进行了深入研究,更加凸显了"结构-文化主义"范式马克思主义符号隐喻研究的特色。

在"结构-文化主义"范式融合的文化批判理论中,英国新马克思主义以深入社会文化现象的剖析,直击当代社会的核心矛盾,进一步拓宽和发展了马克思主义文化批判理论的视阈。伊格尔顿将精神分析与女性主义融入对当代马克思主义批判理论的分析中,在此,他明确指明了研究"性别问题"与"阶级问题"之间关联,指出"(性别)远不是阶级斗争的替代物,而是研究马

---

① Hall S., Cultural Studies: Two Paradigms, *Media*, *Culture*, *and Society*, No. 2, 1980, p. 69.

② 马援:《符号隐喻视角下的"城市风物"叙事》,《探索与争鸣》,2021 年第 5 期。

克思主义的手段"①。这进一步阐明了 20 世纪末以来对"女性主义""身份政治""边缘群体"和"青年文化"研究的意义，即在后现代语境中阐释不同历史语境中的马克思主义发展的状况。即便在被称为具有后结构主义色彩的《克拉里莎被强暴》，伊格尔顿始终强调以"总体性"分析捍卫马克思主义立场的意义，以借助拉康的概念——"拒绝替补的逻辑"批判任何以"多元主义""身份政治"替代"阶级"概念等替代方案。伊格尔顿后期关注多视角文化的马克思主义问题，在于将文化批判理论在现实中能够找到其政治实践形式。如同詹姆斯·史密斯对伊格尔顿的评论，"伊格尔顿在于探索什么样的批评可以被新的社会和思想信仰所接纳，以及批判家在发挥社会政治功能时的责任"②。伊格尔顿以结合时代特征的资本主义批判，为有机知识分子担当的历史使命作出思考。

　　新生代或可被称为英国新马克思主义的第三代，像本尼特则汲取了福柯关于非单一结构权力的思想，主张对话语的论述不能单纯依靠结构主义方式，而应采用战略性或战术性话语的思想。本尼特这种战略性或战术性的话语主要接受了福柯"知识分子"的思想。他出版了《形式主义与马克思主义》《文学之外》《文化、治理与社会》等系列著作，试图恢复"真实历史"叙事和减少"文学内部"叙事，强调"知识分子的职能"③，对公共话语、公共教育、公共文化场所，开展政策引入上的文化治理。保罗·吉尔罗伊从 20 世纪90 年代至今，在关于种族文化、文化政治和身份政治方面思想活跃，形成了《黑色大西洋：现代性和双重意识》《身份政治：从表层到小政治》《反对种族：超出肤色界限的想象的政治文化》等著作，发展了文化政治视角对种族问题研究的向度。乔纳森·多里莫尔和艾伦·辛菲尔德主张将文本阅读作为建构人类知识、人类基本观念和意识形态产生的实践活动。他们把文本理解当作参与意识形态和文化生产的重要过程，并力图达到文本与语境、文学与政治之间的无歧义性。

---

　　①　Terry Eagleton, *The Rape of Clarissa：Writing, Sexuality and Class Struggle in Samuel Richard*, Blackwell, 1982, p. 88.

　　②　James Smith, *Terry Eagleton：A Critical Introduction*, Polity, 2008, p. 2.

　　③　[英] 托尼·本尼特：《文化、治理与社会》，王杰、强东红等译，东方出版中心，2016 年，第367 页。

　　总体来说,第一代英国新马克思主义者,威廉斯、霍加特、汤普森着眼于"文化主义"范式的语言哲学研究,赋予语言符号展现人类生存意义的价值。他们借助历史文化语义学、二战前后工人阶级语言符号变体、承载社会关键词的语义流变,对经验生活的日常语言、工人阶级的言说方式和普通人民的文化常识,进行了具体经验层面的语言研究。这一研究范式改变了格式塔般传统语言哲学的现状,从语言符号内部逻辑研究,转向了语言事实和言语内容相结合的研究,强调言语意义与日常生活的密切关联。第二代英国新马克思主义者,霍尔、伊格尔顿以及新生代思想家本尼特等,在延续"文化主义"语言研究的基础上,认识到语言符号意义的复杂性和多层次性,单纯经验主义语言意义研究缺乏系统理论,进而展开了对符号隐喻关系多维度的思考。他们批判性地吸收了结构主义对语言研究的方法,认识到结构主义固然有对语言符号缜密的科学研究方法,但过于强调结构的作用而忽视了结构背后历史主体的价值。"结构-文化主义"范式一方面强调语言符号结构分析的科学意义,另一方面关注语言符号行动者的实践意义,将"语言结构"与"言语意义"作为探究社会发展互为补充的因素,嫁接了符号的"形式与内容""结构与事实"之间的隐喻关系,实现了两种范式融合的文化批判研究。

结　语

　　英国新马克思主义文化批判理论是 20 世纪面对资本主义社会新变化而产生的国外马克思主义批判理论的重要组成部分,其形成和发展体现了思维模式与范式演进的递推式运动。这主要是由于理论产生之初的历史渊源、针对的现实境遇、接受世界性思维浪潮和面对不同具体问题而产生的必然的思维演进变化的结果。其文化批判理论的思维范式与其理论发展的思想内核之间有着明确的关联线索,具体表现在,以"文化主义"范式开启对资本主义文化秩序的批判,以"结构主义"范式开启对传统结构主义路径的批判,以"结构-文化主义"范式的融合实现嵌入社会结构的文化批判的路径。在三层研究范式的演进中,实现了英国新马克思主义者解决不同核心问题的具体路径,体现了他们始终如一坚守马克思主义理想信念和构建理想社会的政治诉求,这为世界社会主义左翼运动做出了重要的理论贡献。

英国新马克思主义关于文化批判理论涉及的思想人物众多,有的是资深的文艺理论家,有的是赫赫有名的历史学家,还有的是颇具社会影响力的政治家和社会学家,体现了跨学科、跨领域的交叉特点。因为无论对于当代人文学科,还是对于现实社会图景的描述和衡量,都需要有大"文化"的概念和整体而系统"文化批判理论"的考察向度,这对于反观经济关系、社会关系和文化关系之间的张力作用,以及从历史事实和文化表征达至看待、解释和探寻社会发展的规律具有重要的理论和现实意义。

文化批判理论在三代思想家的发展中,面对不同的社会焦点问题以及受到不同学术思潮的影响,他们以"人类学"和"社会学"冲破精英主义鸽笼式的传统文化谱系,以"文学理论""语言学"和"符号学"从文本语言转向人的符号化世界,以"文化政治学"发挥文化的治理功能和社会建构功能,呈现出"文化"概念、内涵、视角和意义的变化,产生了文化批判理论的范式转换。具体表现为,从"文化主义"到"结构主义"再到"结构-文化主义"的转换,而在这一过程中每个阶段都有其理论发展的阶段特点和发展需求,并且彼此之间相互关联和推进发展。

英国新马克思主义文化批判理论家从"文化主义"范式经过"结构主义"范式,最终形成"结构-文化主义"范式的演进过程,正是他们进行文化批判的逻辑线索。第一阶段强调经验事实的"文化主义"范式是他们走出伯克式文化观念体系的关键一步,也是形成其"自下而上"马克思主义文化批判理论的起点;第二阶段关注嵌入社会结构的文化批判理论,从"结构主义"范式强调文化内部结构与社会结构之间的张力关系,进一步显现文化一方面受到既定社会结构的束缚,同时又发挥着文化自主性实践效力对社会结构的反作用;第三阶段融入文化事实与社会结构的相互缠绕的分析,搭建"结构-文化主义"的结合理论,接连了经验与规律、内容与形式、历史主体与总体结构的有机对话,实现了文化批判理论范式的确立。

从20世纪末开始人类社会思潮的重要主题,也逐渐转向对社会生产方式"加速度"的反思中,更多激发人们对"主体性与身份""社会认同方式""本质主义与反本质主义""语言与身份""话语模式""散居与边缘群体""混杂身份""后殖民主义文学""性别的话语结构""电视全球化""全球电子文化""数字媒体文化""文化空间与城市""文本城市"等主题的阐释。英国新马克思主义文化批判理论家从"结构-文化主义"范式为这些主题的研究提供了重要的研究视角与方法论贡献。他们从发生学的角度关注这些文化现象是如何生成的,将文化事件与事件背后的结构规律进行一种复合。这种研究一方面避免了结构迂回、抽离现实语境的分析;另一方面可在语言繁复的经验描述中寻求规律,既可以减轻结构分析对文化现象造成的刻板感,又可以将文化的气息和浓郁感在经验的叙述中蔓延开来,使得在这样一种双向维度的展开中让人不禁轻呼一声"这就是文化"。

英国新马克思主义以"结构-文化主义"范式为文化批判研究戴上一顶探照灯式的帽子,让我们不仅看到了社会结构之下文化的组织、秩序和规则,同时还让我们看到了另一番景象,即呈现出不同姿态生机勃勃的文化情境,从而形成组织结构与文化事件之间的张力关系,使得我们更加接近于文化的真实样态,更加贴近于社会生活的内部。英国新马克思主义者正是将两种不同的纬线混织在了一起,即横向共时性的结构秩序与纵向历时性的时间序列一同织成了嵌入社会结构之中的文化图景。这样就使得我们同时看到两种维度的文化批判方式:一种"自上而下"的社会制度的反思与批判,另一种"自下而上"的文化自主实践对社会组织秩序的反作用力,为文化批判带来理论与实践的互补效力。

"结构-文化主义"这一思维范式代表了英国新马克思主义研究范式的新转向,也代表了21世纪马克思主义研究的新取向。这一研究范式之所以成为目前马克思主义研究范式的新取向,就在于它能够积极调动人的感性经验和理性认知之间的有机关联,冲破客观理性研究与感性思维研究之间的壁垒,在有规律的结构中探究人的感性活动,在丰富的文化姿态中寻求社会结构的规律和秩序,形成形式与内容、结构与文化、社会规律与经验事实的有机关联。

马　援(山西大学)

21世纪英国马克思主义人道主义
思想的三维构图[*]

　　人道主义思想是英国马克思主义理论研究的一个显著特色,尤其是20世纪中叶以来,人道主义思想逐渐成为其理论研究的焦点。面对资本主义阵营对人的解放与发展的巨大损害,英国马克思主义者们没有被资本主义的美好假想所迷惑,而是始终坚持以历史唯物主义为指导,以下层视角为出发点,从人道主义的立场,通过揭露资本主义制度的一系列弊端、问题及其根源,寻求改善人民尤其是下层和边缘人民现状的路径,为在英国实现社会主义而努力。

　　进入21世纪,资本主义国家经济危机频发,西方国家对第三世界的暴力干涉更加频繁,失业、贫困以及难民等问题日益严峻,女性要求男女平等的呼声高涨,资本主义社会人道主义问题愈发突出。按照新马克思主义代表人物佩里·安德森的看法,资本主义曾经积极倡导的自由、平等如今早已面目全非,取而代之的是工具化了的民主和日益严重的贫富分化,人民的生活处于水深火热之中。面对21世纪的现实,英国马克思主义学者认为,马克思主义的生命力在新时代仍然保持旺盛,因为它仍然能对当今世界的局面给予科学的解释,马克思主义在面对今天这些因资本主义体系而产生的贫困、失业等非正义问题时,仍然具有强大的影响力;[①]"马克思的思想在今天甚至比在19世纪更有意义,马克思对我们理解环境和经济危机做出了根本性的

　　* 本文系教育部哲学社会科学研究后期资助重大项目"英国新马克思主义善本、善念与善为的社会治理思想研究"(18JHQ002)的阶段性成果。

　　① See Alex Callinicos, *The Revolutionary Ideas of Karl Marx*, Haymarket Books, 2012.

贡献,他的作品提供了必要的概念基础,并在此基础上建立了对当代帝国主义认识的充分概念"①。在坚持马克思主义基本立场的基础上,他们从不同的视角、领域出发,对当今资本主义社会的现状给予了理性的思考,并积极寻求解决路径。苏珊·沃特金斯的《英国的十年危机》《哪些女权主义》、亚伦·贝纳纳夫的《自动化与工作的未来》、简·布雷曼的《全球安全网的神话》、汤姆·莫特斯的《一个共和的无产阶级》、罗宾·布莱克本的《安然的破产和养老金问题》、大卫·钱德勒的《国际正义》等一系列文章,虽然思考的方式各有不同,但都关注人的现实困境,把追求人对美好生活的向往作为最终的诉求,阐述了丰富的新人道主义思想。总体来说,21世纪英国马克思主义人道主义,主要通过以下三方面展现了他们的思想,即变革异化的社会制度,对抗异化的暴力政治和破除异化的意识形态,由此绘就了一幅具有英国特色的马克思主义人道主义的三维构图,揭露资本主义现实困境的根源,倡导通过社会主义代替资本主义来实现人的彻底解放的核心诉求。

一、变革异化的社会制度

英国马克思主义人道主义认为,人道主义是一个好的社会制度理应具备的基本价值观念,然而在当前资本主义国家,作为保证人的生存与发展的社会制度,越来越变成同人民相对立的异化的东西,而这一异化的根源在于资本主义社会资本的无限增殖特性。在这一特性的作用下,资本主义制度变成了资产阶级"互惠互利、共同有益、全体有利的事业"②的工具,成了同人民相对立的异己力量,成了社会进步和发展的阻碍。

(一)资本主义的侵略性扩张带来了全球性的经济危机和社会危机,给整个人类带来新的灾难

21世纪以来,资本主义国家沿袭不断提高社会福利待遇的传统方式,使

---

① Paul Blackledge, Marx in the Anglophone World, *Socialism and Democracy*, No. 24, 2010, pp. 160 – 168.

② 《马克思恩格斯选集》(第二卷),人民出版社,2012年,第168页。

人民的生活水平有所提高,这在一定程度上掩盖了资本主义制度的剥削实质,呈现出民主、平等的美好假象,有效地削弱了人民群众反抗的积极性,也严重阻碍了社会主义运动的进一步开展。面对现实,英国马克思主义者没有被资产阶级营造的华丽外表所欺骗,他们坚持要回到每一个现实的人、回到人民群众的真实生活状况来看问题,坚持"透过表面现象深入社会的物质生产与生活当中,以此来找寻不平等现象产生的根源"①。

在英国马克思主义人道主义看来,21 世纪的资本主义同过去相比,看上去似乎好了很多,然而这一切不过仅仅停留在表面,经不起推敲和分析。资本主义尽管有周期性的衰退和萧条,人们还是习惯于把资本主义说成是一种自我扩张的增长运动,然而自 20 世纪 70 年代以来,全球范围内都出现了停滞现象,在商品生产领域的利润率下降的情况下,世界制造业基地向低工资经济体的转移未能抵消这一进程,相反,后发工业化国家将其前辈的生产力收益压缩到越来越短的增长周期中,以加速的方式重新创造了新的发展问题。与此同时,资本转向了承诺会有更好回报的投机性企业,其结果是,在金融泡沫的作用下出现了增长乏力,并在大衰退的过程中留下了一片破坏性的崩溃和无就业复苏的痕迹。② 具体说来,一方面,整个世界的发展呈现出一种极端不平衡的态势,在欧洲和北美这样的资本主义核心区域,先进的科学技术早已被广泛应用于日常的生产和生活中,创造出了大量的财富,不仅如此,核心区域如英美德法这样的国家,在资本逻辑的支配下,频繁地对亚非拉美等非核心区域的国家进行殖民和剥削。它们"一味追求征服,绝不是寻找一个均衡状态"③,而是通过牺牲非核心区域国家的利益来获得自身的利益,这就进一步导致核心区域与非核心区域之间在资源享有、财富分配、劳动分工等方面的不均衡。另一方面,民众的现实生活中亦充满不平等现象。这不仅表现在非核心区域,甚至核心区域的人民大众,其日常交往、工作及生活状况,同样没有得到保障,看似有所提高的工资水平和福利待遇不过是占统治地位的资产阶级用来麻痹人民群众的手段而已。其目的不是

---

① 李文艳、乔瑞金:《马克思平等观念的核心内容》,《哲学动态》,2019 年第 8 期。
② See Javier Moreno Zacarés, Euphoria of the Rentier? *New Left Review*, No. 129, 2021, pp. 47 – 67.
③ [美]乔治·索罗斯:《开放社会:改革全球资本主义》,王宇译,商务印书馆,2001年,第189页。

为了提高人的生活水平,而是在为资本主义的发展创造一个稳定的内部环境,这一点罗宾·布莱克本在其《安然破产与养老金危机》一文中,给出了非常清晰的分析和阐释。

在戈兰·瑟伯恩看来,随着经济危机的爆发,资本主义的弊端暴露无遗,收入下降、失业率上升、社会福利危机、贫困等不平等问题接踵而至,而资本主义又将经济危机带来的损失强加给人民大众,使得人民不仅没有实现资本主义标榜的美好生活,反而"被越来越富有的资产阶级抛弃"①,这是资本主义本质使然,是资本主义发展到一定程度的必然结果,不平等是资本主义不人道的真实呈现,因此,人民对美好生活的向往在资本主义制度下无法得到满足,全球性的危机正在蔓延,给人类带来了新的灾难。安德鲁·克里曼认为,资本主义陷入了大萧条以来最严重的金融危机,这场危机对资本主义的稳定乃至生存提出了质疑,虽然资本主义经济目前还没有到濒临崩溃的边缘,现在预测其崩溃还为时尚早,但这场金融危机无疑已经给数以千万计的劳动人民带来巨大的痛苦,以至于资本主义的不稳定性已经在各大报纸的头版和专栏上被公开承认。② 而这也给我们带来了一个新的机遇,使得我们得以摆脱这个不断被危机冲击的体系。我们可能很快就会处于这样一种状态,即越来越多的人开始寻找对于错误的解释和一种不同的生活方式,虽然目前这种可能性很小,但作为革命的社会主义者,仍然需要为它做好准备。我们需要了解资本主义是如何运作的,以及为什么不能让它为绝大多数人服务,并且我们需要研究一种资本主义的替代品——不仅仅是一种不同形式的资本主义——如何成为一种真正的可能性。③

为此,英国马克思主义学者深入人民大众的日常生活,通过对失业、社会福利以及贫困等社会不平等问题的揭露,指出资本主义制度对于上述问题的根源性影响,并认为"只有在工人阶级、人民大众当中重新确立起社会

---

① Göran Therborn, Dreams and Nightmares of the World's Middle Classes, *New Left Review*, No. 124, 2020, pp. 63 – 87.

②③ See Andrew Kliman, *A Crisis for the Centre of the Systerm*, International Socialism, http://isj.org. uk/a – crisis – for – the – centre – of – the – system/.

主义的原则"①,才能从根本上改变资本主义社会的现状,从而使社会更加适合一切人的生活和发展。

(二) 大范围的失业体现异化的资本主义制度在促进人的全面、自由发展方面的弊端

失业问题自20世纪70年代开始就已成为"困扰欧洲的幽灵"②,一直延续至今。技术的变革、产业结构的调整使得工人阶级大量失去就业机会,裁员的威胁甚至波及了中产阶级。面对这一困境,一些学者把希望寄托在新技术革命上,认为过去许多只能在科幻小说中看到的技术已经或正在变成现实,新技术可以挽救失业的危机。亚伦·贝纳纳夫批判了这种观点,认为"没有任何经济法规定所有工人,甚至大多数工人都能从这些进步中收益"③,"恰恰相反,随着采用更先进的技术,劳动力需求下降,工资水平停滞不前,越来越多的收入被资本而非劳动力所占据,其结果是不平等加剧"④。在他看来,失业状况的日益加剧反映的其实是一种世界经济的衰退,大量的失业正是在这种经济衰退的背景下发生的,而这种衰退会严重打击所有的工业国家。

面对资本主义渴望通过内部净化和自我调节来解决失业问题的幻想,简·布雷曼指出,资本主义所谓的净化和调节,实际上是把经济危机的负担压在工人阶级身上,"资本永远不会付出代价,尽管它对此负有主要责任"⑤,资本主义的发展方式只会使财富越来越集中于资产阶级手里,广大工人阶级和人民群众的困境得不到任何改善,高失业率和低收入会使他们举步维艰。因此,通过强调资本主义内部净化来宣扬其优越性的做法,其实质无非是资产阶级用以维护自身统治的一种意识形态的错误引导,目的是来欺骗

---

① 刘烨、乔瑞金:《英国新马克思主义的社会主义"民族解放"思想探析》,《学习与探索》,2018年第11期。

② Andrew Glyn, Social Democracy and Full Emoloyment, *New Left Review*, No. I/211, 1995, pp. 33 – 55.

③④ Aaron Benanav, Automation and the Future of Work – 1, *New Left Review*, No. 119, 2019, pp. 5 – 38.

⑤ Jan Breman, A Bogus Concept? *New Left Review*, No. 84, 2013, pp. 130 – 138.

大众,使人民满足于现状,失去反抗的意识。在简·布雷曼看来,当前由于资本主义积极意义的丧失所引发的失业危机"实际上是结构性危机"①,工资低、受教育程度低、资源贫乏的工人阶级构成了过度拥挤的世界经济底层,如果不通过从根本上变革社会结构来扭转这一局面,处于底层的劳动力会陷入一种永久的危机状态。

劳拉·库克通过分析经济危机对工人阶级的失业以及就业环境的影响,揭露了工人阶级在当前环境下所面临的真实困境。库克指出,当前经济衰退的影响更多地体现在对工资和就业条款、条件的普遍挤压,而不是就业本身,从表面上看,就业的总人数似乎没有持续下降,但这并不意味着人们正在从事的工作类型没有改变,事实上,自经济衰退开始以来,全职和兼职的人数正在发生变化,由于找不到全职工作而从事兼职工作的工人比例大幅度增加,并且在这些兼职中,有相当一部分是雇主利用当前的经济形势迫使工人接受的,这意味着这些工作的工资会低于同行业的平均水平,并且还无权享受带薪休假等其他权利。不仅如此,大量的年轻人似乎也被资本主义利用了,他们对于工作的渴望使他们在毫不知情的情况下发挥了"后备劳动力大军"的作用,使得雇主得以以失业相威胁,肆无忌惮地压低工人们的工资和条件,这些都表明了工人阶级事实上已经深陷就业危机。在库克看来,资本主义正在试图通过降低工资和标准来代替裁员的手段使自己在经济危机中复苏,这意味着工人阶级的处境并不会有明显的改善,并且由于资本主义还不能扭转经济危机,经济危机对于工人阶级的就业影响还将继续下去,而这就是工人阶级在就业方面所面临的真实处境。②

(三)福利制度的异化显露出资本主义对人追求美好生活的漠视

进入 21 世纪以后,社会不平等问题还集中表现在以养老金危机为代表

---

①　Jan Breman, Myth of the Global Safety Net, *New Left Review*, No. 59, 2009, pp. 29 – 36.

②　See Laura Cooke, *The Impact of the Crisis on the Working Class in Britain*, International Socialism, http://isj. org. uk/the – impact – of – the – crisis – on – the – working – class – in – britain/.

的社会福利问题上,统治阶级对人民的美好承诺早已行迹难寻,取而代之的则是每况愈下的收入和失去保障的晚年。罗宾·布莱克本以美国安然公司的倒闭为切入点,深刻揭露了养老金问题所暴露的资本主义的非人道本质。布莱克本指出,安然公司破产所带来的养老金问题相当严峻,但其中最受影响的仍然是工人阶级。布莱克本用局内人和局外人的概念进一步解释说:"长期以来,我们一直认为资本主义的根本冲突在于资本所有者和工人之间。安然事件证明,真正的冲突存在于局内人和局外人之间。股东和工人在安然事件中都是失败者。"①布莱克本指出,局内人是摩根大通和花旗银行,他们将安然公司的高风险贷款转移给了保险公司和基金经理,并最终转移给了大量的养老金计划持有者,即局外人,并且这次事件因工人们间接或小规模的股东身份而不能被定性为资本所有者和工人之间的冲突。在布莱克本看来,虽然这次事件中工人亦是资本的所有者,但他们实际上仍是真正的局外人,因为他们对以他们的名义存在的资产缺乏真正的控制权,而这才是工人和有产者的本质区别。安然事件的发生再次证明了马克思早在100多年前就得出的结论:"当资本家赢利时工人不一定有利可得,而当资本家亏损时工人就一定跟着吃亏。"②

安然事件并不是个例,养老金危机正在困扰整个西方世界。"数据显示,三分之一的养老金计划在过去十年被取消,这暴露出养老金危机的规模越来越大。这一发现加剧了人们的担忧,即整整一代人都面临着紧张的退休生活。"③在布莱克本看来,包括养老金计划在内的资本主义国家的一系列福利政策实质上都是非人道的,"安然的结果赤裸裸地展现了精英阶层的贪婪"④。这些政策看似是为了保障和提高人民的生活水平,但事实证明不过是资产阶级用来欺骗人民的幌子,"死的资本总是迈着同样的步子,并且对现实的个人活动漠不关心"⑤,决策者的出发点从来就是自身的利益和统治地位,他们将危机带来的方方面面的压力毫无保留地通过各种手段转移给广大无产阶级,使人民大众的生活压力无限制地增大。"养老金恐慌反映出

---

①③④　Robin Blackburn,The Enron Debacle and the Pension Crisis,*New Left Review*,No. 14,2002,pp. 26 – 51.

②　[德]马克思:《1844 年经济学哲学手稿》,人民出版社,2014 年,第 7 页。

⑤　同上,第 8 页。

人们开始意识到,雇主一直在大规模地欺骗他们的员工"①,也就是说,这些福利政策不仅没有提高人民的生活水平,反而暴露了资本主义对人追求美好生活的漠视,这也加剧了资本主义社会人与人之间的不平等。

针对福利制度的异化,伊恩·弗格森指出,对于资本主义国家来说,福利是必不可少的环节,原因有三:第一,为了确保劳动力的再生产能达到允许资本家竞争的水平;第二,塑造劳动力以满足资本的需求;第三,应对来自下层的压力,尤其是工人阶级为了自己和他们的家庭获得更好的生活的斗争。从统治阶级的视角来看,提供福利可以在稳定制度方面发挥重要的作用,特别是在阶级斗争加剧时期,而在现在这样的时期,即当制度陷入严重危机并且阶级斗争处于较低的水平时,资产阶级就会发动攻势,收回他们的福利承诺。因此,福利制度的异化有其资本主义的必然性,而当前资本主义世界对于福利领域的攻击,一个重要的驱动因素就是试图将全球资本主义危机的成本转移到工人阶级身上。② 弗格森继续指出,在 2008 年金融危机爆发后,这一状况愈演愈烈,资本主义利用危机变革了福利政策,他们试图迫使市场更加深入社会,增加私有化,削弱工人的集体力量,让福利国家为资本服务,而不是满足大多数人的需求,而这也正好暴露了福利制度的本质,即资本主义作用下的福利虽然可以为工人阶级提供某种程度上的安全感,但它总是临时的,资产阶级会随时由于制度的危机而收回它们的让步。③

艾伦·克利福德和马克·邓克针对英国为应对社会保障危机而提出的 UBI(全民基本收入)方案进行了讨论,并认为这并不是一种行之有效的应对方式。他们指出,虽然 UBI 越高,人们摆脱贫困的可能性就越大,但与之相伴而生的公共财政的成本也将水涨船高,这导致政府资助其他扶持性社会政策的难度也就越拉越大,而在这其中,体现在对残疾人和弱势群体的负面影响尤为严重,也就是说,引入 UBI 方案,以全民普遍覆盖取代有针对性的制度,可能不仅达不到预期的效果,反而还会加剧日益严重的不平等和生存

---

① Robin Blackburn,The Enron Debacle and the Pension Crisis,*New Left Review*,No. 14,2002,pp. 26 – 51.

②③ See Iain Ferguson,*Can the Tories Abolish the Welfare State?* International Socialism,http://isj. org. uk/can – the – tories – abolish – the – welfare – state/.

斗争。① 在他们看来,英国是目前欧洲最大的社会主义运动策源地,今天的工党对生活工资的要求,对在需要时免费提供医疗和社会服务的要求,以及对提供不带附加条件的适当生活标准的社会保障制度的要求,都很受欢迎,而采用 UBI 将会破坏这些政策,因为它帮助维持了现有的权利不平等,助长了更大的不安全感和低工资,并有可能进一步消减公共服务。因此,如果我们想要结束福利改革所造成的痛苦,就不应该要求 UBI,未来的社会保障体系必须是一个能够为所有人提供充分的社会保护和体面的生活水平的体系,而要实现这样一个根本性的转变并非易事,它需要彻底废除现有的制度体系并进行根本的重新设计。② 基于此,英国马克思主义人道主义从制度变革的维度上认为"建设一个可以为穷人谋求社会民主福利的社会"③ 已经迫在眉睫。

(四)异化的社会制度导致工人阶级日益贫困

随着资本主义社会不平等问题的日益严峻,贫困的问题亦逐渐加剧。戈兰·瑟伯恩指出,一些深层次的贫困问题恰恰隐藏在了资本主义虚假繁荣的背后。一方面,日益尖锐的贫困问题凸显了资本主义制度的弊端,由于一味地追求利益而忽视了对人的关注,使得"资本和劳动力之间日益失衡"④,财富越来越多地被资产阶级占有,致使资本主义制度下人民大众的劳动状态、生活状态以及健康状态不但没有发生好的改变,甚至还有可能因为战争、社会动荡等因素而下降。对此,克里斯·哈曼认为,马克思的异化理论放在今天的工人阶级身上依然适用,工人们不仅无法决定自己的生产,反而还会被自己生产的产物所控制,⑤ 这种劳动的异己性使得工人们的付出得不到应有的回报,贫困的加剧是其必然的结果。尼克拉·金斯伯格在反思工人阶级的贫困窘境后指出,资本主义试图通过将贫困等同于个体选择和

---

①②　See Ellen Clifford and Mark Dunk, *Universal Basic Income：Reasons to be Cheerful or No Go Central？* International Socialism, http：//isj. org. uk/universal – basic – income/.

③　林小芳、查君红:《塔里克·阿里谈拉丁美洲反新自由主义运动的新进展》,《国外理论动态》,2005 年第 3 期。

④　Jan Breman, Myth of the Global Safety Net, *New Left Review*, No. 59, 2009, pp. 29 – 36.

⑤　Chris Harman, *Zombie Capitalism：Global Crisis and the Relevance of Marx*, Haymarket Books, 2010, p. 12.

道德缺陷等手段,将贫困从制造不平等的结构转移到个人身上,进而掩盖资本主义体系和社会结构因素在贫困制造中的真实面目。另一方面,资本主义发展至今,所累积的财富和财富的创造能力是之前无法比拟的,由于经济的飞速发展,加之资本主义国家顺应潮流建立了囊括福利、保险、医疗和救助等各方面在内的社会保障体系,使工人阶级的收入和生活水平有了较大程度的提高,甚至有不少工人阶级已经接近或者步入了中产阶级。随着这一现象的逐渐增多,发达资本主义国家便把这一现象当成是贫富差距缩小的标志,认为"'中产阶级'的扩张意味着贫困即将消失"[1],甚至声称资本主义社会的社会矛盾已经缓和趋于稳定。

而事实在于,中产阶级实质上是"工人阶级的委婉表达"[2],而且"从 20世纪 80 年代中期到 2005 年左右,中产阶级的规模实际缩小了……许多中产阶级家庭认为社会经济体系不公平,因为他们没有像高收入群体那样从中受益……中产阶级的梦想越来越仅仅是一个梦"[3]。不仅如此,"资本主义可能最终会导致中产阶级的无产阶级化"[4],因为资本主义的首要任务是确保世界各国以及各国人民"在经济和政治上被锁定在全球资本主义秩序中"[5],"经济危机正在由大量财富从穷人转移到富人手中来解决"[6]。也就是说,资产阶级一旦出现问题,危机势必会波及无产阶级,从而加剧无产阶级的困境,这一点从近年来西方经济危机频发以及所引发的失业和贫困问题的剧增便可得到有利证明。因此可以说,无产阶级的生存状况不仅没有好转,反而深陷"资本主义不平等的漩涡"[7],"日益严重的不平等仍然是最有可能的结果"[8]。

安德烈·贝尔纳迪指出,在过去几十年里,西方经济体逐渐迈入了一种金融资本主义模式,这种新模式的特点是,对金融部门的强烈依赖、国际贸易和资本流动的强化和全球化,以及劳动力市场的灵活化。受这种模式影响,一方面,企业越来越依赖于通过金融渠道获得的收入,这增强了企业所有者和精英工人相对于其他工人的谈判能力,也导致了大多数工人被排除

---

① ② ③ ④ ⑦ ⑧   Göran Therborn, Dreams and Nightmares of the World's Middle Classes, *New Left Review*, No. 124, 2020, pp. 63 – 87.

⑤   Perry Anderson, Force and Consent, *New Left Review*, No. 17, 2002, pp. 5 – 30.

⑥   Jan Breman, Myth of the Global Safety Net, *New Left Review*, No. 59, 2009, pp. 29 – 36.

在高收入之外，从而造成不平等现象的加剧；另一方面，由雇佣、解雇、失业救济金、最低工资等方面的新规定所构成的新的生产方式，使得非标准的工作合同和临时工作变得普遍，从而造成工人的不稳定和不安定。不仅如此，在工人阶级的贫困现象日益加剧的同时，社会服务方面的公共支出却在减少，国家在需要时重新分配财富的能力也在下降，这导致工人阶级的贫困不仅不会缓解，反而更加趋于恶化。在贝尔纳迪看来，西方国家也许可以减轻不平等的影响，但却不能减少造成不平等的原因，因为资本主义制度认为不平等在现代复杂的社会是必要的，因此，应该把关注的焦点集中在制度这一根本问题上，只有真正实现资本主义的变革，不平等问题以及由此造成的工人阶级贫困问题才能获得根本解决。①

　　不仅如此，理查德·威尔克森在其著作《精神层面：为什么平等对每个人都更好》中指出，不平等给人们生活带来的影响，不仅在物质方面，还体现在健康，尤其是精神健康方面。在威尔克森看来，不平等问题并不是说只有在人们缺乏基本必需品，以及住房和食物的情况下才重要，这些讨论仅仅是不平等所带来的物质影响。而事实上，不平等问题所引发的精神层面的问题更应该受到重视。虽然当前社会越来越富裕，人们越来越富有，但这不仅没有对人的生活质量产生真正的积极影响，反而还滋生了许多新问题。一方面，人们很少认识到不平等会影响到人的健康，当健康出现问题时，人们或许会认为是因为饮食、过度拥挤或类似的物质因素导致的，而不会认为是不平等所导致的精神因素使然。另一方面，不平等所带来的自卑感、被贬低、不被尊重、被鄙视的感觉以及与之相关的暴力、毒品、抑郁、焦虑等精神健康问题已成为影响人们生活质量的重大隐患，而这种问题在类似于英国这样的发达富裕国家体现得尤为明显。从这个角度上说，不平等所影响的范围已经不仅仅是社会底层或处于绝对以及相对贫困状态的人，而是已经覆盖了整个社会。②

　　迈克·海恩斯与威尔克森持类似观点，他也指出了不平等给人们健康

---

　　①　See Andrea Bernardi, What is Organizational Inequality? Why is It Increasing as Macroeconomic Inequality Increases? *Capital & Class*, No. 45, 2021, pp. 437 – 455.

　　②　See Richard G. Wilkinson & Iain Ferguson, *Interview: Reviving the spirit of equality*, International Socialism, http://isj. org. uk/interview – reviving – the – spirit – of – equality/.

带来的影响。但与威尔克森不同的是,海恩斯更关注不平等对社会底层人民健康造成的更恶劣影响。他通过大量数据及文献考证指出,健康和健康状况不佳存在强烈的"社会梯度",而且社会不平等程度越大,人们健康状况的差距就越大。也就是说,由于社会底层人民的生活总是与较低的地位、更少的权力、更大的生活压力、更少的社交以及缺少足够的时间金钱或精力选择健康生活等许多问题联系在一起,这就导致了底层人民消极的健康状况。究其根本,海恩斯认为问题的根源在于资本主义社会中异化、剥削、阶级和阶级冲突等因素相互作用所造成的社会不平等,以及由此产生的社会梯度。对此,海恩斯认为,真正的解决方案必须是激进的解决方案,必须上升到资本主义制度的性质上,必须在各方面与制度不平等作斗争,包括维持和改善工作场所的条件、反对裁员、抵制预算削减、反对收回住房等。这些斗争不仅对个体很重要,而且可以为突破资本主义的制度的目标奠定基础。[①]

可以看出,无论是全球性的危机、失业、社会福利降低还是贫困,都是社会不平等的表现,是资本主义异化的社会制度的外在呈现,是其内在逻辑发展的必然结果。在英国马克思主义看来,剥削仍然是资本主义不可撼动的主旋律,资本主义所推行的提高收入、落实福利、普及教育等政策实则都是其美化剥削本质的手段,因为他们清楚,自己获取利益的最有效方式就是对工人阶级的剥削,而这同时也暴露了资本主义对工人的依赖,因此,工人阶级依然是可以撼动资本主义的核心力量,工人阶级仍然是革命的主体,他们"有团结在一起的实力来打断、破坏并重新组织生产,从而将经济生活的轨道转向不同的方向"[②],这也就是说,时至今日,马克思对于工人阶级的解读仍然具有强大的解释力。

二、对抗异化的暴力政治

21世纪的暴力政治,虽然不再以过去那种野蛮的以国家消亡甚至种族

---

① See Mike Haynes, *Capitalism*, *Class*, *Health and Medicine*, International Socialism, http://isj. org. uk/capitalism - class - health - and - medicine/.

② [英]阿列克斯·卡利尼克斯:《反资本主义宣言》,罗汉、孙宁、黄悦译,上海译文出版社,2017年,第70页。

灭绝为目的的形式存在,但实际上仍然以新的更隐蔽更无人性的形式延续,具体表现为资本主义对市场的抢占、对资源的掠夺以及对世界领导权的贪婪等。其中,作为异化的暴力政治最突出的表现形式,武装暴力干涉行为在世界范围内屡屡上演。而这也是暴露资本主义社会非人道的最直接形式,因为武装暴力干涉正在使越来越多的人,尤其是参与其中的人"伤痕累累,无法正常工作,甚至无法忍受继续生活"[1]。有鉴于此,英国马克思主义人道主义结合自身独特的理论视角,从以下两个方面对冷战后一系列武装暴力的实质以及在武装暴力干涉中人民大众的悲惨状况进行了思考和分析。

(一)资本主义国家借人道主义名义武装暴力干涉他国内政是其异化的暴力政治的集中表现

冷战结束后,世界和平发展的美好局面并没有如期而至,取而代之的则是以美国为首的西方发达资本主义国家打着人道主义的旗号对发展中的国家地区进行频繁的帝国主义暴力干涉,"事实上,苏联解体后,全球暴力手段的不平衡已经加倍,使霸权的基本组成部分更加急剧地向武力的方向倾斜"[2],整个世界依然笼罩在暴力的阴影下。对于上述状况,资产阶级代言人马丁·肖辩称说,这样做是西方在承担全球领导的角色,建立一种国际新秩序,西方有历史责任承担这一角色,只有西方有经济、政治和军事资源以及进行这种统一所必需的民主和多民族机构及文化,"因为在适当的时候……只有存在一个能够从各方的共同利益出发,能够对整个系统施加纪律的超级大国,才能令人满意地解决协调问题"[3]。对此,艾瑞克·霍布斯鲍姆指出,西方强国所谓的责任,实际上是"他们对边缘化地区的霸权控制"[4],"他们从经济视角来论述世界体系……其结论必然是西方中心论的"[5],而事实上这是明显的"将个人权力置于民族国家的领土权力之上"[6]的行为,所谓的国际新秩序是明显地建立在国与国之间不平等的基础之上的,看似是强大

---

① Joann Wypijewski, Home Alone, *New Left Review*, No. 93, 2015, pp. 99 – 111.

②③ Perry Anderson, Force and Consent, *New Left Review*, No. 17, 2002, pp. 5 – 30.

④⑤ Eric Hobsbawm, *The Invention of Tradition*, Cambridge University Press, 2012, p. 166.

⑥ David Chandler, International Justice, *New Left Review*, No. 6, 2000, pp. 55 – 66.

国家对贫穷国家的责任,其实质是赤裸裸的干涉,而这种干涉在一个由民族国家组成的而不是由单一力量组成的世界中,是不合理的。在塔里克·阿里看来,西方一些国家的暴力干涉行径,虽然打着人道主义的旗号,但其本质仍是非人道的,因为他们的根本指向不是寻求如何实现人的价值、促成人的解放,而是建立在"无数的谎言、贪婪与帝国主义幻想"①基础上的,是在利益驱使下的对外扩张,是对资源的无节制掠夺和对劳动力的无限制剥削。这一行为从目的来看,是为了资本主义本身的私利,是某些西方强国出于狭隘的政治或经济利益的考量,而并非是出于人的更好的发展,这一点从一些国家仅干涉与本国利益相关的国家这一现实中可见一斑。从手段来看,当前世界的暴力干涉手段更是与"人道"背道而驰。从结果来看,暴力干涉不仅没有为被干涉方带来平等和自由,相反,往往加剧了他们的困境。

(二)异化的国际援助是异化的暴力政治在21世纪的全新展现

查理·金铂在其发表于《国际社会主义》杂志的文章《援助、治理和剥削》中,揭露了21世纪国际援助的异化以及隐藏在其背后的真实目的。金铂指出,以人道主义名义进行的国际援助本应是一件能够消除贫困、保障人权的积极举措,如今却已经被西方富裕国家变成了控制和塑造贫穷国家,并为自身谋取利益的手段。作为捐助者,富裕国家优先考虑的并不是数十亿穷人和弱势群体,而是自身的战略利益或贸易利益,这就导致了国际援助与"援助"这一本意的完全背离。在金铂看来,国际援助的异化主要表现在以下五个方面:

第一,富裕国家在持续削减援助方面的资金;第二,富裕国家在选择援助对象时并不是一视同仁,而是以自身利益的保障程度为标准来挑选;第三,援助资金是附带条件的,富裕国家要求受援国必须购买其商品或者服务;第四,本应用于维护人权和消除贫困的援助资金被用于在受捐国建立跨国公司、加强市场改革等有利于捐赠国为自身牟利的事情上;第五,大量的资金和粮食被挪用到了军事援助上,使得饥饿的贫民为了生存不得不应召

---

① Tariq Ali, Re – Colonizing Iraq, *New Left Review*, No. 21, 2003, pp. 5 – 19.

入伍,这不仅扩大了战争的规模,也助长了武装暴力在受援国的制度化。而这五个方面的异化所带来的结果,并不是援助,而是贫富差距的不断拉大和受援国及其人民困境的日益加剧。金铂认为,要让贫困成为历史,需要的是真正意义上的、更多更好的援助,而不是上述那种带有剧毒的施舍,而在他看来,只有通过全球南方和北方的工人、农民的联合斗争,跨越资本主义这道屏障,这种愿望才能转换为现实,才能真正消除贫困,资本主义也才会为其所作所为付出代价。①

(三) 对新帝国主义的反抗必将推进世界人民革命意识的觉醒和革命斗争情绪的高涨

与暴力干涉相伴而生的则是日益高涨的反战情绪和反战运动。恩格斯曾经指出:"资产阶级……在它的发展过程中有一个转折点,经过这个转折点之后,它的手段每进一步增加,首先是它的资本每进一步增加,都会使它越来越没有能力进行政治统治。"②霍布斯鲍姆曾预言,如今资产阶级的这个转折点已经来到,即"社会的结构本身,甚至包括资本主义经济的部分社会基石,正……处在重大的毁灭转折点上"③,因为资本主义单靠国内的资源和劳动力已经不足以满足发展的需求,为了追求更大的利益,它们只能采取暴力干涉的手段,打着人道主义的名义,"将侵略装扮成解放"④。这种情况下,在资本主义国家看似取得资本增长的背后,是全世界无产阶级不满情绪的日益高涨,而反战运动的不断出现则正好说明了资本主义统治能力的下降。亚历山大·考科布恩指出,"时至今日,反战运动在日常生活中依然鲜活地存在"⑤,多数人民将反战倾向作为总统选举标准的这一现象也显示出人民

---

① See Charlie Kimber, *Aid*, *Governance and Exploitation*, International Socialism, http://isj. org. uk/aid – governance – and – exploitation/.

② 《马克思恩格斯选集》(第三卷),人民出版社,2012年,第27页。

③ [英]艾瑞克·霍布斯鲍姆:《极端的年代:1914—1991》,郑明萱译,中信出版社,2017年,第703页。

④ Tariq Ali, Re – Colonizing Iraq, *New Left Review*, No. 21,2003,pp. 5 – 19.

⑤ Alexander Cockburn, Whatever happened to the Anti – War Movement? *New Left Review*, No. 46, 2007, pp. 29 – 38.

强烈的反战意愿。① 与此同时,反战运动的高涨有利于唤醒无产阶级的革命意识。一方面,反战运动的一个重要表征就是使各国的无产阶级因为同一个目标又重新团结在一起,为了自己的生存和发展而并肩战斗。另一方面,反战运动的屡次失败除了表明资产阶级的力量依然十分强大外,也说明了无产阶级自身的力量依然不够强大。而帝国主义暴力干涉的不断升级,这有利于使全世界的无产阶级再次联合起来,有利于重新唤醒无产阶级潜在的革命意识。

对此,大卫·钱德勒认为,暴力政治的根源在于资本主义自身的运行逻辑不仅无法阻止武装暴力干涉,反而需要通过暴力来维持自身的正常运行。在他看来,一些发达资本主义国家用"人道主义干预……来掩盖特殊利益或权力图谋"②,这些行为的实质是资本主义的全球扩张,是资本主义殖民运动在当代的表现形式。亚历克斯·卡利尼克斯指出,使全世界的工人阶级团结起来依然是反抗新帝国主义的关键环节,在他看来,现代帝国主义是一个资本间相互竞争的体系,世界的主要对立已经表现为国家之间的对抗,而不是阶级之间的对抗,然而事实上,除了利益冲突之外,所有主要资本主义国家都因共同依赖于剥削有薪劳动力而团结在一起,也就是说,阶级斗争的问题依然存在,只不过是被国家间的竞争所掩盖,这也就解释了为什么暴力干涉看上去是资本主义国家间的相互争夺,而承受损失的永远是资本主义体系之外的贫穷国家以及身处边缘的人民。基于此,卡利尼克斯强调,"西方左翼的任务是重建反战运动,并动员尽可能多的人参与,迫使我们的政府最终结束这场长期的战争"③。

此外,新近出现的气候危机也为工人阶级的联合提供了新的契机。苏珊娜·杰弗瑞认为,随着气候危机对全球人类生命造成的威胁日益加重,气候运动也在全球范围内持续增长,而西方政府在气候变化问题上的毫无作为,尤其是仍将以化石燃料为基础的能源体系视为核心能源政策的做法,无

① See Alexander Cockburn, Whatever happened to the Anti – War Movement? *New Left Review*, No. 46, 2007, pp. 29 – 38.

② David Chandler, International Justice, *New Left Review*, No. 6, 2000, pp. 55 – 66.

③ Alex Callinicos, *Resisting the long war*, International Socialism, http://isj. org. uk/resisting – the – long – war/.

疑是气候问题恶化的罪魁祸首。针对一些富裕国家推卸责任,无视气候危机的做法,杰弗瑞指出,世界上最富有的国家本应对气候变化负有最大的责任,但他们不仅没有行动,反而还对世界上最贫穷地区的遭受气候恶化后果的人们竖起种族主义的高墙和法律,他们决心捍卫化石燃料工业的短期利益和巨额利润,而不管对地球和生存在地球上的大多数人造成的长期影响,这必然会加剧气候危机的恶化。在杰弗瑞看来,从现有的能源系统过渡到优先考虑多数人需求的全新能源系统,应该在工会和工人阶级运动中解决,因为工人阶级对气候恶化有最直接的感知,并且他们有能力依靠团结行动获得对于未来的发言权。①

总体来看,以人道主义对新时代国际暴力干涉行为做理论与现实的观照,是21世纪英国马克思主义的一个基本特点。从他们的分析和批判中可以看出,西方资本主义的暴力政治行为实际上是在"新军国主义背后的帝国主义现实上覆盖了一层人道主义面纱"②,武力解决问题是资本主义暴力政治的工具。暴力干涉是以实现人的权利为名,行扩大势力范围及谋求自身利益之事,是不合乎正义、不合乎人道的,其直接后果就是导致国际关系和秩序的混乱,对当今世界的稳定与发展构成巨大威胁。英国马克思主义人道主义正是从真正的尊重与维护人的权利与自由的立场上,对当今世界暴力干涉行为的本质进行了揭露,这不仅有助于构建稳定的国际秩序,使人们认清暴力干涉的本质,而且对于从理论层面为人道主义正名也有所裨益。

三、破除异化的意识形态

资本主义异化的意识形态包含了诸多内容,其中女权问题、对人的现实关怀问题和种族歧视问题成为21世纪英国马克思主义者较为关注的主题。

---

① See Suzanne Jeffery, *Dirty Energy*, *Capitalism and the Working Class*, International Socialism, http://isj. org. uk/dirty – energy – capitalism/.

② Perry Anderson, Force and Consent, *New Left Review*, No. 17, 2002, pp. 5 – 30.

（一）权利不平等是资本主义异化的意识形态的集中表现，尤其是妇女权利的不平等深刻暴露了资本主义社会虚伪性

自文艺复兴以来，人人平等是资产阶级极力倡导的基本思想，其中女性本应享有与男性同样的地位和权利的思想早已成为共识，然而在当前的西方社会，女性并没有得到与男性同等的作为公民应有的权利。英国马克思主义人道主义者对女性权利的关注秉持了起始于20世纪60年代的第二波女权运动的思想理路，他们通过长时间对女性的工作状况、生活状况、家庭状况以及资本主义生产方式与劳动性别分化的关系的详细考察，结合自身的思考，试图对女性在当前资本主义环境下所面临的困境给出一个合理的解释，并找到可以使女性摆脱困境的可行路径。立足于对传统底层视角的坚守，英国马克思主义者发现，过往的和新自由主义模式下的女权主义几乎都是将视野放在社会的中上层，而非数量更加庞大的底层贫困女性，这种审视视角的断层很容易造成难以触及全球化浪潮的底层女性在女权主义的"全球化视野"中的缺失，从而使女权主义背离其原本的含义，并逐渐沦为资产阶级意识形态渗透的工具。因此，21世纪英国马克思主义基于恢复人的基本权利对女权问题的思考，基本呈现出以下两个特点：

其一，坚持从历史主义的视角看资本主义意识形态异化。丹尼斯·德沃金指出："女权主义不仅仅考察家庭历史，而且寻求解释，为什么作为劳动力的再生产者的女性工人，以及她们在家庭中作为劳动力的服务，长期都不被重视。将女性带入历史研究的视野，我们关于生产，关于工人阶级政治和文化，关于阶级斗争，关于福利国家的知识，将会改变。"①苏珊·沃特金斯通过反思21世纪之前的女权运动，认为如今女性所面临的困境的根本原因在于资本主义发展所带来的性别分工和家庭与工作场所的分离，"西方的霸权主义模式虽然还远没有普及，但在公共领域都实行了男性的统治"②，这使得

---

① ［英］丹尼斯·德沃金：《文化马克思主义在战后英国——历史、新左派和文化研究的起源》，李凤丹译，人民出版社，2008年，第268页。

② Susan Watkins, Which Feminisms? *New Left Review*, No. 109, 2018, pp. 5 – 76.

女性在与男性的竞争中处于全面的劣势地位。米切莉·巴雷特则指出："必须注意到性别分工并不全是资本主义的现象，它的一些因素在资本主义之前就已存在，只不过资本主义使性别分工更加顽固而已。"①在她看来，不能仅从资本的角度或仅从家庭的角度讨论妇女的受压迫问题，应该从历史的角度分析和思考性别与阶级问题，通过搜集和分析女权主义发展过程中的历史事实和问题，有利于对女权主义的现状给出更加客观和合理的说明。

苏珊·沃特金斯通过追溯和对比1790年至1900年之间的女权主义运动，着重强调了20世纪60年代末的女权运动的历史地位，指出这场运动"是在一场更广泛的斗争浪潮中兴起的，这场斗争注入了女权主义的语言，并帮助塑造了它的视野"②。在她看来，20世纪60年代的女权运动具有如下特点：首先，范围已经不仅仅局限于资产阶级内部的女性，由于受到各国工人运动、学生运动和黑人运动的影响，广大无产阶级的女性也受到启发加入到女权运动中来。其次，女权运动已经不是局限在某个国家内部的运动，而是发展成为国与国之间的世界性的运动。最后，女权运动没有停留在过去仅是形式上的反抗，而是付诸实际行动。基于此，沃特金斯认为，对女权主义的思考不应再停留在资本主义的框架内，而是应该建立一种历史的、超越阶级的、全球性的视野。随着全球一体化的势不可逆，歧视、压迫以及不平等将会是全球女性共同面对的问题，因此，基于某一阶段对女权主义的考察是不全面的，只有从历史的整体视角出发，全面把握女权主义的内涵及其与资本主义之间的深刻联系，才有助于为女权运动的发展找到正确的方向。

其二，立足女性的现实生活对资本主义权力异化的批判。沃利·塞科姆分析指出，21世纪之前的女性实际状况是，仍然以家庭妇女为主要的存在形式，在家庭中从事着无报酬的家务劳动，是"完全脱离无产阶级组织和斗争的大量劳动人口"③，由于行动缺乏有纪律的组织和完善的指导思想，她们无法组织起有效的反抗形式，因此她们的斗争一般都是被直接镇压或不了了之。维罗妮卡·席德指出，这些"家庭妇女"是组成无产阶级的重要力量，

---

① 陈学明：《20世纪西方马克思主义哲学历程》（第三卷），天津人民出版社，2013年，第285页。

② Susan Watkins, Which Feminisms? *New Left Review*, No. 109, 2018, pp. 5 - 76.

③ Wally Seccombe, The Housewife and Her Labour Under Capitalism, *New Left Review*, No. I/83, 1974, pp. 3 - 24.

是工人阶级需要依靠的目标,女性"不仅追求收入和物质保障,而且追求尊严、自我完善与传统权威的解放"①,她们也同工人阶级一样,以摆脱资本主义的压迫,获得真正解放为最终目标。进入 21 世纪后,从进入全球劳动大军的数量和从事家务劳动的时间等多角度看,都显示出妇女在社会和家庭中的角色发生了巨大的变化。然而在女性作用和贡献不断提高的光鲜外表下,她们所面临的困境并没有得到明显的改观,来自阶级的压迫和性别的歧视仍然屡见不鲜,女性距离真正的解放依然相去甚远。艾莉森·贾格尔指出,女权主义不应该把妇女看作抽象的与男性无性别差的个体,而应该把妇女放在她们所处的现实社会关系的建构中,"妇女解放就是要改变这些关系"②。考察女性的现实生活,有利于更好地发掘隐藏于生活外表背后的女性独有的特征和文化,帮助女性更好地看清她们所面对的真正困境,进而唤醒女性的抗争意识。同时,立足女性的现实生活也是马克思主义人道主义的基本立场,这样更有助于女权运动摆脱来自资本主义的束缚和其他持不同立场的女性思想的干扰,使女权运动找到真正科学的指导思想,明确继续斗争的目标。

进一步来看,沃特金斯指出,女性地位的提高彰显了女权主义的积极意义,也为今后女权主义的发展和完善奠定了基础,然而女性地位提高的同时也衍生出了其他社会问题,"性别平等的进步与世界大部分地区的日益不平等齐头并进"③。在她看来,一方面,那些进入工薪阶层甚至是精英阶层的女性,绝大部分都来自资产阶级内部,是资本主义的发展使这些女性逐渐摆脱了家庭的束缚,使她们有精力进入社会,而这些女性的加入又大大扩充了资本主义的生产力,使资本主义的发展更进一步。然而与此同时,占据更多人数的无产阶级妇女则可能还在为解决温饱问题而苦苦挣扎,她们并没有因女权主义而获益,这样一来产生的后果必然是资产阶级的女性与无产阶级的女性的差距不断拉大,全世界女性整体的贫富状况日益不均。另一方面,在资本主义体制内,广大无产阶级女性的地位即使提高,也依然不会改变受

① Verónica Schild, Feminism and Neoliberalism in Latin America, *New Left Review*, No. 96, 2015, pp. 59 – 74.

② 陈学明:《20 世纪西方马克思主义哲学历程》(第三卷),天津人民出版社,2013年,第 300 页。

③ Susan Watkins, Which Feminisms? *New Left Review*, No. 109, 2018, pp. 5 – 76.

资产阶级剥削和压迫的命运,甚至女性还会受到来自男性的歧视和压迫,由此可见,资本主义并不具备真正解放妇女的条件。南希·弗雷泽认为:"第二波浪潮引发的文化变革本身是有益的,它使资本主义社会的结构转型合法化,而这种转型与女权主义者关于社会公正的远景背道而驰。"①因此,"这场运动需要将女性的不服从、乌托邦式的幻想和社会主义的观点结合起来,女权主义者必须进入政治领域,她们也必须把控制社会生产作为自己的关注点"②,也就是应该通过积极发挥自身的能动性来寻求一种具有人道主义性质的社会主义制度变革。

(二)现实的资本主义漠视对人的生命关怀

针对突然暴发的新冠肺炎疫情,英国马克思主义认为,面对不期而至的疫情,新自由主义的运行逻辑使资本主义世界下意识地在维护企业生存和保证人民健康之间选择了前者,这使得本就脆弱的个人在残酷的病毒面前更加无助,人类的生存状况面临着巨大的挑战。伊恩·弗格森指出,疫情导致数以百万计的工人被迫在工作和饥饿之间做出选择,雇主要求他们在没有适当的社交距离或个人防护装备的情况下工作,在一些极端的情况下,雇主甚至要求出现症状或者检测呈阳性的员工继续工作,这无疑对工人的身体和精神健康都是巨大的摧残,③在弗格森看来,受新自由主义本质的影响,包括卫生和社会护理工作者在内的许多社会人都不得不面对一种"道德困境",即一个人知道该做什么正确的事,但体制上的限制使人们几乎不可能采取正确的行动。④

不仅如此,弗格森还从精神压力和心理健康的角度讨论了新冠肺炎疫情给人类造成的伤害。他指出,疫情给人造成的精神压力和心理冲击并非

---

① Nancy Fraser, Feminism, Capitalism and the Cunning of History, *New Left Review*, No. 56, 2009, pp. 97 – 117.

② Frigga Haug, The Woman's Movement in West Germany, *New Left Review*, No. I/155, 1986, pp. 50 – 74.

③④ See Iain Ferguson, *Capitalism, Coronavirus and Mental Distress*, International Socialism, http://isj. org. uk/coronavirus – mental – distress/.

普遍、平均地作用在每一个人身上,受新自由主义社会的分裂和不平等的影响,下层人民和少数民族所承受的压力远远大于社会平均水平。因此,不能简单地把这种由疫情带来的精神压力和心理问题进行医学化或病理化对待,因为这极易导致对阶级、贫困、种族主义等决定性因素的淡化甚至忽略。在弗格森看来,面对疫情,人们所表现出的心理压力、焦虑以及抑郁并不是单纯的精神疾病,而是对整个生活方式所遭遇的重大威胁所做出的合理的反应。疫情是一场集体危机,其根源在于将利益置于生命之上的资本主义制度,数百万人失去工作或者在高危环境下工作,数十亿人被迫面临隔离,人们的生活方式被无情地摧毁,在这种情况下,焦虑、困惑、痛苦等心理问题所折射出的是人们对于疫情的痛苦反应和对于政府的致人民生存于不顾的失望,这并非是依靠临床诊断或者病例分析就能克服的。[①] 此外,弗格森还提出了自己关于如何突破上述困境的看法,他指出,许多传统的马克思主义伟大思想家都敏锐地意识到了集体行动的变革潜力,也就是说,应该将反对压迫的斗争同工人阶级的力量联系起来,构成一项集体的行动,如果说新冠疫情凸显了一件事情,那就是这个社会中的重要人物不是杰夫·贝佐斯、理查德·布兰森或者马克·扎克伯格,而是公共汽车司机、零售工人、清洁工、护士和社会护理人员,没有他们的劳动,资本主义的车轮就会停滞不前。正是有了这些工人,以及全球数百万其他工人,才成就了今天的资本主义,也就是说,庞大的工人阶级其实蕴含着巨大的力量,因此,通过集体的力量摆脱在疫情的作用下更加恶化的由新自由主义所营造的困境是完全有可能。[②]

苏珊·沃特金斯认为,突如其来的新冠肺炎疫情暴露了资本主义世界在应对突发公共卫生事件时的反应迟缓和无能为力,以美国为例,美国的新冠病毒感染死亡人数远高于其在数据上显示的原本应有的水平。究其原因,主要有以下两个方面:第一,疫情之前社会不安定因素的过度积累,包括成本高昂且远未普及的医疗保障系统,不稳定的低工资劳动力等,这使得美国社会缺乏应对疫情的基础保障,无法给予疫情及时的应对;第二,政府在面对病毒给人带来的生存危机时的消极态度,不仅肆无忌惮地贬低戴口罩并

---

①② See Iain Ferguson, *Capitalism*, *Coronavirus and Mental Distress*, International Socialism, http://isj. org. uk/coronavirus – mental – distress/.

将其政治化,还不合时宜地宣布取消居家令,并且对家庭的救助远远不及对企业救助,导致人民的不满情绪急剧增长,抗议活动愈演愈烈。[1] 罗布特·布伦纳也秉持了同沃特金斯相同的观点,布伦纳从经济的角度出发,认为美国国会通过的《关怀法案》体现了其对于需要帮助的家庭的冷漠和对于企业救助的热情之间的巨大反差,不仅如此,美联储也通过拯救公司债券市场等手段试图维护高层管理者和股东的利益,也就是说,在大量人口的生活水平受到严重威胁的情况下,美国的政策制定者不仅置若罔闻,而且还对资产市场和整个经济秩序进行政治干预,试图通过直接的政治干预手段驱动财富的向上分配,这无疑会加剧饱受疫情和经济危机双重困扰的人民的困境,致使贫富差距进一步拉大。

英国《国际社会主义》杂志主编约瑟夫·乔纳拉则采用整体主义的视野,从当前资本主义的多重危机视角对疫情问题进行了审视。他认为,当前资本主义局势面临着三重危机,疫情只是其中的一个因素,不能孤立于更广泛的生态和经济混乱来理解它,资本主义长期的萧条阶段并不只是简单地造成反复的经济危机,它还迫使资本对脆弱的生态系统进行更深层次的入侵,以实现利润的最大化,而新冠肺炎病毒正是通过资本的渗透和对自然的商品化,从动物群体进入人类社会的。[2] 乔纳拉指出,新冠病毒本身对于人类生命延续的巨大威胁,加上资本主义世界在面对疫情时的无能为力和自私自利,无疑使本就已经饱受折磨的人民的生活雪上加霜。一方面,以美国为例,这个在2019年的"全球健康安全指数"中排名此类疫情防范程度第一的国家,如今的确诊病例数已占全球确诊病例总数的五分之一以上,疫情所带来的经济崩溃的重担正不成比例地由工人、妇女、黑人和其他少数族裔承担着;另一方面,包括英国在内的欧洲各国政府并不愿意进入"全面封锁"的状态,对他们来说,这不是这些措施的公共价值问题,而是经济价格过高的简单计算,也就是说,在不断的且不可抗拒的扩大利润和积累资本的动力与

---

① See Susan Watkins,Politics And Pandemics? *New Left Review*,No.125,2020,pp.5-16.

② See Joseph Choonara,*A Year Under the Pandemic*,International Socialism,http://isj.org.uk/a-year-under-the-pandemic/.

捍卫人类生命的必要性相冲突的时候,他们选择了前者。[①] 不仅如此,乔纳拉接着指出,疫情暴露了资本主义的弊端,也将雇主们的贪婪和非人性展现出来,他们非但没有采取任何保护工人的措施,反而利用这场动荡以较低条件的解雇和重新雇佣工人的形式推动了对于工人的剥削,使得工人们不得不面对失业和生命威胁的双重压力。[②] 同乔纳拉一样,卡利尼克斯也进行了相关方面的思考,他指出,新自由主义的资本主义正在经济、政治和生物的多维危机中崩溃。正如拜登政府财政部部长珍妮特·耶伦在写给员工的信中所说,如果你过去几周里听过拜登总统的讲话,你就会知道他谈论了"四次历史性危机",新冠肺炎疫情是一种,除此之外,还面临着一场气候性危机,一场系统性种族主义危机和一场已经持续50年的经济危机,而这相应的后果是霸权危机,即资产阶级统治的主导形式的衰败。[③]

马克·托马斯针对英国的现状指出,资本的压力强化了英国政府的鲁莽行为,使其不惜一切代价维持企业的运营,约翰逊政府没有采取欧洲其他国家已经采取的措施来遏制新冠肺炎病毒的传播,它没有采取任何行动,包括关闭学校、禁止大规模的公共集会、停止所有非必要的工作,相反,政府还宣布放弃大规模的社区测试和追踪,换句话说,在英国,病毒被允许在整个社会肆虐。正是在这种情况下,工人阶级不得不面临着来自三个方面的突出压力,即一种不管安全与否都要重返工作岗位的冲动,由于公司倒闭或为了支撑盈利能力而寻求大规模裁员的浪潮的威胁,以及国家为拯救企业而采取的危机措施的账单以冻结工资和攻击工作环境的方式转嫁给工人,[④] 而这不仅显示出工人阶级所面临的严酷现状,也暴露了资本主义国家对于工人安全的无情漠视。[⑤]

约翰·帕灵顿从药物研发的角度入手,指出制药行业和医疗保健业由于受到资本主义运行逻辑的控制,错误地秉持了资本主义价值观,使得它们

---

①② See Joseph Choonara, *The Crisis Deepens*, International Socialism, http://isj. org. uk/the-crisis-deepens/.

③ See Alex Callinicos, *Neoliberal Capitalism Implodes: Global Catastrophe and the Far Right today*, International Socialism, http://isj. org. uk/implodes - catastrophe/.

④⑤ See Mark L Thomas, *Covid - 19: The Battle in the Workplace*, International Socialism, http://isj. org. uk/covid - 19 - in - the - workplace/.

既没有对疫情给予足够的重视,也没有将保护人类生命置于利润的驱动之上,致使新冠病毒由于药物研发的延缓甚至停止而加剧蔓延,这也印证了资本主义对于疫情恶化的不可推卸的责任。① 在帕灵顿看来,"我们迫切需要推翻导致全球陷入这场公共卫生灾难的资本主义制度,只有社会主义社会才能结束助长传染病蔓延的贫困、饥饿和肮脏的状态,并确保现代医学能惠及所有人,而不仅仅是少数人"②。可以看出,在英国马克思主义看来,新冠肺炎疫情将新自由主义运行逻辑的弊端无限制放大,并且还暴露了其新的问题,即原本隐藏在"繁荣"背后的新自由主义在公共健康领域的运行机制同样是一种对于人权的违背。

(三)种族歧视问题凸显了资本主义意识形态的异化

种族歧视问题是同资本主义相伴而生的历史性问题,它根源于资本主义剥削和扩张的本质。受新冠肺炎疫情的影响,人民的生存危机日益加深,种族歧视再一次成为被关注的焦点。在英国马克思主义看来,种族歧视在新冠肺炎疫情的刺激下被激化和放大,其影响力已经逐渐渗透进了我们生活的各个领域,因此有必要给予足够的关注和重视,为了人类获得解放,种族歧视必须要被摧毁。③ 苏亚塔·吉德拉和艾伦·霍恩在《新左派评论》发表的文章《种姓、种族和阶级》中指出,种族问题可以被看成是一种基于血统或不可改变的特征对人的价值进行排序的传统的延续,它通过使用严格控制的边界来保证一些群体对其他群体的优越性,使他们都处于各自设定的位置,这一概念映射到美国就是白人是"统治者",亚洲人和拉美人是"中间层",非裔黑人处在底层。④ 同理,在他们看来,这种类比也适用于英国、德国

---

① See John Parrington, *Science, Capitalism and Covid - 19*, International Socialism, http://isj. org. uk/science - capitalism - and - covid - 19/.

② John Parrington, *Science, Capitalism and Covid - 19*, International Socialism, http://isj. org. uk/science - capitalism - and - covid - 19/.

③ See Esme Choonara, *Racism: Individual, Institutional and Structural*, International Socialism, http://isj. org. uk/racism - institutional - structural/.

④ See Sujatha Gidla & Alan Horn, Caste, Race—and Class? *New Left Review*, No. 131, 2021, pp. 15 - 35.

乃至全世界的种族歧视问题。吉德拉和霍恩通过梳理种族歧视的形成机制,指出种族歧视的出现主要包含以下几个要素,即相信社会等级制度是由上帝规定的;角色与等级的世袭性质;禁止跨种族通婚;将最低阶层与污染联系起来;"清洁"与"肮脏"的职业等级制度;对底层的污名化和非人化;相信优势和劣势与生俱来;以暴力的形式执行上述规定。[①] 而在资本主义意识形态的作用下,上述要素的催化作用还会被进一步放大,使得"不同阵营"的人与人之间的距离不断拉大,这势必会导致"种族"之间矛盾的激化。因此,在他们看来,对抗种族歧视,除了坚持同资本主义制度抗争外,还应提倡两方面的努力,一方面,"种族歧视的施为方需要被唤醒,需要让他们明白种族歧视对于人类生存和未来社会发展所造成的危害"[②],另一方面,打破工人阶级中黑人劳工和白人劳工之间的隔阂,让他们建立一种和谐的对话关系,进而确定他们作为工人的共同利益,这样一来,剥削他们的难度就会大大增加。[③]不仅如此,吉德拉和霍恩还着重分析了最具代表性的美国的种族问题,他们指出,作为动产奴隶制的遗留问题,对黑人的压迫在美国历史上有着深厚的根基。没有任何其他群体如此长期和严重地被孤立,同时又被无情地剥削。让多民族、多种族的工人阶级保持分裂,特别是对黑人的特殊压迫,长期以来一直是美国反对综合阶级斗争的堡垒,而这一过程则是由控制国家生产性财富的几千个家庭组成的极少的白人剥削阶级,通过政府政策、警察、法院和大众传媒积极地建立和培养肤色线,从而使所有一切都掌握在他们手中来实现的。而这也就解释了为什么美国争取黑人权利的斗争几乎未取得突破,并且对黑人解放的诉求已经逐渐被"黑人生命重要"的防御性口号所取代。[④]随着种族问题在疫情催化下的再次激化,乔纳拉认为,在年龄和健康之后,阶级和种族已成为决定在新冠肺炎疫情中生存和死亡的关键因素,一方面,英国国家统计局的分析表明,在最贫穷的三分之二的劳动力中,超过四分之三的人从事被认为暴露于新冠病毒高或中等程度的职业,而对于最富有的五分之一的劳动力来说,这个比例还不到一半;另一方面,种族

---

①③④　See Sujatha Gidla & Alan Horn, Caste, Race——and Class? *New Left Review*, No. 131, 2021, pp. 15 – 35.

②　Sujatha Gidla & Alan Horn, Caste, Race——and Class? *New Left Review*, No. 131, 2021, pp. 15 – 35.

层面的表现也越来越明显,美国的数据显示,黑人死于新冠肺炎病毒的概率是白人的 3.6 倍,西班牙裔或拉丁裔死亡的可能性是白人的 2.5 倍,同样,据英国国家统计局的一项研究指出,在英格兰和威尔士,黑人死于新冠肺炎病毒的可能性是白人的 4 倍。也就是说,种族歧视或者说种族压迫问题正在新冠肺炎疫情的催化下逐渐变得恶化。①

总而言之,对女性问题、疫情和种族歧视的思考是英国马克思主义将现实的人置于社会主义理论和抱负的中心位置的一次积极尝试。通过发掘女性实践活动的多样性及重建女性日常生活的完整性,英国马克思主义者看到了现有的女权主义及其在资本主义制度下发展的局限性;通过对资本主义世界面对疫情的态度及其应对措施的深入分析,看到了资本主义对人的漠视;通过对因疫情而加剧的种族歧视问题的根源及其表现形式的分析,看到了大量底层人民在种族歧视作用下的巨大痛苦。因此,英国马克思主义认为,在资本主义的框架内无法做到"在每一个社会阶层,每一个种族阶层中实现性别平等"②,指出只有摆脱资本主义的体系框架,实现社会主义制度变革,才能破除异化的意识形态,人类才能得到真正的解放。

结　语

21 世纪英国马克思主义人道主义是将现实的人、特别是下层群众融于社会主义理论框架的一种全新解释,这是历史唯物主义视域下对人的思考的一种新的发展。变革异化的社会制度、对抗异化的暴力政治和破除异化的意识形态三方面的整体构图,构成了 21 世纪英国马克思主义人道主义的核心框架。其中,异化的社会制度呈现出新时代资本主义制度下人所面临的多重不平等的新局面;异化的暴力政治揭露出资本主义暴力政治新秩序下人的新困境;异化的意识形态则体现了社会权力构造维度下的人的基本权利问题。

首先,变革异化的社会制度,彰显了"从下往上看"的批判维度。21 世纪

① See Joseph Choonara,*A Triple Crisis*,International Socialism,http://isj. org. uk/a－triple－crisis/.

② Susan Watkins,Which Feminisms? *New Left Review*,No. 109,2018,pp. 5－76.

英国马克思主义人道主义思想继承了马克思主义"现实的人"的思考方式,更加关注底层群众的现实状况。他们看到了资本主义国家把关注的焦点都放在了经济危机对富裕国家的影响上,"对生活在过去被称为第三世界的广大民众却没有多少关注"①,"而这种思路只分析了危机对整个国家的影响,却掩盖了危机对社会各个阶层的不同影响"②,尤其是对社会底层群众的影响。其中最生动的体现,就是无产阶级在面对失业、社会福利的丧失和贫困这些不平等问题时的孤立无援和无能为力。这就是为什么许多穷人越来越容易受到各种意识形态的诱惑,因为"他们很想把它看作是一种摆脱对他们来说是死胡同的出路"③。21 世纪英国马克思主义人道主义对异化的社会制度的关注,既是与马克思主义一脉相承,也是新的历史条件下对资本主义的批判,表明只有立足于广大人民,倾听人民大众的真实诉求,看清人民大众的真实现状,才能正确地运用唯物史观的科学认识,冲破资本主义的意识形态牢笼,消除异化的社会制度,进而建立"一种更加平等、更加人道的社会秩序"④。

其次,对抗异化的暴力政治是破除资本主义霸权的全新尝试。英国马克思主义人道主义对新时期异化的资本主义暴力政治的关注,体现了英国马克思主义一种整体性的全球视野。在资本主义背景下,利润、剥削和压迫是主旋律,它"摧毁了人们旧的生活方式,任由他们在缺乏相应能力的情况下自行寻求新的生活方式,却很少告诉他们怎么办"⑤,"工人生活的任何稳定都可能是暂时的"⑥,统治阶级"除了自己的私利,没有别的优先考虑"⑦,因此,一旦危机出现,承受最大痛苦的必然是广大人民群众。虽然新时期资本主义的"掠夺价值的方式不再体现为军事手段"⑧,但核心区域国家"通过资本主义霸权体系向边缘国家和地区强行输送……所谓先进的制度、技术、文化以及资本和人才等"⑨,使得边缘地区的国家和人民逐渐丧失了生存和发展的自主意愿和主动权,这正是"第三世界国家和地区长期处于'欠发达'或

---

①② Jan Breman, Myth of the Global Safety Net, *New Left Review*, No. 59, 2009, pp. 29 – 36.

③⑥⑦ Jan Breman, The Undercities of Karachi, *New Left Review*, No. 76, 2012, pp. 49 – 63.

④ [英]安东尼·吉登斯:《超越左与右》,李惠斌、杨雪冬译,社会科学文献出版社,2009 年,第 52 页。

⑤ [英]艾瑞克·霍布斯鲍姆:《工业与帝国》,梅俊杰译,中央编译出版社,2016 年,第 80 页。

⑧⑨ 陈学明:《20 世纪西方马克思主义哲学历程》(第二卷),天津人民出版社,2013 年,第 384 页。

'不发展'状态之真正根源"①。因此,"当代的全球化资本主义不再是人类追求个人和集体解放的适当框架,无论单个的资本主义国家还是整个资本主义世界都是如此。资本主义……已经成为全人类的敌人"②。而英国马克思主义人道主义立足亚非拉美等第三世界国家和地区,通过对其内部人民生存状况的深入考察,思考如何破除他们面临的困境,把他们从"资本主义的瘟疫中解放出来"③,进而"建设一个可以为穷人谋求社会民主福利的社会"④,一个可以真正实现人的平等、自由发展和彻底解放的社会,这不仅体现了英国马克思主义的全球视野,也是新时代破除资本主义霸权的全新尝试。

最后,破除异化的意识形态体现了坚持人的全面解放的哲学立场。英国马克思主义人道主义"希望给予所有人应有的权利"⑤,由此,关注女性的异化和生存状况,考察疫情所凸显的资本主义下人的困境,审视种族歧视的社会隐患,都是其思考人的全面解放问题所不能规避的重要方面。因此,从上述三个方面的视角切入资本主义对人的影响,有利于更加立体地把握人在当前环境下面临的困境,是21世纪英国马克思主义人道主义坚持人的全面解放立场在新时期的具体呈现。

由是,英国马克思主义在新形势下的人道主义关怀主要表现为提出了变革异化的社会制度、对抗异化的暴力政治、破除异化的意识形态,分别着眼于社会关系中的人、国际关系中的人、人与人关系中的人三方面。可以说,这三个角度三位一体,立体地呈现出了21世纪英国马克思主义人道主义思想的一幅三维构图。21世纪英国马克思主义人道主义是英国马克思主义在新时代探索实现人的自由与发展的全新成果,值得予以深入思考和研究。

乔瑞金、张尚弘(山西大学)

---

① 陈学明:《20世纪西方马克思主义哲学历程》(第二卷),天津人民出版社,2013年,第384页。

② [埃]萨米尔·阿明:《世界规模的积累》,杨明柱、杨光、李宝源译,社会科学文献出版社,2008年,序言第21页。

③ Wolfgang Streeck, Engels's Second Theory, *New Left Review*, No. 123, 2020, pp. 75–88.

④ 林小芳、查君红:《塔里克·阿里谈拉丁美洲反新自由主义运动的新进展》,《国外理论动态》,2005年第3期。

⑤ [英]罗宾·布莱克本:《未完成的革命》,李晓江译,社会科学文献出版社,2013年,第143页。

超越人本主义与结构主义：
马克思主义哲学构架的新探索[*]

自20世纪20年代以来，对正统马克思主义哲学的反思推动着国外马克思主义哲学的形成与发展，虽然在近100年来的探索中，存在着多种不同的探索方向，形成了众多不同的新思路，但从总体上来看，人本主义与结构主义这两种不同的解释构架，至今仍然是马克思主义哲学当代建构中的重要内容。人本主义思潮发起于主体性哲学，在20世纪50至60年代形成马克思主义哲学阐释中一股重要的思潮，与之对应的就是以阿尔都塞为代表的结构主义对人本主义的批判。虽然这一批判具有极强的颠覆性，但这并不妨碍后来者从人本主义重新理解马克思主义的思路，比如德鲁兹、奈格里等人。这也表明，结构主义的批判虽然触及人本主义解释思路的重要根基，但仍然存在着理论缺陷。实际上，回到社会存在层面，特定社会存在中人与结构的关系，在资本支配的时代，很长的时间内都会是人文社会科学面临的共同话题。重新面对这一问题，虽然不能期望一劳永逸地解决它，但每一次真正的反思与批判，将会推进对这一问题的理解，加深对这一问题的认识。对于马克思主义哲学的当代探索来说，如何面对人本主义与结构主义，反思过去的研究思路与理论构架，这是推进马克思主义哲学研究的一项重要的基础性工作。

一、马克思主义哲学人本主义化的逻辑演进

人本主义从总体上来说是以人的先验本质为依据，通过批判人的现实

* 本文系教育部哲学社会科学研究重大课题攻关项目（课题号：16JZD003）的阶段性成果。

异化从而重新回归人的本质的思路。结合对马克思主义哲学的讨论,这一思路展现出丰富的内容和极强的批判张力,在当代马克思主义研究构局中,产生了极强的影响。

在20世纪20至30年代,从人本主义思路重新解释马克思的哲学,发端于卢卡奇等国外马克思主义学者。青年卢卡奇从新康德主义出发,经黑格尔的中介,在20年代早期重新阅读马克思,就其问题意识来说,是想找到走出欧洲文化没落的新思路。面对西方的没落和第一次世界大战,卢卡奇认为无论交战的双方谁赢,接下来的问题仍然没有回答:"谁把我们从西方文明中拯救出来呢?"①正是这样的问题,推动着卢卡奇走向了马克思,并完成了《历史与阶级意识》。

在卢卡奇接受马克思的时代,正是第二国际的正统马克思主义流行的时代,同时也是俄国十月革命产生效应的时代。在这样的历史与理论语境中,卢卡奇的解读不再像第二国际的理论家那样,强调费尔巴哈的唯物主义(更多是自然观意义上的)、经济的决定性作用的解释思路,而是从黑格尔哲学出发,强调人的主体性对于重新理解马克思哲学的意义。在这一思路下,卢卡奇形成了一个较为完整的马克思主义哲学解释构架:第一,物化与物化思维分别是现代社会与现代哲学的根本特征。"物化"可以说是卢卡奇在《历史与阶级意识》中非常具有创造性的一个概念,他以之来概括西方社会的存在状态,以及建立在这一社会基础上的意识形态与哲学理念的根本特征,充分展现了以《资本论》为其哲学基础的批判力。第二,总体性是马克思主义哲学辩证法的根本规定。在《历史与阶级意识》的第一篇中,卢卡奇在追问"什么是正统的马克思主义"时就指出,正统的马克思主义指的是方法,这种方法的本质规定就是总体性。总体性不仅是他所理解的辩证法的本质,而且也是卢卡奇用来拯救西方文明物化、碎片化的方案,这在讲资产阶级思想的二律背反时表现得更为充分。第三,以主体-客体的历史辩证法来面对历史、建构马克思主义哲学。在卢卡奇看来,主体性是近代以来,特别是康德的"哥白尼式革命"以来德国古典哲学的阐释方向,德国古典哲学就是想以主体性来解决社会历史生活和思维中的二律背反,由于其哲学前提

---

① 〔匈〕卢卡奇:《小说理论》,燕宏远、李怀涛译,商务印书馆,2012年,作者前言(1962)第2页。

是物化的社会存在,这决定了自康德到黑格尔的哲学只是推进了二律背反,没法真正解决这一悖论,只有建立在无产阶级实践基础上的阶级意识,才能真正地解决上述难题。第四,形成了劳动本体论。在《历史与阶级意识》中,卢卡奇以实践概念为重要的本体论概念,强调实践是社会存在的本体,这一思考在后来的《关于社会存在的本体论》中,明确表达为劳动本体论。卢卡奇的解释构架虽然不能以人本主义来概括,但其深刻的思考则为人本主义提供了重要的理论基础,1932 年《1844 年经济学哲学手稿》(以下简称《手稿》)的发表,直接激发了马克思主义哲学的人本主义解释思路。

1927 年,俄文版《马克思恩格斯文库》第三卷收入了《手稿》的部分内容。1932 年,德文原文全文发表。当时有两个版本:一是莫斯科苏联马克思恩格斯研究院编的德文版《马克思恩格斯全集》第 3 卷,由 B. 阿多拉茨基主编;一是德国社会民主党人朗兹胡特和迈耶尔合编的《马克思:历史唯物主义的早期著作》第 1 卷。这一文献的发表,引发了关于马克思、特别是早期马克思思想的讨论。朗兹胡特与迈耶尔认为,《手稿》在某种意义上是马克思的最重要的著作,是马克思思想发展的关键节点,是"真正马克思主义的启示录",其"中心思想"在于否定当时流行的剥夺资产阶级的阶级斗争理论,强调"人的本质的全面实现和发展"是马克思的目的。比利时社会主义者亨·德曼在《新发现的马克思》中认为:"马克思的任何一部其他著作,都不像这部著作这样清楚地展示出隐藏在马克思社会主义思想后面的人道主义主题。"他们都提出了"回到青年马克思去"的口号。①

在 1932 年完成的《历史唯物主义的基础》一文中,年青的马尔库塞指出:"马克思在 1844 年写的《1844 年经济学-哲学手稿》的发表必将成为马克思主义研究史上的一个划时代的事件。"②在他看来,马克思对政治经济学的革命批判本身就是哲学的批判,这种哲学包含着面向未来的革命实践,通过人的本质力量、异化与外化等范畴,这种革命意味着"人的全部历史的革命,人这一存在物的定义的革命"③。在这篇讨论中,马尔库塞对人本主义做了

---

① 参见《西方学者论〈1844 年经济学-哲学手稿〉》,复旦大学出版社,1983 年,第 3 页。

② [美]赫伯特·马尔库塞:《历史唯物主义的基础》,载《西方学者论〈1844 年经济学-哲学手稿〉》,复旦大学出版社,1983 年,第 93 页。

③ 同上,第 95 页。

这样的解释："马克思是把消灭了异化和物化的'实证的共产主义'看作人本主义来加以叙述的，人本主义这一术语表明，对马克思来说共产主义的基础就是人的本质的某种实现。这种人本主义（就它是人的本质的一个实证的定义来说）的发展，在这里首先是受到了费尔巴哈的影响。"①

年青的马尔库塞在阅读马克思的过程中，从海德格尔的弟子、经黑格尔的中介，变成了一个西方马克思主义者。在他的这篇文章中，以对象化为核心范畴形成了人本主义的马克思主义的解释构架：第一，人的本质力量的实现的本体论基础是劳动，必须把劳动理解为人的生命活动和人的真正的实现，在这个过程中，感性同样具有本体论的意蕴。把感性看作是马克思此时思想的一个重要范畴，这是马尔库塞的一个特点，这也成为晚年的他寻求新感性以摆脱单向度的社会与单向度的人的重要方案。第二，人的本质的实现具有历史性与社会性的内涵。马尔库塞认为，这里强调马克思关于人的本质的重要性，并不是要回到马克思所批判过的人的本质的概念，即一种非历史、永恒的人性，"我们所论述的不再是在每个具体历史阶段都千篇一律的抽象的人的本质，而是在历史中并且只有在历史中才能被确定的人的本质。"②历史性规定中的人的本质力量的对象化是在社会中实现的。第三，人的本质力量的实现依赖于无条件的总体革命。在他看来，对人的本质力量的洞察，是发动革命的原动力。人以一种全面的方式，作为完整的人来占有自己的本质。总体的人要求总体革命，从而自觉地把对象性的关系，即社会的关系全部占有。马尔库塞的这些讨论已经初步概括了人本主义解释的基本构架。20 世纪 30 年代的列斐伏尔，形成了相似的看法。

人本主义解释思路兴起之时，也正是纳粹开始掌控政权的时候，随后的二战中断了这一思路。战后对欧洲文化的反思，对正在稳定发展的欧洲社会的反省，推动着人本主义解释思路的复兴，苏共二十大对斯大林的批判，则进一步激发了对马克思主义的人本主义建构。如果说 20 世纪 30 年代这一思路主要停留在党外的话，20 世纪五六十年代盛行的人本主义的马克思

---

① ［美］赫伯特·马尔库塞：《历史唯物主义的基础》，载《西方学者论〈1844 年经济学-哲学手稿〉》，复旦大学出版社，1983 年，第 105～106 页。

② 同上，第 121 页。

主义,已经成为党内重新理解马克思的主导性思潮。在这一阶段,人本主义解释思路不仅体现在对马克思主义哲学的重新理解上,而且扩展到对人们的日常生活批判上,并成为一些苏东国家重新理解社会主义的基本原则。

在这新一轮的人本主义大潮中,弗洛姆的《马克思关于人的概念》无疑是其中非常重要的一个文本。弗洛姆针对传统历史唯物主义带有经济决定论与经济利益论的解释倾向指出:"马克思的目标是使人在精神上得到解放,使人摆脱经济决定论的枷锁,使人的完整的人性得到恢复,使人与其伙伴们以及与自然界处于统一而且和谐的关系中。"①马克思的学说是使人从异化中解放出来,充分实现人的人性,是一种精神的存在主义,马克思关于社会主义的思考是建立在人的学说的基础上的,这些才是马克思的"唯物主义"的本质规定。以此为指向,弗洛姆从以下方面来建构自己的解释构架:第一,阐释马克思的人性概念。在他看来,马克思认为:"人作为人是一个可认识、可确定的实体;人不仅能够按照生物学、解剖学和生理学来加以规定,而且能够按照心理学来加以规定。"②这种人性就是人的本质。与传统人性论不同,马克思区分了人的一般本性与人的变化的本性,同样区分了人的不变的欲望与相对的欲望。在这一区分的基础上,弗洛姆特别强调,马克思哲学中的"人"具有自我的能动性,强调人的潜能,强调人的独立与自由。作为精神分析学家的弗洛姆,在这一解说中融入了心理学的内容。第二,马克思主义哲学的本体论是劳动本体论,这大约是所有人本主义解释构架的一个重要特征。弗洛姆认为,人的这种自由、创造与自我实现的潜能,建立在生产劳动的基础上,"对于马克思来说,劳动和资本决不仅仅是经济学的范畴;它们是人类学的范畴,在这些范畴中包含着根植于马克思主义哲学的人道主义立场的价值判断。"③弗洛姆把资本以及资本统摄下的劳动看作是人类学范畴的思想,当然是错误的。第三,人类的历史就是人在发展自身的同时又不断异化的历史。弗洛姆把异化看作生产的否定性范畴,它根植于存在和本质的区别上,即"人的存在与他的本质疏远,人在事实上不是他潜在地

---

① [美]弗洛姆:《马克思关于人的概念》,载《西方学者论〈1844年经济学-哲学手稿〉》,复旦大学出版社,1983年,第22页。

② 同上,第39页。

③ 同上,第53页。

是的那个样子，或者，换句话说，人不是他应当成为的那个样子，而他应当成为他可能成为的那个样子"①。异化使一切价值贬低，人成为手段，成为自身创造物的囚徒。第四，社会主义是人的潜能的实现。"社会主义的目的是人。社会主义的目的就是去创造出一种生产的社会的组织，在这种形式和组织中，人能从他的生产中、从他的劳动中、从他的伙伴中、从他自身和从自然中，克服异化；在这种形式和组织中，人能复归他自身，并以他自己的力量掌握世界，从而跟世界统一。"②社会主义就是让人的潜能充分实现出来，是人的回归。第五，马克思始终是一位人本主义者。在这一点上，弗洛姆反对通过《1844 年经济学哲学手稿》将青年马克思与老年马克思对立起来的思路，指出即使是在《资本论》中，马克思仍然强调人的全面而自由地发展，强调其哲学的人本主义特征。弗洛姆的这本著作，可以说提供了马克思主义解释中人本主义思路的较为完整的构架。

在人本主义解释大潮中，学者们不仅重新理解马克思主义哲学，而且以人本主义的马克思主义来批判自己所面对的社会，比如列斐伏尔就从人本主义出发展开了日常生活批判。在 1938 年完成的《辩证唯物主义》一书中，列斐伏尔认为马克思主义哲学是实践的哲学，在马克思主义哲学中，第一，生产劳动是一种创造性的活动，它包含着其他活动并说明其他活动。第二，创造性的活动、人的本质、个性等应成为"目的本身"，任何盲目遵从外在自然或决定论的想法，都是错误的。第三，以总体的人超越当前社会中异化的人。虽然他反对人的永恒本性之说，但他强调人是存在的，总体的人是消除异化的人，是自由集体中自由的个人。这些思想在 20 世纪 70 年代完成的《马克思的社会学》等著作中，形成了更为完整的表述。列斐伏尔以实践概念为基础，从五个方面来确证马克思的人本主义。第一，实践的概念预设了感性世界的复兴，以及与感性世界相关的实践感的恢复；第二，人是需要的东西，实践一方面依赖于感性，另一方面依赖于需要激发的创造性活动；第三，工作是"需要—工作—享受"这个辩证过程的一部分，是实践和历史的因

---

①　［美］弗洛姆：《马克思关于人的概念》，载《西方学者论〈1844 年经济学-哲学手稿〉》，复旦大学出版社，1983 年，第 59 页。

②　同上，第 69 页。

素;第四,区分与物理的自然相关的活动和与人类相关的活动,后者与分工相关,更多体现了创制与创造的含义;第五,艺术和文化等证明了人类对自身本质的占有。① 这是从本体层面对人本主义的较为系统的论证。从基础理论出发,列斐伏尔将人本主义延伸到了日常生活的批判之中。

1945 年列斐伏尔完成的《日常生活批判》第一卷,在 10 年后的再版序言中,他这样表达本书的中心思想:"《日常生活批判(第一卷)》应该已经阐述了和努力解决了异化理论引起的问题。"②这一卷是围绕异化理论建构的,他认为这一理论曾被列宁搁置或无视,今天需要搞清楚异化理论在马克思主义发展史上的作用,马克思是如何从黑格尔及费尔巴哈那里得到异化概念并用于自己的著述中,特别是在《资本论》中,异化理论是如何在客观层面上延伸的。回到日常生活层面,战后法国的日常生活漂浮着一种虚无性,而传统哲学的形而上学特征,使它们无视日常生活,海德格尔那种想通过日常生活的"烦心"与"繁忙"时刻而实现个体存在的突变,越来越变得不"真实"了。长期以来,日常生活是被资产阶级决定的,与真正的人的自己的生活相冲突,在这种时刻,"真正的日常生活批判要把人(现实的和可能的)和资产阶级的没落区分开来,这种区分本身就是日常生活批判的基本目标,这种区分意味着重建日常生活。"③在这个意义上,日常生活批判应当成为今天马克思主义的重要内容。在该书第三章中,列斐伏尔将马克思主义的日常生活批判概括为以下方面:

第一,对个体性的批判。在现代劳动分工体系下,日常生活成为个体的私人生活,这种生活就是对生活的"剥夺",它剥夺了现实,剥夺了与世界的联系,陷入狭隘的、孤独的生活中,这是一种非现实的生活。第二,对使人迷惑的事物的批判。现代的日常生活是一种孤立的个人生活,它只能形成个人主义,无法形成社会意识和人的意识,也就无法形成对世界的真正意识,对世界整体的认识只能陷入幻觉、虚构的层面,这是一种"群氓"意识,这种意识又进一步使人沉迷于日常生活中。第三,对财富的批判,这里涉及拜物

---

① 参见列斐伏尔:《马克思的社会学》,谢永康等译,北京师范大学出版社,2018 年,第一、二章。

② [法]列斐伏尔:《日常生活批判》(第一卷),叶齐茂等译,社会科学文献出版社,2018 年,第 2 页。

③ 同上,第 117 页。

教与经济异化。列斐伏尔特别指出，不要陷入我很穷，但我很诚实之类的道德逻辑中，需要给财富正名，使之从个人占有变成社会占有，这才是真正的对象化。第四，对需要的批判，这涉及心理和道德的异化。对于占有财富的人，社会在不断地刺激着其欲望，面对无钱付账的人，其需要也退化了。第五，对劳动的批判，这涉及劳动者的异化和人的异化。在现代日常生活中，私有财产使人的劳动异化了，这是一种丧失了社会本质的劳动，人变成了使用工具的工具，从而一个去人性化的、无情的异己力量支配着整个社会生活。因此，异化不仅是一种理论批判的对象，而且是一种生活，表现在日常生活中，使得现实的生活成为一种"不真"的生活，而真正的生活却被异化所生活所遮蔽。第六，对自由的批判，这里的中心主题是人对大自然和对他自己的自然的权力。说到底就是要超越资产阶级的自由，获得真正的自由。在列斐伏尔对日常批判的总体刻画中，以异化理论为中心来恢复马克思的人本主义，把异化的日常生活作为真实生活的对立面，在日常生活批判实现总体的人，构造人的真实生活。以马克思的异化理论来批判现实的日常生活，从而使之成为一种理论批判的基础，这是人本主义的马克思主义在当时的一个重要理论进展。在这方面，萨特的《辩证理性批判》有着同样的意义。

这一人本主义思潮不仅在西方发达国家成为重新解释马克思主义的理论构架，而且成为东欧社会主义国家重新解释马克思主义的重要依据，并将人本主义的马克思主义试用于社会生活的管理中。

南斯拉夫实践派的重要代表马尔科维奇认为："在马克思看来，根本的问题是在创造一个更加人道的世界的同时如何实现人的本质。这一问题中所蕴含的基本的哲学假设是，人在本质上是一种实践的存在，即一种能够从事自由的创造活动，并通过这种活动改造世界、实现其特殊的潜能、满足其他人的需要的存在。对人来说，实践是一种根本的可能性，但在某种不利的历史条件下，这种可能性的实现会受到阻碍。个人的实际存在和潜在本质之间的这种差异，即实有和应有之间的差异，就是异化。哲学的基本任务就是对异化现象进行批判分析，并指明走向自我实现、走向实践的实际步骤。"①

---

① ［南斯拉夫］马尔科维奇、彼德洛维奇编：《南斯拉夫"实践派"的历史和理论》，郑一明、曲跃厚译，重庆出版社，1994 年，导论，第 23 页。

这段话可谓是南斯拉夫实践派的根本宗旨,他们所理解的实践,是一种规范性意义上的实践,即一种理想性的活动,是对异化存在的批判,因此马克思主义是一种科学的批判理论,这也是辩证法的本质规定。通过比较马克思与黑格尔的辩证法,马尔科维奇认为马克思的批判的辩证法在方法论上具有总体性原则、历史性原则、自决原则、矛盾原则、超越原则等,在目前物化或异化历史条件下,"超越便成为人的自决的一个原理。辩证法便发展成为一种真正的自由与创造性的人之活动的理论和方法"①。从自决出发,南斯拉夫实践进一步提出了"自治"概念,强调工人自治在国家建设和发展中的主导作用。

在他们看来,自治思想产生于马克思对历史中的异化以及社会主义克服异化的思想。人的本质是自由自觉的,对异化的克服就是实现人的本质,就是让人自由自觉地行动,让人自己掌握自己的命运。在他们看来,这种物化在今天主要表现为官僚制度对人的压抑,对此的克服,就是实现工人的自治。这是南斯拉夫实践派从人本主义的马克思主义出发得出的实践结论。

从上面简要的描述中可以看出,人本主义思路形成了对马克思主义的较为完整的解释构架,这种构架一方面着力于基础理论层面的建构,另一方面着力于对日常生活与社会存在的反思与批判,产生了极强的影响力。当然,如果从内在逻辑上来分析,在人本主义构架内部也存在着不少差异。比如一些学者是从人的本质规定出发,即人的自由自觉的创造性本质出发来面对现实的异化或物化,一些学者则强调存在先于本质,反对本质主义的界定,如萨特就认为,强调存在先于本质,才能打破柏拉图以来的本质主义先行思维,这种本质主义说到底是一种上帝创世说的翻版。② 这种逻辑上的差异并不妨碍这些学者从人的自由、人的创造性发展等视角来重新解释马克思主义、重新面对资本主义社会的理论态度,并在 20 世纪 60 年代成为当时欧洲一些国家的共产党重新解读马克思主义思想的重要基础。这种人本主义思路到底是推进了马克思思想的研究,还是阻碍了马克思主义思想? 这

---

① 〔南斯拉夫〕马尔科维奇:《当代的马克思——论人道主义共产主义》,曲跃厚译,黑龙江大学出版社,2011 年,第 44 页。

② 参见萨特:《存在主义是一种人道主义》,周煦良等译,上海译文出版社,2005 年。

在当时就引起了激烈的争论，阿尔都塞从结构视角而来的批评，是这一批评的代表。

二、结构主义与人本主义批判

阿尔都塞认为，对于一个思想家思想的考察，我们首先要抓住的是其问题构架，或者说是他把握一切的那个总问题。什么是总问题？阿尔都塞从以下方面进行了界定：第一，每一种思想都是由总问题从内部统一起来，构成一个真实的总体，只要抽出其中的一部分，总体就会改变其意义；第二，每一种思想的总体意义取决于其同现有意识形态的关系；第三，这一思想的意义同样取决于它同社会存在与社会问题的关系，后者构成了意识形态的基础；第四，推动思想发展的动力在于思想家个人以及他与历史的复杂关系中得到的真实历史。① 理解马克思的思想同样如此，我们需要抓住马克思思想发展中的总问题，从总问题中看马克思的思想是否有变化、如何变化的，只有这样才能深入马克思的思想中。

从总问题出发，阿尔都塞认为，马克思的思想经历了从人本主义向科学主义的彻底转变，他借用巴歇拉尔的概念称之为"认识论断裂"。"马克思只是对他青年时代（1840—1845）的理论基础——人的哲学作了彻底的批判后，才达到了科学的历史理论。"②在青年时期，马克思受黑格尔/费尔巴哈的人本主义总问题所影响，其思想发展可以区分为两个阶段：第一阶段（1840—1842），在这个阶段，在马克思思想中占主导的是离康德和费希特较近的理性加自由的人本主义，这是马克思评论书报检查令和德国封建制度的理论基础。第二阶段（1842—1845），另一种人本主义，即受费尔巴哈影响的人本主义占据着马克思思想的中心地位，马克思强调人的本质，并以人的本质的异化来批判当时的思想与社会生活。

青年马克思的人本学构架有两个核心构件："1.存在着一种普遍的人的本质；2.这个本质从属于'孤立的个体'，而他们是人的真正主体。""普遍的

---

① 参见［法］阿尔都塞：《保卫马克思》，顾良译，商务印书馆，1984年，第42~43页。

② ［法］阿尔都塞：《保卫马克思》，顾良译，商务印书馆，1984年，第192~193页。

人的本质"是一种本质的唯心主义,这种普遍的人的本质必须通过个体的主体展现出来,这就是一种主体的经验主义,这种主体的经验主义构成了传统唯物主义的本质。① 阿尔都塞揭示了人本主义的理论构架,人本主义既依赖于对人的类本质的先验设定,也依赖于对个体存在的经验论证,两者都从对方获得自己的合法性,从而缺一不可。在传统的人本主义解释中,学者们可能更为关注人的类本质,并以此来判定个体的存在,在新一轮的人本主义解释中,有些学者更为关注个体的存在,比如萨特,他就否定人的本质,强调个体的存在,并从个体的存在出发来建构自己的人学理论。如果从理论本身的建构来说,当从个体出发来讨论个体的未来理论状态时,很难摆脱对人的本质的先验设定与理解,阿尔都塞关于人本学内在构架的讨论,揭示的正是人本学的总问题。"在这个典型结构中,人们不仅可以看到社会理论(从霍布斯到卢梭)、政治经济学(从配第到李嘉图)和伦理学(从笛卡尔到康德)的原则,而且可以看到马克思以前的唯心主义和唯物主义'认识论'(从洛克到康德,再到费尔巴哈)原则。人的本质或经验主体的内容可以变化(例如从笛卡尔到费尔巴哈);主体可以从经验主义转化为唯心主义(例如从洛克到康德)。但是,以上术语及其相互关系只是在不变的同一个典型结构内部发生变化,而这个典型结构就是总问题本身:只要有一种本质的唯心主义,就始终有一种主体的经验主义与之相适应(或者,有了主体的唯心主义,就一定有本质的经验主义)。"②从人本学的构架出发,传统的唯物主义与唯心主义,都只是总问题的不同表现形式。阿尔都塞的这一说明,是从另一个层面读懂了马克思的《关于费尔巴哈的提纲》(以下简称《提纲》)以及《德意志意识形态》的一些重要思考。在《提纲》第一条,马克思以实践为核心范畴揭示了传统唯物主义与传统唯心主义的共同局限,这也恰恰说明,传统的唯物主义与传统的唯心主义,并不是简单对立的,它们在根本问题上是相通的,这也正是英国哲学能够从培根的经验论发展为贝克莱的主观主义和不可知论、法国哲学能够从笛卡尔的唯理论发展为 18 世纪机械唯物主义的重要原因。在《德意志意识形态》中,马克思在批判费尔巴哈时曾指出:"当费尔巴

---

① 参见[法]阿尔都塞:《保卫马克思》,顾良译,商务印书馆,1984 年,第 197 页。
② 同上,第 198 页。

哈是一个唯物主义者的时候，历史在他的视野之外；当他去探讨历史的时候，他不是一个唯物主义者。在他那里，唯物主义和历史是彼此完全脱离的。"①历史观领域的唯心主义，这才是传统唯物主义与传统唯心主义共同的避难所，才是使它们两极相通的通道。

阿尔都塞进一步指出，青年马克思的人本主义说到底并没有摆脱近代以来资产阶级的意识形态。什么是意识形态？在特拉西那里，受启蒙精神的影响，将之理解为考察思想、观念的形成并为之奠定基础的学说，即一种"观念学"。随着拿破仑对特拉西的批评，这个词转为贬义，带有歪曲、错误和想象的含义。在《德意志意识形态》中，马克思从社会结构出发，将意识形态看作当时占统治地位的思想观念，具有颠倒的、歪曲的特征，是统治阶级维护自身利益的工具，它建立在特定的社会存在的基础上。虽然意识具有相对性，但意识形态从总体上反映了统治阶级的思想。在《资本论》中，马克思通过拜物教揭示了资产阶级意识是如何建构并颠倒地反映世界的。这种颠倒源自资本主义社会存在自身的颠倒。随着商品生产与交换的普遍化，资本的形式化、结构化日益起着支配性的作用，资产阶级的意识形态正是在这样的基础上建构起来的。作为对这种结构的颠倒性表现，这种意识形态把已经颠倒的社会存在看作以脚立地的正常社会结构，这正是拜物教的根本特征。到恩格斯晚年，意识形态逐渐摆脱了只有贬义含义的状态，一方面意识形态成为社会结构中的一个重要因素，另一方面，意识形态对社会发展具有反作用。列宁进一步指出，不同的阶级有着不同的意识形态，无产阶级同样具有自身的意识形态。这些讨论主要是从意识形态的功能视角出发的，对意识形态的内在运转逻辑还缺少深入的讨论。

阿尔都塞认为："意识形态是具有独特逻辑和独特结构的表象（形象、神话、观念或概念）体系，它在特定的社会中历史地存在，并作为历史而起作用。"②相比于过去将意识形态看作观念体系的说法，阿尔都塞的意识形态概念无疑更加广泛，它不仅指以观念或概念为基础的理论体系，而且包含了对事物的想象。他认为，没有这些想象体系，人类历史就不可能存在。这种想

① 《马克思恩格斯文集》（第一卷），人民出版社，2009 年，第 530 页。
② ［法］阿尔都塞：《保卫马克思》，顾良译，商务印书馆，1984 年，第 201 页。

象体系不仅和意识相关,同时也是"十分无意识的",它就像空气一样,是人类历史生活的一种基本结构,"因此,意识形态根本不是意识的一种形式,而是人类'世界'的一个客体,是人类世界本身"①。可以说,没有意识形态,人类社会就无法存活下去。在阿尔都塞的这一界定中,除了传统讨论中赋予意识形态的一些重要规定外,他还强调了以下方面:第一,意识形态涉及的是人类同世界之间的体验和想象关系,而不只是以概念为基础的思想体系,在这种情况下,真实关系会被纳进想象关系中;第二,这种关系不仅以意识的形式为中介,也以无意识为中介,熟悉拉康的阿尔都塞将精神分析学的思考融入到对意识形态的理解中;第三,意识形态具有能动的本质,这种能动性并不只是一种工具性的表达,而是使人陷入意识形态之中,但又认为自己是意识形态的主人。从这些描述中可以看出,在意识形态中,人们是按照自己的想象来描述真实关系的,或者说即使是真实的关系,也容易打上人们的情绪和梦想,体现人们的希望和留恋。如果结合阿尔都塞在《读〈资本论〉》中的讨论,即人们只能看到自己的思维生产出来的东西,那么可以激进一点说,在意识形态中,人们只想看到或希望体验到自己想要的或希望的东西,这种意义上的意识形态,说到底为现实抹上了一层玫瑰色,在意识形态中人们为自己做了一个虚幻的保护套。

意识形态与主体之间到底是一种什么关系?阿尔都塞进一步指出:现代社会的意识形态正是通过将个人建构为主体而建构起来的。"所有意识形态都通过主体这个范畴发挥的功能,把具体的个人呼唤或传唤为具体的主体。"②"没有不借助于主体并为了这些主体而存在的意识形态。这意味着,没有不为了这些具体的主体而存在的意识形态,而意识形态的这个目标又只有借助于主体——即借助于主体的范畴和它所发挥的功能——才能达到。"任何意识形态都不离开主体,但主体并不是先验的存在,主体恰恰是意识形态建构出来的。"主体之所以是构成所有意识形态的基本范畴,只是因为所有意识形态的功能(这种功能定义了意识形态本身)就在于把具体的个

---

① [法]阿尔都塞:《保卫马克思》,顾良译,商务印书馆,1984 年,第 203 页。
② 陈越编:《哲学与政治:阿尔都塞读本》,吉林人民出版社,2003 年,第 364 页。

人'构成'为主体。"①在这里,阿尔都塞将从主体及其异化出发的人本主义解释构架与意识形态连接起来,表明青年马克思的人本主义同样只是意识形态的一种表达。

　　意识形态是如何将人建构为主体的呢? 在《资本论》中,马克思在讨论到等价形式时,以"40 码麻布 = 2 件上衣"为例指出:"等价形式恰恰在于:商品体例,如上衣这个物本身就表现为价值,因而天然就具有价值形式。当然,只是在商品麻布把商品上衣当作等价物的价值关系中,才是这样。"②马克思在注释中指出,这个公式是一种反思性结构,国王之所以是国王,是因为其他人作为臣民与之发生关系,反过来,臣民之所以认为自己是臣民,是因为这个人是国王。这是一种相互对应的关系,是一种镜像结构。阿尔都塞相类似地以上帝与摩西的关系为例指出:"上帝是主体,而摩西和无数是上帝百姓的主体则是主体的传唤对象,是他的镜子、他的反映。……上帝需要人,这个伟大的主体需要主体……"③这同样是一种镜像关系,在这种镜像结构中,存在着双重反射结构,即每个主体都围绕绝对主体而使自身臣服于这个绝对主体,绝对主体又通过个体主体认出自己。在这种镜像结构中存在着四重组合:"1. 把'个人'传唤为主体;2. 他们对主体的臣服;3. 主体与主体的相互承认,主体间的相互承认,以及主体最终的自我承认;4. 绝对保证一切都确实是这样,只要主体承认自己的身份并做出相应的行为,一切都会顺利:阿门——'就这样吧'。"④从这些讨论中,我们可以看出意识形态是如何建构主体的。需要注意的是,当个体成为主体时,他只是另一个主体的臣服者,在这个意义上,"主体"带有幻觉的特征。阿尔都塞关于主体的讨论,可以说揭示出近代以来主体性哲学的另一面。如果说马克思从商品生产与交换中说明了自由的个体的幻象,阿尔都塞则从马克思出发,通过镜像关系说明了这一点。在这个意义上,意识形态最为成功的策略就是制造出了主体的幻觉。

　　正是看到了意识形态与人本主义的内在关联,阿尔都塞认为,1845 年的

---

①　陈越编:《哲学与政治:阿尔都塞读本》,吉林人民出版社,2003 年,第 361 页。

②　《马克思恩格斯全集》(第 44 卷),人民出版社,2001 年,第 72 页。

③　陈越编:《哲学与政治:阿尔都塞读本》,吉林人民出版社,2003 年,第 369 页。

④　同上,第 371 页。

马克思经历了思想发展中的认识论断裂,即从人本主义的马克思转向了历史科学的马克思,并认为在 1845 年之后,马克思的思想可以进一步划分为成长时期(1845—1857)和成熟时期(1857—1883)。阿尔都塞认为这一断裂体现在三个方面:第一,制定出全新的理论概念和范畴。如果说在人本主义时期,人的本质、主体、异化等构成了这一话语的主要范畴的话,那么在新的思想构架中出现了新的概念,如生产力、生产关系、上层建筑、意识形态、社会形态等。第二,批判任何哲学人本主义的理论要求。实现思想断裂后的马克思不再把人的本质、主体经验等作为自己的哲学范畴,而是确立新的历史构架,这是一种历史理论,一种新的哲学。第三,确定人道主义是意识形态。阿尔都塞认为,马克思的理论是反人道主义的。正是这些变化,马克思的理论才能保证自己的革命性和批判性。

那么,什么是马克思的历史理论? 针对人本主义的问题构架,阿尔都塞认为马克思的历史理论中有三点非常重要:

第一,历史是一个无主体的过程。阿尔都塞的论文发表后,引起了诸多批评,一个重要的批评在于:是人创造了历史,同样是人发动了革命,因此人是历史的主体。比如刘易斯就提出了三个重要的观点来批评阿尔都塞:"是人创造了历史""人是通过超越历史的办法来创造历史的""人只认识他自己所做的东西"①,这是历史主体存在的重要根据。阿尔都塞指出,刘易斯的这一界说只是把创造历史的神或上帝重新安置到历史内部,这是一种超越,这种论调只不过是小资产阶级观点的表达。相比于人创造历史,阿尔都塞认为是群众创造历史,相对于人通过超越历史的办法来创造历史,阶级斗争才是历史发展的原动力,阶级斗争植根于一定阶级社会的生产和剥削方式之中,有其物质基础,因此"历史是一种过程,而且是一种没有主体的过程"②。与资产阶级的意识形态不同,马克思列宁主义改变了问题的结构,他们摒弃了把人看作历史主体的资产阶级意识形态,摒弃了人的拜物教。"这种把人作为起点,即绝对出发点的观念,是一切资产阶级意识形态的基础,它是伟

---

① ［法］阿尔都塞:《自我批评论文集》,远流出版事业股份有限公司,1990 年,第 53 页。
② 同上,第 62 页。

大的古典政治经济学本身的灵魂。"①

第二,与历史无主体相对应的是,历史是一个复杂的、不平衡的结构。反对从主体出发的解释构架,还有一种方法论的意味。从主体出发,历史就会被看作主体行动外化的结果,社会历史就会容易被看成一种同质化的结构,阿尔都塞认为,这种看法并不符合马克思的历史理论。蒲鲁东把各种不同的经济关系看作同等数量的社会阶段,并以黑格尔的方式认为它们一个产生一个,这是一种隐性的历史主义。马克思在批评蒲鲁东时就指出:"问题不在于各种经济关系在不同社会形式的相继更替的序列中在历史上占有什么地位,更不在于它们在'观念上'(在关于历史运动的一个模糊表象中)的顺序,而在于它们在现代资产阶级社会内部的结构。"②在《1857—1858 年经济学手稿》"导言"中,马克思进一步指出:"在一切社会形式中都有一种一定的生产决定其他一切生产的地位和影响,因而它的关系也支配着其他一切关系的地位和影响。"③阿尔都塞认为,马克思的这些表述表明,在面对历史时代时,需要充分考虑到以下几点:首先,资本主义社会表现为一个特定的复杂结构,这是一个有着不同层次的有机整体。其次,在资本主义生产方式占主导地位的时代,也存在着其他的时代,每个时代都有其相对独立性。比如在资本主义社会,也还有前资本主义时代的社会要素,它有其相对独立性,从而使当下的资本主义社会呈现为一个复杂的结构。最后,在复杂结构中,总有一种结构起着支配性作用。比如在资本主义社会,资本的结构占有统治地位,但它并不能直接取代其他历史时代所留存下来的结构。这也决定了历史结构具有不平衡性,这种不平衡性会带来历史发展中的错位,俄国的十月革命就是在这种错位中发生的。

第三,这个复杂的、不平衡的结构是多元决定的。阿尔都塞认为,黑格尔哲学所关注的是简单的统一体,这是一种同质化的结构,马克思对黑格尔的批判就在于否定了这种简单的结构,认为对象具有复杂的结构,是一个内在有着复杂矛盾的整体。在这个复杂结构中,"复杂整体本质上包含着一个矛

---

① [法]阿尔都塞:《自我批评论文集》,远流出版事业股份有限公司,1990 年,第 64 页。
② 《马克思恩格斯全集》(第 30 卷),人民出版社,1995 年,第 49 页。
③ 同上,第 48 页。

盾支配其他矛盾,这种支配从属于复杂整体的结构"①。这种复杂整体具有多环节主导的统一性,而不是简单的一元论。相比于"一元论",这是一种"多元决定论"。他借用毛泽东关于矛盾的讨论,即主要矛盾与次要矛盾、矛盾的主要方面和次要方面、矛盾的不平衡发展等思想,认为这种复杂的整体在主导结构的推动下,形成事物发展的条件,而多元决定就是矛盾的存在条件在复杂结构中的反映。多元决定意味着矛盾的转移、众多矛盾通过压缩而融合在一起,这正是复杂结构的重要特征,同时也正是这种多元决定才会导致矛盾的不平衡性。当然,阿尔都塞认为,在多元决定中存在着主导结构,即生产力与生产关系的矛盾,这一主导结构从根本上规定着复杂事物的存在与发展,"归根到底由经济所起的决定作用在真实的历史中恰恰是通过经济、政治、理论等交替起第一位作用而实现的。"②但由于矛盾的多元状态,这种主导结构常常通过转移到其他方面而表现自身的。阿尔都塞认为,这种多元决定论的历史理论,是马克思的唯物辩证法,是他想写但没能写出来的理论。

阿尔都塞的著作发表后,学者们将之归于结构主义之下。如皮亚杰在《结构主义》一书中就认为,阿尔都塞的著作建立的是一种马克思主义的科学认识论,有两个非常合理的目的:"一个是从黑格尔的辩证法里阐发出马克思的辩证法来,另一个是给马克思主义辩证法一个现代结构主义的形式。"③而在阿尔都塞看来,他只是卖弄了较多的结构主义成分,并否认自己是结构主义者。"我总觉得奇怪结构主义怎么能够吞下并消化像'归根到底决定''宰制/从属'这些范畴。"④他认为,当人们以结构主义指称他时,恰恰忽略了他的理论主义,这才是他的思考中更为重要的东西。同样,他认为以结构主义来解释马克思也是不正确的。结构主义倾向于把现实看作是由各种要素结合的结果,这是一种形式主义,虽然马克思确实提到生产方式结构中的各种要素的结合,但这种结合并不是形式上的,恰恰相反,"可是正因为马克思利用了结构、要素、位置、作用、支柱、关系、根据关系决定、形式和转

---

① [法]阿尔都塞:《保卫马克思》,顾良译,商务印书馆,1984 年,第 173 页。
② 同上,第 184 页。
③ [瑞士]皮亚杰:《结构主义》,倪连生、王琳译,商务印书馆,1984 年,第 88 页。
④ [法]阿尔都塞:《自我批评论文集》,远流出版事业股份有限公司,1990 年,第 144 页。

变过的形式、替换等的概念，才不使他成为结构主义者"①。不管阿尔都塞如何辩解，在学术界，把结构主义与人本主义对立起来，已经成为当时一些学者的共识。

　　阿尔都塞以结构主义的方式将人本主义的意识形态与科学的历史理论对立起来，以反对将马克思哲学人本化。与之相应，列维-斯特劳斯以类似的方式面对萨特。在《野性的思维》中，列维-斯特劳斯在讨论了原始人的整合性的思维之后，对萨特的《辩证理性批判》提出了批评。在他看来：第一，萨特的辩证理性概念是片面的。萨特以辩证理性对立于分析理性，但在实际的思维中，分析理性同样重要。萨特以自明性的自我意识作为整个理论的前提，并将之社会化了。但从不同地区的原始人的思维来看，人类的真理其实存在于由人类思维不同方式的差异性和共同性组成的系统中，这种不言自明的自我最多不过是其中一种而已，萨特以辩证理性与分析理性相对立，这种对立恰恰是错误的。第二，人本主义的解释依赖于历史的连贯性观念，历史展现在时间之中，但从人种学的观念出发，人种学把多种多样的社会展现在空间之中，这些社会形式展现为一个非连续性的系统。进一步说，历史的连贯性只是表象现象。历史是通过对时间信号进行编码来完成的，历史知识就像频率调节的无线电一样，这是对脉冲频率的编码，这决定了历史是由诸历史领域组成的非连续体的集合。因此，把历史想象为连续的，不仅是虚妄的，而且是矛盾的。第三，人文科学的最终目的并不是构成人。"想要为物理学奠定基础的笛卡尔把人与社会割裂开来。自言要为人类学奠定基础的萨特则把他自己的社会与其他的社会割裂开来。希望做到纯净不染的'我思'陷入到个人主义和经验主义，并消失在社会心理学的死胡同里。"②与之相应的，福柯以"认知型"来区分不同时代的认识方式。在他看来，自近代以来，西方文化中的认知型至少已经发生了两次间断：第一次大约于17世纪的古典时代，这是从文艺复兴时代的相似型认知型到表象理论的转变；第二次则在19世纪初，人第一次进入西方知识领域。③这也表明，

---

① ［法］阿尔都塞：《自我批评论文集》，远流出版事业股份有限公司，1990年，第147~148页。

② ［法］列维-斯特劳斯：《野性的思维》，商务印书馆，1987年，第284~285页。

③ 参见［法］福柯：《词与物》，莫伟民译，上海三联书店，2001年，前言。

人本学的话语有其特定的历史规定。福柯进一步认为，今天，这种以人为本的认知型也处在一次新的间断中。从这些列举中可以看出，从结构主义的视角对人本主义的批评，构成了当时的一股重要思潮，而如何超越这种对立，也成为一些学者想要解决的问题。

施密特将自己关于结构与历史的相关讨论集结为《历史和结构》一书，并明确提出："马克思对同时运用结构分析方法和历史方法的辩证法极为重视。用他的话说，'辩证法在对现存事物的肯定的理解中同时包含着对现存事物的否定的理解，即对现存事物必然灭亡的理解。'"[1]从这一表述就可以看出，他力图融合历史与结构的二元区分。施密特指出：第一，从方法论的视角来看，马克思的辩证方法强调逻辑先行，并将认识对象与具体现实做区分，这一点似乎与阿尔都塞的论断相似，但马克思并不否定历史的重要性，他反而强调在逻辑的分析中，概念的展开过程恰恰反映了历史的进程，从抽象上升到具体就有着这样的内涵。第二，马克思在分析资本主义社会时，同样强调资本主义社会是一个总体化的结构，比如在讨论到资本主义的产生时，马克思强调一旦资本形成之后，以前推动资本主义产生的历史因素就变成了资本结构下自我生产的要素，但这并不能否定马克思从历史的视角来批判资本主义，他并没有将资本主义社会看作永恒的化身，反而强调其历史性的存在。第三，当阿尔都塞强调马克思是理论上的反人道主义时，这恰恰是错误的，马克思并未拒斥历史或人道的主题，他只是拒斥日常生活中的物化的、伪客观的结构，以使历史恢复生气。"换言之，在《资本论》中马克思不仅建构了他描述（资本主义）的社会的'经济结构'，而且也建构了彼此相关的各种历史发展形态。"[2]为了进一步弥合历史与结构的分裂，施密特重新解读巴歇拉尔的认识论，他强调，巴歇拉尔的认识论强调一切科学的认识活动是服从于在理性的东西和经验的东西这两极之间发展的历史辩证法，这是在旧的"唯理论"与"唯实论"之间进行对话，因此巴歇拉尔并不只是满足于揭示新东西出现时的历史停顿。知识的进步并不是在平稳地过渡中进行

---

① ［德］施密特：《历史和结构——论黑格尔马克思主义和结构主义的历史学说》，张伟译，重庆出版社，1993 年，第 30 页。

② 同上，第 78 页。

的,而是跳跃式地突然发生的,过去当作"生成"与"发展"的东西,现在变成了新的瞬间的连续。阿尔都塞的解读,将这种新的瞬间扩大化了,从而变成了一种抽象的断裂。在施密特看来,"在成熟期的马克思著作中的辩证法,可说是以结构的方法与历史的方法的否定的统一为特征的。"①在上述讨论的基础上,施密特对马克思的认识方法和思维结构进行了这样的归结:在马克思恩格斯看来,"问题是既要显示资产阶级生产关系的生成,又要显示它的暂时性。然而在《资本论》中的这种显示,是作为'建构的'历史,而不是作为'叙述的'历史进行的。一旦资本主义制度建立了,它就形成为延伸一个长时期的静态结构。研究它的固有规律不需要讨论它的历史起源,更确切地说,只要资本的本质未被把握住,它就不能这样做。因此,人们能论述'逻辑的东西对历史的东西在认识上的优先性',而丝毫无须放弃这个唯物主义的基础"②。施密特想以这样的讨论,对人本主义与结构主义的争论做出回答。在这一回应中,施密特更多是从方法论视角入手来讨论马克思的思想,他并没有对马克思思想发展进程进行深入的分析与考察,这也决定了他的分析并不能从根本上面对历史与结构二元对立的深层问题,反而会停留于表面的调停。

20世纪70年代以后,虽然马克思主义哲学解释中人本主义与结构主义之争有些回落,但相互的批评并没有使对方的构架失效,在之后的学术发展中,结构主义解释思路的自我反思成为走向后马克思主义的一个重要通道,而人本主义的解释思路也被学者们延续下来,在当代仍然发挥着影响。

在《关于社会存在的本体论》一书中,晚年的卢卡奇延续了《历史与阶级意识》的实践主体性思路,以劳动本体论为内核重新讨论马克思的《资本论》。在这里,劳动本体论、异化、社会中介、人的解放等再次置于马克思哲学解释的核心地位,可以说是卢卡奇关于马克思思想的总体理解。受他的影响,古尔德在《马克思的社会本体论》中,再次以劳动本体论为基础,对《1857—1858年经济学手稿》思想进行再研究。作者认为,"这样一种本体

---

① [德]施密特:《历史和结构——论黑格尔马克思主义和结构主义的历史学说》,张伟译,重庆出版社,1993年,第122页。

② 同上,第124~125页。

论,即它的基本范畴是个人、关系、劳动、自由和正义的本体论"①,在这一解读中,《1857—1858 年经济学手稿》与早年马克思的思想是一致的,是早年马克思的人本主义思路与后期的政治经济学思想相结合的一本著作,"我们可以通过马克思的这一著作来把握马克思思想的连续性"②。

在《反俄狄浦斯》一书中,德鲁兹与瓜塔里以欲望-生产来批判社会生产,正是在社会生产中,欲望-机器变成了受到资本的统摄的无器官的身体。无器官的身体要想存在,必须借助于欲望-生产,并将这种生产据为己有并服务于自身。由于无器官的身体记录着欲望-生产的过程,所以欲望-生产好像是从无器官的身体中产生一样。这样,无器官的身体就获得了魔力,似乎自己成为生产的力量之源,认为自己就是引起生产的原因。这造成了欲望-机器与无器官的身体之间的对立。"我们的出发点就是欲望-机器和无器官的身体之间的对立。"③无器官的身体也越来越难以忍受这样的欲望-机器的生产过程,生产越发达,身体也就越来越非器官化,器官成了身体的敌人,这是无器官的身体与欲望-机器之间的对立带来的基本压抑。"基本压抑"是无器官的身体对欲望-机器的压抑,精神分裂症实际上是在这样的资本主义生产中产生的,"这才是精神分裂症实践政治经济学的真相"④。德鲁兹和瓜塔里虽然反对近代以来的"自我"概念以及相应的人的解释,但强调欲望-生产的创造性,使他们在本体论的解释思路中,与劳动本体论有着相似的逻辑,这实际上是近代以来人本主义思路的延伸。可以说,人本主义与结构主义,至今仍然影响着马克思哲学思想解释。

三、超越人本主义与结构主义:重新理解马克思

在人本主义与结构主义的解释之争中,涉及两个根本性的方面:一是如何重新理解马克思哲学思想的发展过程;二是如何理解其在不同思想发展

① ［美］古尔德:《马克思的社会本体论》,王虎学译,北京师范大学出版社,2009 年,导言第 1 页。

② 同上,导言第 6 页。

③ Gilles Deleuze and Félix Guattari, *Anti - Oedipus*: *Capitalism and Schizophrenia*, Minnesota, 1983, p. 17.

④ Ibid., p. 12.

阶段的问题构架，这一构架的根本问题以及不同问题构架之间的内在关系。这也是马克思哲学研究中一再会出现的问题，对人本主义与结构主义之争的反思，需要从上述两个问题出发来重新探讨马克思哲学的思想发展进程、其思想发展中不同逻辑的根本意蕴与其理论指向。

按照我的理解，在马克思哲学思想发展过程中，经历了三次重要的逻辑转换：第一次是从以自我意识为内核的理性逻辑转向人本主义异化逻辑，这涉及《黑格尔法哲学批判》《论犹太人问题》等文献，以《1844 年经济学哲学手稿》为标志；第二次是从异化逻辑转向生产逻辑，这以《关于费尔巴哈的提纲》与《德意志意识形态》为标志；第三次是从生产逻辑转向资本逻辑，这涉及《1857—1858 年经济学手稿》《1861—1863 年经济学手稿》等，以《资本论》为标志。在这三次逻辑转换中，人本主义与结构主义的解释思路都有其一定的文本与思想依据，但两者又都没能真正地从整体上理解马克思的哲学，这也是我们今天重新面对马克思时需要面对的深层问题。

青年马克思一开始以受鲍威尔影响下的理性的自我意识作为考察社会问题、批判德国现实的理论构架，对普鲁士王国的书报检查令、林木盗窃案等展开批判，企图以理性来改造落后的德国。也正是在这个过程中，他意识到理性在现实生活中成为财产所有者的辩护工具，克罗茨纳赫时期的历史研究，使他进一步意识到相比于国家理性，所有权才是更为基础性的东西，这推动着他批判黑格尔的国家哲学，指出是市民社会决定国家，而不是相反。要真正批判黑格尔的国家理性，就需要批判市民社会，正是在这样的理论语境与实践情境中，费尔巴哈唯物主义的颠倒方法及其人本异化理论，深深地影响了马克思，并在《1844 年经济学哲学手稿》中，形成了以异化劳动为基础的人本主义异化逻辑，批判性地剖析资本主义社会。这是马克思思想的第一次重要转变。

在马克思的这一思想转变中，形成了人本主义的解释构架。第一，确立了劳动本体论。在《1844 年经济学哲学手稿》中，马克思的劳动本体论思想主要有以下来源：首先，充分吸收了自重商主义、经重农学派到斯密的经济学研究成果，特别是劳动价值论的成果，这在第三笔记本的关于劳动与私有财产的讨论中得到了充分的表现。劳动创造价值，这是对劳动地位的极为重要的理解。其次是对黑格尔哲学的理解和吸纳。黑格尔在《精神现象学》

中从劳动出发来理解自我意识的思想,可以说是在哲学上率先确立了劳动本体论。正是在黑格尔这里,作为经济学的"劳动"范畴成为哲学范畴,黑格尔的这一思想"抓住了劳动的本质,把对象性的人、现实的因而是真正的人理解为他自己的劳动的结果"①。再次是对费尔巴哈人本主义的吸收。费尔巴哈的人本学确立了人的原则,这一原则是马克思此时反思黑格尔的重要基础,也是他批判政治经济学劳动价值论的基础:当斯密以劳动作为私有财产的本质时,看起来确立了财产的主体性,实际情况则是,"以劳动为原则的国民经济学表面上承认人,毋宁说,不过是彻底实现对人的否定而已,因为人本身已不再同私有财产的外在本质处于外部的紧张关系中,而是人本身成了私有财产的这种紧张的本质"②。从劳动本体论出发,并以此整合黑格尔、费尔巴哈和政治经济学,这是马克思思想创造的第一个高峰。

第二,劳动的对象化与异化、人的本质及其异化的扬弃,这构成了异化理论的基本论证构架。劳动的对象化体现的是人的类本质,劳动的异化体现的则是人的本质的异化,马克思分别从劳动的对象、劳动过程、人与其类本质的关系、人与人的关系等视角,具体讨论了异化劳动条件下人的异化问题,正是这种异化,使人堕落到动物的水平。在这一讨论中,马克思批判了黑格尔不区分劳动的对象化与异化的错误,认为黑格尔只看到了劳动的肯定性层面,而没有看到劳动的否定性一面。异化劳动与人的异化表明,资本主义社会是一个使人全面异化的社会,这正是政治经济学没有揭示的问题。资本主义社会的异化结构表明马克思所批判的市民社会是一个缺乏共同体意识的社会,是一个人人相互外在、互为手段、相互排斥的社会,这种外在性根源于私有制,根源于异化的劳动方式。

第三,共产主义与人的类本质的复归。异化劳动与私有制不仅造成了人的异化,而且带来了存在和本质、对象化和自我确证、自由与必然、个体和类之间的矛盾,只有共产主义才能解决人的异化和这些矛盾。在共产主义社会,劳动的对象化体现为人的本质的生成运动,对象性的现实在社会中成为人的本质力量的现实,这是对生命的重新占有,也是向人的社会存在的复

---

① 《马克思恩格斯全集》(第3卷),人民出版社,2002年,第320页。
② 同上,第290页。

归。只有在共产主义社会中，人才能真正成为主体性的存在，人的器官才能成为人的本质力量的实现器官，人的感觉，感觉的人性才能在对象化中产生出来。不仅如此，只有在本质力量的对象化中，"在人类历史中即在人类社会的形成过程中生成的自然界，是人的现实的自然界……是真正的、人本学的自然界"①。

《1844 年经济学哲学手稿》中的这一论证，成为 20 世纪人本主义解释构架的最为重要的基础，这个解释既可以被看作是对近代以来的理性及其社会存在的批判，也可以被看作是对近代以来人本主义的彻底化。在青年马克思的思考中，他虽然通过异化劳动、人的异化等实现了对市民社会的批判，但市民社会本身到底应该如何去理解，怎么从客观分析层面进入市民社会，相比于黑格尔的《法哲学原理》还需要做进一步的讨论。在《法哲学原理》中，黑格尔明确指出，市民社会的第一个要素就是建立在劳动分工体系基础上的需要的满足，也就是说，要真正理解市民社会，必须进入以劳动分工为基础的生产结构中，而这一点在《1844 年经济学哲学手稿》中，马克思还无法做到，因此可以看到，马克思此时对分工基本上没有什么评论。如果从正面来说，正是劳动分工体系，推动了生产力的发展，此时的马克思还只能以工业力量来含糊地描述。而一旦进入以现代工业的劳动分工体系，去讨论这一体系与现代社会发展，就不是简单地以人的类本质异化就可以处理的。从根本的论证逻辑来说，阿尔都塞看到了青年马克思哲学思想的内在逻辑，他关于人本主义哲学深层构架的讨论，看到了人本主义解释构架的深层问题。在马克思的思想发展中，1845—1846 年实现了从人本主义的异化逻辑向历史唯物主义的生产逻辑的转变，《关于费尔巴哈的提纲》与《德意志意识形态》成为体现这一转变的重要文本。

第一，社会存在决定社会意识。与早年从人的先验本质设定出发不同，马克思指出，他的理论出发点是现实的个人，什么是现实的个人？这是受现实的物质生活资料的生产与再生产所制约的人，因此对人的理解，需要从现实的社会关系出发，而不是从一种先验的逻辑设定出发。人的意识是受人的现实生活所制约的，因此不是意识决定社会存在，而是社会存在决定社会

---

① 《马克思恩格斯全集》（第 3 卷），人民出版社，2002 年，第 307 页。

意识。马克思的这一界定,打破了传统哲学中理性自律的神话,强调人的理性、人性具有历史性。正如他在稍后的《哲学的贫困》中批判蒲鲁东时所说的,蒲鲁东以无人身的理性为自己理论的最后依据,这是错误的。不是原理决定历史,每个原理都有其出现的世纪。我们要想知道为什么一个原理出现在 11 世纪,而不是 18 世纪,那我们就要进一步追问:"11 世纪的人们是怎样的,18 世纪的人们是怎样的,在每个世纪中,人们的需求、生产力、生产方式以及生产中使用的原料是怎样的;最后,由这一切生存条件所产生的人与人之间的关系是怎样的。"①可以说,这是思考方式的重要转变,在这一视角下,早期的异化逻辑如果说还存在,那也是在这一理论前提下才有意义,即在这一理论前提下对资本主义社会批判的意义。

第二,形成了关于社会存在的历史-结构分析。对于社会存在,马克思形成了生产力、交往关系(后发展为生产关系)、政治制度、意识形态等要素组成的结构性视角,在此基础上分析生产力与生产关系、经济基础与上层建筑的矛盾运动所带来的社会变化与社会发展,这是一种客观的思路,这一思路也是传统历史唯物主义研究中占主导地位的思路,即生产逻辑。这一发端于《德意志意识形态》的生产逻辑,在 1859 年《政治经济学批判》"序言"中得到了经典的表述。

第三,阶级斗争与无产阶级的革命主体性。社会基本矛盾在当下社会的具体展开过程中,会表现为无产阶级与资产阶级的矛盾,社会矛盾的激化会以两个阶级之间的矛盾冲突与斗争的方式表现出来,从而推动着无产阶级革命意识的形成,即将客观的矛盾转化为无产阶级的革命主体性,这是马克思恩格斯在《共产党宣言》中所表达的一个重要主题。在这一视野中,早期从哲学层面所描述的工人的异化状态,会在普遍化的商品生产与交换中表现出来,相比于哲学层面的批判,这种实证的、科学的描述,更能从社会运行机制层面来揭示资本主义社会无产阶级贫困化的根源。这是形成阶级意识的客观环境。

在过去的研究中,或者如人本主义解释者,强调异化逻辑的马克思与生产逻辑的马克思之间的对立,认为晚年的马克思背弃了青年马克思的思想;

---

① 《马克思恩格斯全集》(第 4 卷),人民出版社,1958 年,第 148～149 页。

或者将异化逻辑作为马克思一以贯之的逻辑。传统的研究思路，或者阿尔都塞式的解释思路，强调生产逻辑的马克思与异化逻辑的马克思之间的对立，将马克思的哲学拉回到客观解释轨道，当阿尔都塞强调断裂、强调多元决定论时，在一定的意义上，他只是将传统解释思路更加精细化了。正如将硬币翻过来并不一定能改变硬币的实质一样，人本主义对传统研究思路的批评、阿尔都塞对人本主义的批评，只是一枚硬币的两个不同面，从马克思的思想发展过程来看，阿尔都塞的结构主义的解释思路，同样不能面对马克思《资本论》的哲学问题，这也是人本主义解释框架存在的问题。

在过去的研究中，一般认为马克思在《关于费尔巴哈的提纲》与《德意志意识形态》中创立了历史唯物主义之后，剩下的问题就是如何运用推广，在这个意义上，《资本论》只是生产逻辑推广到资本主义社会的结果，或者只是人的异化的进一步批判，从这样的视角出发，恰恰不能理解《资本论》中马克思哲学思想的变化，即从生产逻辑到资本逻辑的转变。《资本论》展现了资本逻辑结构化的过程以及在这一结构化过程中，作为劳动者的人与作为生产要素的劳动资料与劳动对象，都成为结构化过程中的要素。相比于人本主义与阿尔都塞的解释思路，在资本逻辑结构化过程中：

第一，资本逻辑统摄生产逻辑。就马克思的思想发展过程来看，在《德意志意识形态》中确立了从客观现实出发的生产逻辑，这种意义上的生产逻辑具有人类学的意味，即只要人类存在就离不开物质生产，物质生产具有第一性。也正是从这样的理解出发，过去的研究中才会得出将物质生产推广到资本主义社会就能得出《资本论》的结论。但在《资本论》中，马克思的思想发生了重要变化。资本主义社会的本质在于剩余价值的生产，其最原始的形式是绝对剩余价值的生产。在关于绝对剩余价值生产的讨论中，马克思一开始讨论了一般意义上的劳动生产过程，但他随之认识到，只从一般劳动过程出发并不能揭示绝对剩余价值的生产，这不是一般意义上的生产过程，而是价值增殖过程，一般意义上的劳动生产过程只有置于价值增殖过程中，在资本主义社会才有其存在的意义。这是两种不同的设定。"如果我们把价值形成过程和劳动过程比较一下，就会知道，劳动过程的实质在于生产使用价值的有用劳动。在这里，运动只是从质的方面来考察，从它的特殊的方式和方法，从目的和内容方面来考察。在价值形成过程中，同一劳动过程只是表现出它的量的方面。"①这是把一般意义上的劳动过程转变为资本主义的价值增殖过程,是量对质的统摄。在这里马克思实现了一种逻辑的倒置,即资本逻辑统摄生产逻辑,而不是从生产逻辑出发推广到资本主义社会。这也表明,在《资本论》中,马克思提出的是一种新的哲学构思,这个构思并不能通过推广生产逻辑来获得。从马克思同时代的思想现状来看,推广生产逻辑,可能得出的是李嘉图社会主义者的结论。这些是阿尔都塞的《保卫马克思》与《读〈资本论〉》没有看到的深层问题。

第二,人成为资本逻辑结构化的手段与载体。将人建构为主体是近代以来哲学的根本主题,在这一语境中,人天生是自由、平等的,是理性的存在,这也是启蒙的主题。青年马克思的人本主义并不对人的这一规定进行反思,只是将这一规定彻底化。在这一设定中,人的上述规定被当成了先验存在,与之对应的,资本主义社会被当成了自然社会,这两者之间是一致的。马克思通过批判蒲鲁东的《贫困的哲学》,指出资本主义社会是一个历史性的社会,这意味着并不存在先验的人的本性。在《1857—1858 年经济学手稿》及《资本论》中,马克思进一步指出,自由、平等的人,正是商品生产与交换得以普遍化的内在条件。在《资本论》中,马克思进一步指出,近代以来所强调的作为主体的人,当其作为劳动者或工人时,在资本逻辑结构化中,他只不过是资本增殖的工具;当其作为资本家时,看起来似乎体现了自身的主体性,实际上不过是人格化的资本,"他在生产过程中只是作为资本的承担者执行职能"②。正是从这样的视角出发,马克思才指出,不能从道德层面来批判资本家追逐剩余价值的本性。早期的人本主义异化逻辑,只是资本的现实效应,不能从异化逻辑来批判资本,而必须从资本逻辑批判中来看待异化,这是提问方式的反转,就像上面所讨论的,必须从资本逻辑来面对生产逻辑一样,异化逻辑与生产逻辑,在《资本论》中,都以新的方式重新被定位。

第三,劳动本体论是一种抽象的设定。劳动本体论从根本上来说是一种不考虑社会形式规定的纯质的设定,考虑的是人与劳动资料、劳动对象的关系,在这里,人只是一种单纯设定的人,是被近代以来的理性所假设的人,

---

① 《马克思恩格斯全集》(第 44 卷),人民出版社,2001 年,第 227~228 页。
② 《马克思恩格斯全集》(第 46 卷),人民出版社,2003 年,第 927 页。

这种人天生就是自由而平等的;劳动资料与劳动对象是一种纯物质的设定,马克思在讨论绝对剩余价值时,谈到一般意义上劳动过程所涉及的就是劳动者、劳动资料与劳动对象间的物质性结合。"劳动本身,就它作为有目的的生产活动这个简单的规定性而言,不是同作为社会形式规定性的生产资料发生关系,而是同作为物质实体、作为劳动材料和劳动资料的生产资料发生关系。"①但在资本主义社会,这种质性意义上的劳动,化约为一种形式上的、受量所规定的劳动,劳动二重性理论讲的就是这个过程,绝对剩余价值生产中劳动过程被价值增殖过程所统摄,更是从资本主义生产的目的这个角度,讲清了这个问题。在绝对剩余价值生产中,劳动的质性规定被抽象了,可以说体现人的本质的劳动本体论成为一种非历史的想象,这决定了劳动本体论是一种抽象本体论,是将社会形式的劳动还原为自然状态下的劳动,其哲学视界与将资本主义社会看作自然社会一样。马克思强调一般劳动过程整合于雇佣劳动过程中,正是看清了在资本主义社会劳动的规定性,这是对人本主义解释构架的反思。从这一反思出发,20世纪80年代以来的马克思主义哲学中人本主义的解释构架,并不能面对《资本论》提出的哲学逻辑。

第四,资本逻辑是一个结构化的展开过程。资本主义社会的生产最为根本的特征是不断扩大化,这是由资本生产的价值增殖这一本质特性所决定的。这种不断地扩大再生产一方面表现为社会生活,特别是由经济活动所引发的经济结构是一个不断的结构、解构、再结构的过程,传导到整个社会存在,使得资本主义社会体现出自我变化与自我发展的特征,旧的东西还没来得及固定下来,就可能被新的东西所代替。另一方面也表现为意识形态与人的存在方式的再生产。扩大再生产不仅表现为劳动过程与劳动结构的不断变化和优化,也意味着人的技术水平的变革、人的意识与观念的变化,并随着社会生活的变化而带来的人的存在方式的变化。因此,需要理解和把握资本逻辑结构化的进程,理解资本逻辑的历史形态,理解人的存在方式的变化,从而理解资本主义社会存在的具体状况。

从上面的讨论中可以看出,人本主义与结构主义的解释构架,一方面无

---

① 《马克思恩格斯全集》(第46卷),人民出版社,2003年,第934页。

法面对马克思哲学思想发展中的逻辑转换,特别是都无法厘清从《德意志意识形态》到《资本论》的哲学逻辑转换。在这个过程中,《1857—1858 年经济学手稿》是一个重要的环节。在这一文本中,生产逻辑与资本逻辑并存,到了《资本论》,才有了资本逻辑对生产逻辑的统摄。[①] 另一方面,两种思路都没能将《资本论》作为马克思哲学思想新的发展阶段,在这一阶段马克思的哲学呈现出新的理论逻辑。从马克思思想的内在发展过程来看,到《资本论》中以资本逻辑为内核的批判理论,才是其哲学思想的制高点,人本主义与结构主义的解释主题,都被新的理论逻辑所涵括。在这里,既不能从先验的人的类本质设定出发,同样不能以静态的结构来强调一般的生产过程,需要在这一新的逻辑基础上展开马克思哲学的样态,这可能是今天马克思主义哲学理论探索的方向。在这一新的方向中,三个问题可能是至关重要的:第一,揭示资本逻辑的历史形态,从而把握现代社会存在与现代社会史,从而明确我们所探讨的问题的历史情境;第二,在上述问题的基础上,把握现代社会的思想进程及其核心命题、概念,揭示思想与历史的内在联系,只有在这种联系中,我们才能更好地反思现有的理论、审视当下社会发展的趋势;第三,在资本逻辑结构化的背景下,探寻新的解放主体。在这一问题域中,《资本论》成为新的理论建构的重要起点。

仰海峰(北京大学)

[①]　参见仰海峰:《〈资本论〉的哲学》,北京师范大学出版社,2017 年,第十一章。

印度早期马克思主义的梯次传播及启示[*]

  2020 年是印度共产党成立 100 周年,印度马克思主义的发展历史丰富,值得研究,考察印度马克思主义传播过程对于理解印度共产党发展历程具有重要理论意义。其中,20 世纪 20 年代到印度独立是马克思主义传播和发展的重要时期,印度马克思主义者在学习国外经验的同时,结合了本国实际的共产主义运动实践。对印度早期马克思主义传播进行研究,有助于分析印度马克思主义的传播逻辑,辩证地认识不同文化和国情下马克思主义传播中的问题和挑战。对于印度这样的非马克思主义"原产地"国家而言,早期马克思主义呈现出梯次性传播规律,即从国外到国内的传播、国内发展至政党的党内传播,以及对党外组织即群众的传播三个梯次,传播主体和客体在不同阶段相互转换。印度先进分子在世界各地寻求对民族运动的支持时,深刻理解了不同国家马克思主义者和共产主义运动,将自己的认识引入印度后催生了一大批印度马克思主义者。印度马克思主义者在国内聚集力量结为印度共产党,逐步扩大党的组织并进行理论学习,最后通过各种途径向各级地方、组织乃至群众传播马克思主义。因此,本文的重点是梳理分析印度早期马克思主义传播梯次,总结印度早期马克思主义梯次传播的经验。

一、第一梯次：世界社会主义运动的理论法宝——马克思主义的多渠道传入

  第一梯次是国外社会主义运动的影响不断扩大,给印度带来马克思主

  * 本文系国家社科基金项目高校思政课研究专项"新时代国际化视野下高校思想政治理论课建设路径研究"(19VSZ125)项目的阶段性成果。

义理论内容和实践经验。马克思主义在印度早期的传播，不是直接从它的"原产地"德国取材，而是来源于多个国家和组织。这些国家和组织的社会主义运动给印度先进分子提供了马克思主义实践素材。印度先进分子经过了解和学习后开始在印度国内传播马克思主义，其中的一个表现是成立马克思主义政党。印度马克思主义政党成立后得到许多国家马克思主义政党和组织的指导，因此印度早期马克思主义传播的第一梯次，即国外社会主义运动给印度带来的马克思主义包括两个阶段：印度共产党成立前印度先进分子在国外的探索阶段和印度共产党成立后其他国家和组织对印度共产党的指导阶段。

印度先进分子在国外探索，先后在全世界许多国家进行实地体验和学习，工人运动背景下，各国普遍存在马克思主义理论的传播和共产主义运动的实践，但每个国家传播到印度的马克思主义不是一成不变的，而是结合本国实际进行了特色化的改良。在当时的时代背景下，各国政权更迭速度较快，不同执政集团的执政理念不同，对印度输出的马克思主义理论相关的指导也不同。

20 世纪初，印度反对英国殖民统治的诉求逐渐强烈，民族独立运动趋势逐渐扩大。许多印度先进分子到世界各地寻求援助，接触了不同国家的民族运动和社会思潮，给印度民族独立运动提供了新思路。在墨西哥活动的罗易加入了墨西哥社会党，学习马克思主义理论并参加工人运动，在实践了一段时间后与社会党内的共产主义者共同创建了墨西哥共产党，这为后来成立印度共产党提供了实践基础。俄国十月革命后，俄罗斯苏维埃联邦社会主义共和国成立，宣告世界社会主义运动正式拉开帷幕。革命运动的逐步高涨吸引了一大批印度先进分子，他们中的一部分人在 1918 至 1922 年间访俄，受到列宁等领导人的接见，参观了莫斯科、彼得格勒、巴库、塔什干等城市，目睹了从苏俄到苏联的社会主义运动，接触到马克思主义理论。他们回国出版了许多相关书籍文册，描述他们的直观感受，激发他人吸收马克思列宁主义的想法。巴尔卡图拉撰写的波斯小册子是其中的代表。"苏联关于中亚民族的政策在促使 1920 年有二百多名穆哈吉尔人越过苏阿边界寻求支持与英军作战,苏联当局欢迎他们,准备帮助他们反对英国统治的斗争。"①1920 年罗易参加共产国际第二次代表大会,成为共产国际中亚局主要负责人之一。同年 10 月 17 日,罗易在乌兹别克苏维埃社会主义共和国首都塔什干创立了侨民共产党,开始在侨民中宣传和介绍马克思主义,阐述印度民族斗争的形势和任务。罗易通过共产国际将一些塔什干学生送往莫斯科的东方劳动者共产主义大学,这些学生在大学中学习马克思主义理论。罗易同共产国际代表迈克尔·鲍罗廷等人进行交流探讨,深入学习黑格尔辩证法以更好地理解马克思主义,同时争取第三国际政治和经济上的援助。

1921 年,德国马克思主义者的运动失败后,罗易意识到危险,开始在欧洲四处活动。在经历了苏黎世、马赛、巴黎、热那亚、阿姆斯特丹和安纳西等地的漂泊后,罗易在巴黎建立了侨民共产党的总部,阅读马克思列宁的著作及相关读物,包括《人民的马克思——资本论简本》《列宁的左翼共产主义》等。

1922 年罗易写信,请求英国共产党对印度进行帮助,英国共产党因此秘密派出一个著名的共产党作家查尔斯·艾希利前往印度。② 在印度国民大会党(简称国大党)阿默达巴德大会前,罗易与穆克吉署名发表了呼吁书,其中详细地分析了印度的经济社会情况并且提出了政治纲领和构想。罗易描述道:这个呼吁书极大地激发了到莫斯科共产主义大学学习的印度学生的热情。它给他们提供了一幅不久即将在印度进行革命的具体图景。③ 呼吁书传单由古普塔亲自带到印度去,在会议召开前造成了一时的轰动,许多印度媒体纷纷转载。罗易在继续学习马克思主义理论的同时,汲取各国的社会主义运动经验,与印度保持联系并传播他的思想。他在苏黎世给拉姆齐·麦克唐纳的信中阐述了他的理论观点:"社会主义运动必须依靠工人阶级力量,印度必须组织工人阶级政党。"④

1925 年 12 月 26 日,在当局允许的情况下,萨提亚·巴克塔组织召开了

---

① 100 Years of the Communist Party, https://www. cpim. org/sites/default/files/documents/100_year_of_formation - booklet. pdf.

② See Jyoti Basu, *Documents of the Communist movement in India*, New Delhi: People's Publishing House, 1971, p. 767.

③ See M. N. Roy, *M. N. ROY'S MEMOIRS*, Allied Publishers Private Limited, Bombay, 1964, p. 561.

④ Kiran Maitra, *Marxism in India*, Lotus Collection, 2012, p. 84.

印度共产主义者第一次全国会议,在印度国内宣布印度共产党成立,各共产主义小组的负责人都被选进了中央执行委员会。随后的几年内,在罗易等人的指导下,印度共产党致力于发展工人运动和建立共产党的外围掩护组织(即工农党),从此马克思主义在印度得到了有组织的传播。印度共产党成立后其他国家和组织对印度共产党的指导包括欧洲共产党、共产国际、苏联的直接指导,以及中国革命道路取得成功后印度共产党人的间接学习。随着欧洲各国共产党政治能量的增大,英国共产党通过往来信件对印度共产党进行指导,派遣特使组织印度社会主义运动,对印度进行了"欧洲化"的马克思主义传播,这在统一战线上是与共产国际不同的"路线"。

罗易和英国共产党在指挥印度社会主义运动的战略上出现了分歧。罗易和英国共产党在各自的期刊乃至共产国际的官方出版物上发表了他们的观点,后来这些观点具体化为两本书——代表罗易的《印度政治的未来》和代表英国共产党的 R. P. 杜德的《现代印度》。罗易坚持认为民族资产阶级不会领导殖民地国家的民主革命,英国共产党建议印度共产党继续组织工农党,而共产国际要求印度共产党与印度独立联盟结盟,印度共产党人得到了不同的战略指导。随着共产国际逐步加强对印度社会主义运动的指导,印度共产党于 1933 年 12 月加入共产国际,在反帝斗争中获得了更多政治和经济上的支持。马克思主义理论在印度的传播力度和范围进一步扩大。

中国共产党的反帝反封建斗争取得胜利后,印度共产党开始借鉴中国经验并学习中国革命道路。王明等人建议印度共产党争取更广泛的统一战线,以扩大社会主义运动的群众基础和政治影响。印度共产党人从中汲取了大量经验教训,接受了从中国传播过去的马克思主义。1949 年 6 月,在一次苏联院士会议上,朱可夫批准了印度的"中国道路",并称赞电信业运动是"在印度创造人民民主的第一次尝试"。他把特伦甘纳农民起义和中国的农民起义作了比较,以敦促印度共产党追随中国道路。"中国道路"逐渐被印度一些人所接受,同时被苏联所认可。俄国革命刊物刊载了一篇阿巴斯的评论,上面积极评价了中国"掀起了一场革命"。[1] 印度安德拉地区进行了团结农民建立苏维埃政权的尝试,并在该地的议会上取得了成功,力图发动农

---

[1] K. A. Abbas, *Discovery of China*, *CXXII*, Feb., 1952, pp. 157 – 158.

民起义。在 1949 年 6 月苏联科学院院士会议上,苏联对毛泽东的中国革命理论持肯定态度。在共产国际的影响下,印度共产党加大了尝试。在 1955年中国邀请印度共产党前往中国进行工会方面的交流,同时印度共产党还希望与亚洲各国共产党商议建立情报局。① 拉纳迪夫在其官方周刊《争取持久和平,争取人民民主》上发表文章,要求印度共产党汲取“中国和其他国家民族解放运动的经验”,但这遭到一些国际共产党人的否定。

　　马克思主义传播到印度是多源的,这提供了多种“版本”的马克思主义。印度先进分子可以博采众家之长,比较、借鉴和吸收马克思主义的精髓,但同时也存在明显的问题。

　　一是因为马克思主义传播到印度是有先后的,这就促使印度先进分子们只能先接受其中一个国家传来的马克思主义理论和社会主义建设经验,在进行足够的实践后得出效果,效果不理想的情况下转而学习其他的理论和经验,在这之后才能进行比较,这必然会受“先入为主”思想的制约,影响传播效果;二是通过不同路径传播的马克思主义是结合来源国“阐释”过了的马克思主义,如不能充分考虑到不同国家的经济、政治、文化条件的差异,则会导致马克思主义在印度的实践运用中出现某些问题。例如在苏联的理论解释中,就机械地将印度和中国等同在一起。在 1930 年,斯大林采用托洛茨基的殖民地路线,将中国事变的分析当作了印度政策的模型。卡尔狄拉克在 1930 年 6 月说道……如果我们和群众还不准备好应付民族改良主义者的必然背叛,那就意味着不负责任地和犯罪地听任工人和农民陷入失败。7月,《国际新闻通讯》刊载了中华全国总工会写给印度工人的一封信:甘地领导下的印度民族主义政党和中国国民党一样,他们都是帝国主义的工具,我们对甘地不能抱有丝毫幻想。相反地,我们必须反对他,以便保证革命的胜利。② 罗易早在 1922 年就写道:甘地主义即将崩溃……这将表明,反动势力影响不了社会革命运动。英国共产党重要领导人 R. 帕姆·杜德在 1931 年认为甘地主义已经崩溃。③ 然而甘地对于印度革命的影响举足轻重,他个人

---

　　① 参见[美]奥佛斯特里特、[美]温德米勒:《印度的共产主义运动》,北京编译社译,商务印书馆,1964 年,第 576 页。

　　② 同上,第 182 页。

　　③ 同上,第 635 页。

的号召力左右着印度政治格局。印度人萨德拉·格瓦拉在英国工人选区成功得到议会席位,赢得了印度国内的关注和支持。1927 年他前往印度宣讲,起初受到欢迎,后来因为他对于甘地猛烈地抨击马上失去了群众支持,直至1927 年 4 月离开时孟买政府甚至不愿与他告别。印度共产党遵从共产国际路线,盲目反对甘地,与国大党决裂,引发了国大党的打压和群众的疏远,马克思主义传播陷入困境。

二、第二梯次:印度共产党的马克思主义印度本土化探索

第二梯次是印度先进分子建立印度共产党,在党内进行马克思主义理论传播。经过不断的理论交流和战略研辩,逐步推进了马克思主义本土化的进程,即印度革命思想的形成、发展和传播,印度社会实践发展的特殊情形和客观需要为印度革命思想的传播提供了实践基础。在这个过程中,马克思主义传播存在三种主要形式,包括以党的领导人为核心的印度革命思想传播、通过建立马克思主义小组和党组织的方式扩大队伍的传播,以及通过党内通信的传播。

一是印度共产党领导人对马克思主义思想的传播。印度共产党这一时期的主要领导人罗易、P. C. 约希、兰纳迪夫各自不同又鲜明的政治主张在党的活动下传播了各自的马克思主义观点。罗易在十几岁时便参与到政治活动中,未满 20 岁便开始为印度的独立而斗争。出生于孟加拉国的他深受武装斗争的影响。在一战爆发后,他曾前往德国寻求武器装备。未能成行后游历各国,最后在墨西哥接触了社会主义,随后加入墨西哥的社会党。在不断的政治活动中他开始研究马克思主义,并接触了苏俄的使者鲍罗廷,随后前往苏联。他在共产国际二大会议上与列宁就殖民地问题展开了激烈的辩论,对列宁的提纲进行了修改完善,并先后出版过许多书籍刊物,如分析和指导印度革命运动的《过渡时期的印度》,论述民族革命纲领的《前卫》(曾数次更名),关于印度政治形势的《不合作的一年》《不合作的后果》《印度:它的过去、现在和未来》,关于现代政治问题的《民族主义——一种过了时的迷信》《民族政府还是人民政府》,关于国家独立之后应该采取什么政治结构的《宪法草案》,专门讨论、研究哲学和意识形态的《马克思主义的道路》(后

又改为《人道主义的道路》）。他主张通过暴力革命的形式扩大社会主义运动，他认为"唯一的方法就是流血革命，不管这种革命在当前形势下显得多么冒险"①。因此在罗易指导印度共产党期间，印度共产党人遵循一条基本原则，即通过暴力斗争推翻剥削阶级。印度共产党1930年的党纲写道："本党宣称，走向胜利的道路不是个人的恐怖手段，而是由工人阶级、农民、城市贫民和印度士兵组成的最广泛的群众战线，在印度共产党的旗帜和领导下进行的斗争和革命的武装起义。"②

P. C. 约希主张印度共产党同执政党即国大党合作，他命令共产党人申请加入国大党，出版秘密刊物《共产主义者》，并建立党的"党团"系统。这些党团将在国大党本身以及共产党人当时可以自由参加的工会和农会等其他群众组织中，作为有纪律的单位进行工作。他不仅向一般群众，而且还向外国的共产党公开申述自己的意见。在与国大党组成联盟后，印度共产党迅速发展。由于获得了"国大党人"的称号，印度共产党能够深入基层联系群众，赢得群众的好感，获得了空前的声望。在加入国大党取得合法地位以后，印度共产党建立了一大批外围组织，如印度人民戏剧协会、进步作家协会、印苏友好协会、儿童福利协会、妇女会，等等。这些组织帮助印度共产党进行宣传和行动，当党的政策能够与一些团体的利益结合在一起时，就能够吸引大量的潜在党员、积极分子或是支持者。党组织的发展也很迅猛。

党的宣传活动不断加大。他们的新闻周刊《人民战争》和一些系列省报不出一年便有66350份，其他书籍和小册子也在迅速增长。党内的行政效率不断提高，组织能力大幅加强。这一点体现在党内能够拿到专职薪水的人数远高于与国大党联盟之前。此时印度共产党称有2637个专职干部在党内的系统工作。仅供党员阅读的报纸《党内通讯》上便有着极其丰富的内容，布满了知识、通知、调查表、图表等，这在以前是不可想象的。③ 同时印度共产党成为议会上重要的力量。在国大党拉合尔会议上，印度共产党在执行委员会候选人名单中占有三分之一的席位。1939年，印度共产党宣称他们

---

① Roy M. N., *La india*, *Su Pasado*, *su Presente y su Porvenir*, Mexico City: n. p., 1918. pp. 174 – 175.

② Draft Platform of Action of the Communist Party of India, *Inprecor X*, Dec. 18, 1930, p. 1218.

③ *Party Letter*, Ⅲ(June 8, 1943), p. 3.

在国大党全国委员会中取得了 20 个席位。另外在国大党菲兹普尔会议上提出了一项修正案,指出自治"只能通过对帝国主义进行毫不妥协的群众性革命斗争"。这项修正案在国大党全国委员会 128 票中得到 45 票,在国大党菲兹普尔会议上的 713 票中得到 262 票,这足以看出此时共产党的影响力大小。① 兰纳迪夫主张建立工人阶级、农民、小资产阶级以及进步知识分子所结成的自下而上的同盟。他控制代表大会后在党内会议中宣称:"印度资产阶级已经站在同苏联所领导的民主阵营存在着'不可调和的矛盾'的英美帝国主义阵营一边,因此,印度共产党必须领导'人民民主'的斗争。"②同时,兰纳迪夫认为在某些地区应采用暴力策略。P. C. 约希领导集团不重视堆楞加那的农民起义,兰纳迪夫认为农民起义是共产党正进入新阶段的象征。

二是马克思主义小组和党组织中的马克思主义传播。印度共产党成立后,罗易将曾经送往东方劳动者共产主义大学学习的印度共产党先进分子陆续派回印度的加尔各答、孟买、拉合尔、马德拉斯和坎普尔等地。这些先进分子创建了许多马克思主义小组,创办了多种语言的刊物传播马克思主义理论和社会主义思想,如孟加拉语的《人民之声》、英语的《社会主义者》和乌尔都语的《革命》等。此外还通过日记、传单等方式传播马克思主义,如罗易曾出版日记《印度大众》,目的是把印度的思想塑造成马克思主义的模式。萨提亚·巴克塔曾到坎普尔开了一家社会主义书店,向报纸投稿并以马克思主义的立场散发一些传单。1921 年,丹吉出版了《甘地和列宁》,在这本小册子中他将列宁排到了甘地之上,这引起了富商罗德瓦拉的关注,他资助丹吉继续进行马克思主义研究,之后共同建立了马克思主义图书馆,专门出版马克思主义著作译本。

印度共产党积极组织国内各种马克思主义团体并逐步合并,大力招募党员。罗易在共产国际的帮助下,与在印度兴起的许多共产主义团体取得联系,安排马克思主义者组建聚会和活动,逐步实现印度社会主义团体之间的联系并在国内建立全印度革命中心。1942 年印度共产党放宽入党标准,

---

① *Commuist*, I(Feb.,1937),p. 2.

② [美]奥佛斯特里特、[美]温德米勒:《印度的共产主义运动》,北京编译社译,商务印书馆,1964 年,第 336 页。

中央会议决定"扫除一切不必要的障碍,向一切证明自己有价值的老实人开放党籍"。印度共产党党员人数从最初的几十人,发展到1942年的4500人,放宽入党标准后,1943年增加到15000人,1945年甚至达到了30000人。

三是党内通信下党员思想训练中的马克思主义传播。印度共产党公开发行一些报刊和小册子,以党员为主要传播对象。同时它还实行一种正规的秘密通信制度,其中最重要的是《党内通信》,这是一种针对全体党员的定期刊物,由党的总部发行,刊登有关党的政策和活动的详细报告和指示。当党的活动正常进行时,《党内通信》至少每月出版一期。印度共产党还发行了一种只供省委会和县委会阅读而不发给普通党员的定期刊物《中央委员会情报文件》,其中刊有十分机密的报告和指示。

除了自上而下的通信以外,还有一种自下而上的正规报告制度,印度共产党党章规定每个党组织都必须按期向上一级党组织报告工作。印度共产党建立了秘密机构负责传播党内刊物材料,在印度共产党处于非法地位时期,出现过几起针对印度共产党人的搜捕案件,警察搜查逮捕印度共产党人并破坏传播机构,给印度共产党造成了严重损害。除了通信制度下对马克思主义的传播以外,印度共产党在意识形态上还进行了几种其他形式的马克思主义传播。一是在党内反复灌输军事纪律的精神。印度共产党在进行政治分析或劝诫党员时大量使用军事术语,惯于使用"防御"和"进攻"、"前线"和"后方"、"战斗""休战军队"和"部队"等名词。这些词汇自然是从共产党关于阶级斗争的基本理论中产生的。二是在党内创造一种家庭氛围,大量使用只在家庭关系中使用的词汇。这一点在P.C.约希的著作中特别明显。例如约希把国大党和印度共产党的关系描写成兄弟关系,认为印度共产党党员把全体印度人民看成是"我们的真正父母",有一次约希把党总部说成是"一个共同的大家庭,当时由八个人发展到一百二十个人的总部是按照公社的形式组织在一起的"[①],"并且由'一个唯一的母亲'来主持"[②]。这些说法表明,印度共产党领导人力图利用类似家庭中那种感情上的联系来加强党的团结。三是对党员私人生活的干预。约希向甘地说:"我们力求指

[①②]　《印度共产党第三次代表大会文件选辑》,世界知识出版社,1955年,第87~88页。

导、批评和陶铸我们的党员的整个生活,包括私人生活和政治生活。"①

印度共产党成立之后,经历了不同立场的领导人的领导。这些领导人在党的战略问题上的主张出入较大,对党内的马克思主义传播内容也不尽相同,对传播内容的理解也存在困惑。随着印度共产党党员人数的增加,自上而下的通信制度和自下而上的报告制度相辅相成,通过加强对党员的马克思主义理论学习指导,加强对党员的社会活动、文化活动的管理等手段促进了马克思主义的传播。

三、第三梯次:马克思主义在印度更广泛的"分众化"传播

第三梯次是印度马克思主义者通过政党对国内组织以及广大群众的马克思主义传播。在掌握和运用马克思主义理论的政党、理论工作者和人民群众的推动下,探索马克思主义本土化的进程。对国内组织、广大群众的传播与党内传播不同,主要通过联系和发展国内的进步组织、指导群众运动以及运用媒体等进行马克思主义传播。

一是联系、发展国内工农组织进行马克思主义传播。印度的现代工会运动发起于第一次世界大战以后,1920 年第一个全国性的工会联合会(即全印工会大会 AITUC)成立。全印工会大会的组织者并不是马克思主义革命家,而是与国大党有密切联系的资产阶级民族主义者。工会运动继续由保守派领导人领导,他们相信集体谈判可以改善工人阶级的经济状况,使他们远离民族主义政治。1922 年,罗易在《国际新闻通讯》上评论全印工会大会第二届年会时写道:"印度的工人阶级运动的领导,并不是完全符合理想的。大多数重要工会的领导人不是与政府有间接联系的英国熟练工人,就是没有任何阶级斗争概念的人道主义改良主义者或机会主义的民族主义政客。"②1923 年,印度共产党出版的《社会主义者》杂志主要宣传对象为工人阶级。1928 年,孟买共产党领导人成为全印工会大会的代表之一,在工会中

---

① Joshi P. O.,Correspondence Between Mahatma Gandhi and P. O. Joshi,PeopledPublishing House,1945 , p. 33.

② Roy M. N.,The Indian Trade Union Congress,*Inprecor*,Jan. 3,1922,p. 4.

传播马克思主义思想。直到 1942 年 8 月甘地发起"退出印度运动",印度许多民族主义领袖被拘捕,国大党政治力量受到压制。印度共产党趁机在工农和学生中传播马克思主义,在全印工会大会上的影响力有所增加。但二战结束后,国大党在 1947 年 5 月建立了另一个工会联合会,即印度全国工会大会(INTUC),取代了全印工会大会的地位。工农党作为印度共产党的合法组织,起到了重要的作用。罗易在 1922 年的《前卫》中透露了他对于工农党的思想。当时的国大党在甘地的带领下缺乏明确的政治纲领。罗易要求国大党纲领表明它所代表的阶级。他在当时发表的文章中透露了他计划的内容——他要在当时最大的国大党中建立一个反对派集团并夺取领导权,然后影响国大党的重要领导人,使他们相信共产主义。1922 年 11 月 2 日,罗易给丹吉写了一封信,信中透露到反对派集团应当能够集合各种革命力量,成为一个被共产党和社会党领导的合法集团。

　　1925 年,印度工农党于孟加拉省成立。1927 年在印度共产党的倡导下,大多数共产党员成为印度工农党执行委员会成员。印度工农党的影响力不断扩大,工人们举着带有锤子和镰刀标志的红旗举行了多次会议和示威游行。1928 年底,各省级工农党一起组成了全印度工农党。工农党的目标是组织农民和工人,使他们意识到自己的政治权利,摆脱既得利益者的压迫。为了宣传这一思想,该党用孟加拉语出版了一本《孟加拉语周刊》(后来改名为《加纳瓦尼》)。罗易得知工农党成立和《孟加拉语周刊》发行后,在《印度大众》杂志上写道:"没有什么比在政治上充分而忠实地表达农民的不满和要求更重要的了……农民的客观要求不是改革,而是革命……"[1]后来,工农党未能成为印度的重要政治力量。1927 年 12 月 30 日,罗易在《致印度共产党人的一封信(后来被称为"议会信件")》中探讨了工农党的组织形式问题。他主张印度共产党应该加入工农党,通过工农党的形式合法存在。同时提出要注意共产党和工农党的公开联系。"工农党的目前组织形式阻碍了这个党的发展。它太公开地同共产党联系到一起。这种现象使得许多愿

---

① 100 Years of the Communist Party, https://www. cpim. org/sites/default/files/documents/100_year_of_formation – booklet. pdf.

意加入工农党的革命分子都疏远了工农党……必须尽快地纠正这种错误。"①但是共产国际执行委员会对此给出了不同意见。1928年7月,执行委员会发表了一份508页的报告,作为共产国际第六次代表大会前夕的讨论基础:"工农党……是作为国大党左翼而不是作为独立的政党而行动的……只有从资产阶级政客的影响下彻底解放出来,并变成无产阶级领导的工人阶级和一切被剥削群众的联盟,才能发展成为一个群众性的民族革命斗争的政党……组织共产党是绝对必要的。"②共产国际不会支持由小资产阶级领导无产阶级,这违背了马克思主义的指导。

二是在学生组织、文化组织等进步组织中进行马克思主义传播。印度先进分子们同工农阶级联系的同时主动组织青年,共产党人把马克思列宁主义革命理论介绍给青年人,并组织成党。第一个马克思主义青年组织于1927年在孟加拉国成立,名为全孟加拉青年协会。印度共产党人成功地激励了一大批学生接受"人民战争"的论断,但未能取得有效的政治影响力。印度共产党战略上的不稳定,导致其对全印学生联合会的马克思主义传播未能取得明显效果。

此外,印度共产党人培养和发展社会中各类文化组织,如印度人民戏剧协会、进步作家协会、苏联之友、儿童协会和妇女协会。这些组织贴近群众生活,具有很大的发展潜力。印度共产党希望通过发展这些组织成为推进马克思主义传播的有效渠道。此外,印度共产党还通过印度穆斯林传播马克思主义,许多印度穆斯林为了反抗殖民统治而到国外学习和组织运动,其中一部分通过陆路到达土耳其,通过中亚与苏联共产党人接触,他们中的许多人成为共产主义者。如肖卡特·乌斯马尼正是在莫斯科学习后回到印度参与共产主义运动,但1923年被印度当局逮捕囚禁了4年;1929年以共产党领导人的身份参与了秘密政治活动,再次被捕。但他不熟悉马克思主义理论,曾声称在那里他能看到的书只是《大乘佛教》和《罗摩衍那》。实际上这一时期其他印度共产党代表人物对于马克思主义理论的掌握程度也相对有限。

①　Meerut Committal Order, pp. 66 – 67.
②　*The Communist International Between the Fifth and the Sixth Congresses*, CPGB, 1928, p. 476.

　　三是群众运动中的马克思主义传播。印度共产党呼吁支持工人起义，1945 年全印度工人罢工人次为 74.7 万，而 1946 年罢工人次达到 196 万，人数的迅速增长显示了工人的广泛不满以及印度共产党组织工人运动的有效性。印度共产党通过发行游击战手册指导群众，支援在全国发展群众运动，在指导群众运动过程中也推进了马克思主义的进一步传播。

　　四是运用媒体进行马克思主义传播。印度共产党针对不同受众发行了不同的报纸刊物以传播马克思主义，如面向普通党员的《党内通信》《人民之声》《社会主义者》《革命》等，面向各省党领导干部的《中央委员会情报文件》等，面向工农阶级的《社会主义者》《孟加拉语周刊》等，面向广大群众的《印度大众》等。自罗易一直在尝试创办报刊来宣传马克思主义以来，马克思主义相关刊物的发展呈现上升趋势。中央机关报的职能最早由罗易承担，通过在欧洲出版发行，不断地输入印度。① 由罗易建立的报刊受到了共产国际的表扬。1922 年 11 月共产国际第四次大会召开，共产国际主席季诺维也夫在开幕词说道："我们在印度已经取得了可贵的成绩……罗易同志和他的一批朋友现在出版着一种刊物，这种刊物的任务是为我们在印度的工作铺平道路。"卡尔·狄拉克说道："……我不能不说罗易在过去的一年中之作出了很大的成绩，他在他那部优秀著作和他的那个机关刊物里，用马克思主义理论阐明了印度的情况，没有一个东方国家的共产党做过这样的工作……"由于罗易突出的成绩，共产国际给予了大量经费支持。罗易在他提交的报告中提到他已经申请了 120000 英镑补助，其中有 15000 镑来办《社会主义者》杂志。殖民地委员会全额批准了这笔补助金。这也引起了英国政府的担忧。1922 年 12 月，英国政府在一些输入港口拦截罗易的出版物，其中已经没收了几百份载有罗易纲领的 1922 年 12 月号的《前卫》杂志。1923 年 7 月，当局在孟买查获了 6 月 1 日的《先锋》1485 份以上，6 月 15 日的同一刊物 1124 份。可见报刊引起了英国政府的警戒，但大量报刊躲避拦截后继续在印度出现。② 1943 年，《人民战争》自称发行了 33000 份。自 1953 年以后，报刊的发行量也在不断增长。另外中央委员会由于经费的不断充足，拥有了

――――――――

① 陈峰君主编：《共产国际与印度》，北京大学出版社，1988 年，第 559 页。

② 参见陈峰君主编：《共产国际与印度》，北京大学出版社，1988 年，第 66～70 页。

附属专职的印刷厂和设备,印度共产党出版的书籍和小册子价格非常低,印制朴素而精良,发行量极大(据估计出版数量只有国大党能与它竞争),以求广大的群众能够阅读。报刊种类丰富,包括历史传记、文学和艺术、经济、马克思主义等。印度共产党在拥有自己的销售网的同时还利用普通的商业途径,大力宣传推销,甚至不惜给出超过标准的回扣。这些举措都为报刊的推广起到重要作用,极大地推动了马克思主义的传播。① 除了报纸刊物等媒介以外,印度共产党借助国际共产主义运动的宣传力量,利用中亚、西亚的一些转播台,使得印度的大多数地区可以收听到苏联莫斯科广播电台的节目。后来中国北京的电台也向印度广播,但只使用英语,且规模较小。印度马克思主义者们在印度共产党外采取了同党内不同的传播策略,以高涨的热情联合与发展各类组织,指导群众运动并采用媒体来扩大马克思主义的影响力,为群众更好地接受马克思主义创造了有利条件。在马克思主义的传播过程中,印度共产党获得了更为广泛的群众基础。但总体而言,各类组织及群众对印度共产党的认同感和向心力不足,影响了马克思主义的传播效果。

四、印度早期马克思主义梯次传播的意义与经验启示

通过以上三个梯次的分析,我们可以看到印度早期马克思主义梯次传播具有重要意义。马克思主义作为一种先进的社会思潮,在印度逐渐传播开来。早期的传播受社会历史条件制约,经历了一个差序性的、渐进的过程,呈现出多梯次传播的特点。正是在梯次传播中少数早期马克思主义者的信仰逐渐确立,在实践中不断得到强化,并影响了后来的印度社会主义发展道路。

对印度早期马克思主义传播的分析,有利于人们理解和把握马克思主义在印度传播和发展的内在规律,进而灵活应对马克思主义在不同国家传播中出现的问题。从整体来看,印度马克思主义者坚持实践,为马克思主义在印度的传播奠定了坚实的基础。面对当时国内的殖民统治以及国外的复杂政治环境,印度马克思主义者坚持发展印度共产党党员及党组织,涌现了

---

① 参见陈峰君主编:《共产国际与印度》,北京大学出版社,1988年,第559~567页。

诸如罗易、P. C. 约希、兰纳迪夫等既努力学习马克思主义理论又能付诸实践的马克思主义者。他们同工农组织、学生组织以及其他群众组织取得一定联系，在不断变化的国内外政治形势下指导这些组织参与运动，为后来印度马克思主义组织的发展奠定了基础。

从结果来看，印度早期马克思主义传播实现了印度马克思主义者数量上的增加，马克思主义政党从最初建立到逐步扩大队伍，进而在印度政治舞台上获得一席之地，为印度马克思主义的进一步发展带来了可能。

从传播梯次的视角分析，印度早期马克思主义的传播存在一些值得注意的问题。

一是印度马克思主义者在战略问题上摇摆不定，过度依赖国外的援助。在苏联共产党、英国共产党、共产国际等其他国家共产党和共产党组织的指示下，印度马克思主义者不但未能选择适合印度国情的路线方针，而且战略上摇摆在"左"和"右"的路线之间，时而支持资产阶级民族主义反对帝国主义，时而在反资本主义战略下攻击资产阶级民族主义，导致了基本方针改弦更张过快，不能有效地贯彻执行。首先是俄国共产党的影响。俄国共产党原先执行列宁的方针，决定帮助殖民地的民族主义运动——通常是由民族资产阶级领导的。这意味着印度共产党需要联合国大党来进行民族解放运动。在共产国际二大中列宁提纲草案提出，各国共产党必须帮助这些国家的资产阶级民族解放运动，给予落后民族在殖民地关系或财政关系上所依赖的那个国家的工人有义务进行最积极的帮助。但是罗易反对列宁的提纲，认为资产阶级必将背叛革命。无产阶级不能支持资产阶级民主解放运动反而要进行有无产阶级领导的革命运动。那时候印度共产党还是采用了列宁的提纲作为指导。1928 年 3 月《国际新闻通讯》发表了一篇尤金·瓦尔加的文章，重新阐释了俄国共产党的看法。在文章中瓦尔加得出印度的资产阶级虽然反对英国，但是他们所进行的斗争是为了改善在英帝国中的地位，而不是反对英帝国主义。无产阶级需要领导民族主义斗争。因为资产阶级不具有革命性，那么无产阶级就失去了与他们结盟的理由。[①] 因为共产

---

① 参见［美］奥佛斯特里特、［美］温德米勒：《印度的共产主义运动》，北京编译社译，商务印书馆，1964 年，第 135 页。

国际对印度有相当大的经费支持,共产国际的意见就对印度共产党有着举足轻重的作用。罗易曾对新加纳威卢的宣言十分不满,因为在宣言中,他批判了布尔什维克和外国代理人,这样会使得印度共产党接收到共产国际的经费变得困难。1928 年 7 月,共产国际六大召开。在会议上俄国共产党、英国共产党与印度共产党对印度共产主义运动路线问题进行了激烈的争辩。英国共产党认为资产阶级,尤其是印度的小资产阶级仍然具有一定的革命性,即便他们将来会阻碍革命运动的发展,但是在当下利用好他们将会对革命非常有利。英国共产党代表人 R. 帕姆·杜德曾说:“如果我们转过来看一看主要代表小资产阶级各种成分的民族主义运动的基层队伍,对帝国主义反抗的激烈化,就更明显了……革命化的实际过程正在相当大的一部分人中进行着。”①但是俄国的立场与其相反。时任共产国际执行委员会主席团委员、书记处书记库西宁在六大会议上进行报告,他说道:“的确,民族资产阶级正在掀起一场喧嚣的叫嚷。但重要的是认清印度资产阶级的政治性质及其所奉行的民族改良主义政策。这一政策的矛头指向无产阶级……印度资产阶级的政策是不革命的,这也是十分清楚的。”②在六大的共产国际执行委员会的报告中,印度的资产阶级被描述为“为了靠近群众……利用他们的革命倾向为本阶级的改良主义政策服务……资产阶级总是力图用独立的口号,把小资产阶级群众和知识分子构成的民主主义左翼分子,置于资产阶级领导人的影响之下……”③但是路线再度改变。

　　第二次世界大战爆发后,德国与苏联陷入战争泥潭。共产国际此时为了保卫苏联利益,要求印度共产党与国大党进行联合,推动印度加入战争,进行统一战线策略。1941 年七八月英国共产党刊物《劳工月刊》上面刊登的文章上面写道:“很明显,同苏联作战的帝国主义国家的无产阶级首先要关心的,是挫败和推翻本国政府,变帝国主义战争为国内战争。另一方面,其他帝国主义国家的无产阶级首先要关心的,则是保卫苏联,因为苏联的失败将不仅是对各国无产阶级的重大打击,也是对全人类的重大打击。无产阶

①　R. Palme. Dutt, *Notes of the month*, *Labor Monthly*, June, 1928, p. 335.
②　Inprecor, VIII（July 30, 1928）, p. 1229.
③　*The Communist International Between the Fifth and the Sixth Congresses*, CPGB, 1928, pp. 468 – 469.

级的任何行动都必须从属于争取苏联胜利这个最高目标,因为苏联的胜利意味着各国人民事业大大向前推进一步。"①由此可以看出,俄国和共产国际的代言人都希望印度共产党能够团结反战团体,统一战线,帮助英国与苏联打赢反法西斯战争。而在组织领导上,英国共产党也和罗易进行了领导权的斗争。1925 年初英国共产党派遣使者到印度考察,4 月回英报告说,"印度根本没有共产党组织",引起了罗易的不满。罗易同英国共产党之间的矛盾便由此开始。1925 年 7 月,在英国共产党发起的阿姆斯特丹欧洲共产党会议上,英国共产党更提出要控制英国殖民地的共产主义活动。罗易说:"这有帝国主义味道。"1926 年 4 月,英国共产党 R. 帕姆·杜德出版《现代印度》一书,"俨然成了印度共产党的顾问"。1926 年底和 1927 年中,英国共产党又直接到印度指示印度共产党人组织工农党,直接同艾哈迈德、米拉吉卡和卡特联系,"成了印度共产党的实际领导人"。"罗易自中国回欧洲后(1927 年 8 月离开汉口)仍然同英国共产党争夺印度共产党的领导权。他想通过由他本人、克莱门斯·杜德和息巴息三人组成的印度共产党'国外局'来控制印度共产党。罗易说,该局应该作为共产国际指导印度共运的机构。"②这种情况下党外的群众组织难以清晰认识印度马克思主义的发展和印度共产党的指示。实际上,印度马克思主义者既没有独立进行经济生产,也未能组织自己的武装力量,而是在资产阶级政府统治下艰难发展,不能彻底而有效地传播马克思主义。

二是印度马克思主义者缺乏对马克思主义理论的深入研究。多数印度马克思主义者对马克思主义理论认识不深,没有真正形成马克思主义观,甚至排斥辩证唯物主义和历史唯物主义。虽然在一些印度马克思主义者的努力下发展了不少大大小小的群众组织,努力寻求社会公正,渴望改善经济状况,却不愿意接受马克思主义的无产阶级革命观,没有共同的理论基础,差异认知使得组织的意识形态纯洁性无法得到保证。对于其他国家的马克思主义理论与实践经验,多数情况下机械地照搬,以实用主义的思维方式看待国外马克思主义,而忽视了印度人民群众的社会心理和民族的实际状况,时

---

①　Quaestor, Leading the World Against Hitler, *Labour Monthly*, Aug., 1941, pp. 361 – 362.

②　陈峰君主编:《共产国际与印度》,北京大学出版社,1988 年,第 23～24 页。

而奉行保守的社会主义运动,时而转向激进的武装斗争、暴力革命策略,反复无常的行为极大损害了印度马克思主义者的威信。

三是印度马克思主义者没有统一的思想领导,也未能有效达成广泛的统一战线。在印共二大中,以兰纳迪夫为首的代表支持楞堆加纳地区的革命,大会一致通过免职了带领共产党发展逐渐壮大的原总书记 P. C. 约希,在会上约希全盘否定自己,称自己为"怯懦者""小资产阶级的动摇分子""典型的官僚""右倾改良主义的化身",使党"混乱和腐化了"。① 在被终止党籍后,约希还被赶出了加尔各答的工作地点,被切断了和党的联系;不准参加党的活动;不许接触党的文献资料,等等。兰纳迪夫被推选为新一任总书记,然而兰纳迪夫的领导也招致了很大的不满。他催促修改党章,解散低级委员会,开除反对者。兰纳迪夫要快速发动暴力革命,为了集权,他不断违反党内民主制度,与很多领导人交恶。高士称他为"小资产阶级革命狂",认为他的 6 个月掀起革命的计划完全不可行,1948 年高士断言这样的工会暴力政策不可行,被兰纳迪夫威胁开除党籍。另外兰纳迪夫试图接管丹吉在孟买建立的工会,遭到丹吉的抵制,丹吉称其为托洛茨基派。印度共产党领导层思想不统一,行政制度不完善,中央的领导结构时常出现问题,1958 年印度共产党的新党章为了加强中央机构的有效领导,专门设立书记处并划分党费满足中央机构运转,避免部分领导人因为宗派活动和自己部门的事务而忽略中央领导工作。事实上,领导人各自为政(如直接到罢工第一线)使得中央无法开展工作的事情时有发生。在 1956 年印度共产党的报告中,这一点被提出来作为政治局共同的缺点,他们"并未使个人活动服从于整个党组织共同活动的需要",这是"个人主义",是"小资产阶级的典型特征"。在和平、学生、妇女运动中都是"交给个别同志负责",撰稿也是一个人负责,都是撰稿人同"一个委员"商量之后撰写的。1956 年的报告表明,中央领导人对中央的工作不感兴趣也不擅长,经常跑到现场进行政治活动。未能探索出统筹兼顾各方派系的道路,权力斗争愈加趋于集团化,各自为政,对抗激烈,没有形成充分的向心力。印度共产党领导的工人阶级对于妇女的重

---

① ［美］奥佛斯特里特、［美］温德米勒:《印度的共产主义运动》,北京编译社译,商务印书馆,1964 年,第 337 页。

视程度很低,在印度共产党的文件中指出妇女党员的数量"微不足道",E.
M. S. 南布迪里巴德承认,印度共产党对于妇女的轻视,实际上放弃了在一个
极其重要的领域争夺无产阶级领导权。[①] 在反对帝国主义殖民压迫的共同
立场下,印度马克思主义者未能有效达成工农、民族资产阶级、封建势力的
广泛统一战线,甚至同为工农利益代表的印度共产党和工农党都未能团结。
如印度共产党在二战期间以"人民战争"的名义支持英国的战争,反对帝国
主义变成了反法西斯,这严重脱离群众,损害了马克思主义在印度的公
信力。

　　第二次世界大战爆发后,印度对于参加战争的态度以及接下来要进行
的政治路线将左右印度共产党与其他政党的联系。在1938年,国大党宣布
不会参加"帝国主义之间的战争",他们"同样反对帝国主义和法西斯主义"。
而1939年国大党左翼的大部分人无条件反对印度参加任何欧洲战争。对于
印度共产党而言,1939年苏德互不侵犯条约的签订意味着战争将局限与帝
国主义国家之间,不会对共产主义造成打击。自1934年以来,印度共产党的
统一战线策略为他们自身赢得了飞速的发展。工人们的阶级觉悟不断上
升,阶级基础不断扩大。登记的工会由1934年的191个增加到1938年的
296个,全印农民协会据印度共产党自称已有80万会员,有了"惊人的觉醒
和壮大"。统一战线被证明是正确有效的道路。如若苏联不参与战争,那么
英德之间的帝国主义战争不会得到印度的支持,印度共产党将继续反对英
国政府来追求印度的独立,而英国方面则迫切希望印度参战。1939年9月3
日印度总督宣布印度将加入对德国的战争之中,随后英国愿意在战后同印
度展开谈判。但是甘地对此并不满意,甚至"十分令人失望"。

　　另外,俄国和共产国际认为反对印度参战的国大党"利用战争危机来赢
得完全的民族独立",而支持战争的其他党派和团体都是"英帝国主义的代
理人"。在战争爆发后明确要求印度继续采取统一战线反对英帝国主义。
这样看来,无论是为了追求印度的独立、打击帝国主义和发展印度的共产主
义,扩大自身的队伍,实行统一战线战略都非常契合,但是印度共产党在战
争爆发后立即开展了革命的准备。1939年10月,印度共产党政治局通过一

---

① See E. M. S. Namboodiripad, Women's Movement for Democracy, *New Age*, Feb., 1956, p. 30.

项决议,谴责帝国主义战争,要求用革命手段利用战争危机来实现民族独立,并且"夺取政权是可以立即实现的目标","要把帝国主义战争转变为民族解放战争"。这项决议要反对国大党的非暴力运动,尽力将其转变为暴力运动,形成一场"群众起义"。1941 年 1 月,印度共产党发表了独立日宣言,要发动"帝国主义无力抗拒的进攻",将号召工人学生和农民进行群众示威。这样的暴力路线违背了统一战线策略,并且很快受到国大党的打压。1939年 12 月底,国大党领导人那腊延在一份通报上指责共产党人"破坏团结",采取未经许可的"冒险主义"计划,"挑起叛乱"。1940 年 3 月,国民大会社会党全国执行委员会在腊姆加尔会议上开除全部共产党人。这次会议上,印共提出了"无产者的道路",内容就是要求全国总罢工,抗租抗税,然后命令城乡地区的武装民兵部队袭击兵营和警察所,捣毁政府机关,对政府的武装部队发起大规模猛攻。这项提案被会议否决,并且立刻将印度共产党和国大党的关系降到冰点,并且给进行群众工作的印度共产党党员造成了极大困难。印度共产党表露出的工人阶级至上的语气遭到了全印度农民协会中非共产党人的反感。这也许就意味着工农平等的主张已经被放弃,此后1940 年 3 月的全印度农民协会年会,共产党代表曾经反对农民应在政府中享有最高地位的提案,工农统一战线也出现了矛盾。之后印度共产党人拒绝参加左翼前进集团的会议,与左翼领导人鲍斯也决裂,而反应更加激烈的是英国政府。

在印度共产党领导的罢工开始后,印度共产党的主要领导人相继被捕。1941 年 2 月,内政部长宣布政府拘留了 480 名"公认的共产党人或是积极拥护共产党的暴力群众革命计划的人"。内政部长说,"已把印度共产党组织的中央领导人物"关进监狱,使"共产党机构陷于瘫痪"。印度共产党由于激进政策付出了极大的代价。印度共产党事后承认,由于准备不足,使得"大多数重要领导被捕","使党组织受到极大破坏"。[①] 此外,印度教种姓制导致社会阶层固化程度较深,群众受教育程度普遍偏低,两百多个民族、十几种官方语言以及地区行政碎片化问题,更加大了广泛统一战线形成的难度,固

---

① Chalasani Vasudeva Rao, *Bharatha Communist Party Nirmaana Charithrea*, Praja Sakti Press, 1943, pp. 129, 151.

有的蒙昧主义思想和过度的宗教信仰阻碍了马克思主义的进一步传播。印度边境存在大量土邦部族，苏俄政府曾经希望通过援助这些部族来进行武装起义斗争。但是由于这些部族信仰伊斯兰教，与印度大多数人信仰的印度教不同。当大量穆斯林得到武器后，印度国内的印度教徒反而因为穆斯林的入侵感到恐慌，从而不得不向英国政府寻求保护，反对英国的运动就会受到挫折。另外，在一战后，土耳其掀起了哈里发运动，意在保卫伊斯兰教免受帝国主义的入侵。虽然在一定程度上抗击了帝国主义，为马克思主义的传播提供了土壤，但是这一场带有封建性质的宗教战争吸引了大批穆斯林离开印度前往土耳其，参与基马尔帕夏的军队。在罗易抵达塔什干后，希望能够招募一支军队来进行印度的民族解放，但是大量的穆斯林都更希望去参加基马尔帕夏的哈里发运动，并且宗教有时也在一定程度上会阻碍马克思主义的传播。

　　在沙皇俄国崩溃后，中亚的布哈林在苏俄的帮助下独立，但是布哈林内部上层的一些伊玛目联名向中亚的阿訇呼吁"对布尔什维克的异教徒开战"。因为宗教国家下的生产组织形式仍旧是封建的，布尔什维克党进行的土地分配政策严重损害了大地主和阿訇的利益。而且布哈林的埃米尔不允许苏俄的武器通过布哈林，这使得苏俄对于印度物资和人员的往来无法正常开展。最终，布哈林成为反动堡垒，投靠了英帝国主义。解放布哈林是推动马克思主义继续传入印度的重要条件，但是由于宗教的特殊背景，进攻布哈林可能会引起穆斯林的不满。① 宗教信仰也与马克思主义存在一定排斥性。在塔什干罗易组织的军队中，有大量的伊斯兰教徒。这些教徒在罗易开办的印度军事学校中出现了分化，有些逐渐倾向信仰共产主义，另一些人却对此十分不满。几个受到教育的（可能也是与罗易亲近的，倾向信仰马克思主义）人极力解释劝告时，被狂热分子称作"叛教者"。在移民宿舍中，有些人公开谈论共产主义，甚至贬低宗教信仰，经常引发激烈的争论和殴打。罗易接触到的很多群众都是非常无知的，只有"少数受到过教育"，"……充当先

---

① See M. N. Roy, *M. N. ROY'S MEMOIRS*, Allied Publishers Private Limited, Bombay, 1964, pp. 451 –460.

驱的共产党员要面对群众的政治落后、普遍无知和宗教狂热等问题……"①党内也因此存在交流障碍。有很多党员是文盲，他们不懂英文，甚至不知道他们当地的文字。党内报告称"大批党员是文盲"，根本不会阅读党的材料，也不热心。②

　　总之，印度早期的马克思主义传播对于马克思主义传播史的研究十分重要。这一时期的传播纷繁复杂，不仅传播到印度的马克思主义来源多样，国内传播的内容和方式也在不断改变。马克思主义在印度经过多梯次化的素材，展示了马克思主义在不同民族和国情下的强大适应力，推动了全世界范围内马克思主义的传播和发展。

　　　　　　　　　　　　　　　　　　张雷、刘昉（北京理工大学）

---

① M. N. Roy, *M. N. ROY'S MEMOIRS*, Allied Publishers Private Limited, Bombay, 1964, pp. 477 – 482.

② 参见陈峰君主编：《共产国际与印度》，北京大学出版社，1988 年，第 422 页。

英国马克思主义关于当代工人阶级的
争论及其理论反思[*]

　　1978 年 3 月,被尊为"现世最睿智的马克思主义者"的英国共产党员、马克思主义历史学家艾瑞克·霍布斯鲍姆发表"工党的急行军已然停滞不前?"演讲,对英国工人阶级运动的前途表示了忧虑。9 月,演讲稿刊发后在英国左派阵营内部引发讨论,《今日马克思主义》(Marxism Today)持续刊发讨论文章近两年,直到撒切尔主义强势吸引人们的注意力后才告一段落。不过,由此引发的思考与争论并没有停止:拉克劳和墨菲随后发展出"后马克思主义",针对当代工人阶级革命性衰退现象提出了一种影响很大的理论解释模型;斯图亚特·霍尔与"后马克思主义"遥相呼应,从意识形态维度对当代工人阶级的危机及其可能的解决方案进行了深刻思考;拉尔夫·密里本德以及艾伦·梅克森斯·伍德等则抨击前三类观点是对英国社会主义未来具有极大消极影响的"新修正主义""新'真正的社会主义'",力证马克思主义阶级斗争学说没有过时。20 世纪 90 年代以后,英国等发达资本主义国家工人阶级运动陷入长期衰退,至今仍未走出低谷。不过,近 2 年,欧洲出现了以法国"黄背心"为代表的零星激进工人抗争活动。发达资本主义国家工人阶级运动在复兴吗? 以史为鉴,可以知兴替。我们有必要回到 20 世纪 80年代英国马克思主义围绕当代工人阶级展开的争论与对话,从中汲取有益的理论启迪。

---

　　* 本文系国家社科基金重大课题《当代国外马克思主义研究》(2015MZD026)的阶段性成果。

一、工人阶级运动处于危机中:来自霍布斯鲍姆的警讯

《今日马克思主义》是英国共产党 1957 年创办的一份理论刊物。因为主要传达英国共产党的主流立场,1979 年以前,《今日马克思主义》的理论影响和政治影响都相当有限。1978 年 9 月,霍布斯鲍姆应杂志新主编马丁·雅克①之邀发表了一篇短文,即 1978 年 3 月马克思纪念讲座上的演讲稿"工党的急行军已然停滞不前?"其主体是对过去一百年英国工人运动历史变迁的总结,开头和结尾简单谈了他对工人阶级运动现状和前途的看法。霍布斯鲍姆没有想到,这样一篇具有友情支持色彩的"小文章",会产生那么大的影响,将原本不关注现实政治的他推到政治的风口浪尖,促成了他后来的道路转型,同时也使《今日马克思主义》一跃成为后来十余年间英国最具活力的政治理论刊物。②

(一) 英国工人运动的危急时刻

与雷蒙·威廉斯、爱德华·汤普森、拉尔夫·密里本德等其他第一代英国新左派马克思主义者不同,霍布斯鲍姆是一个不太关注现实的"学院派":1947 年剑桥大学博士毕业,随即进入伦敦大学伯克贝克学院任历史学讲师,此后 30 年间一心一意做职业历史学家,致力于劳工史研究,成果斐然。尽管从事劳工史研究,但他不关注也不参与现实的工人阶级运动,只是在政治上紧跟英国共产党主流立场,对英国工人阶级以及社会主义前景持积极乐

---

① 马丁·雅克(Martin Jacques,1945—),英国左派政治理论家,1977 年出任《今日马克思主义》主编,后于 1991 年关闭杂志。在他的领导下,《今日马克思主义》成功组织了一系列理论讨论,使杂志赢得巨大理论和政治声誉,其间他与合作者编辑出版了《工党的急行军已然停滞不前》(1981)、《撒切尔主义政治学》(1983)、《新时代》(1989)等政治论文集。20 世纪 90 年代初以后,马丁·雅克的兴趣点开始转向东亚和中国,成为一名有影响的中国问题研究专家,2009 年出版《当中国统治世界:中国的崛起和西方世界的衰落》产生较大国际影响,另有文集《大国雄心:一个永不褪色的大国梦》(2016)在中国出版。

② 参见[美]艾瑞克·霍布斯鲍姆:《趣味横生的时光——我的 20 世纪人生》,周全译,中信出版社,2010 年,第 320～321 页。

观态度。然而进入 20 世纪 70 年代后,霍布斯鲍姆在不知不觉中发生了变化:最初是因为学术交往的需要,他与意大利、西班牙等南欧的马克思主义者建立了比较密切的学术联系,进而与形成中的"欧洲共产主义"产生交集,最终认同"欧洲共产主义"观念,主张根据欧洲发达资本主义国家共产党面临的新形势新任务,探索符合本国实际的走向社会主义的理论和策略。既然要探索符合本国实际的道路,那么英国工人阶级及其运动现状如何、前景又如何呢? 这些就是 1978 年霍布斯鲍姆准备"工党的急行军已然停滞不前"时思考并努力回答的问题。

　　1978 年适逢马克思诞辰 160 周年。霍布斯鲍姆受邀做马克思纪念演讲,主题是"马克思百年之后的英国工人阶级"。在演讲的一开始,霍布斯鲍姆就说,"想利用这个机会总体审视英国工人阶级在过去一百年的某些发展",因为"工人阶级和劳工运动正处于危机阶段",但包括工人阶级政党领袖在内的大多数人对此茫然不觉,更不用说做出与时俱进的变革。他的目的就是"在英国资本主义和无产阶级的变动结构这种长时段视野中审视危机",因为"我们作为马克思主义者以及我作为马克思纪念演讲嘉宾的任务,就是运用马克思的方法和一般分析理论具体地分析我们的时代"。[1] 霍布斯鲍姆指出,随着英国资本主义的不断发展和工人阶级政治意识的成长成熟,1878 年前后,以产业工人为主体的传统英国工人阶级运动进入高潮。但是进入 20 世纪以后,尤其是第二次世界大战结束以后,欧美资本主义发达国家进入一个快速发展阶段,"英国资本主义的性质从四个方面发生了深刻变化":第一,资本主义生产方式由劳动力密集型转变为技术密集型;第二,在资本主义私营部门之外,出现了大规模的公共服务部门,吸收了大量就业人口;第三,资本主义竞争对工人阶级状况的影响在降低,受政治利益驱动的公共服务部门对工人阶级的影响在上升;第四,工人的实际生活水平摆脱了马克思时代的绝对贫困,获得实质性改善。[2] 资本主义的形态变化影响、改变了工人阶级的内部构成:在职业上,传统工人阶级的"蓝领"在分工中的地

　　[1]　Eric Hobsbawm, The Forward March of Labour Halted? in Eric Hobsbawm, *Politics for a Rational Left*: *Politcal Writing* 1977 – 1988, Verso, 1989, p.9.

　　[2]　See Eric Hobsbawm, The Forward March of Labour Halted? in Eric Hobsbawm, *Politics for a Rational Left*: *Politcal Writing* 1977 – 1988, Verso, 1989, pp.14 – 15.

位越来越小,马克思意义上的产业工人、体力劳动者数量急剧下降,在总劳动人口中的占比从 1911 年的 75% 左右降到 1976 年的 50% 左右,取而代之的是以"白领"为代表的中间阶级不断扩大,社会阶级结构变成了"椭圆形";在性别上,男性工人主导的局面被彻底改变,女性职工占比从 1951 的 20% 上升到当时的 50% ,并且开始要求摆脱次等工人的地位,追求与男性职工同样的报酬;在劳动力来源地上,在一个世纪前,英国工人内部虽然有流动现象,但总体来看地区比较集中,对单一的阶级意识的影响不大。第二次世界大战后,英国出现了来自世界各地的大量移民工人,尤其是有色人种移民工人。① 构成的多样化导致工人阶级运动中宗派主义的死灰复燃和大行其道:基于地缘的宗派主义、基于行业的宗派主义、基于收入分层的宗派主义,最终导致工人阶级中穷人与富人的分化、分裂。②

　　社会存在决定社会意识。随着社会存在方式的变化,工人阶级和资产阶级两极对立的阶级结构逐步消失,当代英国工人阶级的政治意识发生了变化,工人阶级似乎随着生活状况的大幅改善,变得"无阶级感"了,不再具有高昂的革命热情,追求社会主义未来的意愿也弱化了。所以作为工人阶级意识的政治表达,实践中对工党的支持情况非常不容乐观。同时,19 世纪那种经济利益至上的工联主义再次占据统治地位,工会越来越变得具有好战性,成为只看重少部分人经济利益的狭隘团体,派系和团体分裂了工人的集体意识和凝聚力,使工人运动短期内表面风光,实则暗藏危机。霍布斯鲍姆的结论是:"工人阶级在过去一个世代的发展对其自身及其运动的未来提出了那么多严重问题。让所有这些变得更可悲的是,今天我们其实正处于资本主义的世界危机阶段,更准确地讲,是英国资本主义社会的危机阶段,甚至可以说是崩溃阶段! 此时此地,工人阶级及其运动原本应当提供一种非资本主义的替代选择,并领导英国人民通向这个目标。"③在演讲的最后,霍布斯鲍姆发出了一个"欧洲共产主义"式的呼吁:马克思主义者应当像马

①　See Eric Hobsbawm, The Forward March of Labour Halted? in Eric Hobsbawm, *Politics for a Rational Left*: *Politcal Writing* 1977 – 1988, Verso, 1989, pp. 15 – 16.

②　Ibid., pp. 16 – 19.

③　Eric Hobsbawm, The Forward March of Labour Halted? in Eric Hobsbawm, *Politics for a Rational Left*: *Politcal Writing* 1977 – 1988, Verso, 1989, pp. 21 – 22.

克思当年那样,分析新形势新变化,制定新路线新战略,以"让工党和社会主义运动恢复其灵魂、活力和历史主动性","这就是等待英国资本主义进入其突然降临的危机阶段时我们应当做的事情。现在就在危机阶段,我们非做这事不可了!"①

(二)重新审视工人阶级

尽管知道具有潜在的政治论战意味,但霍布斯鲍姆确实没有想到演讲稿刊发后会引发那么多关注,工会领袖、工党政治家和理论家、共产党理论家、新左派理论家等都参与讨论,②并由点及面促进左派阵营对当代英国政治现状的大讨论。同时,他本人也在回应争论的过程中不断发展完善自己的政治观念,实现了从"学院派"向介入现实的公共政治分子的转型。在1994年出版的《极端的年代:1914—1991》中,他在更宏大的视野中重新表述了自己的观点:虽然产业工人阶级绝对数量的下降是20世纪80年代以后的事情,但是20世纪60年代以后,随着资本主义生产方式从福特制向后福特制的转变,以英国为代表的发达资本主义国家工人阶级的数量和结构都发生了重大变化,同时工人阶级意识出现退化趋势,从而导致工人阶级与其他社会阶级的边界日趋模糊。

"工党的急行军已然停滞不前?"为什么会超出霍布斯鲍姆的意料产生热烈反响呢?

首先,它让历史告诉未来,非凡地预警了1979年英国工党大选的失败。1945年,工党首次独立组阁,从此取代自由党成为与保守党轮流坐庄的执政党,在1979年大选之前,执政时间与保守党不相上下。至少在1978年底之前,执政的工党卡拉汉政府(1976—1979)并没有显露出明显的败象。在此背景下,霍布斯鲍姆指出以工会为依托的工人运动与英国传统工人政党之间日益增长的矛盾,言明了英国工党乃至整个左派阵营内部不可避免的分

---

① Eric Hobsbawm, The Forward March of Labour Halted? in Eric Hobsbawm, *Politics for a Rational Left*: *Politcal Writing* 1977 – 1988, Verso, 1989, p. 22.

② See Martin Jacques and Francis Mulhern, ed., *Forward March of Labour Halted?* NLB in association with Marxism Today, 1981.

裂。工党在选举中的失利证明了霍布斯鲍姆的预言。他仅仅基于自己作为历史学家的远见卓识就提前 1 年预警了工党的失败,自然令人大感震动。

其次,它提供了一种新的分析角度,激发了各个方面人士的讨论热情。工党的政治胜利进程为什么会招致历史性挫败? 霍布斯鲍姆提供了一种全新的分析角度,认为问题在于工人阶级政党未能敏锐洞察英国工人状况的历史性变化,进而灵活地调整路线、方针、政策;同时,工人阶级、工会片面追求经济利益、热衷于搞工联主义的"工资罢工",①不再能够与追求社会主义未来的工党左派形成有效的政治整合,破坏左翼政党内部的团结和凝聚力,失去大量选民的支持。就像霍布斯鲍姆后来回顾总结的那样,正是这种源于历史、面对现实的新视角,不仅吸引了理论家,也吸引了从地方到中央各个层级的政治活动家参与其中。②

最后,它促进英国左派理论界开始认真思考"当代工人阶级怎么了"这个重大问题。第二次世界大战结束后,发达资本主义国家陆续进入"丰裕社会",社会阶级结构也随之发生改变:一是传统工人阶级的数量、比重以及对社会进步的作用都在显著下降,二是出现了相当数量的新社会阶层,推动了性别、种族、同性恋、反核武器、生态等多种新社会运动,对社会变革的推动作用越发有力。20 世纪 70 年代,法国马克思主义者率先思考这些新现象新变化,不管是普兰查斯的"新小资产阶级"理论,③还是安德烈·高兹的"新工人阶级"理论,④都认为传统产业工人阶级陷入危机,已经丧失原有的革命性,社会变革、社会主义未来只能依靠各种新的阶级力量。霍布斯鲍姆的立场显然呼应了普兰查斯和高兹的立场,从而推动越来越多的英国马克思主义者关注它们,开始思考当代英国工人阶级究竟怎么了。

① Eric Hobsbawm, The Forward March of Labour Halted? in Eric Hobsbawm, *Politics for a Rational Left*: *Politcal Writing* 1977–1988, Verso, 1989, p. 21.

② See Eric Hobsbawm, Debate on "The Forward March of Labour Halted?" in Eric Hobsbawm, *Politics for a Rational Left*: *Politcal Writing* 1977–1988, Verso, 1989, p. 29.

③ See Nicos Poulantzas, *Classes in Contemporary Capitalism*, NLB, 1975.

④ See Andre Gorz, *Farewell to the Working Class*: *An Essay on Post–industrial Socialism*, Pluto Press, 1982.

二、拉克劳和墨菲：首先是马克思主义阶级学说的危机

1979年1月，也就是"工党的急行军已然停滞不前"发表4个月后，斯图亚特·霍尔在《今日马克思主义》上发表"大右转秀"一文，预言玛格丽特·撒切尔领导的保守党将获得大选胜利，并第一次公开使用了撒切尔主义这个新名词。[①] 随即，当代工人阶级争论和撒切尔主义讨论在《今日马克思主义》上同时进行并且相互渗透，最终，撒切尔主义讨论不断走向深入，当代工人阶级争论则暂告一段落。就在此时，1981年1月，两位没有参与此前争论、当时也不太著名的左派理论家出现了，一下子将原先的争论从工会、工党及其政策这种具体实践层面上升到阶级概念、阶级理论、革命战略这种理论层面，指出当前英国工人阶级的危机实际上是马克思主义阶级学说的危机！他们就是拉克劳和墨菲。

（一）告别马克思主义阶级理论

与霍布斯鲍姆等大多数原先的争论参与者相比，拉克劳和墨菲相当"另类"：第一，他们有在拉丁美洲从事更激进、更惨烈左派斗争的实践经历，对阶级和阶级斗争的体认不同于那些更本土化的英国左派理论家和活动家；第二，他们都是马克思主义政治理论专家，两者的第一部理论著作分别是《马克思主义理论中的政治和意识形态》(1977)和《葛兰西与马克思主义理论》(1979)，对阶级和阶级斗争有着更理论化也更具思想史纵深感的认识；第三，他们在思想上深受欧洲大陆的"西方马克思主义"、后结构主义的影响，更熟悉也更认同普兰查斯、高兹等的阶级理论。同样的当代工人阶级危机，他们看到的自然和霍布斯鲍姆等人看到的有所不同。1981年1月，他们在《今日马克思主义》上联名发表"社会主义战略向何处去？"一文，开宗明义就说："今天的社会主义政治斗争发生在一个因新矛盾的出现而被深刻改观的地带，聚焦阶级斗争和资本主义阶级矛盾分析的传统马克思主义话语要

① See Stuart Hall, The Great Moving Right Show, *Marxism Today*, January, 1979, pp. 14 – 20.

讲清楚这种斗争存在很大困难。妇女运动、民族运动、少数种族和少数派性取向运动、反对核武器和反体制运动等,这些新政治主体具有鲜明的反资本主义特征,但其身份认同却不是以明确的'阶级利益'为中心建构的,现在是不是到了有必要修改阶级斗争观念的地步呢? ……这是发达资本主义国家社会主义斗士们目前面临的新问题类型。原有的必然性,著名的'历史的保证',受到严重质疑;政治不确定性与不断增长的理论困局则相伴而生。这就是为什么人们越来越频繁听到'马克思主义的危机'这个说法。"①

也就是说,在他们看来,当代工人阶级危机真正暴露出来的是马克思主义理论尤其是马克思主义阶级学说的危机,而非资本主义统治强化引起的危机,因为"工人阶级作为'变革的历史性力量'的观念已不再有效",马克思在他所生活的历史时期选择工人阶级作为解放全人类的主体是直观的现实,但在当下,情况已经发生了深刻地变化,因此不能再恋旧式地抱守着不合时宜的"阶级"概念:"在 19 世纪中叶作为一个工人就意味着他要在工厂度过大部分时光,要生活在某种确定的领域,具有某种确定的消费模式,仅仅能以受到严格限定的方式来参与国家的政治和文化生活……马克思那里的'阶级'概念只不过是一个很大程度上对应于 19 世纪明显的社会一致性的综合,但是对于今天理解反资本主义斗争的逻辑与模式,这一综合所能提供的助益越来越少了。正因为资本主义在多种意义上脱出了马克思所预言的方向,今天我们才不得不对他的阶级概念提出质疑。"②在当代资本主义世界中,工人阶级数量呈现下降趋势,在经济上趋于碎片化,生产率的提高意味着他们在工厂中度过的时间越来越少,福利国家的发展则使得工人的社会身份越来越少地受到他在生产关系中地位的决定。在这种新的历史背景下,工人阶级不再是全人类解放的天然代理人,阶级斗争不再能够承担起社会革命的新角色,当务之急就是重新发明新的阶级学说,确定新的革命斗争主体,制定新的社会主义革命战略,开辟新的激进的社会斗争场所。

1985 年,他们出版《霸权与社会主义战略》一书,打出"后马克思主义"

---

① Ernesto Laclau and Chantal Mouffe, Socialist Strategy Where Next? *Marxism Today*, January, 1981, p.17.

② Ernesto Laclau, Class War and After, *Marxism Today*, April, 1987, pp.30,32.

旗号。在这本书的导言中,他们对"后马克思主义"这一术语所包含的对传统阶级理论的颠覆性意义做了如下表述:"只要我们拒绝优先化的普遍阶级本体论立场基础上的任何认识论特权,就可能真正讨论马克思主义范畴的现实有效性程度。在这一点上我们明确地指出,现在我们正处于后马克思主义领域,不再可能去主张马克思主义阐述的主体性和阶级概念,也不能继续那种关于资本主义发展历史过程的幻象。"①可见,该书最受人关注的虽然是其中的激进民主理论,但这一理论恰恰以他们并非重点阐释的新阶级学说为基础。

(二)多元政治主体的再建构

在拉克劳和墨菲看来,太阳底下没有新的东西,20世纪70年代末英国工人阶级遭遇的这种危机。早在第一次世界大战前的德国就已经出现过一次了:德国工人阶级、工会靠经济斗争获得发展,但与德国社会民主工人党的政治关系却变得日益紧张,"以至于工人阶级的统一及其追求社会主义的决心都日益变得成问题了"。这种与马克思主义理论预期背道而驰的现实不过确证了"马克思主义的危机"。②第二国际、第三国际以及"西方马克思主义"都为克服这种理论危机进行了不懈的探索,但同样的工人阶级危机80年后再次出现!这说明必须对马克思主义理论尤其是阶级理论进行彻底的反思。

在他们的历史叙事中,马克思在不同的文本中对阶级的论述存在巨大差异:有时是作为一种历史动力,包含了能动的、创造性的要素;有时则被视为生产力发展及其发展内在矛盾的派生形式,这造成后续差异的解释取向。在第二国际那里,阶级成了经济基础与上层建筑结构化表述中的政治附属物,经济决定论导致了将政治斗争简单地看作是上层建筑的表现,一开始就被历史必然性所规定。列宁打破了这种阶级还原论的观点,他不再把政治事件视为某种单一矛盾展开的必然结果,而是强调必须作为一种特殊的关

①　Ernesto Laclau and Chantal Mouffe, *Hegemony and Socialist Strategy: Towards a Radical Democratic Politics*, Verso, 1985, p. 4.

②　Ibid., p. 18.

键性转折点。对列宁而言,他所面对的是政治的合法性不再唯一地集中于工人阶级这一事实。在"大众"和"阶级"断裂的地方,列宁以阶级联盟的观点突出了领导权概念中对社会各阶级进行政治领导的重要作用,因而是将工人阶级的"本体论优先权从社会基础变成了群众运动的领导权"。拉克劳和墨菲认为:"在民主要求变得更加多样化、群众斗争领域更加复杂的情况下,继续与'无产阶级的客观利益'保持一致的先锋队必定扩大了它自己的同一性与它企图领导的那部分之间的裂缝。"[①]作为解决方法,工人阶级扮演起了一种"普遍阶级"的历史角色,其结果是滑向权力主义。正是在葛兰西那里,拉克劳和墨菲看到了重塑领导权概念的潜能。他们认为,葛兰西比同时代的其他理论家更大地拓宽了政治重组和领导权领域,他所提出的理论范畴能够更好地适应发达工业国家和资本主义外围的社会历史条件。在葛兰西那里,意识形态与其物质基础的关系呈现出与经济决定论完全不同的面貌,他提出的有机的意识形态观超越了狭隘的阶级世界观。另外,葛兰西强调知识分子和道德领导权的作用,认为它们超越了"阶级联盟"的领导权概念,构成了比阶级更高的综合、集体意识,变成了"统一的'历史集团'的有机混凝土"。另外,葛兰西使得被历史还原论忽视的历史偶然性被重新发现:"一方面,历史偶然性的领域比先前任何话语更完全地渗透到社会关系中:社会片段已经失去了那些把它们当成阶段论典范的要素的本质联系,而且它们自身的意义依赖于没有得到历史规律保证的领导权连接……另一方面,这些不确定的连接形式开始获得命名,被理论思考,而且被合并到社会代表的同一性之中。"[②]

借助葛兰西的霸权理论和20世纪70年代勃兴的后结构主义思潮,他们提出,马克思主义阶级理论真正的问题在于坚持认为只有依靠工人阶级才能走向、实现社会主义,这是一种错误的本质主义思维。[③] 马克思主义阶级理论的本质主义思维有三个理论支柱,即生产力中心地位论、工人阶级贫困

①　Ernesto Laclau and Chantal Mouffe, *Hegemony and Socialist Strategy*: *Towards a Radical Democratic Politics*, Verso, 1985, p. 56.

②　Ibid., pp. 68 – 69.

③　See Ernesto Laclau and Chantal Mouffe, *Hegemony and Socialist Strategy*: *Towards a Radical Democratic Politics*, Verso, 1985, p. 76.

普遍化趋势论、社会主义是工人阶级的根本利益论，①但历史发展已经证明它们都是错误的。"经济领域不是一个服从内生规律的自我调节空间，那里既不存在可以固定到某一最终阶级核心的社会主体建构原则，也不存在由历史利益定位的阶级立场"②，也就是说，作为资本主义生产方式特定功能的物质承担者，工人阶级从其自在的阶级经历中并不必然形成革命的阶级意识，从而必然成为社会主义的革命主体。

　　如果不是在经济基础与上层建筑的辩证关系中内在地历史生成，那工人阶级的阶级意识是如何形成的呢？拉克劳和墨菲认为，第一，阶级意识是在一种非本质主义的多元决定社会关系总体中形成的。在他们看来，"多元决定"观念是阿尔都塞的重要理论贡献，但越到后期，阿尔都塞越强调经济基础归根到底的决定作用，从而使"多元决定"观念走向新的本质主义，③其最初构想则蕴含了一种不同的"理论承诺"，即反本质主义的"多元决定逻辑"，在这种多元决定的社会关系总体上，阶级意识的形成不仅是真正多元决定的，而且是"在结构上要被颠覆和超越的"④，也就是说，不是固定不变的。第二，阶级意识是工人阶级通过对意识形态要素进行具有偶然性的接合自主形成的。在《马克思主义理论中的政治和意识形态》的导论中，拉克劳以柏拉图的洞穴喻引申出自己的接合理论，⑤强调意义的建构是主体性的、偶然的、不必然为真的。基于这种接合理论，拉克劳和墨菲认为，在多元决定的社会关系总体中，各种意识形态因素都有可能被工人阶级随机地、偶然地接合成为"话语"，⑥也就是自己的阶级意识。就此而言，工人阶级是自己形成了自己的阶级意识，但这种阶级意识不必然是与社会主义相关的、革命的。第三，阶级意识实际上是阶级本身通过主体性的认同活动而构成的

---

　　① See Ernesto Laclau and Chantal Mouffe, *Hegemony and Socialist Strategy: Towards a Radical Democratic Politics*, Verso, 1985, p. 77.

　　② Ernesto Laclau and Chantal Mouffe, *Hegemony and Socialist Strategy: Towards a Radical Democratic Politics*, Verso, 1985, p. 85.

　　③ Ibid., p. 98.

　　④ Ibid., p. 104.

　　⑤ Ernesto Laclau, *Politics and Ideology in Marxist Theory*, NLB, 1977, p. 7.

　　⑥ Ernesto Laclau and Chantal Mouffe, *Hegemony and Socialist Strategy: Towards a Radical Democratic Politics*, Verso, 1985, p. 105.

身份。工人阶级的话语选择是开放的,选择了什么意识形态要素,就会形成什么话语,进而成为什么人、"主体"。① 在当代资本主义社会中,工人阶级没有选择革命的意识形态,就自然不再是革命的"主体"。既然如此,新的革命"主体"在哪里呢? 基于现实的社会运动格局,拉克劳和墨菲指出,在资本主义体制下传统的社会关系遭到了普遍的破坏,越来越多的社会身份受到威胁并陷入混乱,而日渐广大的阶层向体制提出了新型的平等挑战和要求,各种社会关系出现了普遍的政治化倾向。因而他们认为新的社会主义革命力量应该从当下新社会运动涉及的多元政治主体中去建构,基于多元主义的政治原则承认各种社会运动的自治性,以一种零碎化的组织方式对待当前社会斗争的弥散化和零碎化,"无数新的斗争已经表现出了反对新的从属形式的倾向,而且它们就来自新社会的中心地带"②。

《霸权与社会主义战略》一书出版后,很快就引起英国左派理论界的关注,捍卫、辩护者有之,批判、反对者亦有之,③且很快溢出英国的边界,产生相当大的国际影响,余波一直持续到 21 世纪初。仔细分析围绕"后马克思主义"展开的长期争论,不难发现,拉克劳和墨菲的新阶级学说并不是争论的重点。因为凡是不站在明确的工人阶级政党立场上审视当代发达资本主义国家工人阶级运动的左派理论家,都不难承认:第一,他们提供了一种新的工人阶级意识形成理论,能够解释发达资本主义条件下工人阶级革命意识为什么会衰退的现象。第二,他们揭示了发达资本主义社会中反资本主义运动的新趋势,即从传统的阶级斗争转向新的意识形态斗争、霸权斗争,新社会运动群体正历史性地取代工人阶级成为反资本主义运动的活跃主体。第三,他们让人们意识到,虽然新社会运动群体不可能替代工人阶级去完成实现全人类解放的社会主义革命任务,但这些群体确实具有成为革命主体的可能性,马克思主义者应当通过支持这些新社会运动,努力促进这种可能性的实现。

---

① Ernesto Laclau and Chantal Mouffe, *Hegemony and Socialist Strategy*: *Towards a Radical Democratic Politics*, Verso, 1985, pp. 114 – 116.

② Ernesto Lacla, Chantal Mouffe, *Hegemony and Socialist Strategy*: *Towards a Radical Democratic Politics*, Verso, 2001, p. 161.

③ 相关争论可以参见周凡编:《后马克思主义:批判与辩护》,中央编译出版社,2007 年。

三、斯图亚特·霍尔：工人阶级要"向撒切尔主义学习"

从某种意义上讲，拉克劳和墨菲的新阶级学说，以激进的、高度理论化的方式表达了 20 世纪 70 年代深受欧陆"西方马克思主义"，尤其是法国思想影响的第二代英国新左派理论家的心声。但是他们的理论表达和战略选择是如此激进，以至于当时有影响的第二代新左派理论家大多与他们保持距离，避免为他们背书。[①] 或许只有一个例外，这个人就是斯图亚特·霍尔。在整个 20 世纪 80 年代，霍尔主要致力于撒切尔主义批判，这种批判的另外一面则是对当代工人阶级意识形态危机的反思。在霍尔看来，撒切尔主义获得成功的原因也就是左派陷入危机的原因，英国工人阶级运动和工党要想摆脱当前的危机，就必须在意识形态斗争中"向撒切尔主义学习"（Learn from Thatcherism）。这与拉克劳和墨菲的立场显然是相互呼应的。

（一）工人阶级的"无阶级感"

在触发撒切尔主义争论之前，霍尔以真正的"文化研究"之父而非社会政治问题观察家闻名于英国左派理论界，不过，他始终在密切关注当代工人阶级，尤其是工人阶级的意识形态状况。20 世纪 50 年代中后期，理查德·霍加特等第一代新左派观察到，较之于 30 年代，英国工人阶级意识已经有了很大变化，表现出明显的资产阶级化趋势，霍加特倾向于将此归结为新兴资产阶级商业文化、大众文化的消极影响。[②] 1958 年，美国经济学家加尔布雷斯（旧译加耳布雷思）出版《丰裕社会》一书，力证丰裕社会的来临深刻改变

[①]　例如，佩里·安德森领导和控制的新左派书店出版了《霸权与社会主义战略》一书，《新左派评论》杂志组织了相关争论并刊发了拉克劳和墨菲最重要的答辩文章"无须认错的后马克思主义"，但安德森本人在整个 20 世纪 80 年代并没有公开表达过立场。2014 年拉克劳去世后，在"葛兰西的继承人"（Perry Anderson, The Heirs of Gramsci, *New Left Review*, July – August, 2016.），以及之后的一些访谈中，安德森才直白地表达了自己的立场：拉克劳和墨菲有令人尊敬的先见之明，但理论基础很难说是正确的。

[②]　参见［英］理查德·霍加特：《识字的用途——工人阶级生活面貌》，李冠杰译，上海人民出版社，2018 年。

了发达资本主义社会的经济、政治、社会及意识形态结构,马克思那种 19 世纪的传统智慧过时了。① 加尔布雷斯的观点给霍尔以启发,促使他在 1958年发表"无阶级的观念"(A Sense of Classlessness)一文,②基于经济基础决定上层建筑理论,重新解释霍加特发现的无产阶级意识消退现象:资本主义生产方式的发展导致丰裕社会的来临,工人阶级的消费水平得到大幅提升,其生活方式与资产阶级的生活方式开始趋同化,进而导致阶级意识的趋同化,无阶级现象由此出现。

在对社会消费和大众传媒等文化研究基础之上,霍尔强调对工人阶级的直接文化生活环境进行观察,进而透视所谓"无阶级感"的现实根源。在他看来,"我们越是清晰地捕捉到旧的工人阶级聚居区中团结和社区观念维系生活的特定方式,我们就能更加锐利地看出伴随新的'无阶级性'的焦虑和混淆的程度……与文化的持续性拓展相反,由于生活标准的提高和生产资料的技术进步,在社区中就存在着一种文化上的非连续性,即技能上日益熟练的工人阶级与其身处的阶级文化的丰富性之间的差距,而社会机遇的些许变动并不能弥合这种非连续性"③。在资本主义管理方式变革、技术革新、消费主义盛行的冲击下,雷蒙·威廉斯所言的构成阶级的"整体的生活方式"被分解为许多种难以察觉的生活风格,增加了阶级混淆的感觉,新型个人主义的增长从内部侵蚀着工人阶级的整体观念。

霍尔从多个方面分析了导致工人阶级意识变化的因素。首先,现代商业中大规模采用的联合股份公司和法人团体等组织形式改变了私有财产的存在形态,单个的资本家、家族企业隐身于幕后,财富转入地下,名义上以一个抽象的企业或者公司的身份被制度化、合并和授权,"利润的最大化已经由商人或者金融家的个人责任,转变并已被确立为制度性的公司动力",资产阶级以一种匿名的、更加复杂的方式实现对企业的支配。公司管理权的下放壮

---

① 参见[美]加耳布雷思:《丰裕社会》,徐世平译,上海人民出版社,1965 年。

② Stuart Hall, A Sense of Classlessness, *Universities & Left Review*, Autumn, 1958, pp. 26 – 32. 中译文可以参见[英]霍尔:《无阶级的观念》,载张亮、熊婴编:《伦理、文化与社会主义——英国新左派早期思想读本》,江苏人民出版社,2013 年,第 153 ~ 171 页。

③ [英]霍尔:《无阶级的观念》,载张亮、熊婴编:《伦理、文化与社会主义——英国新左派早期思想读本》,江苏人民出版社,2013 年,第 163 页。

大了中间经理阶层,对公司"生产率"和"责任"更加敏感,间接推动了工联主义的发展。其次,技术变革导致了工人劳动方式和阶级意识的深刻变化。霍尔指出:"受到严苛的劳动纪律残酷对待的工人阶级再也意识不到他们的异化本质了,可以说,今天的异化劳动已经内嵌到了公司本身的结构之中了。"①自动化机器的广泛采用对工人的文化、教育和意识水平提出了更高要求,使得过去依赖个人技巧和独立判断的传统逐渐消失,愈发复杂的分工也使得劳动协作成为必要,现代的劳动形式表现为一种程度更高的秩序感,削减了工人反抗意识。最后,消费主义大行其道,作为"生产者"的工人与作为"消费者"的工人之间的矛盾破坏了传统的生活态度和阶级观念。一方面,如霍尔所说:"消费已经被嵌入资本主义,它已经变成了工人阶级与雇佣者阶级之间最重要的关系。"②作为消费者的工人阶级变得更加重视资本主义生产系统的稳定运行。在广告等促进消费手段作用下,英国工人阶级对破坏资本主义生产体系的态度变得暧昧,阶级抵抗意志被削弱。另一方面,商品变成了一种区分社会身份和阶级的符号,工人阶级似乎可以通过购买特定的商品提升自身的阶级地位,自我异化现象愈发严重,阶级观念更加容易混淆。

　　在这些因素的作用下,英国出现了一幅熟悉而又陌生的阶级图景:"一方面,它是由大量的相互渗透的精英或者狭隘的寡头统治集团组成的,他们在资本主义体系之内的功能不同,但通过法人私人财产的'相互照顾'而享有共同的'生活风格'、共同的意识形态和共同的经济利益;另一方面,它也由永远受剥削的、永远异化了的消费'大众'(平等地消费商品和文化)构成。"③而这些在霍尔看来,都被当代资本主义"温和的脸庞背后技巧性地掩盖起来"了。

　　以此文为起点,霍尔开始深入探索当代工人阶级文化观念的形成机制及其可能存在的革命潜能。在20世纪70年代的《通过仪式抵抗:战后英国青年亚文化》(1975)、《监控危机:抢劫、国家、法与秩序》(1978)等文化研究项目中,霍尔越来越强烈地发现资产阶级意识形态对工人阶级观念具有客

---

① ［英］霍尔:《无阶级的观念》,载张亮、熊婴编:《伦理、文化与社会主义——英国新左派早期思想读本》,江苏人民出版社,2013年,第160页。

② 同上,第161页。

③ 同上,第165页。

观的塑造和改变作用,在理论上越来越认同阿尔都塞、普兰查斯的意识形态
国家机器理论和葛兰西的文化霸权理论,最终确认,当代资产阶级意识形态
国家机器对社会成员包括工人阶级发挥的权力是全面的、物质性的,因而也
是客观的,有时甚至是决定性的。① 随着这种认识的确立,霍尔的关注焦点
从文化转向资产阶级意识形态国家机器进而转向资产阶级国家本身,提出
并领导撒切尔主义批判就变得自然而然和水到渠成了。

(二)撒切尔主义批判的阶级理论内涵

1988 年,针对关于撒切尔主义批判放弃阶级学说和阶级分析的指责,霍
尔强调,自己的相关论著从来没有"暗示离开阶级概念能够分析英国社会或
'撒切尔主义'","真正的问题不在于是否使用'阶级'这个词,而在于这个
术语意味什么,以及能够或不能传达什么"。② 事实上,霍尔的撒切尔主义批
判也内在包含一种新的阶级学说。

首先,以接合概念为核心的现代工人阶级意识再形成理论。20 世纪 90
年代,英国"文化研究"开始从英语世界向非英语世界强势传播,成为一种世
界性的学术潮流。在这个背景下,1996 年,美国文化研究学者斯莱克发表了
一篇流传颇广的论文,指称接合理论是"当代文化研究最具生产力的概念之
一"③。这个判断最大的问题在于混淆了撒切尔主义批判与"文化研究"的性
质差别,将接合这一主要用于解释当代工人阶级意识再形成的具体政治分
析概念,泛化为一般的意识形态批判理论。当我们恢复现代工人阶级意识
形成或再形成这个具体的问题域,再看霍尔关于接合的那段著名访谈,④就

---

① Stuart Hall, Nicos Poulantzas: State, Power, Socialism, *New Left Review*, January – February, 1980, pp. 64 – 66.

② Stuart Hall, Introduction, in *The Hard Road to Renewal: Thatcherism and the Crisis of the Left*, Verso, 1988, p. 4.

③ Jennifer Daryl Slack, The Theory and Method of Articulation in Cultural Studies, in David Morley and Kuan – Hsing Chen, ed., Stuart Hall: Critical Dialogues in Cultural Studies, Routledge, 1996, p. 112.

④ Lawrence Grossberg, On Postmodernism and Articulation: An Interview with Stuart Hall, in David Morley and Kuan – Hsing Chen, ed., Stuart Hall: Critical Dialogues in Cultural Studies, Routledge, 1996, pp. 141 – 149.

不难重建出霍尔的真意:第一,与马克思及其之前的时代不同,现代工人阶级面对复杂的意识形态斗争环境,其阶级意识的获得不再是一种先验的、必然的决定论过程,而是一种具体的、非必然的偶然接合过程,具有很强的自主选择性和再形成的可能性;第二,霍尔拒绝像拉克劳和墨菲在《霸权与社会主义战略》中认为的那样,把接合仅仅限定在意识形态场域,当作单纯的话语过程,而且强调接合始终是发生在真实的、经济基础与上层建筑辩证复杂互动的社会过程中,尤其是剧烈动荡的社会情势中;第三,在动荡的社会情势中,特定社会力量既有的意识形态结构会发生断裂,进而与新的意识形态构成进行接合,此时,尽管外在的物质形态没有改变,但一种新的社会政治主体出现了;第四,1964—1970 年间,随着社会民主主义-福利国家共识进入危机期,现代英国工人阶级既有阶级意识开始发生断裂,1970 年以后,保守党敏锐地抓住机会,针对工党发动意识形态斗争,不断促进社会民主主义-福利国家共识的断裂、解体,最终使工人阶级与"权威民粹主义"这一新的保守党意识形态发生接合,使相当数量的工人阶级被整合进保守党的"历史集团",成为"撒切尔主义"的支持者。也就是说,霍尔用源于但又区别于拉克劳的接合概念,从阶级意识再构成的角度,较为成功地解释了当代英国工人阶级为什么会转而支持保守党这一令人困惑的新现象。

其次,以意识形态霸权为核心的现代阶级斗争理论。撒切尔领导下的保守党为什么能够一再(1979、1983、1987)战胜为当代工人阶级福利做出巨大贡献的工党赢得大选,甚至在 1983 年取得压倒性的胜利?[1] 霍尔认为,关键在于左派和工党的思维还停留在传统的"工党主义"之中,没有认识到意识形态霸权斗争已经历史地成为现代阶级斗争的最重要场域。霍尔讲的"工党主义"是指英国工党在此前阶级斗争中形成的政治观念,"它真的假定经济事实不经过真实世界就能直接将自己发射到工人阶级头脑里。工人阶级意识就像自动设定程序的地铁一样:一旦工党,总是工党"[2]。但是随着工人阶级意识再形成的发生,工党与保守党、左派与右派的阶级斗争主战场已

---

① See James Procter, Stuart Hall, Routledge, 2004, p.100.

② Stuart Hall,The crisis of Labourism, in *The Hard Road to Renewal: Thatcherism and the Crisis of the Left*, Verso, 1988, p.208.

经从过去的经济领域转移到意识形态霸权领域,工党和左派没有清醒意识到这种变化,将意识形态霸权拱手相让,导致工人阶级被"撒切尔主义"整合,"按照撒切尔主义的政治规划形成了一种'想象的共同体'"①。在哪里失败,就应当在哪里站立来。霍尔认为,英国工人阶级运动和工党要想摆脱当前的危机,就必须"向撒切尔主义学习"②,掌握意识形态霸权斗争的主动权。

最后是面向新社会运动的社会主义革命主体再创造理论。尽管号召工人阶级要"向撒切尔主义学习"意识形态斗争新本领,不过,作为一名清醒冷静的观察家,霍尔对英国政治格局的当下及其可见未来的判断其实是悲观的。进入20世纪90年代以后,"资本依然是全球性的,并且今天更胜以往。不仅如此,与之相伴而生的旧的不平等依旧在决定人们的生活经验,限制所有人群、所有阶级以及所有共同体的希望与忧愁。与新时代一起出现的,正在生产出新的社会分裂、新的不平等和剥夺权力的形式,它们将原有的形式都覆盖了"③。那么能够因为对手的强大而放弃斗争吗?霍尔的答案是否定的,并且怀着一种知其不可而仍为之的坚持精神,努力去重新创造社会主义革命主体。一方面,与拉克劳和墨菲一样,霍尔重视新社会运动,认为工人阶级运动必须在实践中与各种新社会运动建立广泛的联盟关系;另一方面,霍尔没有像拉克劳和墨菲那样确信新的革命主体就一定能够从新社会运动中建构出来,而是心存疑虑地追问:"那里存在能够重新启动朝着'社会主义'的运动的政治力量吗?屋子里有能治病的医生吗?"④为什么会如此?说到底,是因为霍尔坚守马克思主义的唯物主义基本立场,怀疑甚至否定从缺乏客观的阶级经历基础的新社会运动中接合、建构出具有真正革命意识的革命主体的可能性。既然如此,霍尔在20世纪80年代末为什么还是选择支持有色人种少数族裔移民抗争这种新社会运动呢?除了当时英国的有色人

① Stuart Hall, Blue election, election blues, in *The Hard Road to Renewal: Thatcherism and the Crisis of the Left*, Verso, 1988, p. 262.

② Stuart Hall, Conclusion, in *The Hard Road to Renewal: Thatcherism and the Crisis of the Left*, Verso, 1988, pp. 271–283.

③ Stuart Hall and Martin Jacques, ed., *New Times: The Changing Faces of Politics in the 1990s*, Lawrrence and Wishart LTD, 1989, p. 17.

④ Stuart Hall, Thatcherism: a New Stage? *Marxism Today*, February, 1980, p. 28.

种少数族裔移民抗争运动风起云涌、霍尔本人也是有色人种移民这两点，最根本的理论原因在于，霍尔清楚，绝大多数有色人种少数族裔移民都属于工人阶级，从这里或许有可能接合出真正的革命主体！

四、密里本德-伍德：马克思主义阶级斗争学说没有过时

在英国马克思主义阵营中，关于工人阶级、工人阶级政党，最资深的政治理论家当属拉尔夫·密里本德。早在 1961 年，他就出版了论英国工会与工党关系的《议会社会主义：工党政治研究》一书；1978 年，他更是出版了《马克思主义与政治学》一书，书中基于阶级和阶级斗争对马克思的政治学说体系进行重建，得到广泛好评。事实上，密里本德在 20 世纪 60 年代就关注到了英国工人阶级革命性下降、英国工党右倾化等现象，但作为一名与工人阶级、工人阶级运动保持密切联系的马克思主义政治理论家，无论对工人阶级、工党怎样失望，他都坚持认为，英国的社会主义未来，最终还得依靠工人、工会以及工党去实现，因为"工党仍是'工人阶级政党'，在这个意义上，目前没有别的重要的政党取代它。当然这一直是英国社会主义的根本难题，这不是一个好像马上就能解决的难题。"[1]站在这种立场上，密里本德当然不赞同霍布斯鲍姆、拉克劳、墨菲和霍尔等人的观点，随于 1985 年在《新左派评论》上发表引起广泛关注的"英国的新修正主义"一文，批评霍布斯鲍姆、拉克劳、墨菲和霍尔等人虽然没有正式放弃社会主义信仰，但已经从社会主义立场倒退到一种新的修正主义立场。

(一) 密里本德新修正主义批判

在密里本德看来，新修正主义有四个基本立场：第一，拒绝"阶级政治"，认为工会和工人阶级已不再能够承担改造资本主义的历史使命，丧失了挑战资本主义权力的"优先地位"，也无力承担建设一个不同的社会秩序的任务，因为当代资本主义工人已经最终与资本主义一体化；第二，把社会主义

---

① Ralph Miliband, The Labour Government and Beyond, *The Socialist Register*, 1966, p.24.

的未来更多寄托在各种新社会运动上,重视地方主义、性别主义和种族主义的斗争;第三,反对国家主义,认为国家是"不合时宜的管理者",拒绝为了社会改良而利用资本主义国家,忽视资本与资本主义国家、阶级权力和国家权力之间的紧密联系;第四,激烈批评甚至否定工党(包括工党左派)的历史作用,在意识形态上逐渐转向"撒切尔主义"为代表的保守主义。密里本德强调,无论当代工人阶级的革命性如何低落,都不应解构工人阶级,因为"'统治阶级'不是一个语言形象:它意味着一种非常真实强大的权力集合,一种与资本和资本主义国家的紧密合作关系,一个阶级权力和国家权力的联合,它不仅拥有巨大的资源,并且坚定而全面地使用它们,能够联合自己的国外同盟者,阻止对自己现有权力的一切实质性挑战"①。密里本德并不否定新社会运动的重要性及其在反对资本主义斗争中的积极作用,但认为这些并不能成为取消工人阶级作为社会主义运动革命主体地位的理由,因为"如果组织化的工人阶级拒绝做这项工作,那么这项工作就不会有人去完成;作为一个充满冲突的、逐渐增长的专制和残酷的社会系统,资本主义社会将继续存在下去,一代又一代地存在下去"②。他肯定,在未来的社会主义建设过程中,有必要将大众力量、政党、工会、地方政府、妇女团体、黑人议员等各种积极力量联合起来,但坚决反对低估进而否定国家的作用,因为"国家在整个进程中必须发挥重要的作用……不仅要遏制和征服反动分子对社会主义进步的抵制,而且要履行许多不同的职能,包括调停归在'人民权力'名义下不同的和可能冲突的力量之间的利益关系……对政治的、市民的和社会的权利提供最终保护的任务,将落到国家及其区域地方组织身上;甚至在资本主义被超越之后,在反对性别歧视、种族主义以及其他未知的权力歧视和滥用方面,国家也将是终极力量"③。尽管早就对工党不再抱有幻想,但密里本德坚决反对以虚无主义的方式对待工党,一方面是因为工党中还有不少激进的左派,"这些人在1979年以后为争取实行工党内的左派政策而进行竞选"④,

①　Ralph Miliband, The New Revisionism in Britain, *New Left Review*, March – April, 1985, p. 8.

②　Ibid., p. 13.

③　Ralph Miliband, The New Revisionism in Britain, *New Left Review*, March – April, 1985, pp. 15 – 16.

④　Ibid., p. 20.

他们的存在本身就说明工党还是有希望的，另一方面是因为在社会主义遭遇低潮的情况下，左派更应当联合起来，而不应当相互诋毁、自相残杀，这种事情"最好留给社会主义的敌人"①。

为了证明马克思主义阶级斗争学说没有过时，密里本德还致力于运用前者研究现实问题，其成果就是1989年出版的《分裂的社会：当代资本主义的阶级斗争》。在该书中，密里本德坚持认为，当代发达资本主义社会依旧是阶级社会，马克思的阶级斗争分析并没有过时，问题仅仅是在于如何正确运用它去面对变化了的现实。当代发达资本主义社会存在一个由八个基本阶级构成的圆锥形的阶级结构，权力精英和各个领域的高级专业人员构成了统治阶级，各种大量涌现的新中间阶级（小资产阶级）和传统的工人阶级一起构成了被统治阶级。② 从外观上看，新中间阶级（小资产阶级）主导的新社会运动和传统的工人阶级斗争存在显著差异，但它们"与从事斗争的工业工人、服务业工人以及其他工人一起建立了潜在的联盟，创造出了建立新的压力集团和联盟的可能性"，而这些都"重新指向阶级斗争"③。密里本德强调，无论如何高度肯定新社会运动的意义和作用，但在通向社会主义的道路上，都不应将新社会运动与工人阶级运动等量齐观视之。④ "工人运动将依旧是发达资本主义社会中以根本变革和革命为目的的斗争的核心。新社会运动可以怀疑甚至否定这一点，但这个社会中的所有保守力量都不会否定这一点。对他们——正是他们首先处于斗争之中，并受到斗争的压力，如果需要，甚至被压得粉碎——而言，主要的对手从来都是组织起来的工人和社会主义左派。"⑤密里本德认为，当代发达资本主义社会的阶级斗争不仅没有熄灭，而且在新的、不太被人注意到的新形式下扩大化了。这种新形式就是

---

① Ralph Miliband, The New Revisionism in Britain, *New Left Review*, March – April, 1985, p.22.

② See Ralph Miliband, *Divided Societies：Class struggle in Contemporary Capitalism*, Oxford University Press, 2002, pp.19 – 26.

③ Ralph Miliband, *Divided Societies：Class struggle in Contemporary Capitalism*, Oxford University Press, 2002, p.52.

④ See Ralph Miliband, *Divided Societies：Class struggle in Contemporary Capitalism*, Oxford University Press, 2002, p.95.

⑤ Ralph Miliband, *Divided Societies：Class struggle in Contemporary Capitalism*, Oxford University Press, 2002, p.114.

他所说的由统治阶级发动的"自上而下的阶级斗争":"我称之为自上而下的阶级斗争实际上是由不同的角色发动的,——雇主、国家权力拥有者、诸如政党这样的政治机构、院外游说集团、报刊和其他许多自称'非政治的'(它们确实可能以为自己是非政治的)机构,等等——但是,它们无疑都导致阶级斗争。"①这种阶级斗争的扩大化应当为英国社会主义所遭受的巨大挫折承担主要责任。在当前的发达资本主义国家中,国家权力与大众权力结成了一种"伙伴关系",国家不仅会继续存在以应对当前存在的问题,而且也将在未来一段时间仍然发挥作用,被民主赋予权力的国家会制约大众机构的权力,以阻止对现有的社会秩序进行彻底的变革。此外,国际化,即运用各种方式干涉别国政治进程的发展,是当代发达资本主义国家阶级斗争的一个新变化。总之,密里本德认为,发达资本主义社会的阶级斗争没有终结,但现有阶级斗争也并没有导致理想的、积极的结果,因为那种"为了创造一个民主的、平等的、合作的无阶级社会的阶级斗争,几乎还没有开始"②。

(二)伍德新"真正的"社会主义批判

在批判新修正主义、捍卫马克思主义阶级学说这个问题上,密里本德有一个非常坚定和一致的同盟者,这就是艾伦·梅克森斯·伍德。伍德是一位出生在美国、任教在加拿大的英语世界马克思主义政治理论家,不过,20世纪80年代以后,她的主要理论活动却都与"英国马克思主义"联系在一起,这一点在其个人专著的出版上表现得尤其明显:9种个人专著,7种在英国出版,6种是同一家出版社,即佩里·安德森创办的 Verso 出版社! 1986年,伍德在 Verso 出版《从阶级的退却:论一种新的"真正"社会主义》,一举确立自己在英国马克思主义理论界的地位。

在当代工人阶级问题上,《阶级的退却》与密里本德的"英国的新修正主义"保持高度一致,理论新意主要有四点:第一,回到《德意志意识形态》和

---

① Ralph Miliband, *Divided Societies: Class struggle in Contemporary Capitalism*, Oxford University Press, 2002, p. 115.

② Ibid., p. 234.

《共产党宣言》，通过新"'真正的'社会主义"这种命名，将后者直接置于马克思和马克思主义的对立面。马克思恩格斯曾对真正的社会主义进行辛辣的讽刺和批判，指明了格律恩等人的历史唯心主义和抽象的人道主义等弊端。在《德意志意识形态》中，马克思恩格斯指出"真正的"社会主义者们关心的只是抽象的"人"，而不是现实的、具体的人，因而看不到广大的无产阶级身上所具有的现实革命力量，转而向抱有博爱幻想的小资产者以及小资产者，呼吁一种虚幻的、普遍的全人类的爱。他们在《共产党宣言》中再次指出，"真正的"社会主义者以为社会主义"不再表现为一个阶级对另一个阶级的斗争"，"不代表真实的要求，而代表真理的要求，不代表无产者的利益，而代表人的本质的利益，即一般人的利益"，那么，"这种人不属于任何阶级，根本不存在于现实世界，而只存在于云雾弥漫的哲学幻想的太空"。① 伍德认为，通过拒斥马克思主义阶级理论和现实中的工人阶级，新"'真正的'社会主义"在当代改头换面，用更加广义的、松散的集体或联盟取代工人阶级的历史主体地位，以更加复杂、时髦的模样再次登场。这种去阶级化的社会主义规划，不仅使得社会主义的根本目标由于阶级的废除而变得模糊不清，而且也导致了对社会和历史的唯物主义分析不再可能。

第二，以普兰查斯为中介，伍德将新"'真正的'社会主义"的起源追溯到20世纪70年代法国的后结构主义和解构主义思潮，从而使批判上升到了清算结构主义与后结构主义对第二代英国新左派消极影响的高度。普兰查斯被伍德看作是新"'真正的'社会主义"的先驱者，作为后阿尔都塞传统中最重要的理论家，他的政治理论影响了一代左派知识分子。他延续了结构主义的基本观点，认为对阶级的理解不能片面地从"经济"或"生产关系"的角度出发，应当将经济和政治、意识形态等视为一个整体去考察阶级问题，并认为在垄断资本主义条件下，政治较之于经济在阶级划分等问题上更具有主导地位。在《当代资本主义的阶级》（1974）、《独裁统治的危机》（1975—1976）和《国家、权力和社会主义》（1978）等后期作品中，普兰查斯将作为阶级决定因素的生产关系和剥削关系都取消了，因而将劳动-资本之间的对抗性阶级关系转变为国家主导的"人民"与各种权力集团之间的政治关系。于

---

① 《马克思恩格斯选集》（第一卷），人民出版社，2012年，第427页。

是,"革命的代理人变成了'人民'或'人民联盟',向社会主义的过渡成为资产阶级或'发达民主'转型的结果,阶级理论自然被取消了"①。这在理论和政治上破坏性极大。

第三,聚焦拉克劳和墨菲的《霸权与社会主义战略》,伍德对"后马克思主义"的新阶级学说进行了全面系统的理论剖析,鉴于"后马克思主义"后来的广泛传播,这种批判无疑是具有先见之明的。在伍德看来,后马克思主义表面上延续了马克思主义的某些理论传统,但实际放弃了马克思主义的理论基础,背离了马克思主义的理论前提。特别是将历史唯物主义斥为"物质生产决定论的宏大叙事",是"本质主义的最后堡垒"的做法,为消解整个马克思主义理论打开了方便之门。因此,伍德在这本书中开门见山就说道:"'后马克思主义'不过是通往'反马克思主义'的小小驿站而已。"②他认为高兹"告别工人阶级"的论断只是停留表面现象上的肤浅指认,"是基于一种歪曲了的技术主义,一种劳动进程的拜物教,以及一种到劳动的技术进程而不是到生产关系即剥削的特定模式中去寻找生产方式的实质的倾向"③。而拉克劳和墨菲提出用"人民联盟"和"激进民主"取代阶级斗争的做法彻底表征了"阶级的退却",是对马克思主义阶级理论的背离。在伍德看来,工人阶级及其斗争作为实现社会改造和社会主义建设的核心是历史唯物主义的内在要求,而非某种外在的设置,也不仅仅是某种出于信仰的行动,它以对社会关系的综合分析为理论基础和现实依据。

第四,通过第十一章"社会主义与'普遍的人类之善'"对雷蒙·威廉斯观点的辨析,伍德强调指出,只要坚持阶级和阶级斗争学说,"不仅把社会主义当作一种抽象的道德之善,而且当作一种组织社会力量最直接地反对资本主义的利益和权力结构的、客观的政治目标"④,那么马克思主义者同样可以从伦理道德的角度来言说社会主义,从而将包括密里本德在内的第一代英国新左派所珍视的伦理社会主义传统,与"'真正的'社会主义"、新"'真正的'社会主义"进行了有效的区分。同 19 世纪马克思面对的情形一样,新

---

① Ellen Meiksins Wood, *The Retreat from Class: A New 'True' Socialism*, Verso, 1998, pp. 32 – 33.
② Ibid., p. Ⅻ.
③ Ibid., p. 16.
④ Ibid., p. 179.

"'真正的'社会主义"依旧是用普遍的人类之善、抽象的人类情感等"爱的呓语"理解人和社会主义,认为社会主义运动发源于"最初始的人类需要",是超越物质利益和阶级的普遍人道主义目标。对此,伍德指出,社会主义本质上并不排斥利他主义、同情心或无私等激励因素,但真正的革命斗争不能按照这些原则组织起来。在一个由阶级构成的社会中,必然存在不可避免的利益对立和由此产生的权力分配,工人阶级与社会主义内在地紧密联系在一起。所以,伍德进一步指出:"新'真正的'社会主义的错误不在于相信在工人阶级的物质利益和社会主义的最终目标之间存在着意识形态中介,而是认为这种中介的需要意味着工人阶级的利益和社会目标之间不存在有机或'特殊'的联系。"[1]

五、几点理论思考

1989 年适逢法国大革命 200 周年。是年下半年,就在法国的修正主义史学家们力图证明当年并非革命的时候,苏东剧变骤然发生、加速恶化。1991 年 12 月 26 日,苏联解体。霍布斯鲍姆随即宣告,与伟大的苏联社会主义运动紧密联系在一起的短暂的 20 世纪结束了! 面对这一突如其来的巨大变故,全世界的社会主义者、马克思主义者无不感到震撼,甚至茫然无措:"在这个世纪的末期,人类有史以来第一次可以观察这样一个世界,在这个世界里,过去,包括当下的过去,失去了自己曾经拥有的指引作用,那些曾经对人们一生都发挥作用的老地图、老航海图,已不再能够体现我们正在穿越的陆地、正在航行的海洋。在这个世界里,我们不知道自己的旅程把我们带向何方,甚至都不知道应当把我们带向何方!"[2]在这种思想状态下,关于当代工人阶级的争论,迅速被遗忘、废弃。阶级和阶级理论难道真的可以宣告终结了?

答案显然是否定的。毫无疑问,阶级和阶级斗争依旧是马克思主义政

---

① Ellen Meiksins Wood, *The Retreat from Class: A New 'True' Socialism*, Verso, 1998, pp. 178 – 179.

② Eric Hobsbawm, *The Age of Extremes: A History of the World*, 1914 – 1991, Abacus, 1995, p. 16.

治学说的核心。马克思早在 1852 年 3 月 5 日《致魏德迈的信》中，就非常清楚地指出："发现现代社会中有阶级存在或发现各阶级间的斗争"并不是他的功劳，而是资产阶级历史编纂学家和政治经济学家的贡献，"我所加上的新内容就是证明了下列几点：(1)阶级的存在仅仅同生产发展的一定历史阶段相联系；(2)阶级斗争必然导致无产阶级专政；(3)这个专政不过是达到消灭一切阶级和进入无阶级社会的过渡……"①列宁强调，马克思恩格斯关于阶级的基本立场、观点和方法，为无产阶级科学地认识资本主义社会纷繁复杂的现象提供了重要的思想武器。"马克思主义提供了一条指导性的线索，使我们能在这种看来扑朔迷离、一团混乱的状态中发现规律性。这条线索就是阶级斗争的理论。"②"必须牢牢把握住社会划分为阶级的事实，阶级统治形式改变的事实，把它作为基本的指导线索，并用这个观点去分析一切社会问题，即经济、政治、精神和宗教等问题。"③马克思恩格斯的阶级理论，为国际共产主义运动实践的开展和运动理论的发展奠定了坚实基础，成为建立社会主义国家、批判资本主义制度的主要理论武器。回首 20 世纪国外马克思主义发展史，阶级问题构成了一条重要思想史线索：经典西方马克思主义强调了无产阶级的阶级意识以及无产阶级的"文化领导权"等问题；后现代主义流派对资本主义社会阶级剥削和压迫机制进行了文化解密和方法论的转折；新马克思主义诸流派主要探讨了以白领这一阶层为主体的新中间阶级和资产阶级的内部分化问题；后马克思主义完全转向了生态、性别等新的向度；在对新出现的中间阶级的研究中综合了各种新的研究方法，诸如数理分析、博弈论以及社会分层和定位等社会学的实证研究方法。

在英国学者的这场争论中我们清楚地认识到，如何看待阶级以及阶级斗争对于我们如何理解马克思主义，把握马克思主义基本立场、观点和方法，无论是在理论还是实践上都具有十分重要的价值。

一方面，在这场争论中，霍布斯鲍姆、拉克劳等人敏锐地观察和描述了二战之后英国工人阶级状况的现实，反映了发达资本主义国家社会当中工

---

① 《马克思恩格斯选集》(第四卷)，人民出版社，2012 年，第 426 页。
② 《列宁选集》(第二卷)，人民出版社，2012 年，第 426 页。
③ 《列宁选集》(第四卷)，人民出版社，2012 年，第 30 页。

人阶级革命性衰退的现象，并对资产阶级统治方式的历史演变做出了系统的论述。20世纪中期以后，以英国为代表的西方发达资本主义国家无论是物质生产方式还是思想意识形态，都发生了巨大的变化，在社会结构、科学技术、文化观念等方面出现了一系列新特征，对人们重新认识阶级提出了新的要求。面对传统工人阶级数量不断递减、地位不断边缘化的趋势，霍布斯鲍姆等人勇于直视挑战，探索理论的自我革新，寻求深化马克思主义阶级理论研究，提出了"阶级主体是否发生变化？""阶级结构是否出现多极化？""阶级斗争是否继续发挥作用？""阶级自身的功能是否弱化？"以及"阶级分析是否已经过时？"等一系列值得我们关注的理论问题。

另一方面，不同学者面对这些问题给出的回答大相径庭，对上述学者的比较研究有助于我们进一步深化对马克思主义阶级理论的理解，包括拉克劳等人在内的后马克思主义放弃了马克思主义基本立场，舍弃阶级视角转而尝试建构多元化的革命主体，寄希望于从文化、性别、权力等角度展现当代资本主义社会中的阶层分化、意识形态斗争、文化冲突、个体权利、领导权和话语介入等问题。霍尔、迈克尔·格林以及后来团结在他们周围伯明翰学派的学者们，则通过文化研究，借由葛兰西的霸权理论等思想，阐明了资产阶级与工人阶级之间的文化与意识形态关系，创造性地发现了工人阶级的微观抵抗机制。这些研究往往脱离马克思恩格斯关于无产阶级、资产阶级的传统划分，在面对西方社会现实时，根据社会劳动形式的变化寻找符合革命主体特性的群体，由此导致他们塑造出的革命主体具有浓厚的抽象化特征。与此同时，以密里本德和伍德为代表的学者基于对马克思文本和基本理论的理解，正本清源，坚持阶级分析方法，力图证明阶级和阶级斗争依然存在，一定程度上维护了马克思主义阶级理论的科学性和当代价值。

就今天的中国马克思主义理论界，上述这场争论包含了以下四个方面的重要理论启示，值得我们认真思考。

第一，必须坚持工人阶级政党对工人阶级的领导。英国乃至欧洲工人阶级运动的历史与现实，让争论的双方在一个问题上形成默契，就是否定工人阶级运动需要一个坚强有力的政党的领导。即便是密里本德也认为，"想当然地认为'党'仿佛是工人阶级的一个天然政治机构，负有在政治上（在其他许多方面也是一样)代表工人阶级的独特使命,这是不真实的"①,一国内多个工人阶级政党并存是现代工人阶级运动发展的大趋势,"多党形式比一个党更能确切地代表运动的现实"②。回首过去一百年社会主义运动史,列宁的指示依旧是正确的:一是阶级需要政党的领导,"在通常情况下,在多数场合,至少在现代的文明国家内,阶级是由政党来领导的"③,二是只有按照马克思列宁主义原则建立起来的共产党才能真正领导工人阶级赢得胜利,"只有共产党真正成为革命阶级的先锋队,吸收了这个阶级的一切优秀代表,集中了经过顽强的革命斗争的教育和锻炼的、完全觉悟的和忠诚的共产主义者,把自己跟本阶级的全部生活密切联系起来,再通过本阶级跟全体被剥削群众密切联系起来,取得这个阶级和这些群众的充分信任——只有这样的党才能在反对资本主义一切势力的最无情最坚决的最后斗争中领导无产阶级。另一方面,只有在这样的党的领导下,无产阶级才能发挥自己进行革命冲击的全部威力……才能发挥自己的全部力量"④。政党是阶级组织最严密、最高级的形式。阶级只有在自己的政党领导下,形成统一的政治纲领和意识形态,才能统一意志和行动准则,增强阶级的战斗力。因此,工人阶级同样要形成自己的政党,进而形成一个高度统一的战斗集体,这既是从长期革命斗争过程中汲取的宝贵经验,也是持续开展革命斗争的现实需求。而回顾中国共产党百年伟大征程,我们更加坚信:"中国人民和中华民族之所以能够扭转近代以后的历史命运、取得今天的伟大成就,最根本的是有中国共产党的坚强领导。"⑤

第二,必须掌握意识形态斗争的领导权。工党为什么会失去工人阶级的支持? 争论双方的共识是:工党不重视、不善于开展意识形态斗争,丧失了意识形态斗争的领导权。这让我们从发达资本主义国家的视角看到了意识形态斗争的重要性,更加深刻地认识到,"我们在集中精力进行经济建设

---

① [英]密里本德:《马克思主义与政治学》,黄子都译,商务印书馆,1984 年,第 137 页。

② 同上,第 139 页。

③ 《列宁选集》(第四卷),人民出版社,1995 年,第 151 页。

④ 同上,第 237 页。

⑤ 《中共中央关于党的百年奋斗重大成就和历史经验的决议》,https://baijiahao.baidu.com/s?id=1716576335345003321&wfr=spider&for=pc。

的同时,一刻也不能放松和削弱意识形态工作。在这方面,我们有过深刻教训。一个政权的瓦解往往是从思想领域开始的,政治动荡、政权更迭可能在一夜之间发生,但思想演化是个长期过程。思想防线被攻破了,其他防线就很难守住。我们必须把意识形态工作的领导权、管理权、话语权牢牢掌握在手中,任何时候都不能旁落,否则就要犯无可挽回的历史性错误"①。党的十八大以来,我国意识形态领域形势发生全局性、根本性转变。意识形态工作的好与坏,关系党的前途命运、关系国家长治久安,也关系着民族凝聚力和向心力。因此,我们要牢牢掌握意识形态领导权,强化意识形态管理权,敢于并且善于从事意识形态斗争,"我们的同志一定要增强阵地意识。宣传思想阵地,我们不去占领,人家就会去占领。……对不同地带,要采取不同策略。对红色地带,要巩固和拓展,不断扩大其社会影响。对黑色地带,要勇于进入,钻进铁扇公主肚子里斗,逐步推动其改变颜色。对灰色地带,要大规模开展工作,加快使其转化为红色地带,防止其向黑色地带蜕变。这些工作,要抓紧做起来,坚持下去,必然会取得成效"②。

　　第三,必须正确处理工人阶级与其他新社会阶层的关系。经济基础决定上层建筑。马克思恩格斯都强调,阶级在本质上是建立在物质生产方式和交换方式基础上的经济关系。随着生产方式的变化,新社会阶层的涌现是不可避免的。工人阶级及其政党必须要学会正确处理与这些新社会阶层的关系。像拉克劳、墨菲那样,放弃工人阶级的主体地位、把希望完全寄托在新社会阶层身上,以及像密里本德、伍德那样一味坚持工人阶级的领导地位,都是不可取的。正确的做法必须能够将工人阶级及其政党的领导地位和新社会阶层的主体地位统一起来。在这个问题的处理上,我们党树立了成功的典范。从抗战时期开始,统一战线就作为中国共产党的"三大法宝"发挥了重要历史作用,并在此后得到了延续和发展。站在新的历史起点,习近平指出:"做好新形势下统战工作,必须正确处理一致性和多样性关系。""统一战线是一致性和多样性的统一体,只有一致性、没有多样性,或者只有多样性、没有一致性,都不能建立和发展统一战线,正所谓'非一则不能成

① 《习近平关于社会主义文化建设论述摘编》,中央文献出版社,2017 年,第 21 页。
② 同上,第 30 页。

两,非两则不能致一'。""一致性和多样性不是一成不变的,而是历史的、具
体的、发展的。"①在党的十九届六中全会通过的《中共中央关于党的百年奋
斗重大成就和历史经验的决议》中,再次明确了统一战线是克敌制胜的重要
法宝,也是执政兴国的重要法宝,不仅高度概括了统一战线的历史功绩,也
为它在第二个百年目标中发挥的作用指明了方向。

　　第四,应当恢复和加强对当代西方阶级问题和阶级理论的追踪和研究。
冷战结束后,尤其是进入21世纪以后,国内学界对当代西方阶级问题和阶级
理论的关注度持续下降。现在看来,这种做法无疑是有问题的,因为"当代
世界马克思主义思潮,一个很重要的特点就是他们中很多人对资本主义结
构性矛盾以及生产方式矛盾、阶级矛盾、社会矛盾等进行了批判性揭示,对
资本主义危机、资本主义演进过程、资本主义新形态及本质进行了深入分
析。这些观点有助于我们正确认识资本主义发展趋势和命运,准确把握当
代资本主义新变化新特征,加深对当代资本主义变化趋势的理解"②。21世
纪以来,国外马克思主义对阶级问题的研究和探索仍在继续,虽然研究专著
的推出力度与20世纪八九十年代相比还是稍显乏力,但总体来看,研究队伍
和研究成果都保持在了一定的水平,涌现了例如意大利自治主义、生命政治
学、认知资本主义等理论流派。它们对后工业时代背景下产业转移所造成
的传统阶级概念进一步做出了新的观察和分析,论述了阶级生活工作的碎
片化、资本主义社会中各阶级和阶层日益严重的分化趋势,以及"新中间阶
级人群出现并不断扩充"等问题,推动了人们对阶级概念的新定位。面对世
界百年未有之大变局,我们必须做好充分的理论准备,恢复和加强对当代西
方阶级问题和阶级理论的追踪和研究,把握当代资本主义新变化新特征,加
深对当代资本主义变化趋势的理解,为科学认识和预判当代西方社会抗争
活动的性质与走向提供必要的理论支持。

张　亮(南京大学)

---

　　① 《习近平关于社会主义政治建设论述摘编》,中央文献出版社,2017年,第130页。
　　② 《深刻认识马克思主义时代意义和现实意义 继续推进马克思主义中国化时代化大众化》,
《人民日报》,2017年9月30日。

拉美马克思主义的本土化探索
及其对中国马克思主义的启示

　　与同样作为第三世界国家的中国相似,拉丁美洲国家在相当长的历史时期内受到西方帝国主义的殖民和掠夺,印第安民族在西方殖民浪潮中丧失了民族独立和自由的权利,长期受到殖民主义者经济和政治的双重压迫。尽管随着20世纪60年代以后的民族独立和民主运动,许多拉美国家逐渐脱离了旧的殖民统治,并采取了新自由主义发展模式,但是资本主义的道路不仅没有从根本上改变拉美许多国家的贫穷落后状态,而且还导致阿根廷、秘鲁这样相对富裕的国家在20世纪80年代的金融危机之后,又陷入经济倒退,社会动荡,人民困苦的境地。正如委内瑞拉前总统查韦斯所批评的那样,新自由主义对于第三世界发展中国家而言是野蛮的、非人道的,如果不摆脱它,只有死路一条。正是在这样的背景下,20世纪90年代末期开始,以查韦斯等拉美新左派获得执政权为标志,拉美左派开始批判和抛弃新自由主义政策,并相继提出各具特色的新社会主义主张,试图脱离新自由主义的苦海,探索消除社会不公和改善穷人地位的拉美道路,特别适合进行具有本国特色的社会主义探索。应该说,拉美当代社会主义运动离不开马克思主义在拉美大陆的长期传播的影响,事实上,马克思主义在拉美大陆的传播从19世纪中晚期就开始了,并在20世纪20年代前后诞生了拉美本土化马克思主义的成果——马里亚特吉思想。

一、拉美马克思主义的马里亚特吉思想

　　任何关注马克思主义在拉美大陆发展的人都无法回避马里亚特吉的光

辉贡献,正是他为马克思主义在拉美的传播和演化播下了第一批种子,他为将马克思主义方法论应用于理解秘鲁历史和社会做出了卓越贡献,马里亚特吉的马克思主义思想最突出的特点就是他把马克思主义视为"开放的",认为马克思主义思想应当是可变化的、非教条的,同时应当根据新的状况来加以更新。尽管拉美马克思主义的发展在马里亚特吉身后经历了新自由主义的寒冬,但是 20 世纪 90 年代末以来,拉美新左派的活跃以及马克思主义思想的再次激活给予我们充分的理由去回到马里亚特吉曾经为革命的意识形态做出的理论和政治贡献,并尝试在一个新的语境中恢复他未完成的社会主义事业。

(一)作为欧洲革命回声的拉美马克思主义

从历史上看,拉丁美洲的革命意识形态和革命政治行动并不是自生的产物,而是由 19 世纪末的欧洲移民——包括来自巴黎公社、意大利复兴运动和西班牙共和斗争运动的流亡者——带到这片土地上的,直到 20 世纪 30 年代,第一批将马克思主义本土化的拉美马克思主义者才开始出现。国际共产主义运动的中心不在拉美国家,而发生在拉美的革命运动往往被视为欧洲政治事变的回声,出现这种成见显然是有多方面原因的。

1. 历史原因

首先,马克思主义创始人对拉美的看法。马克思恩格斯并不将拉美作为工人运动的重要基地,事实上,从马克思恩格斯的文献资料中可以看出他们很少对拉美给予直接关注,他们对拉丁美洲的认知来自一些欧洲科学家的转述,比如恩格斯对北美人种学者刘易斯·摩根(Lewis H. Morgan)的作品的依赖使他在写作《家庭、私有制和国家的起源》时,几乎所有提到美洲印第安人的地方都参考的是易洛魁人的案例,而完全没有考虑中美洲和南美洲广大地域上的其他文明。从文本上看,马克思似乎比恩格斯对拉丁美洲多一些文字中的关注度(更多的是墨西哥战争),但这也只是因为 1862 年欧洲对墨西哥战争的干预,而且主要是作为一种对拿破仑三世的抨击的工具而出现的。19 世纪的拉美从经济、政治和文化的客观条件上显然无法进入马克思恩格斯的革命意识形态的视野之内,这也必然造成后来的马克思主义的传播和实践都将只是将拉美革命和解放运动视为革命中心的外围条件。

其次,正统马克思主义者认为真正的社会主义革命不可能发生在拉美,因为拉美国家的客观经济条件无法满足社会主义革命发生的必要条件。这样的马克思主义观点持一种线性的历史观,认为资本主义是社会演化到社会主义的必要前提,高度发达的资本主义经济才会产生异化的工人阶级,而后者才有可能采取政治行动推翻资本主义并将历史推进到社会主义的更高级的阶段。因此,只有工人阶级才能在资本主义生产过程中体验到资本主义的内在矛盾以及社会主义的必然性。而拉美许多国家比较普遍存在的阶级条件是大量的农业人口和庞大的非工业社会,而经典马克思主义理论并不将农民阶级视为参与共产主义革命的领导阶级,只是作为工人阶级的联盟而被引导进入革命中的。也正是因为这个原因,在马克思的文献中,拉美革命一直也是作为欧洲革命的回声而被讨论的。

最后,冷战时期来自资本主义发达国家的成见也造成了对拉美本土化的马克思主义发展的忽视。美国的成见认为,拉美的任何激进变革都是外来意识形态影响的结果,因此对待拉美马克思主义和左派激进运动的态度是即拉美的共产主义化必然受以欧洲作为中心的马克思主义传播的影响。这直接导致历届美国政府将拉美左派政权一律视为共产主义在美洲的威胁而加以防范。但是伯恩斯认为:"这种错误观念根本没有充分考量拉美的经济社会状况,如不发达、依附性和贫困逼迫人民走向激进革命。"[1]常年的寡头政治、独裁政治和军人统治造成了土地、财富和权力集中在少数精英手中,民众承受沉重剥削、贫困、营养不良甚至饥饿,在古巴等地发生的革命不过是这些拉美国家自身历史状况的结果,而不是外部输入的共产主义的影响,因此拉美马克思主义的发展是有深刻的内生性原因的,拉美民众的社会主义观念和左派社会政治运动是在资本主义压迫下被召唤出来的必然的对立面,其本土化的过程也是马克思主义被吸收内化为拉美独特的革命意识形态的过程。

---

① E. Bradford Burns, *At War in Nicaragua: The Reagan Doctrine and the Politics of Nostalgia*, Harpercollins Press, 1987, p. 7.

2. 理论原因

我们知道 19 世纪欧洲革命运动频繁发生,特别是巴黎公社运动后,一批参与巴黎公社的革命者为了躲避政府迫害,远渡重洋来到拉美避难,并为拉美劳动阶级带来了马克思主义理论。事实上,正是由于西方殖民主义裹挟而来的欧洲哲学传统和近代欧洲工业时代以来的社会主义运动潮流,使得拉美大陆聚集了来自欧洲新旧两个传统的理论上的影响。就马克思主义传播而言,马克思去世后,马克思主义的传播者和诠释者对拉美 19 世纪以来的本土化进程产生了直接而深远的影响。

其中至关重要的是列宁主义的理论遗产,对 20 世纪六七十年代拉美的民族解放和独立运动提供了凝聚阶级力量的意识形态方向和独立解放运动的策略指引。列宁主义成功地促使马克思主义在俄国本土实现与本国革命实际相结合,而俄国陈旧的资产阶级革命向激进的布尔什维克革命的转化,并由此造就了新生的苏联社会主义政权,活生生地向拉美等深受西方殖民主义和资本主义压迫的民族树立了通过社会主义走向民族独立和解放的典范。1959 年古巴社会主义成功建立起卡斯特罗政权,毋庸置疑的是,古巴社会主义的成功正是在马克思列宁主义与民族主义的融合之中获得的,在很大程度上,卡斯特罗的革命思想是在列宁主义关于暴力革命、阶级斗争和无产阶级专政等思想的影响下逐渐成形的。不仅如此,在列宁的政治学说中,政党及其先锋队作用被置于无产阶级政治斗争的核心地位,在列宁那里,政党是无产阶级斗争的大脑,它必须将革命的原则性和策略性聪明地结合在一起,甚至可以在革命需要的时候,与其他落后的社会阶级组成联盟,以应对共同的敌人,但是无产阶级政党的原则是不能丧失对这种联盟的领导权,因此拉美马克思主义早期传播者接受了列宁主义对于政党等政治组织的革命动员能量的学说,也接受了在政治组织条件具备的情况下,革命将不受社会经济发展的特定阶段的制约而必然地发生。尽管在所有列宁的文献资料中,我们能够发现的关于拉美的论述只有不到二十处,但是列宁主义仍然通过十月革命的世界性影响强烈地影响了拉美马克思主义者,并将苏联的革命经验与拉美的不发达的资本主义体系下革命的可能性结合起来,试图生发出适合拉美社会经济发展实际的本土化的马克思主义理论。

进入 21 世纪以来,拉美马克思主义的发展受到当今世界政治格局深刻调整的影响,拉美马克思主义者从 20 世纪 80 年代以前的激进的政治革命逐渐向 20 世纪 90 年代的中左路线进行战略调整,欧洲民主社会主义的实践取得的缓和阶级矛盾的社会效果也发生着与拉美新左派的民粹主义传统的奇妙结合,拉美一些国家的左翼政党向欧洲民主社会主义治理模式靠拢,并通过民粹主义的政治动员,获得民主选举的最终胜利,并成为执政党。尝到甜头的拉美左翼政党纷纷调整政治姿态,不同程度地寻找社会主义价值与资产阶级民主政治的均衡点和新的理论依据。

尽管拉美左派受到来自欧洲的哲学传统和政治理论的深刻影响,但是拉美的马克思主义者并非以一种亦步亦趋的方式对待马克思主义。事实上,由于拉美民众独特的宗教信仰和文化观念,拉美左派的理论要获得群众的拥护,甚至与群众运动实现融合,则必须更多地给予革命的主观因素充分的重视,比如解放神学就曾试图实现基督宗教中的救赎与革命,资本与原罪的话语通道的构建,并以此形成群众参与革命的新的话语体系,教育工农群众,实现中下社会阶层的思想和行动的联合,以对抗资本无限制扩展造成的社会不平等。也正是通过不断总结社会正义的斗争经验,他们更新着自己独特的理论方向,而拉美新左派的社会主义的意识形态根基则必须放在拉美本土文化和价值体系的语境下来获得理解,并在 21 世纪不断地发出自己的声音。

总之,从拉美马克思主义发展的源头来看,发生在拉美的革命事件似乎的确是"欧洲的回声",但是从更加宽广的马克思主义的拉美谱系史来看,它显然是并未看到马克思主义发展史的拉美式的底层逻辑,在这个新的本土化的逻辑叙事中,秘鲁马克思主义者马里亚特吉的创造使得拉美马克思主义超越了作为欧洲回声的地位。

(二)什么是马克思主义:马里亚特吉之问

马里亚特吉的马克思主义思想根植于拉美本土印第安文化传统。秘鲁是马里亚特吉的祖国,也曾是美洲古代文明印加帝国的中心,直到西班牙殖民者入侵之前,印第安人口繁盛,而由于物产富饶,印第安本土居民生活没有匮乏之感。事实上,印第安部落的生活方式是部落公社制的。在部落公社里,重要的生产资料如土地采取公有制的形式,由部落议事会统一掌管和分配。在土地上通过集体劳动来获取农业产出，并依据公平的原则，统一进行分配。此外，部落的社会生活是民主的，有关部落集体的大事要通过议事会协商议定。在部落社会的公共生活和劳动生产中渗透的是平等、互助和民主的氛围。由于不存在私有制，因此社会生产不存在占有剩余价值的现象，也就不存在剥削，每一个人都参与集体劳动，因而没有失业，每一个人也都能够从集体经济中获得满足基本需要的生活资料，因而不存在盗窃等犯罪行为的动机。正如恩格斯所指出的："这种十分单纯质朴的氏族制度是一种多么美妙的制度啊！没有军队、宪兵和警察，没有贵族、国王、总督、地方官和法官，有监狱，没有诉讼，而一切都是有条有理的。"①这一切直到西班牙殖民者的侵入就戛然而止了。

马里亚特吉回顾印加民族的历史，指出土著种族其实是一个务农的种族，印加是一个由农民组成的民族，他们通常从事农业和牧业，印加文明在其主要特征的各个方面，都突出地表现为一种农业文明。"征服以前，在秘鲁发展着一种在秘鲁的土地中和人民中自发产生的经济。所有史料都一致肯定，勤劳、朴实、泛神论、守纪律的印加人民物质生活充裕，丰衣足食，人丁兴旺"。而西班牙征服者破坏了这部庞大的生产机器，却又没有能力取代它。因此，马里亚特吉通过对秘鲁土著印第安人村社制度中社会主义成分的分析后，认为目前秘鲁的土地问题具有一种独特性质的无可争辩的具体因素，即在土著人的农业和生活中，依然存在着村社和实际上的社会主义成分。"村社"一方面表现出具有发展和变革的能力，另一方面又表现为一种生产制度，这种制度使印第安人保持着为最大限度地发挥劳动者的效能所必需的那种旺盛的精神动力。

马里亚特吉最初接触马克思的著作是透过意大利哲学家克罗齐，而后者则受到工团主义者索列尔的影响，于是在哲学根基上我们可以看到克罗齐式的"唯心主义的马克思主义"和索列尔的"神话"概念共同塑造了早期马里亚特吉的马克思主义哲学特质，马里亚特吉的著作常常出现例如"信念"（faith）、"痛苦"（agony）和"神秘"（mysitique）等带有宗教意味的词语，不过，他也表现出对于类似弗洛伊德主义的非马克思主义思潮的开放性。在《为

---

① 《马克思恩格斯文集》（第四卷），人民出版社，2009年，第111页。

马克思主义辩护》中,他指出:"社会主义的斗争将那些为此付出巨大努力和坚信不疑的工人们提升到了这样一个禁欲主义(ascetism)的地步,即任何以理论的和哲学的道德观的名义直接将他们的唯物主义信条丢给他们都是荒谬的。唯物主义者——倘若他虔诚地传播和服从自己的信仰——只能在语言学的意义上讲自己与唯心主义者相区别或者对立起来。"但是马里亚特吉的这类观点与"正统马克思主义"教义相抵触,因而常常被批评者用来作为否认马里亚特吉是一个马克思主义者的证据。正如列宁所言,"聪明的唯心主义比愚蠢的唯物主义更加接近聪明的唯物主义"。马里亚特吉正是以更巨大的理论开放性和灵活性来展现出什么是更加"聪明的唯物主义"。

无论从哲学还是政治方面来说,马里亚特吉所理解的马克思主义已经超越了庸俗唯物主义和经济决定论的逻辑地平。他在反驳亨利·德曼对马克思主义的指控时,为马克思主义对经济问题的密切关切给予这样的辩护:"马克思展示了资本主义经济充分的发展进程必然导致社会主义,并指出了其界限,但是他也始终将无产阶级的精神和智力训练作为通过阶级斗争实现这一目标的先决条件。"在回答友人关于"马克思主义的精神维度不足"的担忧时则指出:"有些人期望将马克思主义精神化,难道他们认为那些为新社会秩序而斗争的人比沉醉于资本主义抽象道德的纽约工业家或者放债人更加缺乏主动的创新性精神吗?"他敏锐地觉察到了机械决定论的和教条主义的马克思主义的根本问题在于缺乏辩证方法,因而使得马克思主义的发展脱离了现实而不是更加接近现实,"马克思主义根本上是一种辩证的方法,它将自己的方法建基于现实和事实的基础上。它不像某些人所错误认识的,不是某种僵化因果关系的序列,不是适用于任何历史气候和所有社会维度的绝对体系。"他反对实证主义和科学主义,认为马克思的哲学和政治总是与科学密切联系,而不是科学主义,他不认为马克思主义遵从过什么被动的或者机械的决定论,相反,任何一个真正马克思主义的行动都必然"与信仰、意志性、英雄性和创造性相呼应,而它们给予行动的推动力无法在庸俗的和被动的决定论者的情绪中找到。"

因此,马里亚特吉的马克思主义基本方法是历史进程中的物质性和观念性的辩证综合,但是其基本出发点毫无疑问是唯物主义的,这一点在他对秘鲁和拉丁美洲现实政治经济状况的历史唯物主义的具体分析中表露无遗,而当代拉丁美洲的本土主义(indigenism)运动的理论渊源事实上可以追溯至马里亚特吉对于拉丁美洲印第安问题的创造性思考。

(三)反思本土问题:马克思主义理论与拉丁美洲实际的结合

尽管本土主义运动被右翼人士指责为反进步和反现代化的文明倒退运动,但是马里亚特吉显然从更高的马克思主义现代性批判和超越资本的立场上来看待本土运动和社会主义的关系问题,作为对在拉美实现一种超越资本主义现代性的普遍社会生活方式的可能性的想象,他希望从古印加文明中获取一种更加本土化的社会主义理念。

在以历史唯物主义方式写作的《关于秘鲁国情的七篇论文》中,马里亚特吉毫不掩饰地表明了自己以马克思主义方法分析秘鲁现实的立场,即任何对本土问题的讨论如果无法或者拒绝建立在社会经济分析的基础上,就只能是空疏的和理论的玄思,终究是不足为信的。而来自社会主义的分析则深刻揭示了秘鲁现状的真实原因是封建性的土地所有制经济,"它是从国家经济基础中去寻找问题的原因,而不是从国家的行政、司法或宗教机构,不是从种族的二重性或多重性,也不是从种族的文化和道德中去寻找问题的原因"[1]。在马里亚特吉看来,秘鲁的本土经济是一种建立在定居的农业村社基础上的集体主义农业经济,西班牙殖民统治摧毁了这一传统,但由于西班牙本身经济政治制度的封建性质,秘鲁的本土经济并没有进入现代化的轨道,相反,由于殖民当局对土著居民的灭绝政策导致劳动力的急剧减少,殖民者不得不输入黑奴到美洲,于是在封建社会的因素和特点中,又掺入了奴隶社会的因素和特点。[2]

按照马里亚特吉对秘鲁经济史的考察,他认为,土地所有制决定了一切国家的政治和行政制度,而秘鲁经济在当时仍然没有完全解决土地问题,即没有彻底消除封建主义,而各种民主和自由制度是不可能在半封建的经济

---

① [秘鲁]阿塞·卡洛斯·马里亚特吉:《关于秘鲁国情的七篇论文》,白凤森译,商务印书馆,1987年,第21页。

② 参见[秘鲁]阿塞·卡洛斯·马里亚特吉:《关于秘鲁国情的七篇论文》,白凤森译,商务印书馆,1987年,第39页。

基础上产生和实行的,因此所谓本土问题,其实就是印第安人问题和土地问题,核心是土地问题。所以,"尽量不采取抒情派或文学派的态度。我们并不满足与要求恢复印第安人受教育、有文化、进步、爱情和信仰苍天的权利。我们首先斩钉截铁地要求恢复他们得到土地的权利"①。任何回避社会经济问题而侈谈印第安人的权利和地位的运动和意识形态都是毫无成效的。

另外,马里亚特吉也指出,秘鲁资产阶级的弱小和依赖性证明在政治和经济上他们无法承担起彻底完成土地革命的任务,秘鲁的前途必须依靠本土主义运动和社会主义策略的结合,更确切地说将本土主义运动提升到社会主义的高度上来。马里亚特吉相信,本土主义的革命意识能够慢慢形成,一旦印第安人将社会主义理念理解为关乎自身的,那么他们为之奋斗的纪律、坚韧和力量将无与伦比。② 因此,他认为,秘鲁需要的政党类型是将城市工人阶级、印第安人和农民以及小资产阶级广泛联合起来的政党,而代表着"正统马克思主义"的第三国际则寻求的是一个阶级基础相对简单和狭窄得多的工人阶级政党;同时,马里亚特吉主张将秘鲁印第安人视为无产阶级,将印第安人的公有土地所有权传统视为社会主义社会的基础,并且不认为必须经历资本主义的发展阶段才能进入社会主义。之所以马里亚特吉对来自欧洲的马克思主义传统做出以上极具灵活性的思考,正是因为他深刻地领会到了拉丁美洲的实际与欧洲完全不同,所谓拉丁美洲实际,就是指在欧洲和北美近邻的殖民政策下,拉丁美洲的半封建半殖民地经济特征,资本主义经济不发达,并且作为外围经济条件依附于中心资本主义国家,同时资产阶级和工人阶级都极不成熟;而以西班牙语和葡萄牙语为母语的拉美国家有着长期的种族文化融合的背景,许多拉美国家被具有天主教宗教背景的政治力量统治,没有开明的知识改革,没有世俗化进程,有的只是伊比利亚人及其文化所固有的科技贫乏和工业落后。③

---

① ［秘鲁］阿塞·卡洛斯·马里亚特吉:《关于秘鲁国情的七篇论文》,白凤森译,商务印书馆,1987 年,第 34 页。

② See Harry Vanden, Marc Becker, José Carlos Mariátegui: An Anthology, Monthly Review Press, 2011, p.325.

③ 参见［美］爱德瓦尔多·苏比拉:《马里亚特吉、拉美社会主义及亚洲》,童姗译,《海派经济学》,2010 年第 2 期。

　　于是,我们至少可以在马里亚特吉反思本土问题的马克思主义方法论中获得可贵的教益,即将社会主义的斗争深深根植于国家和民族传统之中。但是显然这里的国家主义和民族主义不是狭隘意义上的简单排斥外来文明或帝国主义全球霸权,马里亚特吉的民族主义运动是一个更加广泛的社会政治运动,它与文化积淀和道德价值观念有关,它将印第安人和安第斯农民阶级的文化和需求作为秘鲁国家身份的核心要素,即在民族主义的框架中重新定义现代人类的进步。①

(四)宗教与神话:革命意识形态的浪漫主义

　　倘若要对拉丁美洲马克思主义和社会主义运动进行任何理论估计,无论如何不能忽略宗教和神学的影响。马里亚特吉认为,拉美人民的宗教情感不可能如同 19 世纪欧洲理性主义者所做的那样被理性主义哲学所消解,对马里亚特吉来说,马克思主义与基督教相比是一种更加真实的宗教。他曾将新教教义与现代性进程的加速发展和资本主义的兴起等同起来,值得注意的是,虽然马里亚特吉从来没有批判过天主教,但是他反对罗马教会,他认为作为秘鲁最大的土地所有者,教会必须在经济和政治影响方面被降低到它适宜的位置。

　　马里亚特吉的成熟思想中认为神话和宗教体验对任何革新的政治都至关重要。他认为资本主义的神话,特别是关于进步的神话已经耗尽了自己的力量并逐渐退化,"与人民党和其他正统共产主义者不同,问题不是如何发展资本主义,这会使拉丁美洲重复欧洲的历史,问题在于如何走一条自治的秘鲁式的道路"。秘鲁不应当重复资本主义的老路,而应当走秘鲁自己的社会主义道路。听起来马里亚特吉的立场似乎是资本主义与社会主义二元对立的,这显然是一个误解,因为在马里亚特吉那里信仰与神学,唯物主义和唯心主义,乃至资本主义和社会主义都辩证地存在着,他并不反对资本主义在拉美的扩展所带来的理性和科学,而是认为它们无法满足心灵的所有

---

　　① 参见[美]爱德瓦尔多·苏比拉:《马里亚特吉、拉美社会主义及亚洲》,童姗译,《海派经济学》,2010 年第 2 期。

需要,同样的,神学被马里亚特吉作为社会主义的世俗规划的另外一个辩证环节——神性规划,于是宗教性动机成为革命意识形态的浪漫主义驱动力,但是它不被限定在天国,它不是神灵的,而是人性的、社会的。这也能够解释为什么在马里亚特吉的革命语汇中会有"神话""神秘性"等宗教性词语了。

神话(myth)意味着内在生命,激情,也意味着宗教体验,但是这种宗教体验是与宗教教义或建制化的教会无关的,它既是宗教的,也是世俗的。它也意味着平民阶级对世界的经验,它还意味着某种可以跨越社会和种族区分的东西。在马里亚特吉早期文献里,他将利马的"奇迹之主大巡游"(Lord of Miracles Procession)活动也描述为一种沟通上层阶级、中产阶级和工人阶级的经验,他认为这就是宗教体验有这种作用的活生生的例子。最终,神话对他来说,也意味着艺术体验进入政治活动。也就是说,所有种类的艺术活动参与政治观念和政治思维。革命的力量不仅在于他们的科学、他们的信仰、他们的激情、他们的意志,它是一种宗教力,一种神秘的和精神的力量,它是神话的力量,革命者的情感则是一种宗教情感。

"神秘性"在马里亚特吉的著作中是一个频繁出现的关键性词语,尽管这个概念起源于宗教,但是马里亚特吉赋予它更为广泛的内涵。也就是说,社会主义革命中除了客观经济条件等唯物主义维度之外,还存在一个精神的和伦理的维度,争取社会主义的意志和信念对马克思主义的事业来说同样至关重要,而这个神秘性概念来自欧陆哲学的浪漫主义传统的影响。

18世纪的欧洲浪漫主义本质上是对构成现代资本主义文明的大机器生产、工具理性和商品异化的反抗。事实上,伴随着资本主义在欧洲的成长,浪漫主义对资本现代性的批判一直没有消失。欧洲现代文明中的这种精神上的二元性也构成了马里亚特吉思想传统的重要特质。马里亚特吉试图以辩证法来调和这种信念与无神论、唯物主义与唯心主义之间的二元对立,他论辩道:"社会主义与工联主义,尽管对历史都宣称一种唯物主义观念,但是它们在实践中并未表现出更多的唯物主义特性。它们都以大多数人的利益为基础,但是却倾向于将生活高贵化。西方人有着自己的神秘性和宗教性,难道革命精神不是一种宗教精神吗?据说在西方,宗教性已经从天国转向俗世,其动机是人性的和社会性的,而非神圣性的。它们属于人间,而非天国。"①事实上,马里亚特吉对资产阶级工具理性和经济决定论的反对在第一代西方马克思主义者拒斥第二国际将马克思主义实证主义化的思想运动那里获得了呼应,不过,他受到索列尔的影响更大。马里亚特吉这样表述他与索列尔之间的理论渊源:"社会主义的宗教的、神秘的和形而上学的属性如今已经被建构起来。乔治·索列尔在《反思暴力》中说,宗教与社会主义革命之间的相似性已经被发现,二者都提倡为宏大任务重建个体,但是柏格森教导我们宗教和革命的神秘性都能够以自身的深度来实现这个目的。社会主义者的虔诚信念显示出他们对一切挫折的承受能力。"②

即使是面对共产国际的官方意识形态压力,马里亚特吉仍然坚持自己以神秘性概念来对抗经济决定论的理论铁幕,试图超越对社会主义的工具理性的和实证主义的理解范式,为马克思主义和社会主义运动注入主体性的精神因素,将马克思主义"提升到"宗教性和"观念论/宗教性"的社会主义唯物主义高度上来。这似乎是一个极为矛盾的说法。对此,马里亚特吉的解释是,如果唯物主义者虔诚地信奉和服务于自己的信仰,那么将他指认为唯心主义不过是一种外在的语言约定罢了。而社会主义唯物主义包括了一切可能性,如精神的、伦理的和哲学的,作为社会主义者只有在将自己的观念和"神秘性"贯注在现实之中时,才是真正的唯物主义者。马里亚特吉比所谓的"正统马克思主义者"更为高明的是,他意识到了社会主义运动在拉丁美洲的宗教性氛围,广泛的天主教信仰是拉丁美洲国家普遍存在的最大现实,拉美社会主义运动如果从一开始就根本拒斥宗教及其意识形态,反而是一种唯心主义的革命策略,马里亚特吉的"神秘性"概念为拉美马克思主义所注入的独特性正是"接受宗教以及宗教神秘性对于拉美社会反抗运动和社会主义运动的必要性和前提性,并将之唯物主义地转化为一种革命的虔诚和争取社会主义的意志"③。

马里亚特吉关于宗教和神话的观念听起来更像是马克思主义的异端学

---

① Michael Pearlman, *The Heroic and Creative Meaning of Socialism: Selected Essays of Jose Carlos Mariategui*, Humanities Press, 1996, p. 49.

② Ibid., p. 145.

③ Michael Lowy, *The War of Gods: Religion and Politics in Latin America*, Verso Press, 1998, p. 121.

说,因为一般而言,马克思主义和社会主义被认为是反神学的、世俗的理论和运动,但是在马里亚特吉那里,宗教和神学并未被作为独立于世俗运动之外的神灵和天国力量而被崇拜,相反,它被纳入社会主义运动中成为其中的辩证一极,宗教和神话是社会主义的精神和伦理维度,正如革命意识形态和革命斗争需要英雄主义的献身精神和信念的支撑一样,它归根结底绝对地从属于人类解放事业,因此宣传反对宗教虔信是错误的,我们知道革命总是宗教性的,宗教一词有着新的价值和意义,它不仅仅代表一种宗教仪式或者教会,共产主义本质上是宗教性的。它仍然引起误解的是这个词原来的含义。马里亚特吉对于革命意识形态与宗教神秘性之间的辩证叙述是他思想中具有独创性的组成部分,拉美解放神学的创立者古特雷斯曾经专题论述马里亚特吉的关于宗教与解放的思想,这显然并非偶然。事实上,马里亚特吉的论说当代拉美革命运动中的解放神学(如尼加拉瓜的桑迪诺主义)和社会政治运动中的革命神秘主义(如萨帕塔民族解放军)仍然发挥着显著作用。

二、马里亚特吉的本土马克思主义的启示

(一)意识形态的非激进化:拉美政治动员中的民粹主义问题

激进意识形态的政治实践曾一度使得社会主义革命赢得拉美人民的支持,不过,20世纪90年代以后,以查韦斯上台为标志,拉美政治激进主义走向衰落,至少有两个重要特质构成当代拉美左派政治的基本底色:首先,无论是左派的革新主张还是社会主义政策推进,都在选举制民主程序下进行,而非诉诸革命的暴力;其次,拉美许多国家民主选举过程依靠的是对民众的不断动员,激发民众对执政派别的反抗情绪,结果,选举活动也成为街头抗议斗争。于是,尽管在政治上左右互不相让,但是在民粹主义的政治动员策略方面,二者取得了一致。

事实上,民粹主义与诸种政治派别的联姻将继续成为未来一段时期内拉美政治动员的主要政治逻辑。无论新自由主义派别还是左翼派别,为了从庞杂的贫困人口中获得支持,他们一方面都迎合选民攻击当局的腐败和

特权,提出激进的财富分配方案,要求实现普遍的社会福利;另一方面,城市和乡村的赤贫人口由于无组织性,因而缺乏政治意志和行动上的一致性,依靠民粹主义动员上台的政治派别仍然需要用不断的政治动员来保持政治支持。但是政治动员带来了另一个危险,即所谓的"人民主权"与"宪政民主"的冲突,前者在程序和治理基础上先天地缺乏某种制约性因素,具有无限和绝对化的可能性,从而存在某种专制政体的危险。依靠对底层民众的政治动员上台的查韦斯政府在任期内不断通过修改宪法来加强总统权力,因此招致宪政民主派的激烈批判。因此,拉美大陆政治激进主义的衰落,并未使得其社会和政治远离强人和集权的危险,相反,它可能在新的世界性经济危机的打击下重新成为显性的政治存在。

　　既然民粹主义意识形态是拉美政治动员中不可回避的主观要素,那么作为务实的左派政治规划应当将其容纳到自身的政治理论和实践的话语体系当中来,寻求一种意识形态的融合和转化。当代拉美国家民主政治的发展,事实上也已为我们展开了民粹主义的另外一个维度,即民粹主义的政治效应也可能导致非中心化和大众参与的政治决策机制的形成。根据哈内克的讨论,民粹主义当中的无政府主义意识形态和新自由主义意识形态之间的融合趋势造成了20世纪90年代以来一种新民粹主义的兴起。与无政府主义不同,它并不接受削弱中央政府,而是认识到中央政府作为财富的再分配机构的工具性;而与新自由主义不同,它则强调大众参与的优先性,从而避免政府的官僚化和决策机制的中心化。哈内克认为拉美左派战略需要重新思考政治动员的主观条件和客观条件,主观条件是政治意识和大众参与,马克思和列宁的时代更倾向于强调客观条件,但是如今更多左派政治越来越重视主观条件,这显然在某种程度上受到了葛兰西主义的意识形态领导权理论的影响。因此,从这个意义上说,新民粹主义所显现的特质更接近一种人民动员(popular mobilization),与传统的民粹主义相比,人民动员的实践将民众视为参与决策的主体,而不是被政党以形形色色的福利愿景所迷惑的选举工具。

（二）宗教与"二元性"：拉美社会主义运动中的宗教因素

马里亚特吉对葛兰西和索列尔的意志论和主体性观念在拉美语境下的解读，对左派运动的意识形态斗争策略产生了巨大的影响。与马克思不同，马里亚特吉所生活的秘鲁有着根深蒂固的宗教土壤，天主教堂保持着强大的经济和社会能量。正是基于拉美宗教意识形态的现实，马里亚特吉认为"革命的批判已经不再低估和否定宗教，甚至会教会对人类的贡献及其在历史上的地位"。对印加人民来说，宗教就是国家，拉美宗教传统使得本土人民无法理解宗教和现代政治之间的区别，而革命的左派要使印加本土人民理解天主教及伴随带来的西方现代资本主义压迫，并自主地寻求争取解放的革命运动，就必须通过激发他们对于革命的神秘主义和激情的虔诚信念。

拉美解放神学在20世纪六七十年代的兴起，正是马里亚特吉所开启的争取自由和平等的社会主义意识形态新的历史阶段。作为解放神学的创始人，古特雷斯将解放神学植根于拉美社会普遍性贫困的经济现实之中，将马克思主义对资本主义私有制的经济学批判与穷人革命伦理学结合起来，提出了关于"解放"的本土化理论范式。解放神学试图使人们了解，只有在宗教中人们才能实现真正的解放，但是这个过程需要经历在现世中社会的和经济的斗争的中介阶段才能达到。从解放神学的意识形态阶段来看，宗教在拉美呈现出显著的二元性特征：一方面，宗教使得拉美人民对现世的苦难及其根源保持麻木的状态；另一方面，宗教热情及其对"解放"的虔诚同样有可能将他们导向要求对苦难的"救赎"。解放神学与马克思主义和社会主义运动在内在价值取向上获得了共鸣，因为尽管解放神学的时代已然落幕，但在21世纪的社会条件下，来自拉美宗教人口社会结构的贫富分化并没有根本改变，新自由主义并没有改变这一现实，甚至进一步强化了社会和宗教的内在对立。因此，现存社会需要真正的社会革命才能结束这种二元性。

因此，宗教对于没有阶级差别，没有压迫和剥削的"神之王国"的彼岸性许诺与社会主义对现世之压迫和迫害的此岸性反抗，仍然将继续沉淀为拉美未来政治走向的基本逻辑底色之一。可以确信，经过20世纪新自由主义洗礼的左翼力量和社会主义运动，不可能在当前的经济危机和政治循环中再次回到右翼的版图。

(三)土地问题与前资本主义生产方式：结构主义的马克思主义的思考

19 世纪拉美的独立斗争并没有实现一次彻底的资产阶级革命,从经济结构到社会结构,拉美国家仍然保留了封建大地产制,土地仍然集中在少数人手中。直到 21 世纪的今天,造成社会严重不平等的根本原因之一就是保留了封建大地产制色彩的土地私有经济结构。因此,围绕土地与农民生存问题,资本主义生产方式与前资本主义生产方式二元对立也构成了当前拉美左派政治和社会主义运动所要面对的本土化问题。

拉美左派知识分子对土地以及生产方式问题的思考更多地受到了来自欧洲结构主义的马克思主义的影响。根据普兰查斯等人的结构主义的马克思主义观点,社会结构有着一套阶级结构,这套阶级结构取决于两种或者两种以上生产方式的结合或者链接,其中一种是具有主导性的,而其他则具有从属性。这种特定形式的生产方式以及它们相互结合的具体形式决定了在社会结构中阶级结构的数量和性质。许多拉美左派将这种观念引入他们对拉美现实的分析当中,并对拉美是否存在前资本主义生产结构的争论做出回应。一般而言,尽管资本主义生产方式在相当长时间里仍然是主导性的,但前资本主义结构仍然存在于拉美现实中,事实上,乡村社会的阶级结构也反映出这一点。依附理论强调外在决定因素的重要性,而结构主义理论则将视角导向拉美社会的内在矛盾,而内在矛盾才真正对拉美的经济和社会发展起决定作用。

近代以来拉美国家普遍缺乏土地改革的状况,造成了资本主义生产方式始终无法最终削弱和全面取代其他前资本主义生产方式,二元性的社会经济结构导致农民遭受到封建土地所有制和资本主义私有制的双重剥削,而资本主义生产方式也包含着封建残余。于是,从结构主义的马克思主义角度来看,拉丁美洲革命的未来必然会走一种双重的道路,农民的赤贫和无产阶级化将会促使阶级斗争向激进化演进,此种社会结构的内在冲突性要素所导向的正是拉美左派政治光谱中资产阶级革命与社会主义革命交织的复杂局面。巴西无地农民运动(MST)则在经验政治层面凸显了农民反对封建土地所有权以及争取资产阶级民主权利的双重斗争目标,但是无地农民运动显然并不将争取土地权利设定为运动的终点。与体制化的左派运动不同,无地农民运动更相信群众运动的力量而不是依靠资本主义选举制度,对群众的不断宣传和鼓动,使他们在社会运动中逐渐理解不断革命,促成拉美本土问题的一个社会主义性质的解决方案才是拉美草根阶层和贫困大众的真正前途。

三、21世纪以来拉美社会主义运动的新探索:以古巴为例

(一)菲德尔·卡斯特罗的思想遗产

卡斯特罗留下的思想遗产至少在以下四个方面值得我们再三反思。

第一,对马克思主义的异化和解放思想的本土化思考。马克思从哲学和经济学方面充分证明了人类在资本主义社会中所承受的深刻的异化现实:劳动者与劳动产品相异化,与自己的劳动相异化,与自己的类本质相异化,以及人与人之间的关系的异化。卡斯特罗在接受马蒂主义和马克思主义的影响的时候,就将"创造新人"(new people),消除剥削,实现社会正义作为革命的使命之一。而在革命成功之后,卡斯特罗要求用更为广泛的免费教育和文化来培育社会主义新人,他将古巴从一个民族转变为一个团结的现代国家,从而使得古巴人更加深刻的将自己理解为一个独立的民族,而不是帝国主义的附庸。

第二,独立自主的经济、政治、文化和外交政策。苏联解体之后,高度依赖苏联和东欧支援的古巴经济经历了巨大的痛苦,这证明将 1971—1985 年的苏联模式直接移植到古巴是行不通的。卡斯特罗反思古巴社会主义发展的特殊性在于其遭受的外部持续的封锁和入侵,苏联的经验不能成为古巴社会的全部解决方案,至少要做出适应古巴外部条件的恰当调整。古巴社会主义强调自身的传统和观念,依靠对外开放和自身工业体系建设来实现"社会主义积累"。1997 年后,卡斯特罗将古巴社会主义道路从"模式中心"转向为"原则中心",也就是说,将冷战时期的复制一整套社会主义阵营的经

济政治模式,以获得整个阵营的认同和援助,转变为以实现社会主义的"劳动解放"和"社会正义"的原则为目标,同时充分考虑古巴的经济特色和民族、政治传统,独立自主的制定古巴社会主义的经济、政治、文化和外交政策将成为未来古巴社会主义的中心议题。

第三,反对帝国主义和新殖民主义。将古巴50年社会主义道路放在拉美政治格局的大背景下,我们可以发现,采取新自由主义治理政策的国家大多高度依附欧美,贫富差距悬殊、犯罪率居高不下,经济发展可持续性不高;尽管委内瑞拉等国左派执政的国家目前面临困难,但是社会主义的价值和反对新殖民主义的意识形态已经在拉美民众心中生根。相比之下,古巴的社会主义道路尽管也面临困难,但是古巴普遍和免费的教育、医疗和住房政策保障了大多数古巴劳动者的尊严和自主性,避免了成为西方附庸的悲惨结局,卡斯特罗主义同时也要求在新形势下,保持对古巴融入全球经济和反对新自由主义的灵活性,正如卡斯特罗所言,迎接全世界劳动者协作的全球化,反对资本主导的新自由主义全球化,后者是"现代帝国主义强加给世界的,是持续不下去的,必将垮台"。对帝国主义的现代形式新殖民主义的坚定反抗也是卡斯特罗的重要思想遗产之一。

第四,社会主义价值观与意识形态领导权。卡斯特罗将历史主体和革命主体视为"人民"或者"伟大的被忽视的群众",社会主义价值观是加强农业工人、产业工人、小农、小企业主、学生和年轻知识分子等社会大众的团结的关键因素,事实上,正是这样的基于核心价值的团结最终在1958年挫败了美国扶植的独裁政权。此后蒙卡达纲领(Moncada Program)促成了人民主权的实现。卡斯特罗综合了马蒂主义和切·格瓦拉对"社会主义新人"的思想,为古巴人民提供广泛和全面的免费教育,塑造关于社会主义的自由、集体主义和牺牲的价值观,并教育古巴人民将自己的国家视为一个劳动者的社会,它的目标是为劳动者提供满足需求的劳动产品并实现古巴劳动者的人性自由和全面的发展。

(二)古巴社会主义更新及其特征:从古共六大到古共八大

尽管我们通常把2011年古共六大通过的《党和革命的经济和社会政策

的纲要》视为古巴展开"社会主义模式更新"的标志性文件,但是卡斯特罗早在 2005 年就已经开始了对古巴社会主义未来的新的反思,在 2005 年 11 月 17 日的一次公开演讲中,卡斯特罗第一次警告革命倒退的可能性,卡斯特罗做出这个判断的背景是,以往古巴经济上绝大多数问题都是由于美国经济封锁和地缘政治秩序极端不利于古巴造成的,而在经过了 20 世纪 90 年代以来的经济恢复之后,古巴不能再自欺欺人地将外部因素作为困境的借口了。菲德尔强调革命的最大敌人就是自己的错误,特别是古巴社会显现出来的收入不公、盗窃等丑恶现象和政治高层的低劣的社会管理和决策能力。不久之后,卡斯特罗因病将总统权力移交给劳尔·卡斯特罗,劳尔则着手准备加快改革步伐以解决许多棘手问题。经过了 2007 年大辩论的充分酝酿,古共六大确立了社会主义模式更新的总目标,而 2016 年召开的古共七大则对六大以来的经验进行了总结,进一步提出了更为具体的经济社会改革方案《2016—2030 年中长期经济社会发展规划》。2021 年新冠肺炎疫情期间,古共八大选举产生了新的古共中央第一书记迪亚斯-卡内尔实现了新老交替,并对古共六大制定的《党和革命的经济与社会政策的纲要》的若干细节进行了实事求是的修改。纵观六大到八大古巴共产党的改革措施,我们可以看到,古巴社会主义模式更新体现为在继承卡斯特罗遗产的基础上,对一些关键性问题给出了新的解决方案。

　　1. 当前经济调整的社会主义意义

　　事实上,劳动力剩余和经济的低效率自 2005 年以来一直困扰着古巴共产党,2011 年劳尔曾经试探性宣布要让 100 万工人下岗自谋职业,工会和地方党组织立即反对,认为自谋职业或者个体经营无法吸收如此多的剩余劳动力,政府当局不久在压力下也退缩了。对古巴共产党来说,在理论上、政治上和社会保障方面准备并不充分的情况之下,的确无法承受大规模的工人失业和由此带来的社会不满。

　　如何解决效率和平等的矛盾是古巴经济结构中的一个核心问题。古共七大在经济结构方面突破效率与平等矛盾的一个重要举措就是第一次肯定了"微观经济"对古巴经济效率的激活作用。对微观经济的松绑首先体现在"所有权"概念的更新上,以土地和房屋租赁为例,尽管不动产的买卖仍然不被允许,但是 2011 年以来的政策对土地和房屋的租赁采取了更为灵活的姿态。以往仅允许退休人员或者其他无业人员出租房屋获利,在新的制度下,任何房屋所有权人都可以申请租赁许可,不过这种许可限定了租给非古巴居民(如外国游客)和租给本国居民的不同租金标准。商业用房也被允许出租给小商店、手工作坊和其他美容美发等小企业。"所有权"问题上的灵活性改变了古巴的微观经济环境,它实际上也意味着一个社会主义理论上的进展,即允许个体从事营利性企业活动,不过与中国和越南等国的个体经营活动不同,古巴对微观经济目前所能容忍的限度在于:小微企业参与部分"冗余所有权"的使用,对个体经济施加较高的税收,从而保护国有企业和行业的工资和社会福利。微观经济的概念更新强调以更有效率的个体经营活动,来吸收国有企业和政府机构的剩余劳动力,以便解决效率和平等的矛盾问题。鼓励国有生产经营部门在保证必要功能的情况之下,将冗余部门进行分割,被分割出来的功能,用组建合作社的方式来实现更细致的分工和专业化协作,而合作社被允许在执行自己的经济职能的条件下,可以通过租用国家生产资料的方式进行生产经营获得利润。

古共八大进一步反思总结了古共六大制定的《党和革命的经济与社会政策的纲要》的执行情况,强调了古巴社会主义公有制的基础地位,劳尔指出,六大以后,社会上有些人歪曲了社会主义更新对个体经营活动的放开,认为古巴社会主义对"私有制"产生了松动,劳尔针锋相对地批评了意识形态上的这股歪风,他认为在新冠肺炎疫情和美国进一步加强对古巴制裁的背景下,古巴共产党和古巴社会主义不是要放弃全民所有制和劳动者共同占有生产资料的社会主义制度,相反,这个制度需要进一步加强它在经济中的主导地位。古共八大之后,古共进一步形成了《古巴社会主义经济社会模式的发展构想》和《2021—2026年党的经济社会政策和革命指导方针》两大战略性文件,再次从国家发展规划的高度确认了古巴未来社会经济改革目标的社会主义性质。

从古共六大到古共八大关于国有企业所有权结构和微观经济的理论更新来看,古巴共产党对社会主义的本质的理解正在发生微妙的变化,卡斯特罗时代经济改革对待个体经济和市场作用往往忽冷忽热,经济困难的时候,允许市场的力量更多地参与经济活动,而经济恢复的时候,则用更严格的命令来限制市场活动;劳尔时代的经济改革至少目前来看体现出某种连贯性,并在对待所有权和市场活动问题上表现出理论探索的勇气。如果说对卡斯特罗而言,社会主义意味着一种劳动者之间、国家与社会之间的"伦理和责任"的理想主义乌托邦的话,那么劳尔及其继任者对社会主义本质的理解可以概括为一种经济权利和平等价值的实现的世俗国家,正如劳尔所言,社会主义并不意味着绝对和抽象的平等,而是权利和机会的平等。抽象的平等意味着平均主义和不思进取,而社会主义的平等意味着劳动者付出劳动获得他应得的回报,而绝对的平等则削弱了对劳动者权利平等的承认,是多劳者被少劳者占有和剥削的不正义。

2. 古巴道路的国家社会主义、市场社会主义与民主社会主义的论辩

古巴共产党已经认识到威胁古巴的政治因素不是其他拉美国家的寡头政治,而是无所不管的官僚体制和党内的腐败倾向。在经济体制和政治体制改革问题上,国家社会主义、市场社会主义和民主社会主义的观点正在展开争论。

国家社会主义的观点认为,古巴中央政府的垂直管理结构更好地为公民提供满足基本需求的商品和服务,不过面对自上而下的计划经济的缺陷,一些国家社会主义者也逐渐接受一定程度的市场经济不可避免,但是国家社会主义的核心观点仍然倾向保持国家对古巴经济的控制,并不认为允许更多地方和社会机构的自治和民主权利能够保证地方政府和国有企业的效率,反而会造成更多混乱。尽管这三个派别都认识到当前古巴社会的主要问题集中表现在缺乏纪律和有效管理;给管理者,政府公务员和党员设定的过低的绩效标准;低下的生产力和缺乏组织;腐败和盗窃的蔓延等,但是不同的派别对问题的根源和解决方式的认识存在很大差别。国家社会主义强调当前问题的文化性根源,认为可以通过传统的教育手段来加以解决,思想教育被国家社会主义认为是当前社会主义更新的关键性解决方案。简而言之,国家社会主义的社会主义规划要求在垂直的治理结构中给予更多的控制和监督,辅之以少量自治和更大范围的对管理者的法律约束。支持国家社会主义观点的主要是国家官僚机构的职员以及担心近年来社会的失序状况继续扩大,丧失已经获得的社会发展成果的普通民众。

市场社会主义者则认为社会主义的主要目标应当是发展社会生产力,创造更多的物质财富,因此市场社会主义的关注点在于经济领域,而忽视社

会关系的改革。对他们来说,经济增长创造的财富增量能够解决古巴所面临的物质匮乏所导致的政治治理和社会秩序失序问题,同时认为,古巴经济严重的效率低下问题正是由于过多的中央集权,国家对商业活动和生产活动的垄断,缺乏私人企业的进取精神。引入私人资本才是最有效的运营企业和激活市场提高效率的模式。国家不应当为一切负责,市场和个体要学会为不良绩效承担一定后果。但是市场社会主义似乎弱化了他们政策建议中可能会加剧社会不公、环境污染,以及将国家和集体组织边缘化和在私人企业中对雇工剥削的可能性,对此,他们为自己辩护,认为非工资收入的差距已经是古巴的社会现实,不必因噎废食,相比于可能出现的经济和社会风险,鼓励个体和企业根据自己适应市场的能力来创造更多财富则更为重要。也就是说,古巴社会主义的未来必须在造成可避免的不平等的效率和在匮乏的物质条件基础上的社会正义之间做出选择。

　　民主社会主义的解决方案试图调和效率和平等之间的矛盾,一方面要求捍卫古巴革命所取得的社会发展成果,另一方面,以国家为中心的社会主义和市场导向的社会主义都可以成为重塑社会主义模式的路径选择。民主社会主义者认为真正的社会主义不能没有团结、平等和人民在政治决策中的民主参与。社会主义的本质就是建构一个自下而上(从地方到国家到全世界)的自主管理的社会关系,也就是说对社会主义国家和经济以及一切社会机构的民主的社会控制。这种观点多少带有某种欧洲人道主义马克思主义的特质,认为建设社会主义就是把劳动者从各种形式的——包括物质匮乏和社会压迫——不自由、剥削和异化中解放出来。因此,无论是市场导向还是国家垄断,都是实现这一目标的手段。于是,市场社会主义的迅速提高古巴社会生产力和积累社会财富的目标就被包含在一个更加宏大的目标设定之下了——创造各种物质的和社会的条件使得古巴劳动者充分发展自己的生产能力和精神能力,在日常生活层面实现双重解放。因此,一方面在经济上给予工人等基层民众真正的所有权和经济自主权,另一方面在国家垄断的垂直政治权力分配体制中,适当引入民主参与机制,他们相信真正的民主管理才能带来效率、生产力、平等和正义,相比较而言,民众不能自主参与经济生活和政治生活,在某种程度上造成了民众对自己行为的"责任免疫",而社会不平等、腐败、社会动荡、环境污染和精神空虚等问题则都有可能来自于此。

(三)后卡斯特罗时代古巴社会主义更新的未来前景

三个派别的争论显示出从古共六大到八大的社会主义更新过程中日益呈现出的对社会主义的再定义的迫切理论要求。因此,从总体趋势来判断,古巴朝野的共识是:社会主义道路是一条正确的道路,一旦古巴被美国转变为自由市场国家,它将迅速衰落为美国的一个卫星市场,墨西哥和哥伦比亚等拉美国家的社会动荡、贫富差距、高失业率和犯罪率将是资本主义化的古巴的未来。因此,更新社会主义而不是改变社会主义将是未来古巴共产党和古巴人民共同奋斗的目标。古巴社会主义更新在未来的规划中会继续在理论上探索适合古巴国情的对"社会主义的本质"的完整定义,从目前古共六大和八大已经取得的理论进展来看,古巴共产党也更加务实地处理一系列后卡斯特罗时代不得不解决的实际问题,不过,就未来十年的任务来说,至少在以下两个方向上,古巴共产党需要加紧进行理论上的突破和思想上的解放。

1. 民主概念的再认识

哈内克对古巴社会主义更新的总体判断是,古巴"只有通过经济的民主化和社会化,才能将社会推进到以人的发展为宗旨,而非以收入的再分配为宗旨的水平上,若非如此,那么利润的逻辑将被进一步转换为对社会主义宗旨的合理化的放弃"[1]。不过,与新自由主义不同的是,资产阶级学者将民主化作为一切改革的首要条件来看待,但是"华盛顿共识"在拉美其他国家的失败使得古巴共产党更加谨慎的思考民主化问题:一方面,后卡斯特罗时代依靠领袖人格动员的政治共识有可能逐渐失效,另一方面,社会层面要求对话、讨论和协商的需要正在上升。"问题不是缺乏沟通,而是必须允许新的意见的表达",[2]就古巴共产党近年来的改革思路来看(如 2007 年的全民大

---

① Camila Harnecker, Empresas no estatalsen la economiacubana: construyendo el socialism? *Temas*, No. 67, 2011, p. 77.

② Carlos AlzugarayTreto, Continuity and Change in Cuba at 50: The Revolution at a Crossroads, *LATIN AMERICAN PERSPECTIVES*, Vol. 36, No. 3, 2009, p. 15.

辩论），一种参与式的和协商式的民主是更为适宜和安全的取得社会共识选择。正如劳尔在演讲中所透露的，"我们不应该惧怕差异，我们的社会本质上并不存在对抗性矛盾，因为构成我们社会的各阶级不是对抗性的，解决难题的最佳方案来自有分歧的意见的密切交流，当然这种交流要在健康的意图下被负责任的引导。"

经过古共八大的新老交替后，新一代领导集体实现了年轻化的年龄结构，中央委员会委员中在古巴革命后出生的委员比例超过了70%，不仅如此，委员的职业背景来源也更趋多样化，也更具有社会代表性，这也进一步体现出古共八大对于民主集中制和集体领导的制度更新的良苦用心，从深层逻辑上看，这种渐进的人事改革也预示着未来古巴社会主义更新将会继续推动党内民主的实现，以及在不放弃古巴共产党执政党地位的前提下，实现对国家和社会事务的民主治理。

对民主概念的探索必然涉及对古巴共产党的作用的再认识：从一个前锋型政党转变为一个后卫型政党，更少地对社会发出命令，更多地为社会运行提供服务，对社会和人民行使领导权（hegemony）而不是控制力（control），这将是更为复杂和艰难的转型。在劳尔的思考中，这种角色的转换被与民主概念结合起来，也就是说，如果要人民更加坚定的团结在一个政党周围，那么这个国家就必须比其他国家更加民主，毫无疑问，这样的社会是公正的，它的所有公民有表达自己观点的机会，更重要的是，通过努力工作来实现在每一个问题上的共识。劳尔当然不是试图改变一党执政的现行根本性政治制度，而是小心翼翼地维护它，在另外一个公开场合中，劳尔对改善共产党的领导作用问题的讨论采用了一个自我批评的方式，"任何处在领导地位上的人都必须知道如何听取意见，如何创造自由表达意见的良好环境。……共产党要努力去完善所听到的不同意见，根除高高在上和自鸣得意的有害倾向"①。

2. 另一种生产是可能的

生产领域是古巴正在进行的社会主义更新的最重要的领域，在当前的外部环境下，古巴对经济可能性的探索在两个方面特别紧迫。第一，在经济

---

① Carlos AlzugarayTreto, Continuity and Change in Cuba at 50: The Revolution at a Crossroads, *LATIN AMERICAN PERSPECTIVES*, Vol. 36, No. 3, 2009, p. 22.

思想领域,资本主义的新自由主义政策在全世界泛滥,古巴的社会主义经济政策能否走出一个不同的道路？第二,中央集权的社会主义经济系统性的整体向资本主义经济政策的转变已经被证明是不可靠的,而政治专制主义和集中的经济体制的弱点也被苏联和东欧的失败证明是无效的,古巴社会主义能够从市场中心主义和计划经济体制中获得何种更新的经济战略？

从日常生活层面,经历了苏联解体后经济困难洗礼的古巴人民,更加渴望在保持社会主义经济本质不变的情况之下,获得更多争取幸福的机会,即使是存在某些部门私有化的风险,这种机会成本也是值得承受的。古巴共产党对"另一种生产是可能的"已经开始做出肯定性探索,劳尔认识到,公民的收入与他的劳动付出相匹配是非常重要的,将会允许将土地和资源交给有能力更有效率的从事生产活动的劳动者,使劳动者感受到社会的承认和支持并获得他们赢得的物质补偿。

在鼓励劳动者的生产积极性和利用市场来发展生产力方面,古巴共产党在某种程度上谨慎地吸收着来自中国共产党的治理经验,在 2008 年 11 月17 日的古巴共产党机关报 Granma 上发表了一篇题为"中国继续证明着社会主义的优越性"的文章,卡斯特罗当时评论说:"中国客观上已经成为最具有前景和希望的第三世界国家的最佳典范。"①尽管在人口、经济和社会文化背景等方面中国与古巴存在很大不同,但是就社会主义建设而言,中国的成功使 3 亿~5 亿人口脱贫,并创造出 2 亿左右中产阶级的社会成就使得古巴共产党能够相信"另一种生产是可能的"。

四、拉美马克思主义与中国化马克思主义的比较及其启示

马里亚特吉曾经写道:"相比于西方人,我们秘鲁人的心理实际上更加接近于亚洲人……无论是精神层面还是物质层面,中国比欧洲更加接近我们。"②作为第三世界国家,中国与拉美国家在历史经验和经济政治发展的状

---

①　Oscar Sánchez Serra,China sigue demostrando la validez del socialismo,*Granma*,No. 17,2008.

②　José Carlos Mariátegui, *Ediciones Populare de las Obras Completas de José Carlos Mariátegui*, Instituto de Estudios Peruanos, 1990, p. 133.

况等许多方面有很大相似性,在马克思主义本土化经验和社会主义观等重要理论问题上,二者具有很强的相互借鉴之意义。马克思主义作为拉美左派一支重要的理论力量,对整合拉美左派政治力量,反抗自由主义和帝国主义在拉美的无限制扩张发挥着无可替代的重要作用。如果以马里亚特吉的马克思主义思想为例,结合当代拉美主要国家的马克思主义发展状况,我们发现拉美化的马克思主义在以下几个方面与中国化马克思主义有着相似的特征。

首先,强调马克思主义关注"民族-大众"(national - popular)问题。正如马里亚特吉所言:"我们确实不想在美洲照搬照抄马克思主义,它应该是一种英雄的创造性事业。我们必须用自己的现实和自己的语言创造出印第安美洲的社会主义。"①马克思主义的本土化实践的路径选择使得拉美马克思主义一开始就具有一种反帝国主义的、文化关切的、拒斥欧洲中心主义的特征,拉美马克思主义者相信任何地域性的实践经验不能被普遍化为整个大陆的仿效范式,但是本土化的经验会丰富马克思主义的时代性内容,对其他地区和民族接受马克思主义产生良好的示范性影响。

其次,从激进左派立场走向中左立场。拉美马克思主义政治组织极为复杂,政治立场从激进的、温和的到托派的,应有尽有。20世纪90年代以来,拉美左派政治光谱发生了显著的偏移,一方面自由主义遭受到了左派的反击,另一方面,激进左派组织也很难在经历了自由主义和民主政治洗礼的拉美大陆获得广泛的群众基础,马克思主义从一个激进的革命政治运动转变为一个时刻保持对资本主义主要缺陷的警醒的社会主义建设运动,无论是中国还是拉美主要国家,都在努力寻找一种将社会主义与民主政治有效链接起来的本土化路径。

最后,社会主义的价值观。后华盛顿共识时代,拉美主要国家逐渐认清了新自由主义无法提供协调可持续的发展前景,成为第三世界国家现代化陷阱。委内瑞拉前总统查韦斯的社会主义观也受到马里亚特吉思想的影响,他最终试图建立一个公正的社会,为了这个目标,在政治上,委内瑞拉扩

---

① [秘鲁]阿塞·卡洛斯·马里亚特吉:《关于秘鲁国情的七篇论文》,白凤森译,商务印书馆,1987年,第2页。

大公民的政治治理的民主参与范围,建立参与式民主制度,在经济上,以国家调控逐步代替自由市场,以国有化形式巩固民族经济基础,通过合作和工人管理的形式组织具有社会主义自治性质的经济实体。事实上,查韦斯社会主义观在拉美主要国家是获得基本认同的,而这种基于草根阶层利益考量的社会主义价值实现路线也与马里亚特吉的"本土主义"的马克思主义在价值立场上是基本相同的。

但是由于马克思主义并不是左派的统一的指导性思想体系,因此在对待马克思主义理论和社会主义道路所持的政治立场上也存在许多相互抵触的看法,而这种状况一定程度上导致了拉美社会经济发展的动荡和反复,拉美马克思主义本土化实践经验也说明了社会经济的稳定可持续发展需要一种主导意识形态和价值观。拉美新自由主义势力仍然很强大,并非拉美所有国家都回避新自由主义,墨西哥、哥伦比亚还在坚持以华盛顿共识治理国家,巴西也仍然部分实行新自由主义原则,尽管左派执政者承诺要找出一条适合国情的发展之路,但从目前来看还没有一个清晰的发展思路,所以拉美左派在意识形态上显得并不稳固,内在具有脆弱性。如果左派政党无法在指导思想和意识形态上形成整合力量,最终达成一种类似中国化马克思主义的"社会主义核心价值体系"的主导意识形态,并获得文化领导权,那么拉美左派近年来所取得的政治进展最终还是会被耗尽,近年来拉美右翼势力的回潮也说明了这种危险的存在。

总之,拉美马克思主义的发展从另一个角度证明马克思主义的中国经验的正确性和可持续性,即中国的社会主义建设仍然必须坚持马克思主义政党的执政地位,必须坚持马克思主义和中国特色社会主义理论作为核心指导思想,必须坚持社会主义国家对市场经济的宏观调控,继续探索一党执政与多党合作基础上的社会主义民主政治的实现形式。只有这样,中国化马克思主义才能够避免拉美马克思主义面临的困难,继续丰富和拓展社会主义发展的中国模式,推进社会和经济发展的全面协调可持续的发展,最终实现中华民族的伟大复兴。

韩欲立、温晓春(复旦大学)

如何在历史唯物主义的
基础上阐释"什么是共产主义"*
——以巴迪欧、哈特、奈格里和
朗西埃的观点为例

　　共产主义思想的理论基础为何是历史唯物主义？对这一问题的回应，直接关系到学术界有没有正确理解和把握好马克思恩格斯对人类社会发展规律及其趋势的一般性揭示。马克思恩格斯在阐述唯物史观和共产主义理论的重要著作《德意志意识形态》中提出了两个重要结论，一是"对实践的唯物主义者即共产主义者来说，全部问题都在于使现存世界革命化，实际地反对并改变现存的事物"①；二是"共产主义对我们来说不是应当确立的状况，不是现实应当与之相适应的理想。我们所称为共产主义的是那种消灭现存状况的现实的运动"②。以上论述简明扼要地勾勒出共产主义与历史唯物主义的关系，即历史唯物主义研究的对象是现实的生活，而非想象的观念。这一研究对象的确定，内在规定了共产主义的实现不是一种应然状态，而是一种现实的运动。正如英国著名马克思主义学者肖恩·塞耶斯所言，在马克思恩格斯那里，"共产主义概念的基础是它关于实际所是和正在发展的资本主义社会的经济与社会理论，即历史唯物主义"③。当然，通过进一步分析，我们会发现，即使马克思恩格斯已经将共产主义与历史唯物主义的关系放

　　* 本文系国家社会科学基金后期资助项目"21 世纪以来西方左翼学者对共产主义发展态势的理论研究"（项目号：22FKSB050）的阶段性成果。
　　① 《马克思恩格斯文集》（第一卷），人民出版社，2009 年，第 527 页。
　　② 同上，第 539 页。
　　③ ［英］S. 塞耶斯：《关于共产主义的观念》，曲轩译，《马克思主义与现实》，2017 年第 5 期。

置于现实的历史之中,并将共产主义的实现解释为一种现实运动。但什么样的共产主义可以被称之为一种现实运动?共产主义如何在不断变化的社会状况中落脚于现实运动呢?这些问题还需要在理论与实践层面做出进一步阐释。这些问题可以从欧美左翼学者的代表性人物那里找到答案。比如,以巴迪欧代表的左翼学者坚持"观念的共产主义",主张从观念与行动的角度理解共产主义的现实性;以哈特和奈格里为代表的左翼学者坚持"自治的共产主义",主张从共同性与主体性的角度理解由资本主义向共产主义转变的必然性;以朗西埃为代表的左翼学者坚持"感性的共产主义",主张从智力解放的角度理解共产主义的在场性。本文以西方世界较有影响的四位左翼学者为例,在对他们的共产主义观进行整体性概述的基础上,集中展现了他们如何在"什么是共产主义"的理解中,触碰到了历史唯物主义的内核,在一定程度上回归了马克思主义的经典视角,拓展了历史唯物主义的问题域。这些都为回答如何将共产主义奠基于历史唯物主义的基础之上提供了解释依据。但这些解释也存在理论限度,比如理论话语建构有余,经典思想阐释不足;囿于意识形态或学院派的偏见,无法将共产主义的历史和马克思主义的历史统一起来考察;考据文本的能力和使用的研究方法值得深思;研究立场不坚定、没有彻底弄懂和悟透历史唯物主义的根本任务等问题。

一、巴迪欧从观念与行动的角度阐释了"观念的共产主义",坚持了历史唯物主义的最低限度

进入 21 世纪以来,共产主义复兴成为左翼眼中激进话语的代名词。巴迪欧认为共产主义复兴首先意味着共产主义在观念上的复兴。但这种观念是作为行动的观念,换言之,共产主义是在行动中的观念。在对共产主义做出概念界定后,巴迪欧进一步探究了共产主义的历史唯物主义基础。只是这种历史唯物主义弱化了历史的必然性维度,保留了最低程度的唯物主义,更多的是一种形而上学唯物主义。由于巴迪欧缺乏对历史唯物主义的整体性把握和根本性贯彻,导致其依旧没有找到通往共产主义的现实路径。

(一)复兴共产主义观念①,诉诸不可能性中的可能性

与马克思恩格斯不同的是,巴迪欧不仅坚持共产主义是一种"消灭现存状况的现实的运动"②,还坚持共产主义是消除异化状态之后的现实再现,是一种不可能性中的可能性。他自己的解释是:"共产主义的观念,真的就是对可能性的信念,而不是对既有东西的想法。"③

这种观念真正开启于马克思恩格斯发表的《共产党宣言》,巴迪欧无疑继续了这一事业,在某种程度上,《共产主义假设》④这篇文章就是模仿《共产党宣言》写就的。21世纪的共产主义要创造一种完全不同于以往的历史和政治秩序,它不是国家权力的管理,不是一种社会制度,首要的是一种针对既定现实的打破和绝对之新的创新与应用。因此,它指的是一种观念的东西。更重要的是,重启共产主义观念具有现实意义。因为,处于21世纪的共产主义在含义上出现了两个新变化:一是它不是作为形容词,而是作为名词存在。"共产主义不再是修饰党和国家的一个形容词,而是一个作为主体的名词。"⑤斯大林主义所认为的共产主义,是通过国家共存的方式,要求无产阶级去摧毁旧世界的代表机构。但是对马克思主义而言,共产主义亦可称为一种自由人联合体,它主要指向一种可能性向度,而非仅仅强调国家构建。二是它是一种关于真的理念。"共产主义的观念是这样一种观念,它是在政治情景中发生的,真理的政治程序同个体之间的关联,即一种真正无限的人的联合,每一个个体都通过共产主义的观念,在生成之中的真理的政治

---

① 关于"观念"一词,巴迪欧在《关于共产主义的理念》一文中有过交代,指出"观念"一词包括三个基本要素,即真理的过程、历史的归属和个人的主观化;在《哲学宣言》中将"观念"解读为一种"多重性的柏拉图主义";在《世界的逻辑》中,将"观念"表述为一种原则,即真实的生活是按照理念的实际生活构想的,可称为"辩证唯物主义",这跟当今的民主唯物主义原则相对立。

② 《马克思恩格斯文集》(第一卷),人民出版社,2009年,第539页。

③ Alain Badiou, *Philsophy and Event*, Polity, 2013, p. 14.

④ 2008年发表在《新左派评论》,英文标题是"Alain Badiou, The Communist Hypothesis", New Left Review, 49, Jan – Feb2008,这篇文章是2007年用法文出版的《当我们说起萨科齐时我们意指什么?》(De quoi Sarkozy est – ill en om?)一书的精要。

⑤ [法]阿兰·巴迪欧:《柏拉图的理想国》,曹丹红、胡蝶译,河南大学出版社,2015年,第24页。

身体中,去实现自己的无限。"①

　　但是,回到马克思恩格斯的经典论域,我们发现,马克思恩格斯所阐述的共产主义是建于历史唯物主义基础上的,一是时代的经济发展决定着社会结构的变迁,成为构成该时代政治和精神的基础。二是阶级斗争的历史和立场是始终不变的,处于被剥削的阶级依然处于反抗和争取解放的历史阶段,这种反抗的结果要实现的不仅是一种政治解放,根本意义上是一种人类自身意义上的解放。这里,巴迪欧的问题在于,他始终将共产主义的出现理解为一种断裂状态下出现的点,或是强调它在不可能性中的可能性。用阿尔都塞的话来说,这种思考方式预设了"一种历史,它是在场的……鲜活的……向未来开放的……不确定的、不可预见的,甚至是尚未完成的"②。从这种意义上来说,共产主义观念包括两方面内容,第一,它是从共产主义朝向未来的真理向度而言的,主要强调的是一种思想的抗争,即同资本主义大他者和不断净化共产主义观念的斗争。第二,共产主义可以解读为一种永恒的理念。它虽然不具备实质性的、可以被应用于任何地方的特征,但是可以在每一个具体的历史境遇中被重新创造出来。其实,当巴迪欧提出共产主义观念这一设想后,很多学者指责这种思想带有不切实际的幻想,仅仅是一种康德意义上的理性的观念,而不是一种具有可感的直观物对应的观念。随后巴迪欧公开放弃或弱化了自己的康德主义立场,坚持共产主义设想的可实现性。即便如此,他对于共产主义的回归只能说是一种观念意义上的回归,他所强调的科学性在某种程度上被自己发展为一种历史的偶然性。

(二)共产主义观念是思想应用于行动而展现的激进姿态

　　共产主义不是对乌托邦主义的怀旧,而是思想应用于行动而不断努力的尝试。齐泽克与巴迪欧在思想上是惺惺相惜的。齐泽克对巴迪欧的共产主义观念说做了理论上的延伸,认为这种共产主义假说没有落入伦理社会主义将平等作为先验标准公理的陷阱,而是强调从现实社会对抗中导出共

---

① ［法］阿兰·巴迪欧:《柏拉图的理想国》,曹丹红、胡蝶译,河南大学出版社,2015年,第25页。
② Althusser, *Philosophy of the Encounter: Later Writings, 1978－1987*, Verso, p.264.

产主义的必要性。就共产主义的本义而言,它必须要在每一个新的历史情境下被重新创造。或者说,共产主义观念的复兴有其特定的历史语境,不应该将其与现实的社会关系脱离开来,更不能将其置身于纯粹的学术话语争论中。"单纯对共产主义观念保持忠诚是不够的:人们应该在历史实在中确定赋予这个观念以实践紧迫性和对抗性。"①当然,马克思主义主要致力于对无产阶级力量的生成和资本主义社会关系的内在批判,而巴迪欧则将重点放在扩大无产阶级范围和自发的革命行动上,这里的行动主要体现为事件行动。

在马克思恩格斯的经典表述中,共产主义意味着作为革命力量的无产阶级的重新联合。巴迪欧同朗西埃、哈特和奈格里一样认为,无产阶级依然是承担社会革命的主要力量。同时,他们在不同程度上解构了无产阶级,甚至在某种程度上认为无产阶级是一种"虚空"(void),这种"虚空"意味着除了无产阶级这个名称以外,它不再具有任何具体内容,主要强调无产阶级是一种普遍性的概念。而且,无产阶级的革命任务不是由其经济地位所决定,而是根据他在结构上无法将自身归于统治阶级。更重要的是,巴迪欧通过一些政治尝试扩大了无产阶级的范围,弱化了无产阶级的革命作用。这里起着革命性的力量不是无产阶级,而是事件。无产阶级被置换为主体,并在事件发生后生成。他虽然依然使用"无产阶级"这一词汇,但更准确的说法是事件主体,它的意义在于凸显断裂点的价值。即是说,这里保留的是无产阶级作为事件的主体,这种无产阶级的联合在历史层面上表现为一种群众运动,它是不可预测的,甚至是不可计算的。但是,这种事件确实存在,而且会对共产主义进程产生重大影响。因此,现在的问题不是去接受社会应该是什么,而是寻找另外一种可能性。这种可能性的最终结果是通过泛化无产阶级概念、模糊无产阶级群体形象的方式来诉诸全人类的解放。这里的革命性体现为事件而非无产阶级,相反无产阶级的行动和范围受制于偶然性的事件。进言之,巴迪欧强调的革命力量需要事件的激发,事件成为一种革命性的颠覆力量。但在马克思恩格斯那里,革命性的颠覆力量是无产阶级的集体行动。因此,就"什么是共产主义"的理解而言,如果说在马克思主

---

① Slavoj Žižek, *First as Tragedy*, *Then as Farce*, Verso, 2009, p. 90.

义那里,共产主义是一场关于消灭现存状况的现实运动的话,那么在巴迪欧这里,共产主义就是蕴含于事件层面的激进行动。

(三)在观念与行动的变奏中保持共产主义的内在张力

巴迪欧提出将共产主义视为观念与行动的统一体,为超越资本主义提供了一种新范式。这里的共产主义既是一种批判性姿态,更是一种新历史情境下的新方案,是对马克思恩格斯共产主义思想的进一步发展。

共产主义复兴主要涉及两个关键点:一是共产主义观念的重新激活;二是观念为革命行动厘清空地。即是说,"共产主义的政治的核心,绝对不是国家权力的官方意识形态,而是人民群众认识与行动之间的连续性操作"①。巴迪欧指出,马克思主义当中始终没有遭到损伤的部分是实践问题,但他没有沿用历史唯物主义的逻辑思路,而是借助毛泽东的调查学说和拉康的三界说改造了实践,将其解读为革命行动,希望在一种政治哲学的分析话语中对实践问题做出合理化解释。在《湖南农民运动考察报告》中,毛泽东重申调查的原则是遵从一种具体情况具体分析的方法。巴迪欧将这种具体情况指定为情势,它不同于特定的要素,而是多个要素的集合。"'没有调查没有发言权',这句话,虽然曾经被人讥为'狭隘经验论'的,我却至今不悔;不但不悔,我仍然坚持没有调查是不可能有发言权的。"②这种说法本质上是一种行动哲学,即试图在保持其固有创造性中与思辨哲学划清界限。他赞同共产主义观念来自实践这种说法,但是又不能将其简单地归结为实践,而是说"它不是关于存在的方案,而是对发生作用的真理的揭示"③。可以看出,巴迪欧所讲的实践主要是借助拉康的三界说中的不可能之真,突出断裂对于总问题研究的重要意义。正是在这中断里寻找理论观念与政治行动的可能性,在确定性和非确定性之间展开一个新的空间,并试图在两者之间保持共产主义的内在张力。因为"哲学是一种思想-行动,借助于操作上的裂缝,借

①　Alain Badiou, *Qu' est – ce que j' entends par Marxisme?* Les editions sociales,2016,pp. 69 – 70.
②　《毛泽东选集》(第三卷),人民出版社,1991 年,第 791 页。
③　[法]A. 巴迪欧:《关于共产主义的理念》,王逢振译,《马克思主义与现实》,2016 年第 6 期。

助于可以让其理解的对象,让其变得真的空隙来在哲学范畴发挥作用"①。所以他不是以确定的方式,而是以非确定性的方式为马克思主义的革命思想带来一种颠覆性的阐释。他的论述结论是,通过调查分析和填充空乏的努力不断趋近于一种真,这种努力本身就是一种政治行动。

(四)在坚持最低程度的唯物主义上阐释共产主义

在《圣保罗》中,巴迪欧这样指出,"唯物主义从来都只是由客观来确定主观的一种意识形态"②。对客观性的坚守可视为坚持唯物主义立场的一条基本原则。他坚持物质的客观性,是一种"拒斥超验性维度,坚持内在性原则的形而上学的唯物主义"③。但这已经是最低的唯物主义范畴,因为这种观点是除了物质以外什么都没有。即使作为一个真理(共产主义),它也是除了把握物质之外,什么也不是。

但是,巴迪欧所讲的真理很难进一步从马克思的物质世界中得出。"直接的物质的生活资料的生产,在一个民族或一个时代的一定的经济发展阶段,便构成基础,人们的国家制度、法的观点、艺术以至宗教观念,就是从这个基础上发展起来的,因而,也必须由这个基础来解释,而不是像过去那样做得相反。"④恩格斯认为,马克思的主要贡献在于他以政治经济学批判的研究方法分析整个资本主义经济体系和分配体系,并将其与共产主义的实现联系起来。而巴迪欧则相反,他区分辩证唯物主义与民主唯物主义的目的只是确定了真理的存在、真理的客观性等问题,依然没有将真理的实现纳入历史唯物主义的整体视野之中。他坚持从政治哲学层面对共产主义进行解读的方式是无法将形而上学和物质两方面统一在一个系统中的。因为在最低限度坚持唯物主义的基础上,他主张在偶然的事件和主体的结合过程中实现真理,这在后现代语境下着实不易,但他同样走进了自己的政治哲学矩

---

① [法]阿兰·巴迪欧:《小万神殿》,蓝江译,南京大学出版社,2014年,第55~56页。
② [法]阿兰·巴丢:《圣保罗》,董斌孜译,漓江出版社,2015年,第84页。
③ 夏莹:《旁观者与行动者的反辩证法:如何理解唯物主义及其当代复兴》,《江苏社会科学》,2017年第2期。
④ 《马克思恩格斯文集》(第三卷),人民出版社,2009年,第601页。

阵。他试图从中找到实现共产主义的根基,但这种偶然状态下实现的真理(共产主义)未免有些理想化色彩,甚至说是一种形而上学唯物主义。

形而上学唯物主义和历史唯物主义是两个不同的概念,形而上学唯物主义的立足点是抽象的物质,历史唯物主义的立足点是具体的物质。当然,真正的认识是不可能停留在抽象的物质层面的,而总会与具体的事物和经验联系在一起并深入本质中去的。正如马克思写道:"历史的全部运动,既是这种共产主义的现实的产生活动,即它的经验存在的诞生活动,同时,对它的思维着的意识来说,又是它的被理解和被认识到的生成活动。"①很显然,巴迪欧明白了思维着的生成活动,但没有认识到经验存在的诞生活动对于共产主义的重要性。仔细阅读马克思恩格斯的《德意志意识形态》,我们会发现"历史唯物主义"中的"唯物主义",其真实所指并非仅是唯物主义和唯心主义之间的派别差异,更本质的理解是一种"经验的观察",而且这种"经验的观察在任何情况下都应当根据经验来揭示社会结构和政治结构同生产的联系,而不应当带有任何神秘和思辨的色彩"②。因为"在思辨终止的地方,在现实生活面前,正是描述人们实践活动和实际发展过程的真正的实证科学开始的地方"③。巴迪欧将共产主义实现的希望放在这种偶然性事件身上,完全没有谈到经济因素在政治革命和历史发展中的决定性作用,其本质是通过一个高度抽象的方式来理解唯物主义。共产主义观念依旧局限于一种认识论层面,但是基本的理论问题是不能够以抽象的方式得以解决的。这种理解的问题在于,他在试图摒弃关于意识或思维的任何一种唯心主义思辨的同时,保留了浓厚的关于真理的形而上学抽象。

(五)缺乏对历史唯物主义的整体性把握和根本性贯彻,依旧没有找到通往共产主义的现实路径

巴迪欧对共产主义的解读看似激进,其路径却更加偏向于一种折中的、

---

①　《马克思恩格斯文集》(第一卷),人民出版社,2009 年,第 186 页。
②　同上,第 524 页。
③　同上,第 526 页。

缓和的斗争方式。虽然他坚持了共产主义的原初内涵,但由于缺乏对历史唯物主义的整体性把握和根本性贯彻,导致他依然没有找到通往共产主义的现实路径。

关于如何将观念与行动统一起来并指向共产主义这一维度,巴迪欧提出的解决方法是将观念与行动的关系融合于运动之中。"在我的哲学中,我试图提供真实运动,即接近无限的运动的另一种来源,就是为了不陷入分析与辩证的冲突之中。"①通过运动保持观念与行动之间内在张力的解决方式,究其本质还是一种分裂。更重要的是,用运动的观念解决两者关系,却失去了一种根基,即回到以物质关系为基础的现实生活。这里,共产主义成了一种永恒的理念,它的实现方式就是从共产主义出发的循环运动。即是说,观念是最重要的东西,它既可以作为一个标准尺度,也可以作为一个认识途径,而进行实践的关键是确定一种观念。即便如此,观念背后依然起作用的是生产关系和交往关系。"统治阶级在物质资料生产上的领导权决定着其相应的精神生产上的领导权。这一点决定了:不管人们是否意识到,精神生产总是在无所不在的宏观政治权力的支配下进行的。换言之,占支配地位或主流地位的话语本质上就是权力话语。"②巴迪欧将共产主义视为一个无限趋近于真理的运动过程,这里的共产主义只是一个名称,没有任何具体内容。进一步而言,他始终没有从物质生产现实的视角理解共产主义,反而更多的是走向了一种政治的激进性。他的理由是,政治和经济分属于不同的领域,传统的马克思主义(主要指苏联马克思主义)将经济因素强行地塞入政治领域,这其实是不恰当的做法。他所强调的是政治在某种程度上优先于经济的说法,这明显是在跟苏联正统马克思主义的"经济决定论"划清界限。正因为如此,他的理论是一种缺乏经济根基的行动上的呐喊,这导致他将不可避免地走向为了争取政治权利而被迫采取一种徒有激进姿态的保守立场。③ 更确切地说,他始终没有从资本主义生产方式本身出发,而是选择

---

① Alain Badiou, Peter Engelmann, *Philosophy and the Idea of Communism——Alain Badiou in Conversation with Peter Engelmann*, polity press, 2015, pp. 38 – 39.

② 俞吾金:《从康德到马克思:千年之交的哲学沉思》,北京师范大学出版社,2017年,第528页。

③ 参见《共产党宣言》,人民出版社,2014年,第9页,原文是"工人阶级被迫局限于争取一些政治上的活动自由,并采取中等阶级激进派极左翼的立场"。

了从共产主义观念这一设想出发,这种以未来反观现在的做法非但没有切中资本主义的要害,反而为共产主义的实现增添了几分神秘感。这样一来,共产主义的实现似乎就不是历史领域要实现的事情,而是要诉诸一种政治宣言了。

　　总的来说,巴迪欧举着复兴马克思恩格斯共产主义思想的旗帜,试图介入到共产主义的目的不是打破马克思主义的计划,而是恢复共产主义的尊严。但是相比马克思恩格斯而言,他无疑保守了很多。因为观念和行动统一起来的基础是事件而非革命,这进一步反映了考察思想和现实关系的基础不是真正意义上的历史唯物主义,而是以一种断裂的视角诉诸历史的偶然性。由于对历史唯物主义的"历史"必然性的把握不够,导致其在后现代社会中容易将共产主义的实现诉诸一种偶然性,从而陷入一种空想性观念和激进行动的双重变奏之中,虽然说不上是一种观念论的反复,但至少在现实革命性和批判维度上都保守了很多。因为共产主义从来就不仅仅是一种观念,而是将观念付诸实践的现实运动。而且这里的问题不在于共产主义是什么样子的,而在于理解它的前提条件,即思考马克思的共产主义是建立在什么样的基础之上的。历史唯物主义作为最根本性的范畴,其原因在于"这种历史观和唯心主义历史观不同,它不是在每个时代中寻找某种范畴,而是始终站在现实历史的基础上,不是从观念出发来解释实践,而是从物质实践出发来解释各种观念形态"①。

二、哈特和奈格里从主体性与共同性的角度阐释了"自治的共产主义"②: 回归了历史唯物主义的经典视角

　　哈特和奈格里从非物质性生产劳动生产出一般智力这一新的社会现实出发,试图通过自治主义的形式在生产过程中完成由资本主义向共产主义的转变。他们立足生命政治学范式,以共同性和主体性为主轴,回归了历史唯物主义的经典视角,对"什么是共产主义"做出了创造性阐释。

---

① 《马克思恩格斯文集》(第一卷),人民出版社,2009 年,第 544 页。
② 简言之,"自治的共产主义"即采取诸众的形式进行主体革命所达到的历史效果。

（一）以生命政治学范式下主体性与共同性的关系来理解"什么是共产主义"

"生命政治劳动所生产出的共同性是在发达资本主义范围内对资本主义私有制的否定。"①在哈特和奈格里看来，这些共同品的私有化过程反映着资本主义社会的本质。他们沿用马克思恩格斯的言说方式，在共产主义和资本主义的对抗中将私有和共有（或共同性）作为区分两者制度不同的关键，又将资本与劳动作为区分两者价值不同的核心，在21世纪以共同性重构与主体行动的方式赋予共产主义以新的内涵。

资本主义的最大问题在于资本无法在不断发展生产力的同时阻止生产的社会化。哈特和奈格里正是把握住了资本主义社会的这一基本矛盾，将现实条件与现实主体结合起来，指认全球化秩序调整的背景下新的生产形式"生命政治生产"已经成为把握资本主义基本矛盾的新抓手。在生命政治生产中，主体性和共同性都是一个不断生成的过程。一方面，资本的扩张已经超越民族国家的外部界限，成为蕴含在社会生活中的内部因素。共同性的不断生成就是挤占资本空间的过程，这种不断生成的社会关系归根结底就是共产主义。因为"不是资本主义的发展正在创造、生成共产主义，或生命政治的生产立即地、直接地带来自由。相反，通过共有在资本主义生产中的日益集中——观念、影响、社会关系及生活方式的生产——正在出现共产主义计划的条件和武器，换句话说，资本正在使自己成为其掘墓人"②；另一方面，革命主体的自主性力量在不断增加。随着非物质劳动日益在资本主义生产方式中占据主导地位，"诸众"在团结协作和情感交流中将会逐渐生成摆脱资本和技术控制的行动基础。

在此，共产主义的现实运动不是资本主义向社会主义或共产主义的直接过渡，而是资本向共同性过渡。"我们所说的过渡要求'诸众'同时摆脱私

---

① ［美］迈克尔·哈特、［意］安东尼奥·奈格里：《大同世界》，王行坤译，中国人民大学出版社，2015年，代译序第9页。

② Michael Hardt: The Common in Communism, in Costas Douzinas &Slavo Zizek, *The Idea of Communism*, Verso, 2010, p.143.

有制和公有制的控制,并获得自主性;在协作、交往和社会组织的相遇过程中接受教育和训练,从而实现社会主体的转型;最终实现共同性的不断积累。这就是资本创造出自己掘墓人的方式:追求自身的利益,并试图维持自身的生存,它就必须强化生产性主体日益增长的力量和自主性。当那种能力的积累跨过确定的门槛时,'诸众'便会带着自主地统治共同财富的能力出场。"①在劳动主体与资本主体的力量对抗与位置移动中,在主体性与共同性的同向发展中,共同性因素在不断增加的同时会反过来促进社会生产力的发展,从而为实现资本主义向社会主义或共产主义的过渡提供现实条件。

(二)从主体性与共同性的视角阐释"什么是共产主义",体现了对历史唯物主义基本内核的坚持

从共同性与主体性解读"什么是共产主义"构成哈特和奈格里对 21 世纪共产主义发展趋势在理论上的最新回应。从生命政治范式的出发谈论主体性与共同性问题,其支撑依据是历史唯物主义。哈特和奈格里在"历史"与"唯物主义"之间分享了马克思恩格斯历史唯物主义的基本内核,为21 世纪重塑共产主义的诠释框架提供了理论创新资源。

第一,哈特和奈格里准确把握了资本的发展趋势,坚持了历史唯物主义的"历史"方面。在工厂向大都市转移的时空场域中,主体反抗内在于以资本逻辑为主导的帝国体系之中,资本与劳动的优劣性得到了更好体现。一方面,"资本事实上无法阻止大都市中的愉快相遇,却能占有或剥夺其所生产出来的共同财富"②。另一方面,"诸众"有能力将资本主义的经济危机转变为共产主义革命的断裂点,在新的社会关系和生命形式所构建的新社会秩序中开启共产主义复兴的新路向。因而,从历史唯物主义的"历史"方面而言,如果共同活动的总和生产力成就了现代性中的资本因素,那么生产关系与社会交往助推了反现代性中的劳动因素。哈特和奈格里批判世界体系

---

① Antonio Negri, *Michael Hardt*: *Commonwealth*, The Belknap Press of Harvard University Press, 2009, p. 311.

② Ibid., p. 256.

理论家没有看到反现代性中蕴藏的革命力量。"世界体系由于没有认识到反现代性的黑暗力量,再次重复了马克思主义与现代性之间的关联。"①哈特和奈格里利用现代性的辩证逻辑,以劳动为本位,重新梳理了劳动与资本的关系,赋予了"诸众"以革命的主动性,将无产阶级社会运动重新置于全球秩序构建的中心位置,这种阶级对抗的动力来自资本在世界历史发展进程中展现出的瓦解趋势,体现了对历史唯物主义的"历史"方面的坚持。

第二,哈特和奈格里将现实条件与现实主体结合起来,坚持了历史唯物主义的"唯物主义"方面。在此,我们可以简单把政治哲学理解为政治与哲学的关系,这个关系在马克思恩格斯那里可以用生产方式与阶级关系来概括。在当前这种不稳定的社会状态中,哈特和奈格里认为现代性的解决方案是共产主义。他们希冀实现的是马克思恩格斯所言的生产资料和社会制度的双重改造。因为主体生成从来都不仅意味着一种革命意识的确立,更是消灭其生存的社会土壤。"换言之,阶级斗争的首要目标不是去杀死资本家,而是消灭维持特权和权力的社会结构和制度,并且消灭由此让无产阶级得以臣服的条件。"②这种完成不是在政治哲学的自我阐释中,而是要在政治经济学批判中,在现实条件与现实主体的结合中寻找解决历史之谜的路径。因此,哈特和奈格里依然分享了马克思恩格斯在《共产党宣言》和《德意志意识形态》中对现实主体与现实条件的基本分析框架。他们对准的主体虽然是人,但消灭的不是人,而是人的身份和制度,甚至说是社会结构本身。特别是哈特和奈格里在对"诸众"进行主体性改造之后,指认其不仅是一种反抗性存在,还要实现其身份的合法化。"革命的阶级政治必须摧毁工人臣服的结构和制度,从而消灭工人身份,并开启主体性生产以及社会和制度创新的过程。"③通过生命政治范式的逻辑运演,哈特和奈格里再次回到了西方马克思主义的经典路线,回到马克思的主体批判,回到了资本家对工人阶级的剥削和压迫本身。就此而言,"诸众"作为革命主体始终围绕着唯物主义的两个目的(一个是经济基础,一个是政治基础)而进行斗争,这体现出了哈特

---

① Antonio Negri, *Michael Hardt: Commonwealth*, The Belknap Press of Harvard University Press, 2009, p. 85.

② Ibid., p. 256.

③ Ibid., p. 33.

和奈格里对历史唯物主义的"唯物主义"方面的坚持。

(三) 从主体性与共同性的视角阐释"什么是共产主义",在一定程度上偏离了历史唯物主义的根本任务

　　哈特和奈格里将马克思的政治经济学批判置于生命政治哲学之后,并将政治哲学的理论分析转化为对资本、对一般智力(非物质劳动生产的本质形式)剥削的生命政治解剖。他们用主体性和共同性对"什么是共产主义"进行注解时,没有将历史唯物主义的根本任务坚持到底,逐渐走向了共产主义的形式化解读。

　　第一,哈特和奈格里提出的策略是运用生命政治范式对主体进行革命性改造,但其政治谋划已与马克思恩格斯对历史唯物主义根本任务的设定割裂开来。一般而言,马克思恩格斯所言的历史唯物主义的根本任务是在真正的实证科学之路上找寻实现人类解放的现实条件。正如恩格斯所言,"现代唯物主义把历史看作人类的发展过程,而它的任务就在于发现这个过程的运动规律"[1]。这里,问题的核心是在立足现实的历史的基础上,将现实的人的活动与历史规律的揭示结合起来,阐明何以实现人类解放。换言之,共产主义作为一种现实的运动,是由其历史前提所决定的。这个历史前提就是"消灭私有制"。"消灭私有制"是现实条件与现实主体结合的历史前提。哈特和奈格里在对待现实条件和现实主体上多了一些暧昧,究其本质来说,就是没有将历史前提和解放的主客体条件结合起来,没有将解放的历史前提贯穿于实现共产主义的过程之中。就现实主体和现实条件的结合上而言,他们将主体概念的阶级基础停留在生产上的偶遇,弱化了阶级的经济基础,特别是所有制方面。其中,共有或共同性跟公有存在本质性区别。"共有之于共产主义,正如私有之于资本主义、公有之于社会主义。"[2]他们指

---

[1] 《马克思恩格斯文集》(第九卷),人民出版社,2009年,第28页。
[2] Antonio Negri, *Michael Hardt: Commonwealth*, The Belknap Press of Harvard University Press, 2009, p.273.

出的"公有"显然不是马克思恩格斯所说的公有制,更多的是建立"诸众"①
自我管理或自治主义上的共有。而且,"诸众"没有经由无产阶级的中介而
直接进行人民政治身份的确认,这使得他们的主体概念在共产主义的现实
运动过程中缺少了革命的坚定性,增加了几分调和色彩,也使得共产主义的
实现具有一定的偶然性。

第二,哈特和奈格里在对"什么是共产主义"的双重阐释中,逐渐使共产
主义的概念走向了形式化。主体性与共同性成为一条对抗资本主义的主
线,在本质上承继了自卢卡奇以来的整个西方马克思主义的传统,即主体革
命。由主体性与共同性的相互作用而引发的核心问题是"诸众"的生产与革
命,即主体如何运用内在的生命政治对抗帝国的生命权力。换言之,诸众何
以成为自为的阶级。如前所述,哈特和奈格里放弃了从马克思恩格斯的经
典路径去讲无产阶级革命问题,而是主张"诸众"的生命政治生产。这个思
路对哈特和奈格里来说更具有内在性,但是他们立论的前提是断裂的。一
方面,就现实主体的观念生成而言,"作为新的历史主体,'诸众'不再需要任
何灌输和引导,他们正在成为自为的阶级"②。另一方面,就现实主体的行动
能力而言,主体行动如何能够具备自主性? 这种自主性的获取不是自发的,
而是经由劳动与资本在生产和生活关系上的对抗来完成的。这种对抗首要
的是夺取生产资料的占有权。但他们在解读过程中,哈特和奈格里一方面
弱化了生产资料归谁所有的这一根本维度,另一方面强化了主体的双重观
念,即身体反抗与身份认同。这一共同性生产的结果导向的不是消灭私有
制,而是从主体革命重塑的角度寻找出路,这使得他们的论证偏移到了主体
观念方面,偏移到了一种形式化解读。如此一来,这种"自治的共产主义"如
同哈特和奈格里在《狄俄尼索斯的劳动》(*Labor of Dionysus*)中提到的,他们
所要实现共产主义是一种"没有器官的身体"(bodies without Organs)。

---

① "诸众"可以定义为两点,一是不拥有生产资料,是没有钱的穷人;二是无视社会秩序或社会
财产的人。

② [美]迈克尔·哈特、[意]安东尼奥·奈格里:《大同世界》,王行坤译,中国人民大学出版
社,2015 年,代译序第 6 页。

三、朗西埃从智力解放的角度阐释"感性的共产主义",拓宽了历史唯物主义的问题域

当朗西埃提到巴迪欧还在热衷于为共产主义观念正名,又提到奈格里已经从非物质资料的生产出发,试图在智能化时代创造一种集体智力与共产主义相契合的新的连接方式。与他们不同的是,朗西埃则是期待从某个时刻重建共产主义,而共产主义的非现实超越性和超功利性正是我们今天所需要的。对朗西埃而言,政治与平等是一个东西,政治平等又跟共产主义是同一个东西。政治解放的空间蕴含在集体智慧的感性思考之中,这种感性思考的前提是"智识平等"(equality of intelligence)原则。因此,他将政治的基础规定为两点:一是政治意味着一个共同的感性世界的建立,即感性共同体;二是政治建立在感性分配(le partage du sensible)的基础之上,表征着所有人联合起来的能力。

(一)共产主义作为一种感性共同体存在

如何定义共产主义?共产主义是一个简单的人性问题吗?针对有些西方学者将马克思在《1844 年经济学哲学手稿》中关于共产主义的相关论述视为佐证共产主义即人性假设的说法,朗西埃在《共产主义艺术存在吗?》一文中给出了不同的理解。"这种人类革命是马克思在《1844 年经济学和哲学手稿》中阐述的核心,这是充分阐释共产主义思想的唯一文本。在那里,共产主义不仅为集体化的利益废除私有财产。更重要的是,正是消除异化(alienation)使工作(人类普遍存在的证明)成为保护个人存在的一种手段。这是人类感官的人性化(humanization)。"①

进言之,朗西埃没有将共产主义还原为一个人性问题,而是将这种人性问题解读为一种人类的感性解放。"共产主义是一种经验的、感性的现实,而不是一种说明性的意识形态。"②更确切地说,共产主义是一种在理想与现

---

① ②　Jacques Rancière, Does Communist Art Exist? *Critical Inquiry*, volume 48, No. 3, Spring 2022.

实之间、在行动与目标之间的融合,是一种将审美的形式再现到现实中的过程。如果对马克思恩格斯来说,共产主义是一种消灭现存状况的现实运动,那么对朗西埃来说,共产主义则是一种通过社会意识反作用于社会存在而达成的即将到来的现实。

从这个意义上来说,共产主义作为一种感性共同体存在,它的展开和实现永远都是现在。朗西埃在《歧感:政治与美学》中以问题的形式回答了这种即将到来的现实意义上的共产主义究竟意味着什么? 或者说,我们该如何理解共产主义的现实性?"'现实'可以指两件事。首先,它可能意味着'话题性',因此如果我们碰巧遇到的情况——作为问题或解决方案——出现在我们的议程上,那么事情就是实际的。其次,它可能意味着'现实',因此有些事情是现实的,不仅因为它'在议程上'可能或潜在,而且因为它已经在这里和现在具有了现实性和有效性。'共产主义的现实性'的组合意味着,共产主义不仅是可取的——作为对资本主义的暴力、不公正或非理性的回应——而且在某种意义上,它已经存在。共产主义的现实不仅是一项任务,也是一个过程。因此,问题如下:如何使这两种形式的现实相互融合?然而,事实上,这个问题的答案已经在我们的共产主义思想中预设了。我们对其现实性的质疑基于两条马克思主义公理。第一,共同体(主要指真正的共同体)不是一种理想,而是一种实际的生活形式。因为它与民主不同,民主只是以法律和国家的单独形式代表自由和平等,共产主义则将它们变成了感官现实,并将它们嵌入现有共同世界的形式中。第二,这种形式的生活并不是一群心地善良的人聚集在一起,试图用集体生活作为对自私或不公正的回应。相反,它是一种已经在社会中发挥作用的普遍性形式的全面实施。它是一种已经存在的集体力量的实现——尽管是以其相反的形式——在私人利益的特殊性中。正如马克思所说,人类的集体力量已经以资本主义生产的单边形式存在于其对象化之中。因此,唯一的要求是为他们的集体和主观重新占有找到一种形式。"①共产主义包含的集体重新分配原则是唯一开启真正共同体可能性的形式。就是说,共产主义的必然性就是以政

① Jacques Rancière: *Dissensu: On Politics and Aesthetics*, edited and translated by Steven Corcoran, Bloomsbury Academic, 2010, pp. 76 – 77.

治上的不可能性为前提的。"这种接近共产主义现实的方式只是重复了我们对共产主义的观念所固有的现实辩证法。"①这就是要证明,共产主义的现实性"既作为一个共同感官世界的物质性,也作为一种非物质理性形式的实现——作为物质性和非物质性的统一"②。这里,基于共同感官的世界的物质性具有更加基础性的意义,换言之,共产主义是在物质性的基础上所表现出来的本质性。

至此,朗西埃认为,共产主义要不断打破马克思所批判的那些阻碍其实现的因素。其中,共产主义更多地表现为一个过程,即"它涉及构建一个共产主义智慧的感官世界;然而,这样一个世界只不过是我们对任何人的能力的肯定和展示所构成的网络"③。这种能够将集体智慧力量的不同实现形式融合在一起的形式还在探索中。特别是在智能化和数据化的时代背景下,我们不能将一些非物质智慧变成资本主义的集体智慧,而应该将非物质智慧转化为集体智慧的一部分,不断冲破资本主义制造的物质幻象,找寻那种能够反映人类本质层面的东西,而共产主义就是这种将各种形式的集体智慧重新统一为相同形式的感官体验的实现形式。因此集体智慧必须重新配置物质世界的整体,以便将其转化为自身非物质力量的产物,即现实社会的物质性向本质性的转化,这也是后期朗西埃转向审美的重要原因。

(二)共产主义即智力解放

从另一个角度来说,这个集体智慧即智力解放。在朗西埃看来,如果共产主义是一个人性问题的话,那么揭示人性本质的同时也就是揭示社会本质的过程。这种社会本质并非简单等同于人性本质,因为在社会关系的背后隐藏着人与人的不平等,这种不平等是由于感性分配的存在。因此,他将感性分配作为实现"智识平等"的基本预设。其中,智识平等是构建共同体的前提。他所说的智识平等不是一种知识的同一性,而是指一种语言和思

---

① Jacques Rancière: *Dissensu: On Politics and Aesthetics*, edited and translated by Steven Corcoran, Bloomsbury Academic, 2010, p.77.

② Ibid., p.78.

③ Ibid., p.83.

想的力量。这种力量对无分者和有分者来说是共同的。或者说,这种智识平等对任何人来说都是基于平等的假设而建立起来的共同的能力。正是从这个意义上,朗西埃将这种共产主义设想称为"语言的共产主义"(the communism of language)。

这种"语言的共产主义"是平等的共享,是真正的政治,它必须与治安相遇,并在民主的框架下重新开启一场关于如何建构共同体原则的筹划。在朗西埃看来,民主的本质在于歧义而非共识。基于这种假设建立起来的共同体与其说是一种感性共同体,不如说是一种歧感共同体。这种歧感共同体与哈贝马斯期待建立的共识共同体有着本质的不同,而这种区分跟朗西埃做出的治安与政治的区分是一致的。关于治安与政治的区分直接导致朗西埃对西方自由民主制度的激烈批判。他认为真正的共同体必须是以智识平等为预设,民主应该重视差异和争议,应该尊重那些被排斥在外的部分的意见和意愿。正是在这种预设下,朗西埃认为今天的"民主行动创造了乌托邦式的视野,就像民主的话语催生了语言的共产主义。乌托邦是一种愿望,它希望将民主合作的形式转变为一个新的集体的形式"①。从传统政治哲学的观点来看,政治平等的体现没有必要将其转化为一种假定的集体生产力量,因为这种力量总是以资本主义的统治形式在发挥作用。但朗西埃却认为应该构建一种平等的本体论,即充分实施集体智慧行为,在感性分配②中重新配置对象的位置、场所、身份的行为,并重新填充主体,从而达到智识平等,这就能够为真正的政治打开新的空间。

随着全球网络不可抗拒的扩张,朗西埃也意识到他的这一政治美学范式面临着双重挑战。即"通过努力构建一个特定的世界来实现集体智慧的计划从未带来一个自由平等的社会。它导致了两件事中的一件:资本主义集体智慧的全球统治,或是旨在体现合作劳动集体智慧的国家等级制度的

---

① Jacques Rancière, *Dissenting Words*, Bloomsbury Academic, 2017, p. 150.
② 感性分配是指"对份额和位置的安排,而这一安排又建立在对空间、时间以及活动的形式上,这些决定着大众的参与行为,以及个人与他者在分配中被区别开的行为"。(Jacques Rancière, Le Partage du Sensible: *Esthétique et Politique*, La Fabrique ditions, 2000, p. 12.)

绝对权力"①。出于摆脱资本主义统治和苏东剧变的思想束缚,以政治美学范式找寻共产主义的现实性就是从实施集体智慧的平等力量的过程中生成共同力量。一方面,在资本主义生产的形式中,共产主义必须生产与资本主义的逻辑和资本主义世界的物质性完全不同的非物质性的东西;另一方面,这种异质性的共产主义不能将其网络构建在资本主义世界之外的地方。就这点而言,朗西埃的解决方案充满了现实上的无力和理论上的无能。

(三)智力解放的主体是无分之分(une part des sans part)

既然感性共同体存在的结果是智识平等,那么这种代表真正政治解放的智识平等的承载者就应当是全体人。朗西埃从歧点出发,将马克思所定义的具有普遍性的无产者定义为差异性基础上的无分之分。这里,"无产者不是一个从社会学上可以界定的社会群体的名称。它是一种'被排斥者'(outcast),一种被驱赶者的名称"②,即无分之分。它对感性共同体的构建来说具有重要的现实价值。"正是由于无分之分的存在,这些一无所有的全体、共同体才以一种政治性的共同体存在,也就是说,具有根本争议性而赞成分歧的共同体。"③

从这个意义上而言,新的政治的开启是无分之分的重新主体化。"所有主体化都是去身份化、去同一性,从一个场所的自然状态中撤离出来,是任何人都可以被算入的主体空间的开启。"④一方面,朗西埃从马克思《论犹太人问题》的文本解读出发,认为民主是隐藏在抽象的公民理想背后的私有财产所有者的统治,资本主义或阶级斗争这些大写的词汇总是会被利己主义或自私的个人等说法遮蔽。另一方面,从真正的政治角度而言,定义无产者的同时也就等于承认了政治分歧。"政治分歧为实现集体智慧力量设定了阶段,但这些阶段并不是制度化平等的坚实世界的基础。政治永远无法兑

① Jacques Rancière: *Dissensu: On Politics and Aesthetics*, edited and translated by Steven Corcoran, Bloomsbury Academic, 2010, p. 82.

② [意]雅克·朗西埃:《政治的边缘》,姜宇辉译,上海译文出版社,2007年,第56页。

③ [意]雅克·朗西埃:《歧义》,刘纪蕙等译,台湾麦田出版社,2011年,第31页。

④ 同上,第73页。

现全面实现自由与平等的承诺。正是为了应对这种政治'失败',我们的共产主义思想诞生了。共产主义被认为是以共同智慧的感官共同体的形式寻求自由与平等的承诺,它将取代分隔共同经验的各个世界的边界。"①因此,对于今天的共产主义运动和智力解放承载者的个体而言,重点不是掌握马克思恩格斯如何解读阶级斗争的矛盾,而是确认无分之分的抵抗能力和建设新的感性共同体的能力。当然,针对朗西埃的这一分析思路,奈格里做出了批评。他指出,朗西埃所主张的政治行动会使主体的呈现形式很不稳定。"朗西埃的政治是一种矛盾的行动,它将主体从历史、社会和制度中分离出来,即使没有这种参与(这种内在的可能是极端矛盾的),政治主体甚至不会是稳定的。"②换句话说,朗西埃假定的共产主义是在唯物主义先验框架下的一种模糊包装,这种建立在忽视历史本体论基础上的共产主义设想说到底是一种乌托邦。

结　语

欧美较有影响的四大左翼学者对"什么是共产主义"达成了共识:作为现实运动的共产主义的首要任务是在本质性层面上的确认,这种确认是坚信建立在人类共有概念基础上的未来社会对我们来说仍然具有吸引力。但从本体论层面上来说,欧美左翼学者理解的这种本质性缺少主体对现实的历史的真正把握。或者说,他们的理论限度体现在缺乏科学社会主义的关照,只在政治经济学和哲学的结合上下功夫。具体而言,这种理论限度主要体现在以下四点:

第一,强调共产主义的形式化建构,却没有直面社会主义和共产主义的历史。无论是哈特和奈格里在《狄俄尼索斯的劳动》中提到的共产主义是一种"没有器官的身体",抑或是巴迪欧做出的"要作为哲学的共产主义,不要作为历史的共产主义"来说,毫无疑问的是,他们的共产主义都没有了实质

---

① Jacques Rancière: *Dissensu: On Politics and Aesthetics*, edited and translated by Steven Corcoran, Bloomsbury Academic, 2010, p. 80.

② Antonio Negri, *Marx and Foucault*, Ed Emery, Polity, 2017, p. 86.

性内容,而成为一种形式上的建构。乔蒂·迪恩就曾提到巴迪欧、哈特和奈格里关于人类未来的构想是异于斯大林模式的新东西,这种新东西直接指向对西方自由民主制度的批判,其目的是为共产主义在形式上正名。这表明,他们在一定程度上回避了马克思恩格斯提出的历史唯物主义的根本任务,即在真正的实证科学之路上找寻实现人类解放的现实条件。这里,问题的核心是在立足现实的历史的基础上,在现实的人的活动与历史规律揭示的结合中阐明何以实现人类解放。

第二,强调共产主义的制度创新,却没有直面社会主义和共产主义在制度上的关系。哈特和奈格里曾提道:"构建全球公共空间,就要求'诸众'在出走的同时,创造出可以巩固和强化穷人反抗的人类学条件的制度。"①这里的制度更多的是一个组织建构问题,而不是马克思恩格斯意义上的所有权问题。迪恩就曾提道:"核心计划必须从反抗转向建设,从暴动转向组织——这是一个是极其艰巨的任务,我们必须迎难而上。"②而且,齐泽克同意奈格里的主张,在他看来,社会主义政策今天在资本主义社会已经成了拯救资本主义的工具,而不是超越资本主义秩序的革命纲领。关于社会主义的转型问题,巴里巴尔做出了从传统社会主义向现实社会主义转型的理论构想,尝试回答了大部分西方左翼学者不能或没有正确面对的社会主义与共产主义的关系问题。巴里巴尔指出:"我同意我们必须考虑激进替代选择的想法,但我也倾向于认为我们仍然需要共产主义和社会主义……在我《论文集》中的《面向21世纪的社会主义:秩序、反叛、乌托邦》一文中,我要尽力澄清一个社会主义转型的思想,其内容是从历史教训和紧迫性出发重新进行整全的思考。"③在笔者看来,关于社会主义的理解至少应该包括两个层面,一是社会思潮,即民主社会主义、民族社会主义、科学社会主义;二是实存的社会制度,即苏联社会主义模式和中国特色社会主义模式。这里,他们没有将中国特色社会主义模式作为重点,忽视了中国特色社会主义的世界

---

①　[美]迈克尔·哈特、[意]安东尼奥·奈格里:《大同世界》,王行坤译,中国人民大学出版社,2015年,第175页。

②　同上,第174页。

③　étienne Balibar,Le communisme,c'est une subjectivité collective agissante et diverse,*L'Humanité*,Feb. 2020.

历史意义。其结果是会导致他们仅仅将共产主义思想当成是一种社会思潮,而这种社会思潮也只能是在理论上再次证明马克思主义的科学性和真理性,而不能对新社会制度的建构提出具有建设性的意见。

第三,强调主体革命的重要性,却没有将无产阶级革命坚持到底。总的来说,主体反抗作为反现代性的革命力量,是历史发生变动的关键之处。在共产主义话语中,从公有制和计划经济转向共有性和个人独特性可理解为共产主义理论的主体转向,这一转向的核心是把主体性、生存维度重新融合到主体理论之中,运用的基本工具是后现代的生命政治学。欧美左翼学者的共产主义理论与马克思恩格斯共产主义思想的不同在于,他们所理解共产主义不是建立在经济规律基础上的,而是建立在主体革命基础上的。历史唯物主义的问题,说到底是阶级的问题,即阶级主体和阶级条件的结合问题。可惜的是,欧美左翼学者正在走进一种误区,"用政治学的话来讲,这些发展的后果表现在,由于经济力量之外的作用既没有导致资本主义的崩溃,也没有导致阶级结构的简化。因此没有理由说无产阶级在反对资本主义的斗争中具有特殊的作用。这一态度已被比作是马克思恩格斯在《德意志意识形态》中所说的'真正的社会主义'。后现代主义是趋向一种'新的真正的社会主义',即趋向背离工人阶级是社会中唯一具有实现彻底的社会变革和消灭阶级本身的需要和能力的力量的观点的例证"①。进言之,他们只是考察了共产主义的发展趋势,没有将重点放在主体的能动作用与历史规律的揭示这一相互构成的根本问题上。

第四,强调实现共产主义现实性因素在增加,却无视中国在推动历史的车轮向共产主义前进中所起到的积极作用。奈格里曾经在《超越帝国》中提到中国将在引领人类未来方向上发挥更大作用。"中国的历史使中国站在一个任何地区性联盟中的极其有利的位置上,来对抗帝国的统治,争取全球民主。"②但他并没有对中国将要发挥的历史作用着墨过多,这表明他们的思想中依然有着不可避免的欧洲中心主义烙印。

---

① ［英］戴维·麦克莱伦:《当代西方马克思主义流派》,《北京大学学报》(哲学社会科学版),1997 年第 1 期。

② ［意］安东尼奥·奈格里:《超越帝国》,李琨、陆汉臻译,北京大学出版社,2016 年,第 147 页。

　　总的来说,西方左翼学者在对"什么是共产主义"进行阐释后赋予了其哲学的本质性内涵。他们摒弃了经济的决定作用,将共产主义视为一种在现实中的待实现状态。这里面引申出历史唯物主义的两层意思:一种是以论证客观历史规律为诉求的历史唯物主义概念;另一种是以最佳社会形态为诉求的历史唯物主义概念。如果从大部分政治哲学家回到政治上来说,他们对共产主义的解读更多的是走向了哲学,即使在他们那里政治处于更基础性的地位。在这种情况下,欧美左翼学者的观点极易导致一种幻想,这种幻想被罗蒂描述为一种"不幸的幻想"。因为归根到底,"一切重要历史事件的终极原因和伟大动力是社会的经济发展,是生产方式和交换方式的改变,是由此产生的社会之划分为不同的阶级,是这些阶级彼此之间的斗争"[1]。不得不说,只有从资本主义的外在表现形式所包含的内部否定,特别是从社会存在决定社会意识的基本规则出发,我们才能够发现资本主义时代人类解放的真正可能性。因此,处于21世纪的西方左翼学者,他们对共产主义的理解更多地走向了一种更加缓和的斗争方式,这种方式可以说是只剩下了对共产主义观念的摇旗呐喊和对共产主义行动的边缘化理解。他们依旧受制于解决内容与形式、理论与实践的矛盾,解决的方式看似激进,但究其本质,也难逃保守的命运。对欧美左翼的共产主义思潮,我们始终要保持谨慎的姿态,既要防止被共产主义虚无化倾向所吸引,又要防止对马克思恩格斯共产主义思想的误读,还要防止对共产主义和社会主义关系的曲解,这些对发展21世纪的共产主义和马克思主义来说具有长远而深刻的意义。对于今天发展21世纪的共产主义和马克思主义来说,只有回到马克思主义,回到马克思主义语境中的共产主义,我们才有资格谈论共产主义与历史唯物主义的关系。只有在21世纪实现共产主义的现实化、时代化与本土化,我们才有资格说马克思依然是我们同时代的人,才有资格继续朝着实现共产主义而不懈奋斗。

李　健(复旦大学)

① 《马克思恩格斯文集》(第三卷),人民出版社,2009年,第508~509页。

批判理论传统中的物化批判[*]

——论物化批判的主体间性辩护路径

近年来,异化与物化问题在国内外学界再度广受关注。这主要得益于近年来马克思主义理论重新回归到学界,成为严肃讨论的对象。[①] 关于异化和物化的主题,德国学界近几年出版了多部专著,例如,《异化:论社会哲学问题的现实性》[②]《异化:后现代社会的病理学》[③]《加速与异化》[④]《异化理论导论》[⑤]《物的精神:论物化批判》[⑥]等书。我国学界在物化问题研究方面近些年也取得了瞩目的理论成果。物化与对象化、异化、"物像化"(Versachlichung)和拜物教概念的异同得到了明晰的界定。[⑦] 对这些语词的精准剖析有助于人们准确回答物化究竟是什么的问题。除此之外,在物化问题研究中还有一些亟待重视的深层次问题。由于物化现象在马克思主义理论语境中是一种消极的现象,是一种需要加以批判的现象,因此在进行物化批判时,必定会遭遇这样的问题:究竟物化在何种意义上是消极的? 在批判物化现象时,人们使用了什么样的批判标准? 这个标准本身又在何种意义上是

* 本文系对最初发表于《社会科学》2021 年第 3 期《论物化批判的主体间性阐释路径》一文的进一步扩充。

① Christoph Henning, Entfremdung in der Arbeit, *Arbeit*, 2016, 24(1 – 2), S. 13 – 30.

② Rahel Jaeggi, *Entfremdung: Zur Aktualität eines sozialphilosophischen Problems*, Campus, 2005.

③ Peter V. Zima, *Entfremdung: Pathologien der postmodernen Gesellschaft*, UTB, 2014.

④ Hartmut Rosa, *Beschleunigung und Entfremdung: Entwurf einer kritischen Theorie spätmoderner Zeitlichkeit*, Suhrkamp, 2013.

⑤ Christoph Henning, *Theorien der Entfremdung zur Einführung*, Junius Verlag, 2018.

⑥ Dirk Quadfieg, *Vom Geist der Sache. Zur Kritik der Verdinglichung*, Campus Verlag, 2019.

⑦ 参见韩立新:《异化、物象化、拜物教和物化》,《马克思主义与现实》,2014 年第 2 期;刘森林:《物象化与物化:马克思物化理论的再思考》,《哲学研究》,2014 年第 12 期。

合理的？既然物化现象在现代社会比较普遍，对物化的批判又是如何可能的呢？概言之，这些问题就是物化批判的规范性与可能性问题。

很显然，这些问题是人们在进行物化批判时必须要回答的，否则批判有可能是任意的，有可能是某种片面的理想主义产物。为了解决这些问题，西方马克思主义传统中的法兰克福学派代表性人物们曾进行了长期的探索。法兰克福学派第二代代表性人物哈贝马斯和第三代代表性人物霍耐特在此方面贡献卓著。在当代复兴物化批判的理论尝试中，他们所发展出的主体间性辩护路径产生了世界性的影响。依据当代资本主义社会的最新发展，他们强调卢卡奇基于形而上学主体概念的物化批判已经不合时宜了，必须另辟蹊径利用主体间性理论改造物化批判。在具体理解主体间实践关系，以及物化批判的规范性与可能性问题方面，他们的观点则大相径庭。详细分析与评价这条辩护路径，有助于推进我国的物化问题研究。为了充分阐明这条辩护路径，第一部分将介绍卢卡奇物化批判的理论困境，在此基础上第二部分将展开论述哈贝马斯的解决之道，第三部分将指出霍耐特如何用"承认的遗忘"来解决哈贝马斯物化批判中所存在的问题，第四部分将指出霍耐特物化批判的缺陷，最后一部分试图在不抛弃主体间性辩护路径的基础上用"交往自由"概念来弥补霍耐特物化批判的不足之处。

一、卢卡奇物化批判的理论困境

尽管"物化"（Verdinglichung）一词早已出现在了马克思的著作中，[1]但是首先把它提升到了哲学概念的高度并且对之进行了系统讨论的人是卢卡奇。在《历史与阶级意识》中，他详细剖析了资本主义社会的物化现象并指明了解决之道。然而该书自问世以来，一直引发着争议。就如安德鲁·芬伯格所言："到现在为止，卢卡奇的名著主要是通过非常消极和单方面的批评而为人所知。"[2]在对该书"物化批判"的批评者中，法兰克福学派第一代精

---

[1] See Tom Bottomore（ed.）, *A Dictionary of Marxist Thought*, Blackwell, 2001, pp. 463 – 464.

[2] Andrew Feenberg, Reification and its Critics, in Michael J. Thompson（ed.）, *Georg Lukacs Reconsidered*, Continuum, 2011, p. 172.

神领袖阿多尔诺比较有代表性。阿多尔诺虽然对这本书赞誉有加,①但是对物化批判的批评却极其尖锐。可以说,他的批评为后来批判理论家评论物化批判指定了方向。② 在《交往行为理论》中,哈贝马斯沿此方向系统地阐述了阿多尔诺的批评,之后的霍耐特也基本继承了他的批评。③

阿多尔诺的批评贯穿于《否定辩证法》全书之中。概言之,他的批评主要分为两个方面。④ 一方面,他指出卢卡奇的物化批判具有浪漫主义的倾向,而且否定普遍的商品交换原则还为倒退到古代的非正义状态(直接的垄断和占有的特权)提供了借口。他强调,问题不在于废除普遍的商品交换原则,而在于批判现实中的不公正交换,以实现交换原则中所蕴含的"自由和公正交换的理想"。⑤ 另一方面,他批评卢卡奇混淆了物化与事物的客观性。阿多尔诺强调,在事物的客观性中,"对象的非同一性维度和人类对普遍的生产条件的屈服交织在了一起"⑥。由于卢卡奇没有正确对待非同一物,把它们与物化现象等量齐观,这导致他最终只能以观念论的方式克服物化现象,即寻找统一主体与客体的大写"主体"。与卢卡奇不同,阿多尔诺主张批判的唯物主义应该仔细区分物的两个方面,并认为真正的问题是"那些迫使人类无能为力和冷漠的条件,这些条件可以被人类的行为所改变"。换言之,物化仅仅是"错误客观性的反思形式"⑦。

阿多尔诺的上述批判基本被哈贝马斯和霍耐特所接受。在《交往行为理论》中,哈贝马斯系统地重构了卢卡奇的物化批判。与阿多尔诺一样,哈

---

① 卢卡奇对阿多尔诺的影响,参见 Dirk Braunstein and Simon Duckheim, Adornos Lukács – Ein Lekturebericht, *Lukács 2014/2015. Jahrbuch der Internationalen Georg Lukács – Gesellschaft*, 2015, 14 (15):27 – 79。

② 哈贝马斯曾明确地指出正是阅读阿多尔诺才给予他勇气以系统地讨论卢卡奇的物化理论,参见 Jürgen Habermas, *Autonomy and Solidarity*:Interviews, Peter Dews(ed.), NY Verso, 1986, p.98。

③ 卢卡奇物化批判对批判理论传统的影响,参见 Konstantinos Kavoulakos, Lukács' Theory of Reification and the Tradition of Critical Theory, *in The Palgrave Handbook of Critical Theory*, Michael J. Thompson Editor, 2017, pp. 67 – 83。

④ 详细分析参见 Timothy Hall, Reification, Materialism, and Praxis: Adorno's Critique of Lukács, *Telos*, 2011:155, pp. 61 – 82。Hall 认为,这两个方面并不矛盾,它恰恰反映了现代性启蒙本身的内在矛盾,以及卢卡奇超越这种矛盾的失败。

⑤ Theodor W. Adorno, *Negative Dialektik*, Suhrkamp, 1966, S. 148.

⑥ Ibid., S. 190.

⑦ Ibid., S. 189.

贝马斯也赞同普遍的商品交换中蕴含着合理性的因素,因此他也指责卢卡奇把物化发生的原因仅仅归因于抽象的商品交换,以至于忽略了经济子系统本身的独立性意义。这种忽略造成的结果就是物化批判的合理性与可能性均是存疑的。在物化批判的合理性方面,由于卢卡奇没有正确地认识到现代化过程中社会系统功能分化现象的合理性,因此他的批判是片面的;在物化批判的可能性方面,卢卡奇虽然诉诸"实践"来解决资本主义社会中的普遍物化现象,但是这种实践只能是"哲学在革命中的实现"①。哲学在此比传统的形而上学具有更大的能力,它不仅能够思考社会的总体性,而且能够思考世界历史的进程。无产阶级借助哲学的启蒙,能够摆脱物化意识上升到自我意识的高度,进而能够通过有意识的革命实践活动创造历史。哈贝马斯认为这种解决之道是失败的,其主要原因就如维尔默所说,"在对马克思主义哲学重建的一些关键问题上回到了客观唯心主义"②。

　　在《物化:承认理论探析》一书中,霍耐特基本承袭了哈贝马斯的上述批判,认为卢卡奇物化批判"正式版本"的辩护基础是观念论的同一性哲学。他进而认为,"今日毫无疑问的是,随着他的'物化'批判的这种奠基,卢卡奇失去了任何社会理论式辩护的机会"③。此外,利用哈贝马斯所强调的当代社会的功能分化,霍耐特一方面批判了卢卡奇的物化批判太过宽泛,认为卢卡奇把物化与社会关系中的各种"去人格化"现象等同是不恰当的,因为这种等同会导致把市场的交换行为都视作物化现象,然而即便在市场交换中,也存在最低限度的对他人人格的承认,而这种相互承认关系显然不是物化现象。另一方面,他又指责卢卡奇对物化的界定过于狭隘,因为卢卡奇仅仅在与商品交换相关的领域中看到物化现象,完全忽略了固化的社会实践或意识形态等因素所导致的物化现象,例如种族主义者因其偏见把某些种族

---

　　①　[德]尤尔根·哈贝马斯:《交往行为理论》(第一卷),曹卫东译,上海人民出版社,2004 年,第 346 页。

　　②　转引自[德]尤尔根·哈贝马斯:《交往行为理论》(第一卷),曹卫东译,上海人民出版社,2004 年,第 347 页。

　　③　[德]阿克塞尔·霍耐特:《物化:承认理论探析》,罗名珍译,华东师范大学出版社,2018 年,第 27 页。(译文有改动,参见 Axel Honneth, *Verdinglichung. Eine anerkennungstheoretische Studie*, Frankfurt/M. 2005, S. 27。)

视为可以被剥削和任意利用的对象。①

　　在整合上述批评的基础上，当代的批判理论家迪尔克·夸德弗利格更为内在地批评了卢卡奇的物化批判在规范性与可能性问题方面所潜藏的理论困境。② 他把这种困境界定为人类学路径与历史哲学路径之间的矛盾。一方面，在对物化现象的描述中，卢卡奇使用了诸多对比性描述。在描述物化劳动时，卢卡奇使用的描述性词汇是"被肢解的""孤立的""机械的"，等等，而由物化劳动所构成的社会总体也是"机械的""偶然的"，具有"已经非人化和正在非人化的特征"③。针对那些尚未处于物化现象中的劳动，他则使用了某种"有机的源初性"来界定这种状态，例如，"人的有机统一性""有机统一的劳动过程和生活过程"，由有机劳动构成的社会总体则是一种"有机必然性"④。结合卢卡奇对作为"第二自然"的物化现象所进行的批判，人们会很容易把与物化现象相对立的有机的源初性视作人的"第一自然"。因为只有在某种积极的第一自然概念基础上，对"第二自然"中主体与客体关系颠倒的描述才是一种需要被克服的消极现象。这种描述因此也是一种规范性的批判，它建立在"第一自然"是正确的、"第二自然"是错误的这个二元对立的规范判断上。

　　另一方面，卢卡奇坚持认为，尽管物化可以渗入人的生理和心理存在的最深处，但是它在历史中的发展总会碰到自己内在的界限，这种内在的界限就是"自身合理性的形式特征"。⑤ 合理性是卢卡奇对物化意识进行社会分析与进行哲学元批判的桥梁。糅合了韦伯的社会合理化与马克思的危机理论，他认为，社会合理化过程在社会层面的界限表现为经济和社会的危机；借助黑格尔的康德批判，他认为合理化的界限在哲学中则表现为"形式与内容"（主体与客体）的对立问题。借助马克思的历史唯物主义，他进一步指出，资产阶级哲学尽管意识到形式与内容的问题并试图解决该问题，但是由

① ［德］阿克塞尔·霍耐特：《物化：承认理论探析》，罗名珍译，华东师范大学出版社，2018 年，第 127~130 页。

② Dirk Quadflieg, *Vom Geist der Sache*, Campus Verlag, 2019, S. 21 - 38.

③ ［匈］卢卡奇：《历史与阶级意识》，杜章智、任立、燕宏远译，商务印书馆，2017 年，第 140 页。

④ 同上，第 148、151、136 页。

⑤ 同上，第 149 页。（译文略有改动，参见 Georg Lukacs, *Geschichte und Klassenbewußtsein*, in *Frühschriften II*, Luchterhand, 1977, S. 276。）

于囿于物化的现实，最终只能以失败告终。在此过程中，卢卡奇看到了费希特通过实践来解决主体与客体的二元对立所包含的潜力，以及黑格尔通过引入历史的生成过程来具体化费希特的实践行动所指出的正确方向。沿着寻找历史中实践主体的道路，卢卡奇认为直到马克思那里，历史生成过程中的主体问题才得到了解决。无产阶级被赋予了历史中"客体与主体"的地位。尽管工人同时也身处资本主义的物化结构中，但是卢卡奇深信工人尚有"人的灵魂"存在未被物化意识所侵蚀，因而工人阶级始终存在克服物化意识的动力。

　　显然，上述两条道路是相互矛盾的。在人类学路径中，物化批判所依赖的第一自然似乎是一种既定物，但是在历史哲学路径中，既定物本身被视为历史生成的产物，把某物视为不可改变的既定物本身就是物化意识的表现。① 按照同情的理解，卢卡奇所描述的"第一自然"是一种在历史发展中将会实现的状态。但是，在批判黑格尔的历史哲学时，他已经否定了历史目的论。在如何看待物化批判与克服物化的可能性问题方面，人类学路径与历史哲学路径也处于冲突之中。如果认为物化现象的自我扬弃具有客观的必然性，那么就无须基于人类学基础之上的物化批判了；如果物化批判是基于人类学基础之上的规范性批判，那么克服物化就无法直接诉诸某种客观的必然性，它必须依赖于主体的批判活动。卢卡奇在文中或许认识到了这种矛盾关系，认为尽管物化现象的自我扬弃具有一定的客观性，但最终必须依赖于无产阶级的有意抉择。但是在他的历史哲学框架中，这种抉择意识的可能性是存疑的。

二、作为"生活世界殖民化"的物化批判

　　在对卢卡奇物化批判的改造与推进中，影响最为广泛的是哈贝马斯基于主体间性理论的改造思路。在 20 世纪 70 年代写给维尔默的一封信中，哈

---

　　① 卢卡奇正是在此意义上批判了费尔巴哈的人道主义，认为他的人类学把人推向了"固定的对象性"（fix Gegenständlichkeit）具有很大的危险，会陷入独断的相对主义中（［匈］卢卡奇：《历史与阶级意识》，杜章智、任立、燕宏远译，商务印书馆，2017 年，第 247～248 页）。

贝马斯就已提纲挈领地提出了改造物化批判的想法。他指出,"要为现代社会中异化或物化现象负责的,不再是资本主义经济的交换原则或者工具理性在现代的胜利,而是生活世界与系统之间的紊乱关系,这种紊乱关系成为批判理论的对象"①。哈贝马斯的著名论断"生活世界殖民化"就是对这种紊乱关系的形象表达。在《交往行为理论》中,他对该论题的充分阐述标志着新的物化理论的诞生。②

哈贝马斯认为用"生活世界殖民化"来界定当代社会的物化现象要比卢卡奇的物化版本更为准确。他用一种"双重社会理论"替代了卢卡奇所描述的单向度的社会合理化图景。如上文所述,卢卡奇把现代资本主义社会的发展描述成了商品交换的普遍化过程,即可计算原则的普遍化过程。与这种单向度的描述不同,哈贝马斯认为现代资本主义的合理化过程要更为复杂。该过程包含三个组成部分:文化、社会和人格形成的合理化过程。在文化的合理化过程中,命题的真理性、规范的正确性以及个人表达的真诚性这三种有效性要求,逐渐成为主体间在交往时需相互提出的规范性要求。建立在有效性要求基础上的交往行为,以作为背景和资源的生活世界为依托再生产着生活世界。此过程在社会层面被哈贝马斯称之为"社会整合",它保障了生活世界符号的再生产。与"社会整合"机制完全不同的协调行为的机制则是"系统整合"。尽管哈贝马斯后来曾强调要避免一种错误的理解,即把社会整合等同于交往行为,把系统整合等同于策略行为。③ 但是不可否认的是,他在书中所界定的系统概念与目的合理性、工具和策略行动紧密相关。④ 系统可以被界定为目的合理性行动的整体,这些行动借助作为去语言化的金钱和权力媒介得到了协调。社会整合与系统整合构成了看待现代资

---

① 转引自 Dirk Quadflieg, *Vom Geist der Sache*, Campus Verlag, 2019, S. 66. 也有论者认为哈贝马斯的物化批判思路在其更早期的作品中就已有其雏形了,参见 Hauke Brunkhorst, Regina Kreide and Cristina Lafont(Hrsg.), *Habermas Handbuch*, J. B. Metzler, 2009, S. 328。

② 只有少数学者充分关注到《交往行为理论》可被视作新的物化理论,参见 Timo Jütten, The Colonization Thesis: Habermas on Reification, *International Journal of Philosophical Studies*, 2011, Vol. 19 (5), p. 701。

③ Jürgen Habermas, A Reply, in *Communicative Action*, Axel Honneth and Hans Joas (eds.), The MIT Press, 1991, p. 254.

④ See Hauke Brunkhorst Regina Kreide Cristina Lafont(Hrsg.), *Habermas Handbuch*, J. B. Metzler, 2009, S. 376.

本主义社会再生产的两个维度,它们构成了哈贝马斯所谓的"双重社会"。哈贝马斯并未停留于上述的分析性区分,他进一步借助进化理论对现代社会的现实发展过程进行了历史的考察,正是在这种具体的历史考察中,他建构了自己的物化批判。

在哈贝马斯来看,问题不在于用社会整合去批判系统整合或者相反,而在于这两个方面在现实社会再生产过程中形成了不恰当的关系。他认为当代资本主义社会的发展也经历了不同意义上的"启蒙辩证法"。与霍克海默和阿多尔诺所阐述的启蒙辩证法不同,哈贝马斯认为现代社会文化的合理化过程具有积极进步的意义,并非完全是消极意义上统治的普遍化。现代社会经济与行政子系统的发展被视作生活世界分化之后合理的产物。分化出的两个子系统分别通过金钱与权力的控制媒介再生产自身。两个子系统的独立化过程虽然瓦解了传统社会统一的价值观,造成了一定程度上意义的丧失与自由的丧失,但是社会行动借助这些媒介减轻了交往行为的不确定性负担,使得整个社会的物质再生产更为高效,①此外个体还可以无须考虑各种有效性要求的限制,自由地运用策略行动,从而也获得了自由。启蒙历史过程的真正问题或者说"反讽"在于:"生活世界的合理化使得系统复杂性的提升成为可能,这种复杂性膨胀到了如此地步,以至于被释放的系统命令冲破了被这些命令所工具化的生活世界的理解力。"②换言之,物化的临界点就是:"只有当生活世界无法从所讨论的功能中退出时,只有当这些功能无法——就如在物质再生产领域中显示的情况那样——毫无痛苦地转变为媒介导向的行动系统时,转换为另一种行动协调机制并且从而转换为另一种社会化原则才会导致物化,也就是说,导致一种生活世界交往基础的病理学变形。"③

哈贝马斯以资本主义世界法治化(Verrechtlichung)历程为例,具体地指出了系统对生活世界的入侵所导致的一系列的社会病理现象。④ 所谓的法

---

① Jürgen Habermas, *Theorie des kommunikativen Handelns*, Bd.2, Suhrkamp, 1988, S.269 – 270.

② Ibid., S.232 – 233.

③ Ibid., S.549.

④ 对法治化所导致的病理现象的分析与批判,参见 Daniel Loick, Juridification and Politics. From the Dilemma of Juridification to the Paradoxes of Rights, *Philosophy & Social Criticism*, 4.2014. pp.762 – 764。

治化是指,法律条文规定的不断累积的过程。他把现代法治化的发展分为了四个阶段:第一阶段是资本主义市场经济初步发展阶段,为了规范市场交易,国家制定相应的法律法规框定市场行为阶段;第二阶段是宪法化阶段,国家制定相应法律保障公民的自由、财产等权利;第三阶段是法国大革命后,政治参与权确立后民主法治国的形成阶段;第四阶段是 20 世纪后在法治国基础上形成的福利国家制度阶段。哈贝马斯的殖民化批判聚焦于第四个阶段。① 前三个阶段是个体自由逐步确立与得到保障的过程。作为媒介的法律系统对生活世界的入侵,主要发生在第四个阶段。它所造成的后果就是,保障自由的法律工具本身,威胁到了享有自由的人。例如,社会福利保障的法治化,家庭与学校的法治化,等等,使得原本通过主体间交往能够协商解决的问题,被转译成只有诉诸法律系统的策略行为才能解决的冲突,这种转译过程破坏了交往行为协调冲突的整合功能。概言之,这些现象严重扰乱和阻碍了生活世界的符号再生产。

在哈贝马斯通过交往行为改造卢卡奇的物化批判中,现代性的成就得到了更为公允的评价。哈贝马斯对市场经济系统与行政官僚系统的解读,也有助于我们在进行社会主义市场经济建设和行政制度改革时,摆脱来自教条马克思主义者的不当批评,能够使得人们在界定物化现象时更为小心翼翼,不再简单地就把市场行为与服从命令行为视为物化现象。此外,对生活世界与系统的切分能够在一定程度上解决物化批判的规范性问题与可能性问题。在批判的规范性方面,他能立足于现实的生活世界批判系统的不当侵犯,这种批判无须再假定某种形而上学的主体概念;在批判的可能性方面,他也无须再诉诸工人阶级尚未枯萎的灵魂了,生活世界中进行交往实践的行动者都可以成为物化批判的主体。

尽管他的物化批判具有这些优点,但是他对系统与生活世界的二元区分也存在着重大缺陷。一方面,这种僵化的区分忽略了经济系统与行政系统可能内在地包含了交往潜力,即这两个子系统并非完全是价值无涉的中立领域,它们可能是不同团体通过交往实践进行价值斗争后的妥协产物。另一方面,它也忽视了生活世界中的权力结构,即生活世界并非是权力无涉

---

①　Jürgen Habermas, *Theorie des kommunikativen Handelns*. Band 2, Suhrkamp, 1981, S. 524 – 523.

的理想之所,它内部可能存在由种族和性别偏见所形成的权力统治。总之,就如霍耐特所说,如果把系统与生活世界的分析性区分运用到具体的社会领域中,就会产生对系统与生活世界的双重"虚构"(Fiktion)。① 此外,在批判的规范性方面,哈贝马斯的物化批判也存在规范性模糊的问题。鉴于批判理论一直坚守内在批判,即批判的规范性要求不是来自某些社会学家或哲学家的"专利发明",而是源于被批判对象自身之中,②那么物化理论就必须要从行动者的角度澄清行动者自身批判物化现象的规范性要求是什么。如上文所述,哈贝马斯是从生活世界符号再生产陷入功能紊乱的角度批判系统对生活世界的入侵。但是,仅从功能主义的角度难以完成这样的任务,因为对于具体的行动者来说,从生活世界符号再生产的功能紊乱角度难以直接推导出它在规范性要求方面就是错误的。③ 例如,哈贝马斯在说明现代福利国家中的过度法治化时,认为法治化对福利分配的官僚式执行以及货币化补偿造成了对生活世界交往实践的扭曲,但是这种解释并没有说明它为何相对于身处其中的人来说是一种规范性错误。

可惜的是,上述指责并没有推动哈贝马斯继续完善他的物化批判。在出版《交往行为理论》之后,他基本离开了对社会病理的分析,转向于伦理学、政治哲学和法律理论中的奠基问题,这一转向的集大成之著就是《在事实与规范之间》。霍耐特在评论这一转向时也略带遗憾地说:"毫无疑问,伴随着向康德主义传统的转向,哈贝马斯面临着失去了一系列富有价值的见解的危险,在他更坚定地以黑格尔为典范的早期著作中仍然包含着这些见解。"④

---

① Axel Honneth, *Kritik der Macht*, Suhrkamp, 1989, S. 328 – 331.

② 具体分析参见周爱民:《论批判理论的家族相似性:从内在批判的视角看》,《马克思主义与现实》,2019 年第 5 期。

③ 更为详细的批判参见 Timo Jütten, The Colonization Thesis: Habermas on Reification, *International Journal of Philosophical Studies*, 2011, Vol. 19(5), pp. 701 – 727。不过,与霍耐特彻底放弃哈贝马斯的双重社会理论架构不同,Jütten 主张物化论题的不足在哈贝马斯既有的理论框架中能够得到补救。

④ Axel Honneth, Unser Kritiker Jürgen Habermas wird siebzig: eine Ideenbiographie, *Die Zeit*, 1999.06.17. (https://www.zeit.de/1999/25/199925. habermas_honneth.xml.)

三、作为"遗忘承认"的物化批判

在继承哈贝马斯早期著作见解的基础上,霍耐特重新把社会病理现象作为了社会哲学的主要研究对象。[①] 在重新阐述一种新的物化理论之前,他首先批判了哈贝马斯的交往行为理论。早在 20 世纪 80 年代,他已基本形成了两大批判,一是认为哈贝马斯的双重社会理论是双重虚构,应该另辟蹊径挖掘交往行为可能包含的另外的社会秩序构想。在《权力批判》中,他简要地指出了另一种可能的以主体间性交往为基础的社会秩序模式,即社会斗争模式。他认为,社会制度是交往斗争的产物,并不存在"交往空地"的制度领域。[②] 二是指出对话语原则的违背并不能构成充分的斗争动机。借助于社会人类学与文化社会学的研究成果,他认为人们模糊的非正义感构成了重要的冲突燃料。[③] 借助于黑格尔与米德的承认理论,他进一步把这种模糊的情感冲动界定为承认遭受否定而产生的被蔑视感。经过这些理论准备,他在交往行为理论基础之上重新建构起了新的社会哲学。在这一新的社会哲学中,社会批判的矛头不再对准于社会制度再生产的功能性障碍,而是聚焦于社会制度对个体承认要求的否定,因为社会批判被视作是源于个体或群体的承认要求遭受否定而引起的被蔑视感后所进行的社会抗争活动。

借助上述新的社会哲学,霍耐特对卢卡奇物化批判的改造似乎也就显得水到渠成了。然而,在说明物化批判的规范性问题方面,霍耐特没有利用之前所阐述的具体承认理念,反而使用了一种先验意义上的承认概念,并把它视作物化批判的规范性基础。[④] 这种承认概念虽然使得他的物化批判更

---

① See Axel Honneth, Pathologien des Sozialen. Tradition und Aktualität der Sozialphilosophie, in *Das Andere der Gerechtigkeit*, Suhrkamp, 2000, S. 9 – 69.

② Axel Honneth, *Kritik der Macht*, Suhrkamp, 1989, S. 297 – 303.

③ Axel Honneth, Moralbewußtsein und soziale Klassenherrschaft, in *Das Andere der Gerechtigkeit*, Suhrkamp, 2000, S. 114 – 115.

④ 在《为承认而斗争》的后记中就已经有这种区分的端倪了,他当时区分了人类学中的"常量",即人的发展需要依赖于他人的承认,与历史中会发生变化的具体承认关系。只不过,他在这里强调的是主体的自我实现依赖于他人的承认,而在《物化》中更多强调的则是主体承认他人的重要性,参见 Axel Honneth, *Kampf um Anerkennung: Zur moralischen Grammatik sozialer Konflikte*, Suhrkamp, 2010, S. 311。

为准确,但却同时也造成了他的物化批判陷入了"无的放矢"的尴尬处境中。

在《物化》一书中,他首次系统地亮明了自己对卢卡奇物化概念的理解,并且试图让卢卡奇的物化批判再度现实化。他严格"按字面"(literally)意思来理解卢卡奇的物化概念,认为物化就是把他人仅仅视为物,"把某人视为物就是把他或她当作缺少全部人的特性的某种东西"①。把他人视为物究竟为何是错误的呢? 这种错认仅仅是认知意义上的错误吗? 霍耐特排除了物化仅仅是认知错误的看法。他认为物化态度深入到了人们的行为方式与习惯中,他难以像认知错误一样借助相应的正确认识就能得到纠正;他也排除了物化是一种道德错误行为,因为他缺少主观作恶的意图。② 最终,他认为物化是一种完全错误的实践。对物化的这种理解,使得批判的规范性问题变得更为醒目。既然物化是一种错误的实践,那么正确的实践是什么?

在界定什么是正确的实践时,霍耐特比卢卡奇和哈贝马斯都更为小心翼翼。与卢卡奇不同,他并未直接把"物化"与"客观化"等同,他认为社会互动过程中的客观认识是解决社会问题的必要手段,因此不能全盘否定它的意义。与哈贝马斯不同,霍耐特并未把错误的实践与正确的实践分类划入不同的社会领域。他强调,应当要在更高层次的观察层面上去区分物化实践与非物化实践。在此更高层次上,客观认识与承认并非处于直接对立中,而是处于不同的关系中,物化是对两者错误关系的表达。在相互对立的两极中,一极是认识的"承认敏感"(anerkennungssensitiv)形式,霍耐特认为,在卢卡奇的文本中可以找到对此实践的相关表述,如"参与其中"的实践;③另一极是认识的承认不敏感形式,处于这种关系中的实践行为只关注客观认识,先在的承认退入背景当中并遭到了遗忘。霍耐特指出,这里的遗忘仅仅

①　Axel Honneth, *Reification*, Oxford University Press, 2008, p.148. 比较遗憾的是《物化》的译者依据的是德文第一版,该版没有英文本中几位学者的反驳和霍耐特的回应,这部分内容对进一步理解霍耐特的物化理论至关重要。

②　在笔者看来,霍耐特的这一理由稍显牵强,因为他假定了对道德或不道德行为的判定主要依赖于动机,生活中的很多不道德现象即便缺少作恶的动机,也能被视为不道德,例如持有种族主义偏见的人也可能友善地对待所歧视的对象,但是这种善意并不能决定他的行为就是道德的,只要他认同种族主义,他的行为仍然可以被视作是不道德的。

③　[德]阿克塞尔·霍耐特:《物化:承认理论探析》,罗名珍译,华东师范大学出版社,2018年,第26~27页。

是指弱的意义上的"注意力弱化",并非是彻底的"荒废"(verlernen),因为很难想象一种熟知的实践行为会被彻底地荒废掉。

在仔细区分了物化实践与非物化实践之后,还需要澄清为什么承认敏感的认识是正确的。为了回答该问题,霍耐特同时从发生学与概念两个方面论证了承认先于认识。借助发展心理学与 S. 卡维尔的研究,他指出,婴儿如果在发育成长过程中没有在情感层面先承认他的照料者,就无法形成以照料者的视角客观认识对象的能力,而成人如果没有先承认互动对象作为人的存在,便无法理解互动伙伴的语言表达。既然承认在时间与概念上都是恰当地认识他人的必要条件,那么在认识他人时,就必须时刻意识到承认的优先性,即保持承认的敏感性。在承认敏感性的认识中,个体在情感层面应把他人视作与自己一样的具有人的特性的对象,霍耐特在文中使用了"积极的肯认"①来表达这种对他人之为人的基本认同。这里需要注意的是,这种基本的承认立场并不包括道德方面的规范性要求,它仅仅是一种"先验条件",具体的"爱与恨,矛盾情绪与冷漠都可以被视为这种基本承认的表达"②。

很显然,基本承认与霍耐特在《为承认而斗争》中所阐述的具体承认关系并不相同,这些具体承认体现为制度化实践中的爱、平等与团结原则。他认为这些具体的制度化承认原则只不过是历史地"填充"了上述基本承认关系。具体的承认是在历史的制度化实践中形成的具体的道德要求,而基本的承认则是这些具体承认关系形成的"社会存在论"条件。由于具体的承认要求是主体间相互提出的道德要求,那么基于这种承认遭到否定的批判就是一种道德批判。与此不同的是,由于基本承认表达的是个体间最基本的社会存在关系,是个体相互恰当认识对方的先验条件,那么基于这种承认遭到遗忘的物化批判,就不是一种基于道德原则的规范性批判了,而是基于更为基本的"社会本体论立场"③的规范性批判,即澄清社会本体论层面的正确与错误。

这种本体论批判在回答批判的可能性方面优势很明显。鉴于基本承认

---

① Axel Honneth, *Reification*, Oxford University Press, 2008, p. 35.
② Ibid., p. 152.
③ Ibid., p. 147.

在正确认识他人方面的必要性,设想整个社会都陷入这种物化现象当中显然是荒谬的,而不难设想的是,社会中存在诸多把人视作人的制度化实践。在此,可以用康德的"存在条件"与"认识条件"来证成它的现实存在。既然社会实践中存在诸多的道德批判,如不应把人仅仅视作工具,要尊重别人,等等,而这些道德评价又依赖于基本承认关系的存在才是可能的,那么通过现实的道德评价实践,人们就能推断基本承认关系的存在。由于基本承认关系在现代社会不曾被全部遗忘,那么基于这种承认所作出的物化批判就是内在于现代社会本身的批判了。

这种批判尽管能轻松回答物化批判的可能性问题,但也会陷入另一种困境中,即寻找批判对象的困境。依霍耐特看,"真正的物化案例只存在于其本身没有类似于物的属性的东西被看作或当成一种物"①。借助于卢卡奇的洞见,霍耐特把这种物化实践的成因归咎于社会的制度化实践,他称之为"物化的社会病源学"。令人疑惑的是,社会的制度化实践真的会使人把他人完全视作物,从而忽视他人之为人的特性吗? 从霍耐特列举的诸多案例中可以看出,几乎没有哪个案例严格符合他所界定的物化现象,他自己也坦诚"只有极少和例外的案例,只有在社会性的零点处才能发现对先前承认的真正否定"②。拿他在文中所列举的只关注于输赢的打网球案例来说,仅关注比赛的输赢并不意味着就把双方视为物了,也有可能是完全出于尊重对方才在乎输赢。在遭到批评后,霍耐特在回应中坦诚该案例是一个"糟糕的选择",甚至具有"误导性"。③ 他又列出了自认为符合物化现象的两个案例,一个是战争中只顾歼灭敌人的士兵甚至把路人也视为应当被射杀的物;另一个是现代的奴隶制,如性交易。然而不管哪个案例,都无法严格满足他对物化的界定,例如士兵不会不知道自己射杀的是人,因为他专门瞄准枪口射向路人而不是射向视野中的其他物,就已经说明他并未遗忘人与物的差异。此外,即便这些案例真的符合霍耐特对物化现象的界定,它们也并非是现代社会的特殊产物,在前资本主义社会也存在战争和奴隶制,那么霍耐特把物

---

① Axel Honneth, *Reification*, Oxford University Press, 2008, p.149.

② Ibid., p.157.

③ Ibid., p.155.

化现象归咎于资本主义社会的制度化实践就是成问题的了。

　　T. 于腾正确地指出，要摆脱物化批判"无物可批"的尴尬局面，就不能严格按照字面意思理解物化，物化只能被视为一种"比喻"（metaphorical）的说法，即某人被视为"像是某物"（as if a thing）。① 在本文看来，之所以霍耐特一再强调要按字面意思理解物化，是因为他把物化视作对基本承认的遗忘所致。既然基本承认被视作是对人之为人的特性的肯认，那么遗忘这种承认就必然会导致把人视作物了。因此，要解决霍耐特物化批判的难题，就必须修正对基本承认的理解。本文认为可以借助哈贝马斯对"交往自由"的理解来修正霍耐特的基本承认概念，一种"交往自由"意义上的相互承认关系可以顺利解决上述难题。尽管如此，主体间性的阐释路径仍然会忽视卢卡奇物化理论中的重要维度，即物的物化问题。下文将阐述主体间性辩护路径对物的物化问题的忽视，最后一部分将通过哈贝马斯的交往自由概念来重新界定基本承认，并且在此基础上试图将物的维度置入其中来澄清物的物化问题。

四、对物的物化问题的忽视

　　卢卡奇曾明确指出："当各种使用价值都毫无例外地表现为商品时，它们就获得一种新的客观性，即一种新的物性……它消灭了它们原来的、真正的物性。"洞穿这些新的物性，例如货币作为生息资本形态存在、土地作为地租形态存在，等等，把它们视为对现实的"真实抽象"，构成了对物的物化批判的重要方面。② 他强调，尽管资产阶级哲学家如齐美尔看到了物的物化形式，但却无法洞穿这些形式把它们视作基本经济生产的产物，反而把物的物

---

　　① Timo Jütten, What is Reification? A Critique of Axel Honneth, *Inquiry*, 2010, pp. 235 – 256.

　　② 福斯特等生态马克思主义者认为卢卡奇把辩证法限定于社会领域必然会导致以实证主义的视角看待自然，从而忽视自然物的物化问题（J. B. Foster, *Marx's Ecology: Materialism and Nature*, Monthly Review Press, 2000.），他们甚至把这种忽视称为"卢卡奇问题"（J. B. Foster, Brett Clark, and Richard York, *The Ecological Rift: Capitalism's War on the Earth*, Monthly Review Press, 2010, p. 224.）。这些批评并不能完全成立，笔者更倾向于芬伯格的解读，参见 Feenberg A., *The Philosophy of Praxis: Marx, Lukács and the Frankfurt School*, Verso, 2014, pp. 121 – 149。

化形式固化为无历史性的永恒形式。① 如果物化意识的一个重要特征是把社会存在物的关系视为独立于人的"第二自然",那么对物的物化形式的固化本身也就成了物化意识的典型表达。卢卡奇的该论证同样适用于主体间性的辩护路径。该路径也把物的物化形态仅仅视作物的本来形态,因此这种看法本身也是典型的物化意识产物。②

诚然,霍耐特在《物化》中注意到了物的物化问题,但是由于他固执于主体间性的辩护路径,物的物化最终被当作了次要的方面,从而与真正澄清物的物化问题擦肩而过。在该书中,他明确意识到了他所主张的基本承认优先性难以说明物的物化问题,因为基本承认表达的仅是人与人之间相互认识的必要前提。他认为,尽管在伦理方面,尝试与动物、植物甚至是无机物的互动式和承认式相处是"令人欢迎的",但是在规范方面的偏好并不能直接证明这种相处是不可替代的。要证明这种互动模式不可替代,就必须要证成对它的替代会直接扭曲对自然的正确认识,而这又进一步要求在概念层面必须证明对自然物的承认是正确认识自然的必要前提。在霍耐特看来,不管是卢卡奇还是海德格尔和杜威,都没有提供满意的证明,而且他也怀疑提供这种证明的可能性。③ 在此情况下,他强调必须要离开卢卡奇对物的物化问题的直接说明,转而采取一种更为间接的说明方式。这种间接的说明方式就是,物的物化表达的是对该物所承载的他人生活态度或价值观的遗忘。换言之,对物的承认仅仅是次要的,首要的是对他人的承认,"对他人个体性的承认要求着我们,就客体曾被他人所赋予之各种意义与面向来认识其独特性"④。

在此解读路径中,自然物或社会物本身的规范性问题被彻底遮蔽了。对物的规范性问题的忽视也体现在霍耐特整个承认理论架构中。他所指出

---

① ［匈］卢卡奇:《历史与阶级意识》,杜章智、任立、燕宏远译,商务印书馆,2017 年,第 142～143 页。

② 已有学者从历史唯物主义的角度批判了哈贝马斯的物化理论对社会生产关系中物化现象的忽视,参见 Martin Morris, Capitalist Society and Its Real Abstractions: The Critique of Reification in Habermas's Social Theory, *Rethinking Marxism*, 1998, pp. 27 – 50.

③ ［德］阿克塞尔·霍耐特:《物化:承认理论探析》,罗名珍译,华东师范大学出版社,2018 年,第 94～96 页。

④ 同上,第 98 页。

的个体自我实现所需要的三种承认关系，全部都是主体与主体之间的各种承认形式（爱、法权与团结），而对物的承认在此完全是缺场的。自然物或社会物只有在认可他人劳作成就的视域中才是在场的。物的这种"卑微"地位在哈贝马斯的交往行为理论中体现得更为明显。在系统与生活世界的二元切分中，对物的彻底工具化使用被视作现代性合理化的重要成就。在功能分化了的经济子系统中，对物的彻底工具式使用被视作是理所当然之事。在他早年的《认识与兴趣》中，他甚至把技术上的认识兴趣视作人类科学认识自然的"准先验"条件。基于这种理由，他坚持认为我们只能通过工具和技术理性了解自然，除此之外别无其他的科学认识自然的方式，更不可能存在如马尔库塞所主张的那种与自然和解的"新科学"。① 对物本身规范性的彻底忽视直接导致哈贝马斯认为对物本身的物化是正常的，无须批判。

哈贝马斯与霍耐特的上述见解早已遭到了诸多学者的批判。例如，J. 怀特布克认为哈贝马斯的交往行为理论是"彻底的人类中心主义"，因为他在人的科学方面是反还原主义者（人与人之间应遵循交往理性），但是在生命科学中则是彻底的还原主义者（科学受技术上的认识兴趣引导）。② R. 埃克斯利则指责哈贝马斯混淆了科学中的方法论与科学作为"人类的一般工程"。她强调科学共同体可能并非出于控制自然的兴趣研究自然，例如当代生态学所强调的生态系统内在关系学说就指出，自然并非是人类自我保存和自我实现的工具，它们有其自身的相对自主性。③ 不仅在科学理论中存在完全不同的对待物的方式，而且在现实的新社会运动中，例如生态主义运动，反种族主义运动以及女性主义运动等，人们都极力强调自然物和作为自然的身体本身对于塑造健康的社会互动具有的不可替代的中介意义。这些批判性主张并不能通过诉诸人与人之间某种正确规范要求，诸如平等和正义等规范得到解释，例如，工人要求改善劳动环境的诉求就不是要求承认个体的劳动成就，也不是要求公正分配，而是要求恰当地考虑工人的自然身体

---

① ［德］哈贝马斯：《作为意识形态的技术与科学》，李黎、郭官义译，学林出版社，1999 年，第 43～45 页。

② Joel Whitebook, The Problem of Nature in Habermas, *Telos*, 1979, Vol. 40, pp. 41－69.

③ Robyn Eckersley, Habermas and Green Political Thought: Two Roads Diverging, *Theory and Society*, 1990, Vol. 19, No. 6.

本身。① 很可惜的是,由于对物的维度的忽视,哈贝马斯和霍耐特并没有密切关注并参与到当代这些重大问题的讨论中,生态问题、后殖民主义问题在他们的理论版图中是缺场的。②

总而言之,如果这些基于物本身的批判要求是物化批判当中不可或缺的一个维度,而主体间性的辩护路径必定会导致对该维度的忽视,那么在当代复兴物化批判时就必须要重新评价这条辩护路径。在如何对待主体间性辩护路径方面,本文主张一种温和的纠正方式,反对彻底抛弃该路径。主要理由是:从积极方面来看,该路径以阐述主体间正确的实践关系为基础,更为恰当地界定了人与人、人与自身的物化现象;从消极方面来看,如果彻底抛弃该路径直接去说明物本身的物化问题,"可能会倒退到形而上学中,从而落后于现代所达到的学识水平进入一个再度附魅的世界"③。直接赋予自然物以某种自在的道德价值从而要求我们尊重它们,在认识论上面临着独断论的危险,它必须要解决这样棘手的认识论难题,即人类何以能脱离自身的认知视角去认识事物自在的价值? 该问题显然是无解的,因为对价值的认知总是事先打上了人的烙印。即便从整个生态系统的自我保存的角度来看待具体自然物的价值,从而要求人类的活动要尽量避免危及它们的生存和存在,也是事先假定了人的存在的重要性,否则不能从生态系统自我保存的事实得出人类应该要尊重这一事实的规范性要求。如果这两个方面的理由能完全成立的话,那么继承主体间性的辩护路径将是更好的选择。现在面临的问题仅是:如何在这条路径之中成功地直接说明物的物化问题?

五、交往自由与物的构成性意义

在回答上述问题之前,本文将首先指出一种更好版本的主体间相互承

---

① 从鲜活体验的角度对劳动的阐述,参见 Christophe Dejours, Jean－Philippe Deranty, etc., *The Return of Work in Critical Theory*, Columbia University Press, 2018.

② 美国当代批判理论家 A. 艾伦更为详细地阐述了当代批判理论代表性人物如何受制于其观念论立场而必然忽视殖民主义问题研究,参见 Amy Allen, *The End of Progress*, Columbia University Press, 2015。

③ Jürgen Habermas, A Reply to My Critics, in *Habermas: Critical Debates*, John B. Thompson and David Held(eds.),Macmillan Press, 1982, p.245.

认关系,以便解决霍耐特式物化批判无的放矢的窘境。如上文所述,为了复兴卢卡奇的物化批判,霍耐特提出了一种主体间的基本承认关系,然而在现实实践活动中,人们几乎难以找出彻底遗忘这种基本承认的实践活动。即便找出了一些极端的案例,也只是说明了物化现象的超历史性,即与特定的社会制度条件是没有直接关联的,但这既不符合卢卡奇物化批判的初衷,也不符合霍耐特物化批判的初衷。他们进行物化批判的共同初衷是把物化现象与特定的社会历史制度相挂钩,以便通过对物化现象的批判直指特定的不合理的社会历史制度。因此,为了准确地描述与界定物化现象,避免对其作出宿命论式的理解,就必须要修正对基本承认的理解。本文认为,哈贝马斯在《在事实与规范之间》所提出的"交往自由"(kommunikative Freiheit)概念可以被视作基本承认,它能够更好地说明人与人以及人与自身的物化现象。

交往自由是哈贝马斯交往行为理论的基本概念之一,但是直到出版《在事实与规范之间》,他才明确地提出这个概念并对之作出了简要说明。① 交往自由是指"在以理解为取向的行动中预设着的一种可能性:对对话者所说的话和在这种话中所提出的旨在主体间承认的有效性主张,表示一个态度的可能性"②。在以理解为取向的交往行动中所预设的这种能够表示(肯定或否定)立场的可能性,是交往主体相互赋予的"规范地位"(normative status)。这种自由并不是指行动能力上不受阻碍的自由,也不是意志上的自由,而是交往主体在以理解为取向的交流中必须相互预设和相互承认的权利。它同时也蕴含着相互的义务,即说话者必须要准备为自己所提出的有效性主张提供理由,而听者在否定说话者的有效性主张时也必须愿意和可以给出理由。如果说话者只想让听者接受其主张而不愿给出理由,而听者在不愿或无法给出任何理由的情况下否定说话者的主张,那么交往自由就遭到了否定,交往行动也就随之中止了。因此,尽管交往自由是一种规范性的预设,但是它还必须是一种有效的自由,即"一个人只有在拥有方法和能

① 更为详细的说明参见 Klaus Günther, Communicative Freedom, Communicative Power, and Jurisgenesis, in *Habermas on Law and Democracy*, Michel Rosenfeld and Andrew Arato(eds.), University of California Press, 1998, pp. 234 – 254。

② [德]哈贝马斯:《在事实与规范之间》,童世骏译,生活·读书·新知三联书店出版社,2003年,第145页。

力激活它的情况下才是自由的"①。如果没有实现交往自由的可能性，就不能说人们相互之间拥有采取肯定或否定立场的能力。从交往自由的这些特征来看，相比较于霍耐特所论述的基本承认，它更能说明卢卡奇意义上的物化现象。

首先，以交往自由为基础的物化批判能更好地与道德批判区分开来。如果道德是指康德意义上的把人视作目的并非仅仅视作手段的话，那么霍耐特所理解的对基本承认的遗忘仍然是一种道德错误，因为遗忘基本承认的实践活动是把人完全视作不具有人的特性的物。而以交往自由为基础的物化批判则无须把物化视作对人的特性的彻底遗忘，它只是把对基本承认的遗忘理解成遗忘或否定主体的规范地位。这种遗忘并非必然是道德上的错误行为。在以各种有效性要求为基础的交往行为中，人们可以随时退出交往行为不受"行事语力"（illocutionary force）的制约，这种随意的退出即任意意义上的自由甚至是交往自由的前提，②它受到现代法的保护。

其次，它能更好地从参与者的角度说明为什么物化是一种规范上的错误。霍耐特的基本承认是主体间相互的对人的特性的肯认，这种抽象的相互承认过于模糊以至于难以直接说明它具体的规范约束力到底体现在何处，如果更为具体地说明必须承认人的何种具体特性，则又难以说明这种承认的基础性。把基本承认理解为交往自由就避免了这种困境，因为它是主体间在以理解为取向的言语沟通行为中必须要预设的基本关系。它的规范约束力就体现为主体间必须相互尊重对方的规范地位。这种交往自由潜在地蕴含在日常的交往行为当中，可以通过重构言语实践的方式指出它的准先验式存在。交往自由所体现的主体间的自主理念，"它们作为不可避免的、经常是反事实的假定，嵌入到了日常的交往实践中，并且因此嵌入到生

① Peter Niesen, Communicative Freedom, in *The Cambridge Habermas Lexicon*, A. Allen and E. Mendieta（eds.），Cambridge University Press, 2019, p. 51.

② 从交往自由无法直接推论出任意自由，而从任意自由角度来看，它能构成交往自由的基础条件之一，参见 Albrecht Wellmer, Freiheitsmodelle in der modernen Welt, *Endspiele*：*Die unversöhnliche moderne*, Suhrkamp, 1999, S. 15－54。

活世界中;它们在政治系统的制度中也得到了部分的实现,尽管以零碎的方式"①。如果物化实践是对这种基本承认的否定,那么人们从参与者的角度就能够利用交往自由概念内在地批判该实践的错误性。很显然,这种批判方法就是霍耐特后来所强调的"规范的重构"方法。②

最后,它能更好地说明现代社会的物化现象。霍耐特式基本承认所批判的现象,如战争中的滥杀无辜和奴隶制,也存在于前资本主义制度中,因此可以说以该基本承认为基础的物化批判具有非历史性,它难以具体说明资本主义社会特有的物化现象。而以交往自由作为基本承认的物化批判则能避免这一缺陷。正是现代生活世界的合理化过程使交往自由变得可能,因此它是现代社会和文化进化的成就。对它的否定或遗忘就可以被归咎于具体的现代制度实践。例如卢卡奇所描述资本主义劳动分工中的物化劳动,以及以普遍商品交换为基础所形成的经济系统与官僚系统中的物化实践,就可以通过交往自由的概念得到恰当的批判。工人被迫进行琐碎的无声劳动,商人只顾以利润来衡量与他人的关系,以及官僚系统中只有执行命令的实践,等等,都可以被视作对交往自由的否定。如果霍耐特对现代社会"规范一元论"的论证在经验上是可以得到充分支撑的话,那么就可以以交往自由遭到否定来批判这些子系统中的物化现象,而无须像哈贝马斯那样把交往自由的批判潜力限定在生活世界的殖民化现象方面。

尽管利用交往自由重新阐述基本承认能够解决物化批判的对象难题,并且更能说明现代社会中的物化现象,但是这条阐释路径仍然可能会忽视物的物化问题,因为交往自由指涉的仅是主体之间在以理解为取向的言语交往时所预设的,能够有理由地肯定或否定某种有效性要求的权利,它直接排除了物本身也享有这种权利。那么,如何在交往自由的视域中直接说明物本身的物化呢?

---

① Jürgen Habermas, *Autonomy and Solidarity: Interviews with Jürgen Habermas*, Peter Dews(ed.), Verso, 1992, pp. 226 – 227. 沿此方面可以进一步指出哈贝马斯与黑格尔在看待自由问题上的相似性,Kenneth Baynes, Freedom and Recognition in Hegel and Habermas, *Philosophy and Social Criticism*, 2002, pp. 1 – 17; Robert B. Brandom, Towards Reconciling Two Heroes: Habermas and Hegel, *Argumenta*, 2015, pp. 29 – 43.

② Axel Honneth, *Das Recht der Freiheit*, Suhrkamp, 2011, S. 24 – 25.

本文认为,合理的解决方式是承认物本身对于交往自由具有构成性意义。限于篇幅,本文只能简要勾勒当今批判理论内部发展中朝此方向努力的一些重要尝试,详细的论证只能另待撰文阐述。一种尝试是霍耐特指出但并没有详细反驳的论证路径。如上文所述,卢卡奇、海德格尔和杜威都曾试图论证过对物的承认是客观认识的必要前提,但是霍耐特并不满意他们的证明。在未作任何说明的情况下,他就草率否定了这条尝试路径的可能性。这恐怕与他和哈贝马斯共享的基本信念有关,即对物的科学认识只需工具理性就足够。这一信念限制了他们对人与物之间原初承认关系的探究。例如,霍耐特在讨论心理分析与儿童发展心理学中所争论的婴儿"全能感"时,就坚持认为它只是暂时性阶段并且仅限于亲密的照料者,[1]他完全忽视了对儿童"融合社交性"(syncretic sociability,即人与物的原初承认关系)方面的研究成果。在此方面,法国思想家梅洛-庞蒂所阐发的"肉身间性"概念可作为成重要的思想资源,被认为可以澄清:人在有机体方面与物的互动构成了交往自由的前提条件。[2]

第四代批判理论家哈特穆特·罗萨在其大部头著作《共鸣》[3]中充分阐述了梅洛-庞蒂的洞见。罗萨的理论抱负要更为宏大,他认为人与世界非认知的共鸣关系在某种程度上不仅是人类存在的本质,"而且也是与世界相关的所有可能方式的本质;它是我们与世界拉开一定距离并将其置于我们控制之下的能力的必要前提。共鸣的能力,或者说依赖于共鸣,不仅构成了人类心理和社会性,而且构成了我们的肉身性,以及我们在触觉、代谢、情感和认知上与世界互动的方式。充满活力的人类存在的基本模式不在于对事物施加控制,而在于与它们产生共鸣,使它们对我们做出反应——从而体验自我效

---

①　Axel Honneth, Facetten des vorsozialen Selbst. Eine Erwiderung auf Joel Whitebook, in *Das Ich im Wir*, Suhrkamp, 2010, S. 294 – 295.

②　详细论述参见 Jean – Philippe Deranty, The loss of Nature in Axel Honneth's Social Philosophy. Rereading Mead with Merleau – Ponty, *Critical Horizons*, 2005, pp. 153 – 181; Talia Welsh,*The Child as Natural Phenomenologist: Primal and Primary Experience in Merleau – Ponty's Psychology*,Northwestern University Press, 2013; Philip J. Walsh,Intercorporeity and the first – person plural in Merleau – Ponty, *Continental Philosophy Review*, 2020, 53(1), pp. 21 –47。

③　Hartmut Rosa, *Resonanz: Eine Soziologie der Weltbeziehung*, Suhrkamp, 2016.

能——并反过来对它们做出反应"①。他把身体和自然重新带回批判理论的尝试引起了广泛的反响,甚至可以说代表了当代批判理论发展内部另一条趋向。在这条趋向上,还有当代批判理论家 C. 门克和 M. 萨尔。门克认为,不能简单地按照行为的认知主义理论路径,即诉诸主体认知能力来理解人类的经验,而必须要考虑到"力"的无意识动力。② 在批判性地吸收德勒兹、奈格里和巴里巴尔的观点基础上,萨尔声称斯宾诺莎的政治本体论对权力的物质和情感维度的强调,可以充当对现代启蒙运动的狭隘观点的替代性解释。③

除了强调自然存在对于认知发展的构成性意义外,另外一种重要的尝试就是从文化人类学的角度研究物对于主体形成主观心理,以及主体之间形成社会准则方面所具有的构成性意义。在此方面,迪尔克·夸德弗利格的研究具有重要的意义。他在《论物的精神》④一书中系统地梳理了物对于自我意识的形成以及社会整合方面所具有的建构性意义。在此传统中,有长期被黑格尔研究界所忽视的黑格尔早期耶拿手稿中积极的物化概念,还有法国文化人类学对礼物交换(以莫斯为代表)的研究成果,以及海德格尔、阿伦特和马尔库塞等人对物本身意义的研究。夸德弗利格目前还只是梳理了这些思想传统,并没有以交往自由为视角系统地整合这些思想资源,这为进一步的研究留下了空间。

总之,根据上述研究成果,如果物对于主体间性的交往自由具有构成性意义,那么从否定方面来说,在以交往自由为基础的主体间互动中,物就不能仅仅被视作工具式存在,它具有"不可支配性"(unverfügbar),即要求我们不应当完全把物视作"可支配的"(verfügbar);从肯定方面来说,物化批判要能同时指出物的构成性作用,要能区分出积极意义上物的"物化"与消极意义上物的物化,以便能合理地批判消极意义上物的物化。积极意义上的物化是指承认物在促进交往自由方面的建构性意义,而消极意义上的物化则指

---

① Hartmut Rosa, *The Uncontrollability of the World*, James C. Wagner(trans.), Polity Press, 2020, p.31. 对罗萨共鸣概念的详细介绍,参见郑作彧:《化用的生活形式,还是共鸣的世界关系?——批判理论第四代的共识与分歧》,《社会科学》,2021 年第 3 期。

② Christoph Menke, *Force: A Fundamental Concept of Aesthetic Anthropology*, Fordham University Press, 2013.

③ Martin Saar, *Die Immanenz der Macht: Politische Theorie nach Spinoza*, Suhrkamp, 2013.

④ Dirk Quadflieg, *Vom Geist der Sache*, Campus Verlag, 2019.

对物本身的规范性的遗忘或否认。用霍耐特的话来说,对物的遗忘或否认是一种错误的实践行动,它可以通过外在的观察方式被了解到。例如,人类为追逐资本利润对自然资源和人力资源的无节制使用,社会制度的规则被视作"绝对命令"的法则,等等。显然,在物化批判中重新重视物的物化问题,可以使得古老的物化批判连接到当代的生态主义运动中,可以使得物化批判重新作为政治斗争的理论武器去批判资本主义的经济结构和社会结构。①

综上所述,主体间性辩护路径主张用主体间性的某种实践关系作为物化批判的规范性基础,试图更为恰当地回答物化批判的规范性与可能性问题,以便避免卢卡奇物化批判中人类学与历史哲学之间的矛盾。这种复兴物化批判的努力,可以使得物化批判告别历史哲学的宏大叙事,转而借助具体的经验分析来澄清当代资本主义社会中因具体的社会制度问题所造成的物化现象。这些理论洞见值得我们在当代复兴物化批判时加以借鉴和利用。但是,以哈贝马斯和霍耐特为代表的主体间性辩护路径也存在诸多的理论难题——除了他们各自理论内部存在的诸多问题之外,在复兴卢卡奇物化批判时,他们所遗留的重大问题是物的物化问题被忽视和低估了。然而,物的物化问题不但是卢卡奇物化批判中的重要维度,而且也是当代新社会运动中的重要议题之一。因此,要利用主体间性理论重新复兴物化批判,还要充分阐明物的物化问题。在认识论层面,可以沿着有机体之间的承认互动以及人对物的原初承认是交往自由的前提展开论证;在文化人类学方面,可以通过揭示物对于主体间交往自由所具有的中介意义展开论证。这两方面的探求并没有僭越主体的视角独断地赋予物本身以某种自在的价值,而是在承认主体间性理论成就的基础上澄清它的前提,以便为物的规范性要求留下空间。在主体间性理论之中补入物的维度,可以充分发挥该理论的批判潜力,可以使得物化批判能够合乎时宜地成为资本主义内部兴起的反抗运动的理论武器。

周爱民(同济大学)

---

① 已经有学者开始致力于这方面的研究了,参见 Anita Chari, Toward a political Critique of Reification, *Philosophy and Social Criticism*, 2010, 36(5), pp. 587 – 606。

陈学明

吴晓明

张双利

李　冉

主编

世界马克思主义研究
前沿理论追踪

（第二辑）

（下）

天津出版传媒集团

天津人民出版社

下　册 >>>>>

反抗生命政治的主体建构[*]

——阿甘本的"生命-形式"概念
及其对生命政治的终结

　　自福柯重提生命政治以来,生命政治作为理解现代性的一个重要向度,越来越受到思想界的关注。人们一般认为,生命政治标识了资本主义体系下权力基于人的生物学生命实现对人全面操控的权力机制,生命政治学则是关于当代资本主义生命政治对人的异化所作的反思和批判,并由此开辟了当代资本主义批判的新向度。作为当代生命政治学领域的执牛耳者,意大利当代政治哲学家吉奥乔·阿甘本虽然没有追随福柯,将生命政治视为是现代性以来资本主义的衍生品,而是认为古希腊以降整个西方政治的实质就是生命政治,但他认为资本主义将生命政治推至极致。

　　基于这一认知,阿甘本从生命政治切入展开对资本主义的批判甚至消解。一方面,他揭示了西方政治运用"排除性纳入"的逻辑将人缩减为赤裸生命,实现对人的彻底宰制,因而本质上是一种死亡政治。通过分析二战中德国纳粹将犹太公民缩减为赤裸生命借以实现对其生命的完全宰制,他论证了当代资产阶级自由民主制已然将对生命的彻底操控的生命政治发挥到极致,由此揭示了资本主义隐匿的生命政治属性。另一方面,他又探究建构一种反抗生命政治,彻底终结生命政治运行逻辑的主体,并找寻替代资本主义体制的新方案,这构成了其生命政治学的突破性所在。这两个方面均关

　　* 本文系 2020 年度福建省哲学社会科学学科基础理论研究基地重大项目"福柯政治哲学的规范性及其当代价值研究"(项目编号:FJ2020MJDZ007)、中央高校基本科研业务费专项资金资助项目"现代性的政治哲学反思——阿甘本生命政治理论研究"(项目编号:ZK1175)的阶段性成果。

涉当代政治哲学中一个至为关键的问题，即主体问题。前者关涉的是"神圣人"（homo sacer），是个体生命被资本主义的生命政治装置不断剥离，最终沦为可被任意杀死的赤裸生命；后者关涉的是"生命-形式"（form – of – life），它是阿甘本所设想的人的理想存在形式，是反抗乃至终结资本主义生命政治，最终建构理想社会形态的"来临中的共同体"（the coming community）的新型主体。对于这种理想主体何以存在以及如何建构的理论探究，构成了阿甘本生命政治学展开的一条核心线索，也是其真义所在。因此，唯有深入探究生命-形式概念，才能形成对阿甘本生命政治学的整全性理解和把握。有基于此，本文即以阿甘本构建其生命政治学理论体系的"神圣人"工程中的主要相关著作为文本依据，试图阐释其生命-形式概念的确切意涵，并厘清其基于此概念所展现出的反抗和终结当代资本主义生命政治的思想脉络。

一、作为赤裸生命之消解者的生命-形式

如前所述，既然生命-形式概念担负着消解赤裸生命、终结生命政治的重任，那么，要厘清生命-形式概念的确切意涵，有必要首先阐明作为其先在性概念的赤裸生命的具体内涵。

在其生命政治学著作中，阿甘本主要论述了四种生命形式：zoē、bios、赤裸生命和生命-形式。其中，zoē 和 bios 分别是古希腊时期对应今天英文"life"的"生命"和"生活"两重意涵。zoē"表达了一切活着的存在（诸种动物、人或神）所共通的一个简单事实——'活着'"[①]，因而其所指是人的自然生命或曰生物性生命；bios"则指一个个体或一个群体的适当的生存形式或方式"，它"不是简单的自然生命，而是一种有质量的生活，生活的一种特殊方式"[②]，也就是说，它是个体在城邦共同体中所具有的政治性生命。在阿甘本的整个生命政治学体系中，这两者均为从属性概念，是为了引出和说明赤裸生命概念，后者以及生命-形式才是阿甘本生命政治学所探讨的核心概念。

---

①②　[意]吉奥乔·阿甘本：《神圣人：至高权力与赤裸生命》，吴冠军译，中央编译出版社，2016年，第3页。

　　赤裸生命概念是阿甘本生命政治学得以建构的基石,他对西方政治之生命政治属性的分析,正是基于这一概念之上。赤裸生命既不是生物性生命 zoē,也不是政治性生命 bios,而是介于这两者之间的一种生命形态。[①] 对此,阿甘本有如下两处明确表述:第一,在其"神圣人"工程系列的扛鼎之作《神圣人》一书的导言部分,阿甘本即开宗明义地作出如下明确指认:"本书的主角是赤裸生命,即神圣人的生命,他可以被杀死但不能被用来向神明献祭。"[②]由此可知,赤裸生命是神圣人特有的生命,因此他有时又将其称为"神圣生命"(sacred life)。而"神圣生命既不是政治性的 bios,也不是自然性的 zoē,而是一种处于不可区分之域的生命,在其中,zoē 与 bios 在彼此的纳入与排除中相互构建"[③],这是他对赤裸生命作为 bios 与 zoē 中间形态的一个明确指认。第二,在《神圣人》的结尾部分,他重申了这一界定:"赤裸生命是原初的政治要素,处于自然与文化、'zoē'与'bios'之间结合的界槛处。"[④]所谓"界槛处",就是指介于 zoē 与 bios 之间的不可区分之域。基于这两处明确指认,可知赤裸生命绝非福柯和哈特、奈格里等生命政治学家所论述的生物性生命,这是阿甘本的生命政治学相较于其他生命政治学理论的一个特异之处。

[①] 学界多认为福柯与阿甘本的生命政治学均以人的生物性生命为立论对象,这其实是一种误解。这是因为,福柯所谓的生命政治,是指政治权力运用安全技术从宏观层面对人口的"繁衍、出生与死亡、健康水平、寿命与长寿,以及所有能引起这些变化的条件"进行一系列干预和调节,其对象确实为人的生物性生命(See Michel Foucault, The History of Sexuality. Volume I, trans., Robert Hurley, Pantheon Books, 1978, p.136)。然而阿甘本的所谓生命政治则是指政治权力依循例外的逻辑对个体生命的剥离,在将其缩减为赤裸生命的基础上达致对其彻底宰制,其生命政治的对象是赤裸生命,这一点恰恰是阿甘本对生命政治学的创造性发展。因而,二者所谓生命政治的对象截然有别。虽然如此,但阿甘本所论的 zoē 与福柯生命政治指涉相同,加之他有时又将 zoē 与赤裸生命混同起来加以使用,导致人们在直观上认为生物性生命同样是阿甘本生命政治学的论述核心。这是当前学界对阿甘本的赤裸生命概念存在误解的根源所在(这种误解在当前国内外学界均很常见,具体参见 Thomas Lemke, *Biopolitics: An Advanced Introduction*, trans. Eric Frederick Trump, New York University Press, 2011, p.54;Claire Colebrook and Jason Maxwell, Agamben, Polity Press, 2016, p.51;蓝江:《赤裸生命与被生产的肉身:生命政治学的理论发凡》,《南京社会科学》,2016 年第 2 期)。对于福柯和阿甘本的生命政治中"生命"概念的区别的具体分析,参见拙文《福柯与阿甘本生命政治理论的根本区别——基于"生命"概念的视角》,《马克思主义与现实》,2019 年第 1 期。

[②] Giorgio Agamben, *Homo Sacer: Sovereign Power and Bare Life*, trans. Daniel Heller - Roazen, Stanford University Press, 1998, p.8.

[③] Ibid., p.90.

[④] Ibid., p.181.

　　虽然阿甘本对赤裸生命与 zoē 之间的区别作出了上述看似明确的界分，但他又将二者紧密关联在一起，认为 zoē 是"赤裸生命的一种世俗化形式"①，有时甚至将二者不加区分地混同使用。例如，他宣称："zoē 进入到城邦之域——赤裸生命本身的政治化——构成了现代性的决定性事件，标志着古典思想的政治-哲学范畴的彻底转变。"②单从语词的简单互换上看，此处的 zoē 与赤裸生命具有相同的所指，这种表述上的含混，极易给人造成赤裸生命就等同于生物性生命 zoē 的错觉，这是导致学界对赤裸生命概念产生误解的主要原因。③

　　阿甘本之所以将赤裸生命置于 zoē 与 bios 之间的不可区分之域，是因为在他看来，在这两种生命形式发生交叠之域，恰恰是政治权力致力于对人的生命进行捕获和操控，并由此彰显其生产性的场域。在生命政治的权力运行机制中，这个模棱两可的领域具有本体论上的优先性。在这里，zoē 作为一种生物性生命，是一种属于自然秩序的自在性存在，因而它甚至可以说没有资格被纳入政治之域，成为政治权力干预的对象；bios 作为一种拥有政治-法律所赋予的公民身份的政治性生命，是政治权力致力于保护和抚育的对象，因而不应对其发挥统治效力；而唯有赤裸生命这个既不能被归为 zoē 又不能被归为 bios 的生命形式，才是权力机制发挥效用，实现其对个体生命的塑造进而完全宰制的对象。处于该场域的赤裸生命，既不属于政治丝毫不会染指的自然领域，又不属于拥有司法庇护的政治场域，因而同时遭受自然和政治的双重排除。在阿甘本的语境中，这种双重排除即双重弃置，表征了赤裸生命虽身处共同体之中，却遭受其弃置而直面主权暴力，最终陷于无所依凭的悲惨境遇之中。阿甘本认为，这种悲惨性存在是生命政治境遇中人的最本真的存在样态。

---

　　① Giorgio Agamben, *The Use of Bodies*, trans. Adam Kotsko, Stanford University Press, 2016, p. 210.

　　② Giorgio Agamben, *Homo Sacer: Sovereign Power and Bare Life*, trans. Daniel Heller - Roazen, Stanford University Press, 1998, p. 4.

　　③ 然而通观阿甘本生命政治学理论体系的全貌，可以看出，他有时似乎是将二者等而视之的做法，是他对自己关于赤裸生命概念之界定的一种自我偏离，由此招致了一些学者的批评，认为他"没有在严格意义上使用他所界定的一些概念，也没有清晰地对这些概念加以阐明"。相关批评参见 Paul Patton, Agamben and Foucault on Biopower and Biopolitics, in *Giorgio Agamben: Sovereignty and Life*, Matthew Calarco and Steven DeCaroli (eds.), Stanford University Press, 2016, p. 210。

　　那么如何理解赤裸生命是一种遭受双重排除的生命？对此，阿甘本以赤裸生命的早期所有者——古罗马时代的神圣人概念予以说明。在《神圣人》中，阿甘本援引 2 世纪古罗马语法学家庞培·费斯图斯关于神圣人的记述：

> 　　神圣人是因某一罪行而被人们审判之人。不允许将此人献祭给神明，同时，杀死他的人不会因其杀人行为而担负刑责。事实上，第一部民法中有如下规定："如果某人根据公民表决而处死神圣人，那么此行为将不被视为杀人。"①

　　也就是说，在古罗马法语境中，人因犯罪而被俗世法所排除，但他又不像牛、羊、猪等牲畜那样可以被用来向神明献祭，因为人们均以自己所珍视之物献祭给神明享用，但沦为神圣人之人则被认为是"坏人或不洁净之人"（a bad or impure man），没有资格充当人们所珍视之物而被用来向神明献祭；反过来，神明亦不会向其施加庇护。在此意义上，神圣人被排除于宗教领域之外。据此，阿甘本宣称，神圣人"表现为一种双重例外的形式，既被排除于人法，又被排除于神法；既被排除于世俗领域，又被排除于宗教领域"②。这种双重例外和双重排除，最终导致神圣人的下场是任何人均可将其处死且杀人者不必担负刑责。这种远不及牛、羊、猪等牲畜的极度卑微的存在，很难算得上是真正意义上的人，就是古罗马时代神圣人概念的真实意蕴。

　　如果说古罗马时代宗教在共同体生活中占据决定性地位的社会现实，使得神圣人遭受了神法和俗世法的双重排除，那么在世俗化不断发展的现代社会，人们的生存境遇发生了决定性转变，不受某一宗教神祇庇护的人，仍然可以与其他宗教教徒和无神论者平等地生活于同一共同体之中，这似乎使得个体是否受神法的庇护抑或排除变得无关紧要。倘如此，那么阿甘本所指认的在现代性语境中的神圣人，是否就不再遭受双重排除而仅仅只

---

　　① Giorgio Agamben, *Homo Sacer: Sovereign Power and Bare Life*, trans. Daniel Heller – Roazen, Stanford University Press, 1998, p. 71.

　　② Ibid., p. 82.

是遭受了俗世法的这一重排除呢? 对于这一问题,阿甘本给出了否定的回答。这是因为,虽然他确实剔除了神学视角而仅仅从政治学视角出发剖析现代人的生存境遇,将论述焦点对准俗世法对人的排除机制,亦即政治权力将人排除于法律-政治秩序之外,但他仍旧保留了排除的双重性,只不过这个双重性的两极不再是世俗领域与宗教领域,而是政治领域与自然领域。政治领域仍然是指司法-政治秩序支撑起的共同体,而自然领域则是与政治无涉、因而政治权力不会触及的纯粹自在的生物自然界(人作为一种与其他动物、植物相类的生物,首先即属于这一领域)。当然,后一领域不是阿甘本生命政治学探讨的重点所在,更多的是一种具有标示意义的场域,一种虽是人的基本属性但又无法退回的存在状态。就此而言,在阿甘本那里,对现代人来说,神圣人的称谓更多的是一种譬喻,以此揭示现代人被权力排除进而被彻底宰制,从而陷于如同古罗马时代的神圣人所处的那种悲惨境遇。

如果说古罗马时代神圣人的产生是因为人触犯了某一罪行而被俗世法所排除,那么对于现代人而言,这种权力对人的排除——进而生产出神圣人——是如何实现的呢? 对此,阿甘本指出,西方政治尤其是现代资本主义政治的运作,存在同时并行的两种逻辑。一是显在的权利政治逻辑,这是自由主义政治哲学所确立的逻辑,它基于自然权利和人民主权原则,构建起一个独立、公正的法律秩序。在其中,共同体所有成员享有同等的公民权利,政府只不过是人民选举产生出的代表,是人民的公仆,人民才是拥有国家至高权力的主权者。这种权利政治逻辑是支撑起西方资本主义政治体制运行的基本逻辑。二是潜在的生命政治逻辑。在阿甘本看来,在资本主义政治共同体中,存在"主权者(统治者)-神圣人(被统治者)"这组对子。前者通过两种方式来操控后者:第一,主权者创制法律并操控其运行,人们只有遵从这些法律规范,在其框架内展开实践活动,才能获得主权者的承认和法律的保护,从而被赋予政治共同体的成员资格和相应的社会-法律身份。人作为政治共同体中的存在,其多样性生命形式即具体表现为诸种社会-法律身份,它是人在社会中的现实存在形式。① 第二,主权者积极地制造例外状态,如通过宣布战争状态、紧急状态的方式悬置法律,以非常规手段剥离个体的社会-法律身份,将其排除于法律秩序之外,从而以赤裸生命的形式被纳入主权者的彻底宰制之下。这种通过排除而纳入的操作,被阿甘本称为"排除性纳入"(exclusive inclusion),也是其所谓例外逻辑的核心要义。通过这种方式,个体被与其现实存在形式——亦即其诸种社会-法律身份——分离开来,以赤裸生命的形式暴露于至高权力的暴力之中,并以这一姿态被摄入政治秩序,成为至高权力统治和治理的对象。在阿甘本看来,生产赤裸生命是至高权力的基本活动,他说:"至高权力的基本活动是生产作为原初政治要素和作为自然与文化、zoē 与 bios 之间接合之界槛的赤裸生命。"②这种生产赤裸生命的活动不仅是一种指向他者的对象性活动,而且也是一种自我构建活动,对此,他说:"西方政治首先通过对赤裸生命的排除(这种排除同时也是一种纳入)来构建自己。"③由此可见,赤裸生命在西方政治中占据了核心地位。而通过纳入性排除将人缩减为赤裸生命,构成了生命政治逻辑的关键所在,正是依凭这种逻辑,主权者实现了对人的生命的彻底捕获。

　　基于上述认知,阿甘本将其把脉西方政治的生命政治学的根本对象锁定为赤裸生命。对赤裸生命的生产,概言之,就是政治权力将人的生命与其诸存在形式分离开来,其分离最终造成两个针锋相对的政治主体:主权者和神圣人。在这个对子中,"主权者是那个所有人对他而言都是神圣人之人,而神圣人则是那个对他而言所有人都担当起主权者的角色之人"④,每个人都可以对神圣人任意施加暴力乃至处死而不必为此受到任何惩处。由此可知,虽然阿甘本所勾画的主权者-神圣人之间的对立关系,似乎等同于前现

---

　　① 学界在论及阿甘本生命政治学时,多聚焦于其例外状态在西方政治运行机制中的决定性地位,而忽略了资本主义司法-政治秩序对于西方政治构建所具有的基础性作用,似乎阿甘本完全否弃了司法-政治机制对于资本主义政治秩序的维系所发挥的积极效用。事实上,对他而言,只有以资本主义司法-政治机制的存在及其有效运转为前提,例外状态及其对法律的悬置才有可能展开。因而,他不仅认同正常状态下的司法-政治机制在西方政治运行机制中所具有的基础性作用,而且将其视为构成生命政治逻辑的一个必要环节。

　　② Giorgio Agamben, *Homo Sacer: Sovereign Power and Bare Life*, trans. Daniel Heller – Roazen, Stanford University Press, 1998, p.181.

　　③ Ibid., p.7.

　　④ Ibid., p.84.

代的君主-臣民之间的对立关系,但事实上两者之间截然不同。这是因为,古代的君主具有唯一性,而现代的主权者则是多样性存在,他无须是君主,而是只要在权力关系中占据绝对优势,拥有对另一方的生杀大权,即是事实上的主权者。① 例如,在《奥斯维辛的残余:见证与档案》中,阿甘本重点论述了二战时期奥斯维辛集中营中的看守与犹太人之间的权力关系,在其中,看守相对于被关押的犹太人而言,即是握有生杀大权的主权者。在他看来,这种主权者-神圣人之间的紧张关系的构建,以及通过分离出赤裸生命来实现对人的绝对宰制的策略,是西方政治权力的核心治理术。

正是针对权力通过生产赤裸生命来实现对人的彻底宰制的政治实践,阿甘本提出了生命-形式概念,试图从根本上消解赤裸生命,进而终结西方的生命政治。从思想逻辑的演进上看,生命-形式概念的出场理应晚于赤裸生命概念,但事实上,早在阿甘本发生思想上的政治哲学转变伊始,既已创制出这一概念,这在时间上几乎与赤裸生命概念同时出场。② 在1993年的《生命-形式》一文中,阿甘本首次提出并集中阐释了“生命-形式”概念,并在区别于一般的生命诸形式(forms of life)的意义上,对其作出最基本的界定:“我用生命-形式概念来指称一种不可能与其形式相分离的生命,一种永无可能在其中分离出某种类似于赤裸生命,并维持这种分离的生命。”③并且,他还进一步补充道:“不能与其形式相分离的生命……规定了一种生命——人的生命。”④由此,我们可以得知:第一,生命-形式特指人所特有的一种生命样态。第二,这种人的生命样态最显著的特征是人的生命与其具体存在

---

① 就此而言,以阿甘本的主权者-神圣人范畴类似于君主-臣民范畴为依据,简单地将阿甘本的生命政治学视为是向前现代的倒退的观点,是对阿甘本的误解。阿甘本的本意是要借此凸显现代资本主义政治不是对人的“政治解放”,而是更深程度的奴役和异化。

② 事实上,在“神圣人”工程开启之前的《无目的的手段》这部论文集中,阿甘本生命政治学的大多数核心概念,如赤裸生命、神圣人、例外状态、生命-形式、使用、不可区分之域、来临中的共同体等,均被明确地提出并给出了初步阐述,并确立了批判和消解资本主义生命政治,构建来临中的共同体的基本目标(See Giorgio Agamben, Means Without End, trans. *Vincenzo Binetti and Cesare Casarino*, Stanford University Press, 1996)。而时间跨度长达二十年之久的“神圣人”工程的开展,可被视为他对早期这些基本概念和理论观点的系统化阐释。

③ Giorgio Agamben, *Means Without End*, trans. Vincenzo Binetti and Cesare Casarino, Stanford University Press, 1996, pp. 3 – 4.

④ Ibid., p. 4.

形式之间的不可分离,不能因二者的分离而产生出赤裸生命,"生命"与"形式"这两个语词之间的连字符"-",正是要表达和强调这种"不可分离性"。①由此可见,"生命-形式"概念的关键之处即在于这种不可分离性以及赤裸生命生产的不可能,它是赤裸生命概念的对立面。

　　凭借上述对现代西方资本主义政治运行逻辑的内在剖析,阿甘本揭示出西方政治一切弊病的渊薮,是政治权力通过一系列生命政治装置——司法-政治机制和排除性纳入的例外,将人的生命与各种各样的社会-法律身份分离开来,生产出赤裸生命,从而实现对人的彻底宰制。人远离其完满性存在而沦为赤裸生命,是资本主义对现代人进行政治异化的必然结果。要终结现代人的这种异化状态,就必须从根本上彻底终结资本主义政治对人的生命所进行的这种分离活动。而生命-形式就是要消解这种分离的可能性,担当起反抗资本主义政治权力,终结其生命政治的革命性主体的角色。

二、生命-形式存在的理论根据及其实现主体

　　如果说神圣人的赤裸生命是现代人的政治异化形式,而生命-形式则是人的完满意义上的存在形式,那么这种理想性存在是何以可能的?哪一类人能够担当起实现生命-形式的主体?事实上,早在开启"神圣人"工程之前,阿甘本既已对这两个问题进行了思考,他借助于思想和诸众这两个概念,对其作出了初步探讨,并在"神圣人"工程的收官之作——《身体之用》中,进一步深化了这些论述。

　　首先,对于生命-形式的存在何以可能的问题,阿甘本诉诸亚里士多德的潜能与现实的理论展开论述。他认为人作为一种思想性存在,其思想中蕴含着无限潜能,这是生命-形式得以存在的根本依据。对此,他采取了一种哲学考古学的方法进行论证,其基本思路是:先找寻生命政治诞生的源头,再从该源头处探究是否存在消解生命政治、创建生命-形式之可能。

---

　　①　关于"form‐of‐life"概念中连字符"‐"所表达的强调不可分离性内涵的具体阐释,参见 Sergei Prozorov, Living à la mode: Form‐of‐life and democratic biopolitics in Giorgio Agamben's The Use of Bodies, *Philosophy and Social Criticism*, 2016, Vol. 43, No. 2。

与福柯、哈特和奈格里等人将生命政治视为现代性的产物不同,阿甘本认为生命政治在古希腊时期既已存在,其判据是亚里士多德在《灵魂论及其他》中有关灵魂划分的论述。在该著中,亚里士多德指出,一般而言,人的灵魂兼备营养能力①、感觉能力和思想能力。其中,营养能力是所有人都具备的一种能力,但感觉能力和思想能力则可以是某些人所不具备的。对此,他说:"这种取食的本能是可以离立于所有其他诸能之外的,但其他诸能是不可能离取食(营养)本能而存在的,这可验之于人体(或动物体)。"②此处所谓"取食的本能"即是营养能力,是人与其他生命体为维持自身的存在而觅食和汲取营养的能力,是生命存在的根基,一旦丧失这种能力,生命体便迅疾消亡。就此而言,亚里士多德说它不可与生命体相分离,并且其他两种能力必须依附于它才能存在。阿甘本认为,亚里士多德的这一观点隐含着一种政治性意蕴,即感觉能力和思想能力可以从人的生命中分离出去,而营养能力则不可以被分离,这意味着人可以被缩减为只具有营养能力的存在。③在医学技术高度发达的今天,植物人的存在为亚里士多德在理论上所设想的这种只具有营养能力的人的存在提供了明证。因此亚里士多德对人类灵魂的这种区分,从源头上埋下了人的生命可以被缩减为生物性生命——亦即 zoē——的种子,是人的生命与其形式两相分离的肇端。基于此,阿甘本将生命政治的起源时间上推至古希腊。

阿甘本不仅指出亚里士多德哲学中存在生命政治的要素,而且还认为消解生产赤裸生命的根本出路,同样可以从亚里士多德的这种区分思路中开显出来。这就是:人具有思想能力,人的思想中内在地蕴含着消弭上述分离的潜能。阿甘本明确宣称,思想是"将生命的诸形式在不可分离的语境中

---

① 阿甘本通过考证认为,亚里士多德在《灵魂论及其他》中使用的是"营养性"(nutritive)一词,但在《尼各马可伦理学》中,他在相同的意义上使用了"植物性"(vegetative)一词,后世评论者沿用了后者而弃用了前者,导致"植物性生命"概念在中世纪广为流传并延续至今,它是现代医学中"植物人"概念的肇端。并且,"现代医学在其根基处采取了一种起源是形而上学—政治学的,而非生物性-科学的对生命的表达"。具体论述参见 Giorgio Agamben, *The Use of Bodies*, trans. Adam Kotsko, Stanford University Press, 2016, pp. 200 – 201。

② [古希腊]亚里士多德:《灵魂论及其他》,吴寿彭译,商务印书馆,1999 年,第 88 页。

③ Giorgio Agamben, *The Use of Bodies*, trans. Adam Kotsko, Stanford University Press, 2016, p. 200.

构建为生命-形式的联结"①。那么,思想的这种"联结性"体现在何处? 为了回答这一问题,阿甘本引入亚里士多德的潜能和现实理论,对思想的内涵作出新的阐释。在他看来,思想"不是对器官和心灵能力的个体性运用,而是对作为自己对象的具有生命和人类智力的潜在特性的经验的个体性运用"②,也就是说,思想不是单纯的一种思维能力,而是对人所潜藏的智力潜能的运用,这种运用即是一种现实化的行动。阿甘本对思想的理解与黑格尔关于自由意志的理解极为接近,他将思想视为人的内在生命,认为它不会满足于仅停留于主观的思维层面,而是要在人的生存实践中谋求自我实现。因此,对于他而言,思想是一个动态的生成活动,"我思"必然导向我的行动,导向将我的思想潜能现实化。就此而言,思想构成了生命-形式得以存在和建构的基本前提,因而他说:"只有思想存在,一种生命形式才能在其事实性和物性之中生成为生命-形式,在其中,永远不可能分离出类似于赤裸生命的东西。"③

虽然阿甘本用思想勾连起人的潜能及其现实化实践,但是他又不同于亚里士多德强调现实之于潜能的优先性,而是更加看重潜能的优先性、从潜能向现实转化的可能性以及这种现实化行动本身所具有的生成特性。在他看来,人的存在是由一系列生存实践所构成的,生存实践是人的思想的诸多潜能在其生存实践活动中不断地涌现和现实化的过程。因此,人是一种总是处于生成过程之中的存在,随着其潜能的不断涌现和现实化,生命变得丰满和充盈,最终成为完满性的个体存在,亦即阿甘本所设想的生命-形式。正是在此意义上,阿甘本说:"生命-形式是一种'向上跃升的方式',它不是具有这个或那个性质或特性的存在,而是这样一种存在:它是性质或特性的存在模式,是它的涌现,并由其存在'方式'持续不断地生成。"④这里的"生命-形式"指的就是完满性的人,"向上跃升"是指人的不断生成和潜能的现实化行动,其所依凭的正是人所独有的思想。就此而言,"思想是将多样性

①② Giorgio Agamben, *The Use of Bodies*, trans. Adam Kotsko, Stanford University Press, 2016, p. 210.

③ Giorgio Agamben, *Means Without End: Notes on Politics*, trans. Vincenzo Binetti and Cesare Casarino, University of Minnesota Press, 2000, p. 8.

④ Giorgio Agamben, *The Use of Bodies*, trans. Adam Kotsko, Stanford University Press, 2016, p. 211.

生命形式构建为生命-形式的一种统一性潜能",唯有凭借思想的这种统一性潜能,才能"不断地将生命与其形式重新统一起来,抑或是阻止二者被分离"①,最终构建起现实的生命-形式。

由此可见,阿甘本对人持有生存论的理解,人与其他动物和植物这些生物性生命 zoē 的不同之处即在于人有思想。作为人的内在生命,思想蕴含着无限潜能,人的生存实践活动是其潜能不断地现实化并展开的过程。正是在这个过程之中,一种完满意义上的人的存在形式亦即生命-形式才是可能的。这就是阿甘本对生命-形式的存在之可能性的论证。

其次,对于"哪一类人是实现生命-形式的主体?"这一问题,阿甘本宣称,诸众即是这一主体,是将思想的潜能现实化进而构建起生命-形式的具体承担者。他的诸众概念来源于文艺复兴时期意大利人文主义者但丁。在《论世界帝国》中,但丁指出,上帝创造万物并赋予其各自不同的功能,这些功能实质上是上帝自身潜能的多重体现,上帝创生万物的根本目的是要通过它们展现自己的无限潜能并将之全部释放出来。相较于其他动物、植物乃至天使,人亦有其独特的功能,体现为人所独具的基本能力,即人拥有可以实现出来的智力潜能。但丁说:"人类的最高潜能是其智力潜能或能力。既然潜能不能在任何单一个体或社会群体中立刻全部得到实现,那么,在人类族群中,必定需要大量个体(a vast number of individual people),通过他们,人类潜能能够被完全释放出来;这正如必定存在一些造物能被生产出来,以便造物主的潜能可以被持续不断地实现出来那样。"②阿甘本在援引这段话时,正是注意到但丁认为在人类族群中,有一群体能够将人所拥有的智力潜能全部实现出来这一观点,并表达了对人能够将其潜能全部现实化这一观点的认同。但他又相应作出了两处变动:第一,在语词表达上,他将但丁那里的"大量个体"表述为"诸众"(a multitude)③,由此将诸众指认为能够将人的全部潜能现实化的那一主体。第二,他基于人皆为思想性存在的观点,对但丁的上述观点作出激进性推进,认为既然每个人都具有思想的潜能,那么

① Giorgio Agamben, *The Use of Bodies*, trans. Adam Kotsko, Stanford University Press, 2016, p. 213.

② [意]但丁:《论世界帝国》,朱虹译,商务印书馆,1985 年,第 7 页。

③ See Giorgio Agamben, *The Use of Bodies*, trans., Adam Kotsko, Stanford University Press, 2016, pp. 211-212.

每个人就都是潜在的诸众,都存在现实化其自身潜能进而达致完满性的生命-形式的可能性,由此将诸众的涵盖范围扩大化了。

从时间上看,阿甘本对诸众概念的探讨,要早于哈特、奈格里和维尔诺。后三者要么将诸众视为反抗当代资本主义帝国,进行后现代革命的阶级式主体(哈特、奈格里);要么将诸众视为当前"资本的共产主义"时代反抗资本对人的绝对支配,重新激活当下已然停滞的政治革命行动的弥散式主体(维尔诺)。① 虽然阿甘本的诸众概念和他们共享了一定程度的在场性和革命性,但又有其特异性,这表现为以下两个方面:

第一,对于阿甘本而言,由于每个人都拥有思想的无限潜能,都是潜在的能够将其潜能现实化的诸众,因而诸众具有某种在场性。但是,这种在场绝不是一种"完成时"状态的在场,不是其本质已然实现且固定了的在场,而是一种"进行时"状态的在场,他因思想潜能的自我现实化而处于不断地生成之中,是"一直处于生成之中的人"(the becoming human of the human being),它"永远不会一劳永逸地达致,而是永不止息地发生"。② 因而,诸众的在场只是部分地在场,而不是已被给定的、完全的在场,只有诸众在生存实践活动中将其思想的潜能完全实现出来之后,作为人的理想性存在样态的生命-形式才能最终得以构建。

第二,诸众的思想内蕴着反抗性潜能,能够反抗资本主义政治权力对赤裸生命的生产和捕获行动,因而是具有革命性意蕴的主体。诸众将思想的潜能现实化的过程,就是否定和反抗当下资本主义体制对人进行政治性异化的过程。然而,不同于哈特、奈格里和维尔诺赋予诸众革命实践的历史使命,阿甘本的诸众对其潜能的现实化,并不是通过革命实践而实现的。作为一个后马克思主义者,阿甘本虽然承续了马克思主义彻底的资本主义批判精神,从司法-政治层面揭示了资本主义自由民主制的伪善面孔,解构了历史进步主义叙事中资本主义统治的合法性,但他又表现得极其另类:他不仅拒斥将革命实践作为变革现行资本主义政治秩序的主要手段,而且还否认

---

① 参见[意]保罗·维尔诺:《诸众的语法:当代生活方式的分析》,董必成译,商务印书馆,2017年,第145~147页。

② Giorgio Agamben, *The Use of Bodies*, trans. Adam Kotsko, Stanford University Press, 2016, p. 208.

马克思主义语境中生产和实践之于政治的根基性地位的论述。在他看来，如今，"政治的根本概念不再是生产和实践，而是安息性（inoperativity）和使用"①，这实质上彻底否弃了与经典马克思主义意义上的生产和实践内在相关的革命行动。事实上，早在1999年的一个访谈中，阿甘本即明确表明了自己拒斥革命的态度。虽然他委婉地指出自己既不反对个体性的反抗，也不反对集体性的阶级革命，但他又认为这两者都不是改变现有政治秩序的合理方式，在这两者之间存在第三条道路。② 这第三条道路，就是他在《身体之用》中提出的"解构性力量"（destituent power）理论，亦即废黜现有的司法秩序，进行一种对权力的非革命性钝化（disactivation）。

阿甘本之所以拒斥革命，主要是因为他认为在今天并不存在革命主体，因而政治革命也就变得不再可能。在他看来，"找寻谁是革命主体对于古典政治而言是绝对必需之事"，而"现代国家具有一种去主体化机器的功能：它是一部既争夺所有古典身份的机器，又如福柯所精巧地描绘的那样，是一部重新编码这些同样被分解的身份（很大程度上是司法性的）的机器。总是存在对这些被破坏了的主体进行一种再主体化、再认同，这些主体由于其所具有的各种身份而被取消"③。此处所谓"古典政治"并非通常意义上的前现代政治，而是一种能够在私人领域与公共领域、政治身体与私人身体之间作出清晰区分的政治形态。在阿甘本看来，在资本主义生命权力全面渗透和操控人类生活的现代政治场域中，公与私、政治身体与私人身体之间已经无法再被清晰区分，取而代之的是权力所构建的无区分之域。在一种既是又不是的暧昧不明中，个体身份被不断地消解和重构，主体随之被置于从"去主体化"到"再主体化"和"再认同"的进程之中。

例如，在经济生产领域，现代资本主义企业普遍实行的股份制，使得雇佣工人也能通过持有股份的方式成为生产资料的占有者。对于这些雇佣工

---

① Giorgio Agamben, What Is a Destituent Power? trans. Stephanie Wakefield, *Environment and Planning D: Society and Space*, Vol. 32, 2014, p. 67.

② See Jason Smith, I am sure that you are more pessimistic than I am…: An Interview with Giorgio Agamben, *Rethinking Marxism*, Vol. 16, No. 2, 2004, p. 121.

③ Jason Smith, I am sure that you are more pessimistic than I am…: An Interview with Giorgio Agamben, *Rethinking Marxism*, Vol. 16, No. 2, 2004, p. 116.

人而言,他们面临着其旧有的不占有任何生产资料的"无产阶级"身份的"去主体化",和新生的占有生产资料、甚至在一定程度上是企业的部分拥有者的"股东"身份的"再主体化"问题。在政治领域,社会底层民众可以通过民主选举的方式选举自己的代理人(亦即主权者),甚至自己也可以通过被选举而成为代理人亦即统治者阶层,因而同样存在主体身份陷入不可区分的状态。就此而言,无论是经典马克思主义语境中的无产阶级主体的革命实践,还是当代西方左翼思想家语境中的诸种反抗主体的革命实践,在阿甘本看来,实质上都是在古典政治的意义上寻求构建理想社会秩序,这显然与生命政治高度发达的当下社会现实是相背离的。事实上,当今真正的政治应当是一种来临中的政治(the coming politics),"来临中的政治将不再是一种代表或新或旧的社会主体征服或控制国家的斗争,而是在国家和非国家(人性)之间的斗争"①,亦即摆脱国家机器对人生命的剥离操作,回归人的完满性本质,这才是未来政治的基本取向。

由此可见,阿甘本是反对哈特和奈格里式的革命理论的,他更多地应被归结为致力于以一种温和方式否定资本主义,寻求一种形而上学式的无政府主义的理论家,这也是他屡遭当代西方诸多激进左翼理论家诟病的主要原因。② 这种对革命实践的拒斥,使其诸众的革命性似乎仅仅具有理论的价值,而缺乏实践层面的可操作性。

三、生命-形式的现实范例及其建构路径

虽然阿甘本从理论层面论证了生命-形式存在的可能性,并阐释了诸众

---

① Jason Smith, I am sure that you are more pessimistic than I am…: An Interview with Giorgio Agamben, *Rethinking Marxism*, Vol. 16, No. 2, 2004, p. 119.

② 例如,奈格里批评阿甘本的生命政治学"对反抗漠不关心";拉克劳认为阿甘本否弃了斗争和抵抗的诸种形式的"政治虚无主义";维尔诺则指认阿甘本是一个"缺乏政治使命的思想家","有将生命政治转变为本体论的价值范畴的倾向",其"判断严重失误"。此三人的观点分别参见 Antonio Negri, Giorgio Agamben: The Discreet Taste of the Dialectic, trans. Matteo Mandarini, in *Giorgio Agamben: Sovereignty and Life*, in Matthew Calarco and Steven DeCaroli (eds.), 2007, p. 118; Ernesto Laclau, Bare Life or Social Indeterminacy, in *Giorgio Agamben: Sovereignty and Life*, p. 22; Paolo Virno, General Intellect, Exodus, Multitude: Interview of Marco Scotini with Paolo Virno, http://www. generation – online. org/p/fpvirno2. htm。

是实现生命-形式的具体担当者,但诸众究竟是在人的生存实践中自然而然地生发出来的? 还是依据某种原则有计划地建构起来的? 对这一问题的思考和回答,构成了阿甘本晚近政治哲学的核心问题意识,他在其"神圣人"工程系列后期的《最高的清贫》和《身体之用》这两部著作中作出了重点探讨。

根据阿甘本对生命政治运行机制的分析,主权者依凭"纳入性排除"这一例外逻辑将人的生命与其存在形式分离开来,由此生产出赤裸生命。既然如此,那么只要消解这种例外逻辑,就能终止权力对生命的分离活动,回返到生命-形式这一人的本真存在形式。按照上文所述,所谓纳入性排除的例外逻辑,是主权者通过制造例外状态将社会秩序置于法律的阙如之中,在其中,人以被法律排除的姿态——亦即作为赤裸生命——而被纳入政治之域。因而,这种分离人的生命的实质是将人的生命与其诸种社会-法律身份分离开来。在这种分离行动中,至关紧要的是法律的存在,它既是针对现代人的保护机制,又是将人缩减为赤裸生命的剥离机制。只要法律秩序存在,个体就不可避免地会沦为生命政治的捕获对象,因而它是生命政治持续存在的根本症结所在。既然如此,只要构建出一种超越于现有法律秩序之外的存在主体,法律就会因失去规范对象而失效,例外逻辑亦随之不再能够发挥作用,权力对生命的分离活动便不再可能,生命-形式由此得以构建起来。这是阿甘本在实践层面探究建构生命-形式的基本运思逻辑。

虽然如此,阿甘本并未依循这一逻辑去直接着手探讨如何建构生命-形式,而是首先回溯以往的历史中是否存在这类主体。通过对基督教文献的考古学探查,他认为中世纪基督教修道院的方济各会修士在一定程度上可以被视为生命-形式的现实范例。

根据基督教文献的记载,早在4—5世纪,基督教文献中的一些宗教规则就从多个方面对基督徒的日常生活和行为进行规范。尤其是在崇尚隐修的修道院中,这些规则不仅塑造了修士们的基本生活方式,而且经过长期的发展,规则与其生命存在形式紧密绑定在一起,甚至呈现出规则内化于生命的趋向。在此基础上,修道院构建起一种有别于世俗秩序的新的共同体秩序。由于修道院的生活资料能够满足修士们的基本生活需要,因而它可以在基本与世隔绝的状况下维持运转;修士们亦游离于世俗法律之外,既不需要服膺于法律的规范效力,又不需要法律所赋予的世俗权利,只需遵从修道院规则即可享有一种和谐的共同体生活。对他们而言,法律丧失了存在的必然性,因而被完全悬置起来。正是在弃置世俗法律的意义上,阿甘本指认道:"这种作为从世俗世界抽身出去的个体和独居者而形成的修道院理想,已然提供了一种完全的社群主义生活典型的起源。"①

到了13世纪,方济各会修士将这种生命与宗教规则的结合发挥到极致。他们追随基督和使徒,严格效仿其生活方式,奉行禁欲和苦修的宗教实践。"他们赤脚行走,既不接受任何钱财施舍,也不携带任何细软、鞋子或两件束腰上衣。"对他们而言,清贫"是'使徒'生命或'神圣'生命不可分割的、本质性部分","是达到至善的唯一方式"②。因而,唯有弃置对一切外物的占有,才能实现对个体生命的救赎。

清贫不仅是修士们一种安贫乐道的生活态度,而且是一种描述他们与事物之间的关系。然而,问题在于如果他们不占有事物,那么他们与事物处于怎样的关系之中? 阿甘本指出二者之间是一种使用关系,"方济各会修士追随基督和使徒们的范例,宣布弃置一切财产权,但同时保留了对事物的实际性使用"③。他们对事物的这种纯粹性使用,在历史上被称为"清贫的使用"(poor use)。

清贫的使用有两层基本内涵:其一,在物质层面上,摒弃对事物的占有,仅基于自身生存的需要,保留对事物的纯粹性使用。事物的财产权和使用之间是可以分离的,这一点在古罗马法中既已被明确认定。古罗马法规定:"在极端必需的情形下,每个人根据自然法都拥有使用他人事物的能力。"④这是因为在古罗马人看来,存在两种律法,一是自然法,二是成文法,两者都对世俗社会具有规范效力,但相比较而言,自然法具有普遍性和优先性。根据自然法,维持自己生命的持存是人的天性,为了维系其基本生存,每个人都拥有使用他人之物的自然权利,但仅限于使用而不谋求对该事物的占有。就此而言,使用而不占有是人与事物之间的一种最低限度关系。其二,在法

---

① Giorgio Agamben, *The Highest Poverty*, trans. Adam Kotsko, Stanford University Press, 2013, p.9.

② Ibid., p.92.

③ Ibid., p.113.

④ Ibid., p.114.

律层面上,弃置对事物的所有权,从而瓦解人与事物之间的所有权关系。既然人不再执着于对事物的占有,那么罗马法所确立的所有权与使用之间的司法联结就被切断了,人(在此是方济各会修士)因此摆脱了罗马成文法经由所有权而对人的拘束,成为超越于世俗法律之外的存在,使世俗法律归于无效。阿甘本认为,正是清贫的使用所具有的这两层内涵,使得方济各会修士能够成为外在于法律的存在,他们的生命与其存在形式(宗教规则)完美地结合在一起。就此而言,方济各会修士清贫的使用为我们建构超越于法律之外的生命-形式,提供了一个重要思路。

阿甘本的生命政治学以自由主义政治哲学为潜在的对话和批判对象。在自由主义政治哲学话语中,法律秩序得以构建的根基是所有权关系,这一观念早在古罗马的自然法和民法中既已确立。后者通过人与事物之间的占有来确定所有权,再以人对事物的所有权勾连起人与人之间的关系,由此,人与人、人与物之间的关系共同编织成法律秩序,形成共同体运行的基本规范。在现代资本主义社会中,所有权关系对于法律关系的奠基作用尤为明显。阿甘本认为,既然如此,那么只要这种所有权关系存在,这套法律机制就会发挥效力,人们就不可避免地被摄入到由此所构建的生命政治装置之中,难逃被缩减为赤裸生命的宿命。方济各会修士的清贫的使用实践,是使法律无效化的装置,因而他们找到了瓦解世俗法律机制的突破口。

正是从实现对法律的超越这个层面讲,阿甘本认为:"方济各主义可以被界定为如下一种尝试:实现一种绝对外在于法律的诸种确定性之外的人类生命和实践。"①因而,它"可以被界定为创造了一种'生命-形式',亦即创造了一种与其形式不可分离的生命"②。在此意义上,方济各会修士似乎被阿甘本视为是生命-形式的一个现实范例。

然而,阿甘本又明确指出,方济各会修士还不是他所设想的真正意义上的生命-形式。这是因为,方济各主义理论家试图通过论证对所有权和使用进行分离的合法性,来证成外在于法律的存在的可能性,但这种论证思路存

---

① Giorgio Agamben, *The Highest Poverty*, trans. Adam Kotsko, Stanford University Press, 2013, p. 110.

② Ibid., p.121.

在两方面错误:"一方面,他们运用法律概念,但却从未质疑法律的有效性和基础;另一方面,他们又自认为能够运用法律的论证,通过弃置法律,来寻求一种外在于法律的存在的可能性。"①也就是说,虽然方济各会主义洞见到所有权关系对于构建法律秩序的决定性作用,因而欲以弃置事物的所有权来弃置法律,但是在其论证的展开过程中,它仅仅停留在法律的表面,试图仅仅从对事物之所有权的弃置行为来论证对法律的弃置。然而,对事物所有权的简单拒斥并不足以推出对法律的弃置。此外,更为紧要的是,它也未对所有权关系本身的正当性与否进行探究。这种否定法律的批评进路无异于舍本逐末,无法从根本上撼动乃至瓦解法律秩序,也无法为自己以超越法律之外的形式存在提供有效论证。在现实层面上,方济各会修士对一切事物之所有权的激进拒斥,既与主流的基督教教义相悖,也不为世俗法律所接受,因而遭到了来自罗马教廷和世俗法律领域的双重抵制,最终走向消亡。因而,仅从现实实践结果而言,方济各会修士未能成为超越于法律之外的存在,最终未能摆脱生命政治装置对其捕获的命运。

此外,就方济各主义的最终旨趣而言,他们所谓的清贫的使用,归根结底是一种在强烈的基督教神学信仰支撑下的宗教实践,其本意如方济各本人那样,旨在"在尘世中宣扬和更新基督的生命",并以基督的形象作为人类致力追求和实现的典范,因而具有典型的末世论色彩。而其以方济各会教义替代法律规范作为清贫的使用的前提,对于异教徒和无神论者而言,显然不具有可操作性,因而又具有明显的排他倾向。对此,阿甘本评论道:

> 方济各的旨趣所特有的末世论特征,并未在一种新的学说中而是在一种生命形式中被表达出来。通过这种生命形式,基督的生命在尘世中被重新呈现并得以完成。与其说呈现和完成的是在拯救的经济学中"位格"的历史性意蕴,不如说是基督本身的生命。在这一意义上,方济各式的生命形式是所有生命的目的,是所有生命最终的样式。自此以后,关于生命模式的诸种历史性方案都不再可能。"最高的清贫"

---

① Giorgio Agamben, *The Highest Poverty*, trans. Adam Kotsko, Stanford University Press, pp. 137 – 138.

(the highest poverty)，伴随着它对事物的使用，是如下这种生命-形式：当西方所有生命形式都达致其历史性完成时，生命-形式才得以构建。①

有鉴于此，阿甘本最终否弃了方济各会修士作为其理想的生命-形式范型，但他又认为方济各会修士清贫的使用对于我们构建完美的生命-形式而言，具有方法论上的借鉴意义，即从使用概念切入来思考超越于法律之外的存在的可能性。对此，他结合方济各主义所存在的上述两个错误，从生存论角度赋予使用概念以新的意蕴，并据此论证了生命-形式存在的正当性和建构路径。

第一，针对方济各主义未对法律的有效性和基础作出反思的不足，阿甘本聚焦于对所有权关系进行弥补。他指出，方济各主义的清贫的使用聚焦于人弃置对事物所有权的可能性，然而"具有决定性的乃是如下这种使用概念：它不奠基于弃置的行为——亦即……奠基于主体的意志，而是，可以说，奠基于事物的本质"②。也就是说，奠基于弃置行为或行为主体的意志的使用，仅仅是基于使用主体的主观性，这种主观性——亦即使用主体基于其个人意愿拒斥使用客体——不足以从根本上撼动法律对人的强大规范效力。要想从根本上解构所有权关系进而消解法律的有效性，必须从作为客观性的事物本身入手。基于这一思路，阿甘本宣称人对事物并不拥有所有权，这是因为事物的本质是其不可占有性（inappropriability），无论是人自身的身体、他者还是周遭世界，在本质上都不可能被人所占有，而只能被人所使用。在他看来，使用具有本体论的意义，是人与事物打交道的最基本方式，人们总是基于自己的某种需要而与事物产生联系，并在对事物的使用中构建起自己的生活和生命。因而，使用而不占有，这种"最高的清贫"式使用，亦即纯粹性使用，是人与外部世界之间最本真的关系，它在根本上支撑起人的现

---

① Giorgio Agamben, *The Highest Poverty*, trans. Adam Kotsko, Stanford University Press, 2013, p. 143.

② Giorgio Agamben, *The Use of Bodies*, trans. Adam Kotsko, Stanford University Press, 2016, p. 80.

实存在。① 由此,阿甘本基于纯粹性使用概念,解构了作为法律之有效性和基础的所有权关系存在的正当性。而一旦所有权关系的存在被取消,那么建基其上的法律自然也就被归于无效,由此,超越法律束缚之外的生命-形式存在的正当性得以被确证。

第二,针对方济各主义仅仅从法律层面探讨弃置法律的无力论证,阿甘本从使用的主客体之间的不可区分性出发,探寻出一种弃置法律的新构想。受海德格尔存在主义的启发,他从生存论的视角来理解人,将使用视为人之存在的一个重要面向,将人的生存理解为一种通过使用而进行的自我生成和自我建构活动。在他看来,使用不仅意指人们出于某种目的而对事物的功利性运用,而且更为重要的是,使用是人与自我的身体、他者和周遭世界之间的一种本真关系。人与自我的身体、他者和周遭世界打交道,无非是通过使用而进行的,它们之间是一种使用关系。正是在这种使用关系的建构和展开过程中,人们现实地建构起自己的生命。

阿甘本指出,在使用关系的建构中,对自己身体的使用最为根本。他说:“每一种使用都首先是对自身的使用:要进入与某物的一种使用关系之中,我必须受其影响,将我自己构建为一个使用它的人。”②即便是个体与他者和周遭世界之间的使用关系,也可以被归结为个体与其自身的关系。这种将个体与其自身的使用关系的普遍化,并非一种唯我论的观点。相反,按照阿甘本的理解,唯我论是一种囿于主客体决然分立的理论,而他则致力于消解两者的这种对立。在他看来,人绝非一种完成了的、封闭性的存在,而是一种时刻处于生成之中的、敞开性的存在。在人的认识与实践活动中,在对人自身、他者和周遭世界的使用过程中,不断地将自身的潜能现实化,从而进行自我的构建和生成。但是,这种潜能的现实化不是在某个设定的时

---

　　① 这里的“使用而不占有”乍看起来令人费解,因为它背离了当前人们所具有的如下一种惯常观念:只有当我拥有某物时,我才能自由地使用它,不会因外来因素的干预而对我的生活造成不便。事实上,阿甘本的这种剔除所有权关系的纯粹性使用具有典型的共产主义特征,最具解释性的例证是当前社会流行的共享经济,如共享单车、共享充电宝等,每个人都可以根据自身所需随时随地取用该物,但取用者并不对该物拥有所有权,人与物之间的关系只是一种纯粹性使用关系。这种关系并未对人们的生活带来不便,相反,带来的是人从对事物的占有欲下解脱出来的解放感和自由感。纯粹性使用蕴含的共产主义色彩,是阿甘本深受马克思主义影响的一个重要表征。

　　② Giorgio Agamben, *The Use of Bodies*, trans. Adam Kotsko, Stanford University Press, 2016, p.30.

间节点可以即刻完成,而是一直处于进行之中。就此而言,人是一种敞开性存在。使用即是人的敞开性生存实践。人对其身体和周遭世界的熟悉和习惯性使用,实现了客体与主体的无限亲近,甚至将其内化为主体的一个构成部分。因而二者不再是相互外在的对立关系,而是相互内在的关系。例如,人对自己双手的使用,熟练匠人对锤子的使用,由于极高的娴熟程度,锤子对于其主人而言已经不再是外在于自身之物,而是自身的不可区分的一部分。有基于此,阿甘本说,对自身的使用"隐含了主客体之对立的消解"①。而主客体间的对立一旦被消解,一旦不再需要在物我之间作出区分,那么法权层面上的所有权关系也就不复存在,存在的只是一种悬置了法律存在的、原初的前法律关系。由此,阿甘本凭借使用概念消解了主客体之间的对立,从而构建起一种外在于法律的存在。

综上所述,对于生命-形式的建构而言,阿甘本构建的生存论式使用概念产生了两个理论效果:第一,它不仅批判了自由主义政治哲学的所有权理论,而且解构了与之相应的私有性所有权关系和法律秩序,在此基础上确证了生命-形式存在的正当性,并给出了一条现实的建构路径。就此而言,使用不仅是人们摆脱当下异化存在、实现自我完善之路,而且也是反抗和终结生命政治、开启理想的政治秩序之路。第二,它表明人们应当专注于自己的在世存在,并在对自己身体的纯粹性使用中实现自我的构建和生成,而不是专注于外在事物以及对其的占有。唯其如此,才能建构起理想的生命-形式。

四、结论

从总体上讲,阿甘本生命政治学在揭示出西方政治令人悲观的面向的同时,又展现出其乐观的一面,这表现为阿甘本笃信人类作为充满无限潜能的存在,能够在纯粹性使用的生存实践中,不断地将其潜能现实化,进而彻底终结生命政治,实现生命-形式这一人的理想形态。同时,他还借用海德格尔存在主义的概念和表述方式,将使用视为此在(人)在世的根本存在方

---

① Giorgio Agamben, *The Use of Bodies*, trans. Adam Kotsko, Stanford University Press, 2016, p. 60.

式,通过纯粹性使用,此在弃置了对外物的占有,达到一种在自身之中的本己性存在状态。这是人摆脱权力对人的政治性异化,向人的本真性、完满性存在状态的复归的过程,它无须人们通过革命实践,而只需在日常的生存实践活动中即可实现。因而,赤裸生命向生命-形式的演进过程,是人自我构建、自我生成和自我完善的过程,也是向理想的共同体形式——亦即其所谓"来临中的共同体"形式——不断敞开和迈进的过程。

另一方面,通过以上的分析,我们不难发现,阿甘本对生命-形式概念的阐释,存在一种内涵上的隐晦转变。这就是,在早先的文本中,他将生命-形式视为弥合权力对人的生命与其存在形式——亦即人的社会-法律身份——所作的分离,这隐含了他认可人在既定社会法律框架下生存的基本事实。然而,当他论证实现生命-形式的可能性和途径时,他又主张弃置人对外物的所有权,运用"最高的清贫"的使用策略实现对法律的超越。这种论证理路实质上是对先前所认可的法律框架下人的诸种存在形式的否弃,由此导出的生命-形式自然就是一种超越于现有法律之外的存在,这显然意味着它已生成了新的内涵。究其转变之缘由,极有可能是经过 20 多年的探究,阿甘本最终发现,在当前资本主义体制下,单纯囿于现有的法律框架,不可能寻求到一条能够完全突破现有政治分析框架的出路。而唯有跳出这一传统框架,才可能从根本上实现对它的超越,进而构建起一种"来临中的政治"或"非国家式政治"(non – state politics)。这才是西方政治的根本出路,也是他的"神圣人"工程的最终旨归。

郭伟峰(厦门大学)

如何建构人民：拉克劳的民粹主义及其批判

　　欧内斯特·拉克劳(1935—2014)以其后马克思主义理论而受到世界范围内的广泛关注。在拉克劳看来，他的后马克思主义并不是对经典马克思主义的背叛，而是对经典马克思主义的修正和补充，从而使之具有真正解释马克思主义发展历史的能力。拉克劳的后马克思主义理论既具有对经典马克思主义的继承和批判，又受到当代西方的主要思潮，如存在主义、后结构主义、后现代主义、解构主义、精神分析理论等影响，其理论复杂艰深，晦涩难懂。尽管国内学术界近年来进行了较多的探讨，使诸如后马克思主义、霸权、激进民主等术语耳熟能详，但就拉克劳后马克思主义整体思想的理解而言，仍然处于某种晦涩的困境之中。按照笔者的看法，要理解拉克劳思想的精髓，就需要找到拉克劳思想中最为根本的关键点，即拉克劳的政治谋划。对此问题，我曾经进行过较为概要性的论述，探讨了拉克劳后马克思主义政治谋划的落脚点是"民粹主义与建构人民"[1]。然而如何理解拉克劳的民粹主义，拉克劳在民粹主义视域中是如何"建构人民"的，仍然需要我们进一步论说。因此，本文试图通过对拉克劳重要文本的解读，澄清拉克劳后马克思主义语境中的民粹主义和人民概念，并将之放在马克思主义的发展历史和当代中国的语境中予以考量，以期为解决当代中国面临的问题提供理论借鉴。

---

　　① 李西祥：《拉克劳后马克思主义的政治谋划论析》，《教学与研究》，2017 年第 5 期。

一、拉克劳的民粹主义：作为政治逻辑的民粹主义及其特征

　　民粹主义是当代世界中弥漫的一种思潮，它如同一个幽灵一样，在某些时候可能会暂时地隐去，而在某些特定的情境中又会显现出来。对民粹主义进行分析、研究和批判是我们面临的重要任务。在通常的理解中，民粹主义是一个非常模糊的、模棱两可的概念，人们经常使用这个概念，但往往语焉不详，指代不明。国内对民粹主义（populism）的翻译也并不一致，使用较为广泛的是民粹主义，但也有学者将其译为人民主义、大众主义、民众主义、平民主义等。一般而言，民粹主义这个术语含有鲜明的贬义色彩，让人们联想起"纳粹主义"，不是一种中性的、温和的主义，而是含有极端的或左或右的倾向。从历史上看，民粹主义一开始就代表着一种极端的思潮。它主要指发端于 19 世纪 40—50 年代的俄国，在 19 世纪中叶到 19 世纪末流行的一种思潮。有学者把俄国民粹主义的特征概括如下：①基于人民所喜好的价值观和愿景，声张人民立场。②把现代化进程中的"受损"归结于资本主义。③依靠俄国人民力量达到政治目的。④以区分"自己人"和"他人"的简单逻辑解释复杂问题。① 民粹主义把人民或民众当作自己的出发点和依靠力量，但对人民的理解却是片面的。所以民粹主义中的人民往往是小农阶级，并且民粹主义盲目地反对资本主义，实际上是列宁所批判的"左倾幼稚病"。在《论民粹主义理性》一书中，拉克劳试图通过对民粹主义进行理论重构，建构一种后马克思主义的民粹主义理论，并对将民粹主义中的人民概念进行理论阐释。因此，要探讨民粹主义及其相关的人民概念，我们就必须回到拉克劳的一本重要著作。正如英国学者保罗·戈尔巴多所说："21 世纪，任何有关民粹主义的讨论必然从欧内斯特·拉克劳的作品出发，尤其是《论民粹主义的理性》这本书。"②

　　在《论民粹主义理性》中，拉克劳对民粹主义运动进行了历史的回溯，指

---

　　① 关贵海、林文昕：《俄罗斯民粹主义：现象、根源与特点》，《国际政治研究》，2017 年第 2 期。

　　② ［英］保罗·戈尔巴多：《民粹主义时代》，侯丽羽译，《郑州轻工业学院学报》（社会科学版），2019 年第 1 期。

出人们对民粹主义主要存在两个方面的指责,即民粹主义的模糊性和不确定性的特点,以及民粹主义仅仅是一种修辞。但是在拉克劳看来,这两点并不是民粹主义的缺点,我们不应该因此否定民粹主义,而应在此基础上前进,得出进一步的结论。拉克劳写道:"①模糊性和不确定性并非关于社会现实的话语的缺陷,而是在某种条件下铭写在社会现实本身之中的;②修辞不是与完备独立的概念结构相对立的副现象,因为不求助于修辞机制,任何概念结构都不能找到其内在连贯性。"①这就是说,民粹主义的模糊性和不确定性,以及其作为修辞的特点并不是一种缺陷,它是社会、政治所固有的,民粹主义的这种特点恰恰也是拉克劳的话语概念所固有的。众所周知,拉克劳认为社会即话语,在此意义上社会的建构也是一种修辞学。

在此基础上,拉克劳从以下方面界定了民粹主义。首先,从根本上说,拉克劳的民粹主义不是一种运动,也不是一种意识形态,而是一种政治的逻辑。拉克劳断言:"民粹主义并非我们所理解一种运动——无论是由一种具体的社会基础还是一种特殊的意识形态导向所确定的——而是一种政治的逻辑。"②按照拉克劳的看法,政治的逻辑是相对于社会的逻辑而言的,社会的逻辑是一种代表和排除的逻辑,即在某个空间内,某些东西被代表而某些东西被排除在外。政治的逻辑则更为根本,它是社会被建构的前提和基础。在拉克劳对社会进行思考的时候,其出发点——也就是社会的最小单位——是社会要求。从社会要求出发,而这种社会要求的变化造成了社会的变化。社会要求的变化则是通过等同和差异的不同链接形成的。等同的环节以一个把多元社会要求整合在一起的完整的政治主体的建构为前提,而这又包含了内在边界的建构和体制化他者的认同。"无论何时我们拥有了结构环节的这种联合,无论这种所论及的政治运动的意识形态或社会内容是什么,我们就拥有了一种或另一种民粹主义。"③这是拉克劳在对作为政治逻辑的民粹主义进行总结。我们看到,在拉克劳那里,存在着各种各样的多元的社会要求,这些多元的社会要求通过等同链条形成了一个完整的政

---

① Ernesto Laclau, *On Populist Reason*, Verso, 2005, p. 67.

② Ibid., p. 117.

③ Ibid., pp. 117 – 118.

治行动主体。这样一个政治行动的主体形成了一个内在的边界，而在这个主体之外必然有一个外在的体制化他者与之相对抗。拉克劳反复强调，等同链条和内在边界的需要是民粹主义的两个必要条件。通过等同链条和内在边界的需要，才建构了民粹主义之人民。

其次，拉克劳指出，民粹主义具有两个重要的特征，即名字和情感。名字和情感与拉克劳的虚空能指的逻辑有关。我们知道，拉克劳非常重视虚空能指在政治建构中的作用。在他看来，后马克思主义的霸权斗争，就是为虚空能指而进行的斗争。虚空能指是什么呢？归根结底，虚空能指就是一个名字。拉克劳曾经指出："它是一个名字。……用拉康的话说，对象的统一性只不过是对它进行命名的回溯性效果而已。……如果那些特征在根本上是异质的，那么对象的统一性不是别的根据，正是那种对它进行命名的行为。这说明了我们的如下命题：名称是物的根据。"①这是拉克劳的一个基本思想，即从虚空能指逻辑出发的结论是，名字构成了事物的基础，而不是事物构成名字的基础。正如拉克劳所一贯坚持的那样，所谓的同一体并不存在，同一体都是虚假的同一体。同一体是一种意识形态的建构。民粹主义中的人民即民众的同一体也是这样的虚假同一体，最终只是一个名字。人民是由要求的等同链条而建构的，然而这个等同链条上的要求不是差异性的，而是异质性的。也就是说，这些要求不能被放置在一个具有同样基础的差异性的系统之内。因此就带来了两个重要的后果："①民众主体的统一性的环节是在名义的层次上给出的，而不是在概念的层次上给出的——就是说，民众主体总是多个单一性；②恰恰因为名字不是在概念上被奠基的，因此这些它想要去包含和排除的要求之间的界限就模糊了，并服从于永恒的论争。"②用通俗的话说，就是由于人民这个民众的主体是名义上的，没有实质的内容，因此它实际所包含的内容就是在斗争中、在论争中才能确定的，它不断地变化着。这也正是民粹主义的模糊性和不确定性的原因。

与名字相关的另一个因素是情感。拉克劳从拉康的对象 a 的逻辑来解

①　[阿根廷]欧内斯托·拉克劳：《意识形态与后马克思主义》，陈红译，《马克思主义与现实》，2008 年第 6 期。

②　Ernesto Laclau, *On Populist Reason*, Verso, 2005, p. 118.

释情感因素。拉克劳认为,在拉康的符号界和实在界的关系中,由于实在界包含在符号界中,因而符号界是不平衡的,这种不平衡就造成了一种贯注,这种贯注就是情感。"实在界在符号界中的在场包含了一种不平衡:对象 a 预设了一种差异性的贯注,而正是这种贯注我们称之为情感。"①如果在一个符号性的建构中,所有因素都是相同的,那么就不存在贯注,也不存在情感,然而历史的发展也就不存在了。"首先我们拥有我们徒劳地去追求的神秘的完满:即恢复母子一体,或用政治的话说,是完全调和的社会。然后我们拥有驱力的部分化:在某个点上体现了最终无法获得的完满的多元的对象 a。"②用浅显易懂的话来说,就是在符号界中存在的多个不同的存在,它们之间的力量是不平衡的,其中必有一部分存在较为重要,它们在一定的时刻就充当了对象 a,而这些存在物就是赋予了某个不可能的完满以形体的东西。但是,赋予某事物形体也就是赋予事物一个名字,而现在被赋形的整个事物是不可能的完满,因此这个事物就成为情感灌注的对象。从拉康精神分析的角度说,就是这个事物获得了某种乳房价值,即超出了其本身的那种母子一体的完满性的价值。正如拉克劳所说:"赋形某个事物只能意味着给予被赋形的事物一个名字;但是,因为被赋形的事物是不可能完满的,某种没有其自身独立的一致性的事物,所以这个'赋形'的存在物就变成了贯注投资的完满对象。"③我们看到,所谓的对象被情感灌注投资,实际上就是精神分析所说的一个普通的对象通过占有对象 a 的位置而变成了崇高对象,也就是精神分析的崇高化(sublimation)的过程。④ 用政治的话语来说,这就是一个民主的(democratic)要求如何变成一个民众(或民粹)(popular)要求的过程。一个民主的要求本身只是多个差异化的民主要求之中普通的一个,由于某种原因,超越了民主要求,变成了某种它与之不可通约的、超出其本身的事物的名字。当一个民主的要求通过了这一过程,这个要求就变成了民众(民粹)的要求。这时,这个名字具有了某种超出其本身的色彩、意义,即被崇高化了,而这个名字也就变成了缝合点。拉克劳写道:"它必须变成崇高化的

---

① Ernesto Laclau, *On Populist Reason*, Verso, 2005, pp. 118 – 119.

②③ Ibid., p. 119.

④ 李西祥:《从卑俗到崇高——论拉康之"对象 a"到齐泽克之"崇高对象"的嬗变逻辑》,《云南大学学报》(社会科学版),2014 年第 1 期。

缝合点;它必须获得某种乳房价值。只有此时名字才与概念脱离,能指才与所指脱离。没有这种脱离,也就没有民粹主义。"①正是由于这一点,拉克劳指出,后马克思主义的霸权逻辑与对象 a 的逻辑是同一种逻辑。②

最后,拉克劳强调,民粹主义的第三个方面是等同逻辑与差异逻辑的运作。通过等同逻辑和差异逻辑的运作,霸权才得以建构,人民才得以形成,才存在着民粹主义。这是拉克劳关于民粹主义中最为关键和最为核心的部分,也是极难理解的部分。拉克劳认为,存在着两种社会建构的逻辑,一种是差异逻辑,一种是等同逻辑。在差异逻辑中,社会要求保持了特殊性,通过对特殊性的肯定,这些特殊性与其他特殊性之间的联系只是差异性的;在等同逻辑中,通过部分特殊性的屈服,强调了一切特殊性之间的——等同性——共同点。通过差异逻辑建构的是一种制度主义的社会,例如福利国家和新自由主义都强调差异性,前者是通过国家强调差异,而后者是通过市场强调差异。按照拉克劳的看法,这种通过差异逻辑来建构的社会是一种制度主义话语,它是与民粹主义话语不同的一种社会话语。在民粹主义社会话语的建构中,等同逻辑具有特权性。在民粹主义中,这种特权化意味着,等同和差异在社会的运作中是不可消解的,总是存在着等同和差异的运作,在等同和差异的结合点上,才能建立一个社会同一体。另一方面,由于社会中存在的要素的不平衡性,总体化总是要求一个差异性的要素占据代表不可能的整体的位置。因此,某个同一体就被从差异领域中找出来,它为这个总体化的功能赋予形体。③

等同逻辑和差异逻辑的运作中存在着一个变化的游戏,这一游戏是铭刻在民粹主义的性质本身之中的。我们知道,等同逻辑并不能消灭差异,而是将差异铭刻在等同之中。拉克劳说:"任何社会层次或制度都可以作为等同铭刻的表面而运作。"通过这种差异在等同中的铭刻,才建构了一个民众的同一体,建构了人民,而这就造成了人民具有两面性。"任何出现的'人民',无论特征如何,都将呈现出两面:一面是与现存秩序的断裂;另一面则

①　Ernesto Laclau, *On Populist Reason*, Verso, 2005, p.120.

②　李西祥:《精神分析与后马克思主义的隐秘链接——以拉克劳为例》,《马克思主义与现实》,2015 年第 4 期。

③　Ernesto Laclau, *On Populist Reason*, Verso, 2005, pp.80 – 81.

在存在着基本错位之处引入了'秩序安排'。"①拉克劳以两个例子来说明这种等同与差异的运作:一个是在毛泽东的长征,另一个是巴西的德巴罗的保护主义的"科萨·诺斯特拉"。二者虽然初看上去完全不同,但二者都包含了一种民粹主义的运作。在毛泽东的长征中,人民是在拉克劳所说的民粹主义的意义上运作的,是从多元的对抗情境中建构的历史主体。而在德巴罗的情况中,尽管与毛泽东对人民的建构在本质上不同,但是二者却有相同的逻辑。"共同要素是由一种反制度的维度,一种对政治规范化、对'常规事务'之挑战的在场构成的。在两种情况下都求助于底层。"②

从以上拉克劳对民粹主义概念的几个方面的论述可以看出,拉克劳的民粹主义和我们通常所理解的民粹主义是具有很大差别的。拉克劳把民粹主义看作一种政治的逻辑,这种逻辑和其霸权逻辑是同义的,在等同与差异的运作中,差异被铭刻在等同之中,从而形成了一个社会同一体,形成了人民,而这个社会同一体的概念又最终成为一个名字,并被贯注情感。因此,拉克劳认为,民粹主义并不反对个人崇拜,从民粹主义的名字和情感的方面看,恰恰说明了对领袖的情感依赖和崇拜是民粹主义的合理结果。如同我们看到的,拉克劳的民粹主义理论中,一个关键的术语就是社会同一体,或者民众同一体,民众同一体就是人民。在拉克劳看来,后马克思主义的激进政治的主要任务就是建构人民,那么人民是如何建构?这是我们需要进一步探讨的问题。

二、如何建构人民:拉克劳民粹主义视域中的人民生产

虽然拉克劳在 2005 年问世的《论民粹主义理性》中才把民粹主义和建构人民作为其核心论题,但是其对民粹主义和人民的关注却可以追溯至《马克思主义理论中的政治和意识形态》(1977)。在这部早期著作中,拉克劳已经开始思考民粹主义的问题,开始思考人民和阶级之间的关系了。在结论的部分,拉克劳写道:"民粹主义出现于一个具体的意识形态领域中:它是被

---

① Ernesto Laclau, *On Populist Reason*, Verso, 2005, pp. 121 – 122.

② Ibid., p. 123.

政治话语的双重链接所建构的。'人民'和阶级之间的辩证张力既在统治者之中也在被统治者之中决定了意识形态的形式。'人民'的变形存在于其与阶级的链接的不同形式之中。"①我们可以看出，这里的人民概念和阶级概念仍然是紧密联系的，在某种意义上说，阶级从根本上决定了人民。此时拉克劳仍然处于传统的经典马克思主义框架中，其反基础主义、反本质主义的后马克思主义霸权理论尚未体系化。此后，拉克劳和墨菲出版了在马克思主义理论界引起广泛关注的《霸权与社会主义策略》（1985），明确提出了对经典马克思主义的批判和霸权理论，该著作最终的落脚点是激进民主政治。在其后不久，拉克劳出版了《我们时代革命的新反思》（1990），坚定地反驳了对后马克思主义的种种质疑。这一段时期，拉克劳的论述中较少提及民粹主义和人民概念。直到《论民粹主义理性》的出版，我们才看到，拉克劳又回到了早期的民粹主义主题上来，并明确地提出了建构人民这一重要的理论主题，用其后马克思主义的霸权逻辑来解释民粹主义。虽然拉克劳对后马克思主义和霸权的论述中并较少论及民粹主义和人民的问题，但其基本的思想却为民粹主义的专门论述奠定了基础。这说明，对民粹主义和人民概念的关注始终潜蕴在拉克劳的政治思考的核心处。

正如民粹主义是相对于阶级斗争而提出的一样，拉克劳的人民概念是相对于经典马克思主义视域中的阶级概念而言的。首先要注意的是，拉克劳的人民概念与其异质性概念相关。那么，什么是异质性呢？我们从拉克劳的一个论断来看——拉克劳曾经断言："异质性是实在界的另一个名字。"②这就是说，在拉康那里的实在界概念，在拉克劳的政治理论中则成为社会的异质性概念。拉克劳有一个著名论断——社会是不可能的，而社会的不可能性是拉康的著名命题"性关系并不存在"的拉克劳版本。③ 实在界是抵御符号化的障碍物，符号化失败了，因此我们发现存在着实在界。同样，异质性的东西就是抵御着社会得以建构的东西，是社会内部的核心对

---

① Ernesto Laclau, *Politicsand Ideology in Marxism*, Verso, 1982, p. 194.

② Ernesto Laclau: Why Constructing a People is the Main Task of Radical Politics, *Critical Inuqiry* 32（Summer, 2006）, 2006, p. 669.

③ 李西祥、乔荣生：《意识形态与社会建构：在不可能与可能之间》，《社会科学辑刊》，2012 年第 5 期。

抗。因此,异质性重要的比较参照就是差异,而在等同逻辑和差异逻辑中,我们就已经看到,差异实际上是同质性空间中的差异,差异之物尽管不同,但却属于一个同质性空间,也就是说,它们的差异不是本质上的差异。拉克劳写道:"社会异质性并非意指差异,为了使两个实体有所差异,就需要差异表征的空间,而我现在所谓的异质性预设了那个共同空间的缺席。"①异质性不是某种可以被消除的东西,而是总是存在着的,对社会而言是建构性的,这种建构性的异质性带来了一系列的后果,其中最重要的后果与阶级斗争相关。

让我们从拉克劳对黑格尔和马克思的历史理论的研究开始。黑格尔的辩证法预设了一个历史,这个历史是绝对精神之展开的历史,在这个历史中,并不存在异质性事物。然而在黑格尔的历史观中,仍然存在着一个盲点,即"无历史的人",它不能被黑格尔历史辩证法的辩证转化所吸收。拉克劳说:"在这幅图画中存在一个盲点:这就是黑格尔所谓'无历史的人',他们不代表这个辩证序列中的任何差异环节。"②同样,在马克思那里,拉克劳也发现了同黑格尔的历史观中的"无历史的人"一样的存在,这就是流氓无产者。在黑格尔和马克思那里,无历史的人和流氓无产者在整个图景中的作用并未得到重视。而在拉克劳看来,无历史的人和流氓无产者具有某种症候性的作用,正是这些看似偶然性的存在,这种污染了整个必然性图景的异质性,导致了拉克劳的霸权逻辑。拉克劳写道:"这就是为什么流氓无产者问题对我而言十分重要的原因。它是使更宽泛的问题——关于结构社会现实的逻辑的整个问题——得以阐明的捷径。这也是为什么我说流氓无产者的问题是症候的原因。"③由于异质性因素的建构性地位,拉克劳强调了随之而来的三个重要结果。首先,在异质性/同质性之间的辩证法中,异质性是首要的。其次,异质性的建构性和首要性必然导致政治的首要性,而拉克劳所说的政治并不是社会部门,而是一种偶然的链接,即霸权。最后,在社会同一体的建构中,"异质性的反映自身将采用同质的事物被异质的事物扰乱

---

① Ernesto Laclau, *On Populist Reason*, Verso, 2005, p. 140.

② Ernesto Laclau: Why Constructing a People is the Main Task of Radical Politics, *Critical Inuqiry* 32(Summer,2006), 2006, p. 666.

③ Ibid., p. 667.

的形式(再次地,实在界的出现)"①。从建构性的异质性来分析马克思主义的发展历史,可以看到,人类历史并非如经典马克思主义理论所说的那样是一个必然性发展过程,而是一个充满了异质性因素的偶然性过程。

拉克劳认为其民粹主义的人民概念是内在于马克思主义发展史的。在马克思主义发展史的内部,同质性的话语总是被异质性所打破,这种异质性对同质性的打破就造成了经典马克思主义理论中的阶级的概念被人民的概念所取代。拉克劳以列宁主义的发展为例证,说明了这个过程。拉克劳指出,组成经典马克思主义的同质性的话语的原则有以下几个:"一个是历史行动者的阶级性质的假设。第二是把资本主义视作一系列由统一的内生决定的经济逻辑所支配的一系列有序阶段的观点。第三,这是对我们的论点极为重要的观点,按照这个观点,工人阶级的战略目标完全取决于资本主义的发展阶段。"②在俄国革命中,实际的革命并不能按照马克思主义的理论设想来进行。因为俄国的资本主义发展比较落后,俄国的资产阶级并不能承担起建设资本主义文明的使命。在资本主义发展不充分的情况下,俄国的工人阶级也不可能承担起共产主义革命的任务。那么,实际上,俄国革命的任务是由谁承担的呢?"在这种情况下,民主的任务就必须被不同的阶级所承担(根据列宁是工农联盟,在托洛茨基的观点中则是工人阶级)。这种被不是其自然承担者的阶级所承担任务的症候被俄国社会民主党称为霸权(领导权),由此将这个术语引入了政治语言。在此我们已经发现了打乱马克思主义范畴的平稳系列的异质性。"③也就是说,本应由资产阶级承担的资本主义革命的任务,由工农联盟或工人阶级承担,传统的阶级论的观点就被证明是失败的。这就是拉克劳所说的"不平衡的联合发展"所导致的结果。因为存在着不平衡的联合发展,历史的任务不能赋予一个单一的阶级,而任务和其完成者即历史行动者之间存在着错位,因此历史行动者就不再是一个单一阶级,而是民众同一体,即人民。拉克劳指出:"因为越是不平衡的联合发展对任务与行动者之间关系的错位越深刻,将任务赋予先天规定的自

---

　　① Ernesto Laclau: Why Constructing a People is the Main Task of Radical Politics, *Critical Inuqiry* 32(Summer,2006), 2006, p. 672.

　　②③ Ibid., p. 673.

然行动者的可能性就越小,行动者就越是不被看作具有不依赖于其所承担任务的同一体。由此我们进入了我称之为偶然性的政治链接的领域,进入从严格的阶级论向更广义民众同一体的转化。"①在拉克劳看来,传统的经典马克思主义所不能解释的历史发展问题,可以由霸权理论来解释,而霸权理论的核心就在于抛弃狭隘的阶级论而转向更广泛的人民的建构。拉克劳认为,在列宁主义那里,在毛泽东思想中,在南斯拉夫的铁托那里,都是以人民的建构为中心的。

那么人民是如何建构的? 我们已经知道的是,在拉克劳那里,人民是作为政治逻辑的民粹主义的核心范畴,如果拉克劳的政治就是民粹主义,那么民粹主义的最终指向就是建构人民。如前面所提及的,民粹主义有两个重要的先决条件,即一个内在边界和一个等同链条的形成。而等同链条的形成就是人民的建构。拉克劳写道:"如果它们不能结晶在某种不再把民主要求表征为等同的,而是等同链条本身的话语同一体中,等同关系就不能超出其团结的模糊感觉。只有这种结晶化(crystallization)的环节才真正建构了民粹主义的'人民'。"②拉克劳说明这种结晶化的出发点是平民(plebs)和民众(populus)之间的分裂,即在一个共同体的空间中的连续性由于平民把自己展示为民众的总体而分裂了。这种结晶化实质上是平民代表了民众总体,也就是部分代表了总体。这种部分把自己确定为总体,认同为总体的逻辑,实际上也是拉克劳的霸权逻辑的运作。拉克劳写道:"如果没有从多元的民主要求中建构民众同一体,就没有霸权。因此,让我们把民众同一体定位在说明了其出现和解体的条件的关系的复杂性中。"③

拉克劳指出,民众同一体的建构包含了两个重要的方面。第一个方面即民众同一体所结晶化的要求是内在分裂的,它本身是特殊的,但是却代表了普遍。例如,在 1989 年之后的东欧,市场不再仅仅是一种经济模式,而是代表了民主、自由、与西方的接轨等。第二个方面即民众同一体的建构和虚空能指的生产是吻合的。我们知道,在拉克劳看来,虚空能指的生产对于政

---

① Ernesto Laclau: Why Constructing a People is the Main Task of Radical Politics, *Critical Inuqiry* 32(Summer,2006), 2006, p.674.

② Ernesto Laclau, *On Populist Reason*, Verso, 2005, p.93.

③ Ibid., p.95.

治而言具有非常重要的作用,政治在某种意义上就是虚空能指的生产。①民众的同一体是围绕着某些能指而凝缩的,这些能指指向作为总体的等同链条。这些等同链条包含了越来越多的连接,这些连接越是扩大,这些能指所包含的意义就越是远离其原初意义即个体的要求,而趋向于虚空。拉克劳写道:"链条越是扩展,这些能指就越是不再固着于他们原初的特殊要求。""从一个扩展的视角看,民众同一体越来越变成完整的,因为它代表了一个要求的更大的链条;但是它在意向上变得越来越贫乏,因为它必须丢弃那些特殊内容,以便包含完全异质性的社会要求。就是说:民众同一体作为一种趋向于虚空的能指而发挥功能。"②拉克劳非常重视虚空能指的这种虚空性,认为它并不是一种抽象,要注意把虚空性与抽象区别开来。虚空性指向了一种具体的否定性。这种具体的否定性是内在于民众同一体之建构的。例如,在一个激进混乱的场景中,人们的要求是某种秩序,而这种秩序并无任何具体内容,也就是说,至于这种秩序的具体安排如何,则是第二位的考虑。秩序、正义、自由、平等等术语都具有这样的特点,它们并不是指向某种具体的建构,不具有任何肯定性的内容,而是指向一种虚构的完满。拉克劳写道:"这些术语的语义学作用不是表达任何肯定的内容,而是如我们看到的,作为建构性的缺席的完满的名字而发挥作用。正是因为不存在一种在其中一种或另一种非正义不存在的情境,'正义'作为一个术语才有意义。因为它命名了一种无差别的完满,所以它没有任何概念内容:它不是抽象的术语,而是在严格意义上的虚空。"③为了说明这种空,拉克劳援引了阿尔都塞在分析俄国革命时的分析。在俄国革命中提出的口号是"和平、土地、面包",而这三个术语实际上代表了"自由、正义",即"自由、正义"这些虚空的术语被投注到"和平、土地、面包"这些特殊的、具体的术语上。"虚空的环节在此是决定性的:没有诸如'正义''自由'这些空的术语被投注进这三个要求,后者将仍然封闭在其特殊性中;但是由于投注的激进特征,'正义'和'自由'的虚空性的某些东西被传递给了这些要求,因此它们保持了超越了它们

---

　　①　[英]欧内斯特·拉克劳:《虚空能指缘何对政治重要》,李西祥译,《郑州轻工业学院学报》(社会科学版),2019年第1期。

　　②　Ernesto Laclau, *On Populist Reason*, Verso, 2005, p.96.

　　③　Ibid., pp.96-97.

实际的特殊内容的普遍性的名字。然而特殊性并未被消除:正如一切霸权构型中一样,民众同一体变成总是普遍性和特殊性之间的张力/协商的点。现在应该清楚了,为什么我们涉及的是空,而不是抽象:和平、土地、面包不是1917年所有的俄国社会的要求的概念的公约数。"①

　　正是由于这种趋向于虚空能指的特征,使得民粹主义具有了两个重要的方面。首先,民粹主义的符号具有不精确性和模糊性。然而,民粹主义符号中的不精确性与模糊性不是一种缺陷,而是政治所内在固有的一种特征,因为民粹主义的统一性发生于一个激进异质性的社会领域之中。拉克劳写道:"给予了民众阵营统一性或一致性的虚空能指的特征不是意识形态或政治的不发达的结果;它只是表达了这个事实,即任何民粹主义的统一都是发生在一个激进异质性的社会领域的。"②其次,民粹主义的人民建构所相关的一个问题是领袖的核心性问题。这一问题实际上与前面所说的"名字与情感"紧密相关。拉克劳认为,关于领袖的核心性问题,不能从暗示和操纵这一传统的视角来解释。我们知道,在拉克劳的民粹主义的逻辑中,一个等同链条越是扩展,那么代表这个等同链条的能指就越是趋向于虚空。同时,在民粹主义逻辑中,这个虚空的能指又回溯性地建构了这个过程。因此,虚空能指并不是外在地被动地被建构的东西,而是整个逻辑中的决定性环节。拉克劳清楚地写道:"民众符号或同一体,作为铭刻之表面,不是被动地表达了在其之中铭刻的东西,而是通过其表达过程本身实际上建构了它所表达的东西。换言之:民众主体立场并不仅仅表达外在于自身和先于自身被建构的要求的统一体,而是在确立那种同一体中充当了决定性环节。"③由于这个虚空能指的决定性作用,我们就遇到了一个关键的问题,即我们从原先的概念秩序进入了名义秩序,这个秩序不是由其概念即具体内容而决定,而是由其名字来决定。在这种情况下,事物与名字的关系颠倒了。"名称成为事物的根据。"④拉克劳进一步的论证指出,这个名称所建构的异质性要素的同一体必然是一个单一性(singularity),而这个单一性的极端就是个体性(indi-

①　Ernesto Laclau, *On Populist Reason*, Verso, 2005, p. 97.
②　Ibid., p. 98.
③　Ibid., p. 99.
④　Ibid., p. 100.

viduality),而个体性引向了领袖之名字。"以这种方式,几乎不知不觉地,等同逻辑引向了单一性,而单一性引向领袖的名字与群体的统一体的认同。"①因此,在民粹主义之人民的建构中,领袖的名字并不是外在于这个过程的,而是内在于这个过程的,是一个重要的环节。在拉克劳的民粹主义逻辑中,人民与领袖之间并不存在矛盾,而是内在一致的。

拉克劳的民粹主义视域中的人民建构,是一个复杂的逻辑,这个逻辑实际上也就是拉克劳后马克思主义的霸权逻辑。在这个过程中最重要的是差异链条和等同链条的生产,特别是等同链条的生产,而等同链条的生产也就是民众同一体即人民的建构。在这个建构过程中,必然趋向于一种虚空能指的生产,这个虚空能指最终又是一个名称,而这个名称就是领袖的名字。民粹主义的人民这个民众同一体也符合拉克劳所说的一般同一体的特征,即它是不可能的,又是必要的。拉克劳反复指出:"体系的整体是一个既不可能又必然的对象。不可能的:由于等同与差异之间的紧张关系是难以克服的,所以没有任何的实际对象与那个整体相符合。必然的:如果没有那种对象,任何意指过程都不可能发生。"②在革命政治中,人民也是一个既不可能而又必要的对象,只有建构起了人民,政治的主体才得以说明,整个革命政治的建构才具有了可能性。

三、基于历史唯物主义的拉克劳人民概念批判

众所周知,在经典马克思主义的传统理论中,人民是一个重要的理论范畴。当然,经典马克思主义理论中的人民概念并不是如拉克劳在其民粹主义的政治逻辑中所描述的那样,取代了阶级概念的范畴,而是与阶级概念紧密相关的,是以阶级为基础而建构的。我们可以看到,在马克思主义发展史上,对人民的理解也经历了一个复杂的历史过程。回顾这一复杂的历史过程,厘清人民概念的重要意义,特别是在当代社会中厘清人民概念,并厘清

---

① Ernesto Laclau, *On Populist Reason*, Verso, 2005, p. 100.
② 〔英〕欧内斯托·拉克劳:《意识形态与后马克思主义》,陈红译,《马克思主义与现实》,2008年第6期。

人民指涉的具体内容,不仅是一个重要的理论问题,而且是具有重大现实意义的实践问题。由于篇幅所限,在此我仅以马克思恩格斯和毛泽东的论述为例,探讨拉克劳的民粹主义的人民概念与经典马克思主义的人民概念之间的关系。

马克思恩格斯在其论著中曾经反复论及有关人民的思想。我们知道,人民群众是历史的创造者,这是马克思主义理论的一个基本命题,这一命题从马克思恩格斯思想中就已经有所体现,而经由列宁、毛泽东等的发展,成为经典马克思主义的一个重要的思想。仔细研读马克思恩格斯的论述,我们发现,在马克思恩格斯那里,虽然人民这个词还没有成为核心的词汇,但是已经包含了丰富的人民相关的思想。在马克思恩格斯看来,人是历史的主体,历史是人民群众的事业,正是人民群众的活动创造了历史。在《神圣家族》中,马克思恩格斯就指出:"历史什么事情也没有做,它'并不拥有任何无穷无尽的丰富性',它并'没有在任何战斗中作战'!创造这一切并为这一切而斗争的,不是'历史',而正是人,现实的、活生生的人。'历史'并不是把人当做达到自己目的的工具来利用的某种特殊的人格。历史不过是追求着自己目的的人的活动而已。"①"历史活动是群众的事业。随着历史活动的深入,必将是群众队伍的扩大。"②我们还注意到,在马克思恩格斯那里,对历史主体的理解,对人民的理解,是与其阶级斗争的理论紧密联系的。阶级分析是马克思恩格斯所创造的分析方法。在《共产党宣言》中,马克思恩格斯对欧洲社会进行了详尽的阶级分析。他们不仅分析了资产阶级和无产阶级的历史形成,而且对社会中的其他阶级及其分化进行了分析,其中包括旧的贵族、中间阶级(包括小工业家、小商人、手工业者、农民)、流氓无产者等。《共产党宣言》描绘了在社会运动中,部分资产阶级、社会的其他阶级,在资本主义生产中产生变动,部分地会转化为无产阶级的过程。这就是说,在资产阶级与无产阶级的斗争中,无产阶级并不是一个固化的阶级,而是不断变动的阶级,它包含了其他阶级中转化而来的部分。但是,只有无产阶级才是真正革命的阶级。"在当前同资产阶级对立的一切阶级中,只有无产阶级是真正

---

① 《马克思恩格斯全集》(第 2 卷),人民出版社,1957 年,第 118~119 页。
② 同上,第 102 页。

革命的阶级,其余的阶级都随着大工业的发展而日趋没落和灭亡,无产阶级却是大工业本身的产物。"①"过去的一切运动都是少数人的,或者为少数人谋利益的运动。无产阶级的运动是绝大多数人的,为绝大多数人谋利益的独立的运动。无产阶级,现今社会的最下层,如果不炸毁构成官方社会的这个上层,就不能抬起头来,挺起胸来。"②马克思恩格斯在这里所说的以无产阶级为基础的绝大多数人,在一定意义上也就是现在我们所说的人民。

　　虽然马克思恩格斯的思想中已经包含了丰富的人民思想,但是在马克思主义发展史上,真正使人民概念得以核心化的是毛泽东。毛泽东的人民概念是阶级分析的延伸,是建立在阶级分析的基础之上的。1925 年,毛泽东在对当时中国社会进行了充分调查之后,写作了《中国社会各阶级的分析》,对社会中存在的阶级进行了详尽分析,包括地主阶级和买办阶级、民族资产阶级、小资产阶级、半无产阶级、无产阶级,并指出了大体人数比例。毛泽东写作这篇文章的目的在于分清谁是我们的敌人,谁是我们的朋友。他在文章结束时总结道:"一切勾结帝国主义的军阀、官僚、买办阶级、大地主阶级以及附属于他们的一部分反动知识界,是我们的敌人。工业无产阶级是我们革命的领导力量。一切半无产阶级、小资产阶级是我们最接近的朋友。那动摇不定的中产阶级,其右翼可能是我们的敌人,其左翼可能是我们的朋友……"③对朋友和敌人的划分,是毛泽东人民概念的原初来源。在后来的革命生涯和理论总结过程中,毛泽东在这种划分敌友的基础上逐渐深化了其思考,提出了人民这个概念,并一直把说清楚人民的范围作为自己的一个重要理论目标,因为只有说清了人民是谁,才能认清革命的主体力量,才能制定正确的革命策略。1940 年 1 月,毛泽东指出:"无论如何,中国无产阶级、农民、知识分子和其他小资产阶级,乃是决定国家命运的基本势力。"④1942 年 5 月,毛泽东指出:"什么是人民大众呢? 最广大的人民,占全人口百分之九十以上的人民,是工人、农民、兵士和城市小资产阶级。"⑤1949 年 6

---

① 《马克思恩格斯文集》(第二卷),人民出版社,2009 年,第 41 页。
② 同上,第 42 页。
③ 《毛泽东选集》(第一卷),人民出版社,1991 年,第 9 页。
④ 《毛泽东选集》(第二卷),人民出版社,1991 年,第 674 页。
⑤ 《毛泽东选集》(第三卷),人民出版社,1991 年,第 855 页。

月,毛泽东指出:"人民是什么? 在中国,在现阶段,是工人阶级,农民阶级,城市小资产阶级和民族资产阶级。"①我们看到,虽然毛泽东在不同时期所讲的人民含义有所变化,但大体上是一致的,即以工人阶级和农民阶级为基础的,与其他赞成工人、农民利益或者与工人、农民的诉求相一致的阶级的联合。在后来的发展中,毛泽东的人民思想逐渐深化,形成了一系列有关思想,包括"全心全意为人民服务"的思想,"一切依靠人民,一切为了人民"的思想,"人民是创造世界历史的动力"的思想,以及与之相关的党的群众路线思想。正是随着毛泽东的理论探索,人民概念逐渐成为中国政治话语中一个耳熟能详、家喻户晓且让人倍感亲切的概念。人民概念在马克思主义理论中的核心化,是毛泽东的一个重大的理论贡献。

回到有关拉克劳的主题。在拉克劳看来,自己有关民粹主义的思考以及人民建构的思想,正是马克思主义发展史的一种理论概括和总结,其中也包含了对毛泽东人民概念的思考。毛泽东所说的朋友和敌人的问题,在拉克劳那里被描述为一个内在边界和一个等同链条。如我们前面提及的,拉克劳在论述民粹主义的人民时,以毛泽东的长征为例。在他看来,毛泽东在长征中所做的一切恰恰是建构了民粹主义之人民。在反驳对自己的民粹主义的批判和误解时,拉克劳写道:"在长征中,除了创造出更广泛的民众同一体,甚至说到'人民内部矛盾',由此重新引进了人民这个对经典马克思主义而言是诅咒的范畴,毛泽东还做了什么? 我们甚至可以想象,在南斯拉夫,如果铁托狭隘地诉诸工人而不是号召更大的大众抵抗外国占领,他将获得怎样的灾难性后果。"②拉克劳之所以说人民对经典马克思主义而言是诅咒的范畴,是指在马克思恩格斯这些经典马克思主义作家那里,所诉诸的革命主体是无产阶级,而不是人民这个不确定的模糊的范畴。但是,在实际的革命运动中,运动的主体并不是某一阶级,而是民众同一体,即人民。无论是在列宁领导的俄国革命,毛泽东所领导的中国革命,还是铁托所领导的南斯拉夫革命,都是通过建构了人民这个民众同一体,才取得了成功。在具体分

---

① 《毛泽东选集》(第四卷),人民出版社,1991 年,第 1475 页。

② Ernesto Laclau: Why Constructing a People is the Main Task of Radical Politics, *Critical Inuqiry* 32(Summer,2006), 2006, p.674.

析毛泽东的人民概念的建构时,拉克劳认为,毛泽东的人民概念是在一系列的断裂点上链接起来的,由于列强环伺、军阀混战、内战、日本侵华等的原因,社会被撕裂了。面对这种状况,一方面需要打破这种旧体制,另一方面需要建立一种新的体制、新的秩序。于是就形成了一种等同链接,这种等同链接起了双重作用:"它使要求的特殊性的出现成为可能,同时,它使它们作为必要的铭写平面从属于其自身。"①虽然拉克劳认为自己的人民概念是对经典马克思主义的阶级概念的超越和替代,但事实上,这个人民概念的核心仍然是阶级。在这个意义上说,虽然拉克劳认为阶级斗争理论已经过时,无产阶级不再是革命的主体力量,但实际上拉克劳的人民概念只是阶级概念的延伸,而不能否定阶级概念。

　　以马克思主义传统中以历史唯物主义为基础的人民概念之理解为背景,我们可以看出,马克思主义传统中的人民和拉克劳的人民的概念之间有着重要的区别,需要我们对拉克劳的建构人民的逻辑以及人民概念进行反思和批判。首先,拉克劳的建构人民的逻辑在思想上存在逻辑在先的倾向,隐含了对唯物史观的背离,因而具有一种隐蔽的唯心主义倾向。逻辑在先是西方思想的形而上学传统,这种传统不是把逻辑建立在现实历史的基础上,而是使现实历史服从逻辑的发展。这也就是马克思在批判黑格尔和青年黑格尔派时所指出的德意志意识形态的主要缺点,即不是从地上出发,从现实历史出发,而是从天国出发,从逻辑出发,从理论出发。拉克劳的建构人民的逻辑虽然努力地想要脱离这种逻辑在先的传统,但却不自觉地陷入了这种传统,因而把现实历史中形成的人民不自觉地改造为一种似乎是一套概念逻辑的纯粹思想演变过程的结果,因而拉克劳实际上就背离了唯物史观,而陷入了一种隐蔽的唯心主义。在这个意义上,我认为诺曼·格兰斯批判拉克劳是一种"羞羞答答的唯心主义",是有一定道理的。②

　　其次,拉克劳反对阶级斗争而强调领导权斗争,实际上取消了历史唯物主义的阶级斗争理论,以虚无化了的人民取代阶级,将阶级和人民对立起

①　Ernesto Laclau, *On Populist Reason*, Verso, 2005, p. 122.
②　[英]恩斯特·拉克劳:《我们时代革命的新反思》,孔明安、刘振怡译,黑龙江人民出版社,2006年,第120页。

来,而忽视了历史唯物主义基础上的人民与阶级的统一性。在历史唯物主义的传统中,人民是阶级斗争的主体,人民正是在阶级斗争的过程中形成的,某一特定阶级在一定阶段构成了人民的主体,例如无产阶级构成了反对资本主义的阶级斗争的主体,在这里,阶级和人民并非对立的,而是统一的。毛泽东在论述人民概念时,紧紧依靠阶级分析方法,紧密联系中国革命的实际,而不是脱离阶级分析和现实斗争而抽象地理解人民。但是,拉克劳认为阶级斗争已经过时,因此他强调领导权斗争,认为只有他的领导权斗争理论才能说明纷繁复杂的现实斗争过程。笔者认为,这里拉克劳实际上既是对阶级和阶级斗争的误解,也是对人民的虚无化。没有一定的阶级为基础,人民就是虚无的,因此取消了阶级的人民不再是真正的人民,而只是虚幻的、抽象的概念。取消了阶级斗争的领导权斗争,实际上将一切斗争泛化,例如在拉克劳看来,性别斗争、生态斗争、经济斗争等,都和阶级斗争具有同样重要的地位,这实际上泛化了政治,也虚无化了人民,对于现实的社会斗争没有指导意义,充其量只是一种理论描述和逻辑推演而已。

最后,拉克劳颇为自得的虚假能指概念,实际上具有虚幻的、虚无的特征,它忽视了现实社会历史斗争的重要性,使其理论具有历史虚无主义的倾向,大大削弱了其实践力量和现实意义。虚空能指概念在拉克劳的后马克思主义理论中具有至关重要的意义,我们甚至可以将拉克劳的后马克思主义从存在论上称为虚空能指的政治学。然而,拉克劳所引以为自豪的虚空能指概念具有虚幻、虚无的特征,如果用虚空能指来解释纷繁复杂、丰富多彩的现实历史斗争,必将陷入历史虚无主义。例如在领袖和人民的关系中,将领袖的产生最终归结为领袖名字的生产,似乎领袖的产生是某种思想逻辑的产物,而并非在现实历史的斗争过程中产生的,这就导致了历史虚无主义的倾向,从而大大降低了其理论的可信度和现实性。实际上,回顾世界和中国的无产阶级革命历史就可以发现,领袖的产生是在复杂多元的历史环境中,在具体的现实斗争中逐步形成的,既与客观环境、历史斗争有关,也与领袖的人格魅力、个人能力有关,决不能被还原为虚空能指思想逻辑的产物。

拉克劳民粹主义和建构人民的思想对于当代中国特色社会主义事业建设具有重要的启发意义。在当代中国,人民是一个频繁出现的概念,然而也是一个并未得到严格理论阐释的概念。我们知道,中国共产党始终把人民作为自己一切活动的中心。从"全心全意为人民服务""权为民所用、情为民所系、利为民所谋"到今天我们党所提倡的"以人民为中心的发展观"，无不强调了人民的核心性。但是，何为人民，人民的内涵和外延如何界定，人民如何形成，这些重要问题在经典马克思主义理论和当代中国的政治学理论中并没有得到充分的探讨。拉克劳的民粹主义和建构人民的理论，为我们从哲学上理清人民概念的内涵，从逻辑上厘清人民的建构，提供了一个可借鉴的思路。就当下中国而言，我们迫切需要解决的理论任务是：跳出狭隘民粹主义的视角，从作为政治逻辑的民粹主义之视角重新解读民粹主义的历史及其理论解释，批判地借鉴和吸收民粹主义的理论遗产，批判地借鉴和吸收拉克劳建构人民的论述，在总结中国近现代革命斗争的基础上，总结人民的发展演变，从哲学基础和逻辑上阐述马克思主义的人民概念，特别是当代中国人民的内涵、外延以及建构逻辑，建构中国特色社会主义的人民观。这是我们当前面临的重要理论任务，这一任务的解决也将为我们解决纷繁复杂的国际国内问题提供思路。拉克劳建构人民的思想为我们提供了一系列关于人民概念的理论逻辑，具有一定的启发意义，但我们却不能迷失在其光怪陆离的理论演绎中，而应该在马克思主义的理论基础上对之进行反思和批判，在此基础上，深化我们对历史唯物主义基础上的人民概念的理解，立足于中国革命、建设、改革的历史现实，从哲学基础和逻辑上阐述马克思主义的人民概念，保持马克思主义的人民本色。

李西祥（浙江师范大学）

今日如何重读《资本论》?

——读比岱《如何对待〈资本论〉?》

在《如何对待〈资本论〉?》中,比岱试图回到资本主义生产方式理论的基础分析《资本论》的范畴组织方式和对象确定方式,为此他引入了一种"科学史"视角重新解读《资本论》。比岱在这一工作中,以对于马克思主义历史理论进行哲学探讨为目标,将《资本论》置于当代文献学成果所建构的理论视野之内,从《资本论》表面所分析的经济关系中发现其中所蕴含的法律的、政治的和意识形态的要素,探讨当代市场和资本之间的内在关系。这一工作在当代《资本论》解读中颇具特色,同时也呈现出当代法国马克思主义研究的一个重要趋势,为我们在当代语境下重新阅读《资本论》提供了一个理论参照系。

一、《如何对待〈资本论〉?》的问题意识

《如何对待〈资本论〉?》(Que faire du Capital?)初版发表于1985年,是法国著名社会理论家雅克·比岱(Jacques Bidet)的第一部公开发表的论著,也是其成名作。该书是比岱历经八年完成并于1983年向巴黎第十大学提交的厚达八百页、题为《〈资本论〉中的经济学和辩证法》的博士论文的一部分。

20世纪80年代中期法国学术界的风尚与60年代迥然不同,阿尔都塞和他的学生们对《资本论》的解读已经成为历史,马克思哲学特别是《资本论》已门庭冷落,此时星光灿烂的是福柯、德里达和德勒兹,因此比岱的这本

著作可谓"逆潮流而动"①。出乎人们意料的是，这本书出版后虽短时间内沉寂了一阵子，但很快就受到了人们的关注，并在第二年（1986 年）就有了日文和克罗地亚文两个译本，在 2007 年又有了英文译本（标题改成了更为读者所熟悉的 Exploring Marx's Capital）。可以说，比岱的国际学术声誉正是由该著作奠定的。导致这一看起来似乎不太合乎逻辑的现象的一个重要原因，是这本书所体现的特殊的问题意识。

比岱在《如何对待〈资本论〉？》中明确表达的问题意识是："如果说马克思主义代表了当代理论文化的一个方面的话，就会出现一个广为接受的观念：当我们考察这些范畴在何种条件下和在何种界限内才具有合法性时，就会出现一些问题，这些问题对于认识各种社会历史有着实际的贡献，并能够对以改变的方式介入我们的社会历史的原则进行构建。"②

这一问题意识首先涉及的问题，是马克思主义，特别是《资本论》在当代所遭遇到的各种挑战和困境。比岱写作和发表博士论文的年代正是六八运动的影响逐渐消散、西方左翼运动陷入低谷的时期，在这一时期里，无论是反对马克思主义理论的学者，还是马克思主义学界内部，都逐渐出现了一些对传统的或者说长期"占据统治地位"的马克思主义进行质疑的声音。这些质疑声出现的直接原因是当时的左翼运动及其敌对势力的力量对比发生了变化。在经历了 1968 年五月风暴及其一系列余波之后，资本主义世界逐渐回归平静。统治者以回应民众要求为借口，对社会进行了表面上深化民主、扩大参与但实际加强权力渗透和社会控制的改革。自此以后，各种社会运动在国际范围内陷入低潮，人们对包括学生运动和工人运动在内的社会运动的前途感到困惑、迷茫和悲观。特别是，在 70 年代中后期，新自由主义思潮在世界范围内兴起，资本主义全球化全方位展开，充分展现了资本主义自身所具有的不断自我革新的能力。与此相反的是，社会主义运动则愈来愈

---

①　关于这一点，英国著名左翼思想家科林尼克斯（Alex Callinicos）有过比较详细的分析。参见 Foreword to the English Translation of Jacques Bidet's *Que faire du Capital?*, in Jacques Bidet, *Exploring Marx's* Capital, *Philosophical*, *Economic and Political Dimensions*, translated by David Fernbach, Koninklijke Brill NV, 2007, PP. IX - X。

②　Jacques Bidet, *Que faire du* Capital? *Philosophie*, *économie et politiquedans le Capital de Marx*, Presses universitaires de France, 2000, p. 13.

暴露出自己的弱点。苏共"二十大"之后的二十年中,苏联的苏维埃体制不仅未能为全世界左翼人士展现一个"社会主义理想图景",反倒不断展现出某种颓势,在军事、经济、社会发展等多方面的竞争中与资本主义阵营的差距越来越大。正是在此背景下,不仅以苏联的社会主义制度本身存在的合法性受到越来越多的质疑,甚至作为社会主义运动的意识形态基础的马克思主义理论本身也遭受到了越来越多的质疑。正是在此意义上,阿尔都塞在1977年11月这样说道:"很清楚的是,许多迹象表明,马克思主义在今天再一次陷入危机。这是一场公开的危机,这就是说,包括竭尽所能利用这一形势的我们的敌人在内,所有人都能看到。"①

此时摆在人们面前的问题是,如果说"现实中的"社会主义运动并不是一个统一的组织,而是包含了各种各样不同方向、不同目的的各类组织化活动的总和,并且苏联所做的堪称当代最大规模的"社会实验"总体上看是失败的,那么社会主义究竟还能否担负起汇聚人类社会理想的使命?作为当代社会主义运动之基础的马克思主义如何能够将社会主义运动的过去、现在和未来统一在一起?由于作为马克思的"历史科学"的《资本论》在某种意义上被理解为"资本主义必将为社会主义所取代"这一当代社会主义运动的核心观念的理论基础,马克思主义所遭遇的危机几乎不可避免地体现为《资本论》的理论危机。

按照比岱的分析,《资本论》的理论危机体现在"哲学"和"经济-社会-政治"两个层面。就哲学层面来说,由于《资本论》被公认为是以历史唯物主义作为理论前提的,因而历史唯物主义本身也成为被质疑的对象:"就其对象本身而言,历史唯物主义的各个范畴难道不总是某些不同的生产方式的特殊形式吗?如若这些范畴被纳入某种历史哲学的目的论方案中,难道它们不会被瓦解掉吗?"②就经济-社会-政治层面来说,《资本论》以及历史唯物主义本身是从生产资料的性质出发来探讨一种社会形式的。但不论从探讨的对象还是从其理论本身来说,这里都隐藏着不可回避的问题:第一,从这一

---

① Louis Althusser, The Crisis of Marxism, in *Marxism Today*, July 1978, p. 215.

② Jacques Bidet, *Que faire du Capital? Philosophie, économie et politiquedans le Capital de Marx*, Presses universitaires de France, 2000, p. 13.

探讨的对象来看,资本主义社会有着极为复杂的表现形式,各种表现形式具有彼此不同的性质,因而根据某一种形式对资本主义社会的某些方面的特征进行抽象的诠释显然是成问题的,特别是在当代,在全球化过程中,各个国家之间建立起与一个国家内部的阶级关系相类似的关系,同时伴随着各种"后资本主义"社会的出现,情况变得更加复杂,因而几乎无法再按照某种标准化的程式或抽象的诠释来理解当代资本主义问题。第二,从《资本论》对资本主义社会进行探讨的理论过程本身来看,由于其中隐含着不连贯和不一致性,因而很难被当作对资本主义社会进行理解的唯一范本。比如,在比岱看来,《资本论》的全部体系都以"价值"范畴为基础,但这一范畴却并不清晰,而这就导致诸如"剩余价值""剥削"等一系列范畴具有含混性,这些问题在马克思主义内部产生了一系列争论。正是上述原因,使得在 20 世纪七八十年代形成了一种旨在"重建《资本论》"的关于《资本论》的理论基础的话语。这些话语有着不同的方向:或是对《资本论》自身的逻辑体系的某些要素进行重新组合,或是对"价值"这一概念进行澄清,与此同时对《资本论》与黑格尔和李嘉图之间的关系进行重新探讨。但比岱认为,这些研究并未触及问题最关键之处,因为它们尽管对《资本论》理论叙述的"科学顺序"问题的重要性有更加清楚的认识,但并没有从根本上解决该如何理解其基本范畴的问题。

比岱所要求的,是回到资本主义生产方式理论的基础分析《资本论》的范畴组织方式以及对象确定方式。比岱为这一研究引入了一种"科学史"视角——在他看来,如果缺少这种科学史视角的话,连最基本的问题都不可能分析清楚。根据比岱的这一视角,对于《资本论》的批判性阅读,首先应当考察的是"劳动-价值"范畴,其次是作为商品的"劳动力"范畴(具有价格/价值双重性质),再次是存在于"结构"和"趋势"的统一体中的"生产劳动"范畴,最后是"价值形式"。比岱提出,这种"科学史"视角的要求是,将《资本论》的最后成果作为一个它所试图构建的体系,但同时也将之视为一系列(不论是成功的还是失败的)连续性的修改和尝试的产物,对手稿的每一个写作阶段上的哲学框架和社会学-经济学基本立场进行比较,根据各种范畴在叙述中的位置对这些范畴进行分析。比岱在这里特别关注的是黑格尔辩证法在马克思的《资本论》的写作过程中的作用,在他看来,对于这一问题的分析,不仅能搞清楚黑格尔对《资本论》及其手稿的实际影响,更能弄明白后世马克思主义思想界许多模糊观念和僵化教条的来历。鉴于这种理论意图,比岱对于《资本论》的分析就不仅仅局限于马克思生前正式出版的《资本论》第一卷和恩格斯整理出版的《资本论》第二、三卷,而是从大部分马克思研究者所认同作为《资本论》第一个稿本的《大纲》(我国学界常称之为《1857—1858年经济学手稿》)开始,一直到《资本论》的最后一个版本。这在当时来说是一种非常独特的研究方法。

　　不难想象,从这样的探讨方式来看,《资本论》不可能不充满一个又一个"断裂"。那么比岱的最终目标是否就是彻底瓦解《资本论》,甚至彻底瓦解马克思主义本身呢? 比岱的回答是否定的。尽管比岱试图做的工作迥然有异于传统的马克思主义者,但他坚持认为,这一工作如果无视马克思最终要达到的理论目标本身,是不可能完成的。这就是说,尽管在"科学史"的视角下开展的这一探讨要揭示《资本论》的内在矛盾和断裂,但它并不会从根本上瓦解马克思主义,相反,"进行这样一种分析,只能以关于马克思试图达到的结果和他或多或少业已实现的东西的观念为前提,即以某种关于在他的恰当表达中所能够是的那种理论的观念——简而言之,就是考虑到已存在的东西和内在于这一理论领域的逻辑矛盾而应当是的东西的观念——为前提"①。从这个角度来看,比岱在《如何对待〈资本论〉?》一书中的工作目标,就并不是颠覆马克思主义,而毋宁是使马克思主义"严格化"。事实上,比岱是以一个社会主义运动的积极参与者的身份写作本书的,在他的略显晦涩的理论分析背后,是他对社会主义运动前途的关切。因此他试图将《资本论》"严格化"的尝试,并不是一个简单的"科学史"工作,而实际上可视为将自己的社会理想与《资本论》相结合的特殊方式。

　　《如何对待〈资本论〉?》中的研究工作受到晚年阿尔都塞的重视。阿尔都塞至少在两个不同的文献中谈到这本书及其对自己的影响。比如,在接受一位墨西哥访问学者那瓦若(Fernanda Navarro)的访谈时,阿尔都塞说:"而且,根据最近的研究,比如雅克·比岱在他的杰出的《如何对待〈资本

---

① Jacques Bidet, *Que faire du Capital? Philosophie, économie et politiquedans le Capital de Marx*, Presses universitaires de France, 2000, p. 15.

论〉?》中所发表的研究，我们可以看到马克思实际上从未完全摆脱黑格尔，即便他换到了另一个领域即科学领域并将历史唯物主义奠基于此，依然是这样。"①对于阿尔都塞来说，比岱的这一工作足以修正曾使前者名扬天下的马克思思想"认识论断裂"说。就此阿尔都塞说："（这种断裂）从未完成。它只是一种趋势……正如我已说过的那样，比岱的研究是关键性的；它将马克思的著作置于新的视野之下。比岱接触到大量材料，包括一些未刊手稿，这是我们在二十年前所不知道的；这些材料是决定性的。不久前比岱来看过我，我们讨论了很长时间。"②除此之外，阿尔都塞在其回忆录《来日方长》中也对这本书给予了很高的评价。③

尽管比岱自己后来认为《如何对待〈资本论〉?》并不是自己社会理论的代表作，甚至有"悔其少作"之意，但他并不否认，该著涉及的问题是他后来一系列思考的起点。事实上，不论是从问题意识还是分析方法来看，如果没有这部著作，他的"元结构"理论是不可能提出的。可以说，尽管这本书与比岱"成熟时期"即明确提出"元结构理论"以后的思想在问题意识上侧重点有差异，在思路上也有所不同，但这本书已触及比岱此后工作的核心问题，比岱后来的某些得到系统阐发的观点在这里已露端倪。更为重要的是，尽管比岱目前以其"元结构理论"而闻名，但对于许多对这一体系感到陌生的人们来说，《如何对待〈资本论〉?》其实更具有理论上的开放性和可对话性。

二、《如何对待〈资本论〉?》的理论特点

关于《如何对待〈资本论〉?》的理论特点，比岱自己有很好的总结。在2000年第二版序言中，比岱指出，与同类工作相比，这本书具有以下明显的特点。

首先，在意识形态方面，它采取了一种坚决"保持距离"的立场："我强调，我并不是以一种'马克思主义哲学'为目标，而是以'对于马克思主义历

---

① Louis Althusser, *Philosophy of Encounter: Later Writings*, 1978 – 87, Edited by Francois Matheron and Oliver Corpet, translated with an introduction by G. M. Goshgarian, Verso, 2006, p.257.

② Ibid., p.258.

③ Louis Althusser, *L' Avenir dure longtemps, suivi de Les Faits*, Stock/IMEC, 1994, pp.236 – 237.

史理论进行哲学探讨'为目标。"①

其次,在文献学方面,它排除了若干流行的偏见。这些偏见包括,将马克思的全部著作理解为一个自洽的、以"马克思思想"的名义统一在一起因而各部分之间彼此呼应的体系,以及将马克思的全部写作理解为一个经过深思熟虑、一气呵成因而具有连贯性地不断发展的过程。比岱要求将马克思视为一个"普通"的作者,也就是说,将他的写作看作后面不断对前面的文字进行修改、甚至不断推翻此前的观点的历程。比岱认为,马克思一生中的写作在很大程度上都是"实验性"的,也就是说,他不断寻找各种能够借用的哲学概念(特别是黑格尔的概念)作为自己的理论支持,但最终又会将这些概念全部抛弃,因为它们对于实现自己的目标而言又是不够的。

再次,在理论建构方面,比岱要从《资本论》表面所分析的经济关系中发现其中所蕴含的法律的、政治的和意识形态的要素。比岱认为,马克思在其特殊的概念使用方式中,将与生产、权力和表达有关的问题全部统一在一起,打破了经济、政治和社会诸领域之间的界限,正是在这一点上,作为《资本论》的作者的马克思可被视为一个"新大陆"的发现者,而比岱自己则是这一问题的重新发现者。比岱的这一目标,显然是针对很长时间以来一直在马克思主义研究中占据主导地位的实证主义解释路向,后者将马克思的著作中、特别是《资本论》中的经济学研究当作纯粹的"经济学"加以对待,而忽视了本来就应当是《资本论》的正标题、只是由于偶然的原因才成为副标题、实际体现了马克思的根本意图的"政治经济学批判"。比岱批评这种对于马克思的实证主义解释只知道一种机制即市场,而忽视了市场这种"契约性契约关系"(contractualité contractuelle)如果不和作为"中心性契约关系"(contractualité centrale)的计划结合在一起,事实上是无法独立存在的。不过在比岱看来,这种实证主义解释路向的产生实际上是和马克思所使用的范畴的特殊性质联系在一起的——《资本论》中的范畴都应当同时作为"经济的""社会的"和"政治的"范畴加以解释。

最后,在政治方面,比岱试图探讨市场和资本之间的关系。比岱对于这

---

① Jacques Bidet, *Que faire du Capital? Philosophie, économie et politiquedans le Capital de Marx*, Presses universitaires de France, 2000, p.7.

个问题的讨论，是基于一个观念：如果说马克思享有工人运动的经典作家之名的话，这并不是由于马克思描述了社会主义的基本原则，而是由于他提出了一种揭示资本主义和市场之间的复杂关系的理论。不过比岱认为，马克思尽管在这里展现出深刻洞见，将资本和市场加以区分，但马克思未能进一步思考未来的社会主义与市场之间的关系，而是试图在社会主义和市场之间划出一道鸿沟，即把取消市场当作社会主义的前提。而对于比岱来说，马克思（以及后世的"正统马克思主义者"们）将社会主义和市场截然分开、将市场仅仅与资本主义联系在一起，其实是违背马克思本人的基本思考原则的，因为马克思在理论上将两个概念分开"只是为了更好地将它们结合在一起"①。比岱在这一问题上持"乐观"立场，认为社会主义和市场之间并不存在这种鸿沟，二者是可以结合在一起的。

　　《如何对待〈资本论〉？》的上述几个特点，在比岱关于《资本论》及其手稿中的辩证法的理解中被统一在一起。按照比岱的理解，在《资本论》的手稿以及正式出版的《资本论》第一卷中，都存在着某种对于黑格尔辩证法的"误用"。这不仅表现在，《资本论》手稿的写作过程本身就是马克思不断修改论述方式以抛弃自己曾经使用但已被证明并不恰当的黑格尔辩证法的过程，而且还表现为，在《资本论》第一卷的叙述过程中，马克思也借用了黑格尔辩证法，这体现在，马克思以一种抽象理论作为出发点，将市场理解为生产的社会逻辑（第一部分），随后又将这一逻辑与另一种性质的逻辑即历史的逻辑（第三部分）联系在一起，最终以一种独特的方式（即断裂的方式或独断的方式）宣布市场将在未来的社会形式中被消解。比岱将黑格尔辩证法在马克思《资本论》整个写作过程中的作用理解为"支撑-障碍"（appui - obstacle），即马克思的全部论述事实上都是借助于黑格尔的辩证法而建立起来的，但在论述的过程中，这种方法却越来越体现为一种负面因素或论述的障碍。但比岱并未将"辩证法"理解为一个负面的概念。事实上，比岱区分了马克思所"误用"的黑格尔辩证法和他自己所理解的辩证法。尽管马克思主义使辩证法获得了巨大的理论力量，但这种辩证法却往往将某种历史目的

---

① Jacques Bidet, *Que faire du Capital? Philosophie, économie et politiquedans le Capital de Marx*, Presses universitaires de France, 2000, p. 9.

论内置于自身之中,特别是在《资本论》中,被冠以资本主义之名的市场关系之走向社会主义(或共产主义)的"后商品"关系,这成为当代各种乌托邦思潮的重要思想源头。按照比岱的看法,这种辩证法其实并不是真正的辩证法,而是一种纯粹"分析性"的陈述。比岱所理解的辩证法,则是"一种不仅同时思考结构与运动、体系与矛盾,而且同时思考实然与应然、必然与自由、力量与权利的概念形式"①。

《如何对待〈资本论〉?》通过阐述马克思认识论中的"支撑-障碍"的辩证法困局,提出了以下理论问题,这些问题不仅是比岱在此后三十年始终思考的问题,而且也是比岱对当代社会进行反思并进行理论构建的基本立足点,体现了比岱的基本问题意识。第一,在某种概念的统一性中思考所谓经济学分析所设定的"量的要素"与个体间关系和阶级关系以及内在于政治中的想象的和实践的关系所体现的"质的要素"之间的关系,或者更一般地说,通过反对自由主义的如下观点,即现代性本身的特性就在于经济和政治的分离,建立一套"政治-经济"概念体系(une conceptualité politico - économique)。第二,通过回到马克思对于"资本主义生产劳动"的分析,探索现代生产过程内在包含的生产、反生产和对于生产的摧毁所体现出的"阶级生态关系"。第三,不是将马克思哲学理解为在意识形态上必须坚持的真理,而是追问"马克思所进行的抽象"本身的界限,对于"阶级""阶级斗争""意识形态表达"这些马克思主义的基本观念,明确我们能期待什么、能要求什么以及无法希望什么。第四,重新审视作为思考之必要顺序的"叙述顺序"的问题,这里尤其重要的是叙述的"开端"问题,这一问题不仅对于学者来讲是重要的,对于政治家来讲同样重要。

三、《如何对待〈资本论〉?》与其他相关研究的主要区别

比岱并不掩饰自己写作《如何对待〈资本论〉?》的理论参照——阿尔都塞。阿尔都塞可谓是比岱的重要精神导师,后者将阿尔都塞从"断裂"之处

---

① Jacques Bidet, *Que faire du Capital? Philosophie, économie et politiquedans le Capital de Marx*, Presses universitaires de France, 2000, p. 9.

而不是从其连续之处阅读马克思的基本思路运用于自己对于《资本论》的研究。但在比岱这里，重要的并不是"成熟的马克思"与"青年马克思"之间的断裂①，而是《资本论》写作过程中文本内在的断裂。

　　比岱依据当时已经出版的《资本论》手稿，特别是《马克思恩格斯全集》历史考订版（Marx‐Engels‐Gesamtausgabe 或 MEGA²）在当时推出的最新成果，对《资本论》作了既不同于前人也不同于大多数同时代人的文献学理解。在比岱写作《如何对待〈资本论〉？》的过程中，MEGA² 的第二部分（即《资本论》及其手稿部分）整理发表的材料包括：《1857—1858 年经济学手稿（政治经济学批判大纲）》②；《1858—1861 年经济学手稿与笔迹：政治经济学批判及其他》③；《政治经济学批判（1861—1863 年经济学手稿）》第一至第六册④。值得注意的是，1976 年到 1980 年恰好是《资本论》的前两个手稿即《大纲》和《1861—1863 年经济学手稿》整理完毕、集中发表的五年。从某种意义上说，《如何对待〈资本论〉？》是 MEGA² 的文献学成就与阿尔都塞主义

---

　　① 如前所述，有趣的是，比岱的研究工作却恰好又表明阿尔都塞在马克思哲学研究中提出的"认识论断裂"是不能完全成立的。

　　② II/1 M：Ökonomische Manuskripte 1857/58.（*Grundrisse der Kritik der politischen Ökonomie*）［1. Aufl. Teil 1：1976，Teil 2：1981］

　　③ II/2 M：Ökonomische Manuskripte und Schriften，1858—1861.（*Zur Kritik der politischen Ökonomie u. a.*）1980.

　　④ II/3.1 M：Zur Kritik der politischen Ökonomie（Manuskript 1861—1863）. Teil 1. 1976；II/3.2 M：Zur Kritik der politischen Ökonomie（Manuskript 1861—1863）. Teil 2. 1977；II/3.3 M：Zur Kritik der politischen Ökonomie（Manuskript 1861—1863）. Teil 3. 1978；II/3.4 M：Zur Kritik der politischen Ökonomie（Manuskript 1861—1863）. Teil 4. 1979；II/3.5 M：Zur Kritik der politischen Ökonomie（Manuskript 1861—1863）. Teil 5. 1980；II/3.6 M：Zur Kritik der politischen Ökonomie（Manuskript 1861—1863）. Teil 6. 1982.

相结合的直接产物①。

在《如何对待〈资本论〉》中,比岱的讨论范围是从《1857—1858 年经济学手稿》(下按西方学界通常的称呼称为《大纲》)到《资本论》法文版,也即马克思从 1857 年到 1875 年的政治经济学批判工作。比岱要求区分《资本论》的三个手稿和三个版本。

比岱的基本判断是,《大纲》作为《资本论》的第一个手稿,体现了马克思从抽象上升到具体的方法论原则,虽然不均衡地但却比较全面地覆盖了《资本论》第一卷的基本内容,而第二卷和第三卷的内容则基本上处于萌芽状态。关于《大纲》,比岱最为重视的是其将价值和生产价格进行了关键性的联结,因为在他看来,正是通过这一联结,马克思离开了李嘉图的概念空间。《1861—1863 年经济学手稿》包含了《资本论》第一卷和第三卷的部分内容以及马克思曾计划撰写的第四册即《剩余价值学说史》。比岱特别关注的是,在这一手稿中,《大纲》中关于第一卷的内容被加以改写,而"资本一般"概念在叙述中发挥了根本性的作用。《1863—1865 年经济学手稿》包含的内容涉及《资本论》全部三卷。比岱注意到,这一卷包含准备放在第一卷结尾但最终被删去的内容,即"第六章:直接生产过程的结果"。

至于《资本论》的版本,比岱所关注的主要是三个版本,即 1867 年的《资本论》第一版,1873 年的《资本论》德文第二版,以及 1872—1875 年出版的

---

① 但是从另一个角度来说,正是由于在比岱写作《如何对待〈资本论〉?》的过程中,MEGA² 对于《资本论》手稿的整理还没有结束,因此比岱对于《资本论》写作过程的理解也是不完整的,比如比岱未能读到从 1988 年开始出版、迟至 2012 年才出齐的《1863—1867 年经济学手稿》(II/4.1 M:Ökonomische Manuskripte 1863—1867. Teil 1. 1988;II/4.2 M:Ökonomische Manuskripte 1863—1867. Teil 2. (*Manuskript 1863/65 zum 3. Buch des "Kapital"*). 1993;II/4.3 M:Ökonomische Manuskripte 1863—1867. Teil 3. (*Manuskripte 186–68 zum 2. und 3. Buch des "Kapital"*. 2012.)。当然比岱也未能看到 2008 年出版的《〈资本论〉第二卷手稿(1868—1881 年)》(II/11 M:Manuskripte zum zweiten Buch des "Kapitals" 1868 bis 1881. 2008)和 2005 年出版的《〈资本论〉第二卷:恩格斯编辑手稿(1884—1885 年)》(Das Kapital. Kritik der Politischen Ökonomie. Zweites Buch:Der Zirkulationsprozeβ des Kapitals. Redaktionsmanuskript von Friedrich Engels 1884/1885. 2005),以及 2003 年出版的《〈资本论〉第三卷手稿与编辑文本(1871—1895 年)》(II/14 M/E:Manuskripte und redaktionelle Texte zum dritten Buch des "Kapitals", 1871 bis 1895. 2003)。比岱肯定知道自己当时看到的材料是不完整的,因此在有局限性的视野之内,对于他来说,比较保险的做法自然是围绕相对来说材料比较确定的《资本论》第一卷来讨论——这就可以理解为什么比岱在《如何对待〈资本论〉?》中没有太多内容涉及《资本论》后两卷。

《资本论》法文版。

在比岱看来,从《大纲》到《资本论》法文版,呈现了马克思在政治经济学批判中连续修改的过程,这一过程为我们提供了一些不同于《资本论》第一卷"最终文本"的东西——对于比岱来说,在这些东西中最重要的,就是马克思所使用的探索性工具,以及他对于在运用这些工具的过程中所产生的认识论障碍的克服。如果说马克思主义研究史中的主导性解释路线是从《大纲》出发解释《资本论》,再从《1844年经济学哲学手稿》出发解释《大纲》,从而将《资本论》引向黑格尔哲学的范式,并将《资本论》话语奠基于一种"革命-人道主义形而上学"基础之上的话,比岱则要求走另外一条解释路线,即从马克思的写作过程来审视和分析他所不断遇到的逻辑困境。比岱并不讳言这一解释路线与阿尔都塞的思想关联,在某种意义上可以说,后者关于新的话语的生产总是基于特定的、无法与先前的话语形成同一个体系的范畴而展开的这一理论视野,正是前者的基本前提。从这一视角来看,比岱像阿尔都塞那样强调马克思思想中的"断裂",就不足为奇了。只不过阿尔都塞强调的是马克思的青年时期与成熟时期的断裂,而比岱所关注的则是马克思"成熟"时期本身的一系列断裂。

比岱批评像罗斯多尔斯基(Rosdolsky)这样的研究者低估了马克思在不同时期所使用的不同理论工具的差异性所具有的意义,从而将马克思的工作理解为只是以不同的方式讨论相同的对象。而苏联和东欧研究界的相关著作也很少为对于《资本论》的"认识论考察"(在比岱那里就是关于认识论维度的支持和障碍的考察)留出空间。

简言之,比岱在此的基本立场可以表达为:马克思思想的出发点是从德国哲学借用来的概念以及古典经济学,但马克思不断进行思想创造,其新话语所包含的一系列特殊范畴并不能和早先的各种范畴组成一个体系。由于自觉地借鉴阿尔都塞的研究方法,比岱有意识地将自己的研究与他所谓以"解释学"的路径对《资本论》进行的研究区分开来。"解释学"的研究路径以黑格尔哲学作为理解《资本论》的理论前提,从《大纲》来理解《资本论》,再从《1844年经济学哲学手稿》来理解《大纲》,并最终将《资本论》定位于一种"革命的人道主义的形而上学"。

这种"解释学"研究路径的代表人物是罗斯多尔斯基。比岱的研究与当时有很大影响力的罗斯多尔斯基的《马克思〈资本论〉的形成》形成了某种对立。罗斯多尔斯基的这部著作在 1969 年发表之后在西方马克思主义研究界引起了很多争论,特别是他之坚持将《大纲》和《资本论》视为拥有共同哲学立场,不仅从前者的角度来审视后者,更将二者的根本哲学方法归结为黑格尔辩证法的鲜明态度,使得他一时成为人们关注的焦点。罗斯多尔斯基关于马克思的政治经济学批判与黑格尔辩证法的关系的理解可表述如下:"如果说在马克思的《资本论》中黑格尔的影响只是在几个注脚中才能明显地看出来的话,那么必须指出的是,《大纲》大规模地借鉴了黑格尔,特别是他的《逻辑学》——不论黑格尔是如何被彻底地和唯物主义地加以颠倒的。《大纲》的出版意味着,如果不首先研究马克思的方法及其与黑格尔的关系,就不再能对他进行学术批评。"①

比岱的研究则正好与此相反:他不是假设马克思从一开始就已将此后的全部研究工作的框架和原则确定好了,而是将马克思视为在思考的过程中不断修改自己的思考框架和理论范畴;他也不是将《资本论》视为一个成熟的、"最终的"文本,而是从"过程"的角度考察马克思思想的变化。比岱对罗斯多尔斯基的批评是:"举个例子来说,罗斯多尔斯基的著作研究了《资本论》写作过程中出现的变动,这本书低估了马克思连续性地改变哲学工具所带来的理论后果,就好像从《大纲》一直到《资本论》,不论马克思怎么使他的体系完善化,他都根本上是在用不同的语言说同一件事似的。"②

如果说上面的研究方法可称为"科学史的视角"的话,比岱的研究方法还有一个非常重要的方面,这就是"体系建构的视角"。所谓"体系建构的视角",就是从马克思最后的理论表达或其理论最终"所应当是"的角度来理解马克思此前的一系列工作。比岱所理解的马克思的"最后的理论表达"或最终"应当是"的理论,就是资本主义生产方式的理论。在比岱看来,只有从对于这一"最终成果"的表达出发,才能设想马克思的思想会有一个"成熟"的过程,也只有从这一理论成果出发,才能理解何以黑格尔辩证法会在《资本

---

① Roman Rosdolsky, *The Making of Marx's "Capital"*, translated by Pete Burgess, Pluto Press, 1977, p. Ⅷ.

② Jacques Bidet, *Que faire du Capital? Philosophie, économie et politiquedans le Capital de Marx*, Presses universitaires de France, 2000, p. 20.

论》的写作中扮演"支撑-障碍"的矛盾角色。或者说,在比岱看来,从"认识论支持/障碍"的角度理解马克思的"成熟时期著作"的困难在于,这一方法只有以一种回溯性的方式,也即从一种概念的完成状态或者说这种理论的"理想"表达形式出发才是可能的,因为只有在这种方式下,才能探讨这一理论的基础、各种范畴的联系以及这些范畴之被运用的背景。马克思不断对文本进行改写,但这些改写却并不容易看出来,这不仅是由于马克思不习惯于指出这些修改,而且由于很多修改只有在以马克思的最终著作中的特殊观念作为参照系才能看出来。这就是说,只有以与历史唯物主义相关的资本主义生产方式理论这一最终结果的特定表达为基础,才有可能展现马克思在他的新理论的建构中最初使用的范畴所起到的支撑和阻碍作用究竟是什么。比岱认为,任何对于"起源"的研究,只有在对于推进这一工作的"完成形态的作品"得到准确表达和重构的前提下才能完成,从这一视角来看,既有的工作,无论是对于《资本论》的经济学的解读,还是哲学解读,所存在的不足并非在于对各个文本的先后顺序的忽视,而在于对《资本论》所表达的理论本身的忽视。由于这种对于《资本论》的理解方式要求对马克思的"最终理论表达"有深入而系统的理解,即不仅完整掌握《资本论》的整个体系,而且对《资本论》各卷之间的关系有恰当把握,能够将各个范畴、各个部分和各个方面都统一在一起,因此这一工作实际上要求研究者具有较高的经济学素养。正是在这个意义上,比岱说:"在这一点上,经济学家和哲学家的劳动分工是有害的。"①

四、《如何对待〈资本论〉?》的理论贡献和理论局限性

比岱在《如何对待〈资本论〉》中所展现的对于《资本论》的基本理解,可以概括如下:

第一,就《资本论》的理论目标而言,《资本论》是马克思对于资本主义生产方式的整体性分析,要展现的是资本主义社会的"结构"和"趋势"。这两

---

① Jacques Bidet, *Que faire du Capital? Philosophie, économie et politiquedans le Capital de Marx*, Presses universitaires de France, 2000, p. 21.

个方面是统一在一起的,不能用"结构"分析取代对于"趋势"的分析,反之亦然。

第二,就《资本论》的结构而言,它由被通过中介联结在一起的两个部分构成。《资本论》的主体部分大致可两个部分,分别讨论商品生产和流通的一般结构,以及资本主义生产方式结构,二者以"劳动力"概念作为联结纽带。

第三,就《资本论》的方法而言,《资本论》的叙述方式是从抽象到具体。这种从抽象到具体从根本上说是一种"分析性"方法,而不是一种"辩证方法"。也就是说,这种方法并不是对于某种"主体"如价值的自我发展过程的描述,而是一个"无主体"的分析过程。从作为资本主义社会的"核心联系"或"本质"的"商品生产和流通一般"开始,通过不断分析各要素的内在关系,把握资本主义生产方式"整体",展现资本主义的结构性关系。

第四,就《资本论》的概念体系的基本特征而言,其概念构成了一个"政治-经济"概念系统。《资本论》的概念基础是与历史唯物主义框架密切相连的"劳动-价值"(即抽象劳动所决定的价值)概念,而抽象劳动内在具有与劳动强度变化相关并因此体现了"强制"性的"耗费"维度,这样价值就不是一个单纯的经济概念,而是一个"政治-经济"概念,且以此为基础的货币、资本、剩余价值等概念共同构成了一个"政治-经济"概念系统,表达了资本主义生产方式内在包含的双重维度,既具有合理性的一面,又包含阶级斗争的一面。

第五,就《资本论》的意识形态批判维度而言,马克思主要从意识形态的功能性出发揭示了资本主义意识形态与社会结构之间的内在关系。尽管马克思解释了意识形态的虚幻性,但这一方面并不是《资本论》中意识形态批判的主要方面。无论是与商品结构一般相联系的意识形态("商品拜物教"),还是与资本主义竞争相联系的意识形态("个体实践"和"普通意识"①),都是由于其结构性功能而非所包含的虚幻内容而被引入马克思的意识形态批判中的。

----

① Jacques Bidet,*Que faire du Capital? Philosophie, économie et politiquedans le Capital de Marx*, Presses universitaires de France, 2000, p. 206.

第六,就《资本论》与黑格尔的辩证法的关系来说,后者对于马克思构成了"支撑-障碍"的关系。《资本论》的整个写作过程都体现了马克思对于资本主义生产方式的"政治-经济"特征的持续性分析,而由于马克思是借助黑格尔《逻辑学》的启发(从抽象上升到具体)建立起同质性经济空间(单纯以劳动规定价值,从而确立一个抽象的起点),从而摆脱李嘉图的理论视野(既通过劳动,又通过生产价格来规定价值),因此黑格尔辩证法就成为《1857—1858年经济学手稿》所运用的主要方法。但由于马克思所寻找到的"劳动-价值"概念并不是资本主义生产方式的"表面",而实际上是其本质或"内在联系",因此辩证法其实并不适用于《资本论》,并且其作用越来越从"支撑"变为"障碍"。《资本论》手稿的写作过程,同时也是黑格尔的影响逐渐减弱的过程。但直到《资本论》完成,仍然可以看到残留的黑格尔辩证法的因素,而也正是这些辩证法残余使得《资本论》存在许多含混不清甚至"断裂"之处(具体表现就是,前面讲到的五个方面的讨论总是充满矛盾)。

比岱对于《资本论》的这些理解,即便在今天读来,也是令人耳目一新的。比岱在《如何理解〈资本论〉》中的工作对于推进当代《资本论》研究有着多方面的贡献,为我们在当代语境下重新理解《资本论》提供了重要的理论参照系。

比岱的工作成果首先意味着,《资本论》不能被简单地理解为一部经济学著作,而更应被理解为一部"政治-经济-哲学"著作。按照比岱的分析,马克思运用哲学分析的工具,以"双重链接"(即把同时从经济和政治两个维度)的方式展现了资本主义生产方式的整体性。比如,在谈及《资本论》中"耗费"概念所蕴含的政治维度时,比岱说:"这只有在要求将耗费同时作为自己的内容的'市场'以及将强制展现为由一些人施加于另一些人之上的'阶级关系'的'双重链接'中才能加以构想。"①比岱的这种理解延续了阿尔都塞对于实证主义的《资本论》解读路线的拒斥,从而对马克思主义研究领域长期存在的"经济主义"倾向给予了有分量的批判。

另外,比岱强调从历史唯物主义的基本视野和理论框架出发理解《资本

---

① Jacques Bidet, *Que faire du Capital? Philosophie, économie et politiquedans le Capital de Marx*, Presses universitaires de France, 2000, p. 274.

论》的"政治-经济"特征,这样政治经济学批判就不是与马克思的历史唯物主义理论建构无关的工作。对比岱来说,马克思的历史唯物主义思想构成了其政治经济学批判的理论基础。比如关于"劳动-价值"问题,比岱不是从古典政治经济学的劳动价值论的角度来看待价值及其来历,也不是简单地将之视为"马克思主义政治经济学"的理论建构的"直接起点",而是从历史唯物主义对于阶级关系的历史作用的理解出发重新审视这一问题,于是发现了马克思政治经济学批判概念普遍蕴含的"双重链接"。

　　还有,比岱在"资本主义批判"问题域下理解《资本论》的各个部分,从而将后者作为一个理论整体来对待。在当代的《资本论》及其手稿的解读中,人们往往将马克思的政治经济学批判工作加以"片段化"处理,似乎诸如"商品拜物教批判""机器论片段""形式片段"等都可以被抽象出来单独考察和加以发挥似的。而比岱的工作则表明,马克思政治经济学批判的各个部分都是彼此啮合的,每一理论都不能离开其他理论而独立存在。比如,《资本论》的第一部分即关于商品结构的分析和其余的部分即关于资本主义结构的分析是"本质"和"表现"的关系,而剩余价值理论和价值理论也是互为表里的。

　　再者,比岱利用 MEGA^2 的编纂成果,探寻了《资本论》及其各个手稿之间的关系以及各个稿本之间存在差异的原因,将马克思政治经济学批判工作把握为一个具有内在关联的写作过程。当代的《资本论》解读的一个倾向,就是强调《资本论》手稿特别是《1857—1858 年经济学手稿》和《资本论》之间的差异,但对这种差异出现的原因则往往被忽视。比岱将历史唯物主义的问题意识(即在阶级结构关系中理解资本主义的趋势)视为贯穿《资本论》各个稿本的基本线索,并将马克思对于黑格尔式辩证法的运用方式的变化作为这一线索的重要外观。这样比岱就不仅建立了《资本论》各稿本之间的内在联系,而且巧妙地把贯穿《资本论》解读史的"黑格尔-马克思"关系问题技术化为一个过程性问题。

　　不仅如此,比岱的工作提供了一个反目的论的《资本论》解读方案,为在当代语境下重新理解马克思思想提供了一种新的可能性维度。在马克思主义理解史中,《资本论》的基本结论往往被归结为资本主义生产方式的必然灭亡,而这种"必然性"又常在未来向度上被理解,但这种理解实际上会带来诸多理论困难，比如这里没有考虑到行动主体（包括作为个人的资本家和工人，以及作为阶级的资产阶级和工人阶级）的策略性调整。在比岱看来，《资本论》并不包含论证工人阶级必然胜利的目的论维度，毋宁说，只是提供了对于资本主义生产方式的阶级结构分析，这一分析一方面呈现了资本主义的结构性矛盾，另一方面也揭示了工人与资本家的斗争所具有的机遇性和策略性。

不过，就像几乎所有的理论工作那样，比岱在《如何对待〈资本论〉》中的工作并不是无懈可击的。这一工作的理论局限性表现在多个方面。

首先，比岱关于《资本论》概念的"政治-经济"理解存在着理论视野的局限性。比岱对于《资本论》概念群的"政治-经济"特点的探讨，过于强调直接从个别经济概念的内涵分析中挖掘政治（阶级对抗）维度，而忽视了马克思实际上更侧重于在资本主义社会结构的整体性剥削机制的层面揭示阶级间的对抗和斗争。

其次，比岱对于《资本论》叙述方法的内涵的理解有偏差。比岱尽管也将《资本论》的叙述方式理解为"从抽象到具体"，但由于它将"抽象"理解为"本质"或"内在联系"，而将"具体"理解为"理论完整性"，因此就将马克思的叙述过程看作一个从"内核"到"现象"进展的过程，并在这种理论前见下批评马克思关于"竞争"等问题的讨论具有含混性（因为马克思把似乎应放在第三卷即关于"个体实践"和"普通意识"的"现象"层面进行讨论的竞争放在了属于"本质"层面的第一卷的讨论）。事实上，马克思的"从抽象上升到具体"方法所涉及的，并不仅仅是一个封闭的理论系统，更是一个从资本主义社会结构的抽象外观出发对于其历史性前提的揭示。因此对于马克思来说，"抽象"并非在"本质"层面（其实这种"本质"在比岱那里也是被"直接"设定的而无法被充分证明）来说的，毋宁说是由古典政治经济学家所揭示的资本主义社会结构的"普遍性表象"或"形式外观"。同时，具体也并不意指一种逻辑结构的完整性，而是使得资本主义的形式外观得以可能的历史性现实运动本身。

再次，比岱对《资本论》的解读过于强调各种"断裂"的发现，从而使这一解读具有一种不确定性。尽管比岱也试图将马克思的思想理解为一个整体，但他受到阿尔都塞影响，倾向于将这种整体性理解为由各种"断裂"所构成的整体性。正是由于比岱带了一幅"断裂"的"眼镜",才常将无法容纳于自己的解释框架中的内容理解为马克思思想的"断裂"。比如比岱对于"价值形式"和"商品拜物教"关系的解释就是如此:马克思关于商品拜物教的分析被比岱解释为与价值形式分析所代表的"商品结构意义分析"相独立的"商品结构意识形态分析",但这种"断裂"的出现其实只是由于比岱没有看到,商品拜物教批判是狭义的价值形式分析的延续,只有通过商品拜物教批判展现历史性的"普遍交换"对于"价值"范畴的前提性,才能说明作为固定的一般等价物的货币何以可能是"第四种价值形式"。

　　最后,比岱的这一工作没有真正澄清政治经济学批判和古典政治经济学的内在关系。比岱在《如何对待〈资本论〉》中固然强调了马克思与李嘉图经济学乃至整个古典政治经济学的根本差异,但比岱没有探讨《资本论》理论整体与古典政治经济学究竟有何关系。事实上正如阿尔都塞所揭示的那样,马克思的政治经济学批判是在与古典政治经济学的不断对话中建构起来的。比岱在这一方面的工作的缺失,使他未能看到《资本论》具有一种由政治经济学话语和历史性前提分析话语构成的双层结构,借助这种结构,马克思得以不断运用形式分析方法,展现使得资本主义时代个体被普遍化塑形的历史性机制。也正是由于比岱工作的这种不足,他最终没有能够真正说明,为什么马克思的"经济学概念"就可以具有"政治"维度,而古典政治经济学的概念就不具有这一维度。

吴　猛(复旦大学)

真的存在"为了另一个世界的
另一种马克思主义"吗？[*]

——雅克·比岱与迪梅尼尔"另一种马克思主义"观评析

　　以雅克·比岱①和热拉尔·迪梅尼尔②为代表的当代欧洲左翼学者似乎牢记着当年马克思哲学革命的宣言——"问题在于改变世界"③。他们始终记得马克思的告诫：从改变世界的革命性维度出发解释世界，并且科学地解释世界是为了更好地改变世界。以《替代马克思主义：为了另一个世界的另一种马克思主义》(2007)的出版为标志，西方左派思想界不仅掀起了一股用马克思主义基本方法分析当今社会基本性质的理论热潮，而且还就全球资本主义背景下革命斗争的战略问题展开了争论。在比岱和迪梅尼尔看来，继承和发展马克思主义的现实途径就是融合当代各学科领域的最新成果，在 21 世纪全球资本主义的新变化新趋势中对传统马克思主义的理论话语进行重新阐述。

　　大体而言，比岱和迪梅尼尔主要从三个方面出发阐发了他们的"另一种马克思主义"观：首先，他们在马克思主义发展史视域中梳理了"另一种马克思主义"同经典马克思主义、新马克思主义的关系，并分别指明了它们各自的提问方式与解决思路，并着重强调三者之间的继承与发展关系。其次，他

　　* 本文系中国博士后科学基金第 67 批面上资助(编号：2020M671590)和江苏高校哲学社会科学研究项目"雅克·比岱'另一种马克思主义观'的批判性研究"(编号：2020SJA1337)的阶段性成果。

　　① 雅克·比岱(Jacques Bidet)，法国当代著名的马克思主义哲学家和社会理论家，曾任法国巴黎第十大学哲学系教授，《今日马克思》(*Actuel Marx*)杂志主编，"国际马克思大会"的主席和荣誉主席。比岱既以对《资本论》的社会政治式阅读享誉西方学界，同时又以马克思资本主义批判理论为基础开辟出了一条对现代性的"元结构"阐释路径，被卡利尼科斯称为"欧洲大陆最重要和最有影响力的左翼政治哲学家之一"。其代表作有《马克思〈资本论〉研究》《现代性理论》《总体理论》等。

　　② 热拉尔·迪梅尼尔(Gérard Duménil)，法国当代著名的马克思主义经济学家，法国巴黎第十大学教授，并兼任国际马克思大会主席、法国国家科学研究中心主任。三十余年来长期从事利润率、信用和金融、经济危机和周期等方面的研究，著述颇丰，在国际经济学界享有较高的声誉。其代表作有《〈资本论〉中经济规律的概念》《新自由主义的危机》《大分化：正在走向终结的新自由主义》等。

　　③ 《马克思恩格斯文集》(第一卷)，人民出版社，2009 年，第 502 页。

们重点考察了 20 世纪新马克思主义对组织范畴的重视,指明有组织的资本主义与苏联模式的社会主义都体现出组织权力因素之于现代社会的重要意义,因而强调要从现代性的"元结构",即资本与组织的双极性出发把握现代社会的阶级结构与阶级斗争。最后,比岱和迪梅尼尔基于对当代"世界–国家"范围内结构性矛盾的分析提出了"另一种马克思主义"的阶级斗争理论,即在"终极现代性"时代,基础阶级进行革命斗争的战略选择与具体措施。

我们要追问的是:一方面,当代资本主义究竟发生了哪些新的变化,使得比岱和迪梅尼尔认为必须要超越经典马克思主义产生的时代,从而提出"另一种马克思主义"观;另一方面,"另一种马克思主义"到底继承了马克思主义的哪些理论品质,它在基本立场与哲学方法论上是否真的有所超越? 概言之,真的存在当代欧洲左翼学者所谓的"为了另一个世界的另一种马克思主义"吗? 本文试图在剖析比岱和迪梅尼尔"另一种马克思主义"观的基础上,回答上述问题。

一、"另一种马克思主义"的出场路径:从经典马克思主义、新马克思主义到"另一种马克思主义"①

作为西方当代最具影响力的左翼批判理论家之一,比岱反复申明,自己

---

① 这里有三点说明:①在我国学界,"经典马克思主义"与"新马克思主义"都没有形成统一的内涵与外延。从狭义上说,"经典马克思主义"指的就是马克思和恩格斯创立的基本理论和学说体系;而从广义上说,"经典马克思主义"是指由马克思和恩格斯创立,而后由各个时代和各个民族的马克思主义者不断丰富和发展的基本理论和学说体系,更为重要的是,它是被人类社会实践活动证明了的科学历史理论与无产阶级解放学说。"新马克思主义"(NeoMarxism)这个概念本身是一个相对比较含糊的概念,很多学者都用它来界定那种西方国家出现的不同于旧式马克思主义(既包括第二国际也包括苏联的马克思主义)的新的理论倾向。当然,从狭义上看,"新马克思主义"是指 20 世纪五六十年代出现于东欧的、不同于苏联正统马克思主义的理论探索,代表性流派包括南斯拉夫"实践派"、匈牙利"布达佩斯学派"等。②综观《替代马克思主义》一书的相关论述,比岱和迪梅尼尔视域中的"经典马克思主义"指的就是马克思的理论学说(不包含恩格斯),包括唯物史观(历史科学)与政治经济学批判;而"新马克思主义"也并非指称东欧新马克思主义或西方马克思主义发展过程中的某一思想流派,而是指凡是把"组织权力"问题理论化的思想观点都能归为这一类别之下。譬如,卢卡奇对于资本主义生产过程合理化的研究、葛兰西的市民社会理论和文化霸权理论、法兰克福学派对科学与意识形态的批判、阿尔都塞再生产视域中的意识形态国家机器理论等。就此而言,比岱的"元/结构"理论自然也属于新马克思主义的范畴,因为它始终强调要从市场与组织的双极性出发来把握现代社会的阶级结构。③在比岱和迪梅尼尔那里,他们所谓的"另一种马克思主义"是对"新马克思主义"的继承与发展,它融合了经典马克思主义与新马克思主义的全部理论成就,特别是它们关于当代社会阶级关系的探讨。只不过两者的区别在于,前者是全球资本主义时代适用于构想"世界–国家"范围内革命实践的马克思主义,而后者仅仅适用于现代民族国家内部。

全部的理论工作可以归结成一句话——"为马克思主义重新奠基"①。在作为其哲学起点的《马克思〈资本论〉研究》中,比岱通过强调《资本论》各经济范畴的社会政治内涵,试图打开一条以"具体对象的具体逻辑"解读马克思历史理论的独特路径,其目的在于为剖析当代资本主义的新变化提供一种复杂性视角。到了《现代性理论》和《总体理论》,比岱以自创的"元结构"理论分析现代性问题。他一方面从《资本论》的开端处看到了科学抽象的极端重要性,另一方面又指出马克思科学起点的单一性,进而强调要在市场与组织、经济与政治的双重联结中把握现代社会的运转法则。如果说在上述两个阶段中,马克思资本主义批判理论都构成了比岱思考、研究和拓展的主要对象,那么当他已经具有自身原创性的现代性批判理论之后,从"元结构"视域出发再来重新回顾马克思主义发展史具有两重意义:其一,自觉将自身的理论工作置于马克思主义发展史的脉络中,继而表明新马克思主义与"另一种马克思主义"实质上并没有脱离马克思主义的基本立场和科学方法;其二,在承认上述基础上,明确指认新马克思主义与"另一种马克思主义"的提问方式与解决思路,在理论与实践的辩证关系中把握 21 世纪马克思主义的前进方向。

在《替代马克思主义》的开篇,比岱和迪梅尼尔花了很大的篇幅肯定了经典马克思主义的理论贡献与现实意义。他们指出,与空想社会主义不同,成熟时期的马克思从来没有以描摹未来社会理想蓝图的形式阐发自己的共产主义理想,他关于共产主义形态的分析与论述都建立在对人类社会内在运动规律的探索基础上。马克思唯物史观的伟大贡献在于,它从彻底的唯物主义立场出发把握人类社会历史的动态发展过程,将革命实践与对未来理想社会的追寻都奠基在科学探究的基础上。换言之,在马克思那里,"科学与革命、理论观点与政治实践之间是相辅相成的"②,不论是以"历史科学"为主旨的《德意志意识形态》,还是以"政治经济学批判"为主旨的《资本

①　Jacques Bidet, *A reconstruction project of the Marxian theory: from? Exploring Marx's Capital?* (1985) *to Altermarxisme?* (2007), *via? Théorie Générale?* (1999) *and? Explication et reconstruction du Capital?* (2004), http://jacques. bidet. pagesperso – orange. fr/indexar. htm.

②　Jacques Bidet& Gérard Duménil, *Altermarxisme: Un autre marxisme pour un autre monde*, Presses Universitaires de France (PUF), 2015, p. 28.

论》,都着重体现了马克思科学共产主义思想的坚实理论基础。更为重要的是,经典马克思主义不仅在思想文化领域影响深远,而且拓展到政治实践领域中,深刻地改变了 20 世纪人类社会的历史进程。

然而关键性的转折发生在 20 世纪最后二十年。当人们都以为社会主义正朝着经典作家所设想的道路大步迈进时,一系列事件使得"以马克思主义为名进行的历史性项目失败了,至少是部分地失败了"[1]。其中主要包括:苏东剧变使得国际共产主义运动陷入危机、以美国为主导的新自由主义霸权在全世界范围内强势崛起、欧洲各国马克思主义政党和工会组织持续萎缩,以及在文化意识形态领域内"历史终结论""马克思主义失败论"大行其道。即使是左派内部,淡忘乃至消解马克思主义也成为某种趋势,表现在抵抗运动与社会斗争上,当代生态主义运动、女权主义运动、种族主义运动、激进民主改革、边缘人群抗争等都有逐渐脱离马克思主义指导的迹象。比岱和迪梅尼尔认为,当代国际共产主义的危机具有复杂的社会历史成因,现实社会主义运动的挫折不能证明马克思主义的失败。在当下,左派理论和左派运动恰恰是要"回到马克思",这是因为一旦忽视了马克思对资本主义社会的科学批判,我们就会在解读当代资本主义的新变化方面付出沉重的代价。但进一步而言,"仅仅自我满足于'回到马克思'的提法是天真的"[2],现在的问题已经不再是需不需要马克思,而是以何种方式"回到马克思",或者说我们要从经典马克思主义那里继承什么样的理论遗产?

比岱和迪梅尼尔继而指明了新马克思主义与"另一种马克思主义"重建的两个理论要点:第一,继承和发展马克思主义的前提是,必须要承认传统马克思主义的适用范围,允许其自我展开批判,即对自身学说体系的历史前提与理论界限进行反思。与之相对的是教条主义马克思主义,它自视为永恒不变的真理体系,从来没有作过自我批评。他们指出:"所要求的批评不仅涉及'以马克思主义的名义'所做的事情,马克思主义本身需要重新被考虑。因为在我们看来,它从来没有做过自我批评,它从来没有能够与自己保

---

　　[1]　Jacques Bidet& Gérard Duménil, *Altermarxisme: Un autre marxisme pour un autre monde*, Presses Universitaires de France (PUF), 2015, p.14.

　　[2]　Ibid., p.15.

持距离。它从不知道如何认识它的历史真实条件,更准确地说,它的自我生产。然而,只有从这种自我批评中才能出现新马克思主义,这是重建的第一步。"①第二,不能肢解马克思主义,即以一种机械化、零散化、碎片化的方式拼接马克思主义与其他社会批判理论,而是要回归到一种对当代社会政治经济结构总体性分析。比岱和迪梅尼尔强调:"笼统地说在经典马克思主义的理论传统中保留什么去除什么是不可取的,因为我们无法分辨哪些部分仍然适用于今天这个时代。"②正确的做法是从一开始,也就是从马克思唯物史观的基本方法出发,重新梳理现代性的"元结构",即以资本主义为主要特征的现代社会的本质依据与运行法则,根据全球资本主义时代新的社会历史条件进一步改造经典马克思主义的阶级分析方法。

　　循着上述思路,比岱和迪梅尼尔提出了新马克思主义的观点与"另一种马克思主义"的概念。他们指认说:"本书试图假定马克思主义是阶级分析的话语,同时也是阶级联盟的重要话语。从它的内容来看,它同时涉及'人民群众'——现代社会形式的基础阶级——根据本书提出的概念化内容,以及其他社会阶级范畴——它们发挥作用必不可少,特别是在 20 世纪:那些干部和各种承担职能的人……这里采取的观点不是后马克思主义的观点,我们打算进行理论上的斗争,即达到马克思自己所要求的水平,特别是要提出一个新的社会阶级理论。"③结合上下文以及《总体理论》中业已阐明的观点,比岱和迪梅尼尔在这里想要表达的意思是,继承和发展马克思主义,就必须要根据 20 世纪新的社会历史条件进一步改造经典马克思主义的阶级分析方法。他们的基本思路是:马克思对资本主义经济规律的探讨从来没有脱离具体的社会政治语境,阶级主体间的斗争因素始终在其中被予以关注,因而在某种意义上,马克思是从经济与政治双重维度出发分析现代性问题的奠基者;然而就《资本论》的逻辑起点与阐述方法而言,马克思只是从商品关系或市场逻辑一个维度构想资本主义社会发展的动态趋势,而把组织的因素

---

①　Jacques Bidet& Gérard Duménil, *Altermarxisme: Un autre marxisme pour un autre monde*, Presses Universitaires de France (PUF), 2015, p.17.

②　Ibid., p.16.

③　Ibid., pp.17 – 18.

归结为资本逻辑的自然延伸。① 20世纪资本主义的自我调整与现实社会主义的失误都恰恰证明,组织权力因素之于现代社会而言是一个与资本逻辑本质上不同的社会统治形式,它尤其在阶级统治与阶级建构中起到非常重要的作用。因此,与学界的一般界定不同,比岱和迪梅尼尔眼中的"新马克思主义"是指从组织权力维度探讨当代社会阶级结构的马克思主义理论学说,凡是在经济维度之外强调社会政治维度的,或是把组织权力因素提高到与资本因素同等地位的理论学说都可以归为"新马克思主义"②。

实事求是地说,对资本主义合理性的探讨贯穿自卢卡奇以来的整个西方马克思主义理论传统,比岱和迪梅尼尔也确实是在接着早期西方马克思主义、法兰克福学派和阿尔都塞往下说。但说到底,他们在这里指认的"新马克思主义"概念实际上就是指自己以"元/结构"理论为基础的现代社会批判理论,即在"市场-资本"逻辑之外强调组织逻辑之于现代社会阶级建构的重要意义。

进一步而言,如果说新马克思主义提出的社会阶级理论主要还局限于现代民族国家内部的话,那么"另一种马克思主义"则对应于全球化资本主义时代的"世界-国家"③。比岱和迪梅尼尔认为,他们之所以提出"另一种马克思主义"这个概念,其目的不是为了表明经典马克思主义和新马克思主义已经过时,而仅仅是因为它们各自面对的具体历史条件以及所处的问题域有所差别。"另一种马克思主义"不仅不否定经典马克思主义与新马克思主义的理论成就,而且还自觉站立在前两者的基础上。就其本质而言,"另一种马克思主义"是全球资本主义时代的社会阶级理论和革命斗争学说,它主要探讨的是基础阶级如何在人类政治的统一性层次上实现自身的解放。具体而言,它可以细分为四个方面:"(1)基础阶级的团结政策;(2)与阶级伙伴结成同盟的联合政策;(3)人民面对帝国暴力的政策;(4)人类政治,作为一

---

① See Jacques Bidet& Gérard Duménil,*Altermarxisme: Un autre marxisme pour un autre monde*,Presses Universitaires de France (PUF), 2015, p.41.

② Jacques Bidet& Gérard Duménil,*Altermarxisme: Un autre marxisme pour un autre monde*,Presses Universitaires de France (PUF), 2015, p.17.

③ Ibid., p.18.

个新的主体,能够形成一个'我们'。"①

二、"另一种马克思主义"对当代社会斗争性质的分析

就理论旨趣而言,《替代马克思主义》是一本"战斗宣言"②。它的主要目标不在于从学理上推进作为"总体理论"的现代社会批判理论,也不在于对马克思主义发展史进行学术性的回顾,而是寄希望于在既有的思想基础上解决当代社会革命斗争的具体策略问题。比岱和迪梅尼尔指认说,他们之所以提出新马克思主义与"另一种马克思主义",就是为了要寻求一种"总体的政治路线"③,为基础阶级的自身解放找到一条切实可行的路径。他们此处的主导思路是,作为基础阶级的绝大多数人的解放不仅仅是一个历史观问题,而且是一个政治问题。既然"元结构"理论已经奠定了对复杂现代性进行科学分析的抽象基础,那么从"元结构"视域出发阐明具体的革命斗争策略便是顺理成章的事情。一方面,从新马克思主义的视角看,现代社会处于市场与组织的双重统治之中。在资本家、组织权能者与基础阶级的"三方游戏"之中,基础阶级只有将自身联合为一个统一的整体,继而与组织权能者联合对抗资本家,才能获得自身的真正解放。另一方面,就"另一种马克思主义"针对当代全球资本主义的分析而言,"世界-国家"时代的到来为基础阶级的解放斗争提供了客观条件与现实机遇。当前基础阶级的解放斗争既是为建立"世界-国家"而进行的斗争,也是为反对"世界-国家"而进行的斗争。摆在左派知识分子面前的任务就是在世界性"元结构"前提的质询下找到革命主体,并且致力于推动一种共同的行动原则。

(一)联合、联盟与自我革命

众所周知,马克思主义区别于其他哲学社会科学思潮最显著的特征就

---

① Jacques Bidet& Gérard Duménil, *Altermarxisme: Un autre marxisme pour un autre monde*, Presses Universitaires de France (PUF), 2015, p. 19.

② Ibid., p. 5.

③ Ibid., p. 168.

是科学性与革命性的高度统一,即从"改变世界"的革命性维度出发科学地"解释世界",并且科学地"解释世界"是为了更好地"改变世界"。在比岱和迪梅尼尔看来,他们之所以从"元结构"视域出发揭示现代性的内在逻辑与发展趋势,其目的就是在当代经济与政治的结构性分析中寻求基础阶级自身解放的科学依据。既然新马克思主义强调要从市场与组织双重中介出发把握现代社会的阶级关系,当代社会的阶级斗争是资本家、组织权能者与基础阶级的"三方游戏",那么接下来要追问的是,基础阶级如何能够在这场博弈中取得胜利呢?为此,比岱和迪梅尼尔以"新马克思主义政策"①的名义制定了"三步走"战略。

第一步,联合,即基础阶级的联合或统一。比岱和迪梅尼尔指出,历史唯物主义群众史观的要点在于,"历史的运动既不能从开明精英的观点中去理解,也不能从随意的个体行为与其影响的纯粹的相互作用中理解……在我们这个时代,人类可以给自己设定一个普遍的视角,这个视角只能从作为绝大多数人的'诸众'的力量出发,他们每天的工作给世界带来活力"②。马克思曾把伴随着资本主义大工业发展而诞生的工业无产阶级视为推动社会历史进步的革命主体,工人阶级事实上也在国际共产主义运动中发挥了至关重要的作用。然而历史与现实两个方面都证明,工人阶级在当代社会的中心地位已经丧失。"虽然在当今世界范围内生产商品或服务的工人的数量并没有减少,但是作为历史主体的工人阶级已经失去其中心地位并且逐渐消失。"③比岱和迪梅尼尔作此判断的理由有如下两点:其一,有组织的资本主义的出现使得社会结构发生了深刻的变化,工人阶级已经成为更广泛、更多元化的雇佣制度的一部分;其二,随着资本主义内部结构的深刻变化及新自由主义的崛起,工人阶级的统一性在新的技术、金融和政治环境中被破坏,甚至陷入了严重的分裂。④ 因此,当下阶级革命的主体已经不再是工业无产阶级,而是广泛的雇佣劳动者。根据新马克思主义的分析,这些雇佣劳

---

① Jacques Bidet& Gérard Duménil, *Altermarxisme: Un autre marxisme pour un autre monde*, Presses Universitaires de France (PUF), 2015, p.169.

②③ Ibid., p.170.

④ See Jacques Bidet& Gérard Duménil, *Altermarxisme: Un autre marxisme pour un autre monde*, Presses Universitaires de France (PUF), 2015, pp.170 – 171.

动者处于市场与组织的双重统治之下,说得更明确一点,他们包括市场上的自由劳动者、私有企业的雇员、政府部门或公共组织的雇员等。

进一步而言,基础阶级不仅包含所有的雇佣劳动者,还应当包括当代双重资本统治下的其他社会斗争人群,譬如生态主义者、女权主义者、社会边缘群体等。比岱和迪梅尼尔曾说,当代资本主义包含着双重矛盾:第一重矛盾是资本家与雇佣工人之间的矛盾,资本家榨取雇佣工人的剩余价值体现出资本的掠夺性特征;第二重矛盾是资本家和全人类之间的矛盾,"资本竭力追求抽象财富的欲望从根本上改变了人类的生产方式和生存方式,人类和地球都走向了不可逆转的生态轨迹"①,这体现出资本的破坏性特征。在比岱和迪梅尼尔看来,第二重矛盾不仅关系传统的劳资矛盾,而且是资本与居于地球之上的整个人类之间的矛盾,因而是资本与作为绝大多数人的基础阶级之间的矛盾。不同于奈格里从神学政治传统中发现"诸众"在"帝国"时代的革命意义,他们则是在当代社会的经济和政治分析中找到了基础阶级的团结基础与斗争方向。② 劳资矛盾与其他矛盾不可分割,基础阶级的革命斗争应被理解为"从日常生活、文化、保护自然、两性平等诸角度捍卫所有生命价值的具体的斗争"③。因此,当代革命斗争的第一步便是基础阶级的联合,即从马克思和恩格斯曾在《共产党宣言》中强调的"全世界无产者联合起来"进一步提升为"全世界被剥削者、被压迫者、被排挤者都联合起来"。

第二步,联盟,即基础阶级与组织权能者达成联盟以对抗资本家阶级。相较于马克思主义经典作家对于政党问题的高度重视,即强调共产党作为工人阶级先锋队的重要作用,比岱和迪梅尼尔在此问题上论述得比较模糊。一方面,他们的确也提及基础阶级的团结与联合有赖于"建立统一的政党"④,

① Jacques Bidet& Gérard Duménil, *Altermarxisme: Un autre marxisme pour un autre monde*, Presses Universitaires de France (PUF), 2015, p. 172.

② 在《替代马克思主义》一书和多篇文章中,比岱反复提及自己的"基础阶级"概念不同于奈格里的"诸众"范畴。比岱指出,在奈格里那里作为革命主体的"诸众"范畴不是在对现代社会的阶级关系分析中得到的,后者未能看到组织权能者与统治阶级的内在联系。比岱的一贯立场是,必须要恢复马克思主义的阶级分析方法,用以剖析当代社会的阶级结构和阶级关系。

③ Jacques Bidet& Gérard Duménil, *Altermarxisme: Un autre marxisme pour un autre monde*, Presses Universitaires de France (PUF), 2015, p. 177.

④ Ibid., p. 178.

但另一方面,他们更倾向于认为,基础阶级同组织权能者联盟才是对抗资本家阶级的有效途径。这里提出的问题是:①联盟的必要性,基础阶级为什么必须要与组织权能者进行联盟才能解放自身? ②联盟的可能性,作为两极统治者之一的组织权能者是否愿意同基础阶级进行联合? ③联盟的具体措施,假使两者达成同盟以后,联盟的斗争工作应当如何开展?

比岱和迪梅尼尔指出,在当今世界范围内,尤其是在欧洲,资本家通常掌握着根本性的社会权力,作为基础阶级的人民大众往往与组织权能者达成联盟以对抗资本家阶级。这一联盟的必要性源自下述事实,即"资本家将组织生产运作的权力逐渐让渡给权能者"①。换言之,组织权力因素在现代社会生产过程中起到越来越重要的作用,基础阶级只有广泛联合组织权能者才能真正掌握社会生产。而联盟的可能性,或组织权能者阶级之所以愿意同基础阶级进行联合,一方面是出于他们共同的利益和立场,即从原则上反对所有权资本和资本主义生产关系,另一方面是两者之间存在着一定的互补性——"对于组织权能者而言,基础阶级是革命斗争的历史主体与物质力量,而对于基础阶级而言,与组织权能者联盟可以获得组织性的力量"②。组织权能者虽然也构成当代社会统治阶级的一极,但是与资本家不同,他们是在所有人之间建立合理的契约关系以超越个体之间的单纯理性关系。在基础阶级与组织权能者达成联盟后,联盟的斗争围绕着两条战线开展:其一,以民主化的组织形式节制所有权资本(包含金融资本),在保留市场配置资源的同时,国家需要对就业条件和公共服务制定标准,以消除市场的任意性弊端;其二,反对专业知识的垄断,以及一切官僚等级特权的生产与再生产,向普通大众开放组织管理的职位,以保证机会的平等和权力的透明公开。

第三步,自我革命,即新型组织内部不断地自我革命以消除阶级结构产生的条件。在比岱和迪梅尼尔看来,对于基础阶级而言,不论是自我联合成为统一的革命型政党,还是同组织权能者联盟进而构成新型的革命组织,摆

---

① Jacques Bidet& Gérard Duménil, *Altermarxisme: Un autre marxisme pour un autre monde*, Presses Universitaires de France (PUF), 2015, p. 186.

② Ibid., p. 183.

在他们面前的共同问题是,如何处理新型组织内部的阶级结构与统治权力问题。这是因为,根据"元结构"理论,组织也是催生阶级因素的人际协调形式,20世纪的苏联社会主义模式就是现实的例证。比岱和迪梅尼尔指认说:"尽管苏联共产党实行的民主集中制在历史上起到过重要的作用,在革命与建设初期体现出积极正面的影响,然而不可避免的是,政治管理的日益复杂化及其所要求的指挥能力和领导魅力,都使得苏共从一个革命型政党逐渐蜕变为官僚特权型政党。"①

他们进而指出:"阶级联盟不是与人民的敌人相妥协。作为一种'霸权'方式,阶级联盟旨在引出合作伙伴的'同意',联合者必须找到自己的理由加入。但合作伙伴仍然是阶级对手,阶级矛盾依旧存在。"②也就是说,作为基础阶级的人民群众之所以要联合组织权能者,只是因为双方的斗争立场一致并互有所需。在革命胜利以后,基础阶级仍然需要对既有的组织权力体系进行彻底的改造,以杜绝新形式的阶级结构得以形成。新型革命联盟既是针对所有权资本的斗争,也是针对资质资本的斗争,既把废除一切财产私有权作为自己的目标,也把消灭一切特权等级体系作为自己的目标。从"元/结构"的观点来看,基础阶级的解放是一个长期的历史过程——"元结构"向"结构"的辩证转化意味着阶级结构与元结构、统治形式和共同宣言的历史循环。正是在作为现代性之共同宣言的"元结构"的质询下,基础阶级通过阶级斗争不断实现自由、平等、理性等人际价值诉求。

(二)构成"世界-国家"范围内的斗争

上文已经提及,在《总体理论》中,比岱不仅从"元结构"视域出发剖析了现代社会的阶级结构和阶级关系,而且还强调要站在当代世界的整体性高度去理解全球范围内政治经济秩序的新变化,即从"结构"到"体系"的逻辑推演中把握当下的全球资本主义世界。③到了《替代马克思主义》这里,比岱

---

① Jacques Bidet& Gérard Duménil, *Altermarxisme: Un autre marxisme pour un autre monde*, Presses Universitaires de France (PUF), 2015, p.193.

② Ibid., p.204.

③ 参见[法]雅克·比岱:《总体理论》,陈原译,东方出版社,2010年,第283页。

和迪梅尼尔基本上继承了上述思想阶段中"元结构-结构-体系"的分析思路。他们指认说,《替代马克思主义》一书共有两个理论目标:其一,揭示现代性的一般逻辑与本质依据,强调必须在市场与组织的相互蕴含中理解现代社会的阶级关系;其二,如果说新马克思主义的主要立足点是现代民族国家内部的阶级分析,那么"另一种马克思主义"则不再只考虑单个的民族国家,"它的着眼点是全人类居住的地球,它力求从世界的整体性出发分析当代世界的具体构成和发展趋势"①。

比岱和迪梅尼尔指出,从思想史上看,马克思主义经典作家为剖析资本主义全球化进程提供了重要的方法论视角,但实事求是地说,他们都只是站在资本动态扩张的层次上理解资本主义的全球化进程。马克思和恩格斯对资本主义剥削关系的分析主要停留于民族国家内部。虽然在构想《资本论》篇章计划的过程中,马克思曾经几度提及"国际贸易"和"世界市场",但从最终的编排思路与论述方法来看,他仅仅把帝国主义剥削视作民族国家内部资本增殖的逻辑推论。继马克思和恩格斯之后,列宁的帝国主义理论为经典马克思主义增加了一个空间的维度。然而此种"空间"与其说是理论化的概念,倒不如说是资本增殖在空间层面的自然延伸。② 换言之,比岱和迪梅尼尔不满足于从民族国家的内部"结构"出发直接推论出当代世界"体系"的一般情况。在他们眼中,仅仅从市场普及、资本扩张的角度难以理解当代资本主义国家的多重形态和帝国主义世界体系。他指认说,真正以共时态视角即站在世界的整体性层次上探讨这一问题的是沃勒斯坦及其学派。后者表明,"资本主义将自身表现为多个独立的实体,而不是单一权威下的统一整体"③,在此基础上,帝国主义世界体系以"中心-边缘"的模式呈现在我们面前。

应当说,以沃勒斯坦为代表的世界体系理论之所以为比岱和迪梅尼尔

---

① Jacques Bidet& Gérard Duménil, *Altermarxisme: Un autre marxisme pour un autre monde*, Presses Universitaires de France (PUF), 2015, p. 166.

② See Jacques Bidet& Gérard Duménil, *Altermarxisme: Un autre marxisme pour un autre monde*, Presses Universitaires de France (PUF), 2015, p. 141.

③ Jacques Bidet& Gérard Duménil, *Altermarxisme: Un autre marxisme pour un autre monde*, Presses Universitaires de France (PUF), 2015, p. 151.

所肯定,是因为它在普遍的世界网络中把市场经济的统一性与国家政治的多重性联结了起来,这与"元结构"方法不谋而合。他们认为,"元结构"理论旨在构建一个剖析现代性之全部可能性的综合框架,"以资本主义为主要特征的现代社会最早诞生于较小的地理单位,经由各式各样民族国家的中介,最后发展为帝国主义世界体系"①。资本主义现代性之所以一开始没有以世界体系的形式出现,而恰恰采取了民族国家的样态,这取决于当时的生产力发展水平。在"元结构"理论的视域中,现代社会建构具有双重性——市场需要组织、个体间契约需要中央契约、经济需要政治。它的两极即市场和组织,其发展规模受到特定生产力水平,特别是技术条件的限制。"在生产力不够发达的情况下,现代性的社会逻辑不可能一下子大规模的出现……随着生产力水平的提高,特别是技术条件的发展,民族国家之间通过市场将彼此联系在一起。"②然而值得注意的是,作为一个整体,世界体系的内部结构不仅与民族国家的内部结构不同,而且相反。比岱和迪梅尼尔指认说:"在各国之间,存在着商业交换和贸易往来,但是所有国家之间的市场关系并未由一个共同的组织所涵盖,后者据称受到所有人的控制。"③

但问题是,世界体系理论尽管对传统马克思主义的世界历史观有所修正,但是它并未完全满足观察现时代的要求。为此,比岱和迪梅尼尔提出的重要判断是,当代资本主义全球化运动正在催生出一个"世界-国家",我们正在逐步进入"世界-国家"的时代。与《总体理论》中对"世界-国家"基本特征的经验现象描述不同,比岱和迪梅尼尔在这里对"世界-国家"的指认依赖于对当代全球化资本主义本质逻辑的全新认知。他们指出,以20世纪中叶为界,由资本主义推动的全球化进程大体上可以分为两个阶段。这两个阶段之间的划分主要依据的是两者之间内在动力机制的差别:前一个阶段大致从18世纪中叶到20世纪中叶,它以帝国主义殖民为核心;后一个阶段

---

① Jacques Bidet& Gérard Duménil, *Altermarxisme: Un autre marxisme pour un autre monde*, Presses Universitaires de France (PUF), 2015, p. 150.

② Ibid., p. 151.

③ Ibid., p. 152.

承接着前一个阶段,它兴盛于 20 世纪 80 年代之后,以国际贸易为主要手段。① "世界-国家"的出现,意味着原先潜藏于民族国家内部的两极逻辑,即市场与组织,越出地域的疆界,成为居于全球之上的社会逻辑与运行法则。

比岱和迪梅尼尔进而指出,上述结论不是在基于历史理性的目的论逻辑中推导出来的,而是"对当代国际政治经济秩序的一种可能性判断"②。"世界-国家"与帝国主义世界体系的主要区别是,前者被赋予了世界性的"元结构"宣称,它宣布现代国家之间是自由、平等与理性的关系,并且全球性的统一市场由相应的政治经济组织得以支撑。由此出发,"另一种马克思主义"视域中的现代性也并非仅仅是由帝国主义世界体系所表征,从根本上说,它是帝国主义世界体系和"世界-国家"的混融交替产物。他们强调,尽管帝国主义在当今世界范围内依旧存在,但是它的存在方式却不同以往。帝国主义霸权国家不能再以直接纯粹的暴力手段实现对殖民地或外围国家的统治和控制,它必须要与后者一道接受"元结构"的明言规则。从这个意义上讲,当代全球范围内的主要矛盾是"正在生成的'世界-国家'与原先帝国主义世界体系之间的矛盾"③。因此,当代全球范围内的斗争应当结合第三世界国家的民族解放运动,在"世界-国家"范围内形成一种新的、具有现代世界"元结构"宣称的人类政治共同体。

我们知道,国家作为一种历史现象必然消亡的观点是马克思主义国家学说的基本观点,但近年来,反复强调资本主义全球化进程必然导致民族国家过时与消亡的却是新自由主义经济学。当然,一些持中立立场的政治哲学家,譬如哈贝马斯,也有关于超越民族国家、构建一种跨国人类政治共同体的思考。与新自由主义鼓吹民族国家消亡是为资本主义经济开辟道路不同,哈贝马斯是从履行原先民族国家的社会福利职能、共同承担风险、维护世界和平与人权等角度去阐发超民族政治共同体的存在意义与现实价值的。④

---

① See Jacques Bidet& Gérard Duménil, *Altermarxisme: Un autre marxisme pour un autre monde*, Presses Universitaires de France (PUF), 2015, p.139.

② Jacques Bidet& Gérard Duménil, *Altermarxisme: Un autre marxisme pour un autre monde*, Presses Universitaires de France (PUF), 2015, p.155.

③ Ibid., p.157.

④ 参见[德]哈贝马斯:《超越民族国家》,载贝克等:《全球化与政治》,王学东、柴方国等译,中央编译出版社,2000 年,第 73～74 页。

与前两者相比，比岱和迪梅尼尔提出"世界-国家"理论的主要贡献在于，他们既没有从意识形态的维度出发，简单地否定资本主义全球化运动的客观意义，也没有像一些左派政治学者那样，天真地以为超民族的国际公民社会的建立可以解决多数矛盾与问题。他们是将"世界-国家"的出现视为一种客观的发展趋势，并且把这种发展趋势理解为"基于特定历史阶段之价值诉求的政治斗争的结果"[①]。比岱和迪梅尼尔强调，一方面，对于帝国主义世界体系而言，正在生成中的"世界-国家"是一种历史进步，但绝不可高估后者的人类解放意义，因为它标志着世界整体性层次上两极统治逻辑的生成。当前基础阶级的解放斗争既是为建立"世界-国家"而进行的斗争，也是为反对"世界-国家"而进行的斗争。另一方面，"世界-国家"时代的到来为基础阶级的解放斗争提供了客观条件与现实机遇。为此，摆在左派知识分子面前的任务就是在世界性"元结构"前提的质询下找到革命主体，并且致力于推动一种共同的行动原则。

（三）"终极现代性"时代的共同行动原则

从《现代性理论》开始，比岱就反复强调，他所理解的"现代性"是"元结构"视域中的"现代性"。换言之，在比岱的理解中，现代社会区别于传统社会的本质特征就在于，市场与组织双重中介相互蕴含且共同构成社会运行的基本逻辑。因此，在如何理解当下我们所处时代之基本性质的问题上，比岱的判断是，它没有超出"现代性"的范围，因而"后现代"的指称并不可靠。我们当今所处的依然是为市场和组织双重中介所支配的现代社会。但进一步而言，就现代性的内在发展阶段来看，我们正在逐步迈向"终极现代性"（ultimodernité）时代。[②] 后者意味着市场和组织的双重统治逻辑冲破民族国家的界限，在世界整体性层次上达到统一，即一个真正把全球联系成一体的"世界-国家"正在生成。在比岱和迪梅尼尔看来，作为一种客观趋势，"世

---

① Jacques Bidet& Gérard Duménil, *Altermarxisme: Un autre marxisme pour un autre monde*, Presses Universitaires de France（PUF），2015，p.162.

② See Jacques Bidet& Gérard Duménil, *Altermarxisme: Un autre marxisme pour un autre monde*, Presses Universitaires de France（PUF），2015，p.158.

界-国家"的出现没有宣告"历史的终结",更不代表新自由主义在全球范围内的全面胜利。恰恰相反,它的到来不仅为人类选择自己的未来命运提供了新的契机,而且使得基础阶级重新获得了整合自己力量、选择斗争方向的机遇。① 为此,他们主要从以下三个方面阐述了"另一种马克思主义"对"终极现代性"时代革命性质与斗争策略的思考。

首先,"世界-国家"的出现有助于形成具有普遍意义的历史政治主体,即"世界人民"②,这意味着人类在政治共同体中崛起。比岱和迪梅尼尔指出,随着生产力的发展,特别是技术条件的进步,作为社会形式和阶级关系的资本主义需要更广阔的空间:从原先"城市-国家"到后来的"民族-国家",从现今初具规模"大陆-国家"到正在生成中的"世界-国家",市场和组织两极中介在不断扩展自己的运作范围的同时,基础阶级也在不断地统一和联合起来。同民族国家内部的阶级结构和阶级关系相似,"世界-国家"在直接意义上也呈现出所有权资本和资质资本的两极统治,与此同时,"世界-国家"范围内的阶级斗争转变为类似于民族国家内部的"三方游戏"③。如果说"新马克思主义"的政策——在民族国家内部,基础阶级联合组织权能者以对抗资本家——还不具有全球性意义的话,那么针对"世界-国家"时代的"另一种马克思主义"则体现出基础阶级的国际性联合。

其次,既然当今世界范围内的主要矛盾仍旧是帝国主义世界体系与"世界-国家"之间的矛盾,那么当前"世界人民"的斗争也应当融合第三世界国家的民族解放斗争,使被压迫民族从殖民统治中解放出来,构成独立自主的民族国家。在比岱和迪梅尼尔看来,帝国主义是既源于资本主义又不同于资本主义的第二种统治和剥削形式。在帝国主义世界体系中,占主导地位的国家凭借其政治经济优势可以实现对外围国家和殖民地的统治和剥削。而它的所有阶级,几乎都是帝国主义世界体系的直接受益者(尽管不同阶级依据其所占的地位受益程度有所不同)。在此情形下,"经典马克思主义曾

---

① See Jacques Bidet& Gérard Duménil, *Altermarxisme: Un autre marxisme pour un autre monde*, Presses Universitaires de France (PUF), 2015, pp. 161 – 162.

② Jacques Bidet& Gérard Duménil, *Altermarxisme: Un autre marxisme pour un autre monde*, Presses Universitaires de France (PUF), 2015, p. 214.

③ Ibid., p. 216.

设想的国际联合方式——各国工人阶级彼此团结一致，每个国家的工人阶级都先在本国发动革命，然后实现国际联合——失去了实际的意义"①。在"世界-国家"的背景下，帝国主义制度很容易被辨别出来。其中的关键在于，与帝国主义国家的对抗是不同于阶级斗争的另一种形式的对抗，它反对的是帝国主义的霸权形式和强权政治。

最后，"终极现代性"时代的革命斗争应当秉承团结大多数的原则，积极联合多元社会运动，在人类政治的层面上推动一种共同的行动原则。比岱和迪梅尼尔指出："'世界人民'不仅仅是一种道德主体，也不仅仅是一种理想参照，他们是当代全球政治经济结构中催生出来的具有普遍意义的政治主体。他们捍卫自己的权利，并且这种权利是所有人共同意志的体现。"②具体而言，比岱和迪梅尼尔视域中的"世界人民"一方面以基础阶级为主导，同时反对所有权资本的经济剥削与资质资本的官僚统治，另一方面与女性主义、生态主义、种族主义等多元社会运动相结合，反抗资本积累对全人类造成的威胁。进一步而言，"世界人民"通过工会组织合作生产，以联合占有的方式改造资本主义市场和组织的阶级因素，使之为全人类服务。比岱和迪梅尼尔由此总结说："'世界人民'面临的最终挑战是在全球范围内说'我们'的能力，这是因为，'世界人民'是从地区到国家、从大陆到世界的公民，他们团结和联合的过程就是'世界-国家'范围内人类政治共同体的形成过程，同时也是基础阶级走向具有普遍意义的历史政治主体的过程。"③

三、"另一种马克思主义"观的理论贡献与局限

马克思主义自诞生之日起，就与人类社会历史进程紧密结合在一起。它不仅早已成为人类精神文化宝库中最珍贵的一部分，而且还凭借其革命性的理论特质深深地影响了自 19 世纪中叶以来的社会历史进程。比岱和迪梅尼尔之所以提出"另一种马克思主义"的理论主张，一方面是出于批判当

---

① Jacques Bidet& Gérard Duménil, *Altermarxisme: Un autre marxisme pour un autre monde*, Presses Universitaires de France (PUF), 2015, p.210.

②③ Ibid., p.229.

代资本主义的需要,另一方面也同他们对马克思主义历史命运的深层理解有关。他们指出,马克思主义的终极政治诉求是建立一个共同的世界,这个世界可以称之为"社会主义"或"共产主义"。它的特征是消灭任何剥削和压迫,最终实现全人类的解放。然而时至今日,曾经在一个多世纪前激动人心的革命口号已经不再回响,取而代之的是维特根斯坦的宣告——"在无法言说之处,人必须沉默"①。历史难道终结了吗? 一个区别于当下、真正实现了自由与平等的共产主义社会难道真的无法被构想吗? 社会主义与共产主义注定只能成为乌托邦吗? 比岱和迪梅尼尔的回答是,当然不! 在他们看来,马克思主义在今天依然具有强大的生命力。摆在当代左派学者面前的急迫任务就是"回到马克思",即继承马克思的批判精神与科学方法,在新的社会历史条件下重新思考当代资本主义的内在矛盾,并制定切实合理的解放斗争策略。当然,"回到马克思"并不意味着回到教条主义的马克思主义,而是要回到马克思及其合作者和继承者们对以资本主义为特征的现代社会的科学批判。②

我们知道,马克思主义经典作家对历史唯物主义主体向度的论述,或者换一种表达方式,人类主体的命运、无产阶级革命的前途、共产主义实现之可能性,都是建立在对客体向度(社会历史的内在矛盾运动)的不断深入理解基础之上的。科学社会主义的核心,既不是无视人类主体的实践活动,把社会历史发展视为某种恒定的自然过程(这是资产阶级的自由主义意识形态),也不是撇开对社会历史内在矛盾运动规律的分析,而只是弘扬主体的革命性和能动性(这是空想社会主义的乌托邦)。从思想史上看,但凡只强调主体向度批判性的理论学说,大多都是由于其无视或片面理解社会历史本身的内在矛盾运动规律。在后来的科学社会主义运动与实践中,不管是列宁领导的十月革命,还是中国共产党领导的中国革命,弘扬人的主体能动性是一个极为突出的方面,但这种主体能动性的发挥并不是随意的发挥,而是建立在对特定历史条件下革命内在规律的深刻认知基础上的。十月革命

---

①　Jacques Bidet& Gérard Duménil,*Altermarxisme: Un autre marxisme pour un autre monde*,Presses Universitaires de France (PUF), 2015, p.11.

②　See Jacques Bidet& Gérard Duménil,*Altermarxisme: Un autre marxisme pour un autre monde*,Presses Universitaires de France (PUF), 2015, p.11.

的成功离不开列宁对资本主义发展的帝国主义阶段的判断，中国革命的成功也离不开以毛泽东同志为主要代表的中国共产党人对中国社会性质的科学分析，以及对落后国家革命规律的探索。

与拉克劳、墨菲等"后马克思主义"学者极力推崇多元社会运动不同，从"元结构"视域出发构想的"另一种马克思主义"致力于将碎片化的多元抵抗力量弥合为统一的政治行动主体，并且把以雇佣劳动为核心的基础阶级置于反抗资本主义制度的中坚地位。从这个意义上说，比岱和迪梅尼尔确实是在当代政治与经济的结构性矛盾分析中推演出现实的解放路径与革命策略。他们强调，现代社会的阶级斗争不仅是资产阶级和工人阶级的双方对抗，而且是资本家、权能者与基础阶级的三方博弈；进一步而言，在当下以"世界-国家"为特征的"终极现代性"时代，情况变得更为复杂，基础阶级也应当团结并联合多元社会运动，"团结并联合一切由资本追求抽象财富而被剥削、统治、异化、排挤的社会群体"①。在比岱和迪梅尼尔看来，当下语境中的共产主义意味着一种"终极现代性"时代的斗争可能性，即基础阶级应当联合权能者以对抗资本一极，进而改造市场和组织中的阶级因素，最终形成属于全人类的政治共同体。

通过分析"另一种马克思主义"的理论基础与内在逻辑，我们不难看出：

其一，比岱和迪梅尼尔在"元结构"视域中解读经典马克思主义的理论贡献与局限，旨在提出有别于经典马克思主义与新马克思主义的"另一种马克思主义"，一方面是因为他们敏锐地捕捉到了当代资本主义自身结构的调整，另一方面也是基于对马克思历史辩证法的放弃，转而从经验主义视角探究现代社会的复杂构成情况。"元/结构"辩证法与其说是唯物辩证法，倒不如说是套着辩证法外衣的形式逻辑推演。其中的关键在于，比岱和迪梅尼尔不是在社会历史自身的内在矛盾运动中把握资本主义的历史进程，而是在同一个平面结构上，通过要素之间的归纳与演绎揭示出现代社会的具体政治经济形式。他们无法穿透资本创新逻辑的历史表象，达到对当代资本主义社会本质矛盾的分析层次上。

---

① Jacques Bidet& Gérard Duménil, *Altermarxisme : Un autre marxisme pour un autre monde*, Presses Universitaires de France (PUF), 2015, p. 177、191.

其二，与之相关联的是，比岱和迪梅尼尔是从单纯的政治斗争线索去理解阶级矛盾与阶级对抗的，他们对无产阶级之历史使命与革命作用的论证是从自由平等理性之未能实现的角度予以把握的。他们没有、事实上也不可能像马克思主义经典作家那样深入到社会历史内在矛盾运动的层次上去探讨无产阶级革命的科学基础与现实途径问题，反而以相对外在的异化批判作为"另一种马克思主义"观的理论基石。

其三，同西方大多数左翼学者一样，比岱和迪梅尼尔尽管重视马克思的资本主义批判理论与阶级斗争学说，但忽视甚至反对经列宁主义中介的经典马克思主义。国际共产主义运动的历史和实践反复证明，工人阶级革命运动的成功离不开先进政党即共产党的领导。列宁在丰富和完善马克思主义政党组织理论的同时，特别强调无产阶级革命不是任意的、无条件的，而是需要当资本主义社会的内在矛盾发展到一定阶段继而产生全国性的危机时，革命才是可能的。比岱和迪梅尼尔无视列宁主义所强调的作为工人阶级先锋队的共产党的作用，反而给予了基础阶级的自发性以崇高的地位，且过分注重多元社会运动的抵抗作用。

其四，工人阶级及其先锋队的组织问题在比岱和迪梅尼尔的解放路径中是缺席的，基础阶级联合组织权能者以对抗资本，更多依靠的还是基础阶级的自发性。在"元结构"理论中，比岱和迪梅尼尔虽然充分关注了构成现代社会统治阶级两极之一的组织权能者，但这仅仅指涉居于统治阶级的组织形式，他们没有对基础阶级的组织形式、政党问题予以充分关注。当然，这也能理解，因为在比岱和迪梅尼尔的观念中，组织是催生阶级因素的两大经济协调形式之一。实际上，此"组织"非彼"组织"，比岱和迪梅尼尔正是由于把市场和组织看作超历史的因素，因而会从抽象的"元结构"视域出发探讨三项组合的可能性，以及革命斗争的具体策略问题。上述问题都体现出"元结构"辩证法与唯物主义历史辩证法的理论视差。

王一成（苏州大学）

朱迪斯·巴特勒生命政治视域中的
全球治理[*]

　　朱迪斯·巴特勒是当代著名的后现代主义思想家之一,学界更多地关注她在女性主义、性别研究等领域的杰出贡献,而对她在政治哲学、生命政治等方面的思想却没有给予应有的重视。通过对其思想发展过程的梳理,我们发现21世纪初以来,朱迪斯·巴特勒的研究重心发生了明显的生命政治转向。《脆弱不安的生命》《战争的框架》是她关于生命政治的讨论中十分具代表性的作品,这两部著作采用了"框架""脆弱性""操演"等概念作为分析生命问题的重要工具。巴特勒通过揭露和剖析美国布什政府发动的战争及其所引发的后果,探究了造成战争的社会、政治等复杂因素,揭示了生命的脆弱性本质。巴特勒的生命政治思想为唤醒人类对生命脆弱性本质的觉知,形成人类命运紧密相连的意识,构建一种使每一个生命都受到同等关爱、呵护、尊重、怜惜、哀悼的国际政治经济新秩序提供了重要的启示,为建立更加公平、合理的全球治理体系,推动构建人类命运共同体,真正实现全球善治提供了独特的思想源泉。挥之不去的新冠肺炎疫情使得人类生命陷入极大的风险,全球公共卫生治理遭受严峻的考验。在当前全球疫情尚未结束的情况下,探讨生命的脆弱性本质,认清当前全球治理特别是公共卫生治理面临的困境与挑战,对于凝聚全球共识,团结各国力量,推进治理转型,共同战胜疫情具有重要的现实意义。

---

　　* 本文系教育部青年项目基金"《资本论》视域中的生命政治批判研究(19YJC710050)"、2021年度甘肃省社科规划项目"历史唯物主义视域中的数字资本主义批判研究"(项目编号2021YB036)的阶段性成果。

一、"框架"：生命政治权力的布展方式

传统政治哲学往往从"人民""主权""国家"等概念出发展开讨论，生命政治则以"生命"为核心，透视生命在不同政治语境中的遭遇，分析权力作用于生命的过程，并根据生命的境况判断政治制度的优劣，为讨论当前政治问题提供了丰富的话语和宽广的视野。生命政治理论之所以对当代政治具有强大的解释力和深刻的洞察力，其原因就在于它对"生命"本身的关注超越了传统政治哲学。在人类历史上，没有任何一个时代像今天这样重视对生命的治理，也没有任何一种权力能够超越资本对生命的控制，生命政治正是因为准确把握了资本与生命之间的关系，洞悉了当下政治权力的核心议题，才成为最能彰显时代特征的政治哲学。对生命政治的讨论首先要追溯到"如何看待生命"这一本质问题上来。不同的生命观决定了对生命的不同态度，进而决定了生命的不同处境。在人类漫长的历史中，生命曾被抛入无尽的黑暗，近现代以来生命在一定程度上得到了解放，但同时也走向了更深层次的奴役，成为被权力规训与治理的对象，这正是西方生命政治理论勃兴的原因。20世纪70年代以来，以福柯、阿甘本等为代表的学者们开始关注、反思人类历史上，特别是资本主义发展进程中生命所遭遇的政治性统治和管理，生命政治理论自此勃兴。与诸多生命政治学者相比，巴特勒生命政治思想的独特之处在于其通过再现战争、暴力语境中生命的真实境况，直逼人的生命的脆弱性特质，使权力和生命之间的关系更加直观地暴露在世人面前，从而为我们深刻反思当下的政治生活，追问全球政治的终极价值提供了新的视角。"立足于生命政治的大背景，巴特勒提出了独具特色的左翼战争批判理论：要想反对战争，想要珍视生命，不妨从表征领域入手，揭露其推动战争暴行的为虎作伥，痛斥其罔顾生命的遮蔽摧残。"①对战争的批判与反思，是巴特勒生命政治理论的独特构境层，而这一构境层也为我们跳出固有的战争批判模式，复归对生命的关照开辟了新的路径。

---

① 何磊：《生命、框架与伦理——朱迪斯·巴特勒的左翼战争批判理论》，《马克思主义与现实》，2016年6月。

　　"框架(frame)"是巴特勒构建其生命政治理论的重要概念之一。在巴特勒的学术构境中,作为名词的"框架"意指权力限定、管控、构建表征领域的各种手段,作为动词的"框架"则包括框定画面、锁定目标等含义。巴特勒首先用"框架"对战争的目标展开了批判,她指出"框架"的首要作用就是锁定战争的目标。正如摄影师通过镜头取景,"框架"本身就意味着选择,例如选择特定的拍摄视角、拍摄对象、视域范围、图像比例等。当"框架"应用于战争时,它就成为区分有资格受到珍视的生命和无权获得承认的生命的标准,从而拥有了对生命的生杀大权。框架可以表征为概念、文字、图片、影像等,这些表征方式是"框架"得以呈现的载体,也是权力得以贯彻的方式,它们决定着信息呈现于人们面前的方式,也制约着人们对这些信息的回应。具体而言,框架可以区分为视觉框架和叙事框架,视觉框架即图像、影视等,它能够在情感层面对受众造成直接的冲击,但它本身并不能提供解读,它必须借助叙事框架的描述、分析来加以补充。视觉框架更易引发人们的情感共鸣,但基于情感的反应往往稍纵即逝、不够深刻,而叙事框架则更引人深思、持续隽永,它能在理性层面对人产生更为深远的影响。因此,两者缺一不可,相辅相成,共同塑造着人们的情感和认知。"框架"通过对视觉和叙事的操演成为战争的帮凶:"所谓的掌控与传播本就是阐释的手段,它可以解释谁的生命是生命,谁的生命只能沦为工具、目标、数字,只能在战争的摧毁之下残留蛛丝马迹,甚至只能消失得无影无踪。"①当然,我们也必须认识到,即便视觉框架与叙事框架之间的配合近乎完美,它们也只能捕捉现实的某个断裂的时刻、孤立的片段,它们提供给民众的信息必然是支离破碎的,但正是一致性、整体性的缺失使得"框架"拥有了更大的解释空间,也使得权力能够更加自由地施展。

　　"框架"出场的必然性在于它是为战争博取民众支持的关键。战争的发动必须同时具备诸多要素,其中支持战争的民意是促成战争最为重要的条件之一。但是民意的支持并非自然形成,相反,它需要被刻意塑造和精心维持。要使民众普遍认为战争不仅不可避免,而且合乎道义,甚至值得推崇,就需要在战争发动的过程中塑造和维持民众的认知和情感。巴特勒指出,

---

　　① ［美］朱迪斯·巴特勒:《战争的框架》,何磊译,河南大学出版社,2016 年,第 6 页。

塑造和维持民意的关键在于——战争的"框架",它通过视觉和话语传播得以实现。"框架不只是单纯地呈现现实,而是积极地进行控制,有所选择地制造并强化所谓的真实。"①也就是说,"框架"通过控制人们的可见、可知、可感、可读、可闻的范围,从而塑造出所谓的现实,剔除所谓的虚假。"工具塑造、框定了能够进入视听表征领域之内的人,同时也排除了无法进入该领域的人。"②一旦"框架"得以确立,它自身就拥有了决定"现实"是否真实、是否合法、是否可以被民众知晓的权力。"框架"形成之后就不再被动地呈现事实,而开始主动建构,凡是被"框架"框定的现象天然地具有了真实性,而那些被排斥在框架之外的现象则被丢弃、忽视,成为不真实的存在。巴特勒详细分析了拍摄设备(照相机、摄影机等)在战争中作为物质工具发挥作用的机制,并以照相机、摄影机来隐喻"框架"在战争中的应用。实际上,与枪炮这些具有直接杀伤力的战争工具相比,照相机、摄影机在战争中记录的图片、影像具有更大、更持久的威力。经由"框架"操演的战地报道的实质是"植入式"报道,即记者必须严格按照官方规定的方式对选定的对象进行报道。"当局不仅强制规定人们可以看到的内容,还强行控制人们看待战事及其破坏行为的视角。显然,国家当局有意凭借此类管控将自身的掌控范围延伸至战争的视觉层面。"③这种报道所传播的图片与影像一方面遮蔽战争暴行及其对他国民众造成的伤害,另一方面夸大、深化本国所遭受的损失,从而混淆民众的视听,颠覆民众的认知。通过图片与影像的多次输入,"框架"被植入民众的意识当中,使得民众产生对战争的认同。"框架"还被用来区分合法暴力与非法暴力,从而在源头上占据话语优势。"人们开始用这样一种框架来描述全球范围内发生的暴力行为:'恐怖主义'成了非法暴力的代名词,而合法战争则是那些获得普遍承认的合法国家独享的特权。"④在这样一种框架下,"我们"的暴力被划归为人类行为,"我们"的战争有明确的政治目标,是为正义而战,而他人的暴力则不是人类行为,而是"恐怖主义"行

---

① ［美］朱迪斯·巴特勒:《战争的框架》,何磊译,河南大学出版社,2016 年,第 10 页。
② 同上,第 9 页。
③ 同上,第 132 页。
④ ［美］朱迪斯·巴特勒:《脆弱不安的生命》,何磊、赵英男译,河南大学出版社,2016 年,第 139 页。

径,是狂热分子或极端主义分子丧失理智的结果。

　　综上所述,"框架"是一种受社会环境、时局影响,由人主观操控、设置、改造而成的解释模式,这种解释模式在一定时期内对人的思想、情感、言论、行为产生持续性的影响。"框架"通过有选择、有目的、有计划地塑造、确立、强化所谓的真实,即官方版本的现实,使其他版本的现实失去合法性。当"框架"否定、摒弃、排除了"非法"版本的现实时,这种现实便沦为虚假的现实。因此,官方对"框架"的霸权就成为民众形成正确、完整认知的最大障碍。"特定的阐释框架暗中操纵着我们的道德回应。"①身处特定"框架"之中的人们,很难判断自己对待生命的态度是否理性,更难以抵抗"框架"的收编。为了维持民众对战争的认同,国家执行严格的审查制度,任何违背民族主义、揭露战争真相的言论都将被过滤,这种过滤抹杀了在公共领域展开民主讨论的可能性。"在公开探讨政治与政策价值的过程中,只有容纳那些对国家政策及大众文化持有批判观点的人,才能使异议与争论继续发挥作用。"②当人们的视听方式及视听内容都被严格控制与审查时,一些观点和事实将永远无法进入公众的视线,公共舆论中再也不会出现不一样的声音,剩下的只是相同观点之间的循环论证。在此过程中,媒体逐渐背离了新闻行业坚守事实的优良传统,开始脱离群众,而与官方达成一致,从而沦为军事的喉舌,媒体对政府的监督作用消失殆尽,其独立性也日渐丧失。学术界亦难逃"框架"的限定,严格的审查制度和受限的研究范围使得学术自由与理性探索不再可能。"框架"使得主体的主体性不断丧失,这种主体性被权力逐渐占据,反过来支配和操控主体的认知。"正因为不愿丧失话语权,人们才不愿意表达真实的想法。针对身份与效力的控制到达了无以复加的地步,在这种社会条件下,审查制度隐蔽而有力地发挥着作用。而审查制度所凭借的工具,正是那条划定可说事物与有效生命范围的界线。"③可见,限定公共领域允许事物的范围正是霸权主义得以实现的重要方式,控制视听领域和视听内容则是掌握鉴别"真相"大权的关键。

---

　　① ［美］朱迪斯·巴特勒:《战争的框架》,何磊译,河南大学出版社,2016年,第97页。

　　② ［美］朱迪斯·巴特勒:《脆弱不安的生命》,何磊、赵英男译,河南大学出版社,2016年,前言第13页。

　　③ 同上,前言第14页。

巴特勒对战争的关注还具有更深层的关切,她通过战争这一极端境况中权力对"框架"的操演,隐喻在当今政治实践中"框架"无处不在的现状。我们必须认识到,"框架"已经成为权力在一切领域布展的工具,在战争中受到伤害,甚至牺牲的生命是对"框架"最严厉的控诉,但对"框架"的讨论却不能局限于此。因此,除了看到"框架"的操演之外,我们更应该看到"框架"背后的资本逻辑,深刻反思"框架"在国内治理、全球治理中对生命的全面控制。

二、无效生命:"框架"之外的生命

究其本质,"框架"是权力运作的结果,"框架"的应用则是权力运作的过程,因此对"框架"的反思就是对权力的反思。而只有层层递进的剖析和透视,才能揭示出蕴藏在"框架"中隐秘而又无处不在、无所不能的权力,从而把握权力运演的内在逻辑。正是这种隐秘的权力使得"框架"具有了一种超越人的主体性,进而成为决定人的存在、认知、行为方式的强大力量。巴特勒围绕"谁有资格成为'人类'?谁的生命有资格成为'生命'?最后,何种因素构成了值得哀悼的生命?"这三个问题,对这种权力及其作用方式作了剖析。她指出,"框架"不仅决定着哪些生命值得被尊重,哪些生命将被置于死亡的危险之中,还决定着哪些生命的死亡值得被哀悼、被缅怀,通过这种方式将一些人的权利正当化、合法化,将另一些人的生命视为病毒或例外,从而将这些生命抛入脆弱处境之中。从整体来看,可以将"框架"作用于生命的方式概括为两种:一种是直接将他国民众的生命所遭受的暴力、戕害框定在本国民众的视听之外,使之永远无法进入公共舆论之中;另一种则是将一些生命框定为"无效生命(unlivable lives)",使之成为危险因子而被排除在人类群体之外,从而使民众认为这些生命的死不足为惜,甚至罪有应得。第一种作用方式使得民众根本无法形成对他人生命遭遇的全面认知,因而也就无法完成对自己生命本质的完整体认。对他人生命处境的感知,是民众理解战争、冲突、暴力给他人造成的苦难的前提,但这一切都建立在人们能够通过图像、声音、文字甚至身临其境去了解和感知他人处境的基础上。如果人们的视听已经被限定在某一范围内,许多关于事实的讯息都被屏蔽,那么民众就无法获得关于他人处境的真相,无法形成对战争的全面认知,也就不可能成为战争的反对者。正如摄影作品取决于拍摄者如何取景,"框架"已经成为人类认识一切的前提性限定,它决定了人们能看到什么、不能看到什么,人的主体性和判断力被"框架"所取代。第二种作用方式则是通过无视、排斥、驱逐一些人的生命,剥夺他们的政治地位和法律权利,使得他们沦为"无效生命",施加于这些生命之上的暴行也就具有了正当性、合法性。"无效生命"非生非死,非生意味着这些生命被"框架"褫夺了人性(dehumanization),成为"非人"而被排斥在"人类"之外,非死意味着他们作为生物性存在的踪迹无法被抹去。"在话语层面,某些生命根本不成其为'生命',他们无法成为'人类',他们不符合任何主流的人类框架。话语首先褫夺了特定人群的人性,'褫夺人性'(dehumanization)继而引发了现实中的暴力。"①"无效生命"这一话语为诸多暴行提供着道义上的支持,使得官方单凭"认为"某人或某一群体对国家构成了威胁,就可以理直气壮地将其斥为危险分子,对其施加暴力。可见,文化领域的暴力先于现实层面的暴力而存在,话语通过形成一定"框架"将特定人群设定为不值得注意、哀悼和缅怀的生命,使之成为没有资格获得认可的生命,成为"非人",这就在道德层面为"我们"的暴行提供了充足的理由。"针对'非人'的暴行造成了算不上恶果的'恶果'"②,民众也不必为此感到悲伤或自责。"无效生命"这一话语的道德预设就是将一些人贬低为一种低于人类的存在,这种存在徒具人形,缺乏理智,充满威胁,因而需要被全面监控、被无期限羁押,甚至被彻底抹杀。"我们自己的暴行是不会见诸报端的,它们始终是以自卫为名开展的高尚事业:铲除恐怖主义。"③这样一种理念为"我们"的暴行提供支撑,使得民众相信,战争中逝去的生命与受害的人群并非"我们"的责任,"我们"既无须质疑自己"暴行"的正义性,也不必反思战争的合法性。这一理念直接导致"我们"更加肆无忌惮地实施暴行,更可怕的是,它还会对人类文明及其走向产生深远的影响。"问题不仅仅在于,有些人被当成人类而其他人则不然;问

---

①　[美]朱迪斯·巴特勒:《脆弱不安的生命》,何磊、赵英男译,河南大学出版社,2016年,第51页。

②　同上,第55页。

③　同上,第8页。

题还在于,由于西方'文明'树立了某种似人非人的非法形象,并借此定义自身,因此这种褫夺他人人性的做法成了'人类'形成的条件。"①这种"文明"不仅引起了不同地区、民族、国家的文明冲突、价值对立,阻碍了文明之间的交流互鉴,而且制造出"人"与"非人"的区别,动摇着传统意义上的"人类"定义,打破了人类的统一性,形塑着一个充满分裂、对抗与冲突的人类世界。

巴特勒的"无效生命"与阿甘本的"赤裸生命"有相似之处,它们都描述了在例外或紧急状态中,法律效力被中止,生命丧失政治权力和法律保护而成为动物性存在的状态。不同之处在于,权力制造"赤裸生命"借助的是"悬法",而制造"无效生命"借助的则是"框架"。在阿甘本看来,主权的当代形式同法治处于此消彼长的对立关系之中,在法律受到搁置而失效的领域,主权便开始大行其道。而在巴特勒看来,正是通过对法律的操演使得主权在治理领域幽灵般地实现了复辟。在出现安全警报和紧急状态的情况下,国家通过搁置法律,中止法律效力,制造出法外之地,炮制出一系列治理规章、话语体系,从而构建起一种新的主权模式。与"悬法"相比,"框架"的优越性在于它涉及的范围更加广泛,它包括"悬法",但不局限于"悬法",因而能使权力更加深入、全面地渗透到方方面面,从而对生命形成彻底的掌控。与此同时,"框架"使得权力的运行更具隐蔽性、欺骗性,因而比"悬法"更能为民众所接受和认同。"所谓的限制与框定皆属于权力的作用,但权力却不以压迫者形象示人。"②"框架"往往以安全之名将一些人贬斥为"无效生命",使民众对这些生命产生或无视、或戒备、或排斥、或仇恨的心态,并利用这一心态将权力渗透到民众的认知当中。可见,"框架"为权力悄无声息却持续有效的运作提供了可能。

在福柯的生命政治中也有与"框架"相似的概念——真理话语(discours de vérité),即一种"可以杀人的话语"(discours qui peuvent tuer),它能够决定人的生存与死亡、正常与非正常、自由与监禁。福柯借"真理话语"这一概念揭示了话语与生命之间的直接联系。依据"真理话语"而构建起来的权力也

① [美]朱迪斯·巴特勒:《脆弱不安的生命》,何磊、赵英男译,河南大学出版社,2016年,第143~144页。

② [美]朱迪斯·巴特勒:《战争的框架》,何磊译,河南大学出版社,2016年,第144页。

被福柯称为"规范化权力"（pouvoir de normalisation），但它与治理术的关系更为密切。福柯之所以更多地讨论治理术，是因为在他看来治理术的兴起意味着主权的式微，而巴特勒所关注的恰恰是在治理术兴起过程中，日渐衰微的国家主权如何在战争中通过"框架"得以复辟。在巴特勒看来，治理术的出现并不一定意味着主权的失效，它只能说明传统的主权形式不再能够支撑或维系国家，但主权仍然能够通过治理而获得新的表现形式。"当前的国家权力格局已经发生改变，此处的国家权力首先指管控人民的行为，其次是终止、限制法律权限的过程中所展现的主权力量。"①可以看到，主权权力和治理术之间的区分不再像过去那样明显，相反，主权通过治理术得到了彰显和落实。当然，不能简单地认定国家主权通过治理术得以复辟，要正确理解两者之间的关系，还需要从历史的角度探究权力的演进脉络。"治理术标志着我们当前的历史，主权或多或少已经式微，因此，治理领域中的主权复辟补偿了国家主权的衰落。"②治理术通过将法律贬低为策略和手段，使得法律不仅具有工具性的价值，还为塑造新型的主权形式提供了条件。在战争中，国家进入紧急状态，为了管控特定的人群，国家以自我保护为由，通过搁置、扭曲、中止法律来扩张主权的范围及需求，使之跃于所有法律之上，从而具有了蔑视一切、至高无上的权力。国家主权所采取的这种策略和治理术的相似之处在于，它们都不以法律为准绳，只是将法律当作策略和手段来使用。这恰恰说明，我们以为已经落幕的历史产物仍然左右着当代政治，这也在一定程度上暴露了线性史观的谬误。对于治理术同主权之间关系的讨论非常重要，它能够帮助我们更准确地把握权力的运作方式及其所采取的手段。只有对治理术布展的方式和主权在现代得以复辟的方式都予以关注，才能对政治作用于生命的方式、对人的生命处境有一个全景式的把握。从这一点来说，巴特勒的生命政治理论延伸、发展了福柯、阿甘本的思想。从更广阔的学术视野来看，相比传统政治哲学致力于在规范性层面构建一套合理的解释体系和价值准则的做法，巴特勒的生命政治则侧重于考察权力

---

① ［美］朱迪斯·巴特勒：《脆弱不安的生命》，何磊、赵英男译，河南大学出版社，2016 年，第 85 页。

② 同上，第 88 页。

在当下的表征形式及其内在逻辑,并从价值层面对其展开批判和反思,这种研究理路不仅促进了规范性与事实性的融合,也体现了政治哲学关照现实的理论自觉和问题意识。

三、脆弱性:对生命内在属性的根本认知

作为一种隐性的认知规范,"框架"不仅会使民众进入认识的盲区,还会导致民众陷入行动的误区。"框架"使一些生命沦为数字、目标、工具,使得这些生命在战争中被摧毁却不能被哀悼和纪念,而那些受制于"框架"的人对此却毫不知情,成为权力盲目的趋从者。权力通过对"框架"的操演形成了对生命的控制、区分和管理,也使得生命陷入极端的不平等和脆弱之中。巴特勒指出,认识到"我的生命"同"他人的生命"息息相关,体会到每一个生命的脆弱处境,是认识、理解,乃至重构与他人关系的观念性前提。为了更好地把握生命的本质特征,巴特勒采用了一系列新概念:在《脆弱不安的生命》(*Precarious Life*)一书中,巴特勒用"脆弱处境"(precarity)这一概念来分析在"9·11 事件"后的民众安全感的缺失和美国的侵略行径,用"脆弱特质"(precariousness)一词来描述生命的脆弱不安,揭示自由主义背景下一些特殊群体的生命境遇。在之后的《战争的框架》(*Frames of War*)一书中,她进一步深化了对生命"脆弱处境""脆弱特质"的区分和讨论。具体来说,脆弱特质更侧重于反映生命与生俱来的特质,而脆弱处境则强调生命存续与发展所处的政治环境和社会条件。因此,脆弱特质是对生命原初状态的描述,而脆弱处境则是对生命外在环境的呈现,脆弱特质对每一个人的生命而言都完全相同,但脆弱处境却可能因生命所处的地区、国家、民族不同而存在分配不匀的问题。脆弱特质和脆弱处境的融合构成了巴特勒对生命内在属性的根本认知——生命的脆弱不安,而理解这一属性的关键就在于充分认识"我"与"他者"之间的关系。

首先,"我"与"他者"关系是生命自我确认、自我保全的心理基础。"他者"在主体形成自我认识的过程中发挥着重要的作用,个体的存在只有通过获得来自"他者"的承认才能真正得以确认。"每一方虽说确信自己的存在,

但不确信对方的存在,因而它自己对自己的确信也就没有真理性了。"①就其本性而言,人本身就是一种类存在物,人的生命在与其外部世界即人的对象性存在的统一之中得以存在和实现,这种类关系也是人类活动必须遵循的重要原则。生命为彼此而存在,也因彼此而存在。在寻求承认的过程中,双方并非分离的个体,而成为一个相互影响的整体。当"我"承认"他者"或寻求"他者"的承认时,"我"不是要求"他者"按照"我"的存在方式来接受和承认"我"。"在'我'的形成过程中,'我'中有'他',而我的'异己成分'(foreignness)恰恰构成了我同他人的伦理联系。"②在"我"的存在方式和"他者"的存在方式相互影响、相互构建的互动中,"我"已经成为新的"我","他者"也成为新的"他者"。从这一视角,反思霸权主义就会发现,霸权主义不仅将经济和政治利益凌驾于人类的和平与发展之上,更重要的是它从根本上否认了人的生命的脆弱性本质,否认了"我"与"他者"之间的关系,否认了"我"对"他者"的责任和义务。"我"不能随意对"他者"施以暴行,对这一观点的理解不能停留在暴行所带来的不良后果上,而是要深刻认识和理解我和他者的关系,他者于我而言,是一种对象性的存在,我们互相依存,"如果我抹杀了他者,就等于摧毁了自身生命赖以维系的对象"③。我和他者之间具有某种相互的责任和义务,这就决定了我不能通过暴力处理我们之间的关系。"伤害令我们思考:我们的生命依赖他人,我们依赖那些从未认识且永远不会认识的陌生人。这种依赖陌生人的根本处境不会因我的意志而改变。任何安全措施都无法消除这种依赖;任何以主权名义进行的暴力都无法从世间消除这一事实。"④"我"与"他者"的天然链接要求生命受到平等的尊重、呵护与哀悼。主权国家在使用暴力戕害其他国家民众生命时,往往以维护本国民众的生命安全、正当防卫等为借口,采用这类借口的根本原因就是没有认识到本国民众的生命与他国民众的生命之间密不可分的关系,即

① [德]黑格尔:《精神现象学》(上),贺麟、王玖兴译,商务印书馆,2010年,第142页。
② [美]朱迪斯·巴特勒:《脆弱不安的生命》,何磊、赵英男译,河南大学出版社,2016年,第71页。
③ [美]朱迪斯·巴特勒:《战争的框架》,何磊译,河南大学出版社,2016年,第103页。
④ [美]朱迪斯·巴特勒:《脆弱不安的生命》,何磊、赵英男译,河南大学出版社,2016年,前言第2页。

保全"他者"的生命安全是保全自身生命安全的最好方式。只有当人们认识到"我"与"他者"之间的关系,认识到对他人生命的呵护与尊重是对自己生命最好的保护时,这种尊重和呵护才能真正得以落实。"我需要守护你的生命,原因不仅在于我要保全自己的生命。更重要的原因是,没有你的存在,'我'就根本无法存在。自我同他人之间存在着错综复杂而充满张力的必要关联,我们必须依据这种关联来重新思考生命。"①正因为我们每个人的生命都依赖于他者而存在,每个生命都是一种社会性的存在,我们对彼此的生命也就有了一种义务。这种义务要求我们认识到自身生命的脆弱性,同时也承认他人生命的脆弱性,从而自觉树立生命拥有同等价值、需要被平等对待的意识。从这个意义上来说,"他者"是生命自我感知、自我确认、自我发展和自我完善不可或缺的心理基础。

其次,"我"与"他者"的关系是生命获得生存条件、克服脆弱特质、规避脆弱处境的社会条件。生命的脆弱性特质决定了人类的命运必然息息相关。"如果我的命运始终无法同你的命运分离,那么,这种关联就使'我们'紧密相依;我们无法轻易否认'我们'之间的关联,如果试图否认这种关联,就等于在否认某种塑造我们的基本社会条件。"②巴特勒将生命脆弱性的分析回归到马克思关于社会关系构成人的本质这一历史唯物主义观点,并对此作了本体论的分析。人与人之间为何具有唇齿相依的关系? 因为人类普遍具有脆弱的生存境况:人的生命、人的身体决定了人具有生存需要,要满足生存需要就必须与他人建立相互依存的关系。生命总是处于充满他者的世界之中,既无法掌控也无法摆脱社会关系这个巨大的网络。"脆弱特质意味着人类对社会关系网络与社会条件的依赖。因此,没有所谓的'生命本身',只有生命的条件。唯有依托支撑条件,生命才能成为拥有生命尊严的生命,可堪哀悼的生命。"③在这里,巴特勒强调了生命赖以生存的条件,也就凸显了社会关系对人的生存的重要意义,她从人无法摆脱的肉体的存在这一基本事实出发,从根本上批判和否认了个人主义和自由主义。从生命的

---

① ［美］朱迪斯·巴特勒:《战争的框架》,何磊译,河南大学出版社,2016 年,第 102 页。
② ［美］朱迪斯·巴特勒:《脆弱不安的生命》,何磊、赵英男译,河南大学出版社,2016 年,第 33 页。
③ ［美］朱迪斯·巴特勒:《战争的框架》,何磊译,河南大学出版社,2016 年,第 70 页。

脆弱性本质来看,"个人主义"就是一个虚构的概念,想象的共同体也是一个伪命题。自由主义认为每个人都是独立的、原子式的个体,人与人之间充满着矛盾与冲突,为此人们需要通过订立社会契约来处理彼此之间的关系。与社会契约论的主张不同,巴特勒认为,人与他人之间的相互依存关系不是人们审慎抉择的结果,也并非个人主观意志所能决定的,而是一种先于社会契约、先于个人意志的关系。人的生命从一开始就是社会性的存在,人与人之间即使没有任何契约、协定,甚至根本互不相识、毫无了解,却仍然不可避免地相互关联着,人的任何需要的满足都要依赖他人,而人与人之间的这种相互依赖、相互关联意味着每一个人对他人的生命都具有一种义务。"身体的存续有赖于社会条件与社会制度,这就意味着,为了'生存'('存续'意义上的'存在'),身体必须依赖外界之物。"①这与马克思的表述高度一致:"全部人类历史的第一个前提无疑是有生命的个人的存在。"②有生命的个人何以存在?"人们为了能够'创造历史',必须能够生活。但是为了生活,首先就需要吃喝住穿及其他一些东西。"③吃喝住穿的需求就决定了生命无法独立存在,必须依赖外界。因此,即使生命被排除在制度、法律、框架之外,生命也绝非阿甘本所指称的"赤裸生命",而是仍然处在各种关系之中的生命,这些关系伴随生命始终,或保护、或限制、或伤害着生命。无论这些关系对生命产生何种影响,生命始终都无法逃避和摆脱这些关系,因为这些关系构成了生命存在的前提条件。"生命(脆弱不安的生命)意味着社会性的本体存在,这种存在挑战着所有的个体主义人类论调。没有支撑生命的各类条件,生命也就无从谈起。生命的支撑条件普遍具有社会属性,它们所确立的并不是独立个体的本体论,而是人与人之间的依存关系。"④保障、维系生命存续所需要的最基础的生物性条件必须借助社会性条件才能得到满足,而这些条件的满足则依赖于人与人之间关系。因此,"我"与"他者"的关系就构成了"我"的生命存在和发展的社会基础。

最后,"我"和"他者"之间的关系是"我"回应"他者"言说的道德制约。

---

① ［美］朱迪斯·巴特勒:《战争的框架》,何磊译,河南大学出版社,2016 年,第 85～86 页。

② 《马克思恩格斯选集》(第一卷),人民出版社,2012 年,第 146 页。

③ 同上,第 158 页。

④ ［美］朱迪斯·巴特勒:《战争的框架》,何磊译,河南大学出版社,2016 年,第 65 页。

回应"他者"的义务意味着,当"他者"通过言说发出请求时,"我"有责任予以回应。此处的回应至少包含两个层面的意思:第一层是厘清谁在言说,观点如何,意图如何,这种言说传递着何种讯息;第二层是辨析言说模式同道德权威之间的关系,弄清在何种语境下道德权威具有约束力。这一责任之所以重要,是因为它关涉当前各类迫切需要回应的暴力与伦理问题。为了更进一步指明"言说"的丰富内涵和表达形式,巴特勒借用了列维纳斯的"面孔"这一概念。由泪水、啜泣、恸哭、颤抖等构成的一副副面孔,通过不可名状的表情和难以言喻的声音表达了生命极度痛苦的遭遇,使得人们无须任何语言就能直接体悟生命的极度脆弱性。"我们不能把他者的'面孔'解读为某种神秘含义,而它所带来的道德命令同样无法轻易转换为可用语言描述并遵循的指示或准则。"①面孔的"言说"表达着某种无法抗拒的伦理要求,它迫使目击者们直面"他者"通过生命发出的呼唤。面孔并不直接言说,但它却能够传达"不可杀人"的伦理诉求。但是并非所有的面孔都能言说生命的脆弱、苦难的真相,作为一种表征方式,面孔逃不出"框架"的网罗。"框架"既能够通过面孔赋予人性,也能够通过面孔褫夺人性,具体而言,"框架"作用于面孔的方式有三种:第一种是通过刻画"恐怖分子"的狰狞面孔,展现人性的邪恶,渲染处境的危险,激起民众对战争的认同;第二种是通过凸显战争中具有代表性的英雄面孔和光辉形象,使之成为正义的代言,渲染宏大场景,从而遮蔽战争带来的灾难性后果;第三种是通过筛选庆祝的面孔来记录战争的胜利,炫耀文化输出的成功,彰显强大的国家实力。在这三类面孔中看不到任何悲伤与苦难,更无从体会生命的脆弱不安。"在当前的新闻报道中,我们听不到痛苦的呼号,我们感受不到面孔的驱使与要求。我们无法接近面孔,而有时恰恰是'面孔'的画面让我们无法接近真正的面孔。"②然而如果民众一直无法获得关于他者生命真实处境的讯息,无法看到关于死亡和苦难的画面,又怎能为之动容、给予回应? 因此,要对生命的脆弱不安作出合乎良知的回应,就要尽可能地去认识、了解、关注那些不为人知的生命

---

① ［美］朱迪斯·巴特勒:《脆弱不安的生命》,何磊、赵英男译,河南大学出版社,2016 年,第206 页。

② 同上,第241 页。

处境。

四、全球善治：生命存在的必然要求

巴特勒所指认的生命的脆弱本性及其脆弱处境,特别是由此引发的生命的丧失,拓宽了西方生命政治理论的视域。与福柯相比,巴特勒重拾了对"死亡"的讨论而使得权力"让人死"的一面复归于世人面前。福柯强调,现代社会中权力实现了"让人死"到"使人活"的转变,从而将生命政治界定为对生命的规训和对人口的调节,他所关注的是对生命的肯定性管理,而非遭受死亡威胁的生命。然而这并不意味着生命政治与死亡没有任何关系,相反,对生存的思考不能缺少对死亡的正视,对生命的规训和调节也必须以生命的存在为前提。在巴特勒看来,生命政治不仅要规训和调节生命,而且应该以确保生命免受死亡的威胁为前提。回避生命的脆弱性,只讨论生命的有用性的生命政治是不完整的,同样,回避对"让人死"的权力而只讨论"使人活"的权力的生命政治也是不彻底的。巴特勒的研究恰恰关注到"让人死"这一前提,剖析了"生"与"死"之间的张力,分析了在当前国内治理乃至全球治理中被漠视、排斥,甚至杀害的生命,从而扩大了生命政治议题的时空范围,也使得生命政治理论更加接近生命的真相。与阿甘本相比,巴特勒并没有将生命直接置于"赤裸生命"的境地,相反,她充分考虑到政治制度的差异对生命的影响,承认政治管理、制约生命的权力,并提出了基于这种权力政治应该承担的责任和义务。巴特勒通过"框架"更加全面地揭示了生命与权力之间的关系。生命既是权力作用的对象,也是权力得以实现的媒介和工具。她指认了在当前的国内治理乃至全球治理中普遍存在的一种现象,那就是以默许、纵容、放任死亡的方式来"保全"生命,这种方式被冠以"正义"之名,而死亡则被冠以"保全"生命之名。基于对这一现象的敏锐洞察,巴特勒展开了对政治责任的讨论。

政治责任首先体现在各国应当建立良善的政治制度,提升国家治理能力,从而更好地回应生命的各种需求,为生命的维系和发展扫清阻碍、提供保障。"义务源自这样一个事实:我们自始至终都是社会性的存在,我们依赖自身外部的他人、机构乃至可持续的外部环境,因此我们的生命脆弱而不安。"①政府的责任在于为生命提供最基本的保障和支撑,将生命遭受打击的可能性降到最低,尽可能限制脆弱处境的不公平分配,从而最大限度地维护社会的公平正义,确保生命的存续与发展。当然,承担责任并非易事,它要求政府和国家不仅要对民众具有高度的责任感,同时还要具备与这种责任感相匹配的治理能力。并非所有的政府和国家都同时具备这两个要素。责任感的缺失和治理能力的低下则将把生命置于脆弱处境之中。"脆弱处境指的则是某种政治境况:某些人群无法受到社会经济网络的支持,因而更加面临着伤害、暴力与死亡的威胁。这些人群面临着更加严重的疾病、贫困、饥馑、流离失所及暴力问题,却无法受到任何保护。"②这种现象并不罕见,特别是当面临重大风险、挑战、危机时,一些国家和政府则会选择用本国民众的生命安全置换政治利益。例如,新冠肺炎疫情暴发以来,一些不愿意承担或无力承担责任的政府和国家则鼓吹一种"新型责任观",即维护生命安全、实现生命发展的责任不在于政府和国家,而在于个人,个人应该为自身的生存和发展负全部责任。这种"新型责任观"以自力更生、适者生存、优胜劣汰为核心理念,看似赋予民众更大的选择空间,实则为政府和国家的失责开脱。生命的存续和发展需要政治制度为其提供各种条件,这就意味着生命要受到政治制度的限制而进入权力的"框架"之中。但值得注意的是,处于"框架"之中的生命尽管排除了"框架"外的伤害,却将自己交于"框架"的统治之中,这就意味着"框架"随时可以将民众的生命置于暴力、贫困、饥馑之中。因此,当生命依赖于某种"框架"时,应该始终对这一"框架"保持清醒的觉知,否则将会陷入对"框架"的盲目信任与追随之中,丧失自己的判断力。事实上,人民的生命是否得到最大限度的呵护是衡量一国政治制度优劣、治理能力高低最根本的标准,也是对国家、政府责任感最有力的彰显。

政治责任更为凸显的方面则是各国在国际关系中扮演的角色和发挥的作用。"框架"的运演不仅使战争不断蔓延,也使得全球治理日益失效。当每一个参与全球治理的主体都固守着基于自身利益而建立的"框架"时,整

---

① [美]朱迪斯·巴特勒:《战争的框架》,何磊译,河南大学出版社,2016年,第70页。
② 同上,第74页。

个人类社会必将面临越来越多的冲突和矛盾,各国在"框架"上的固执己见正是导致全球治理陷入困境的重要原因。"如果我们只为人类做出单一的定义,如果我们只按照单一的理性模式来定义人类的特性,继而将其强加到一切人类文化之上,那么我们就错了。"①一旦人类的未来、人类的生命之基建立在纷繁复杂的"框架"之上,人类的生命将陷入高度脆弱的状态之中,人类的未来也将岌岌可危。那些在战争、疫情等灾难中受到伤害,甚至牺牲的生命是对"框架"最严厉的控诉。关于人与人、国与国之关系、生命之本质的认识决定着各国在全球治理中的立场和行动,攸关不同人群、国家的兴衰存亡。一旦对人与人、国与国之关系、生命之本质作出错误的定位,就会将他者的生命视作威胁或多余,而这正是一切暴行的根源。只有认识到"框架"的破绽、弊端,突破其束缚,生命才会被重新定义,人类才能形成共同战胜风险、灾难的合力,全球善治才有可能实现。与其他政治性口号相比,生命的脆弱性本质更能使人类清晰地认识到全球善治与每一个人的生命之间的紧密关系,认识到全球善治的必要性、紧迫性,从而积极主动地参与到实现全球善治的努力当中。

人类历史上借文明之名行野蛮之实的悲剧从未停止,至今仍在上演。巴特勒对以美国为首的一些国家对别国施加的暴行展开了深刻的批判,她控诉暴力已经变文明为野蛮:"我们必须认清,以文明为名的暴力暴露了自身的野蛮:它将他者斥为低于人类的化外蛮夷,以此证明自身暴行'合法',从而对他者滥施暴力。"②施暴者通过"框架"将他者贬低为蛮夷,甚至是多余,将暴力合法化、合理化,试图用这种方式来维护自身利益,巩固自己在全球的霸主地位。长期以来,这些国家形成了第一人称叙事的方式,将自身确立为世界的中心,完全没有意识到自己只是国际社会的一分子,更没有意识到在同一时空内其他主体的活动也同样具有正当性、合理性。"在霸道政治的主导下,军事强权为了自身的政治与经济利益,强行建立符合自身利益的政权。对于这种行径,我们不禁想说,这种全球责任根本就是不负责任,甚

---

① ［美］朱迪斯·巴特勒:《脆弱不安的生命》,何磊、赵英男译,河南大学出版社,2016 年,第141 页。

② ［美］朱迪斯·巴特勒:《战争的框架》,何磊译,河南大学出版社,2016 年,第 172～173 页。

至同责任的本意背道而驰……我们的确面临如下挑战:重新构想新型的全球责任观,以此批判帝国主义对这一概念的滥用,反抗其强加于人的霸权政治。"①实际上,霸权主义正是借着保护生命的名义践踏着生命,以维护、保障自身安全和利益为名,以捍卫本国主权为借口,无视生命的脆弱特性本质,肆意戕害他国民众的生命。比战争中的死伤更可怕的是战争遗留的一系列社会问题,因此对战争的反思还应该延伸到战争过后的社会动荡和危机。只有彻底消除发展障碍,弥合战争创伤,重建社会秩序,恢复内生动力,才能为生命营造良好的生存和发展环境,然而对于任何一个饱受战争折磨而满目疮痍的国家来说,这一切并非易事。长期以来,霸权主义打着民主、自由、人权的旗号,蓄意挑起战争,破坏世界和平,摧毁他国的前途,也使得自身陷入困境之中。"美国需要反思,反思自己的政治投入与政治行为如何造就了充满愤怒与暴力的世界。"②对推行霸权主义的国家而言,最大的挑战在于能否放下长期以来的优越感,敞开心胸,直面历史,反思自我,认识到生命的脆弱性本质,结束冤冤相报的恶性循环,积极参与到构建新的全球治理体系的行动当中。

　　巴特勒以战争中"框架"的作用及其造成的灾难性后果为缩影,想要揭示的恰恰是"框架"在所有领域,特别是在国际关系中的应用及其对生命的控制及戕害。战争并非人类面临的唯一问题,当今世界经济、政治格局正在发生急剧变化,经济危机、环境问题、文明冲突等多重风险此起彼伏,世界的不确定性、不稳定性剧增,全球治理体系不堪重负,生命陷入更加脆弱的处境之中。与漫长的人类历史相比,人类仿佛在一夜之间陷入了前所未有的风险之中。风险的剧增一方面说明当前全球治理方案的失效,另一方面也说明时至今日人类仍未真正认识到全球相互依赖、人与人之间命运相连的关系,没有认清生命的脆弱性本质。新冠肺炎疫情的侵袭再次警醒世人,如果人类不加反思地沿着传统的发展道路继续前进,后果将不堪设想。面对新冠肺炎疫情,一些西方国家不仅没有从生命的脆弱性出发积极参与全球

①　[美]朱迪斯·巴特勒:《战争的框架》,何磊译,河南大学出版社,2016年,第91页。
②　[美]朱迪斯·巴特勒:《脆弱不安的生命》,何磊、赵英男译,河南大学出版社,2016年,第20页。

公共卫生治理，推动构建人类卫生健康共同体，反而开始编制各种"框架"，散播"中国源头论""中国病毒"等不负责任、毫无根据的言论，企图将病毒标签化，从而推卸本国政府在抗议中应负的责任，混淆民众视听，转嫁国内危机。这些言论不仅对抗击疫情毫无益处，反而阻碍了人类共同抗击疫情的进程，从根本上否认了生命至高无上的价值，其本质就是使人的生命从属于意识形态差异、从属于政治利益。"今日存在的大量问题，已是只有从统一的自觉的类关系中才能得到彻底解决的问题。从群体存在、个体存在走向自觉的类存在，这是人类发展的必然趋向，它也就是今日人类面对的发展现实。"①世界各国之所以还有诸多矛盾、冲突，最根本的原因还是在于人类对自身类存在本质的认识还不到位，在全球化业已完成的今日，人类的认知仍停留在一隅、一国、一族之"框架"内，尚未真正进入全球化阶段，在这种认知上的局限决定了各国在行动上的自私与狭隘。由此可见，对人类相互依存的脆弱性本质的认同应该成为全球善治的思想基础。"能不能理解人与人之间的关联与相互依存，就取决于我们是否能够超越国族界限，在全球的视野范围内理解政治依存与政治责任。"②此处所说的超越国族视野，不是僭越国家、民族边界，侵犯他国主权的帝国主义行径，而是树立一种全球命运与共，责任共担的政治觉悟。各国必须通过共同的努力，突破不合理的全球治理体系，打破各国依据自身利益所建立的"框架"，才能形成抵抗风险、走出困境的合力，构建新的国际政治、经济新秩序，实现全球善治，这是世界政治经济发展的要求，更是从人的生命脆弱性本质中发出的呼吁。

五、构建人类命运共同体：契合人类本质的全球治理方案

批判暴力、减少暴力，探寻使所有生命受到同等的尊重、关爱与呵护的方案，是巴特勒基于脆弱不安的生命发出的伦理呼吁，更是全人类应该高度关注的时代议题。事实已经证明，以西方为中心的全球治理体系已经错漏百出，无法回答人类未来该向何处走这一重大问题。当前全球治理中出现

---

① 高清海：《人类正在走向自觉的"类存在"》，《吉林大学社会科学学报》，1998 年第 1 期。
② ［美］朱迪斯·巴特勒：《战争的框架》，何磊译，河南大学出版社，2016 年，第 106 页。

的问题根本无法依靠某一个国家的力量来解决:一方面,没有任何一个国家能够脱离世界而独善其身,也没有任何一个国家能凭借一己之力解决全球的问题;另一方面,各国的协商合作能够凝聚共识,提高政策的合法性和执行力,提升全球治理效能。"人类互相关联,容易彼此伤害,所以必须由这种共有的脆弱特质出发,凝聚多边的全球共识,保障人类的共存共荣,而战争行径却试图否认人与人之间无法改变的长期共存关系。"[1]可见,世界各国都应该积极主动地参与到变革与创新全球治理模式的努力之中,摒弃陈旧观念,冲破已有框架,建立新的公共文化,制定新的公共政策,寻求新的共同价值,这是当前世界各国不可回避的时代课题。

谁的生命值得珍视? 谁的生命得不到重视? 何种死亡值得哀悼?"哀悼并非政治的目的,但如果失掉了哀悼的能力,我们也就失掉了深切体会生命的能力,而后者正是我们借以反对暴力的力量。"[2]对生命的哀悼本身蕴含着巨大的能量,但这种能量的释放却是对政治理念、政治制度的一种考验。在传统思维中,以暴易暴是缓解悲伤、哀悼生命最为常见的方式,它为哀悼的表达、悲伤的宣泄提供了绝佳通道,能够将对逝者的哀悼转化为对战争的支持,也成为调动民族情绪、激发复仇热情、拒绝理性分析的"正当理由"。然而以暴易暴是对生命脆弱性本质的直接否定,只能引发无休止的暴行,不断重复失去与受害的悲伤,陷入冤冤相报的恶性循环,给生命带来更大的伤害。但也不能不加思考地谴责暴力,而要通过回顾历史、理解历史来探究造成暴力的原因,有针对性地采取行动,减少暴力。从战略层面而言,各国需要以高度的政治智慧来减少暴力,为本国乃至世界的发展营造一种开放包容、兼容并蓄的全球政治氛围;从伦理层面而言,各国更应以高度的责任感制止暴力的蔓延,为生命的存续与发展提供基本保障。

如果人类处在罗尔斯所设想的"无知之幕"背后,一种普遍的正义、一种理想的全球善治或许能够实现。但是当人们生活在特定的国家、地区之中,视听、思想受到"框架"的束缚已经形成某种偏见、成见时,要对他者、对世界

---

① [美]朱迪斯·巴特勒:《战争的框架》,何磊译,河南大学出版社,2016年,第100页。
② [美]朱迪斯·巴特勒:《脆弱不安的生命》,何磊、赵英男译,河南大学出版社,2016年,前言第12~13页。

产生一个较为全面和真实的认知就成为一件困难的事。在"无知之幕"无法实现的情况下,通往正义的现实路径就是重新认识人类生命的脆弱性本质,这在某种程度上是对希腊哲学中"认识你自己"这一命题的回应。对自身生命本质特征的认识是人类认识自己的关键所在,也是人类突破自身局限性的前提。人类要走向更加美好的未来,就必须重新反思生命的本质,重新审视人与人的关系,"重新构想全球意义上的'我们'"①。能否认清生命的本质,理解人与人之间相互依存,决定了人类能否超越国家、民族、文化的界限,从全球的视野理解国家之间、地区之间命运与共,关注人类命运,共同承担构建人类美好未来、实现全球善治的责任。

　　巴特勒针对如何实现全球善治提出的方案是"不行动",这充分体现了她对霸权主义发动战争等"行动"的反对态度。她指出:"如果'行动'造成的主体牺牲了他人的福祉,那么'不行动'可能会有助于我们打破自恋自私的封闭循环。'不行动'有助于我们珍视人与人之间或固定或开放的社会纽带,在情感层面理解平等、主张平等。'不行动'甚至可以成为一种抵抗方式,因为它能够拒绝甚至打破那些助长战争并使暴力永无止境的框架。"②这种对战争、暴力保持审慎的态度是必要的,但是要真正实现对霸权主义的反抗,依靠非暴力、不行动是远远不够的。在当前人类面临的诸多风险面前,巴特勒的"不行动"方案更像是一种道德层面的挣扎,而显得过于保守和被动。我们需要采取积极的行动,构建更加开放、更加平等、更加包容的交往空间,推进国家之间的对话、协商与合作。"我们不能仅仅依靠'不行动'的非暴力方式,因为这种方式仅仅是一种消极的'道德层面的挣扎'方案。只有打造与建构人类命运共同体,营造一个长久和平、普遍安全、共同繁荣、开放包容、清洁美丽的世界,才是富有建设性与创造性的解决方案。"③实际上,巴特勒没有意识到,在她对"框架"和生命的脆弱性的分析中,反抗暴力的力量已经逐渐生成,以一种革命性、批判性的力量存在着,一种实现全球善治的方案也呼之欲出,这种方案就是积极推动构建人类命运共同体。

---

① ［美］朱迪斯·巴特勒:《战争的框架》,何磊译,河南大学出版社,2016 年,第 92 页。

② 同上,第 304 页。

③ 马俊峰:《朱迪斯·巴特勒的认知生命框架探究》,《西北师大学报》(社会科学版),2019 年第 5 期。

　　从存在论的维度来说,构建人类命运共同体具有深厚的生命哲学基础——人类命运共同体的合理性、合法性、可行性最根本地就在于它能够最大限度地呵护和尊重生命的脆弱性。2021 年 9 月 10 日,联合国秘书长古特雷斯向联合国大会提交的《我们的共同议程》的开篇就强调:"我们正处于历史转折的紧要关头。在我们自第二次世界大战以来遭遇的最大共同考验中,全人类面临一个严峻而紧迫的抉择:是走向崩溃,还是取得突破。"他指出,新冠肺炎疫情、军事冲突、气候变化这三大全球性挑战是人类面临的共同考验,世界各国能否团结一心、同舟共济应对这些考验,将决定全球治理体系走向崩溃或者实现突破。他呼吁为了人类的福祉,乃至人类自身的未来,各国应该团结一致,共同努力。人类命运共同体作为一种完善全球治理的范导性理念,为完善全球治理提供了一套具有影响力、说服力的话语体系和一套科学、完整的行动方案。只有当全人类真正意识到自身的生命特性和生命处境时,人类才能认可和理解人类的确是"命运共同体",人类才能共同致力于打破不合理的全球治理框架,推进全球善治。"命运共同体"一词是对人类命运紧紧相连,人类生命脆弱而互相依赖这一事实的深刻揭示,也是对世界越来越成为互相联系、不可分割的整体,人类世界共生共存这一事实的深刻揭示。"如果我们意识到自己是国际社会的一分子,如果我们意识到自己正在历史塑造的领域内活动,这一领域内同时还有其他主体与其他活动的存在,我们就必须摆脱美国刚愎自用的防御性叙事视角,去思考我们的生命同他人生命之间的深刻联系。"①人类需要的是抛弃偏见与猜忌,合作共赢的、互利互惠的、和平共处的命运共同体—— 一种应然的、规范的命运共同体。人类需要的是一种超越所谓的普世价值,立足人类共同命运,兼顾各国共同利益的价值——弘扬和平、发展、公平、正义、民主、自由的全人类共同价值。全人类共同价值为构建更加美好的世界,走向更加美好的未来提供着价值指引,以全人类共同价值为导向,推动构建人类命运共同体的行动,不仅符合各国的共同利益,也符合时代的要求。

　　构建人类命运共同体还为全球善治提供了具有很强科学性、可行性的

---

　　① ［美］朱迪斯·巴特勒:《脆弱不安的生命》,何磊、赵英男译,河南大学出版社,2016 年,前言第 10 页。

实践路径。"我们应该倡导一种新型生命框架,那就是人类命运共同体框架,以这样的框架作为审视问题的出发点,我们将会获得一个这样的世界图景:通过对话协商,建立一个持久和平的世界;坚持共建共赢,建立一个普遍安全的世界;坚持合作共赢,建立一个共同繁荣的世界;坚持交流互鉴,建立一个开放包容的世界;坚持绿色低碳,建立一个清洁美丽的世界。让战争远离这个世界,让贫穷远离这个世界,让罪恶远离这个世界,让光明照耀这个世界,使得生命获得平等的呵护与珍惜。"①建立平等、民主、和谐的国际关系就必须承认并接受各国在历史、文化、政治等方面的差异。从生命本体论的角度来讲,只有认识到生命的脆弱性,才能摆脱狭隘的种族、宗教、文化这些外在偏见因素,获得对自己和世界更全面的认识。人类应该反思自己的政治理念、政治行为如何造就了一个充满愤怒、冲突与暴力的世界,透视造成这些问题的历史原因,寻求开创全新未来的可能性。全球善治的新方案越是能打破传统的"框架",就越具有平等性、开放性、包容性,因而也能在更大的范围内尊重、呵护生命。而对生命的尊重与呵护也就成为判断一种政治制度、治理体系良善与否的根本标准:只有为每一个生命的存续与发展提供保障的政治制度才是具有优越性的制度,只有为每一个生命的存续与发展扫清障碍的全球治理才是一种善治。

　　世界面临着百年未有之大变局,人类该向何处去的问题是人类不得不思考和回答的问题。传统的全球治理方案都是从政治、经济、文化、军事、科技等视角出发展开的探索,历史和现实都证明了这些方案的失败,究其原因就是这些方案都没有触及人的生命本质。新冠肺炎疫情在全球的蔓延进一步验证了传统治理的失效,也从生命脆弱性的角度彰显了构建人类命运共同体的必要性和紧迫性。构建人类命运共同体是从人、人类、生命的角度来构想全球治理体系的一种方案,是人类在深刻理解自身生命脆弱性本质,清醒认识人类生命脆弱处境的基础上提出来的一种具有强大生命力和显著优越性的全球治理方案。"构建人类命运共同体是走出全球治理困境,完善全

---

① 马俊峰:《朱迪斯·巴特勒的认知生命框架探究》,《西北师大学报》(社会科学版),2019 年第 5 期。

球治理的中国方案和中国智慧,也是人类走向美好未来的必经之路。"①我们有足够的理由期待,随着构建人类命运共同体的不断推进,越来越多的生命将得到应有的呵护和尊重,人类将携手走向更加美好的未来!

马乔恩(西北师范大学)

---

① 马俊峰、马乔恩:《人类命运共同体:一种完善全球治理的中国方案》,《阅江学刊》,2019年第6期。

两种共同体的生产与创造[*]

——哈特、奈格里和朗西埃的政治共同体理论之比较

当代西方激进左翼的代表人物哈特、奈格里和朗西埃的理论虽然有诸多差异,但是当他们批判资本统治,以及资本主义社会的等级和权力结构时,他们的理论最终都指向了对政治共同体的建构。他们认为随着社会生活的复杂化和价值观念的多元化的增长,政治作为对共同生活的表征必须要回应多元和异质性,直面对抗和冲突,重新塑造共同性和共同体的内涵。他们从不同角度展开了对政治共同体的思考,主张不断生产和创造共同性。哈特和奈格里主要从批判资本主义财治的角度来重新思考共有的共产主义,朗西埃则侧重从共同和区隔的角度来论述平等的政治共同体。国内外学界已经对朗西埃、哈特和奈格里的相关思想进行了深入的研究,但较少将他们放在一起进行总体性把握。本文力图对他们有关共同性的观点进行对比研究,从而进一步挖掘他们的政治共同体的内涵,深入思考他们的理论旨趣与实践指向,并在与马克思的共同体理论的比较中把握他们的意义和局限。

一、哈特、奈格里:大同世界

哈特和奈格里在《帝国》《大同世界》《诸众》等主要著作中,对新的全球

　＊ 本文系国家社会科学基金项目"当代西方激进左翼的元政治学研究"(17CZX009)的阶段性成果。

主权形式下寻求一种共同体的可能性及主体理论进行了有益的阐释和论证。他们的共同体理论主要是针对财产共和国而提出的,他们认为资本主义社会法律、权力和资本之间存在复杂的共谋关系,财产共和国得到了不断的强化。"当代主导的主权形式……完全内嵌于法律系统和治理机构中,并因此而得到维持,是一种既是法治,也是财治的共和形式。换句话说,政治不是一个自主性的领域,而是完全浸没在经济和法律结构中。这种权力行使没有任何特别或者例外的地方。"①这种法治和财治的共谋使得当代资本主义的统治日益被自然化,更加难以辨别和反抗。因此,他们认为"必须说明互相勾连的资本和法律——我们所谓的财产共和国——如何在所有层面和阶段决定和统治社会生活的可能前提"②。在这种批判的基础上,他们要重思共同性,建构新的共同体。

哈特和奈格里认为,对财产共和国的批判不能仅停留于对现有社会结构的接受和调整上,而必须指向对社会结构的根本批判。但是今天的许多理论家像哈贝马斯、罗尔斯、吉登斯、贝克和弗里德曼等人的做法在哈特和奈格里看来并不能导致对权力关系的根本变革,而是带来了"对现存社会秩序的被动接受,甚至是强化"③。比如,哈贝马斯批判资本主义对交往的限制,主张协商和公共领域的多元交流,但哈特和奈格里认为,摆脱了资本和大众传媒控制的自由协商、交往是不可能的。因而哈贝马斯所要实现的商谈民主也无法实现,只能是对社会现实的调和。罗尔斯的差别原则也是如此,"罗尔斯构建了进行判断的形式的、超越性的图式,这一图式将主体能力和改造过程都中立化了,将重点也放在了维持社会系统的平衡之上"④。

与这些理论家不同,哈特和奈格里认为必须重回马克思来寻求批判财产共和国的新方案。马克思采取了内在性批判的方法考察劳动与资本的关系。他们要重新继承这一方法并指向对当代资本主义下劳动形式的具体考察。一方面,他们认为当代资本主义的生产方式发生了转型,后工业经济时代生产的主要形式变成了非物质生产;另一方面,他们特别强调这种劳动与

---

① [美]迈克尔·哈特、[意]安东尼奥·奈格里:《大同世界》,王行坤译,中国人民大学出版社,2015年,第3~4页。

② 同上,第5页。

③④ 同上,第14页。

身体的关联以及身体具有的解放维度,"只有身体的视角及其力量才能够去挑战财产共和国所编织的规训和管控"①。他们认为,这就实现了"从财产批判到身体批判"的过渡,即"要把对财产以及资本主义社会的先验结构的批判带回到身体现象学之中"②。这种身体现象学的考察不仅要揭示身体在反抗财产统治中的能动作用和生产性作用,而且要揭示作为身体的主体与他者的关联,并以此指向对共同性的建构。因此,他们的理论具有批判和建构两个方面的维度,力图实现批判与建构的统一。

那么身体究竟如何来反抗财产的统治呢? 哈特、奈格里吸收了福柯的生命权力理论,重塑了生命政治学。他们认为非物质生产是以认识和情感性劳动为主的生产,"经济正经历生命政治的转向。作为不变资本的生命体成为转变的核心,而生命形式的生产也成为附加值的基础。这样一个过程充分利用了人类机能、能力和知识——而这些都是在工作中获得的,但更为重要的是,那些在工作外所获得的机能,与自动化和计算机化的生产系统相互动的那些技能,直接成为价值的来源"③。因此,身体和大脑共同参与了图像、符码、感受、生命形式等非物质生产,并且生命自身成为生产的生命政治转向的核心。这带来了一个重要的变化,即"生产者和产品都是主体:人既生产,也被生产"④。"生命政治生产让生命进行运作,却并不消费生命。另外,其产品也不是排他性的。"⑤这和传统的需要耗费对象来进行生产不同,其生产出来的产品也并不因为别人的使用和占有就具有了排他性,而是可以通过分享、交流和协作使产品具有社会性。因此,他们也把这种生产称为"生命政治生产",并以此为基础研究了当代资本主义社会剥削形式和反抗形式的变化。工人在这种生产中虽然仍受到资本家的压迫,其生产的产品也仍被资本家剥夺,但"这种剥夺不是发生在个体工人身上,而是发生在社会劳动身上,以信息流动、交往网络、社会符码、语言创新以及感受和激情的

①　[美]迈克尔·哈特、[意]安东尼奥·奈格里:《大同世界》,王行坤译,中国人民大学出版社,2015 年,第 21 页。

②　同上,第 24 页。

③　同上,第 106 页。

④　同上,第 109 页。

⑤　同上,第 219 页。

形式表现出来。生命政治剥削涉及对共同性的占有,在这里,以社会生产和社会实践的形式表现出来"①。因此,工人在生命政治生产中被资本剥夺的更多是共同性和创造性,以及对生命和爱的感受能力,并且这种异化体现为社会劳动和社会生命被资本所吸纳和占有。面对这种生命自身的异化,工人必须反抗资本才能获得生命的丰富性和完满性。在哈特和奈格里看来,反抗的可能性就孕育在生命政治生产自身中,这是一种内在的批判和反抗。因为生命政治生产作为符码、信息等的生产在相互协作中就具有某种程度的自主性,它可以自发地形成某种组织形式,自下而上地反对财产共和国的统治,不断生产和制造共同性。于是,"生命政治过程不仅限于作为社会关系的资本的再生产中,同时也为自主的过程提供了潜能,这个过程可以摧毁资本,并且创造出全新的未来"②。

　　哈特和奈格里认为,必须把这种内在性批判和激进的行动结合起来。诸众作为杂多性、混合性的存在,是对抗和颠覆财产共和国的内在力量。诸众主要通过采取甄别、出走、逾越等策略来实现对财产共和国的批判。甄别针对的是有害的共同性和共同性的腐化形式。在哈特和奈格里看来,共同性不是一成不变的,诸众的相遇也可能形成有害的共同性。共同性的形式如家庭、企业和国家也可能被腐化,变成完全的同一性,扭曲和破坏共同性,所以"诸众必须去其糟粕,取其精华,对共同性进行甄别……通过甄别和出走,诸众必须利用共同性再度启动其生产过程"③。出走也被称作退出,是从资本主义生产关系对共同性的私有化中退出,"我们所谓的出走,是通过实现劳动力潜在自主性的方式从与资本的关系中退出的过程。因此,出走不是拒绝生命政治劳动力的生产力,而是拒绝资本对生产能力日益强加的制约因素"④。出走被他们看作首要的阶级斗争的形式。诸众通过出走逾越资本对活劳动的控制,反对资本对共同性和创造性的剥夺和制约。在此基础上,他们通过义愤、造反和起义的方式来发展"革命的生命政治"。由于生命

---

　　① ［美］迈克尔·哈特、［意］安东尼奥·奈格里:《大同世界》,王行坤译,中国人民大学出版社,2015年,第112页。

　　② 同上,第109页。

　　③ 同上,第140页。

　　④ 同上,第121页。

政治劳动所带来的统治形式和剥削形式的转变,这种斗争的场所已经不局限于工厂,而发展成为对社会整体的斗争。"无产阶级内在于整个社会,并且就在社会中进行生产;无产阶级也反抗同样的社会整体性……现今,对剥削和异化的拒绝更加明确地指向作为整体的资本的社会,并昭示了出走的进程,这是一种与资本统治相对的人类学(和本体论)脱离。"①

哈特和奈格里认为,在各种反抗资本的斗争形式中,诸众联合起来集体反抗对共同性的掠夺、剥削和私有化,其实质是要求对共同性进行自下而上的重新分配,"对共同性——我们过去劳动的成果,以及未来的自主生产和再生产的资料——进行再占有"②。在他们看来,这种集体行动作为内在的批判和转化能够颠覆主导权力,反抗财富共和国,对共同性进行再占有。诸众因其自主性共同参与到协作、创造之中,形成工人自己的组织形式和生产关系,并在此基础上不断生产和创造共同性。因此,他们特别强调这种共有和共同性与共产主义的关联。"我们可以这样定义共产主义:共有(common)之于共产主义,正如私有之于资本主义、公有之于社会主义。"③基于共有和共同性建立起来的大同世界将不再屈从于资源的匮乏的逻辑,也不再停留于外部对生产进行组织和管理,而是基于共同性的不断扩大和创造,实现主体的自主协作和共同体的生成之间的相互促进,从而实现共有的共产主义。共有的共产主义始终伴随着共同性的积累和增长,人们在共享观念、情感、协作的过程中能力也在不断增长,这又会正向促进共同性的不断生成和财富的不断创造。因此,哈特和奈格里指出,"共同性的积累与其说意味着我们拥有更多的观念、更多的感情、更多的图像等,不如说让我们的力量和感觉得到强化:比如思考、感觉、观察、交往、相爱等。以和经济学相近的术语来说,这种增长既意味着社会可供使用的共同性的不断增长,也意味着基于共同性的生产能力的强化"④。这使得哈特和奈格里对共同体的生产和创造始终保有乐观的态度,并认为它是一个内在的不断克服财富共和国的

---

① [美]迈克尔·哈特、[意]安东尼奥·奈格里:《大同世界》,王行坤译,中国人民大学出版社,2015年,第188页。

② 同上,第130页。

③ 同上,第212页。

④ 同上,第219页。

过程。

二、朗西埃：基于平等而展开争议的共同体

哈特、奈格里主要是从生命政治的视角理解共同性和共同体。在他们看来，非物质生产和相应的行为、能力等直接具有共同性并因而也具有了政治性。朗西埃则是通过对政治本性的反思和拯救来阐释共同性和共同体。

朗西埃基于人都有平等的言说能力这一假设来理解政治的本性。从言说来理解人和政治的关联似乎是从亚里士多德就开始的传统。和亚里士多德一样，朗西埃也强调语言和理性、规则等的关联，但他对这一问题的理解并不像亚里士多德那样从理性所蕴含的一致性切入，而是从话语的计算与分配着手，更强调言说与噪音的差异，即在政治生活中被承认的言说与被忽略的言说的区别。他探讨了处于政治核心的话语动物与声音动物之间的对立，"政治的存在，乃是由于话语不仅只是单纯的话语。话语向来便是构成此一话语的稳固理据，依循着这个理据，某个声音的发出会被当成话语，而能阐述正义的意义；其他的声音则仅被当成传达愉悦与痛苦、同意或反对的声音"①。基于这种理解，朗西埃认为话语构成了理据，构成了区分有用与无用、正义与非正义、善与恶等的根据和尺度。这就构成了两种不同的政治逻辑或两种不同的共在原则，即治安和政治的对立。治安，涉及对人们所说、所行和所是的感性分配，从而"定义组成部分的有分或无分"②。这就使得有的部分被计算在内，有的部分则完全不被计入；有的声音和行动可见，有的声音和行为则不可见。政治，与治安对立，则是基于平等逻辑揭示治安所定义的感性分配秩序的偶然性和不平等，"借由一个在定义上不存在的假设，也就是无分者之分，来打破界定组成部分与其份额或无分者的感知配置"③。这两种政治逻辑构成了两种不同的政治表达，也构成了两种截然不同的共同体："由平等的知性所组成的共同体，以及由不平等的虚构聚合众多社会

① ［法］雅克·朗西埃：《歧义：政治与哲学》，刘纪蕙、林淑芬、陈克伦、薛熙平等译，西北大学出版社，2015 年，第 39～40 页。

② 同上，第 47 页。

③ 同上，第 48 页。

身体而成的共同体。"①基于这种区分,朗西埃认为必须用平等的逻辑对抗不平等的共同体。因为这种通过聚合而形成的共同体是原有治安秩序的组织化建构的结果,有的人被算入共同体,有的人则被排斥在外,它并不能真正地体现平等和共同性。朗西埃主张真正的共同体是平等的共享,它必须与治安遭遇,重新批判治安的感性分配机制和话语秩序,探讨原先并不属于共同体的部分如何获得平等的承认,使无分之分者由不可见变为可见。

那么这种共同体究竟如何实现? 朗西埃曾借鉴约瑟夫·雅科托的教育实验来说明如何实现智力平等。雅科托不懂荷兰语,他的学生完全不懂法语,他们似乎无法交流,更不用说去教给他们小说和阅读。但雅科托通过让学生们阅读双语版的《帖雷马科历险记》,让学生借助于翻译去阅读和复述。结果大出所料,学生们只凭他们自己也能用法语写好读后感。他们对一门新语言的学习并不是从字母、单词入手,而是通过这种方式直接就克服了一般人在法语学习中的困难,并且能够没有语法错误地写作。这一"智力历险"让雅科托大为惊讶,并由此反思教师和学生的关系以及教育的正确做法。他认识到教育不是讲解,"讲解与其说是教学活动,更是教育的神话,是一种寓言,它将人们分为博学的心智和无知的心智、成熟的心智和幼稚的心智,分出有能者和无能者、聪慧者和愚笨者。讲解人特有的把戏,包括这样两个开场动作:他一面宣布那绝对的开始:学习活动仅从现在开始;他一面把一切要学习的事物蒙上那无知的纱幕,只有他来负责揭开"②。雅科托反对这种不平等的设定,更反对以此来教育民众,他认为每个人都可以做到任何人能做到的事,并以此创立了"普遍教育法"。朗西埃认为,雅科托的这种做法揭示了以往的教育是从智力不平等的前提出发来设想"学生的无知",而且教育的过程一直使学生认为自己是无知的,但实际上教育应该让学生意识到自己的理性和能力,鼓励学生自己去探索、学习和发现,学生甚至可以教老师。

需要指出的是,朗西埃并非否认现实中的智力差异的现象,但他认为

① 〔法〕雅克·朗西埃:《歧义:政治与哲学》,刘纪蕙、林淑芬、陈克伦、薛熙平等译,西北大学出版社,2015 年,第 54 页。

② 〔法〕雅克·朗西埃:《无知的教师:智力解放五讲》,赵子龙译,西北大学出版社,2020 年,第 9 页。

"我们感兴趣的,是去探索任何人在认为自己与其他所有人同等时、其他所有人与自己同等时所具有的诸多力量"①。也就是说,在现实中确实有智力的差别,但没有智力的高等者和低等者。每个人都应基于智力平等的公理平等地看待自己和评估他人。即使存在差异,也不能将其变成高高在上的歧视和傲慢,更不能因为差异而懒惰和妄自菲薄。社会也需要遵循平等者的理性原则,避免将智力不平等固化、自然化为统治原则,尤其要避免社会中的反理性,"社会的反理性世界,也是由操纵智力的众多意志组成,但其中每个意志的作为,都是去消灭另一个意志,从而避免另一个智力去看"②。因此,我们能够看出,社会的反理性恰恰违反了平等者的理性原则,变成了一种操纵原则,造成了钝化和不平等。这是朗西埃所明确反对的。知识或教育并不是一种等级体系,也不能根据掌握知识的多少来划分主体,更不能以此来否定和质疑普通大众的能力。大众并非无知才处于从属地位,而是因为无法得以平等的言说才处于从属地位。因此,朗西埃认为,应进一步从人的智力平等来推进社会的平等。他认为雅科托的教育实验其实关心的就是解放的问题,"即所有人都能建立作为人的尊严,认识自身的知性能力并决定其用处"③。这种宣告特别是向穷人作出的,他们不是仅仅作为能听懂指示的下属,完全被统治和奴役,而是也有自己作为人的尊严。解放的可能性就在于使他们意识到自己本有的能力并将其实现出来。

朗西埃还将这种教育领域对平等的追求扩展到政治和美学领域。如果说教育领域存在的智力的等级秩序需要破除,那么在政治领域由于感性分配所带来的社会等级秩序同样需要破除。他反对柏拉图由知识的水平高低来确立政治权力的大小的观点,反对专家知识对民主的权威式干预。在朗西埃看来,政治的感性分配包含两个方面的内涵:共同和区隔。共同性不是同一性或相似性,共同性就建立在区隔的基础上,"借由在单一世界中两个世界的对抗——一个他们存在的世界与一个他们不存在的世界之间的对抗、一个在他们与那些不承认他们可被当成言说者、那些能算数的人们'之

①　[法]雅克·朗西埃:《无知的教师:智力解放五讲》,赵子龙译,西北大学出版社,2020年,第75页。

②　同上,第109页。

③　同上,第23页。

间'有着共通之处的世界，与一个在彼此之间毫无共通之处的世界之间的对抗——而建立起了共同体"①。这里涉及了两种感性分配：一种是在存在与不存在之间，另一种是在有共通之处与无共通之处之间。它们若不发生关联，似乎就可相安无事，但关键在于，政治就在于它们的相互遭遇和相互对抗，不被计数的人们作为平等的理智者也要求获得共同性和共通性。因此，朗西埃认为："政治所做的只是依据特定情境实现平等；以争议的形式在治安秩序的核心中铭刻平等的验证。"②

具体说来，首先，应该将平等原则看作一个预设，并且是一个需要通过行动不断验证的预设。朗西埃认为，要通过中断、争议等重新思考治安配置的结构性矛盾，发现治安逻辑的断裂之处。这种间隙、断裂往往被治安逻辑当作非真实的幻觉，而政治和平等的验证恰恰要通过对这种间隙和间隔的检测和发现将其看作真实的、不容忽视的部分。这主要通过"无分之分者"对自身的位置、场所和身份等进行再次审视和展开争议，通过打破原有的政治配置和政治场域发现政治的间隔。"政治的间隔乃是经由将一个条件从其自身分裂而创造出来的。它透过在这三者之间牵线来创造自己：在一个既存世界的确定位置上被定义的身份和场所、在其他位置上被定义的身份和场所，以及没有位置的身份和场所。"③比如，女权主义的斗争就需要对女性自身的位置、场所和身份进行审视。既要发现它在既定世界的确定位置上如在家庭、工作中女性如何被定义，又要发现他们在其他位置如移民、性取向上等如何被定义；还要发现她们在特定的身份和场所中其实并没有得到承认和平等对待，比如在某些职位、领域等并没有女性的身影，即使有她们的参与，但她们的话语和诉求并没有被认真对待，而只是被当成了噪音。通过这三方面的比较和碰撞，我们就可以对女性自身的身份和场所进行反思，进而发现女性如何在政治场域中对抗治安的逻辑。如家务空间究竟是私人空间还是公共空间？家务空间从与公民的公共空间相对的意义而言，属于私人空间，但是家务空间对女性身体和行为的配置把女性限定在家庭

---

① ［法］雅克·朗西埃：《歧义：政治与哲学》，刘纪蕙、林淑芬、陈克伦、薛熙平等译，西北大学出版社，2015 年，第 45 页。

② 同上，第 50 页。

③ 同上，第 179 页。

和母职当中,忽视了女性作为公民同样所具有的公共空间和公共职能。女性通过发现其中的间隔来重新审视社会对自身的不平等配置,思考自身究竟是谁,可以做什么。朗西埃以德鲁安为例进行了说明。1849 年德鲁安使自己成为法国国会选举的候选人。在原有的选举机制中,女性是无法参与的。但她通过强有力的论辩表明了"女人的参与是用以型塑道德风俗与公民心灵与心智之教育的一部分"①。家务空间作为对儿童所进行的未来公民培养的空间同样也是公共空间。在朗西埃看来,这一示例表明了政治逻辑和治安逻辑的矛盾。"她的现身使得遭受分配功能与份额的治安逻辑所扭曲的共和普遍性,被展现为特殊普遍性。这意味着,她将所有这些被治安逻辑分配给作为法律公民的母亲、教育者、照顾者、文明教化者的女性之母职功能,以及'特权'与能力,转化为女性的我们是,我们存在的论辩。"②因此,当女性将家务空间与共同体关联起来,发现其中的间隔,并将其作为争议性的主题展开斗争时,女性就主体化了。其他的边缘群体也是如此,无分之分者正是在这几个维度中将自己主体化,打破人为的间隔,使自己从不可见变为可见,并重新确立基于平等原则的共在和共享的共同体,"它是对于那原本并非被赋予为共同的事物的共享:在可见与不可见、近与远、在场与缺席之间。这个共享假定从既予到非既予、从共同到私人、从本分到非分的联结的建立。正是在这个建造之中,共同的人性自我论证、彰显和生效"③。

需要注意的是,朗西埃的共同体理论虽然是从共同的人性出发,检测治安对共同的人性和共在的阻碍,最后也好像回到了共同人性的自我彰显,但他并没有简单认为共同体就是对原初的共同人性的复归。他明确指出:"我们并不打算以'复兴者'的形象声称,政治'只要'找回其本身的起源/原则以重新找回其活力。"④比如对黑人、移民、女性等的理解不能简单将其看作发现自身与人应有的权利的差距,其斗争也不能简单看作赢得权利的斗争,而是要避免让他们变成"无语的受害者","他只拥有表达单调呻吟/控诉的声

---

① ② [法]雅克·朗西埃:《歧义:政治与哲学》,刘纪蕙、林淑芬、陈克伦、薛熙平等译,西北大学出版社,2015 年,第 62 页。
③ 同上,第 179 页。
④ 同上,第 181 页。

音、那赤裸受难的呻吟/控诉,而饱和已让它无法再被听见"①。对政治的激活和对共同体的建构需要人们不断地以平等逻辑去发现和检测治安逻辑的不平等,尤其是将那些未能纳入的部分计算进来,使他们被听见和看见,不断地根据特定情境去扩大共在和共享的内涵。这特别体现为打破等级和智力等方面的束缚,使人们可以自主地参与社会和政治生活以及美学的创造。在朗西埃看来,美学或艺术并不外在于政治,"它们是两种可感物的分配形式,二者都依赖于一种特殊的辨识体制"②。即美学和政治都依赖于感性的分配机制,美学和政治的解放都是通过对可见/不可见的介入和重新分配使人们达到自由。

　　总之,在朗西埃那里,真正的共同体必须以智力平等为预设,不断地将其在各个领域确证和验证出来。这一过程既是政治主体化的过程,也是民主的过程。朗西埃认为,真正的民主应该以多样性为原则,重视差异和争议的意义,不能将共同性简化为同一性。资本主义民主的问题就在于它把民主等同为抽象的计算,以被纳入的成员的单一的理性共识为目标,忽视了被排斥在外的部分的意见和意愿,"此体制的组成分子被预设为先行给定的,他们的共同体被预设为既成的,同时他们言说的考量也被预设为等同于他们语言的表现"③。这使得它的民主只能是一种形式民主,只能是在既定的框架下的意见的计算和汇聚。它表面上看是平等的,但朗西埃认为由于他们将那些争议排除在外,恰恰遗忘了平等。因为那些无分之分者并没有被平等对待。为了避免上述问题,朗西埃指出:"在明理的社会合作者使问题得到解决之前,作为共同体的特定结构,共识必须将争议安置在其原则当中。"④因此,朗西埃的共同体理论可以概括为基于平等原则和争议原则而展开的共同体,通过争议将作为公理的平等持续性地创造和实现出来。

---

　　① [法]雅克·朗西埃:《歧义:政治与哲学》,刘纪蕙、林淑芬、陈克伦、薛熙平等译,西北大学出版社,2015年,第162页。

　　② [法]朗西埃:《美学中的不满》,蓝江、李三达译,南京大学出版社,2019年,第26页。

　　③ [法]雅克·朗西埃:《歧义:政治与哲学》,刘纪蕙、林淑芬、陈克伦、薛熙平等译,西北大学出版社,2015年,第133~134页。

　　④ 同上,第139页。

三、两种共同体模式之比较

通过对哈特、奈格里和朗西埃的共同体理论的梳理,我们可以发现,双方的共同体模式有角度的差别和侧重点的差异,哈特和奈格里主要从非物质生产的视角理解共同性和共有,把共同体理解为大同世界;而朗西埃力图通过对政治本性的反思和拯救来阐释共同性和共同体。哈特和奈格里主要是从财治来说明共同体受到的阻碍,朗西埃则是从感性分配所带来的区隔来表明共同体受到的限制。但是他们的共同体理论都是从一般智能或智力的理解出发,共同体受到的阻碍也都是源自资本、等级制和各种排斥机制,他们也都将共同体理解为不断生产和创造的过程,因而他们的共同体理论也呈现了许多方面的相同点。

第一,哈特、奈格里和朗西埃的共同体理论都是对共在的结构的重新安排和配置。共同体不是既定的,也不是现成的,而是需要对当前资本主义社会的生产方式、分配方式和剥削方式进行重新探索,从中发现这种结构性设置的内在矛盾和困境。从其针对性上看,哈特和奈格里的共同性理论主要反对的是资本的生命权力和金融控制,朗西埃针对的则是治安对感性分配领域的区分和控制。如哈特和奈格里认识到:一方面,资本自身的发展越来越需要共同性和社会性,另一方面,资本却在不断地把共同性私有化。面对这种共同性的私有化,他们明确提出了他们的抵抗策略:"抵抗是不同于资本主义对生命的殖民化的另一种激进的选择。但是这只在以下意义上成立;它是对共同性(或我们所生活的状况)的重新分配,换句话说,是以一种激进但是原创的、原始的、自发的、自主的并能自我实现的方式与权力的决裂。"①朗西埃则针对语言专断和社会专断,着重强调了如何打破感性分配原则,使得原有秩序下的不可见者变得可见。"政治就在于对界定共同体之公共事务的可感物进行重新布局和分配,引入新的主体和客体,让未被看到的东西变得可见,让那些被视为说废话的动物的那些人作为言说者被人们所

---

① [意]安东尼奥·奈格里:《超越帝国》,李琨、陆汉臻译,北京大学出版社,2016年,第180页。

听到。"①由此可见，他们都强调共同体的生产和创造需要打破原有的共在秩序和安排，反复不断地与财产共和国和治安秩序进行斗争，实现解放政治。

第二，他们的共同体都是通过主体自身的不断生产和创造实现的。他们都认为，政治共同体的建构同时也是主体化的过程。哈特和奈格里称之为"制造诸众"，朗西埃称之为"无分之分"者的主体化。在这个过程中，诸众不断转变成为生产自身并打破财富共和国的统治的主体，从而促使社会向着共在和共享的共同体转变。哈特和奈格里指出："诸众就是自己不断生成他者的制造者，也是集体性自我改造从未间断的过程。"②诸众联合起来集体反抗对共同性的掠夺、剥削和私有化，其实质是要求对共同性进行自下而上的重新分配。在他们看来，这种集体行动作为内在的批判和转化能够颠覆主导权力，反抗财产共和国，对共同性进行再占有，并在此基础上不断生产和创造共同性。朗西埃也认为，政治共同体的形成过程就是打破治安对人之所是、所说和所行的感性分配，使那些无分之分者能够实现主体化，"主体化的模式并非从无中生有，而是透过将功能与场所分配的自然秩序中的既定身份转化成争议体验的场合"③。这种主体化不是简单地对既有秩序的模仿，而是对主体在共同体中的空间位置的重新界定，对自我的身份、话语、行为等场域的瓦解和重组。总之，在他们看来，共同体和主体自身的生产是相伴而生、相互促进的，主体需要勘破虚假共同体的迷雾使自己成为真正的主体，而共同体需要从内部不断创新主体联合的新形式和新动力。随着共同性的不断扩大和创造，可以实现主体的自主协作和共同体的生成之间的相互促进。

第三，他们的共同体理论特别强调感性、身体和身份对于共同体的重要性，并通过"生命现象学"和生命政治学重新理解共在和共享的意义。朗西埃正是通过强调所是、所说、所行的感性分配重建共同体；哈特和奈格里也

---

① ［法］雅克·朗西埃：《美学中的不满》，蓝江、李三达译，南京大学出版社，2019 年，第 25 ~ 26 页。

② ［美］迈克尔·哈特、［意］安东尼奥·奈格里：《大同世界》，王行坤译，中国人民大学出版社，2015 年，第 137 页。

③ ［法］雅克·朗西埃：《歧义：政治与哲学》，刘纪蕙、林淑芬、陈克伦、薛熙平等译，西北大学出版社，2015 年，第 55 页。

十分看重身体的视角,在他们看来,"身体,就是感受和存在方式的集合体,也就是说,是生命形式——所有这些都立足于制造共同性的过程之中"①。"只有身体的视角及其力量才能够去挑战财产共和国所编织的规训和管控。"②为什么他们如此强调生命和感性的重要性?因为他们都受到福柯的生命政治学的影响,关注权力的微观运作机制及权力对生命的控制。我们可以从哈特和奈格里讲到的福柯的研究的三条定理入手来理解。第一条定理:福柯认为"身体是存在的生命政治结构的构成性因素"③。当代资本主义的剥削和权力的压制最直接地和人的身体、生命、感性等相关,不能仅从抽象的个人权利等观念来思考。第二条定理:"在权力不断构成和消灭的生命政治领域,身体在反抗。他们必须反抗,方能存活下去。"④他们认为,生命和身体也是自发能感受到剥削从而展开反抗的源头,生命代表着构建共同体的潜力和新的可能性。第三条定理:"身体性反抗生产主体性,但不是以孤立的或独立的方式,而是与其他身体的反抗处于复杂互动之中。"⑤因此,生命和身体与共同性密切相关,可以通过反抗活动与其他身体建立联结和联合,形成对共在和共享的新理解。这就可以打破自由主义的占有式的个人主义的僵局,在集体行动中建立起有效的连接和互动,自下而上地打破权力的统治。

第四,与对身体和身份的重视相关,他们也共同强调了身份斗争之于共同体的重要性。哈特和奈格里指出:"身份在财产共和国内成为反抗斗争的首要工具,这是不可避免的,因为身份本身就是基于财产和主权的。"⑥揭示身份暴力的斗争就要求揭示这背后的等级制和排斥,使人们从习以为常的臣服关系当中解放出来。哈特和奈格里认为今天种族、性别等身份斗争远远没有像某些话语宣称的已经过时了,还应该揭示这种身份斗争背后的财产问题的实质。"身份主要通过社会结构和制度来维持等级制,因此,在不同领域,身份政治的首要任务就是对抗这种盲点,将那些在身份层面所产生

---

① [美]迈克尔·哈特、[意]安东尼奥·奈格里:《大同世界》,王行坤译,中国人民大学出版社,2015年,第100页。

② 同上,第21页。

③④⑤ 同上,第24页。

⑥ 同上,第249页。

的社会臣服、隔离和排斥的机制揭露出来,后者是残暴而又真实的,但通常却难以发觉。在某种意义上,将身份的臣服作为财产问题揭示出来意味着重新占有身份。"①但身份政治在哈特和奈格里看来只是起点,不能仅仅停留于此,而是必须走向革命和解放。朗西埃也基于平等的公设重新思考了身份的斗争,在他看来,主体的话语、位置、行为、身份都是结构性配置的结果,因而会带来各种区隔与分配,所以身份的斗争就是围绕着政治场域的自然化所展开的斗争,"政治主体化重新划定了赋予每一个人身份与其分属的经验场域。它瓦解但也重组了定义共同体的感知组织的各种作为、存在、说话模式之间的关联"②。政治就是要破除这种人为的不平等的关联,破除身份的同一化。除此之外,面对身份政治和某些政治形式的全球化的出现和扩展,朗西埃认为我们不应将政治或人性简单地进行推广,也不能简单地将政治伦理化,只是停留于悲悯或善意,"它将既不会来自于在分配份额的共识逻辑上的身份竞标,也不会来自于将思想召唤至人的非人性之更原初的全球性或更激进的经验的夸大"③。朗西埃认为,我们应关注特定问题产生的具体情境及争议的可能性,也就是如何将他们的特定遭遇和西方的治安、民主实践等连接起来产生裂缝和间距,从而真正发现问题得以产生的根源和解决途径。

　　第五,他们的共同体理论重思了共同性与差异性、一元与多元的关系。他们看重平等和参与的意义,珍视差异和多元的价值。他们认为共同性不是对差异性的单纯否定,平等也不意味着绝对的同一性和计数为一,共同体应包括交往和协作的不断生产和创造,并在与奇异性的交往中不断生产出富有生命力和创造力的共同性。"在生命政治领域,人们参与的自由度越大,并且在生产性网络中发挥不同的天赋和能力,共同性的生产就越高效。进而言之,参与就是某种形式的教育,这种教育扩大了生产力,因为那些参

---

　　①　[美]迈克尔·哈特、[意]安东尼奥·奈格里:《大同世界》,王行坤译,中国人民大学出版社,2015年,第252页。

　　②　[法]雅克·朗西埃:《歧义:政治与哲学》,刘纪蕙、林淑芬、陈克伦、薛熙平等译,西北大学出版社,2015年,第60页。

　　③　同上,第181页。

与进来的人都因此而变得更有能力。"①他们也充分意识到共同性如果趋向完全的同一性可能会带来的危害,哈特和奈格里将其称为共同性的腐化,朗西埃将其称为资本主义的共识民主。他们都反对同一化和等级制所带来的区隔、分化和限制,力图肯定奇异性和歧义性,将多元性与共同性统一起来,实现共同言说、共同交往和共同创造。哈特和奈格里指出:"生命政治生产的创造性需要一种开放、动态的平等文化,需要不断的文化流动和融合。通过封闭空间以及社会等级制的确立而确立的管控机制已经成为生产力的障碍。"②朗西埃也指出政治在空间和场域中不断与治安遭遇,它需要人们在共同言说的前提下不断进行平等的验证和塑造。

　　从以上五点我们可以看出,他们的共同体理论确实有其同属于当代西方激进左翼群体的"家族相似性"。他们是在当代资本主义条件下对共同体受到的阻碍、共同体的实现等进行的新的研究。哈特、奈格里在提及朗西埃的理论时也注意到了他们的相似性:"对朗西埃来说,'政治的全部基础就在于穷人与富人的斗争',或者更准确地说,在于对共同性有权统治与无权管理的人群的斗争中。正如朗西埃所言,当那些无关紧要的无权者让自己发言时,政治就应运而生。只要我们补充说,当穷人一方与富人毫无可比之处时,毫无分量的那部分人——穷人——就是对诸众的精彩定义。"③他们对政治和共同体的思考的相似性源自他们对马克思主义的共同体思想的继承,他们着力发现共同体内部的分裂,以及新的共同体建构的可能路径。如朗西埃对治安和政治的区分、哈特和奈格里对财富共和国和大同世界的划分都体现了他们对"虚幻共同体"的持续的批判,以及对"真正共同体"的追求和建构;他们关于共同体不断生成和创造的观点,也吸取了马克思主义共同体思想中有关实践、行动的观点;他们对劳动、交往、协作、共享和解放的强调,也基本符合马克思关于真正共同体的判断。

　　但是由于他们所处的时代背景和马克思不同,他们更多地将矛头指向资本和等级化的统治带来的不平等,特别是指向这种统治对身体、感性造成

---

① [美]迈克尔·哈特、[意]安东尼奥·奈格里:《大同世界》,王行坤译,中国人民大学出版社,2015年,第234页。
② 同上,第118页。
③ 同上,第36页。

的新的控制和支配。虽然哈特、奈格里继续从资本主义生产方式和剥削方式变化的角度来研究这些问题的根源,但他们和朗西埃一样,无法为真实的共同体的建构提供现实的道路。哈特、奈格里的逾越、出走的策略只能是对共同性分配份额的争夺和再占有,而朗西埃对争议、中断等作用的理解也往往仅限于感性分配领域。这使得他们对共在、共享、自主等价值的强调或者只是通过出走、起义等进行夺回财富和权力的斗争,或者只是停留在民主领域,而这两者都没有完全摆脱资本主义的制度框架。这使得他们对解放政治的理解也存在问题。哈特和奈格里把阶级斗争和身份斗争平行起来,主张多元的、网络式的、平等的斗争形式,但缺乏领导权的诸众如何一定能够将斗争引向好的共同性,如何彻底摆脱财产共和国的统治?类似于,朗西埃通过对不平等的检测和发现来推进解放政治,但是纷争性、争议性场域的出现似乎又只能依赖偶然性,"一种看上去无关紧要的国家的举措、一个不适合的词语或一种令人不快的态度,它创造了一种对共同体进行新的纷争性确证的事件、一种平等的意义得以重新规定的时机,以及对于那种使得其被铭写进此种场域之中的事件进行唤起的时机"[①]。这种对偶然性、事件的强调虽然有助于发现裂缝和间隔、推进平等,但也使得解放政治缺失了必然性的维度,变成了零敲碎打的斗争。因此,哈特、奈格里和朗西埃对共同体的理解缺失了马克思主义对社会历史理解的必然性和科学性的维度。

马克思既不是从分配问题也不是从平等问题入手来理解共同体的,他是从劳动、分工的发展产生的特殊利益和共同利益的矛盾入手来探讨。面对这种矛盾,"共同利益才采取国家这种与实际的单个利益和全体利益相脱离的独立形式,同时采取虚幻的共同体的形式"[②]。马克思明确批判了资产阶级国家的虚假的普遍性,在这种共同体中,只有统治阶级范围内的个人才有自由,对于被统治的阶级来说,它是虚幻的,而且构成了新的桎梏。因此,这种虚幻的共同体总是体现为阶级与阶级之间的冲突和对立。马克思通过批判这种虚幻的共同体,提出了自己对于共同体的设想,"代替那存在着阶级和阶级对立的资产阶级旧社会的,将是这样一个联合体,在那里,每个人

---

① [法]雅克·朗西埃:《政治的边缘》,姜宇辉译,上海译文出版社,2007 年,第 89 页。
② 《马克思恩格斯文集》(第一卷),人民出版社,2010 年,第 536 页。

的自由发展是一切人的自由发展的条件"①。这种"自由人联合体"之所以是真实的共同体,是因为它摆脱了阶级对立,"它是这样一种联合(自然是以当时发达的生产力为前提的),这种联合把个人的自由发展和运动的条件置于他们的控制之下。而这些条件从前是受偶然性支配的,并且是作为某种独立的东西同单个人对立的"②。我们可以看出,在马克思那里,真正的共同体是随着生产力的发展,摆脱片面的分工对人的限制,由人们控制其生存和发展的条件并实现每个人的自由的联合体。它的实现需要切实地批判私有制和对社会关系进行合理构建,真正地体现普遍利益。因此,真正共同体的实现不能像哈特和奈格里那样仅仅依靠诸众对共同性的争夺,也不能像朗西埃那样仅仅依靠感性分配领域主体身份的变换,而是必须通过对市民社会的深入批判重建共同性,重思共通性,从而实现对共同体的全新的生产和创造。

莫　雷(南开大学)

---

① 《马克思恩格斯选集》(第一卷),人民出版社,1995年,第294页。
② 《马克思恩格斯文集》(第一卷),人民出版社,2010年,第573页。

奈格里对共产主义的政治化解读[*]
——以《〈大纲〉:超越马克思的马克思》为核心

　　安东尼奥·奈格里(Antonio Negri,1933—),意大利颇具传奇色彩的马克思主义理论家和社会活动家。其最为著名的作品是与迈克尔·哈特(Michael Hardt,1960—)合作撰写的"帝国三部曲",即《帝国》《诸众》与《大同世界》。从既有的国内外研究来看,也正是这些著作得到了较大程度的讨论,而其早期的著作,比如对马克思《大纲》(即《1857—1858 年经济学手稿》,西方学界一般称之为《大纲》)的解读受到的关注相对而言则略显不够。这在一定程度上会模糊奈格里思想的"晚期马克思主义"[①]的理论定位,特别是当他自己也明确宣称"我对如何去捍卫马克思主义、如何去复活马克思主义的传统以及复兴马克思主义的劳动概念都不感兴趣"[②]的时候。因而不管是要单纯完整地理解奈格里,还是要准确地理解"帝国三部曲",都需要返回到其早期著作,特别是那部被中文译者称为奈格里哲学的"真正诞生地和秘密"[③]的《〈大纲〉:超越马克思的马克思》,而这一返回还会为我们理解马克思,特别是《大纲》和《资本论》提供一种新思路。

　　《〈大纲〉:超越马克思的马克思》的写作源于奈格里与阿尔都塞的相遇。1978 年春,阿尔都塞邀请奈格里到巴黎高师作系列演讲,本书就是奈格里解

---

　　* 本文系教育部基地重大项目"当代哲学发展趋向与人类文明新形态的哲学自觉"(17JJD720003)的阶段性成果,原文刊发于《东岳论丛》2022 年第 10 期。

　　① 张一兵等:《照亮世界的马克思》,上海人民出版社,2018 年,第 83 页。

　　② 许纪霖主编:《帝国、都市与现代性》,江苏人民出版社,2006 年,第 60 页。

　　③ [意]奈格里《〈大纲〉:超越马克思的马克思》,张梧等译,北京师范大学出版社,2011 年,中译本导言第 1 页。

读马克思《大纲》的讲课记录。当时,两人观点上的分歧还是相当明显的,而且这种分歧无论对于阿尔都塞还是对奈格里而言都是自觉的:在一定意义上来说,奈格里正是针对阿尔都塞及其学生们对《大纲》的严重低估而对《大纲》作出解读的。当然,时机是与阿尔都塞的相遇,而问题意识则要深远得多。奈格里自己曾经说过,他回到《大纲》在 1972 年之后就开始了,也就是说,他的问题意识并非源自阿尔都塞,而是深深扎根于意大利本土的工人自治运动:"从一种理论观点出发,来重新思考现有的实践活动的问题,这是我们这种马克思主义的显著特征。《1857—1858 年经济学手稿》对我来说极为重要,我选择研究它。《超越马克思的马克思》是我对马克思进行这种解释的最终成果,它有浓厚的战斗色彩,分析的问题都产生于当时的政治讨论和斗争进程中。"①而当时的意大利工人自治运动突出的就是马克思主义的方法论特征,因而也是认识论的、主观的特征,正是这种特征决定了奈格里对《大纲》的政治化解读。对此,奈格里从来直言不讳,他在为该书中文译本所撰写的"序言"中明确说道:"这本书是对马克思思想的重建(即对《1857—1858 年经济学手稿》所进行的发展,具有与其同样的原创性和鲜活性),是对共产主义的一种政治化的解释,揭开了 20 世纪晚期欧洲和美国反抗资本主义的序幕。""总之,《〈大纲〉:超越马克思的马克思》一书是对《大纲》的解读,其中包含了成熟的马克思主义学派间的讨论。这里所讨论的《大纲》是马克思的理论和政治思想发展的核心。"②

一、根据《大纲》本身来解读《大纲》

奈格里对《大纲》的解读很有特色,明显区别于如下解读模式:首先,历史编纂学式的解读。"一个伟大发现的历程""马克思构思《资本论》过程的一个序言"等标题形象地标识着这种解读。对此,奈格里说道:"对于《大纲》所说的这些固然不错,但是这始终存在着一个问题,即把《大纲》变成另一个

---

① 肖辉:《马克思主义的发展与社会转型——内格里访谈》,《国外理论动态》,2008 年第 12 期。
② [意]奈格里:《〈大纲〉:超越马克思的马克思》,张梧等译,北京师范大学出版社,2011 年,中文版序言第 1、3 页。

文本的起源，而不是就《大纲》本身来理解《大纲》"，因此这种历史编纂学方法从根本上来说是"非马克思主义的"，"没有注意到——至少是没有充分注意到——其中的跳跃、断裂、视野的多样性和实践的紧迫性"①。

其次，结构主义或科学主义式的解读。这种解读承认《大纲》的独创性，但却认为这种创造性是危险的或臆想的，是一个巨大的理论失败。他们援引马克思和恩格斯的通信②来证明，《大纲》是在马克思"灵感的狂热""极端孤立的绝望""午夜过后的亢奋"中完成的，因而是不可信的："出于同情，我们不再关注这些细节：所有的数学计算都是错误的，辩证法混淆了概念和多重定义。"③而就方法论和思想内容而言，"《大纲》必须被放置在用来描述马克思'思想'的严格意义上的唯物主义方法论上的断裂之前：《大纲》是青年马克思的最后一本著作……唯物主义的表达几乎给形而上学的影响力让路，至少是给社会有机体理论（就像在'资本主义生产以前的各种形式'那样）或者是给人道主义（就像在'机器论片段'那样）让路。这个文本被描述为令人敬畏的创造性的成果，但是，这个文本只不过是在重复马克思早年的人道主义中已经提出的观点。《大纲》只是一个散发着唯心主义和个体式伦理臭味的草稿；我们在'机器论片段'中找到的对共产主义定义的描绘只是18世纪客观唯心主义和个体主义与自由主义的姿态的综合"④。对此，奈格里似乎很无奈，因为当他以一种"德国式"的严谨认真面对文本时，他发现这

---

① ［意］奈格里：《〈大纲〉：超越马克思的马克思》，张梧等译，北京师范大学出版社，2011 年，第 33～34 页。

② 这些通信奈格里在讨论《大纲》的起源、写作背景时也曾引用过，包括"美国危机妙极了（我们在 1850 年 11 月的述评中就已经预言过它一定会在纽约爆发）"（马克思致恩格斯，1857 年 10 月 20 日）。"虽然我自己正遭到经济上的困难，但是从 1849 年以来，我还没有像在这次危机爆发时感到惬意"（马克思致恩格斯，1857 年 11 月 13 日）。"我现在发狂似地通宵总结我的经济学研究，为的是在洪水之前至少把一些基本问题搞清楚"（马克思致恩格斯，1857 年 12 月 8 日）。"我的工作量很大，多半都工作到早晨四点钟"（马克思致恩格斯，1857 年 11 月 18 日）。参见［意］奈格里：《〈大纲〉：超越马克思的马克思》，张梧等译，北京师范大学出版社，2011 年，第 18 页，同时可参见《马克思恩格斯全集》第 1 版第 29 卷相关其他书信，人民出版社，1972 年。

③ ［意］奈格里：《〈大纲〉：超越马克思的马克思》，张梧等译，北京师范大学出版社，2011 年，第 34 页。

④ 同上，第 34 页。引文中"机器论片段"是西方学界对马克思《大纲》中的"固定资本和社会生产力的发展"的命名。

是相当明显的重大错误。他说:"我必须得说,面对这些批判,我通常无言以对。"①

再次,辩证唯物主义式的解读。奈格里以维戈斯基的解读工作为这方面的代表,认为他对《大纲》所呈现的路径的强调是无可非议的,对理论的界定与重构而言也是重要的,但同时也认为这样一种解读无疑只是赋予那种由苏联的阶级斗争所强加的辩证唯物主义以一种新的外观,特别是这种解读与对《资本论》的庸俗阐释结合在一起的时候;而辩证唯物主义的这一新的外观无疑会取消《大纲》中马克思主义理论范畴的对抗性特征,就像16世纪的科学实在论一样取消理论的含混之处,从而最终得出马克思主义理论是"一种封闭的经济学理论"的结论,但没有什么断言能比这一结论"更荒唐"了。②

最后,调节性的解读。奈格里以《大纲》的编辑者罗斯多罗尔斯基的工作为这方面的代表,认为这位作者的工作是"开创性的"和"不同寻常的",因而很难加以苛评:"他从来没有试图直接地缩减《大纲》和《资本论》二者之间的距离,他更多地是想进行革命性的解读",不论是对《大纲》还是《资本论》都同样如此;但由于包围着他的战争期间的共产主义运动左翼意识形态氛围,他的努力还是具有"无法令我们满意"的地方:他在将《大纲》与《资本论》联系在一起的过程中一直试图寻求"其中的中间地带","在解读《大纲》的过程中,他一直在这个文本的不同寻常的新奇之处与正统的连续性之间寻求调节",最终的结果只能是"罗斯多罗尔斯基以极大的灵活性在客观局限性中移动。他能够进行不同寻常的解读。但他最终要面对这些局限性"③。

可以看出,奈格里所反对的《大纲》解读模式都是或直接(第一、三、四种

---

① [意]奈格里:《〈大纲〉:超越马克思的马克思》,张梧等译,北京师范大学出版社,2011年,第34页。

② 参见[意]奈格里:《〈大纲〉:超越马克思的马克思》,张梧等译,北京师范大学出版社,2011年,第35~36页。关于维戈斯基的工作,请参见其所著《〈资本论〉创作史》(马健行、郭继严译,山东人民出版社,1983年);关于维戈斯基与辩证唯物主义,请参见 Antonio Negri, *Goodbye Mr. Socialism*, Seven Stories, 2008, p. 31。

③ [意]奈格里:《〈大纲〉:超越马克思的马克思》,张梧等译,北京师范大学出版社,2011年,第36,37页。关于罗斯多罗尔斯基的工作,请参见其所著《马克思〈资本论〉的形成》(魏埙、张彤玉等译,山东人民出版社,1992年)。

模式)或间接(第二种)地在与《资本论》的比照中解读《大纲》的,而这也就意味着,这些解读并没有能够"在《大纲》中自由思考",也并"不是根据《大纲》本身来解读《大纲》"①,其结果只能是把《大纲》归结为其他东西,不管这种别的东西是所谓马克思主义正统,还是马克思的《资本论》。对于前者,奈格里认为:"我们正处于为革命运动寻求新的基础的阶段,而且通过这种方式我们也不会成为少数派。我们不需要去争夺正统。而且我们将为能够绕开马克思本人而感到欣喜。这个断裂已经形成,这是不可否认的。"②这里所说的正统更多指向的是苏联式的对马克思主义的辩证唯物主义和历史唯物主义解读,当然也指向形形色色的其他马克思主义流派,它们只拘泥于马克思主义的经典文本而无视现实发展所提出的真实问题;而奈格里独有的自觉理论姿态是用当前时代的现实问题,以马克思的理论与实践密切结合的精神实质,去激活、重读马克思的经典文本,目标是"超越马克思的马克思":"我们要在《大纲》的探索中还原马克思。这是因为《大纲》本身的力量,而不是因为我们的忠诚。"③对于后者,奈格里认为:"《资本论》同样也是这类文本:它致力于缩短批判与经济学理论之间的距离,致力于在客体性中消灭主观性,致力于让无产阶级的颠覆能力去改组和消灭资产阶级力量"。"作为结果,我们有时候想,一定程度上加重的客体主义会在对《资本论》的严谨解读中被合法化。"而《大纲》是马克思革命思想的顶点。伴随这些笔记本而来的是理论-实践层面上的断裂,我们从中能够发现革命行动以及它既不同于意识形态又不同于客体主义之处。《大纲》中的理论分析将会寻求革命实践"。因此,"如果我们根据《大纲》的批判来理解《资本论》,如果我们通过《大纲》的概念体系重新阅读《资本论》……我们就能重新恢复对《资本论》的正确解读(不是为了知识分子的勤勉治学,而是为了群众的革命意识)"。而这也就意味着"从《大纲》通向《资本论》的运动是一个愉快的进程,相反从《资本论》通向《大纲》,我们就不能这样说"④。

　　奈格里对《大纲》的解读同样从文本的起源问题开始,并立即显示出其

---

　　①　[意]奈格里:《〈大纲〉:超越马克思的马克思》,张梧等译,北京师范大学出版社,2011年,第33页。

　　②③　同上,第37页。

　　④　同上,第38页。

独特性。对于已经由梁赞诺夫、罗斯多罗尔斯基、维戈斯基和塞尔焦·博洛尼亚分别澄清了的《大纲》的起源、《大纲》与马克思在《纽约每日论坛报》的工作以及其后著作的关联、1857—1858 年危机爆发的形势发展,以及马克思和恩格斯的期待和希望等,奈格里表达了直率的认可,但他强调的是为这些解读者所忽略了的另一因素,正是这一因素构成了奈格里解读的基调和特色、出发点和最后旨归。这一因素就是"在马克思研究中理论层面和实践层面的整合","马克思从黑格尔那里实实在在地获得了理论与实践相结合的精神,而这是一个不可忽略的贡献"①。正是在这个意义上,奈格里强调,《大纲》"这部'遭受责难的著作'是在理论领域内对发生在实践领域中的衰退的果断拒绝"②。关于这种整合,奈格里还具体谈到了如下三者的联结,即危机的必然性和灾难性、发展的规律和主体性的活力:"资本的灾难同时也就意味着政党和共产主义者主体性的展开,也就意味着革命意志和组织。危机激活了主体性,也使这种主体性在由生产力发展水平所决定的各种革命可能性中出现。③ 这里值得注意的是,危机、发展与主体性的三分法和上面理论与实践的二分法只是在形式上有些差别,实质上则是完全一致的,因为危机的发生和发展的规律是内在地联系在一起的,而实践则必然包含着某种主体性的决断,因而具有开放性和未决定性。由于既有的正统解读更多强调的是发展的规律性与客观性,以及当时意大利工人自治运动的发展现实,奈格里更关心其中的主体性和可能性,但这并不是要强调一种意志主义,更不是所谓唯意志论,他强调的是资本主义的发展"同时"也就意味着另一种主体性的产生和展开,即区别于资本主体的无产阶级主体性的产生和展开,其结果就是历史唯物主义原则的丰富与扩展,以及共产主义的政治化阐释:"历史唯物主义——对阶级构成的特定分析——在政治经济学批判的范围内被赋予了新内容,而且危机的规律在阶级斗争中成为中介。""危机和阶级斗争是如此深切地联系在一起,以至于在对抗性的辩证法的范围内,首先采取灾难的形式,其次采取共产主义的形式——一种真实的、物质的临界点,

---

　　①② ［意］奈格里:《〈大纲〉:超越马克思的马克思》,张梧等译,北京师范大学出版社,2011 年,第 18～19 页。

　　③ 参见［意］奈格里:《〈大纲〉:超越马克思的马克思》,张梧等译,北京师范大学出版社,2011 年,第 19 页。

这种临界点是由历史必然性和不可动摇的意志所带来的,这种意志就是要消灭敌人。"①这种客观性与主体性、理论与实践的整合贯穿于奈格里对《大纲》的整个解读,既在方法上,也在内容上,下面分别就此作出论述。

二、对抗性趋势的方法

从方法上来看,《大纲》的方法被奈格里称之为"多元总体"的方法或者"对抗性趋势"的方法。这一方法论包含四个要素:

第一,特定的抽象。科学的方法不能素朴地以实在性和直接性作为开端,与之相反,马克思从一定的抽象开始,具体的直接性只是作为结果才出现:"具体之所以是具体,因为它是许多规定的综合,因而是多样性的统一。"②也就是说,科学的认识是从一定的抽象出发,从抽象到具体、到规定性,而不是简单地停留在规定性上,因为"实在主体仍然是在头脑之外保持着它的独立性;只要这个头脑还仅仅是思辨地、理论地活动着。因此,就是在理论方法上,主体,即社会,也必须始终作为前提浮现在表象面前。"③对此,奈格里评论道:"唯物主义和辩证主义在理论上的结合在这里就显得至关重要。我们已经在实在之中,我们努力、试图、冒着穿过抽象的风险接近实在的具体性和单一规定性。"④

规定性是重要的和基础性的,它保证了这一方法的唯物主义品质,但"特定的抽象是一个动力学的事实"⑤,因此涉及的第二个因素即趋势的方法。马克思说:"比较简单的范畴,虽然在历史上可以在比较具体的范畴之前存在,但是,它在深度和广度上的充分发展恰恰只能属于一个复杂的社会形式,而比较具体的范畴在一个比较不发展的社会形式中有过比较充分的

---

① ［意］奈格里:《〈大纲〉:超越马克思的马克思》,张梧等译,北京师范大学出版社,2011 年,第26 页。

② 《马克思恩格斯全集》(第30 卷),人民出版社,1995 年,第42 页。

③ 同上,第43 页。

④ ［意］奈格里:《〈大纲〉:超越马克思的马克思》,张梧等译,北京师范大学出版社,2011 年,第72 页。

⑤ 同上,第73 页。译文根据 Antonio Negri, *Marx Beyond Marx: Lessons on the Grundrisse*, Autonomedia Inc., 1991, p.48 有所修改。

发展。"①马克思以劳动、交换价值概念为例对此作了说明,奈格里则认为"这是方法论上的共产主义",并认为这种趋势性的方法"以决定性的方式成为贯穿于马克思的认识论的系统性方法",而"趋势并不仅仅是那些基于历史经验的范畴的消极总结;这首要的是那些允许我们以未来的视角来关照当下,这是为了使这些趋势阐明未来"。因此,奈格里以极具感染力的语言向我们发出了呼吁:"冒险吧,斗争吧。科学应该如此坚持这样做。如果一个人偶然地成为一只猿猴,这仅仅是为了更加灵巧。"②

　　第三个要素是所谓"实际上真实"(true in practice)或者说实践准则。这是马克思将一定的抽象结合到趋势中去的必然结果,也是科学研究继续进行下去的必要前提:劳动这个似乎十分简单的范畴实际上是一个现代的范畴,只有"在资产阶级社会的最现代的存在形式——美国"中,只有在"个人很容易从一种劳动转到另一种劳动,一定种类的劳动对他们来说是偶然的,因而是无差别的……它(劳动)不再是同具有某种特殊性的个人结合在一起的规定了"的时候,"'劳动'、'劳动一般'、直截了当的劳动这个范畴的抽象,这个现代经济学的起点,才成为实际上真实的东西"。③ 奈格里正确地认为,马克思的这段话无非是说,正是劳动范畴的普遍性、共同性特征同时使它的现代性特征变得异常明显,并进而推论道:"统一性和多样性之间的关联是一个动态的过程,是一个缠结在一起的东西,是一个历史主体努力的结果。"④这就把"实际上真实"的方法论要素与实践关系的动力学准则及这一运动过程的历史主体性准则进一步联系在一起了,并因此赋予了这一要素之于马克思范畴分析的极端重要性:对实在主体进行从抽象到具体的研究的唯物主义方法因为"趋势"所强调和展现的远景而被赋予了生命力,同时又被"实际上真实"的准则主体化了。这样一来,马克思的方法论也就成熟了,因为主体性准则的引入赋予其一种具有能动作用的对抗性,而"范畴之

---

　　① 《马克思恩格斯全集》(第30卷),人民出版社,1995年,第44页。
　　② [意]奈格里:《〈大纲〉:超越马克思的马克思》,张梧等译,北京师范大学出版社,2011年,第74页。
　　③ 《马克思恩格斯全集》(第30卷),人民出版社,1995年,第46页。
　　④ [意]奈格里:《〈大纲〉:超越马克思的马克思》,张梧等译,北京师范大学出版社,2011年,第75页。

间对抗的加剧使得资本主义发展和资本主义危机之间的关联得以呈现"①。
"因而,'实际上真实'是范畴扩展的环节,在这个范畴中抽象找到了聚焦的
核心,并将它所联系的丰富性与历史真实相联系。没有趋势和抽象的这种
结合,没有向实践真实和历史的血肉开放的这种移动,它将没有可能科学地
进行下去。'实际上真实'是一种科学,这个科学变成了变化和变化得以可
能的概念。"②

　　这直接过渡到马克思方法论的第四个要素,即"置换和建构"。《导言》
中前述方法论要素的系统性特征比较明显,相比之下,其动态特征则不那么
明显,但现实是持续改变的并被引入狡黠地运用权力的集体力量的对抗运
动之中,也就是说,不是线性发展的,因而辩证法就不能是总体性的,科学的
进程也不能是直观的。因此,上述诸准则必须有一个综合或重新组织以容
纳并处理历史进程中大量的替代选择、它的质变、现实的跳跃与转向,以及
主体在这一发展进程中的参与,既作为原因又作为结果。"置换和建构"就
是这一最后的原则。根据这一原则,"历史地平线移动了:被特定抽象定义
的范畴被修订了;趋势实现了或被置换了,在事件中被归结为一种激烈的变
化性;在这一地平线中运动、在实践层面被决定的主体自身被或幸福或不幸
地卷入这一过程之中"③。置换与构建密切相关,一起被合称为马克思方法
论的第四个标准,这一标准"看上去像是方法论介入的动态特征的综合:这
一标准将理论框架的置换及随之而来的斗争的发展和冲突参数的重构视为
积极的前提,把在一个新的稳定了的理论框架中过程的动态层面的修订、主
体性及其角色的错位(dislocations)视为消极的(前提),从而把一个新结构、
一个对抗的新形式、一种新的形势重新提交到实践准则和转变面前"④。这
样一来,构建原则也就成了马克思方法的核心:正是这一原则使趋势不再是
构想,使抽象不再是一个范畴客观性的假设,使实践准则不再是一个历史连
续性的实在论者的迷恋对象。"构建原则把质的跳跃,一个归结为集体力量

---

① ［意］奈格里:《〈大纲〉:超越马克思的马克思》,张梧等译,北京师范大学出版社,2011 年,第
81 页。

② 同上,第 75 页。

③④ Antonio Negri, *Marx Beyond Marx:Lessons on the Grundrisse*, Autonomedia Inc., 1991, p. 56.

的、并非怀疑论的而是充满活力的和创造性的历史概念引入到方法论中来。"①由此方法论而来,我们就可以跟踪发展中的不同形式并最终将危机理论建构为资本理论,把剩余价值理论建构为革命理论,从而把随剩余价值理论而来的对抗的主体性带到马克思理论的中心。因此,"构建原则就是分析转变、过渡的基本准则:理论连续性之内的实践跳跃的自觉"②,而转变特别是过渡是奈格里用来定义共产主义的基本语词。

三、作为过渡的共产主义

从内容上来看,客观性与主体性、理论与实践的整合这一特点表现得就更为明显和直接了。我们以奈格里对《大纲》的实际开端,即"货币章"和与共产主义直接相关章节的解读为例来说明这一点。之所以不从既在时间上又在论题上在先的导言开始,而是从《大纲》的"货币章"开始,奈格里的意思是"直接进入问题的核心"③,并顺便借此给导言中的方法论给出一个直观的例证。而之所以说"货币章"能直捣问题的核心,乃是因为"货币有一种益处:能立即呈现蕴含在价值概念中的社会关系的可怕面孔;它立刻显示了价值在剥削中的功能",我们不需要像《资本论》中那样借助于黑格尔主义来发现商品、劳动,进而价值的两面性,"货币只有一面,即作为老板的一面"④。奈格里对《大纲》"货币章"的分析集中在三个因素上面:货币作为价值规律危机的表现、作为社会联系的货币、直接的资本社会化的分析。直接促使马克思写作《大纲》的是 1857—1858 年的经济危机,而货币方面的危机是其核心要素,因而马克思很自然地以批评法国的蒲鲁东主义者达里蒙的《论银行改革》开始自己的写作,但很快就由此过渡到带有普遍性的一个问题上来,即危机显示了货币是什么:"货币是社会对立的媒介范畴,其定义稳固了危

---

① Antonio Negri, *Marx Beyond Marx: Lessons on the Grundrisse*, Autonomedia Inc., 1991, p. 56.

② Ibid., p. 57.

③ [意]奈格里:《〈大纲〉:超越马克思的马克思》,张梧等译,北京师范大学出版社,2011 年,第 40 页。

④ 同上,第 43 页。

机的可能性,而在活动中实现了它的证明。"①货币的属性必然直接预设价值
的属性,而价值是通过一般劳动,即社会必要劳动来定义的,因而它总是通
过市场价值的波动来实现。"这种波动同时是危机的活动与可能性的规律。
这种波动是价值的存在形式,是价值的持续交换与实质的二元性。这种波
动是社会关系的显露……因此这种波动依然是,也总是危机的可能性。"②马
克思曾经指出:"被强制分离的而本质上是同属一体的各要素,绝对必须通
过暴力的爆发,来证明自己是一种本质上同属一体的东西的分离。统一是
通过暴力恢复的。一旦敌对的分裂导致了爆发,经济学家就指出本质上的
统一,而把异化抽象掉。"③奈格里摘引了这一段并指出,马克思的论述直接
准备了对现实性的分析:危机必须使自身政治化,从而攻击对立的社会条
件,而不能像蒲鲁东主义者那样把"货币—价值—危机"的等式神秘化,从而
去谈无息信贷、小时券等银行改革的种种措施。这一攻击,具体而言,货币、
价值和资本社会化发展中不断累积的矛盾与对抗性的再现之间的关系,并
不具有辩证性,更不是一种必然的演绎,而是一种致力于转化的对抗性暴
力。而这也就意味着:马克思的辩证法不是黑格尔式的中介,也不是蒲鲁东
主义式的价值规律,而是对立、危险和开放的逻辑;共产主义不是交换价值
的实现,不是对资本主义不和谐的修正、改革,而是对资本主义社会关系、价
值规律及其相伴随的意识形态和各种政治、社会组织的无情摧毁与破坏。
因此,正如奈格里引述的马克思1868年4月30日致恩格斯的信的结尾所
说,这一解读的"结论就是阶级斗争,在这一斗争中,这种运动和全部脏东西
的分解会获得解决"④。

　　接下来让我们从奈格里对"小规模流通"的解读开始,因为这是一个他
认为"关于从主体性的角度颠倒资本观的可能性的直接例子"⑤,并因此与共
产主义直接相关。马克思在《大纲》的"资本章"的第二篇"资本的流通过
程"中曾经这样讲过:"我们可以在作为总过程的流通中,把大流通和小流通

---

① [意]奈格里:《〈大纲〉:超越马克思的马克思》,张梧等译,北京师范大学出版社,2011年,第
49页。

②④ 同上,第50页。

③ 《马克思恩格斯全集》(第30卷),人民出版社,1995年,第99页。

⑤ 同上,第172页。

区别开来。第一种流通包括资本从离开生产过程到它再回到生产过程这一整个时期。第二种流通是连续不断的并且总是和生产过程本身同时并行的。这是作为工资支付的、同劳动能力进行交换的那一部分资本。"①奈格里摘引了这段话之后问道,这个第二个小规模流通的特征是什么,在历史上又有着怎样的影响呢?

首先,表现为工资的那部分资本的流通与生产过程本身是同时进行的,也就是说,与它交织在一起而不能分开的;而这也就意味着"资本主义关系、交易和剥削并不会抹杀无产阶级主体的独立",资本主义的征服只是控制了无产阶级的行为,但绝没有抹去他的身份,支付工资与生产行为的"同步性与平行性突出了工人主体的独立性,它的自我价值稳定措施与资本主义的价值稳定措施相对而立"②。奈格里认为,可以把这两种不同的价值稳定措施的关系概括为"一个双螺旋或者平行线",同时这一过程不仅"总是包含发生危机的正式可能",而且随着无产阶级力量的不断壮大,爆发危机的可能性也在一直增加;"这不再是一种辩证的关系,而是一种敌对的关系,尽管它总是受到控制,但却充满危险与反叛"。③

其次,消费进而使用价值成了资本规定的一个要素,而"使用价值对无产阶级而言是一种直接的重新辩护,一种直接的权利实践"④。这里,奈格里引用了马克思的如下论述:"可见,流动资本在这里是直接供工人个人消费的;完全是供直接消费的,所以以成品的形式存在。因此,如果一方面说资本是产品的前提,那么成品也是资本的前提。这从历史上看就是:资本并不是使世界从头开始,而是在资本使生产和产品从属于资本的过程以前,生产和产品早已存在……在这里,通过资本同活劳动能力以及同保存活劳动能力的自然条件的关系,我们看到,流动资本也是从使用价值方面被规定……"⑤

---

① 《马克思恩格斯全集》(第31卷),人民出版社,1998年,第68页。

② [意]奈格里:《〈大纲〉:超越马克思的马克思》,张梧等译,北京师范大学出版社,2011年,第173页。"价值稳定措施(valorization)"是奈格里从《大纲》中提取的一个重要概念,指向的是确定或废止价值、劳动的机制、措施和过程。

③ [意]奈格里:《〈大纲〉:超越马克思的马克思》,张梧等译,北京师范大学出版社,2011年,第174页。

④ 同上,第175页。

⑤ 《马克思恩格斯全集》(第31卷),人民出版社,1998年,第70~71页。

资本被使用价值规定,生产和产品在资本主义之前就已经存在,所有这些都表明,活劳动力才是全部生产活力的关键,也是将自然转化为历史的原动力,自我价值稳定措施的可能性与现实性就奠基于这一对抗性的阶级活力之上,"工资的两面性消失了;……它否认所有的补充以及对资本的尊重,并且以与之对立的姿态出现"①。

最后,这一敌对力量不仅是一个事实,而且是一个充满活力的过程、一个趋势。"在小规模流通的空间内,与必要劳动相关的需求得以发展。因此,它采用这一形式并且不断积极地构建自己,让自己在劳动力力量以及劳动阶级的混合体中得以巩固和强化。它进行自我再生产并增长壮大,最后将自己定义为斗争的潜能。"②这里所说的"这一形式"就是资本主义形式,也就是马克思所说的人的发展的"第二大形式",即"以物的依赖性为基础的人的独立性"的形式,"在这种形式下,才形成普遍的社会物质变换、全面的关系、多方面的需要以及全面的能力的体系"。③当然,这一形式只是一种历史的形式,它的使命在于为人的发展和自由个性的形成创造条件,所以重要的是发展的过程和趋势:"建立在个人全面发展和他们共同的、社会的生产能力成为从属于他们的社会财富这一基础上的自由个性,是第三个阶段。第二个阶段为第三个阶段创造条件。"④

奈格里接下来对所谓"机器论片段"⑤的解读实际上可以看作对这一过程和趋势的更加详尽的阐明。一如既往,奈格里的解读是主体性的和政治性的,致力于通过将机器体系作为对象化劳动与活劳动的对立而将其从属于劳动理论。马克思指出,由于劳动资料转变为机器体系,一方面,活劳动就成了这个机器体系的活的附件,劳动过程就成了资本价值增值过程的一个环节;另一方面,知识和技能、社会智力的一般生产力的积累就同劳动相

---

① ［意］奈格里:《〈大纲〉:超越马克思的马克思》,张梧等译,北京师范大学出版社,2011年,第174页。

② 同上,第174～175页。

③ 《马克思恩格斯全集》(第30卷),人民出版社,1995年,第107页。

④ 同上,第107～108页。

⑤ 为国内外学者津津乐道的"机器论片段",即《大纲》中"固定资本和社会生产力的发展",参见《马克思恩格斯全集》(第31卷),人民出版社,1998年,第88～110页。

对立而被吸收到资本当中,从而表现为资本的属性。① 奈格里将其概括为"活劳动力的辩证法",即活劳动力发现自己深陷"劳动过程充满活力的,持续的统一体"之中,而这一统一体通过机器体系将劳动力囊括其中。② 由此出发,他突出强调了"机器论片段"中的几个要点:

第一,(马克思)将劳动过程视为自我价值稳定过程的一个基本要素。

第二,高效的社会推动力,特别是科学成为社会化的前提,生产资本扩大进入流通领域,而这意味着"建立在劳动阶级的使用价值的基础上资本主义的分解"③。因为正如马克思所说:"如果说直接劳动在量的方面降到微不足道的比例,那么它在质的方面,虽然也是不可缺少的,但一方面同一般科学劳动相比,同自然科学在工艺上的应用相比,另一方面同产生于总生产中的社会组织的,并表现为自然赐予(虽然是历史的产物)的一般生产力相比,却变成一种从属的要素。于是,资本也就促使自身这一统治生产的形式发生解体。"④

第三,劳动的一切力量都转化成了资本的力量,而流通着的资本通过采取计划和社会再生产的方式而显得高效,并归属于社会从而变成了社会的产品。也就是说,资本主义在总体上转化成了全社会范围内的资本主义,它先是由暴力激活,现在则由机器与科学构成并制造;但资本关系的双重性会依然存在,分离的逻辑在此范围内也不会停止,相反只能在力量的更高水平上再进行生产。奈格里认为,马克思接下来的分析有一部分属于"即兴的移动更迭,它们的突然出现令人窒息,使人回想起一种'劫数'的味道",但通过仔细阅读就会发现分离的逻辑再次出现并继续向前,从而使"本来被隐藏在过程中的分裂突然被推到表层,并且采用了独立的主观性形式"⑤。他指的是马克思的如下论说:"在这个转变中,表现为生产和财富的宏大基石的,既

---

① 参见《马克思恩格斯全集》(第31卷),人民出版社,1998年,第92~93页。

② 参见[意]奈格里:《〈大纲〉:超越马克思的马克思》,张梧等译,北京师范大学出版社,2011年,第178页。

③ [意]奈格里:《〈大纲〉:超越马克思的马克思》,张梧等译,北京师范大学出版社,2011年,第181页。

④ 《马克思恩格斯全集》(第31卷),人民出版社,1998年,第94~95页。

⑤ [意]奈格里:《〈大纲〉:超越马克思的马克思》,张梧等译,北京师范大学出版社,2011年,第183页。

不是人本身完成的直接劳动,也不是人从事劳动的时间,而是对人本身的一般生产力的占有,是人对自然界的了解和通过人作为社会体的存在来对自然界的统治,总之,是社会个人的发展……一旦直接形式的劳动不再是财富的巨大源泉,劳动时间就不再是,而且必然不再是财富的尺度,因而交换价值也不再是使用价值的尺度……于是,以交换价值为基础的生产便会崩溃,直接的物质生产过程本身也就摆脱了贫困和对立的形式。个性得到自由发展,因此,并不是为了获得剩余劳动而缩减必要劳动时间,而是直接把社会必要劳动时间缩减到最低限度,那时,与此相适应,由于给所有的人腾出了时间和创造了手段,个人会在艺术、科学等等方面得到发展……"①按照奈格里的解释,马克思这段话的意思是说,将财富划归到社会的范围对于资本主义和无产阶级的主体性而言具有不同的意义,对于依靠剥削而存在的资本而言是不可能的事情,正好就是无产阶级不仅可能而且是其一直努力争取达到的结果:"压缩必要个人劳动便是扩大必要集体劳动并且建设'社会个体',他不仅能够生产而且能够享受生产出的价值。"②这意味着颠覆,在这里,也即重新分配的剩余劳动由必要劳动来控制的共产主义革命计划颠覆劳动力由资本来指挥和控制的资本项目;这种颠覆的物质条件是与社会化资本以及与其相一致的劳动的联合,即奈格里所说的集体劳动力;在这种颠覆中的个体也就是社会,而"社会是具体的,是扩展性的,是稳定的,是享乐的延伸以及这种延伸的创造者"③。

　　如此理解的颠覆不是对资本力量的否定,而是要扭转必要劳动与剩余劳动之间的关系,从而重新分配剩余劳动。对此,奈格里强调,颠覆"是从内部破坏它,不是要寻求外部的参照点,以工人的主体性作为对立面和潜藏的财富(这已经被资本用在它的全球化中)来碾碎它;它自己立足于与剩余价值规律相对立的本质基础上:这是我们在马克思《大纲》以及所有其他著作

　　①　《马克思恩格斯全集》(第31卷),人民出版社,1998年,第100~101页。

　　②　〔意〕奈格里:《〈大纲〉:超越马克思的马克思》,张梧等译,北京师范大学出版社,2011年,第185页。

　　③　同上,第187页。

中能找到的道路"①。在这种颠覆之后,原来已被抽象化进而被缩减为资本主义控制力量的一个空洞形式的,高效、残暴但不再具有合理性的价值规律被推翻了,多元的社会个体获得了自由而全面的发展,共产主义因此而显现为自由的同义词:"主体性不仅解放其自身,它还解放诸多可能性的总体。它勾画出了一个新的视域。劳动的生产性是以社会的方式得到奠基和传播的。它既是一个搜集和重组一切事物的黏合剂,又是一个享乐和创造的网络体系。这些东西穿过那块因这种黏合剂而变得肥沃的土地。共产主义革命,社会个体的一切力量的凸显,创造出了这一由各种选择、各个议题和各种功能组成的财富。"②

如此理解的颠覆意味着过渡,而过渡不仅概括了马克思的方法论,即分离的逻辑的显著特征及其最后结果,同时也规定了共产主义的动态范围及其对立面。根据奈格里,共产主义在前面的解读中被切成了两个碎片,"其中一个作为引言,位于资本中且存在于其矛盾的间隙;另一个则是最终到来的、自己表现为超越了灾难的、完全自由的共产主义",现在则必须把两个碎片放在一起,也就是说,必须关注"自由的进程,也就是在引言与结论之间的部分";而这就是所谓"过渡",我们必须在将两个碎片"同化(这并不意味着二者是等同的)后用过渡来定义共产主义"。③

在方法论方面,奈格里特别强调:"如果说共产主义采取了过渡的形式,对我们来说这意味着我们必须遵循一条主线,这条主线就是主体的对抗性。为了避免人道主义,一些人企图避免主体性的理论领域。他们都错了。唯物主义的道路精确地通向了主体性。主体性的道路正是将唯物主义带向共产主义。劳动阶级是主体,分离的主体,是他们催生了发展、危机、过渡,乃至共产主义。"④奈格里认为,像罗斯多罗尔斯基那样以辩证唯物主义理解马克思共产主义思想虽然有其历史的合理性,但它没有看到、没有充分地强调

---

① ［意］奈格里:《〈大纲〉:超越马克思的马克思》,张梧等译,北京师范大学出版社,2011 年,第 190 页,译文根据 Antonio Negri, *Marx Beyond Marx: Lessons on the Grundrisse*, Autonomedia Inc., 1991, p. 149 有所修改。

② 同上,第 191 页,译文根据 Antonio Negri, *Marx Beyond Marx: Lessons on the Grundrisse*, Autonomedia Inc., 1991, p. 150 有所改动。

③ 同上,第 193、195 页。

④ 同上,第 195 ~ 196 页。

积极的乌托邦精神与唯物论的调和与历史的辩证发展过程中的不确定性，从而有过于宏观概括的毛病，会使所有的差异都归于消退，而只有差异才可能激活过程。因此，理解共产主义的恰当方式应该是历史唯物主义的，或者准确地说应该是主体性唯物主义的："马克思主义的方法不是基于似是而非的矛盾，而是建立在经济与政治的高度统一，建立在不断变化的现实道路的基础之上。第二，马克思的方法在事物分析的不断置换中得到确认，这种变化出生于起作用的各种力量之间关系所表现的形式的多样性。当主题修改时，范畴也就变化了。"①这意味着要破除对共产主义的经济或历史决定论的理解，因为共产主义不管是出自资本主义发展的内在矛盾还是产生于资本主义发展的对抗，它都不可能自动地依循规律而必然出现，它的出现和发展是客体与主体、经济与政治综合的结果，因此要视不同主体的情况和全球范围内的对抗形势的发展情况而定，而且实际上是一种跳跃，只能以一种成熟、激烈的方式提出。对此，奈格里援引了马克思的如下论述："我们的方法表明历史考察必然开始之点，或者说，表明仅仅作为生产过程的历史形式的资产阶级经济，超越自身而追溯到早先的历史生产方式点……另一方面，这种正确的考察同样会得出预示着生产关系的现代形式被扬弃之点，从而预示着未来的先兆，变易的运动。如果说一方面资产阶级前的阶段表现为仅仅是历史的，即已经被扬弃的前提，那么，现在的生产条件就表现为正在扬弃自身，从而正在为新社会制度创造历史前提的生产条件。"②然后精当地评论道："范畴向前推进的道路是清晰的。在历史中前进时，这些范畴不断把历史阶段作为条件，把当下作为历史，把未来的预见作为将要发生的运动……这就到了这样一个时刻，在这个时刻我们在批判政治经济学的范畴的同时也在阐明共产主义——当这些范畴把它们自身作为主体的实践认知结果时，我们很快就可以看到这一时刻。"③

就共产主义的动态范围及其对立面而言，奈格里认为《大纲》从本质上

---

① ［意］奈格里：《〈大纲〉：超越马克思的马克思》，张梧等译，北京师范大学出版社，2011年，第195页。

② 《马克思恩格斯全集》（第30卷），人民出版社，1995年，第452~453页。

③ ［意］奈格里：《〈大纲〉：超越马克思的马克思》，张梧等译，北京师范大学出版社，2011年，第197页。

看就是一本阐明共产主义的著作,所有的马克思主义范畴都是共产主义范畴,所以在对政治经济学的所有特定阶段进行批判的过程中都可以看到对共产主义的阐明,"从《货币章》开始,几乎所有我们读到过的章节都包含了一种共产主义逻辑"①。比如货币,作为一种社会关系,它的一些特征如社会性、社会共同财富的度量与标志等,在社会发展的第三阶段,也就是自由个性阶段,都被立即颠倒了;比如竞争与自由,马克思在分析作为资本主义发展的基本规律的竞争规律时承认资本主义自由的力量,但同时又明确指出这种自由的基础的狭隘性与有限性;再比如普遍交换的范畴,甚至资产阶级的范畴自身:"事实上,如果抛掉狭隘的资产阶级形式,那么,财富不就是在普遍交换中产生的个人的需要、才能、享用、生产力等等的普遍性吗? 财富不就是人对自然力——既是通常所谓的'自然'力,又是人本身的自然力——的统治的充分发展吗? 财富不就是人的创造天赋的绝对发挥吗? ……在这里,人不是在某一种规定性上再生产自己,而是生产出他的全面性;不是力求停留在某种已经变成的东西上,而是处在变易的绝对运动之中。"②在这段奈格里援引的原文里,透过"如果……那么……不就是……"以及"不是……而是……"的语法和句式,我们可以清楚地看到共产主义是如何在激进、极端的对比中建造自身的,颠覆、过渡是如何在资本发展所包含的分离、对抗逻辑中实施自己对一切事物的强大力量的。

在"过渡"的主题之下,奈格里不仅考察了共产主义的动态范围及其对立面,还力图给出共产主义的"定义"或基本规定。"共产主义是对资本主义的全方位摧毁。它是非劳动的,是主体的、集体的,是无产阶级废除剥削的计划,是自由建构主体性的积极性(positivity)。"③引文中的前一句说的是否定性的颠覆,后一句则是肯定性的建构。这有三个方面:

首先,废止劳动是共产主义的核心规定。马克思在讲到资本的伟大的

　　① [意]奈格里:《〈大纲〉:超越马克思的马克思》,张梧等译,北京师范大学出版社,2011 年,第197 页。

　　② 《马克思恩格斯全集》(第30 卷),人民出版社,1995 年,第479~480 页。

　　③ 奈格里:《〈大纲〉:超越马克思的马克思》,张梧等译,北京师范大学出版社,2011 年,第212页,译文根据 Antonio Negri, *Marx Beyond Marx*:*Lessons on the Grundrisse*, Autonomedia Inc., 1991,p.169有所改动。

历史作用时曾经说道："资本作为孜孜不倦地追求财富的一般形式的欲望，驱使劳动超过自己自然需要的界限，来为发展丰富的个性创造出物质要素，这种个性无论在生产上和消费上都是全面的，因而个性的劳动也不再表现为劳动，而表现为活动本身的充分发展。"①奈格里援引了这段话，并发挥说："劳动不再是劳动，而是从劳动中解放出来的劳动"，"共产主义的内容、框架都是普遍需求的发展，普遍需求产生在共同的、不幸的雇佣劳动组织的基础上，但是这也以一种革命的方式象征了劳动的废止，它决定性的灭亡"。② 共产主义劳动是人的创造天赋的充分发挥，与资本主义生产的组织形式不同，它通过从雇佣劳动中的解放，重新从交换价值世界中取回使用价值以满足自己的普遍需求，这使我们最终走向那个把作为活动自身的劳动当作一种需要的新世界。

　　其次，共产主义"是新形成的主体，它改变现实，摧毁资本"③。资本是一种关系，在资本自身表现为主体，表现为自主的、能动的、创造性实体的任何一个地方，与之相对抗的无产阶级必将获得发展，并在发展中获得其完全的主体性。无产阶级存在于资本主义生产关系的矛盾结构之中，一旦由于资本主义体系的发展创造出了无阶级社会所必需的物质生产条件和与之相适应的交往关系，而且无产阶级也认识到这一点的时候，颠覆运动的强大力量就会不可遏止地爆发出来摧毁一切。这里重要的是认识、觉悟，正如马克思所说："认识到产品是劳动能力自己的产品，并断定劳动同自己的实现条件的分离是不公平的、强制的，这是了不起的觉悟，这种觉悟是以资本为基础的生产方式的产物，而且也正是为这种生产方式送葬的丧钟，就像当奴隶觉悟到他不能作第三者的财产，觉悟到他是一个人的时候，奴隶制度就只能人为地苟延残喘，而不能继续作为生产的基础一样。"④因此，可以看出，共产主义绝不是资本主义发展的一个自然的结果和产品，不是资本主义发展最终要达成的一个目的，而是一种激进的颠覆，一个新的、丰富、充实而自治的主

---

① 《马克思恩格斯全集》(第 30 卷)，人民出版社，1995 年，第 286 页。

② ［意］奈格里：《〈大纲〉：超越马克思的马克思》，张梧等译，北京师范大学出版社，2011 年，第 202～203 页。

③ 同上，第 208 页。

④ 《马克思恩格斯全集》(第 30 卷)，人民出版社，1995 年，第 455 页。

体的诞生。

最后,共产主义与计划。奈格里承认,"毫无疑问,马克思将计划看作是共产主义的一种品质",但接着就明确指出,依据《大纲》,共产主义的计划不能"被理解为是指用政权这种简单形式来推进生产关系社会化(常常是基于恩格斯的论述),或理解为一种强大的经济理性形式"。① 具体而言,"当废除劳动的条件和对象不存在时,计划只是资本主义指令的一种新形式——它的社会主义形式。这就是马克思对社会主义的批判中具有力量的地方。社会主义不是(也不可能是)通往共产主义的道路或者阶段。社会主义是资本经济力量和利润理性的最高形式和最优越形式。它仍然基于价值规律"。而"只有当劳动被废除时,共产主义才是一种计划"。"每个无产阶级都有自己的计划标准,一个独立自主的计划。工人和无产阶级自我定价(self - valorization),这就是对废除劳动的计划。"②在这里,社会主义的计划经济体制被指认为资本主义经济理性的最新和最高形式,而共产主义的计划则被规定为工人和无产阶级的自治与自我定价。

在规定了共产主义的动态范围及其对立面,它的定义及其基本内容之后,遗留下来的最后一个问题就是共产主义究竟该如何经由过渡而实现。这就是所谓共产主义的动力问题,也即革命阶级问题。在奈格里看来,"共产主义的动力以成熟的资本主义发展的危机所带来的主体性作为基础——它消极地、单纯地为其创造了空间——但它同样在这种危机中发现了发展和丰富自身的可能"③。也就是说,可以从消极的对抗的可能性与积极的阶级构成两个方面来理解共产主义的动力问题。就对抗的可能性而言,当马克思把资产阶级榨取剩余价值的进程、剥削量的可憎而巨大的增长过程与资本和全球劳动力流通范围内的社会化进程结合在一起的时候,当马克思考察交换价值与使用价值在生产流通领域中的矛盾显现的时候,马克思也就把全球劳动力规定为反对资本主义发展并对其进行颠覆的革命阶级了。但颠覆具有的不确定性导致的只是一个自由而空洞的空间,这个空间集聚

---

① [意]奈格里:《〈大纲〉:超越马克思的马克思》,张梧等译,北京师范大学出版社,2011 年,第209 页。

② 同上,第209 ~ 210 页。

③ 同上,第224 页。

着使用价值、需求以及或多或少的直接自发行为,而使用价值、需求等,就其自身而言解决不了任何问题,"说实话的孩子的直观正如皇帝本人一样是赤裸的"①。颠覆与颠覆中使用的暴力,只能是一个开端、一个起点,如果它不能转变为共产主义的动力,如果单纯停留在颠覆的层面上,那它只能是空洞而又危险的,实质上不过是唯意志论的甚至是恐怖主义的解决问题的办法而已。但是无产阶级的暴力颠覆与共产主义的动力确实有着一种原初性的关联,如果将前者作为共产主义的积极暗示,那么它将成为共产主义动力的本质构成要素,虽然它并未提供问题的最后答案,却是对共产主义必然性的直接确认。因此,我们可以说"无产阶级的暴力是共产主义的征兆"②。然而马克思并未停留于此。在奈格里看来,当马克思进一步将交换价值和使用价值在生产流通领域的矛盾归结为阶级构成的本质及剥削的质的规定性问题时,当马克思考察机器体系使资本日益社会化从而揭示出社会化阶段中的工人阶级的构成问题时,马克思的分析实际上已经在讨论这种空洞的可能性如何实现的问题了,也就是说,从消极的批判转向了积极的构建。

　　不过奈格里反复强调,由于当时"工人组织的滞后"③,马克思在"彻底解决"了第一方面的问题的同时只是"接近了"第二方面的问题的解答。④ 因此,赋予共产主义以物质力量,从而使之与马克思的时代相比更具历史力量是当前的任务。不过,"我们今天的事业,恰恰仍然是以马克思的理论为基础的。我们可以将之想象为实际运动所形成的轨迹……唯有实际的运动能改变这种革命阶级的构成。这种实际的运动是资本主义的进一步发展,是马克思所定义的成熟趋势"⑤。资本主义的发展这一实际的运动是奈格里(和哈特)著名的"帝国三部曲"的基本主题,也是我们下面要考察的对象,这里先暂时放在一边。我们这里只留意于奈格里此时对这种改变了之后的革

---

　　① ［意］奈格里:《〈大纲〉:超越马克思的马克思》,张梧等译,北京师范大学出版社,2011 年,第215 页。

　　② 同上,第216 页。

　　③ 同上,第225、226 页。

　　④ 参见［意］奈格里:《〈大纲〉:超越马克思的马克思》,张梧等译,北京师范大学出版社,2011年,第218 页。

　　⑤ ［意］奈格里:《〈大纲〉:超越马克思的马克思》,张梧等译,北京师范大学出版社,2011 年,第228 页。

命阶级的构成给出的几个特点,以结束其对共产主义的政治化解读。在奈格里看来,这种阶级构成,首先是"多元的和积累性的","这种多样性来自工人的社会化水平,来自大量的各种压迫,来自需求,来自行动,更来自对每一个不断形成资本家的环节的关节点的攻击能力"①。其次是革命阶级在其构成的持续过程中的自我转化,将导致一个质的飞跃,从而产生新的主体。资本当然可以控制、阻碍这一形成过程,但最终却绝对无法使之逆转,因为这是物质地发生在资本的实际运动中的。最后是新主体的联合将为阶级成分的多样性和严格性增加新的因素,从而使其更具力量。②

王福生(吉林大学)

① [意]奈格里:《〈大纲〉:超越马克思的马克思》,张梧等译,北京师范大学出版社,2011 年,第229 页。
② 参见[意]奈格里:《〈大纲〉:超越马克思的马克思》,张梧等译,北京师范大学出版社,2011年,第229~230 页。

德勒兹的"反俄狄浦斯"*

——一种后马克思视角的资本主义批判

巴迪欧在《小万神殿》一书中将德勒兹描述为难以归类的、与时代格格不入的同时代人。这是一个令人难免有些费解的表述。其原因不仅在于德勒兹极具个人性的、独特的理论兴趣史,更在于他几乎试图以一种建构主义的方式挑战所有和同一、稳定、连贯性相关的命题。除去对学院派哲学史的反叛,德勒兹的"不合时宜"还体现在他超越时代的洞见性上。

不过,对于德勒兹的学术思想的前后连贯性历来存在争议。主要的原因在于对他和精神分析学家加塔利的合作对二人所发生的影响(更多地是对德勒兹的影响)持不同的看法。由于加塔利所具有的特殊背景,两卷本的《资本主义与精神分裂》(《反俄狄浦斯》和《千高原》)中的很多核心概念以及"精神分裂分析"的方法都是由加塔利提出的,不少观点认为德勒兹从前期的纯哲学讨论转向对社会政治问题的关注是明显受加塔利主导。由此,人们得出结论,德勒兹的马克思主义情节是在他和加塔利开始合作以后才出现,因为在他前期的哲学专论作品中并没有这方面的明确文本证据。对于这个问题,德勒兹本人做出了如下声明:"我认为费利克斯·加达里和我一直都是马克思主义者,也许方式不同,但是我们俩都是。我们不相信那种不以分析资本主义及其发展为中心的政治哲学。马克思著作中最令我们感兴趣的是将资本主义作为内在的体系加以分析。"①在德勒兹给宇野邦一的

---

　* 本文系国家社科基金一般项目"德勒兹资本批判视域下的西方平台资本主义研究"(20BZX011)的阶段性成果。

① [法]德勒兹:《哲学与权力的谈判——德勒兹访谈录》,刘汉全译,商务印书馆,2000年,第23页。

一封信中,他介绍了自己和加塔利是以分头独立写作的方式来进行《反俄狄浦斯》的合作。这一点确凿无疑地表明,在一定的程度上德勒兹和马克思一样,也把对资本主义的批判当作其社会理论的核心。德勒兹认为,只有在对其发展模式进行分析的基础上,才有可能寻找到突破甚至超越资本主义的社会制度。《资本主义与精神分裂》,尤其是第一卷的《反俄狄浦斯》在很大程度上受到了马克思主义的范畴、观点、分析方法的影响,其中所体现出的批判精神更是与马克思有异曲同工之妙。

除此之外,他们的合作展现出了前所未有的洞见性。斯蒂格勒在评价德勒兹与加塔利的共同工作时,也曾说过:尽管他们并没有意识到基于数据和算法的"自动社会"的到来,却早已预言了它的可能性。因为这正是他们所判断的资本主义的核心机制——公理化的深度推演。于是,《反俄狄浦斯》中主体性生产为基础的精神分裂分析的批判方式就显得格外重要。在今天,当从阿甘本到斯蒂格勒以存在哲学为理论基底对社会装置的结构性座驾都发出恐惧和哀叹时,德勒兹以欲望-生产和配置(非装置,英文为 assemblage)构建起来的双向预设模式打破了资本主义单向优先的等级结构,展示了他希望以生命能量的创造性和能动性的欲望机器生产来穿透资本逻辑生产的建构主义态度。

一、俄狄浦斯:资本主义对欲望生产的压制

尽管从文本证据来看,早在《差异与重复》中,德勒兹就已经开始将马克思的哲学作为自己的理论介质之一。但真正的关于政治经济学研究仍然要从他和加塔利合作之后算起。这其中,两卷本的《资本主义与精神分裂》是德勒兹为数不多的直指资本主义的批判之作(作为政治活动家的加塔利在此之前以一种完全不同的方式谈及马克思)。其中,作为第一卷的《反俄狄浦斯》更是很快成为轰动一时的时尚,因为它差不多提供了时代精神所要求的一切:既具有批判哲学的全新方式,具有颠覆精神,义无反顾,嬉笑怒骂,又与宏观的社会理论和历史理论联系在一起。然而《反俄狄浦斯》引起的这阵轰动却不是在主流的哲学界,而更多的是在非学院派的知识分子圈子里。造成这一结果的原因很大程度上在于这本书的写作方式:德勒兹和加塔利

两人以一种平行的方式进行,既有合作,又彼此独立。并且该书所涉及的讨论域横跨了哲学、精神分析学、经济学、政治学、机械论等。这样一种杂糅的方式使得语境的厘清变得极为困难。即使到今天,《反俄狄浦斯》依然被很多人公认为最难读懂的著作之一。

尤金·霍兰德在《德勒兹和加塔利的反俄狄浦斯-精神分裂分析导论》中指出,从某种角度而言,《反俄狄浦斯》一书既是受到了法国1968年五月风暴的启发,也是对这场运动的一个反映。书中所体现出来的革命热情以及它所提倡的去中心化的、小规模的"微观政治"与"红色五月风暴"运动的精神如出一辙。① 如题目所示,该书对提出了"俄狄浦斯情结"的弗洛伊德的精神分析学发动了猛烈的攻击。这种清算主要体现在:德勒兹和加塔利批评了弗洛伊德和拉康传统的精神分析的治疗方法,认为它默认了一种预先被构造起来的、连贯的无意识模型(尽管这一模型的内驱力在弗洛伊德和拉康那里不尽相同),从而完成了对个体的调教和对力比多的压抑。从现实发生而言,个体的偶然性表达形式和体制及其历史性因素复杂地交织在一起,难以分割。而在精神分析过程中,这种不可剥离的内在编织却以虚假的连续性为前提被分层剥离,并被人为解读为连续性的展现。在德勒兹和加塔利看来,与其说被体制座驾的是被分析者个体,不如说是精神分析师本人。他们通过精神分析的诊疗过程完成了社会教化的新一重功能。当然,《反俄狄浦斯》一书还对精神分析所赖以立足的根基进行了反驳和嘲弄:弗洛伊德的无意识理论将无意识的起源回溯到个体性的单一经历上,将由析取综合所形成的无意识本身虚构成了一个纯粹因为冲动压抑而形成的俄狄浦斯情结。"而事实上,这个所谓的情结并不是一种自发的东西,它作为一种被非法预设的前提,实际上不过是一个人为的圈套。所谓的俄狄浦斯情结其实是对欲望的一种引导,人类的欲望先被引诱其中,然后又在那里被固定下来。精神分析本身正是对这种引导的强化。"②于是,俄狄浦斯情结的预设既成了形塑并压抑力比多的装置,也成了架构整个精神分析知识体系的装置。

① See Eugene W. Holland, *Deleuze and Guattari's Anti - Oedipus - Introduction to Schizo - analysis*, Routledge, 1999, p. IX.
② 吴静:《先验的经验主义与资本主义批判理论——德勒兹的主体性哲学思想解读》,《南京大学学报》(哲学·人文科学·社会科学),2017年第3期。

个体所隶属的具有历史情境性的社会因素以及特殊个别性因素都被还原为
"爸爸—妈妈—我"的闭合三角模型。从这个意义上而言,该书虽然从书名
来看其理论的直接靶子是精神分析,但作为《资本主义与精神分裂》的第一
弹,它真正的目的在于将精神分析的纯个体视角带回社会批判的层面。精
神分裂分析既要完成对精神分析的资本主义投射之本质的解析,将欲望从
俄狄浦斯情结中释放出来,也要完成对资本圈养禁锢生产的解析,将生产的
创造性潜能从资本主义的公理化压制中释放出来。俄狄浦斯只是一个入
口,是由管窥豹中所显现出的那一斑,它所映照出的是与之具有同构性的资
本主义运作机制对欲望以及生产的全面抑制。米歇尔·福柯于 1977 年为该
书的英文版所作的序言中写道,《反俄狄浦斯》一书所反对的"不仅仅是历史
上的法西斯主义……而且是存在于我们所有人中的法西斯主义,是存在于
我们的头脑和我们的日常行为中的法西斯主义。这种法西斯主义使我们恋
慕权力,使我们渴望那能够统治和剥削我们自己的东西"①。这种对现实中
的法西斯主义特征的警惕重写了"二战"之后欧洲知识分子的集体意识。德
勒兹、加塔利是这样,福柯也是这样。

　　德勒兹和加塔利认为,如果不存在对欲望的压迫,也就不可能形成特定
的社会秩序。资本主义也是如此。根据弗洛伊德的理论,当欲望与现实相
遭遇的时候就会受到后者的压制,而这种压制的模式就是俄狄浦斯情结:男
孩想和自己的母亲结合,却由于父亲存在的现实而无法实现。《反俄狄浦
斯》则提出,俄狄浦斯情结根本不是人类与生俱来的本能,而是资本主义社
会的压抑所造成的结果。因此,不但不应该把它当成不证自明的先验前提,
反而应该从其社会、政治以及经济的基础来对其进行分析。并且这种资本
主义所特有的压抑模式不仅对人的性欲望产生了影响,而且影响了整个社
会的欲望之流,并影响了整个社会的生产。很明显,出于对一切先验概念的
反对,德勒兹和他的合作者对可疑的俄狄浦斯情结的来源进行了质疑。而
马克思成了他们在这里反对弗洛伊德的武器。

　　德勒兹和马克思一样,一方面肯定了资本主义作为人类历史中的一个

---

　　① Gilles Deleuze, Felix Guattari, *Anti - Oedipus: Capitalism and Schizophrenia*, University of Minne-
sota Press, 1983, p. 2.

文明阶段,摧毁了之前传统社会所存在的所有等级制度,体现了一种解放的进步力量。另一方面,他也指出,这种解放所实现的平等是在所有价值的市场化过程中体现出来的。而这则是一种更大的同一性。因为在这个过程中,生产关系的诸要素均被符号化,其运作的整个流程也被公理化了。德勒兹认为,这种公理化的同一性抑制了社会的发展和进步。在他看来,资本产生剩余价值的过程代表了一种既定的秩序,这种秩序本身既规定了其中各种"流"的运行方向,也杜绝了它们向其他方向发展的可能和欲望,最终在结果上成功地维护了原有的生产关系。在这里,德勒兹离开了马克思生产关系批判的原有语境,引入了弗洛伊德,并成功地创造出"欲望生产"这个弗洛伊德+马克思式的概念,对不同形态的生产关系逐一进行了解析。他的最终目的是试图在这种分析的基础上,寻找出释放欲望流的方法,从而使社会发展本身创造出更多新的可能性。

马克思以商品作为自己批判资本主义的入口。他通过对商品中所凝聚的剩余价值的分析揭露了资本主义社会中资本的运作方式。德勒兹没有继续这种经济政治学的思路,他通过和加塔利的合作,在马克思主义与弗洛伊德学说之间进行了某种连接,形成了独有的批判方式。这种批判更是他所谓的"精神分裂分析"(schizoanalyse/schizoanalysis)的方式深入话语、政治、经济、制度等各方面。德勒兹对《反俄狄浦斯》一书作出了如下描述:"这里确实有两个方面,一是对俄狄浦斯和精神分析学的批判,再是对资本主义和它与精神分裂的关系的研究。而第一方面又与第二方面密切相关。我们在以下的观点上反对精神分析学,这些观点与它的实践相关,也同样与它的理论相关:俄狄浦斯崇拜、向利比多和家庭包围的简化。"①从这里可以看出,德勒兹(和加塔利)认为资本主义和精神分析(psychanalyse/psychoanalysis)之间存在着某种共通性,因此可以从反对精神分析的角度对资本主义进行批判,而这种批判本身也是对精神分析所围绕的中心概念的一种祛魅。作为精神分析的替代物出现的"精神分裂分析",所提倡的正是对中心化的结构的解构。这正是德勒兹(和加塔利)应对精神分析神话的武器。他们认为,

① Gilles Deleuze, Felix Guattari, *Anti - Oedipus: Capitalism and Schizophrenia*, University of Minnesota Press, 1983, p.246.

俄狄浦斯情结不仅是一种精神分析的建构,而且是帝国主义的一种表征。因为精神和社会生活的俄狄浦斯化所表达的正是一种被压迫的生活。这和资本主义制度对人的压迫是一致的。俄狄浦斯情结和资本主义制度的所指并不单纯是一种精神倾向或经济制度,而是一种无所不在的权力结构,是霸权话语,它们渗入社会生活的每个方面而形成了一种巨大的同一性。因此,所谓的反俄狄浦斯就是反对资本主义精神对社会生活的全方位的压迫,这在目的上和马克思主义哲学是一致的。

所以当德勒兹(和加塔利)用所谓的"精神分裂分析"法来对不同的社会形态进行分析的时候,我们可以很明显地看到马克思的影响。类似于马克思所使用的生产力和生产关系这一对核心概念,德勒兹(和加塔利)也通过一对概念,即欲望和身体之间的不同作用,来展示各个不同的社会形态的差别和运行机制,并指出了资本主义社会是如何在释放了之前社会所压制的欲望的同时又造成了对欲望的更大禁锢。这种批判模式在根本上和马克思从经济政治学角度所进行的批判是完全一致的。

《反俄狄浦斯》的第三章以"原始人、野蛮人和文明人"为题对三种不同的社会形态进行了分析。很显然,这三种对应的社会形态分别是:原始社会("原始辖域")、封建社会("野蛮的专制国家")和资本主义社会("文明社会")。事实上,在这一部分,德勒兹和加塔利的社会分析并没有超出马克思所提供的政治经济学模式。只不过,他们是从欲望生产的角度来解析欲望在这三种社会形态中与身体的互动关系。其根本用意是揭示资本主义对欲望的"公理化"是如何使其自身丧失动力和生产的能力的。严格地说来,在这个分析中,对第三种社会形态,即资本主义的批判从目的到思路都与马克思并无二致;不过,作者对前两种社会形态的解读明显超越了很多马克思主义理论家。对此,詹姆逊评价道:"我认为在所谓'后现代主义'的杰出思想家中,德勒兹是在自己的哲学中赋予马克思至关重要的地位的唯一一位,他后期的著述里最激动人心的事件即和马克思思想的碰撞。"①他指出,德勒兹和加塔利比大多数马克思主义论述更重视从前资本主义社会到资本主义社会的过渡问题。他们从生产着眼,不断地将"经济"因素加入对原始社会和

---

① Fredric Jameson, *Marxism and Dualism in Deleuze*, The South Atlantic Quarterly, 1997, p. 72.

专制社会的结构的分析中,从而更突出了后面的资本主义社会在生产方面的独特性。

在论证中,德勒兹(和加塔利)虽然采用了马克思的社会分期,但在他们的社会谱系中,并没有社会主义社会一说。这实际上是对马克思的乌托邦式的社会理想的一种反驳。德勒兹并没有在批判的基础上构造出一种系统性的新型社会制度。相反,他所提供的解决途径是微政治的——去辖域化(déterritorialisation∕deteritorialization)。这个结论与德勒兹的历史观是一致的。德勒兹认为存在的本质是不断的生成,因此也不存在历史的终结。去辖域化本身并不会建立起一个封闭的体系,而是通过不断地将异质性元素引入原有的系统,从而不断地产生出新的来。从表面上看来,去辖域化是对原有的辖域的消解,但实际上这种消解并非否定性的颠覆,而是积极的建构。去辖域化的同时又是一个再辖域化的过程,而这个再辖域化的结果又将成为新的去辖域化的对象。从这一点上来讲,去辖域化和再辖域化在某种程度上类似于总体化概念。但其中的区别在于,去辖域化是不以生成一个同一性的总体为目标的。相反,它运动的轨迹是沿着逃逸路线,试图打破辖域(总体)的统治。它既打破了经典的马克思主义理论对构造封闭的理想国的青睐,也反对了以阿多诺为代表的法兰克福学派的悲观立场。去辖域化所追求的不是否定的非同一性,而是差异的多样性。逃逸的路线不是唯一的,而是无穷的,因此去辖域化本身是无法被规定的。

德勒兹和加塔利认为,欲望生产的世界历史实际上是社会生产对欲望生产的压制的发展过程。在这个历史过程中,所谓的社会场域就分别体现为原始社会的土地身体、专制社会的君主身体以及资本主义社会的资本身体。这三种不同的社会场域代表了三种不同的编码方式,因为社会场域的功能是对欲望流进行编码,并以符码的方式铭刻、记录它们,从而达到引导、控制和管理的作用。而这三个社会也各自有着不同的关注:利比多、神灵和剩余价值。它们从根本上体现了该社会机制的基础。

在原始社会,是根据血缘亲族关系对货品、特权、人员和威望之流进行符码化。土地身体的最大特征就是固定化。这种固定是意义、信仰、习俗上的固定化,也是关系的固定化。这其中又分为两种情况。第一种是以血缘谱系为主的纵向关系。在这一关系中,体现的是一种固定的资产的积累。

由血缘所形成的等级制使每一个个体获得固定的身份和位置。而另外一种关系则是通过姻亲所形成的横向的联盟关系。这种横向关系更多地是一种政治和经济的关系，它通过交换中所形成的债务关系（不仅局限在货品上）来固定彼此的位置。原始社会所使用的表达方式是仪式性的。这种书写方式中的因素并没有获得固定的意义，相反，它所使用的语词和符号都可能具有多重含义。它也是一种只表达愉悦和痛苦的利比多系统。

在专制社会，形成了一个以君主为中心的等级体系。这个等级体系呈金字塔状，它以专制国家的君主为塔尖，根据各个阶层所担负的不同的社会功能（当然，这种功能是视乎君主的需要的）分级，农民阶层是其最底部。社会的债务关系呈一面倒的状态，所有的债务都是面向君主本人的，而且是无限的。这种债务关系是由权力决定的。惩罚不再是仪式性的，而是报复性的。整个社会的记录体系（立法、官僚机构、账目、征税、国家垄断、帝国司法、职员的行为、历史编纂学）也是被君主所控制的，它只服从于君主本人的意志。因此，由于这个社会所具有的单一的指向（君主借由"君权神授论"将自身与神灵连接），意义是固定的，但能指却是任意的。

专制社会对原始社会的冲击在于，它是从外部对后者的灾难性的毁灭。而资本主义社会则不同，它的机制是内生于专制社会的。资本主义机制通过对其之前的社会机器的去辖域化形成各种自由的流，并且又通过"公理化"的过程形成再辖域化。在再辖域化的过程中，各种不同的能量流最终形成两类：以资本形式出现的解码化的货币流和以自由工人形式出现的去解码化的劳动力流。这两类流的相遇使剩余价值的生产和再生产成为可能。在这一生产中，一切的意义在市场化的过程中丧失，它们仅仅成为调节各种能量流的方式和手段。而其运作之所以被称为"公理化"，是因为它不提供任何理由或注释，仅仅呈现为确定的规则。

斯蒂格勒对德勒兹和加塔利多有推崇。然而当他模仿二者的"欲望-生产"概念阐述欲望象征性的贫困导致力比多经济（或欲望经济）破灭的时候，却又想当然地将德勒兹和加塔利的"欲望"概念带回了精神分析传统中，尽管他把欲望的驱动力由匮乏改写成了信任。斯蒂格勒说："欲望就是投入对象之中，体验它的一致性，因此消灭欲望就是清除一切依恋和一切忠诚，即一切信任——没有这些，任何经济都是不可能的——从而最终清除一切信任和一切信用。"①显然在这里,欲望依然被解读为个体对于对象的投射。这显然是德勒兹和加塔利着重反驳的。在欲望-生产和欲望-机器的连接中,欲望不是个体性的,而是社会性的,它与"社会生产"完全是一回事。德勒兹和加塔利指出,在心理医生的眼中,人是一个具有内在连贯性的统一体(精神分裂症患者例外)。这种连贯性成为对事物进行编码、从而生成意义的源代码。而欲望既通过编码的过程被捕获,也通过同一过程被压抑。这种连贯性越强大,捕获和压抑的功能实现得越彻底。精神分裂正是对这种连贯性的解码,它使捕获和压抑同时失效,从而形成了自由流动的能量。而这正是体现为创造性生命形态的根本欲望,即生产。反俄狄浦斯从根本上说是反对个体主体的概念,也从根本上批判了弗洛伊德的"自我",因为个体主体的概念正是对本质为"分裂"的生命的最大的俄狄浦斯化。

德勒兹和加塔利对精神分析进行批判的最终落脚点是为了实现他们的社会批判。精神分裂分析最终要实现的是对压抑了生产的资本主义装置的全面解蔽。"偏执狂"和"精神分裂症"在文中不是实指精神疾病,而是以其内在特征的隐喻来寓意资本主义生产关系内部所天然具有的两种基本的组织原则和动力,或言趋势。"偏执狂"的特征是根据某种预设自行建构一个覆盖一切的系统,并依照该系统原则将一切内化。它以编码和"辖域化"的方式推进。而"精神分裂症"则是以不连续性为特征的对前一种系统进行颠覆,它以解码和解辖域化移动和释放边界。精神分裂症拒绝了既定,拒绝了俄狄浦斯化,代表了一种激进的开放性质。这两种趋势和原则在资本主义生产关系中同时存在,它们之间的相互博弈展现出一个系统(或装置)对欲望进行编码和规训之中所可能拥有的变化的强度。偏执狂的症状越强,编码越具有统一性,从而对欲望的压抑也越强;相反,越呈现出精神分裂症的倾向,解码进行得越彻底,欲望流的运动越无边界。然而无边界的不稳定状态最终必然被打破,欲望无法体现为纯粹的形式化,它们必然不断地被再度俘获到新的编码系统中。而编码系统的变迁和移动正是通过精神分裂实现的。

---

① 〔法〕贝尔纳·斯蒂格勒:《南京课程:在人类纪时代阅读马克思和恩格斯》,张福公译,南京大学出版社,2019年,第31页。

凭借尼采＋弗洛伊德＋马克思,《反俄狄浦斯》所建构起来的他们自认的"马克思主义"和阿尔都塞式的"马克思主义"几乎正好相反。同样是依赖于机器的连接而形成的生产方式更多地是结果而非原因,它们是既定结构的内在性博弈的表层显现,本身并不一定具有内在同一性。与此相关,所谓国家机器和意识形态国家机器也更多地体现为存在变迁可能的编码原则,它是众多机构可以共享共用的抽象机器,本身也是一个开放性的生成。

通过上面的论述我们发现,德勒兹和加塔利真正关注的其实是两个同时代思想家们同样关注的问题,一个是同一性与差异的问题,另一个则是一般性的社会生产。《反俄狄浦斯》中的资本主义批判正围绕着这两个核心问题展开,但这种展开方式却剑走偏锋。这可能也是巴迪欧作出如本文开始时的那个判断的原因。从德勒兹自己的理论发生学来看,第一个问题延续了他早期在《尼采与哲学》以及《差异与重复》中所建立的差异本体论的基本立场。只是在《反俄狄浦斯》这样一部深受"68 风暴"影响的著作中,他将抽象的同一性和差异的关系放到了具体的社会现实中,使这两个概念获得了现实的批判意义。这里在很大程度上也受到了加塔利的影响。后一个问题既与德勒兹对哲学的本质界定(创造是哲学的使命,也就意味着生产是哲学的根本任务)有关,也受到了马克思历史唯物主义思想的影响。不过值得一提的是,德勒兹这里的生产概念已经超出了物质主义的限制,不仅包括了马克思关注的物质生产的层面,也包括了其他物质与非物质层面的生产。社会编码和解码可以发生在一切过程中。

二、欲望-机器:连接即生产

《反俄狄浦斯》所进行的资本主义批判的基础仍然是坚定不移的唯物主义立场。尽管德勒兹的经验主义方法论被冠以了"先验的"定语,但这并不妨碍他的实在论角度。在本体论层面上,他所构造的内在性平面(plan d'immanence/plane of immanence)作为各种力量相互作用的场所,被他定义为一种前哲学性的存在。这体现了一种唯物主义的物质观。德勒兹拒绝一切超验的概念和命题。他认为,作为一个经验主义者,自己的哲学所要做的就是确定产生变化的条件,也就是说,从唯物主义的角度探索创造差异的可能性。具体到资本主义批判上,德勒兹(和加塔利)所使用的"欲望"并非一种精神性的存在,也不是由匮乏所引发的心理渴求,而是一种现实的社会存在。欲望是由具体的社会和历史条件所决定的。它是生产性的、积极的、主动的、创造性的、非中心性的、非整体化的,欲望是和尼采的意志相类似的一种创造性力量,它具有革命性、解放性和颠覆性,应该充分地被施展出来。这与马克思本人的用词呈现出了极大的相似性。同时,德勒兹的文本中大量出现的"机器"(欲望机器、社会机器等)概念也从唯物主义的角度强调了联系的观点。机器的特点在于它是由不同的零部件通过相互的连接而构成的。而一些零件本身也是更小型的机器。德勒兹希望通过这种形象化的概念来强调联系的无所不在和重要性。菲利普·古德查尔德很好地理解了这一点。他指出,只有当思维、情绪、身体等层面彼此相互作用的时候,德勒兹哲学中的欲望才能获得其完整性。此外,德勒兹拒绝了先验主体的概念,指出主体性是在特定的历史条件下被建构起来的。这和马克思主义哲学的历史唯物主义观点是一脉相承的。

保罗·帕顿认为,德勒兹和加塔利的"精神分裂分析"的实践意义远大于其理论意义。因为在《反俄狄浦斯》一书中,对无意识的(社会)欲望的形式以及其政治投资的分析是被作者当作了解放的途径,当作了创造性的释放,特别是当作了在一定的社会领域中的精神分裂的过程。[①]"精神分裂症"在这里被当成了一个手段,通过它可以对现代生产进行质询。而要进行这种质询,我们首先需要理解"欲望机器"(desiring-machine)。因为欲望被生产出来,正是机器的效果。首要的就是欲望机器。"机器"在两位作者的笔下并不是比喻性的形象,而是真实的运作机制:机器驱动其他机器,机器又被其他机器所驱动,当然具有所有必要的连接和牵引。这就是"和"的逻辑,也就是联系的逻辑,即功能的组合关系。这种逻辑是机器所特有的。因此,欲望作为机器的产物,它本身也是机器。其二元性在于:既是"驱动其他机器的机器",又是"受其他机器驱动的机器"。[②] 正因为如此,欲望是生产性

---

① See Paul Patton, *Deleuze and the Political*, Routledge, 2000, p. 5.

② Gilles Deleuze, Felix Guattari, *Anti-Oedipus: Capitalism and Schizophrenia*, University of Minnesota Press, 1983, p. 5.

的。"欲望机器"正是对这一点的描述。它通过寻求与其他机器的连接，不断生成新的社会关系和现实，而现实则是欲望在现实世界中被动综合的结果。欲望生产就是社会生产。它是通过欲望机器这样的一个功能装置实现的，而欲望机器也是一个欲望的对象。德勒兹和加塔利指出，欲望和欲望客体是一回事。作者在这里没有提到欲望主体的概念。因为欲望在这里不再是传统的弗洛伊德学说中与人格化的个体相连的渴求，而是一种社会条件，是没有任何意义和目的的能量之流。而主体恰恰是欲望受到某种压抑的结果。没有压抑就没有固定的主体。从这里我们可以看到"欲望机器"概念中所透射出的对主体的拒绝，远比拉康对"伪主体"的批判更为深刻。它拒绝了被整合的一切可能，而只勾勒出功能类系的抽象线条。因为机器，也就是精神分裂症的客体，其本身是没有任何本体论地位的，只有把它与产生它的过程联系起来，与和它相连运转的机器联系起来，才具有考量它的意义。

　　"欲望机器"指向的是生产，而且是一般性的社会生产。这个生产过程之所以成为可能，欲望之流必须作用在"无器官的身体"（body without organs）上。因为无器官，所以拒绝了被以固定的形式组织化的可能。而如果把欲望的主体化和人格化当作某种形式的编码过程，那么无器官身体在本质上是尚未编码的身体。这种未编码的身体可以与任何机器相连。对于精神分裂分析来说，无器官的身体既是压迫发生的场所，又是自由的潜在之地。它作为一种无疆界的领域，使欲望之流在其上被释放出来。而资本主义对其之前的专制制度的颠覆正在于它使得原本完满的有机体被摧毁，才使得新的社会生产成为可能。具体说来，资本作为一种无器官的身体，与其他的流（劳动力等）相结合，使原本只担任流通中介角色的货币获得了以钱产生钱的能力。在这个过程中，剩余价值被创造出来。而作为资本的剩余价值，又成了新的无器官身体。无器官身体，是一种力场。在这个身体中，各官能并不形成独立的系统，也不承担个别的任务，一切思考的后置作业完全来不及展开，而力量已贯穿全身、激起反应，而这种反应是整体性的。资本主义的解辖域破坏社会场，使之成为无器官的身体，其上有着巨大的能量或负荷的积累。在这个过程中，无器官的身体有两方面的作用：一方面，无器官的身体使得与它相遇的机器出现停顿，为新的作用留出机会；另一方面，无器官的身体又吸引这些机器记录它，从而发生新的运转，出现新的综合。在这里,德勒兹又一次改写了马克思的生产理论,生产和产品成了同一,生产成了一切。因为每一台器官机器都根据自己的流动前景,从这台机器流出能源的角度来阐释整个世界。既可以说它是一种产品,也可以说它是一种生产。生产总是嫁接在产品上的某事物,所以欲望生产是生产的生产。生产的生产即不断生产产品,把生产嫁接在产品上。他认为,传统的马克思主义经济学所提出的生产和消费的区分其实是没有真实意义的,因为真正消费了产品的并不是统治阶级,而是生产本身。这样的一种生产正是被俄狄浦斯化了的生产,它是资本的公理化运行。这种公理化的运作也正是资本主义的本质特征。反俄狄浦斯所要反对的实际上是资本主义的经济生产,是将压迫引入了生产的欲望。

从上述介绍中我们可以看到,德勒兹和加塔利所创造出来的欲望哲学与弗洛伊德或拉康学说中的"欲望"概念的关系已经不大。作者解除了这个概念的原有语境,不过是借用它来形容一种生产性的能量。从这个意义上来讲,它也可以被"意志"或其他的语词代替。德勒兹欲望哲学的最终指向是生产。而且这种生产并不局限在物质财富的创造上,它更大的功能是形成新的关系。就如同福柯的权力概念一样,德勒兹和加塔利的欲望概念使得我们把事件和关系理解成为生产性的。而它与福柯的权力概念关键区别在于,它指向了生命变成或制造关系的各种不同的方式。① 如果说处于19世纪的马克思发展出来的生产力与生产关系的学说之所以还只能看技术层面的物质生产,是因为其时代的局限性的话,那么德勒兹显然已经超越了这个阶段。他的欲望生产理论所暗含的对关系的重视甚至比马克思本人还要彻底。

德勒兹用欲望的编码、解码和再编码来解释资本主义对他所谓的欲望之流的作用。在前资本主义社会,欲望被由血缘等所形成的等级制度编码。到了资本主义社会中,欲望并不是根据一个特别的社会性客体来被管理或编码的。相反,资本主义对之前的登记制度的颠覆使得欲望被解码,使得原有的社会场域变成一个无器官的身体,欲望也被当作一个无法辖域化的领域释放在这个身体上,于是产生了精神分裂症。不过,资本主义社会仍然建

---

① See Claire Colebrook, *Understanding Deleuze*, Allen & Unwin, 2002, p. xv.

立了自己的编码系统。他们将所有的社会客体看作一种一般性价值——金钱的代表,而这种一般性价值可以作为任何系统的解释者。于是,欲望降低了自己的强度,变得只对一种东西感兴趣,即作为一般性价值的金钱,它自己也最终变成了这种一般性价值的符号。而这正是欲望的再编码过程。这种编码的特殊性在于:在资本主义社会中,一切其他的基础被打碎,所有的欲望之流都变成了一种以市场为基础的可以量化和公理化的资本运作。这其中的要点在于,在资本主义社会中,只要我们欲望的存在形式可以被勾勒成一种一般性价值的样式,我们相信什么抑或想要得到什么都无关紧要;我们必须能够将所有欲望中的事物看作某种根本的一般性质的象征。所有商品都可以简化为资本,所有的性欲望都可以简化为一种常规的人类"生活"。这正是一种过度编码。

德勒兹早在《尼采与哲学》中就曾经说过,真正的欲望其实是对差异的肯定。它只会在创造,或者说生产的活动中显示自己。因为创造或生产的结果正是差异。这也就是为什么德勒兹认为被动性的匮乏或需要是不可能产生欲望的。欲望发生作用(即欲望生产)的方式就是通过对不同种类的疆域进行综合(解辖域化),从而产生出新的疆域来(再辖域化)。解辖域化和再辖域化是发生在同一个过程中。并且它们的强度和力度也成正比。解辖域化程度越高,将流动解码并公理化、从中榨取的剩余价值越多,其辅助型机器,像政府官僚机构与法律制度势力将流动重新辖域化的程度就越高,在这个过程中吸纳越来越大份额的剩余价值这种综合就是一种力与其他力之间的相互作用,进而改变了其他的力,或者说,一种力对其他的力进行了解辖域化的作用。而这种作用的必然结果就是差异和多样性。德勒兹的差异本体论正是力图通过各种方式反对同一性的压迫,恢复差异的基始性地位。因此,他的资本主义批判并没有诉诸伦理上的指控(不公正、不平等、压迫、剥削等),而是在更深层次上对同一性的非生产性、更确切地说是反生产性的批判。他的自由也并非伦理学或法学意义上的自由,而是创造的自由和生产的自由,本质上是差异的自由。

三、情动穿透配置：反对装置和公理化

在《资本主义与精神分裂》的第二卷《千高原》中，德勒兹在谈及抽象机器与配置的时候不止一次关联到了福柯。他在一个注释中特别提到了福柯提醒读者《词与物》这一标题必须被否定地理解。对此，德勒兹阐释说："绝不应该在词与（被视作与词相对应的）物之间或能指和（被视作和能指相一致的）所指之间形成对立，对立应该建立于不同的形式化之间——它们处于不稳定的平衡或互为前提的状态之中。"①如果说对词与物之间这种充满张力的"不稳定的平衡"的充分共识可以象征性地表达福柯与德勒兹前半生的友谊的话，那么两人在各自理论建构中对这种"互为前提"状态的贯彻的彻底程度不同也象征了他们的分歧。德勒兹认为，福柯在 1977 年出版了《性史》第一卷《认知的意志》之后，陷入了一段很长的著述空白期，其主要原因是他本人面对自己构筑起来的无所不在的权力部署分析，陷入了思想的危机。这一危机同样是阿尔都塞的意识形态国家机器理论的思想遗产之一。

德勒兹和加塔利很清楚地意识到了这个问题。但在他们看来，任何一种社会结构本身都不是封闭僵死的固定辖域，以"反俄狄浦斯"为生活导论的反法西斯式的解辖域化远不会陷入死局。这一坚定的建构主义理论立场刻画出了德勒兹和加塔利的"配置（assemblage）"概念和今天学界更为热衷讨论的"装置（apparatus）"概念［阿甘本还把此概念同福柯的"部署（dispositif）"概念做了连接］之间的根本性不同。作为后结构主义的杰出代表，两位作者拒绝接受一种静止不变的结构作为认知的参照，他们致力于将结构本身视为永恒生成和迁移的过程。既然迁移，逃逸线理应存在。

尽管表面上看来，配置和装置，无论是从翻译，还是从两个词的内涵，都不乏相近之处。但根本性的异质点在于：配置，在德勒兹和加塔利那里，与辖域化和解辖域化的抽象机器一起，构成各种平面生成和变迁的开放系统。它一方面为结构（德勒兹和加塔利表述为"层"）提供内在的连续性（这种连

---

① ［法］德勒兹、［法］加塔利：《资本主义与精神分裂：千高原》，姜宇辉译，上海书店出版社，2010 年，第 90～91 页。

续性本身亦处于变动当中），另一方面也将偶然性和变化纳入其中：于是，和装置基于内在秩序对主体的座驾不同，配置以非刚性连接的方式形成过剩的、不稳定的系统，多样性和逃逸线因系统内部能量流的强度变化而始终存在。"我们不能满足于层和去层化的容贯平面之间的某种二元论或简单对立。层自身就是为解辖域的相对速度所界定和激发的……抽象机器展开于它所勾勒出的去层化的平面之上，但却同时又被包含于每个（它界定了其构成的统一性的）层之中……因此那在容贯的平面之上疾驰或起舞之物就卷携着它的层的光晕，一种波动，一种记忆或一种张力。"①这"疾驰或起舞之物"以及由它的投射而形成的波动正是相应的组织变化的来源。

如果说阿甘本用"装置"概念来表达由"说出的和未说出的东西"所组成的完成同质性的集合或设定，那么德勒兹和加塔利则正好相反。在他们看来，这种同质性本身恰恰是可疑的，如俄狄浦斯情结一般被预设出来的。配置是各种状态、身体②以及各种身体状态的大杂烩，是相互异质的元素的结合。它是一个纯粹由连接形成的符号性系统。其中的一致性只体现为诸元素间某种强度的连续性。这种设定是对压抑了欲望-生产的精神分析唯心主义的反击。德勒兹在一次访谈中嘲弄了这种唯心主义对于内容和表达之间复杂关系的简化，认为它架构起了一种优先等级的决定作用。这种因果优先性仍是对某种先在之物的预设。与索绪尔语言学的结构主义立场不同，德勒兹和加塔利从叶尔姆斯列夫那里借鉴了内容和表达的相互预设关系，用以维持开放系统的内在一致性和流变性共存。相互预设的意义在于解构了霸权式的层级优先性，使得自主性得以进入组织化的过程。"愈加增强的表达的复杂性所带来的结果是，这些动机与对立最终表达的是辖域与那些冲动和环境的关系，而并非直接表达这些冲动和环境本身——这就再次增强了表达的自主性。"③也就是说，配置元素的异质性可以脱离内容的功能性和预设动机的影响，而获取相对的自由，这种自由重新界定了域内与域

---

① ［法］德勒兹、［法］加塔利：《资本主义与精神分裂：千高原》，姜宇辉译，上海书店出版社，2010年，第94页。

② 德勒兹的"身体"概念绝大多数时候是在去人化、去个体化的层面上被使用，这里也不例外。

③ ［美］尤金·霍兰德：《导读德勒兹与加塔利〈千高原〉》，周兮吟译，重庆大学出版社，2016年，第75页。

外的边界,从而同时具有对原辖域内因素的解码功能,它同时也是再辖域化并形成新的配置的开始。

正是以此为出发点,与结构主义高度标榜语言的先天座驾能力迥异,德勒兹和加塔利反对将标准语言当作语言学的主流(主要)研究对象。在他们看来,所谓标准化或主流语言的形成实际上是权力对自主性的侵蚀,是政治运作的结果。然而即使在这个标准化的结构层内部,俚语等非主流语言资源依然拥有表达的自主性和颠覆的能力,甚至在特定情形下会冲击或改写标准语言。网络用语的流行正是解辖域化和再辖域化最好的例子。由于互联网的普及和基于智能设备的自媒体的发展,网络所拥有的影响日益扩大。然而网民群体的多样化日益突出,其表达也具有异质性。但这并不妨碍特殊的语言用法成为"网红"。"蓝瘦香菇""内卷""打工人"这样始于网络、进而席卷全民的非标准化语言几乎在极短的时间内就成了标准语言默认甚至收编的部分。而这样的例子并不在少数。标准语言自身的系统也在不断被改写。而这些语言流行的原因几乎各不同,更难以预测。

配置所获得的表达的自主性的另一个原因来源于"情动(affect)"。"情动"和个体或主体无关,仅仅和身体有关,它是力和强度表达和作用于身体的效果。它独立于话语和表征系统,也拒绝被组织化和被规训,使得配置中不但体现出互动影响,也体现出身体的特异性(singularity),因而具有突变的无限潜能。这种特异性是逻辑和理性不能捕获的东西,其表达形式也无法做任何形式的还原。一直对理性主义传统进行深刻反思的德勒兹从早期开始就关注哲学史中一个他自己概括出来的脉络传统:斯多葛学派、卢克来修、斯宾诺莎、尼采、伯格森……在他看来,这是一个对生命本身投注了无限热情的传统。当然,这是一个德勒兹式的重组,在正统的哲学史阐释之外,也只对他本人有意义。他将自己的哲学定位在这个传统之下,去挑战正当红的结构主义、精神分析、准结构主义的阿尔都塞甚至是福柯的主体化。他对生命颤动的忠诚体现为与理性主义哲学史的决裂。于是,在这个特殊的谱系中,德勒兹发展出了他的情动理论。然而需要特别谨慎的一点是,"情动"(也有翻译成"感受")这个术语很容易将天真的、不甚了解德勒兹的读者带入一种人本主义的误区,以为它当然且必然地强调所谓主体的维度。事实上,这种立场在解读德勒兹的任何时刻都必须坚决地予以抛弃。他反对固定的"主体"概念,强调一种流动的主体性和偶然发生的事件。他认为,作为一个开放性的生产场域,生活其实是一个非人格化的奇异体,它需要一种更广阔和更原生态的经验主义。而情动,正是生成本身,是身体(非人格化的)所涉及的情状所带动的关系的流变,是配置当中最为生动、鲜活的部分,是对装置的霸权的抵抗。

德勒兹的"情动"理论最直接地受益于斯宾诺莎关于身心关系以及实体与属性的表现问题。尽管表现与其展开的话题可以追溯到文艺复兴甚至中世纪,但这时候的主流体系依旧从属于新柏拉图主义。斯宾诺莎的贡献在于他将身体被影响的状态纳入了身体,从这里进入整体存在样态的流变。对此,德勒兹说:"除非将广延的部分置于一特定关系中,否则这些部分并不属于一个既予的样态。同样,一个样态按照某种被影响的能力而在自身上表现出诸多的被影响之结果。"[1]可见,身体真正的结构不仅在于它的生理学组成(这一组成在无器官身体中亦被消解),更在于存在于它之中的所有关系的组合。这其实完全可以连通德勒兹的另一个概念"潜在"(the virtual)。身体被"情动"的能力是一种"潜在",它是一种开放性的实存,通过对强度的感受而被现实化为诸影响之结果。

《追忆似水年华》中被人津津乐道的玛德琳蛋糕片段正是关于"情动"最美妙的文学叙述。那种被"带着点心渣的一勺茶"激起的快感、超脱和随之触发的基于身体体验的叙事机器的独特编织仅仅只属于作者本人。它不是玛德琳蛋糕的必然产物(吃过玛德琳蛋糕的人一定能理解这一点),也不是身体的必然产物(作者不会每次吃蛋糕时都有同样经历),它只是此时此刻的连接所激发的事件:茶水、蛋糕、小勺、年长女性、天气、心情、触感……它突如其来、无法复制,是对力的捕捉,是强度的震颤,无法还原为任何表征,却是生命在此刻的样态。

中文版的《弗兰西斯·培根:感觉的逻辑》的封面上援引了这位画家提出的一个问题:"一幅画为什么能够直接诉诸神经系统,这是一个非常严密、非常难的问题。"[2]这个问题实际上可以被理解为对装置的命定论的质疑。

---

① ［法］德勒兹:《斯宾诺莎与表现问题》,龚重林译,商务印书馆,2013 年,第 215 页。

② ［法］德勒兹:《弗兰西斯·培根:感觉的逻辑》,董强译,广西师范大学出版社,2011 年,封面。

培根关注的不是视觉系统、更不是大脑的理性思维,而是神经系统,这个最直接地以非表现性地方式感受力和强度的系统。它的震颤激起了普鲁斯特"荣辱得失都清淡如水"的感悟,是生命的能动性和自治性在这一刻的伦理实现。德勒兹在本书中非传统性地将塞尚与培根连接在一起,其原因正是因为:"塞尚超越印象派而留下的教诲是:感觉不存在于光线与色彩的'自由'、无人介入的关系(印象)中,相反,它存在于身体中……在画中被画出的东西,是身体,并非作为客体而被再现的身体,而是作为感受到如此感觉而被体验的身体。"①培根也是在同样的意义上革命性地主张,感觉层面的形象不但不是客体本身,反而应该是被再现的客体的形象化的对立物。因为绘画不是再现的艺术,而是对不可见的表达。情动,使得不可见的力量可见化,使得身体在那时那刻绝世独立。这一点在培根的作品中随处可见。

　　显而易见,德勒兹和加塔利的核心概念和体系和关注类似问题的福柯有了很大的异质性。福柯借助"部署"(dispositif)概念重点展示生命治理术中对主体形塑的物质力量和非物质力量的集合,它是策略性和功能性的。而德勒兹以及加塔利的后结构主义立场所解析的是对非个体性生产(或欲望)的压抑机制。去个体化的情动以及强调连接的装置和机器意味着意向性和目的性的消除。克莱尔·科勒布鲁克在《导读德勒兹》中一再提醒读者对作者所使用的"机器"概念的厘清:"德勒兹用机器这个词语来描述一种内在性的生产:不是某人对某物的生产,而是为了生产自身而生产的生产,它是一种没有基础的时间和生产。"②这是纯粹的创造性生产,而非被资本驯化的生产。

四、从解辖域到再辖域化:新的问题场域

　　詹姆逊认为,对于德勒兹社会历史分析意义的认定,不是判断它是否仍忠实于马克思主义,或在多大程度上受到了马克思的影响(这一点是毋庸置

---

　　①　[法]德勒兹:《弗兰西斯·培根:感觉的逻辑》,董强译,广西师范大学出版社,2011 年,第215 页。

　　②　[美]克莱尔·科勒布鲁克:《导读德勒兹》,廖鸿飞译,重庆大学出版社,2014 年,第 69~70 页。

疑的),而是判断在何种程度上德勒兹的思想在那一疑难问题中展开并认可马克思主义;或者,反过来,在何种程度上德勒兹的疑难问题包含着马克思主义的疑难问题,且把马克思主义的难题和疑问当作自身探究领域内的紧迫问题来对待。事实上,当众多的后马克思主义的理论家致力于消解马克思的逻辑在今天的全球化中的意义时,德勒兹的工作却在更大的疆土中拓展了马克思理论的生命力。尤其是在《反俄狄浦斯》一书中,德勒兹和加塔利一起,为我们呈现出了一个由欲望机器编织而成的社会政治之网。正如詹姆逊所说,"瓦解主观——即欲望、力比多、甚至性的狭义概念——与所谓的客观——即社会政治经济要素——之间的屏障,是德勒兹最重要的成就之一"①。

当我们厘清了德勒兹的资本主义批判在何种程度和方式上对马克思有所继承的问题之后,我们需要来面对另一个与当下关联性更强的问题:德勒兹所谓的对马克思工作的"继续"是在什么意义上的? 德勒兹(和加塔利)的理论努力的创新之处又在哪里。

显然,以"欲望生产"为基础的社会分析并不只是改换了术语和面貌的马克思理论的重复。马克思 + 弗洛伊德的联结所实现的不是一种被利比多所主导的政治经济学。在这里,德勒兹和加塔利最大的理论贡献在于,他突破了传统马克思主义所描述的生产关系变革原因——生产力的发展与生产关系的落后产生矛盾、从而要求新的生产关系——范式,从资本主义内在极限与外在极限两个方面的不平衡入手,准确地揭示了当代资本主义的现状。并且该理论还对资本主义的自我调整与更新提供了新的解释,使我们能够从一个更具有当代性的视角来面对今天的全球化问题以及地区发展不平衡的问题。

《反俄狄浦斯》指出,资本主义实现了对之前一切社会所编码(coding)或过度编码(over‐coding)的东西的解码(decoding)。从这个意义上说,它是所有前资本主义构型的界限(limit)。但是这种界限本身是相对的,因为在资本的不断增殖(生产)的过程中,它又以一种公理化(axiomatization)的方式

---

① [美]道格拉斯·凯尔纳、[美]斯蒂文·贝斯特:《后现代理论》,张志斌译,中央编译出版社,2004 年,第 103 页。

对被解码的东西(最终归结为货币和劳动力)进行重新编码(recoding)。这个公理化就是被解码的货币变成资本的逻辑过程。于是马克思以生产为基础的剩余价值产生的过程变成了货币—资本—货币的转化过程。这个过程永远不会完结,并且"作为无限的抽象的量的货币不可能摆脱向具体的生成,没有这种向具体的生成,它就不会变成资本,不会占有生产"①。在这里,德勒兹和加塔利超越了马克思的时代限制,将当代资本主义社会中所发生的一切资本转化过程纳入了生产的逻辑之中。换言之,生产不再是马克思意义上的传统工业生产,它涵盖社会生活的全部方面。一切都可以商品化,因为在彻底的解码之下,前资本主义时代的一切依附关系被摧毁,所有被消解的符码通过抽象的等价交换的原则被"'再辖域化'到国家、家庭、法律、商品逻辑、银行系统、消费主义、精神分析以及其他规范化的制度当中"②。这一点很好地解释了非物质化商品在今天的生产以及消费领域的作用。

资本主义的解辖域化作用同时也构成了它自身的绝对界限,即它的域外(outside),这就是精神分裂。这种倾向产生于资本主义生产关系内部,但同时与资本的公理化逻辑相背离。"因此可以说,精神分裂症是资本主义的外部界限,或其最潜在倾向的终点,但是资本主义只有在抑制这种倾向的条件下才发挥作用,它推进或移动这个界限,用自己内在的相对界限去替代它,并继续扩大这个界限的再生产。"③这也就意味着,资本主义的真正矛盾在于解码所造成的去辖域化所释放出的欲望的潜力与公理化的逻辑之间的矛盾。一方面,资本逻辑要求对界限进行突破,因为没有解码流的自由流动,资本主义生产就不可能发生。另一方面,如果不能有效地将解码流公理化,那么资本的运作同样不可能。这也就需要以公理化的方式截断被解码的流的自由运动。但当一个新的转化过程开始的时候,解码又在重新不断进行。也正是在这个意义上,解辖域化和再辖域化是在同一个过程中。正

① Gilles Deleuze, Felix Guattari, *Anti - Oedipus: Capitalism and Schizophrenia*, University of Minnesota Press, 1983, p. 249.
② [美]道格拉斯·凯尔纳、[美]斯蒂文·贝斯特:《后现代理论》,张志斌译,中央编译出版社,2004年,第116页。
③ Gilles Deleuze, Felix Guattari, *Anti - Oedipus: Capitalism and Schizophrenia*, University of Minnesota Press, 1983, p. 253.

因为如此,资本主义的内在界限和外在界限相互对立起来。从表面上看起来,这对矛盾似乎与马克思的生产力与生产关系之间的矛盾有所类似,但实际上它是在借鉴后者的情况下实现了超越。因为这样一种内生于资本主义的解辖域化的要求不但解释了其构型本身发展的原因,更为探索资本主义的可能性空间从而寻找到超越资本主义的生产力发展方式提供了新的视角。

德勒兹指出,由于资本主义国家是建立在解码流和解域流基础上的,它"能够把生成的内在性发展到极致"①。而这种生成的极致性同时要求对公理的调节能达到极致的地步:"它调节公理,甚至把公理的失败作为其操作的条件而组织起来;它监督或引导公理的逐渐饱和,相应的拓宽界限。"②这实际上正是市民社会不断自我整合和更新的能力。而这种能力来自造成了外在界限的精神分裂的巨大压力。同时,精神分裂也为逃离公理化提供了孔隙。而这种多样化的孔隙实际上就是社会中的弱势价值,它为差异的生成提供的了渠道。

对于这个问题的思考,更多地与资本逻辑扩张所带来的文化的领土性的消弭有关。因为在新的世界性文化空间中,随着电子媒介的大范围使用和网络的延伸,地理区域的界限对文化的影响逐渐弱化,与此相关的文化的特性更多地变成多元化的虚拟世界中的一种特例的展示。有学者将其称之为"无地方特性的图像地理和虚拟地理"③。在这种情况下,差异虽然仍旧存在,但已经沦为了全球化文化产业的所追逐的一个对象。差异的确被合法化了,但是这种合法化同时也削弱甚至扼杀了它本身的革命意义。

> 这时候等距离原则同样占主导地位:资财丰饶的全球性集团利用地方差异和特质。文化产品从世界各地汇聚起来,转化成面向新的"世界性"市场的商品:世界音乐和旅游业;民族传统艺术、时尚、烹饪;第三世界的文学作品和影片。把地方性和"异域的"东西从时空中剥离出

---

① ②　Gilles Deleuze, Felix Guattari, *Anti - Oedipus: Capitalism and Schizophrenia*, University of Minnesota Press, 1983, p. 255.

③　[英]迈克·克朗:《文化地理学》,杨淑华、宋慧敏译,南京大学出版社,2005年,第152页。

来,重新包装,迎合世界集市。所谓的世界文化或许反映了对差异和特质的新股价,但它也的确是要从中获取利润。①

这种差异商品的世界化正是真实的历史情境中的总体化现象。所以,无论是米兰时装周的 T 台上被标注出来的作为时尚导向的中国元素,还是奥斯卡领奖台上的最佳外语片殊荣,都不足以证明真正平等的文化多元性已经到来。相反,这种国际市场的认可恰恰是差异和特性被吸纳的主导文化的体现。它是一种假性的区别,而这是德勒兹没有面对的问题。

德勒兹的差异哲学所带有的理想主义性质可见一斑。尽管也有人认为这种总体化所带来的文化认同也不是没有办法打破。"爱德华·赛义德曾令人信服地指出,大迁徙以及流落他乡的经历使得我们能以新方式认识诸文化间的关系。跨越疆界使得人们的视野纷繁多样,并认识到文化具有渗透性和偶然性。跨越疆界使得我们'不把他者视为本体既定的,而是看作历史构成的',从而能够'慢慢磨去我们常常认为诸文化,尤其是我们自己的文化,所带有的排外主义偏见'。"②这种极端的经历和体验就如同德勒兹的游牧一般,将穿越界限当作了从既定的总体中逃逸的路径。然而姑且不去谈论这种经历本身的可实践性,它其实还是没有能够真正面对在政治和文化领域内差异逐渐被"去差异化"的事实。

德勒兹从来就不是一个传统意义上的马克思主义者。在他的文本中,充斥着大量的非哲学式的概念:平面、线条、块茎、游牧、精神分裂症、皱褶等。这些概念来自各种学科。从这些概念的使用和行文的方式来看,德勒兹可以说是当代哲学家中最难解读的人之一。面对严格的哲学史传统,他擅于创新、勇于挑战。这种另类的姿态使他成为 20 世纪哲学家中的一朵奇葩。德勒兹被认为是最难归类的哲学家。然而就在他的这种特立独行的风格背后,我们仍然可以发现浓重的马克思主义的色彩。然而德勒兹毕竟不是马克思。他借用弗洛伊德的概念,经过尼采的座驾解读了马克思。尽管

①　[美]道格拉斯·凯尔纳、[美]斯蒂文·贝斯特:《后现代理论》,张志斌译,中央编译出版社,2004 年,第 116 页。
②　[英]戴维·莫利、[英]凯文·罗宾斯:《认同的空间》,司艳译,南京大学出版社,2001 年,第 153、166 页。

对于这种颇具个人色彩的解读存在着极大的争议，毋庸置疑，德勒兹所提供的批判方式和路径具有强烈的当代意义。

吴　静（南京师范大学）

2016年至2021年《新左派评论》
研究动态述评

　　《新左派评论》(或译《新左翼评论》),是当代西方最负盛名的政治科学期刊之一,曾被英国《卫报》评为"西方左翼智慧的标杆"①。近年来,《新左派评论》紧跟时代前沿,运用马克思主义的立场和观点对资本主义社会的热点理论问题和当今国际社会的热点问题进行研究和述评,涉及政治、经济、文化意识形态等众多领域,已成为目前西方左翼思潮最有影响的刊物,被人们视为引领西方左翼理论与社会主义运动的旗帜。2008 年的全球金融危机,引发了世界范围内反资本主义思潮的兴起,这也使得《新左派评论》的影响力进一步加强。2016 年以来,世界资本主义的危机进一步深化:在经济上,数字资本主义、平台资本主义、自动化生产体系进一步发展,世界反全球化力量增强,资本主义经济的内在危机加深;在政治上,资本主义民主政治遭遇空前的挑战,以特朗普为代表的右翼民粹主义势力在全球选举政治中抬头,传统的政党政治逐渐衰落,新社会运动此起彼伏,地缘冲突加剧;文化上,尽管资本主义意识形态仍然把持着文艺、教育、媒体等领域,但女权主义、生态主义、民粹主义等多种激进社会思潮也逐渐兴起,影响力越来越大;2020 年以来,新冠肺炎疫情造成的全球公共卫生危机,使得全球资本主义的矛盾更加尖锐,加重了其经济困局与治理危机。面对上述问题,《新左派评论》从多个角度对资本主义进行深刻分析与批判。他们批判了有关世界政治、全球经济、国家权力、数字资本和抗疫运动的现实问题,阐释了有关当代

---

　　①　关于新左派评论的诞生及其发展,请参见其官网的详细陈述"A BRIEF HISTORY OF NEW LEFT REVIEW 1960 – 2010",https://newleftreview.org/pages/history。

社会理论、历史与哲学的理论问题，还剖析了关于电影、文学、非正统艺术、美学的文化问题。本文从这些论题中进一步凝练出论述相对集中的三个主题——新自由主义批判、政治危机批判和意识形态批判，梳理了近五年（即2016 年第 100 期至 2021 年第 132 期）《新左派评论》刊发的文章，共计 240余篇，旨在准确把握《新左派评论》近年来探讨的重要问题，尝试对其公允评价，并对其这一时期的研究特点进行辨析。

一、对新自由主义新特征的分析与批判

新自由主义这一思潮其实一点也不新，已有大半个世纪的历史了，对这一思潮的批判几乎是从它诞生之日起就开始了。从 2008 年金融危机以来，西方左翼就对新自由主义展开了激烈批判。其中尤其以大卫·哈维（David Harvey）、迈克尔·哈特（Michael Hardt）等左翼学者为代表，对 21 世纪以来的新自由主义社会问题进行了批判。近些年来，伴随着互联网技术的发展，数字资本主义、平台资本主义、零工经济等新的经济形态逐步兴盛起来，然而这些经济形态在给人类生活带来了一些便捷的同时，也促使资产阶级加强了对工人阶级更严密的劳动控制和更严重的权益损害，同时，由此形成的经济停滞、环境污染、全球经济格局的不平等问题也愈加严重。与此同时，在全球经济下滑的大趋势下，主要资本主义国家的经济政策产生了民粹主义倾向，反全球化、贸易保护主义的力量逐渐增强，这种趋势在 2016 年后的右翼民粹主义浪潮中尤为明显。针对以上新变化，《新左派评论》展开了评述。

第一，关注资本主义的最新经济动态，从政治经济学角度分析资本主义金融模式、分配政策及生产组织模式的新变化。2021 年 3/4 月第 128 期，苏珊·沃特金斯（Susan Watkins）的社论《范式转型》分析了新冠肺炎疫情后美国复苏计划和欧盟的"新一代"计划是否意味着向后新自由主义时代的转变，驳斥了新自由主义行将灭亡的观点，指出拜登经济政策中的民粹主义特质——通过与中国的竞争补偿美国工人阶级，使用温和的话语试图收买工人阶级，类似的国家主义、多元文化等政策客观上仍然支持了新自由主义的发展。鉴于此，作者强调了工人阶级国际性联合的重要性："拜登政府给尚

不成熟的美国左翼这样一个挑战:如何用新形式的国际联合来对抗民族主义-帝国主义反中思想,这也是一个复杂而艰巨的任务。"①2019 年 119 期至120 期刊登亚伦·贝纳夫(Aaron Benanav)的文章《自动化与工作的未来》,详述了当下后工业时代采用人工智能的背景下,劳动力市场、生产性劳动、社会生产关系如何受到科技的影响,指出当下就业不足的主要原因是经济停滞而非生产技术的突破。对自动化进行理论阐释的学者主张运用基本工资保障制度(Universal Basic Income)解决就业不足的问题,而最根本的问题仍在于使人们掌握权力,为激进社会变革而斗争。作者认为生产力结构的转型也会重塑当前社会运动的模式,科学技术知识的作用逐渐变得比人类简单劳动更为重要,工人阶级也因此被驱赶出传统工业而进入服务业。而服务业的客观劳动环境、不稳定性也激发新工人阶级的斗争潜力。② 2018 年3/4 月,第 110 期沃尔夫冈·斯特里克(Wolfgang Streeck)的书评《第四种权力》解读了约瑟夫·沃格尔(Joseph Vogl)的著作《金融的崛起》,该书以美联储和欧洲央行为例,剖析了当下西方国家政府部门和高级金融机构相互渗透的状况,反驳自由主义常见的国家-市场二元对立的理论,从税款收缴与借贷的角度揭露国家与金融资本之间的共谋关系。他对《金融的崛起》评价道:"他将我们带入当今金融化资本主义的黑暗中心,金钱在这里得以产生和传播。"③

　　第二,从马克思主义的经典理论出发,进行政治经济学的概念辨析与理论创新。2020 年 11/12 月第 126 期,大卫·哈维的文章《价值流动》运用马克思主义政治经济学分析资本积累过程中的复合增长模式,分析批判资本进行无休止自我增殖的特性及其造成的严重危害,提出寻找可替代方案的迫切需求。他论述道:"新冠肺炎疫情使世界陷入了资本史上最严重的经济危机。"那么如何克服这种危机呢? 哈维指出:"如果世界各地的大规模动荡表明,占主导地位的经济模式对人类大众不起作用,如果螺旋式增长正在摧毁地球,那么就迫切需要确定可能的替代方案,并制定可行的建设路径。资

---

　　①　Susan Watkins, Paradigm Shifts, *New Left Review*, No. 128, 2021.

　　②　See Aaron Benanav, Automation and the Future of Work 1, *New Left Review*, No. 119, 2019;Aaron Benanav, Automation and the Future of Work 2, *New Left Review*, No. 120, 2019.

　　③　Wolfgang Streeck, The Fourth Power? *New Left Review*, No. 110, 2018.

产阶级希望通过修补细节来解决问题的希望日益渺茫。资本价值理论必须被一种以可行的使用价值配置为中心的理论结构所取代,以支持人类的充分生活。"①2021 年 7/8 月,第 130 期,大卫·哈维又以《速率与质量》(*Rate and Mass*)一文,基于马克思《1857—1858 经济学手稿》对资本积累的分析,将利润率下降与资本总量的增加构成的矛盾运用在当下对资本全球化的分析之上,重点分析了 2008 年世界金融危机与新冠肺炎疫情大流行对世界资本的影响。哈维指出:"即便在《1857—1858 经济学手稿》的框架下,解释世界也是与资本主义斗争高度相关的,用人民的需要取代资本的需要也是同理。"②2018 年 9/10 月,第 113 期,大卫·科茨(David Kotz)的文章《新自由主义时代的结束》考量了二战后凯恩斯主义与新自由主义资本积累模式的不同,评析了美国在 2008 年所采取的货币刺激政策,指出现有的资本主义积累制度出现了结构性危机,并且评价桑德斯的凯恩斯主义意识形态及其经济构想。③

　　第三,分析全球资本主义体系中所蕴含着的不平等,以及这种不平等所引发的贸易争端。2017 年 1/2 月,第 103 期,戈兰·瑟伯恩(Göran Therborn)的文章《不平等的动力》借鉴了阿马蒂亚·森(Amartya Sen)与其他学者关于不平等现象的理论,分析全球收入分配造成的不平等现状及其变化趋势。作者同时也指出不平等并非仅存在于收入领域,而同样依赖于社会再生产中的机制,总结了四种不同的社会再生产中的不平等机制:疏远、直接剥削、等级化、排斥。针对这四种不平等机制,作者从马克思主义的视角来提出反抗的四类对抗策略:"反对疏远有平权行动、积极差别对待和补偿。反对剥削有再分配、国有化、征税。反对等级化有通过次级对抗力量来民主化或破除体制。反对排斥有宽容和反对歧视等。"④这种不平等不仅存在于国家内部,而且广泛存在于国际关系中。2018 年 3 月,美国通过了对中国的贸易限

①　David Harvey, Value in Motion, *New Left Review*, No. 126, 2020.

②　David Harvey, Rate and Mass——Perspectives from the Grundrisse, *New Left Reivew*, No. 130, 2020.

③　See David Kotz, End of Neoliberal Era? ——Crisis and Restructuring in American Capitalism, *New Left Review*, No. 113, 2018.

④　Göran Therborn, Dynamics of Inequality, *New Left Review*, No. 103, 2017.

制政策,对世界经济影响深远的"中美贸易战"打响。针对这一热点问题,《新左派评论》也展开了论述,关注中美大国政治博弈中体现的资本主义世界体系的不平等格局,也关注中国改革开放以来的新发展新变化。在2019年1/2月,第115期,便刊登了4篇相关文章,从不同视角对引发中美贸易冲突的原因、中国经济体制进行了分析。如苏珊·沃特金斯(Susan Watkins)文章《美国对阵中国》阐释了中美在经济模式上的对抗,指出以美国为主导的国际经济体系意图强迫中国进行市场、金融自由化改革,但中国仍坚持其国家主导政策,并且加强对资本市场的管控。① 第125期,书评《贸易战是阶级战争》也以中美贸易冲突为线索,从劳-资阶级关系的视角分析全球性的经济不平等现象,并试图从凯恩斯主义中寻求危机的解决方案。亚伦·贝纳夫从马克思主义视角对这种凯恩斯视角进行了评析,指出资本主义国家体制与资本精英的共生关系,强调工人阶级与马克思、恩格斯理论在解读贸易冲突中的作用。②

　　第四,从政治经济学视角批判资本主义的逐利本性对于全球生态和环境所造成的破坏,《新左派评论》聚焦于生态主义与环境保护,分析了资本主义经济发展的不可持续性,探讨了去增长(degrowth)经济策略、资本主义与自然的关系、环保与右翼力量、发展中国家的环保等问题。如2021年1/2月,第127期,南茜·弗雷泽(Nancy Fraser)的《资本的气候》将全球变暖问题置于相互交织的社会危机之中,阐述了资本与自然的矛盾关系,指出环保运动应当将自身视为反帝国主义、反霸权集团的参与者,与其他激进群体进行联结,以此反抗整个资本主义体系。弗雷泽指出:"只有关注资本主义危机的所有面向,关注'环保问题'与'非环保问题',在这两类问题之间建立联系,我们才能够着手构建一个反霸权集团,这样我们才能有足够的政治力量去追求普遍解放的政治目标。"③同时,《新左派评论》也将环保问题置于全球资本主义体系的不平等之中进行考量,如2020年5/6月第123期,沙拉钱德拉·莱尔(Sharachchandra Lele)的文章《环境与福祉》从全球发展中国家的

---

① See Susan Watkins, America vs China, *New Left Review*, No. 115, 2019.

② See Aaron Benanav, World Asymmetries, *New Left Review*, No. 125, 2020.

③ Nancy Fraser, Climate of Capital, *New Left Review*, No. 127, 2021.

立场出发,反思了发达国家对减少碳排放的要求是否会对全球发展中国家工业化需求构成忽视,揭示了环保问题背后的全球经济与权力的不平等格局——发展中国家承担了环境污染、劳工权益受损的代价为发达国家消费者进行生产。而实现环境保护的目标也需要人们超越种族、阶层、性别等其他偏见,重新互相联结,成为有政治意识的活跃公民。①

　　第五,对于新冠肺炎疫情所带来的资本主义治理困境的分析与阐述。2019 年以来,新冠肺炎疫情的大流行作为全球共同面对的重大公共卫生事件,成为舆论界与学界无法回避的重要主题。自 2020 年 3/4 月,122 期,至2021 年 1/2 月,第 127 期,《新左派评论》开辟了"疫情大流行"(Pandemic)栏目,发布了 12 篇文章讨论新冠肺炎疫情的文章,涉及各国疫情应对政策的对比与批判、疫情对世界格局产生的政治影响、疫情对世界经济造成的破坏等主题。这些文章揭露了新自由主义在应对公共卫生危机之时的脆弱与无力,揭露了其对于人类生命的漠视与伤害,考察新冠肺炎疫情给资本主义带来的危机,探寻危机带来的新的变革机会。如 2020 年 9/10 月,第 125 期,主编苏珊·沃特金斯的社论《政治与大流行病》评估了不同社会形态国家在新冠肺炎疫情中体现出的不同能力及其对世界格局产生的影响,展现出右翼新自由主义政策在社会层面上的失败,而这样的失败也激发出大规模的群众反抗运动,催生新的斗争形式。② 2020 年 3/4 月,第 122 期,塔格特·墨菲(Taggart Murphy)的《东方与西方》(East and West)对比了新冠肺炎疫情暴发以来以中国、日本、韩国、新加坡等为代表的东方国家和以英美为代表的西方国家应对疫情的表现差异,并借麦金泰尔(Alasdair Macintyre)关于现代道德理论产生于启蒙运动的失败产物的观点,认为西方应对疫情的混乱现象体现了西方启蒙运动以来理性政治传统的失败以及西方国家的核心职能崩溃,从而无法保障公民的人身与财产安全,丧失了自身的政治合法性。③ 马尔科·达莫雷(Marco D'Eramo)的《哲学家的流行病》一文则评析了吉奥乔·阿甘本(Giorgio Agamben)对封城政策和居家隔离的谴责,阿甘本从生命政

---

① See Sharachchandra Lele, Environment and Well-being, *New Left Review*, No. 123, 2020.

② See Susan Watkins, Politics and pandemics, *New Left Review*, No. 125, 2020.

③ R. Taggart Murphy, East and West, *New Left Review*, No. 122, 2020.

治的角度出发,认为对疫情的恐惧会导致政府将例外状态固定化、正常化,导致新的监管与监视形式的兴起,政府权力也会因此扩张。而作者指出,西方国家的封城政策不仅是福柯笔下的监视与控制,同时也是新的剥削压榨形式,对劳动权益的损害更加明目张胆。作者指出:"以挽救经济的名义,民众被迫为了政府的这种'慷慨'买单,这的确可能导致人们的反抗。"①

综上所述,在经济领域,针对新自由主义经济的新发展与新问题,《新左派评论》以工人阶级与人类解放为导向,对后工业时代的经济金融模式、世界资本主义经济体系的分工格局、新的生产方式与劳动组织模式、新冠肺炎疫情引起的新问题等进行政治经济学分析,解读资本主义发展的不平衡性与破坏性,揭露其面对新冠肺炎疫情危机的无力,同时考量新变化对工人阶级革命性、主体性的影响,强调着手对资本主义生产方式进行改造的紧迫性,提出了具有一定社会主义性质的可持续发展的经济策略。

二、对资本主义政治危机与左翼行动策略的分析与评述

政治问题也是《新左派评论》的关注重点。2016 年以来,以特朗普、约翰逊、博尔索纳罗等保守主义领导人的上台为标志,资本主义民主政治遭遇了空前的危机,右翼民粹主义势力抬头,传统的议会式政党政治、先锋队式左翼政党的模式都逐渐衰落,政治领域的极化与对立进一步加强。近五年来,《新左派评论》对这些问题展开了分析与评述,相关文章共约四十篇。

第一,对资本主义选举政治运作机制的分析与批判。2020 年 11/12 月,第 126 期,刊登了 4 篇分析美国拜登胜选的文章,从选举结果的地域差别进行细化分析,揭露选举战背后的政党制度和寡头机制,揭示选举政治与议会民主背后所掩藏的阶级与身份的冲突。该刊不仅关注美国、英国、意大利、瑞典、法国、葡萄牙等发达国家的选举与政党政治,也对土耳其、印度尼西亚、印度、巴西等发展中国家等国相应方面有所关切。2021 年 5/6 月第 129期戈兰·瑟伯恩(Göran Therborn)的文章《不平等与世界政治图景》,批驳了托马斯·皮凯蒂(Thomas Piketty)团队的著作《差异结构与分配制度》(*Cleav-*

---

① Marco D'Eramo, The Philosopher's Epidemic, *New Left Review*, No. 122, 2020.

age structures and distributive politics），从人口学的角度对全球选民调查进行批判性分析，将资本主义选举政治称为"非平等主义的政治"，揭露收入与教育、阶级与身份在选举方面所发挥的重要作用，呼吁人们关注社会层面上的鸿沟而非被建构出来的差异，各国国内的不平等仍然是核心问题，并且有扩展到国际层面上的趋势。因此，作者呼吁左翼面对不平等问题时应关注新的政治动员空间和途径。① 与此同时，《新左派评论》还批判了国际政治领域的大国霸权主义与强权政治，谴责欧洲中心主义导致的对第三世界的粗暴政治干涉。2021 年 11/12 月，第 132 期，拉赫曼·伊德里萨（Rahmane Idrissa）的文章《定位萨赫勒地区》，阐释西方国家对拒斥资本主义现代性、战乱频仍的萨赫勒地区的政治干涉，解释欧洲中心主义与殖民主义将萨赫勒地区视为"威胁"，导致该地区一直处于国际秩序中的外围地位，西方的援助反而进一步加剧了该地区的腐败和动荡。②

第二，对民粹主义盛行所导致的政治问题进行了多角度评析。2016 年以来，特朗普胜选、英国脱欧等事件都挑战着传统的新自由主义秩序，西方兴起以"沉默的大多数"为名的反精英主义的民粹主义政治浪潮，这一运动浪潮多具有排外的保守主义特点，并且影响力呈上升趋势，因此主流学界对民粹主义政治现象也愈加关注。2020 年 1/2 月，第 121 期，主编苏珊·沃特金斯的社论《英国危机十年》梳理了英国脱欧成功的背景，从历史角度对英国内部社会撕裂、地域冲突进行了阐述，指明工人阶级之间的代际、教育程度、拥有财富多少的差异，分析英国北方庞大的新保守主义工人阶级群体的形成，正是这一群体塑造了英国脱欧这一政治建制的危机，而左翼之中最有力的竞争者——工党科尔宾（Jeremy Corbyn）主义——也因其多元化主张遭遇信任危机，这些因素导致英国最终脱离欧盟。③ 2020 年 3/4 月，第 122 期，迈克尔·丹宁（Michael Denning）的文章《弹劾作为一种社会形式》探讨了民粹主义与财富占有之间的关系。该文以马克思的《路易波拿巴的雾月十八》为参照，将历史上的路易波拿巴掌权过程中的阶级状况与特朗普做对比，运

① See Göran Therborn, Inequality and World Political Landscapes, *New Left Review*, No. 129, 2021.

② See Rahamne Idrissa, Mapping the Sahel, *New Left Review*, No. 132, 2021.

③ See Susan Watkins, Britain's Decade of Crisis, *New Left Review*, No. 121, 2020.

用马克思的政治经济学理论中的租金、利润造就的食利阶层解释当下民粹主义的阶级基础。同时也对左翼学者拉克劳、齐泽克关于民粹主义的相关论述做出了评价。[1] 2017 年 3/4 月第 104 期，沃尔夫冈·施特雷克的文章《被压迫者的回归》称，在西方国家渐趋于保守的、新自由主义美好幻想破灭的背景之下，新自由主义仍坚持自身为唯一可行的社会形式，而许多国家的政坛兴起反全球化的民粹主义浪潮，但民族国家和保护主义政策对于新自由主义危机也是无能为力的。[2]

当然，《新左派评论》文章立场并非全盘否定民粹主义，其中有些文章肯定了其内部所蕴含着的革命潜力。2017 年 1/2 月，第 103 期，达莫雷的书评《他们，人民》对扬-维尔纳·穆勒（Jan - Werner Müller）的著作《什么是民粹主义?》一书进行了评析，批评了穆勒对于人民概念的污名化和傲慢想象。穆勒将人民视为不理性的、不成熟的政治参与者，认为民主与民粹主义是水火不容的。而当下威胁民主制度的并非任何资本主义的替代性方案，而单纯是民主制的反面，即民粹主义。这忽视了资本主义民主制内部存在的无法解决的危机——技术官僚掌握权力与民粹主义实际上是一体两面的，同时掩盖了政治与金融寡头在民粹主义的兴起之中所起的作用。[3] 2017 年 5/6 月，第 105 期，提姆·巴克尔（Tim Barker）的书评《平心静气地面对宇宙烦恼》评论了约翰·朱迪斯（John Judis）的《民粹主义爆炸》一书，赞同其将左翼民粹主义与右翼民粹主义一分为二的分析方法，认为民粹主义是对历史上自由主义秩序的理性反应，而非反抗自由主义民主的无序暴动，认为民粹主义恰恰在民主语境之下得以运作，其背后真实存在的问题是新自由主义危机。[4]

第三，对近年来的"新社会运动"的分析与阐述。2016 年以来，西方民众反对新自由主义的行动持续高涨。在这一背景下，《新左派评论》开辟了"新大众，新运动"（New Masses，New Movements）的新专栏。该专栏关注当今社会流行的各种新兴社会思潮，如女权主义、生态主义与环保主义等，不仅分

---

[1]　See Michael Denning, Impeachment as a Social Form, *New Left Review*, No. 122, 2020.

[2]　See Wolfgang Streeck, The Return of the Repressed, *New Left Review*, No. 104, 2017.

[3]　See Marco D'Eramo, They, the People, *New Left Review*, No. 103, 2017.

[4]　See Tim Barker, Calmly on the Universal Bugbear, *New Left Review*, No. 105, 2017.

析这些社会思潮的理论建构,也跟踪这些思潮所造成的现实政治影响,对
"新社会运动"的组织形式与策略展开探讨。《新左派评论》所关注的社会运
动,涵盖女权主义运动、生态主义运动、学生运动、土著人运动、农民运动、反
政府抗议等多个方面;它不仅关注美国、西班牙、英国、法国等发达国家的反
抗运动,同时也将目光投向罗马尼亚、也门、土耳其、印度尼西亚、厄瓜多尔、
巴西、墨西哥、智利等发展中国家,分析这些国家社会运动的历史和现实。
以女权主义为例,《新左派评论》分析了西方社会中生产与再生产领域的性
别差异所造成的性别不平等,并对2016年以来全球女性争取权益的活动进
行了关注与分析。2018年1/2月,第109期,苏珊·沃特金斯的文章《哪些
女权主义?》关注2008年以来激进女权主义运动的重新崛起,分析了当下新
的性别抗议活动如何挑战美国20世纪60年代以来的反歧视范式,批判了这
一范式的去政治化倾向,其拥趸局限于发达国家中产阶级女性。① 第114
期,南茜·弗雷泽等学者活动家所作的《女权主义宣言的说明》,以社会再生
产理论和晚期资本主义的多重危机为基础,批判寻求特权和阶级地位的自
由主义女权主张,提出了"为了大多数人"的激进女权主义规划,试图融合女
权主义、国际主义、生态主义等诉求。②

　　第四,对左翼行动策略的分析与探讨。当下左翼的行动策略也是《新左
派评论》的关注重点。作为左翼刊物,它关注国际共产主义运动的历史和现
实,关注社会主义政党的政策主张、纲领与行动,如美国左翼的"民主社会主
义者"党及其策略、中国社会主义革命与改革、英国工党的科尔宾主义策略、
印度纳萨尔游击队的实践等,涵盖欧美、亚洲、非洲等多个国家。2021年5/6
月,第129期,萨斯基亚·舍费尔(Saskia Schafer)评论约翰·西德尔(John
Sidel)的著作《共和主义、共产主义、伊斯兰:东南亚革命的世界性渊源》,梳
理了东南亚反殖民主义革命的不同路径和结果,考量东南亚共产主义者民族
解放诉求与国际性联合之间的张力。"世界性团结"既为东南亚革命的成功
铺路,也造成了其发展的阻碍——如冷战地缘政治对印度支那地区的影响。③

---

① See Susan Watkins, Which Feminisms? *New Left Review*, No.108, 2018.

② See Nancy Fraser, Tithi Bhattacharya, and Cinzia Arruzza, Notes for a Feminist Manifesto, New Left Review, No,114, 2018.

③ See Saskia Schafer, Contrasted revolutions, *New Left Review*, No.129, 2021.

2018 年 3/4 月，第 110 期，访谈费尔南多·马丁内兹·艾热迪亚（Fernando Martínez Heredía），作为古巴革命一代的激进知识分子领袖，他叙述了自己参与推翻军事独裁政权、在社会主义制度下筹建马克思主义研究学术机构，创立拉美"批判性马克思主义"思潮杂志的过程。①

不同于以往传统左翼政治基于共产党的组织动员策略，西方左翼社会运动愈来愈具有去中心化、去"扁平化"的组织特点，运动主体也从工人阶级逐步转向立体多元群体，《新左派评论》对这些新特点展开了分析与评论，如 2021 年 7/8 月，第 130 期，该刊物采访巴西"无家可归者"运动的领导者，工党外最活跃的左翼政治活动者吉列尔梅·布洛斯（Guilherme Boulos），探讨当今世界工人阶级产生的新变化、左翼运动中的组织经验。布洛斯指出，巴西共产党的任务主要是说服群众相信党的社会主义规划，使他们相信党事先规定的"真理"，而这些规划却总是抽象而教条的。相比之下，"无家可归者"则更重视具体斗争和社会的、政治的组织策略，目标和规划也应当随着运动具体的发展而变化。这些具体斗争常常被传统共产党视为社团主义、经济主义，缺乏从根本上变革社会制度的可能性。而布洛斯认为，这些具体的矛盾斗争反而比抽象的前景与路线更加重要。② 2018 年 3/4 月，第 110 期，文章《西班牙女权主义大罢工》，详细解读了 2018 年 3 月 8 日国际劳动妇女节西班牙百万妇女停止雇佣劳动和照料劳动，解释运动背后的组织模式、媒体运作、工会和政党发挥的作用。③ 2019 年 11 月/12 月，第 120 期，采访英国新兴的环保运动领导者，介绍其组织采用的公民不服从理论与"扁平化管理"的组织模式。2019 年 11 月/12 月，第 120 期，刊登了哈特的文章《帝国，二十年来》，讨论在民粹主义盛行与全球化危机的今天，我们应当如何去更新帝国理论与全球化理论、如何在全球化背景下解释统治与剥削的主要结构，提出了阶级-诸众-阶级的行动策略。④《新左派评论》还讨论了社

① See Fernando Martinez Heredia, and Emir Scoter, Thinking for Ourselves, Interview by Emir Scoter, *New Left Review*, 2018.

② See Mario Sergio Conti, and Guilherme Boulos, Struggle of the Roofless, *New Left Review*, No. 130, 2021.

③ See Beatriz García, and Nuria Alabao, and Marisa Pérez, Spain's Feminist Strike, *New Left Review*, No. 110, 2018.

④ See Michael Hardt, Empire, Twenty Years On, *New Left Review*, No. 120, 2019.

会运动与政治理论之间的关系。2021 年 1/2 月,第 127 期,雅各布·柯林斯
(Jacob Collins)的书评《整合原子》梳理了伯纳德·哈考特(Bernard Har-
court)的著作《批判与实践》①,提出对 1968 年后对新社会运动进行理论解释
的迫切性,评判法兰克福学派、后现代主义、后马克思主义的相关理论,并提
出自己的观点——理论与实践不是指导与应用的关系,而是具有内在张力
的对抗关系。②

　　综上所述,在政治领域,《新左派评论》针对资本主义社会政治危机加
剧、民粹主义盛行、民间反抗运动高涨、国际地缘冲突加剧的现实,在跟踪评
论的同时也探求对新兴社会运动的理论解释,从对历史与现实的研究之中
构建反资本主义的激进政治策略,构建新的革命主体,提出不同于传统左翼
政治的社会主义纲领。

三、对资本主义意识形态的批判与对左翼理论的阐释与重构

　　文化与意识形态领域是《新左派评论》关注的重点,也是其进行理论建
构的关键领域。近年来资本主义意识形态进一步深入至文艺、教育、媒体等
领域,互联网巨头掌握的社交媒体对于日常生活的控制日益加深。在此背
景下,《新左派评论》仍十分重视马克思、恩格斯、第二国际与列宁等革命家
的理论资源以及西方马克思主义的理论传统,以此作为理论资源对当代资
本主义意识形态与文学艺术展开分析与批判。

　　第一,对马克思主义理论传统展开进一步研究与阐释。作为左翼理论刊
物,《新左派评论》承继了马克思主义的理论传统,在新的历史条件下推进辩
证唯物主义与历史唯物主义的研究。其所涉及的主题包括批判理论、物化
与异化、语言学、主体性概念、"现代君主"理论、新帝国主义理论等;涉及的
思想流派包括第二国际、早期西方马克思主义、法兰克福学派、结构主义马
克思主义、后马克思主义、分析的马克思主义、美国新马克思主义等;直接涉

---

① Bernard Harcourt, *Critique & Praxis: A Critical Philosophy of Illusions, Values, and Actions* Co-
lumbia University Press, 2020.

② See Jacob Collins, Colliding Particles, *New Left Review*, No. 127, 2021.

及的理论家有葛兰西、托洛茨基、阿尔都塞、哈贝马斯、詹姆逊、哈维、赖特、巴迪欧、霍耐特、罗萨等。在这一刊物构建的理论世界之中，对某一思想家的评述常常从思想史角度展开，揭示各不同思想流派之间的复杂关系，也常常将西方马克思主义的经典理论用于对现实境况的解读之中，对原有理论进行创新。其中，卢卡奇的物化理论、阶级意识理论和葛兰西的领导权思想、"现代君主"概念被多篇文章直接用以进行问题分析。如2016年第100期，佩里·安德森的文章《葛兰西的继承者们》总结了葛兰西的理论在当今世界仍然适用的两大原因：多维性与碎片性，其理论对英语世界的马克思主义流派产生了巨大影响，其中包括英国文化马克思主义、后马克思主义、印度的马克思主义理论等，它们都以领导权理论作为自身理论的中心点。[①] 除此之外，《新左派评论》还直接刊登西方马克思主义理论家的著述、对理论家的采访、生平回忆、理论家传记的书评等。2020年1/2月，第121期，迈克尔·布洛威（Michael Burawoy）与迪伦·莱利展开了争论，针对埃里克·赖特（Erik Olin Wright）在其后期理论中主张抛弃阶级分析的"真实乌托邦"的合理性问题进行论辩。除了左翼学者间的争论交流外，《新左派评论》也常与西方主流学界的观点进行论战，对主流学界影响较大的理论著作进行评析。该刊物的主要批判对象就包括著有《大转型》的卡尔·波兰尼和著有《资本与意识形态》的托马斯·皮凯蒂。批判文章的代表有2021年1/2月，第127期，亚历山大·泽文（Alexander Zevin）所著《后现代人的蒲鲁东》，遵循蒲鲁东、波兰尼直到皮凯蒂的理论发展脉络对皮凯蒂的新作《资本与意识形态》（*Capital and Ideology*）进行批判。作者认为，皮凯蒂称意识形态先于经济，政治-意识形态结构是完全自主的，而社会冲突的基础变成了政治心理学——资本积累将引发人们的嫉恨。由相关分析可以得出，皮凯蒂的理论之中政治权力始终与财产占有密切相关，这使其论证陷入了自我矛盾之中。在这样的理论基础之上，皮凯蒂的理论如蒲鲁东、波兰尼类似，走向了无法实现的自由社会主义。[②]

　　第二，对资本主义意识形态控制的分析与批判。2020年7/8月，第124

[①]　See Perry Anderson, The Heirs of Gramsci, *New Left Review*, No. 100, 2016.

[②]　See Alexander Zevin, A Proudon for Postmoderns? *New Left Review*, No. 127, 2021.

期,戈兰·瑟伯恩的文章《世界中产阶级的梦想与梦魇》回顾了"中产阶级"(middle class)一词的兴起与发展的社会背景,指出它与"资产阶级"(bourgeoisie)的复杂关系,分析了发达国家与发展中国家中间阶层的新变化,解读主流学界对中间阶级的理论化与意识形态建构,指出中产阶级话语的意识形态性质和固化贫富差距的作用。① 2020 年 1/2 月,第 121 期,书评介绍了肖莎娜·祖博夫的《监控型资本主义的时代》,这一著作聚焦大数据等技术对人的控制与规训,将技术力量与个人的行为心理联系起来,分析了当下数字巨头的新的资本积累模式以及当下热门的隐私与数据监控问题,同时考量国家力量在其背后发挥的作用,揭露了数字资本与国家控制合谋这一特点——监控型资本主义可以监视人们的民主参与和社会运动,在矛盾爆发之前设法规避对资本主义的威胁;同时,通过信息筛选,监控型资本主义还能够潜移默化地加剧社会阶层固化。因此,仅呼吁国家对监控型资本主义的监管是远远不够的。②

第三,对资本主义文艺的分析与批判。《新左派评论》刊物重视文艺与阶级政治的联系,重视分析文艺作品的时代背景,并运用西方马克思主义文化批判的传统对历史与现实进行分析,寻求文化艺术中潜藏的革命力量。近五年来该主题相关文章约有 40 篇,论及电影、戏剧、文学、建筑、摄影、游戏等多种艺术形式。2018 年 1/2 月,第 109 期,电影编剧艾米莉·毕格顿(Emilie Bickerton)的文章《一种新的工人阶级电影》探讨了肯·洛奇等导演的崛起是否意味着新的工人阶级电影形式的出现,批判当代关注工人议题的电影多局限于个人化反抗,政治意味微弱,同时也肯定了它们在当代电影界的伦理价值。③ 2018 年 9/10 月,第 113 期的书评,评价马库斯·弗哈根(Marcus Verhagen)的著作《潮流与逆流》,审视现代艺术品的政治美学运作,分析艺术实践为全球化提供的批判性视角。在艺术家常常充当地产商扩张城市的先锋,塑造城市"潮流"美学的同时,也存在关注移民工人、反资本的

---

①　See Göran Therborn, Dreams and Nightmares of the World's Middle Classes, *New Left Review*, No. 124, 2020.

②　See Rob Lucas, The Surveillance Business, *New Left Review*, No. 121, 2020.

③　See Emilie Bickerton, A New Proletkino? *New Left Review*, No. 109, 2018.

"逆流"艺术实践。① 另外左翼学者们也立足自身工作环境,对教育文化机构与资本的关系问题展开探讨。如 2020 年 5/6 月,第 123 期,弗朗西斯·穆尔赫(Francis Mulhern)的文章《在学术计算室》,批判了英国大学屈从于指标、官僚机构、资本的问题。自 20 世纪 80 年代以来,英国大学越来越受制于官僚自上而下的管辖,学术机构的自治传统受到侵害。学生成为负债累累的消费者,师生大都向金钱的力量屈服。② 2017 年 9/10 月,第 107 期,丽贝卡·罗欣(Rebecca Lossin)的文章《反对通用数据库》(*Against the Universal Library*),从一个图书馆馆员的角度观察了图书馆机构的变迁——在信息检索技术发达的今天,图书馆已由实体图书的管理转向信息的管理,数据化进程导致无数书籍被毁弃,图书馆现已成为私营部门的附庸。③

从总体来看,《新左派评论》仍然以马克思主义为主要的思想资源,同时兼容并蓄其他西方哲学、社会学、政治学等理论观点,从思想史的角度对马克思主义理论相关问题进行发掘与反思。在对经典马克思主义与西方马克思主义进行适应时代的阐述与应用的同时,《新左派评论》还评析了当今主流学界与西方马克思主义理论的新动态,对资本主义意识形态及其机制展开批判,从美学与文艺领域寻找无产阶级阶级意识觉醒的可能性。

四、《新左派评论》的研究特点

自 21 世纪以来,《新左派评论》进行了改版,重新开始计算刊号,再次担任编辑的佩里·安德森为刊物提出了一个宣言——"更新":"在记录世界左翼在 20 世纪末遭遇的挫败的同时,我们拒绝对现存资本主义秩序的任何妥协,拒绝对资本主义运作进行无害化处理。当今左翼的任务仍然是秉承不懈的现实主义精神,进行冷静的现实分析。"④21 世纪以来,该刊物的发展逐

① See Zoe Sutherland, Artwork as Critique, *New Left Review*, No. 113, 2018.

② See Francis Mulhern, In the Academic Counting – House, *New Left Review*, No. 123, 2020.

③ See Rebecca Lossin, Against the Universal Library, *New Left Review*, No. 107, 2017.

④ Perry Anderson, A Brief History of New Left Review 1969 – 2010, *New Left Review*, https://newleftreview. org/pages/history。关于安德森为何要"更新"与退隐,请参见张亮:《〈新左派评论〉的"更新"及新左派的再兴》,《江西社会科学》,2018 年第 1 期。

渐趋于稳定,其立场、观点、研究领域也能够体现出其特色。通过总结其 2016 年至今的文章,我们可以把《新左派评论》的特点概括为以下几点:

第一,在政治立场上,新时代的《新左派评论》仍然坚持反资本主义的政治立场,追求人类的彻底解放。虽然《新左派评论》早已放弃了直接进行社会主义革命的号召,但它并没有放弃对资本主义激进变革的目标。该刊物在对新自由主义进行祛魅、揭露资本主义的合理化与合法化危机的同时,也跟踪观察现实中挑战资本主义秩序的社会运动,关注经济变化对工人阶级革命主体性的影响,并重视多元化的反资本主义运动的组织策略给革命组织方式带来的启示。

第二,从论文主题来看,《新左派评论》具有现实性强、研究领域广泛、紧跟时代热点的特点。近年来,政治民粹主义、身份政治、社交媒体、数字资本、人工智能与自动化等新兴事物与政治现象,对资本主义带来了广泛而深刻的影响。面对这些问题,《新左派评论》从多角度、多方面进行了综合分析,解读其运行机制及其背后所蕴藏的矛盾,并寻找矛盾所蕴含的新的反抗力量。值得注意的是,当他们去探索这些问题的根源时,许多学者都将追根溯源到新自由主义。不仅《新左派评论》如此,《历史唯物主义》《每月评论》等所刊文章也有这种倾向。① 可以说,近年来对新自由主义的批判表现出集中讨伐的特点。

第三,在研究方法上,《新左派评论》继承了英国马克思主义的传统,在坚持历史唯物主义方法的同时,也运用规范研究与经验研究相结合的研究方式;在进行伦理价值建构与逻辑推演的同时,也采用了统计学的定量分析等实证方法。与此同时,《新左派评论》也试图开放容纳多元的观点,开放争论,给予了不同国家与民族、不同思想背景的左翼学者进行交流辩论的公共学术空间,试图在这种国际性的思想碰撞中探讨左翼理论与实践策略创新的可能性。

当然,《新左派评论》理论的批判与建构也有局限之处。首先,《新左派评论》理论上的开放性造成其对一些较关键的问题立场模糊,缺乏进行政治

---

① 参见刘慧:《国外马克思主义的新自由主义批判研究述评》,《马克思主义研究》,2021 年第 8 期。

判断的理论勇气。同时,由于其中很多文章具有语言晦涩烦琐、内容冗长的特点,导致其在大众中缺乏传播力和说服力,无法产生重大的理论说服力和改变现实的革命力量。其次,虽然该刊反对欧洲中心主义或大国强权政治,但是在涉及第三世界国家的文章中,其理论立场仍然更多的是以欧陆哲学、英美分析哲学为基础,缺乏多样化的分析视角,同时也存在着对发展中国家的不合理想象。比如该刊物对中国特色社会主义理论与实践的认识就较为片面,对当前存在的社会主义国家的实践缺乏深入的了解,存在刻板印象和教条化的认识。最后,在国际共产主义运动的低潮期,面对欧美国家的民主政治与现实的群众运动,《新左派评论》的作者们虽有参与其中并发挥一定影响力,但更多的还是仅仅对实践行动进行观察分析和理论化解读,难以产生思想引领作用;同时,在阶级政治普遍失语的时代背景之下,一些左翼学者们抛弃了无产阶级的革命主体地位与无产阶级政党的领导作用,转向后现代多元主体的激进民主策略与身份政治,实际上已经背离了马克思主义。这种政治行动策略容易被右翼保守主义政治所利用,成为维护当前资本主义议会民主制度的工具。《新左派评论》的作者们善于指出现实问题,提出进行社会改造的必要性与紧迫性,但甚少针对现实提出有力的改造方案或纲领,破有余而立不足。

杨礼银、高冀蒙(武汉大学)

本雅明对"感性意识"的救赎[*]

　　探索人类的弥赛亚救赎路径是本雅明思想的实践面向。尽管他的救赎事业并未具体地展现为现实的革命实践活动,然而在其理论中却发生了"改变世界"的革命风暴。牢牢抓住由机械复制技术所引致的艺术嬗变中蕴藏着的革命潜能,积极地投身于无产阶级和大众"感性意识"的拯救工作是他立足时代境遇而采取的实践策略。

一、感性意识与救赎契机

　　阿多诺曾说过,暗含在本雅明思想当中的张力,是为了重提革命的渴望。事实的确如此,无论本雅明从事神学、文学,抑或哲学等哪一方面的研究,探索人类的救赎之路都是其贯穿始终的理论旨趣。如果说本雅明的救赎带有浓厚的弥赛亚主义的宗教色彩的话,那么马克思的历史唯物主义则为其点亮了一盏指路明灯,为其弥赛亚救赎提供了现实的行动路径。如果说就像有的学者所认识的那样,马克思的历史唯物主义思想为全人类的解放事业指引着方向,是有史以来犹太人最雄心勃勃的弥赛亚主义的宣称。^①那么,本雅明一生所执着的弥赛亚救赎事业就是秉承了历史唯物主义原初精神的一种世俗的启迪。在他看来,只有在历史唯物主义和卢卡奇的总体性框架当中,救赎才具备强大的理论号召力。因此,他转而强调弥赛亚救赎

---

　　* 本文系国家社科基金重大项目"习近平新时代中国特色社会主义思想的哲学基础研究"(18ZDA001)的阶段性成果,本文主要内容已经发表。

　　① 郭军:《本雅明:卡巴拉传统中的阐释学》,载汪民安:《生产》(第一辑),广西师范大学出版社,2004年,第387页。

事业应当依托现实的无产阶级的革命实践活动。历史唯物主义指明的这个现实路径,在本雅明这里,就展现为唤醒无产阶级和大众被资产阶级意识形态所遮蔽与侵蚀的"感性意识"。再进一步说,是在资本主义社会异化的触角延伸至艺术生产领域,本雅明发现了蕴藏于其中的可以突破和对抗资本原则的重要的救赎力量。

　　20 世纪初期,欧洲政治形势越发严峻、社会主义运动陷入低潮的现实境遇使本雅明认识到救赎的关键在于无产阶级和大众的"感性意识"的觉醒,他的这种判断与卢卡奇的无产阶级的革命意识就是革命理论的观点是相一致的。从马克思开启的历史存在论视域来看,感性意识即人们对社会实践活动中生成的对人的社会存在的具有普遍性的而非个体的意识。本雅明不仅清醒地认识到这一点,而且还提出了一个重要观点即唤醒无产阶级和大众的"感性意识"的契机不能悬置在一个遥远的希望之中,也就是寄托在子孙后代那里,而是就在当下。本雅明说:"我们知道犹太人是不准研究未来的。然而犹太教的经文和祈祷(Torah)却在回忆中指导他们。这驱除了未来的神秘感。而到预言家那里寻求启蒙的人们却屈服于这种神秘感。这并不是说未来对于犹太人已变成雷同、空泛的时间,而是说时间的分分秒秒都可能是弥赛亚侧身步入的门洞。"①这段论述说明本雅明力图借助犹太教神学思想的支撑,将犹太教的禁令作为他的理论建构的重要依据。他将置身的历史时期理解为特定的弥赛亚降临的时间,每一个历史时刻都是一个辩证的时刻,敞开的是一个丰富的空间结构,既有"观念的流动,也包含着观念的梗阻"②,每个时刻都有被救赎的希望,每个"当下"都具备革命和解放的可能性,"历史唯物主义者不能没有这个'当下'的概念"。本雅明想让人们意识到应该做和所能做的便是关注当下。在他看来,其实人们都被赋予了弥赛亚式的力量,弥赛亚救赎的种子在人们传承苦难的记忆中被保留了下来,这些记忆并不是已经注定彻底逝去了,而是能够被时时唤起。救赎并不指向赎罪与被审判,而应是拯救存留在这些记忆中的人们的希望,从一定意义上

---

　　①　[美]汉娜·阿伦特编:《启迪:本雅明文选》,张旭东、王斑译,生活·读书·新知三联书店,2008 年,第 276 页。

　　②　同上,第 275 页。

说,这种希望正是马克思所说的未被理性的意识形态所遮蔽的人们的"感性意识"。本雅明希望借助于弥赛亚救赎理论打破无产阶级和大众头脑中被资产阶级意识形态所蛊惑的那种历史连续性的幻觉,切断过去苦难的记忆与未来胜利的承诺之间的人为的关联。这样,无产阶级和大众的感性意识在当下就有被唤醒和拯救的希望,人类的解放就可以在任何时刻来临,每个当下都将成为通向弥赛亚的一扇门。①

救赎的契机就在当下这个丰富的历史时刻,那么又将从哪里寻觅到这个宝贵的革命火种——感性意识呢?本雅明意味深长地指出:"野蛮就掩藏在文化概念里面——(文化)作为一堆独立的价值概念,当然并不独立于这些概念得以产生的生产过程,而是在这个过程中存活。"②在当代文化特别是当代艺术中,本雅明发现了足以对抗资产阶级意识形态的感性意识,辨识出救赎的可能性:"在每一部真正的艺术作品中,都有这样一处,在此,对一个迁居进来的人来说,它如晨风般凉爽,由此可推断,艺术,这个往往被认为对任何与进步有关联之事麻木不仁的门类,正能够为之提供真正的定义。"③在本雅明看来,资本主义社会自身会创造出某种新的社会条件,并最终导致资本主义制度的覆灭。在当下,这种新的社会条件即是机械复制技术的诞生。它正在悄然改变着社会文化尤其是艺术的功能,在这其中正蓄积着祛除对大众和无产阶级的感性意识遮蔽的实践力量。正是基于这一点,本雅明会"以一种更加乐观的精神呼唤资本主义制度变革的潜能"④。

二、机械复制时代与灵晕的逝去

本雅明首先从分析机械复制技术的出现带来的艺术领域的巨大变化入手探讨这一问题。

---

① 参见夏巍:《从波德莱尔到布莱希特——本雅明的文化救赎之路》,《学术交流》,2016 年第 8 期。

② [德]瓦尔特·本雅明:《〈拱廊计划〉之 N:知识论、进步论》,载汪民安:《生产》(第一辑),广西师范大学出版社,2004 年,第 322 页。

③ 同上,第 330 页。

④ [英]约翰·斯道雷:《文化理论与大众文化导论》,常江译,北京大学出版社,2010 年,第 85 页。

　　艺术作品历来都是可以复制的。历史上,曾经出现过铸造、制模、木刻、镌刻、蚀刻、石印术等传统的复制艺术。19 世纪伊始,机械复制技术掀开了复制艺术崭新的一页,石版印刷术、摄影术和声音复制技术相继产生。与传统复制技术相比较,机械复制技术比手工复制更独立于原作,能把原作的摹本带到其无法达到的境界。它不仅能复制出所有传世的艺术作品,而且复制技术本身以面目一新的艺术形式出现,达到了一个崭新的水准。机械复制时代的来临,最终导致了传统艺术的大崩溃,其中一个最为重要的表现是艺术作品的灵晕的丧失,"在对艺术作品的机械复制时代凋谢的东西就是艺术品的光韵"①。

　　"灵晕"一词(Aura)出自希腊语,指的是气、气氛,有时也被翻译成灵韵、灵氛、光韵等。在希腊神话中它被称为晨曦之神,拉丁语里是光焰。19 世纪中期,随着摄影技术的出现,灵晕开始指称底片影像边缘出现的光亮。本雅明在 1930 年创作的一篇关于毒品消费的文章里使用了这一概念。后来在《摄影小史》《机械复制时代的艺术作品》《论波德莱尔的几个主题》和《中央公园》中都有所提及。本雅明使用"灵晕"一词驱散了它的神秘的宗教气息,并赋予其两个层面的内涵:一是独一无二性;二是人与世界的相互交融。②

　　就独一无二性而言,本雅明说:"即使在最完美的艺术作品中也会缺少一种成分——即时即地性,即它在问世地点的独一无二性。但唯有借助这种独一无二性才构成了历史。"③这段话的意思是,某个特定历史时期不可重复的、不可被复制的独一无二的东西构成了那个时代的"灵晕",亦即艺术作品的历史性。④ 本雅明还进一步佐以事例说明这种独一无二性是与其所置身的传统相关联的。例如维纳斯古雕像,它在古希腊是被崇拜的对象,而中

---

　　① 〔德〕瓦尔特·本雅明:《机械复制时代的艺术作品》,王才勇译,中国城市出版社,2002 年,第 87 页。

　　② 参见王才勇:《灵韵,人群与现代性批判——本雅明的现代性经验》,《社会科学》,2012 年第 8 期。

　　③ 〔德〕瓦尔特·本雅明:《机械复制时代的艺术作品》,王才勇译,中国城市出版社,2002 年,第 84 页。

　　④ 参见吕新雨:《在纪录美学中寻找本雅明的"灵晕"——吕新雨在浙江大学的讲演》,《文汇报》,2015 年 5 月 8 日。

世纪的牧师则把它视作淫乱的邪神像。"但这两种都以同样的方式触及了这尊雕像的独一无二性,即它的光韵。"①

就人与世界的相互交融来说,本雅明首先指出:"我们将自然对象的光韵界定为在一定距离之外但感觉上如此贴近之物的独一无二的显现"②,接着,他用了一个比喻进一步加以说明:"一个夏日午后,一边休憩着,一边凝视地平线上的一座连绵不断的山脉或这一在休憩者身上投下绿荫的树枝,那就是这座山脉或这根树枝的光韵在散发。"③夏日正午,观察者目光掠过山川或树丛,呼吸着远山和林木的氛围,自己也成为景象的一部分,这个时候自我和这个世界相互交融的时刻,也就是灵晕降临的时刻。

将以上两个方面综合来看,本雅明的"灵晕"意即艺术作品的特有属性,它是人与物之间发生的某种交流,具有独一无二的不可复得的原真性和膜拜的特质。

机械复制时代的来临又是怎样导致了灵晕的消失呢? 首先是机械复制技术本身的原因。本雅明指出,"原作的即时即地性组成了它的原真性……完全的原真性是技术——当然不仅仅是技术——复制所达不到的"④也就是说,即便是最完美的复制品也总是缺少原作在即时即地所形成的原真性。原作的原真性在遇到那些作为赝品的手工复制品时能获得它的全部的权威性,但是当遇到机械复制品时情形就有所不同了。因为,首先,机械复制比手工复制更独立于原作。例如,机械复制可以突出那些肉眼看不见但镜头可以捕捉的原作部分。其次,机械复制能把原作的摹本带到原作所无法达到的境界。例如,它能使原作随时随地为人所欣赏,"使复制品能为接受者在其自身的环境中去加以欣赏,因而它就赋予了所复制的对象以现实的活力"⑤。这样,艺术作品原真性的权威性在机械复制面前就消失殆尽了。因此,当机械复制时代的来临,艺术作品的众多复制品取代了它自身独一无二的存在,灵晕也就消失无踪了。

---

① 〔德〕瓦尔特·本雅明:《机械复制时代的艺术作品》,王才勇译,中国城市出版社,2002年,第92页。

②③ 同上,第90页。

④ 同上,第85页。

⑤ 同上,第87页。

另外,当大量的机械复制品的出现迎合了现代大众的新口味时,灵晕也就随之消失了。大众运动的兴起与科学技术共同导致了机械复制时代的来临,使物在空间上和人性上更易"接近"是现代大众普遍表现出来的强烈愿望,大众"把一件东西从它的外壳中撬出来,摧毁它的光韵,是这种感知的标志所在。'它那世间万物皆平等的意识'增强到了这般地步,以致它甚至用复制方法从独一无二的物体中去提取这种感觉"①。正是通过对复制品的占有,大众完成了对对象的接近和占有。在摄影和电影中,本来人与自然景致交融在一起,但是为了让画面更贴近大众,人们用摄影镜头将画面拉至眼前,将自然景致和人分至两端,彼此间的交流也就无从发生,这时影像从灵晕中被撬出,取消了其独特性,这就是人们运用机械复制技术强行征服世界的体现。当我们不断用镜头去复制这一征服时,影像就变得暂时且可以重复,"灵晕"也就支离破碎了。正如本雅明所说,"显然,用画报和新闻影片展现的复制品就与肉眼所目睹的形象不尽相同,在这种现象中独一无二性与永久性紧密交叉,正如暂时性和可重复性在那些复制品紧密交叉一样"②。

三、艺术与大众关系的变迁

本雅明不仅分析了机械复制技术如何摧毁了灵晕,还进一步指出由此所引发的艺术领域的一系列变化。例如,艺术作品不再具有膜拜价值,而以展示价值为主;大众的观赏不再专注,而具有了消遣性等,这些变化反映了机械复制技术正在悄然改变着艺术与大众的关系。

本雅明首先从艺术作品价值的变迁开始分析这一问题。最早的艺术作品起源于某种礼仪,起初是巫术礼仪,后来是宗教礼仪。具有灵晕的艺术作品从未完全与这种仪式功能相分离,它独一无二的价值根植于神学,正是在礼仪中艺术作品获得了原始的、最初的使用价值。所以传统艺术侧重于艺术作品的膜拜价值,围绕这种价值创造的艺术作品重要的不是它被观照,而

---

① [德]瓦尔特·本雅明:《机械复制时代的艺术作品》,王才勇译,中国城市出版社,2002年,第91页。

② 同上,第90~91页。

是它存在着。例如,石器时代的洞穴人在墙上画驯鹿不是为了在同伴们面前展示,而仅仅是为了奉献给神灵,驯鹿只是作为一种巫术工具存在着。正是这种膜拜价值要求人们将艺术作品隐匿起来,所以只有在庙宇中的神职人员才有机会见到这些神像。礼仪功能使艺术关注人的精神生活的同时也拉开了艺术和大众的距离。一件艺术作品在物理时空上或许近在咫尺,却让人们对它敬而远之,艺术所追求的精神境界也越来越疏远了人们的日常生活,致使艺术的想象被幻觉所替代,理想也由此失去了对世俗人生的关怀而成为源自膜拜的"乌托邦"。

当艺术作品从膜拜的功用中被解放了出来,便大规模地强化了艺术品的展示价值。例如,能够送来送去的半身像就比固定在庙宇中的神像具有更大的可展示性。木版画要比此前出现的马赛克画和湿壁画更具可展示性。"艺术品通过对其展示性的绝对推重变成了一种具有全新功能的创造物。"①摄影和电影等全新的艺术形式就是明证。在摄影中,展示价值抑制了膜拜价值,但膜拜价值拉出了最后一道防线——人像。早期摄影以人像为中心绝非偶然,因为影像的膜拜价值在此找到了最后的避难所。然而当人像在摄影中消失时,展示价值便首次超越了膜拜价值,这使得艺术作品成为大众可以直接观赏的现实对象,艺术表现本身不再远离大众的日常生活。所以,机械复制技术使艺术与大众的世俗生活发生了直接和密切的联系,现实的日常生活经验成为大众感知艺术作品、判断艺术价值的基础。

本雅明又进一步从大众对艺术作品的两种接受方式的特点加以分析。对膜拜价值侧重的是凝神专注式的接受,对展示价值则是消遣性地接受,机械复制时代开启了对艺术作品的凝神专注式接受到消遣性接受的转变。人们以心神涣散这一消遣的方式参与各种艺术或文化活动,将艺术作品作为打发时间的消遣对象。作为两种对立的态度,凝神专注和消遣的特点分别是:"面对艺术作品而凝神专注的人沉入了该作品中……与此相反,进行消遣的大众则超然于艺术作品而沉浸在自我中。"②本雅明以大众观赏电影为

---

① [德]瓦尔特·本雅明:《机械复制时代的艺术作品》,王才勇译,中国城市出版社,2002年,第96页。

② 同上,第126页。

例说明这种消遣式的接受方式已经成为一股不可逆转的历史潮流。在他看来,观众以鉴赏者的态度欣赏电影,是并不产生膜拜价值的态度,"由此观众就采取了不再受与演员私人接触影响的鉴赏者的态度。观众通过站在摄影机的角度便把自己投入到了演员中。因此,他又采取了摄影机的态度:他对演员进行着检测。这就不是一种能产生膜拜价值的态度"①。不仅如此,电影抑制了膜拜价值更是由于这种鉴赏态度在电影中并不包括凝神专注。正是消遣性的接受方式使观众"在行为中进行观照和体验的快感与行家们的鉴赏态度有了直接的密切关系,它是一个重要的社会标志"②,当"艺术的社会意义减少得越多,观众的批评与欣赏态度也就被化解得越多"③。换言之,机械复制技术强化了艺术的社会功能,那些坚持要和世俗生活保持审美距离的"纯"艺术,作为单纯的审美对象,显然不可能让观众产生相似的感受。

机械复制时代的来临,展示价值使电影成为能够共时欣赏的艺术形式,而传统的艺术形式如绘画则无法做到这一点,一旦进入共时欣赏,绘画就陷入了危机。"一幅绘画往往具有被某一个人或一些人观赏的特殊要求;而一个庞大的观众群对绘画的共时欣赏,就像19世纪所出现的情形那样,却是绘画陷入危机的一个早期症状。"④绘画的危机不是孤立地由摄影所引起的,而是艺术与大众的关系发生了转变。"习俗的东西就是被人不带批判性地欣赏的,而对于真正创新的东西,人们则往往带着反感去加以批判。在电影院里,观众欣赏和批判的态度都化解了。这就是说,其主要特点在于,没有何处比得上在电影院那样,个人的反应会从一开始就以眼前直接的密集化反应为条件。个人反应的总和就组成了观众的强烈反应……"⑤这种变化,在本雅明看来,就是由于"极其广泛的大众的参与就引起了参与方式的变化"⑥。对此,人们似乎已经形成了共识,消遣性接受方式也就成了许多研究者批评大众文化的根据:"大众寻求着消遣,而艺术却要求接受者凝神专注"⑦本雅明驳斥了这种说法,认为这根本就是陈词滥调。他分析指出,从大

---

① [德]瓦尔特·本雅明:《机械复制时代的艺术作品》,王才勇译,中国城市出版社,2002年,第102~103页。

②③⑤ 同上,第115页。

④ 同上,第116页。

⑥⑦ 同上,第125页。

众与艺术的关系上看,消遣并不意味着审美的消极性,就像凝神专注并不是唯一的审美方式一样。凝神专注意味着欣赏者从现实生活走进了艺术想象的世界之中。此刻,他与艺术"近"了,却与现实"远"了。而消遣式的接受方式则意味着对思索的排斥,这种排斥主要因为"当他意欲进行这种思索时,银幕画面已经变掉了。电影银幕的画面很难被固定住"①。与此同时,"观照画面的人所要进行的联想活动立即被这些画面打乱了。基于此,就产生了电影的惊颤效果"②。

四、对待技术应有的态度

机械复制时代最大的变化是灵晕的消失,艺术走下了神坛,艺术与大众的世俗生活发生了直接和密切的联系。在本雅明看来,灵晕的消失本身是资本时代异化的社会病症的体现,在这一点上,他和阿多诺显然有着诸多的共同语言。但是本雅明并没有像阿多诺那样否定机械复制技术,而是肯定了其重要作用:"艺术作品的可机械复制性在世界历史上第一次把艺术作品从它对礼仪的寄生中解放了出来"③不仅如此,在认同机械复制技术存在的合理性的同时,他还发现了它在艺术上的创新:"对艺术品的机械复制较之于原来的作品还表现出一些创新。"④

既然本雅明认为机械复制技术导致了灵晕的消失是时代病症的体现,那么这里仍需要再着重说明的一个问题是,他究竟是在怎样的意义上肯定机械复制技术?在本雅明看来,最初摄影的出现带来了灵晕,可是在后来的摄影中灵晕却消失了,这种变化说明了关键问题不在于技术本身,而是在技术的被运用方式上,即摄影师与这一技术之间的关系发生了变化。"灵晕"在第一批摄影师的照片那里是存在的,这个"灵晕"不仅是技术的,同时也是从绘画到摄影转换的过程当中形成的,人物的时代性和机械、摄影师之间都

---

① 〔德〕瓦尔特·本雅明:《机械复制时代的艺术作品》,王才勇译,中国城市出版社,2002 年,第 124 页。

② 同上,第 123 ~ 124 页。

③ 同上,第 93 页。

④ 同上,第 81 页。

配合得相当默契,这构成了早期摄影伟大的地方。可是后来,当摄影技术和艺术之间产生背离,光学的进步如同征服黑暗一般征服着光影的时候,"灵晕"就开始消失了,导致这一点的主要原因是摄影师后期在暗房里的修板工作,这时他们发挥的不再是镜头的捕捉功能。本雅明意在表明不是技术的发展使得"灵晕"消失了,相反,恰恰是技术使得"灵晕"在早期的摄影中获得体现,摄影在这个意义上毋宁说是一种救赎。[1] 照片从现实中汲取灵晕,就构成了那个时代独一无二的体现,事情发生转变的根源在于人们对技术的运用不当。技术的本质作用不是去控制自然,而是控制人与自然的关系。可见,本雅明对技术是持肯定和赞同的态度的。正是基于这一点,他才会认为机械复制技术在改变艺术原有的存在方式的同时也改变了艺术与大众的关系,大众文化的产生是一种谁也无法阻挡的历史趋势,我们应当从这种新的历史趋势中汲取实现救赎的养分,只要我们注意对待和处理它们的方式。

五、当代艺术与救赎

本雅明研究资本主义社会机械复制技术条件下艺术的嬗变,最终的目标是探寻和考量当代艺术中蓄积着怎样的祛除对大众和无产阶级的感性意识遮蔽的实践力量,这不只是为了对抗当下的法西斯主义利用艺术制造新神话的行为,更重要的是最终实现人类的救赎目标。本雅明在其《机械复制时代的艺术作品》一文的前言就表达了自己的这一主张:"现行生产条件下艺术发展倾向的论题所具有的辩证法,在上层建筑中并不见得就不如在经济结构中那样引人注目。低估这些论题所具有的斗争价值,将是一种错误。这些论题漠视诸如创造力和天才、永恒价值和神秘性等一些传统概念——对这些概念的不加控制的运用(眼下要控制它们是很难的),就会导致用法西斯主义意识处理材料。我们在下面重新引入艺术理论中的这些概念与那些较常见的概念不同,它们在艺术理论中根本不能为法西斯主义服务;相

---

[1] 参见吕新雨:《在纪录美学中寻找本雅明的"灵晕"——吕新雨在浙江大学的讲演》,《文汇报》,2015 年 5 月 8 日。

反,它们对于表述艺术政策中革命性要求却是有用的。"①

20 世纪 20 年代法西斯主义开始在欧洲肆意横行,本雅明分析了法西斯主义能够产生的原因,"是他的对手在进步的名义下把它看作一种历史的常态"②。正是这种将历史的发展视为一种必然进程的历史进步论钳制大众和无产阶级的革命精神,为法西斯的暴力行径提供了合法化的依据。法西斯主义不仅利用历史进步论,更利用了当代艺术剥离了传统的美学品质的这一新变化将其变成了政治的工具,将目标对准了广播、摄影和电影等新的艺术媒介,实现了政治的美学化,制造了时代的危机。

从此大众在法西斯神秘的权力崇拜面前丧失了批判精神,感性的革命意识被遮蔽了起来。本雅明意识到,伴随着机械复制技术的产生而形成的艺术经验是一种宝贵的资源,因为在这其中孕育着救赎的力量,它可以唤醒和发动大众的革命的感性意识。在他看来,灵晕在当代社会的衰微、艺术的嬗变看上去似乎只是由机械复制技术的出现而导致的,其实归根结底,这根源于社会生活的变迁。他不断地警醒人们,艺术领域所发生的新变化不只是艺术领域本身的事情,它映射出的是现实的危机。法西斯主义是"从战争中期待那种由技术改变之意义所感受到的艺术满足"③,其实质则是人类的自我异化达到了前所未有的程度,"以致人们把自我否定作为第一流的审美享受去体验"④。作为对法西斯主义借助艺术新媒介进行的大肆宣传战略,利用大众的沉醉和堕落来侵蚀和遮蔽其所蕴藏着革命的感性意识的回击,本雅明提出:"法西斯主义谋求的政治审美化就是如此,而共产主义则用艺术的政治化对法西斯主义的做法作出了回应。"⑤这里他所说的"艺术的政治化"指的即是探讨大众集体的革命的感性意识形成的新形式。本雅明曾对"艺术的政治化"心存顾虑,这与他在苏联的经历不无关联。1926 年底,本雅

---

① [德]瓦尔特·本雅明:《机械复制时代的艺术作品》,王才勇译,中国城市出版社,2002 年,第 80~81 页。

② [美]汉娜·阿伦特编:《启迪:本雅明文选》,张旭东、王斑译,生活·读书·新知三联书店,2008 年,第 269 页。

③ [德]瓦尔特·本雅明:《机械复制时代的艺术作品》,王才勇译,中国城市出版社,2002 年,第 132 页。

④ 同上,第 132~133 页。

⑤ 同上,第 133 页。

明曾去苏联采访,他虽然看到了社会主义的欣欣向荣,但也真切地感受到了人们巨大的政治压力。因此,虽然他极力去唤醒无产阶级的革命意识,但是更多的是向社会的边缘人即大众中去寻求社会解放的集体精神的新形式,这是本雅明着眼于建构可以联系大众、被更多的人而不只是少数精英所需要的一种理论的需要。当本雅明提出艺术媒介具有发动大众的作用时,事实上,他已经暗示了大众能够去积极回应这一点。

六、结语

本雅明向艺术领域寻求救赎力量,表现出的强调上层建筑的重要意义的倾向。从表面上看来这似乎与马克思一贯重视生产力、经济基础的基础性作用的思路有所背离。然而事实上本雅明并未从根本上脱离马克思的历史唯物主义文化阐释的原初路向。在对机械复制时代新型的集体艺术经验的全面阐析当中,本雅明充分运用了历史唯物主义"生活决定意识"的这个基本的分析框架。他对艺术的嬗变作为一种不可逆转的历史趋势的认可,与他对技术的辩证分析和对技术发展的赞同息息相关或者更进一步说对后者的认可事实上提供了前者的合法性的依据,这里面包含着对马克思的生产力、经济基础的基础性地位的坚持。因此,本雅明是在马克思所主张的要从资本主义的生产逻辑之中,也就是从资本主义生产过程的辩证法中来探寻和拯救大众和无产阶级的"感性意识"。

应当说,自从西方马克思主义创始人卢卡奇开创了从文化意识的角度推进马克思主义当代发展的路向以来,法兰克福学派大部分成员承袭了这一传统开展了对资本主义社会广泛而深入的文化批判,本雅明也始终行进在这一条道路上。不仅如此,他之所以将目光投向当代艺术生产领域更多地还是深受马克思的历史唯物主义思想的现实的实践品格的感染与启迪。马克思提出过一个极为重要的观点"凡是把理论引向神秘主义的神秘东西,都能在人的实践中以及对这种实践的理解中得到合理的解决"[1]。这里的"神秘东西"马克思指称的是被异化了的感性意识。事实上本雅明汲取了马

---

① 《马克思恩格斯选集》(第一卷),人民出版社,2012年,第135~136页。

克思这一观点的养料在他看来这个神秘东西在艺术领域中表达得最为淋漓尽致,因而这一领域当是探究和揭示资本主义社会异化状况奥秘的最为关键的部分。而且本雅明还坚信这里还是一个真正能够达到主体性自觉的领域,艺术的嬗变提供了通过艺术的政治化发动大众和无产阶级革命实践活动的契机。正是基于这些考量,本雅明才会对这个领域进行深入考察与分析,并将其作为他力图改变现实世界的最重要的途径。从整体上来看,本雅明的理论进路不同于哈贝马斯,后者退出了生产领域;消解了马克思的历史唯物主义思想中生产方式的首要地位而完全代之以规范结构亦与在符号的逻辑当中去把握和诊断当代资本主义社会症候的鲍德里亚迥异,他仍然是要求深入于资本的生产逻辑当中去发现一种救赎的力量。① 正是因为遵循马克思所倡导的异化的扬弃当与异化走的是同一条道路的观念,本雅明才能够在其理论当中依然保持着锐利的批判锋芒,洋溢着充沛的革命力量。尽管阿多诺对本雅明所做的救赎工作作出了如下评价:"本雅明所做的不折不扣是从梦幻中听出使人康复性醒来的声音,而就这拯救而言他实际上失败了。"②然而事实上在本雅明那里所展现出来的是一种强烈的救赎意愿和热烈的革命激情因而无论救赎的希望渺茫与否,本雅明都坚信终归是可以开拓出一条真正拯救的路径的。

夏　巍(复旦大学)

---

① 参见夏巍:《国外马克思主义文化理论研究概览——以历史唯物主义为核心的考察》,《理论视野》,2016 年第 11 期。

② [德]瓦尔特·本雅明:《单行道》,王涌译,译林出版社,2012 年,第 104 页。

文化现代性视域下查尔斯·泰勒政治哲学诠释性政治主体阐释

政治哲学主要是研究政治原则、政治价值的正当性及其道德合理性的理论。泰勒的政治哲学原则是通过对自由主义政治原则进行批判分析基础上实现的,其支撑政治原则的政治价值理论是直接与其政治主体理论密切相关。泰勒对建立在非文化现代性基础上的政治哲学原子化自我进行了立体式的批判,在文化现代性视域下汲取本真性伦理思想中主体自我的创造性和生成性特征,从哲学人类学视角运用哲学解释学方法,全面阐释作为语言存在的自我、主体间性自我和文化构成性共同体三个维度的政治主体。同时对建立在诠释性政治主体基础上的承认政治实践模式和自主联合市民社会共同体政治实践进行了深入探索。独特的政治主体观构成了泰勒政治哲学的基础和支撑,更成为其政治哲学言说和表达的方式。

一、文化现代性视域下本真性政治哲学主体的阐释

(一)泰勒的文化现代性批判理论

1.泰勒对现代性危机的批判性阐释

泰勒政治哲学产生的社会背景就是现代性发展及现代性问题的产生,对现代性泰勒提出了自身独特的理解和解决的方案。泰勒以是否蕴含文化基础的标准,对现代性进行了界分,主要包含两种现代性,两种不同的理解现代性的方式:文化现代性与非文化现代性。泰勒建立在文化现代性与非文化现代性界分基础上的对多重现代性的理解具有内在的张力,这种张力

体现在其对多元现代性的文化和规范性的双重理解,规范性是对现代性发展中的现代模式积极意义的肯定,文化性则是强化规范性所蕴含的文化传统和道德价值基础。泰勒所理解的非文化现代性是对个体存在于其中的文化传统采取中立态度的对社会变化发展描述的一种现代性,其最为本质性的特征就是价值中立,呈现的显著特点有科学理性成为现代性发展中的主导力量、祛魅世界的世俗化加剧、政治事实与政治价值的分离等。泰勒明确指出,非文化现代性观点构成了当代新自由主义中普遍存在和认同的基础,这种观点将西方的现代性视为全人类社会所有文化变迁的必然趋势、必然产物和必然归宿。非文化现代性蕴含着世界历史发展中一元现代性的文化霸权和政治霸权论,产生这种现代性的理论根源在于启蒙运动对抽象主体理性价值的过度张扬,对大写的理性的人的原子化和程序化理解,非文化现代性发展直接产生的后果就是每种文化同质的单向度发展。政治实践中程序自由主义的绝对公平正义原则,难以解决多元文化差异的认同和承认问题,文化差异性的冲突在实质上构成现代性发展中各种政治矛盾和政治冲突的根源。泰勒认为自由主义政治及其政治理论所主张的齐一化的公民身份是 21 世纪的一种新的乌托邦,既是理论上的多元文化价值的缺失,又是实践中无法实现的政治目标。政治实践的现代性危机困境只能在多元深度的文化价值中挖掘,在多元文化差异性中确定公民身份,给予个体存在以内在价值和存在的整体性关切,是解决现代新自由主义政治实践危机的一种探索方式。

2. 泰勒的文化现代性内涵阐释

在泰勒主张的文化现代性理念中,客观地把西方社会的现代性视为仅是西方文化的现代性的产物,只是人类社会文化发展过程中的一种方式和一个历程,真正的现代性是文化的现代性。泰勒对文化现代性的界定是建立在对文化多元主义尊重的基础上。所谓文化现代性就是对多元文化价值的平等性予以承认,对多元文化价值存在的合理正当性予以承认,基于不同文化发展脉络的独特性中推进现代的发展。泰勒所理解的文化现代性其本质是多元的平等主义,实质上蕴含着差异现代性,或者说是多重现代性的维度。泰勒的文化现代性承认了现代性发展的多重文化背景的价值,现代性不是西方独有的现代性,主体独立和解放的自我张扬只是西方社会文化价值的诉求。西方现代性只是现代性发展中的一种理解方式,现代性的发展和对现代性的理解应该置放于更为广阔的多元历史和社会文化背景之中。泰勒通过对现代性进行的文化现代性与非文化现代性的界分实际上在倡导一种多元文化之间的开放态度和包容精神,多元不同的文化具有同等的价值,这是泰勒所做的一个逻辑前提和预设,在这种理论逻辑前提下,不同文化及文化背景所塑造的不同主体才能有效形成沟通,达成认同和承认。泰勒对跨文化共识抱有积极的态度,世界性的规范性的共识是形成跨文化共识的一个基础,同时对现代性发展的积极认同也是跨文化共识的一种积极探索的路径,当然最为深层次的就是文化传统和道德价值的深度共识的达成。

(二)泰勒文化现代性视域下本真性伦理的表达

1.泰勒对非文化现代性中自由主义政治哲学主体的批判

现代性是由西方社会发源产生的历史性产物,虽然现代性产生了系列现代性问题,但是不可否认的是现代性发展在人类历史、社会发展和人的存在的状态的认识的转换中都起到了积极的促进作用,对人的理性认识和把握世界能力的提升都起到了重要的作用和价值。伴随现代性的发展主体人自身的存在发生了积极的变化,主体人不再依赖外在的秩序的规定性,主体自身能动性显著增强,主体人的独立性和自主选择性给自身更多面向自我的契机,自我与自己的价值和道德是直接链接和关联的,每个独立的主体都有自身独特的善的价值,不需要借助外在强大的精神力量赋予,自身的自我超越性蕴含着对人的本真性的尊重。泰勒对现代性发展中主体自我个体道德本真性的积极建构意义予以了肯定,每个个体能够忠于自己的内心选择有价值和有意义的生活。泰勒对现代性发展中主体理性自我面向本真性肯定的同时,也深入批判了非文化现代性背景下,自由主义将理性主体自我抽空为原子化的现代自由主义理论,尤其是对其所依赖的政治主体思想进行了批判。泰勒所批判的自由主义的政治主体,是现代性理性自我发展中的一种变异形态,在现代性发展的过程中自由主义所依赖的主体发生了显著的变化,泰勒称之为"离根式"自我,泰勒意指的"离根式"自我是一种祛魅式自我,在价值中立中自我脱离了其所存在的文化传统,脱离了其所在的道德背景和价值的承载,成为理性自我选择的工具。原本具有深厚意义价值背景的自我被工具主义理性抽空了意义维度,只是成为自我欲望和自由选择权利的工具。这种理性原子化主体自我也就是被马尔库塞称呼为"单向度"的人,这种自我生活完全被形式化和碎片化,自我的生活的意义是什么,怎样的生活是值得的和有意义的被中立和搁置。在现代抽象化理性主体中的自我的本真性被遮蔽,泰勒强调政治主体的本真性理想信念是现代政治哲学和政治伦理必须尊重和恢复的传统。在这里泰勒对本真性政治伦理的关注,实际上是在为自由主义的理论探寻意义和价值的根基,现代自由主义政治哲学在理论上存在着程序化和单质化倾向,在实践中存在着工具主义倾向。真正的政治哲学应该建立在本真性主体自我的基础上,真正的政治哲学应该以生活世界中对有意义和价值的人存在的认同为前提和根基。

2. 泰勒文化现代性视域下本真性伦理的提出

泰勒对政治主体进行本真性伦理论证有其文化传统和理论渊源。泰勒强调本真性伦理在政治哲学中和政治主体建构中的重要价值。泰勒认为主体对本真性自我实现的追求是同 18 世纪的浪漫主义思潮紧密相连的,在浪漫主义思潮中表现主义对自我的本真性有其独特的理解。"我们之中的每一个人都具有他(她)的实现自身人性的方式,每个人寻找到自己特有的生活方式,并且按照这种方式度过一生对我们是非常重要的。这种方式与被外界强加的生活方式形成了鲜明的对照,因为被社会、前人和宗教强加的生活方式会放弃自己特有的生活方式的独特性。"①在这里,泰勒强调了一种区别于传统观念中的自我与某种外在本源相联系的对自我及其存在意义的理解。自我不再需要上帝等外在的秩序规定其自身的价值,这种与我们具有构成性关系的价值和意义的根基和根源来自每个个体自身对于本真性的遵循。

泰勒本真性伦理的理论渊源可以追溯到思想史发展的三个阶段,第一个阶段是本真性伦理及伦理主体萌芽阶段。这个阶段的主要代表人物是 18

---

① Charles Taylor, Cultures of Democracy and Citizen Efticacy, *Public Culture*, 2007(19.1), pp. 136–137.

世纪的思想家沙夫茨伯里和弗朗西斯·哈奇森。本真性伦理的萌芽产生阶段主要是来自对传统神学观的批判,具有代表性的是自然神论者沙夫茨伯的自然情感理论,他提出最高的善不是来自上帝的外在惩戒性律令,而是来自宇宙自身之中,来自人的本性之中。第二阶段本真性伦理的成熟发展期,在泰勒的政治哲学对于主体的研究中,认为卢梭的哲学思想在本真性伦理现代形态转变中具有关键的地位。卢梭自然之声的观点是本真性伦理基本理论的逻辑起点,他认为人的善的价值的根源在于自然之声,自然始终是善的,人欲达到至善必须回归自然。第三阶段新本真性伦理的发展期,德国浪漫主义的先驱,哲学家、思想家赫尔德的本真性表达思想引起泰勒的强烈关注,被泰勒定位于新本真性伦理学的代表性人物和理论的源头。赫尔德理论的独特性在于强调和突出主体的独特性,这种独特性能够让自我选择和决定应该过什么样的生活和辨识什么样的生活是更有价值和意义的。这种独特性不仅存在于独立的主体个体身上,而且更是不同共同体和不同民族文化独特性的来源。

泰勒建立在本真性伦理基础上的对主体自我的理解具有其自身独特的深刻内涵,强调自我的创造性生成的实现过程,每个独立的个体都具有自身独特的价值尺度,独立的个体通过丰富的语言将其存在方式与他者和共同体进行沟通交流,在这个过程中不断生成和完善自我,形成自我认同,形成对自我追求的有意义的美好生活的追求。这种对主体自我的理解不同于笛卡尔哲学思想中的大写理性主体自我。而现代自由主义政治哲学,将其政治主体建立在笛卡尔思想路线演化出来的原子化自我的基础上,自我成为脱离外在规定性和专治政权束缚的具有选择权利自由的主体。在本真性伦理发展的过程中,泰勒肯定了卢梭对自我观念理解的积极意义,人在进入社会状态后,要想获得真正的自由,必须追求自我本真性的道德自由,如果只是靠社会利益中实现的社会自由那还是处于奴隶的状态,只有遵从内心立法的道德自由状态才是真正的自由。本真性伦理自我既蕴含着对自身本真性的遵循,又融入整体文化发展的境遇中,这就决定了本真性伦理自身具有内在强大的理论张力,既拥有实现自我独特性的本真性理想,又要让独特性在共同体,尤其是政治共同体中得到共同的价值认同。泰勒充分发挥和利用了本真性伦理自我的内在理论张力,通过分析赫尔德对语言的对话性质及语言在主体自我表达中的作用,也就是解释学的方式,实现了为其政治哲学主体奠定基础的论证。

二、文化现代性视域下政治主体的哲学人类学阐释

(一)泰勒哲学人类学视域的形成

1. 哲学人类学转向与发展

哲学人类学是20世纪初兴起的一个哲学思潮和哲学流派,主要是基于对现代人的整体性思考的研究。这一思潮产生的社会背景主要是自18世纪以来自然科学的发展取得了前所未有的成就,随之而来的是对自然科学方法的崇拜和广泛应用,尤其是运用自然科学的方法进行人文社会科学的研究,实证主义方法盛行于人文社会科学的研究之中。运用自然科学的实证主义方法进行人的研究,实质上就是将人与自然中的其他可认识的对象一样当作客体来对待,被对象化的主体成为客体,不再去追问主体自身是什么,主体存在的意义和价值是什么,主体的本质是什么等关于人的本质和意义的学说和理论。泰勒认为这是认识论的传统所带来的悖论与困境,自启蒙运动以来,伴随主体理性地位的确立,哲学实现了认识论的转向,主体人被抽象成为具有先天理性认识能力的主体,同时又是他者认识的对象,也就是成为认识的客体。在人的主体能力确立的过程中,实际上也是与传统的秩序和价值观念断裂的过程,这种对于人的抽象化的、单向度的理解是不能够真正体现人的本质、存在状态和整体性特征。哲学人类学正是在认识论陷入危机的过程中,立足从整体性上对人的存在状态进行思考的理论。对人存在的状态及人的本质的思考构成了哲学人类学的核心问题,这个定位不仅是基于哲学理论的思考,而且是构成对人类知识和生活世界关系的思考。人们所生活的世界及生活世界形成的历史成为我们存在的空间背景,构成了我们之所以是我们,我之所以是自己的确定性判断的基础。这种对人存在的整体性的思考涵盖了独立个体的存在及对其存在具有构成性的生活世界的存在。没有关于人的存在状态的思考,知识、实践与人类的道德价值领域都会失去灵魂的支撑,使人类的存在成为空洞物化的无意义的存在。

2. 泰勒的哲学人类学论证

泰勒的哲学人类学是对人的存在的整体性思考,通过了两个互为关联的论证构建了自己独特的哲学人类学,不仅是作为方法论,而且重要的是从存在论的视野展开的对人的存在状态及存在价值的考察。泰勒的哲学人类学具有双重论证的意蕴,将主体自我发挥能动性的先验条件与主体进行实践经验行动连接起来,这个关键的连接焦点就在于将人理解为语言的存在。泰勒认为人的主体的能动性的发挥受制于在实践中的经验行为的制约。这种关联性的论证泰勒是通过两个不同层次的论证实现的,第一个阶段就是对主体人的道德情感的现象学分析,透析出人的道德情感所依赖的意义空间,"人是一种拥有许多目的的存在,这些目的相对于他们而言,具有极其特殊和重要的意义。这些重要的目的在自我构成中扮演着关键的角色,能够部分地回答'我是谁'的问题。当然,目的和目标类似,有一个目的就意味着人们渴望着某个特殊的结果,进而努力地去实现。这些目的并不是由他人给予和强加的,而是个体所拥有的目标,并且能够宣称这个目标能够指引他的行为。所以拥有目的是人类的本质特征"①。人的目的具有重要的意义空间,这个意义空间对于自我具有构成性的价值。泰勒进行哲学人类学论证的第二个层次,就是不同的主体自我在具有差异性的文化道德意义空间中,形成的对自身的认同、与他者形成的主体间性关系、个体在意义空间中的价值善的定位以及人的存在的时间性等。这在客观上就由主体自身的能动性的先验论证给予的对人的理解的逻辑起点,转向了缜密的个体具有差异性和时间存在性的意义和价值的实践探索。在两个层次的论证中,泰勒是受到了康德哲学的影响,但是泰勒为了避免如同康德一样陷入先验论证无限反复循环的进程,在先验论证与实践论证之间泰勒通过哲学解释学实现了对人的存在论理解。

3. 泰勒人类学视角下的哲学解释学

解释学从其词源考察,来源于古希腊"hermeneuein",传统意义上是指对文本进行解释的理论,同时也作为人文社会科学的一种方法论被普遍认可和运用。正是社会科学的这种解释性特征使其与自然科学的客观实在性相

① Charles Taylor, *The Explanation of Behaviour*, Routledge & Kegan paul, 1964, p. 5.

区别开来。泰勒对解释学的理解和运用，都不是传统意义上的使用，对文本注释给予不给予过多关注，对解释学作为方法论的意义也并不热衷。泰勒主要是基于人类学，从对人的存在，尤其是人存在的意义的阐释中，充分展开自己哲学解释学的理论路径，也就是说泰勒的解释学是建立在哲学人类学思考的基础上，立足生存论和价值论视角探讨人的本质及其存在意义。泰勒的解释学主要思考的问题就是解释的对象是什么，对什么进行解释，这样的思考直接指向了问题的核心。泰勒认为解释的对象是意义，只有具有显性的意义或者潜在的意义的事物，才有必要有价值去解释，解释的最终目标就是澄明意义。泰勒的这一思考是基于对现代性问题中的意义丧失隐忧的考量。现代科学理性的发展与膨胀，没有给意义以表达的空间，自然界的事物作为存在的客体，包括人的心灵和思想也可以在科学发现的必然规律中去认识，传统的由整体秩序规定的意义的丧失，现代科技理性的主导无须探讨意义问题，这就导致意义成为一种无可安置的状态。

　　泰勒对认识论中主体自我极力膨胀的状态和自我意义价值迷失的状态，不仅进行了批判，更为重要的是寻找诊断问题的方案。这种方案的焦点就是运用何种方式对自我的存在及其本质和意义问题展开思考。泰勒通过哲学人类学的思考，在自我存在与生成的历史文化溯源和论证中，确立了解释学在研究人的本质、人的存在状态和存在价值的研究中所具有的独特价值。"克服认识论的缺陷，塑造哲学人类学的关键是认识到语言对于人类本质的定义的重要性的认识性。"①人的存在是由各种事物对他的意义而构成的，而事物对于人的意义在一定程度上依赖于语言的阐释，通过阐释使人存在的可能性显现出来，通过阐释主体人不断地在意义的背景中构造生成出来。人类是众多生物性存在中，唯一具有智慧，能够对是非善恶与道德价值观念进行思考的生物，人类智慧的思考通过语言的途径进行表达，在交互表达的过程中，人成为能够认知自身、认知自身与世界的关系，并且理性地经营政治生活的动物。对人的本质的研究在传统哲学中得到深入的发展，伴随现代哲学的认识论转向逐渐淡出社会科学研究的视野，正是这种对人的本质及其整体性研究的不在场，导致现代性发展过程中出现了理性原子化

---

① Charles Taylor, *Philosophical Arguments*, Harvard University Press, 1985, p. 3.

自我。泰勒则是立足对现代自由主义政治哲学的政治主体人的研究进行批判基础上,通过历史文化资源的追溯,汲取传统和现代哲学思想中关于人的存在的本质的论证,提出了自己的哲学人类学观点和理论。把人界定为自我解释的动物,这个论题实际上相当于预设了一个理论前提,那就是人的存在是对自我解释塑造的多个意义的表现,同时这些被解释出来的意义又构成了人的存在及其本质,也就是说泰勒通过语言与存在的关系问题的探索,通过解释学的路径,确立了意义价值问题对于人的本质构成性意义和价值,通过解释学路径实现了认识论向存在论的转向。

(二)文化现代性视域下泰勒诠释性自我政治主体的确立

1.作为语言存在的自我

泰勒通过思想史和文化史的追溯,在借鉴解释学的古希腊资源、浪漫主义流派资源和现代解释学资源的基础上,通过对自我的历史性追溯,形成了语言构成性主体自我的观念和理论。泰勒从存在论视角展开了对政治主体诠释性自我的论证。哲学解释学视角中的自我的存在需要具备三个相互密切关联和支撑的条件,"首先诠释需要一个客观对象,用以阐释其是否具有连贯性、一致性,以及是否构成意义;再者,主体必须能够在相关的脉络中做出意义的辨别,在不同的表达方式里,辨别出在特定意义背景中的意义与连贯性。此时,意义是主体在单纯地表达之外所提供的更为丰富的理解背景,而有效的表达则让意义背景更为有序地呈现与梳理。最后,诠释的意义是需要有一个主体才能产生,或者是许多主体所共享的"①。在这里泰勒是对主体性存在进行了三重分析,遵循的论证思路是:主体人作为语言阐释的对象,在语言阐释的过程中能够辨别自身存在的意义和价值,而这种辨别必须建立在丰富的历史文化背景之中。

泰勒哲学解释学意义上的"人是语言的动物"在本体论上阐释了语言对于人的建构性作用,在政治文化价值背景中将丰富的价值主体引向社会性事务领域,"人类是一种语言动物,这不仅仅是因为他能够对各种事物进行

---

① Charles Taylor, *Human Agency and Language*, Cambridge University Press, 1985, pp.15－16.

明确表达和做出说明,并因此考虑各种问题和进行谋划,这些都是其他动物所不能的;而且是因为,我们所认为的基本的人类关切之事只有应用语言才能够被揭示,并且只能是语言动物的关切之事"①。据此泰勒赋予了"人是诠释性存在"以存在论意义,论证出主体人是在历史文化传统中建构意义世界的存在者,正是通过解释学揭示了并在此基础上展开和深化自己的政治哲学理论和实践研究路径。

2. 解释学视域中主体间性自我

主体人存在的意义,存在的意义在语言维度的阐释,阐释过程中对主体的不断构造与生成是一个伴随存在而永恒存在的主题和过程。人的本质不是既定不变和永恒的,是通过语言的对话性特征与他者形成关系的过程中不断发展和形成。泰勒对政治主体的存在论理解是语言的存在,在这个本体预设中蕴含着主体间性的原则。启蒙运动主体理性的张扬,让主体脱离具体环境和他者成为一个独存的孤立个体,认识论带来的主客二元分立,以及带来的他者被主体对象化为客体的现象,引起了现代哲学家的关注,主体间性的理论在克服认识论局限,重新认识人的本质及存在状态具有重要的意义和价值。

泰勒通过语言的对话性特征,而提出的主体间性理论贴切而深刻地回应了当今时代哲学研究的主体和时代问题的症结。自我的存在以及自我认同的形成依赖于在对话的结构中与他者的沟通,"一个人不能基于他自身而是自我。只有在与某些对话者的关系中,我才是我:一种方式是在与那些对我获得自我定义有本质作用的谈话伙伴的关系中;另一种是在与那些对我持续领会自我理解的语言具有关键作用的人的关系中——当然,这些类别也有重叠。"②

泰勒对主体间性的理解逻辑出发点还是从主体自我的存在论的视角,自我具有同一性,自我能够形成对我是谁的回答,对我是谁的回答和界定,需要揭示我所处的具体的情境,具体情境中哪些事情、价值和关系对我是重

---

① [加拿大]查尔斯·泰勒:《自我的根源:现代认同的形式》,韩震等译,译林出版社,2001年,第263页。

② 同上,第50页。

要的,自我会做出一定的价值选择和判断,"我作为自我或我的认同,是以这样的方式规定的,即这些事情对我而言是意义重大的。而且,正如被广泛讨论的那样,这些事情对我意义重大,而且,只能通过已经接受的关于这些问题的有效表达的解释语言,才能制定我的认同问题"①。而这个对我存在的意义的价值选择和判断的过程依赖于我与其他主体的在共同存在的背景的对话活动及彼此依赖共存的关系,"我们的认同是透过与他者半是公开、半是内心的对话、协商而形成的……我的认同本质性地依赖于我和他者的对话关系"②。泰勒对政治主体的理解通过解释学,将主体人定位于自我解释的存在,在自我解释和自我本质生成的过程中,语言超越了独立的个体的限制,这源于语言解释自身所具有的对话性,也就是主体间性的特征,语言对于人的阐释及构成性作用,推演出人的主体间性特征和结构。

3. 诠释性政治主体的内在张力与整合

政治主体追求的个体自由选择权利的独立性与单独的每个在差异性的文化传统中存在的个体及个体价值的实现之间存在着强大的张力,这也是自由主义与社群主义两个哲学流派存在理论分歧的关键所在。自由主义政治哲学建立的主体基础是通过对每个个体所存在的文化传统和价值的中立来实现个体自主自由选择的权利;传统的社群主义则是通过个体所共同生存的文化传统和共同体的决定性作用确定了共同体的优先性原则,在一定程度上出现了对个体自由选择权利的压制现象。泰勒的政治哲学在自由主义与社群主义之间通过哲学解释学路径论证了政治主体自我选择的权利与自由所蕴含的传统文化基础和价值根基,为自由主义政治哲学所依赖的离根式政治主体建立了坚实的文化和价值基础。泰勒通过解释学实现的政治哲学主体的张力之间的贡献得到了高度的评价:"帮助一些人了解人文学科的独特性质,并在如下时刻不予以回击,当我们被告知唯一可行的方式是,抛弃意义和价值的根据,信奉一种狭隘的实证科学,完全忽视本体论或人类学问题,以及与认识论的争论保持距离。泰勒由极其翔实且精致的论证加

① [加拿大]查尔斯·泰勒:《自我的根源:现代认同的形式》,韩震等译,译林出版社,2001年,第47页。

② Charles Taylor, *The Politics of Recognition*, *Philosophical Arguments*, Harvard University Press, 1995, p. 231.

以支撑的明确主张是,人文科学不能是价值无涉的,因为"它们是道德科学",道德科学的主题是"自我解释的动物",即人。①

在对泰勒政治主体这一恰切的评价中,突出了泰勒对自我及其存在尊严的深入理解和论证。泰勒对自我的理解是嵌入式的,也就是自我是不可能脱离开其自身的框架而存在,正式对框架的理解,确定了特定的善的地位,这种框架背景成为我们进入世界的方式,"我们的自我解释本质上包含了我们根据我所谓的强评价背景对我们自身的看待。我以此意指几种事物之间的有差别的背景,有些事物被认为具有绝对的或无条件的或更高的重要性或价值,而另一些事物则缺少这一点或仅仅具有较小的价值"②。这种文化价值的框架和背景无论是显现的还是隐蔽的,永远是不可中立和回避的。只有不回避这种框架才能在政治原则中建立起包容的制度,建立起一种宽容的政治伦理,人的自我认同、与他者与社会和国家的认同,也只有与善的价值道德背景相关联的关系中才能形成。如果悬置这些价值背景,将失去个体独特的文化构成性特征,所谓的自主选择的权利的优先性也是没有个体自由价值的一种形式而已。在政治哲学主体内在存在张力的论证上,泰勒深受梅洛庞蒂现象学的影响,"现象学的所有努力,目的在于重新找到一种与世界接触的朴素方式,为了能够给予一个终极的哲学界说。这是哲学尝试成为缜密的科学的目的所在,也是对生活世界的时间与空间和整体世界的整理。所有这些,就是努力尝试真实直接地描述我们的生活经验,不必考虑其起源,也不必考虑其他方向的科学家、历史学家或社会学家给予什么样的因果解释"③。泰勒受梅洛庞蒂对个体生命与生活世界的关系现象学研究的启迪,力求在生活世界中寻求使主体自我生成自身本质的方法,将解释学不仅运用在其本体论的论证上,同样也成为认识论的中心问题。泰勒坚持政治主体在世界中是作为世界参与者呈现的,他是通过承认政治的实践模式和市民社会共同体的重构中的经验与周围的环境之间的关系的论证,强调周围的世界和环境成为一种实现自我创造的有意义的场域,每个独

---

① See Interpretation and the Human Sciences of Man, in *Philosophy and the Human Sciences*, *Philosophical Papers 2*, Cambridge University Press, 1985, p. 57.

② Human Agency and Language, *Philosophical Papers 1*. Cambridge University Press. 1985, p. 3.

③ Merleau – Ponty, *Phénoménologie de la perception*, Gallimard, 1945, p. 2.

立的个体在其中进行参与性的行动,与其他个体的交互性行动,在行动中实现和追求自身的目的。

(三)文化现代性视域下主体间性共同体的建构

1. 共同体建构的主体间性存在论基础

泰勒政治哲学通过本真性伦理和哲学解释学,梳理和建构出具有构成性特征的主体间性政治主体。政治主体的主体间性特征为泰勒的共同体思想奠定了存在论基础。理论的回声是对时代的关切,泰勒政治哲学的建构,尤其是对共同体理论的建构,不仅是把对共同体的理解从自由个体的联合体转向具有伦理向度的价值共同体,而且是一种对共同体及其存在价值进行考量的思维方式的改变。泰勒从其独特的哲学人类学视角,对共同体存在及其内在价值进行了深入的分析和阐释。在泰勒的表述中,我们可以清晰发现它对于共同体的重新审视,这不能简单地理解为是对自由主义共同体思想的局部补充和修正,而应该从其共同体思想的根基——一种立足在存在论意义上的重新理解、重新定位和重新建构。从另外一个层面上看,泰勒对共同体的理解不仅仅是对人的存在论上的关注,最为重要的是人在共同体中彼此共在的依赖状态,以及构成这种依赖状态的共同的语境的建构,这是使个体的德行品质得以塑造和展现的道德空间框架,也是自我和他者在共同的关系中彼此建构形成认同和承认的价值空间。

对主体自我与共同体之间的这种关系互构性模式理论的提出,泰勒有其自身独特的理论逻辑出发点。泰勒对共同体及其意义的重建是建立在主体间性自我的理解基础上的。泰勒通过哲学解释学不仅确立了作为语言存在性自我的政治主体地位,更为重要的是为作为语言存在的自我的对话性特征,蕴含了政治主体的主体间性特征。不同的主体人在共同的文化背景和传统的共同体中通过语言、交流和沟通对话,不断地生成和实现自我,这就意味着自我是在与他者共在的共同体中形成的。共同体相对于个体的作用与自由主义的依附关系形成鲜明的对照,共同体不再仅仅是公民拥有存在的一种简单的社会关系,而是在共同体中独立的个体自身我是谁的回应,每个独立的个体不再是以依附的关系在共同体中存在,而是以一种双向构成的关系存在,既自我构成共同体的成员,共同体构成自我认同的价值和文化传统背景。由此,作为语言诠释性自我就不再是独立的主体,而是存在着主体间性的结构和交往模式之中,基于哲学解释学视角的主体间性的理论逻辑,共同体对于自我不再是外在的附属,而是具有构成性的作用和价值。

2. 共同体建构的整体性目的论伦理基础

在泰勒的政治哲学中,如果从共同体作为自我构成的文化传统和道德价值背景视角来说,共同体是优先于个体主体的。这与自由主义对于共同体的理解恰好形成鲜明的对比,自由主义者认为个体优先于共同体,共同体的存在只是为了在程序上确保个体自由选择权利的实现和个体利益不受侵害。这在共同体观念上实现了哥白尼革命式翻转。共同体不再仅仅是为了社会运行而根据规则和制度建立起来的联合形式,而是独立的个体通过共同的文化传统和价值背景中产生的共同信念价值基础上形成的有机整体。泰勒对共同体思想的整体论建构思路大致可以这样理解和勾勒出来。"(1)我们形成的条件是成为完整的人类主体必不可少的条件。(2)对现代人来说,一个关键性的认同维度(在某些情况下是最为关键的)是其语言和文化,也就是他们生存其中的语言社群。(3)语言社群的存在既作为认同的对象,也是使人成为完整主体的必要条件。(4)对于自身成为完整人的条件,我们有资格要求他人的尊重。(5)由此,我们有权利要求他人尊重我们认同的对象和条件,即我们的语言社群。"①泰勒共同体思想从人的整体性存在和共同体的整体性存在的视野,力图弥合近现代社会政治哲学和政治实践中面对的政治事实与政治价值分离的悖论与困境。也就是说,在泰勒理解的共同体观念中,共同体是蕴含目的论伦理价值维度的联合体。

对于人与世界的客观描述的实然真理性和人与世界共存的过程中形成的应然真理性是人存在的两个不可或缺的维度,现代政治哲学尤其是自由主义政治哲学注重政治事实而悬搁政治价值的理论与实践,客观上抹杀了个体自我认同和共同体价值的存在。由此可以看出,泰勒对共同体的重视和对共同体意义的重建,不仅在于强调共同体与个体价值谁具有优先性的

---

① Charles Taylor, *Reconciling the Solitudes. Essays on Canadian Federalism and Nationalism*, Mc Gill‑Queen's University Press, 1993, pp. 53 – 54.

理论论证和探讨上,更是基于对自由主义政治哲学中,将个体所生存于其中具有构成性意义和价值的共同体中的文化传统和价值判断采取了悬搁判断、中立的态度的批判,这种中立的理由就是多元价值标准会损伤个体自由选择和公平正义原则。泰勒对于这种价值中立持严厉的批判态度,人是能够对善恶价值做出判断的理性的动物,在参与任何共同体事务的过程中,为了遵循政治程序而搁置判断是根本不可能,也不科学和不合理的,一旦只是按照程序进行事实判断,没有价值判断作为基础,一定会损伤个体自由和共同体存在的价值。这是当代自由主义理论的主张,也是现代政治科学抛开价值判断维度进行政治考量的败笔。泰勒强调在共同体中文化传统与美德构成了人存在的意义背景,生活在价值背景中人们能够在共同的文化中通过自身的理解做出实质性的价值判断,追求有意义的好的生活,因为共同体价值对个体的构成性,直接产生的结果就是个体的价值追求与共同体整体的价值方向具有同源同构性,二者保持高度的一致,但并不会产生善价值压制个体自由与权力的集权主义。

　　3.共同体建构的内在构成性价值论阐释

　　泰勒通过哲学人类学对共同体中的构成性价值进行了深入的挖掘,尝试汲取古希腊共同体传统中蕴含的而被近现代自由主义和政治科学掩盖的价值资源,泰勒通过语言的表达,把被现代自由掩盖的价值但仍然在共同体中起作用的文化和道德根源表达出来。泰勒认为,没有善的价值取向的语言表达,人将失去其道德的维度,在没有任何表达的情况下,我们将失去与善的所有联系。我们将不再是人类。在泰勒政治哲学中理解的共同体与被自由主义边缘化的共同体的理解形成鲜明的对比,共同体因其文化传统和道德价值的共同取向对个体形成了构成性的关系,这种构成性可以从三个方面进行理解。第一,形成自我认同的价值支撑,对自我的认同依赖于共同体的文化传统和价值来源,在共同体中我能够知道自己是谁,处于什么样的道德空间中,能够对自己有具体而明确清晰的认识和认可,共同体提供了自我认同的依据。第二,确证了自我的完整性存在,共同体的关系模式中让自我拥有了社会价值感,回答了我从哪里来,使自我从独立的主体走向了自我实现的主体间性的价值之维,个体无法脱离共同体而独立存在,"否则,将丧失自我存在的完整性、把握世界的立足点以及道德选择的意义背景"。第三,构筑自我的意义空间,共同体中的共同的价值基础和信念追求,成为自我存在意义的构成性要素,在共同体中,蕴含了个体对美好生活追求的理想,回答了为了什么而活的问题,给予了自我存在意义的价值支撑。

泰勒对共同体对个体的构成性理解实际上就是对自我存在的双重关注,首先关注的是主体到底是谁,在何种意义上是自我,何种具体的语境让主体确证了自我,共同体的生活形式可以为个体的存在提供一个更为紧密有序的公共语境,在这种语境中,行为者能够"根据家谱、社会空间、社会地位和功能的地势、我所爱的与我关系密切的人,关键地还有在其中我最重要的规定关系得以出现的道德和精神方向感来具体地判定自己是谁。其次就是我在共同体中不是一成不变的自我,我将去向何方,我将成为什么的样子,我要过什么样的好的生活? 这些是开放的共同体对人的持续的构成性的历史性理解,只有在这样一个发展的过程中自我才确证了自身本质,并不断生成自身本质形成自我认同及自我存在的意义和价值感。任何个体想要探询其人性,必须要拥有一个具有意义特征的地平线,这个地平线只能由群体或者文化的归属感提供"①。但是作为构成性的共同体的善的表达面对的困境就是多元主义价值善的难以表达的现象和由此产生的多元差异,对于这个问题泰勒吸收和借鉴了伽达默尔哲学解释学的视域融合理论。多元文化的碰撞、多元文化平等差异性尊重中的融合,是解决人类面临的全球性问题的现实需要,视域融合下的共同体价值和意义的重建,才能让理性的人能够重新回归追求美好生活的城邦家园。

三、基于诠释性政治主体的政治实践模式的构建

(一)基于主体间性的承认政治模式

1. 主体间性实践逻辑的阐释
泰勒政治哲学构成性自我主体和建立在主体间性基础上的阐释不仅具

---

① Charles Taylor, *Reconciling the Solitudes. Essays on Canadian Federalism and Nationalism*, Mc Gill – Queen's University Press, 1993, p. 46.

有自身独特的理论论证逻辑,更具有社会政治实践的价值。在哲学论证的基础上,泰勒提出了建立在构成性自我观念基础上的承认政治模式。在承认的政治理论中,泰勒把构成性自我的价值实现放在了重要的地位。"我如何生活,这与什么样的生活值得过有关;或者什么样的生活能实现蕴含在我特殊才能中的希望;或以我的天资要求成为某种人的责任;或形成丰富而又有意义的生活。"①也就是说泰勒把个人价值中对美好生活的理解和向往包涵于政治生活和政治体制之中,内在于对构成性自我的理解之中。这种理解既是对传统的传承,同时更是超越。在传统社会之中,对美好生活的理解和向往问题并不是一个需要质疑和批判反驳的问题,在特定的时间范围、地域环境范围内,会有一种普世的价值体系和人们认同的意义框架。这种意义框架在不同的历史文化阶段和背景中有不同的表现形式,可以是柏拉图哲学中的等级观念,抑或是亚里士多德哲学当中的纯形式,或者是基督教传统中的天启观念,或者儒家的天人合一观念等不同的表现方式。泰勒在承认的政治模式中强化构成性自我对美好生活的价值最主要的是在现代多元价值背景下,如何尊重文化差异性与多元性,还不泯灭文化平等的价值诉求,更好地使个体价值得以在共同体中构成和实现。

2. 普遍主义政治与差异政治的分化

泰勒的承认政治的提出是与自由主义思想外化实践之中的两种政治模式的反思与对应的基础上的。这两种政治模式分别是普遍主义政治和差异政治,这两种政治模式是具有矛盾和张力的两种模式。对这两种政治模式的研究需要深入其内在的思想逻辑,泰勒对其理论的根基进行了深入的探究。二者虽然理论根基有所差异,但是整体都是建立在普遍主义的理论基础之上的。普遍主义政治理论的基础原则是普遍的尊严,建立在先验的、抽象的主体自我基础上的。在这一理论基础上,在政治实践中强调具有普适性的公民观念,在社会中的每个公民都享有平等的尊严,这种平等的尊严主要指公民的个体权利和平等的公民资格。差异政治理论原则是每个个体独特的认同。差异政治更加注重强调个体的独特性,首先的是保障和尊重个

---

① ［加拿大］查尔斯·泰勒:《自我的根源:现代认同的形式》,韩震等译,译林出版社,2001 年,第 17 页。

体的权利,社会制度考量和运行的基础是个体权利独特性的实现,要对个体实现区别和差异性的对待,从而实现实质的平等。

这两种政治理论虽然宏观上建立的基础都是普遍主义,但在实践的运行中侧重的点却差异性很大,二者之间有很大的矛盾和张力。"前者指责后者违背了非歧视性原则。后者对前者的指责是,它将人们强行纳入一个对他们来说是虚假的同质性模式之中,从而否定了他们独特的认同。"①也就是说,在普遍主义政治之中所认同的普遍性尊严和无差异的原则,在客观上放弃了自我的独特性,尤其是作为构成性自我的实质善的观念,这种对不同文化价值和传统之中的善观念的同一化和统一化,结论和实践之中必然产生文化霸权主义倾向;差异政治所遵循的个体尊严优先性,确实在一定程度保障了个体权利和价值的实现,但是忽略所生存的共同体的价值,就会忽略共同的道德和视域地平线,最终在政治实践之中很难达成共识。

3. 视域融合视域下承认的政治实践模式

泰勒的分析和批判建立在普遍主义基础上的两种自由主义政治模式的基础上,创造性地提出了承认的政治实践模式。这种政治模式的建立首先是建立在诠释性政治主体的基础上。泰勒认为,在共同体中有不同的政治主体,不同的政治主体作为有意义的自我与他者在共同体之中通过语言形成对话沟通,使得相互承认和认同得以可能。在哲学理论的基础上为政治实践提供了根基,但是在社会政治实践之中的承认和认同则更为具体和复杂。正因为这种复杂性和差异性,才更有必要和价值建立起平等的话语机制,政治上的认同只有通过对彼此的相互承认才能得以实现。这就要求面对不同的文化差异,在客观上要建立起一个"视域融合"的地平线,在这里泰勒借用了伽达默尔的"视域融合"概念范畴。在这个"视域融合"的地平线中不同文化之间的差异性能够得到尊重,在尊重文化差异基础上的承认是建立承认政治的逻辑在先的价值判断标准和基石。这种视域地平线不是先验的普遍性原则,是建立在对话和交流基础上的,在一定程度上超越各自的历史个体独特性和差异性,形成视域的包容。泰勒建立在构成性自我基础上

---

① ［加拿大］查尔斯·泰勒:《承认的政治》,载董之林、陈燕谷译,汪晖、陈燕谷主编:《文化与公共性》,生活·读书·新知三联书店,2005 年,第 321 页。

的承认的政治既克服了普遍主义政治对个体差异的抹杀，又超越了差异政治中普遍原则的难以建立的悖论。

（二）自主联合共同体的政治实践构建

共同体及其存在的价值和意义的重建，需要在政治实践中得以体现，泰勒所倡导的共同体意义的实践不同于早期的社群主义者主要从基础的家庭、社区和族群等共同体的重建为主体，泰勒呼吁的是更加深刻的，社会性质更强的共同体的重建。这一重建的关键是搭建起个体自我与国家之间相互认同和承认的桥梁，具有这个功能和价值的共同体直接指向了市民社会。

1. 市民社会共同体的传统与现代意蕴转化

泰勒政治哲学最为显著的特征就是通过思想史的梳理探索每个范畴、每个理论的源流，尤其是探索每个范畴在思想史和政治社会发展史中如何演变为今天的政治社会当中的某种状态或者形态。在这个演变转换的过程中哪些因素是积极的被淹没的，并且在今天依旧起着重要的作用和价值的，这是能够挽救现代性政治危机和社会危机的一种历史文化性的探索和研究。泰勒对市民社会发展的渊源的探索主要沿着社会与国家之间的关系作为核心。市民社会这个政治哲学的范畴，伴随着历史和社会的发展而不断转换、发展和丰富着自身的内涵。古希腊和古罗马的社会与国家之间的关系是同一的，社会是由国家政治予以规定，这种同一性的有益之处就是政策的通畅性，但是存在的问题就是市民没有任何力量能够改变和对抗强大的国家的公共决策的空间；中世纪的社会和国家是分离的，社会不是由国家政治所界定的，在社会中教会成为一个独立的社会组织，这就产生了具有基督教信仰的市民存在于世俗和宗教两重权威之中，这样会产生两种倾向，一种是将国家政治与社会共同体有机联合起来，另一种是树立世俗社会政治中君主的绝对权威，社会的存在必须在政治权利的掌管之下。

泰勒从中世纪的社会相对于国家的独立性上看到了现代民主社会中的积极因素，但是这种因素并没有直接转入现代社会民主政治之中。在历史发展的过程中，洛克对社会与国家的理解起到了一种承上启下的作用和价值。泰勒认为洛克的理解仍然停留在传统的意义阐明市民社会和国家的关系,但是这种阐释却在客观上为下一个时代的思想家对市民社会的理解奠定了基础。泰勒的评价是客观而中肯的,洛克在社会与国家的关系上坚持的一个前提是信任,他基于自然法观念,认为在自然法的组织下,在国家之前人们形成了社会共同体,社会先于国家而存在,然后在社会中形成了实体的政府,政府被赋予至高无上的权威,政府是被社会所赋予的一种信任和委托的关系中存在,但是事实上这就意味着二者又形成了传统社会的一致性,社会又称为政府所庇护的政治性质的共同体。在市民社会的理解上,另一个对泰勒起到重要启发和影响的哲学家就是孟德斯鸠,孟德斯鸠对社会的理解保留了传统社会中国家与社会具有整体性的理解,只是以法律对个体权利以鲜明的地位来保障自由不受国家的强制性侵犯。泰勒评价他是以一个古人的思维模式去探讨现代社会及自由问题。

2. 市民社会共同体重构的自主联合社会参与特质

泰勒市民社会重构的实践建构有其深刻的现实政治实践背景,主要是基于经济全球化一体化的现代社会中,不同的社会和国家共同体之间呈现出共同体价值显著弱化甚至几近丧失的现状;另外一个背景就是东欧社会主义国家解体后,在社会改革中社团网络建立的启发,最为关键的就是不同共同体之间面对人类共同的经济发展、文化交融、环境保护和人类生命健康安全等共同问题,客观上需要各个不同的区域寻求建立一种独立于国家的共同体,一种自主联合的社团网络,在这个社团网络中面对共同的问题可以对国家的公共政策产生影响。泰勒在历史传统与现代之间,在国家与市民社会之间,探寻了一条在实践中构建共同体的路径,那就是重建市民社会。泰勒从市民社会存在的现实性和市民社会存在的公共参与性多维阐释了市民社会的意义,"(1)在一种最起码的意义上,市民社会存在于不是处于国家权力监护之下的自由社团的地方。(2)在一种较强的意义上,市民社会存在于作为整体的社会通过这样的自由社团来组织自身并协调自身行动的地方。(3)作为第二种意义的替代或补充,只要各种社团的整体能举足轻重地决定或改变国家政策的进程,我们就能谈论市民社会。"①

泰勒提出的自主联合共同体,突出的特点就是将看似矛盾却又紧密相

① Charles Taylo, *Philosophical Arguments*, Harvard University Press, 1995.

关的两个议题放在一起,也就是说泰勒将个体自由权利的实现与社会自由权利的保障统一起来,泰勒所强调重构的共同体是具有善价值支撑的共同体,是个体存在于其中并且具有社会参与性质的共同体。在自主联合共同体中,必须要构建一个具有平等资格的人民为主体的共同体,在共同体中能够实现人民自治和人民主权。对于人民主权的理念,泰勒强调人民自主形成的特质,这种形成不是一种偶然性的人员的拼凑,而是具有真正的共同价值基础的人,自主自愿形成的一种坚实的具有价值支撑的共同体。人民主权意味着人民在社会共同体中能够自主表达自己的意见,这些意见是发自自己内在的理性的声音。要形成自身理性的自主与自治对主体人具有一定的条件要求,个体首先一定要了解自身不是孤立的个体,而是作为共同体的一个重要的组成部分;作为共同体成员都具有共同的目的和价值取向;基于这样共同的目的形成主体间性的彼此能够倾听的关系。

3. 市民社会共同体重构的共同价值支撑

自主联合共同体合法稳定性的来源是共同体内部的共识,成员之间能够彼此倾听各自的声音,彼此承担对共同体共同的义务,义务感来自共同体内部共同的价值和彼此承认的需求,在这种共享为彼此承担义务的过程中形成的共享意识和共享价值目标就奠定了社会共同体的坚实基础,也为人民主权的自治奠定了稳定的合法性基础。在共享意识中形成的共同体的核心价值成为成员彼此互信和对共同体信任的内在核心凝聚力,泰勒将这种凝聚力称作爱国主义认同,泰勒强调在非极权主义的政体中才能形成自主、自由、自发的爱国主义认同,正是因为这种爱国主义的凝集,让公民能够积极去参与公共事务,在公共事务管理中占据话语表达权和维护自身利益的权利。这里的爱国主义是个体保持自身本真性和独特性,在构成性的共同体中形成的对共同体的认同,对共同体价值的承认。泰勒所坚持的爱国主义认同不是被强制或者齐一性教化的爱国主义,而是一种自发、自愿和平等的基础上公民对社会能够做出的强势评价和认同,这种认同蕴含着价值基础,尤其是对共同体的整体信念价值基础的认同,用泰勒的表达就是"围绕共同善的强烈的公民认同"①。这里的爱国主义排除了被教化和强制的集权政治的爱国主义。"爱国主义是对以特定价值为基础建构而成的历史共同体的共同认同。这些价值是极为不同的,而且在不自由的社会之中也当然可以存在爱国主义,例如以种族或血缘纽带为基础建构的社会,以及在像法西斯主义这样的专制社会中也发现了爱国主义的表达或者如在沙皇和布尔什维克统治下的俄国的爱国主义,这种爱国主义过去和现在都是与独裁统治相联系。"②泰勒强调的爱国主义是与文化共同体直接相关联,是建立在价值认同的基础和前提下。

但是这种构建方式同时也受到了学界的质疑。认为泰勒强调的市民社会的解决方案,同自由主义对共同体的理解一样具有严重的理论缺陷,认为在现代社会发生的时代变化,尤其是个体自由理念、政教分离等自由主义新理念背景的出现,回归到传统的市民社会构建一种实质的善已经不符合现代社会多元文化共存的现状。尤其是现代社会发展过程中伴随个体独立意识的出现和增强,个人领域与公共领域,政治领域与道德领域的界限越来越明显,实质的构成性的整体善存在对多元文化和多元个体的压制和侵袭。这种对泰勒市民社会思想的理解,是基于对泰勒共同善的价值观念的质疑,泰勒的共同善的价值不会构成对个体自由的压制,泰勒更不是对传统社会和传统市民社会的简单回归。泰勒阐释的是市民社会存在的客观条件和现实性是毫无问题的,主要是市民社会存在的价值体现,既然作为社会成员的自主联合的共同体,其社会性和社会公共参与性是在现代社会并未得以发挥和保障,并且在市民社会重构中能够得以实现的目标。

尹金萍(梧州学院)

---

① Charles Taylor, Cross – Purposes: The Liberal – Communitarian Debate, in *Philosophical Aiguments*, Harvard University Press, 1995, p. 194.

② Charles Taylor, Cross – Purposes: The Liberal – Communitarian Debate, in *Philosophical Aiguments*, Harvard University Press, 1995, p. 199.

道德公理、语境主义与唯物史观的兼容[*]

——凯·尼尔森对马克思道德观的解读及其局限

　　自20世纪七八十年代以来，马克思道德观就成为英美学术界尤其是马克思主义学者争论的热点，稍后国内学术界也卷入其中。争论的焦点缘于马克思的所谓"道德悖论"：[①]即一方面对作为意识形态的道德进行猛烈的批

---

　　[*]　本文已发表于《广东社会科学》，2023年第2期。

　　[①]　最早提出马克思思想中存在"道德悖论"的可能是第二国际的伯恩斯坦，当时第二国际不同派别的理论家曾展开一场关于马克思主义是作为科学还是作为伦理的争论。参与论争的伯恩斯坦自称他发现马克思思想中的一个巨大矛盾：一方面，马克思避免直接诉诸道德动机，反对从伦理原则推出社会主义；另一方面，在马克思著作中又有很多批判资本主义剥削为不道德的价值判断。（参见［德］爱德华·伯恩斯坦：《社会主义的历史和理论》，马元德等译，东方出版社，1989年，第238~240页。这可视为"道德悖论"的最初由来。后来美国斯坦福大学教授艾伦·伍德于1972年发表《马克思对正义的批判》一文，文中指出马克思恩格斯主张中存在一个正义悖论，即他们一方面严厉批判资本主义制度的不公正，另一方面反对当时一些社会主义思想家的正义理论。（Allen W. Wood, The Marxian Critique of Justice, *Philosophy Public Affairs*, Vol. 1, No. 3, pp. 244 – 282.）1981年威廉·肖指出："我所关注的是这样一个问题，即历史唯物主义者的道德观念是否与马克思主义者主张他们自己的价值判断之有效性相兼容。"（William Shaw, Marxism and Moral Objectivity, *Canadian Journal of Philosophy Supplementary*, Vol. 7, pp. 19 – 44.）史蒂文·卢克斯在《马克思主义与道德》一书中把这个悖论称之为"似是而非的矛盾"，并尝试用区分"法权的道德"和"解放的道德"来化解它。（参见［德］史蒂文·卢克斯：《马克思主义与道德》，袁聚录译，高等教育出版社，2010年，第1页。）到1990年，R. G. 佩弗在普林斯顿大学出版《马克思主义、道德与社会正义》一书中又指出："在马克思的思想（以及普遍对马克思主义来讲）中有一个悖论，虽然他的著作富于道德判断（也就是，基于对人类的疾苦与福祉关注之上的称赞、谴责、对策等），但同时这些思想中包含着道德是意识形态（morality is ideology）这种主张，或者与其稍有差异的类似主张——道德是意识形态的（morality is ideological）。"（参见［美］佩弗：《马克思主义、道德与社会正义》，吕梁山等译，高等教育出版社，2010年，第253页。）1985年，英国教授诺曼·杰拉斯称：一方面马克思否认自己对任何"理性"和"价值"的沉迷，因而对规范和价值术语表现出不耐烦与拒斥；另一方面，他的论述中却充满了对资本主义的"道德评价"和对未来新社会的"道德承诺"。他把这称之为"马克思反对马克思"。（Norman Geras, The Controversy about Marx and Justice, *New Left Review*, No. 150, pp. 47 – 85.）

判;另一方面又对资本主义或不人道的现象作出严厉的道德谴责。① 围绕着这一问题,持马克思主义道德主义观点和持马克思非道德主义(或反道德主义)观点的两派展开了长期而激烈的论争。② 甚至有学者把历史唯物主义视域下的"道德合法性问题"定为马克思主义伦理学的"初始问题",认为"这是马克思主义伦理学能否作为一门真正的学问、能否作为一种合法的道德知识类型得以成立而必须首先回答的问题"③。从而也关系到其"道德悖论"可解或不可解的问题。④ 加拿大著名学者凯·尼尔森也是这场论争的积极参与者,他基本认可马克思主义与道德相兼容的立场,为此写了《马克思主义与道德观念——道德、意识形态与历史唯物主义》一书,把这个悖论归纳为:"马克思和马克思主义者看起来似乎在拒斥道德的同时,又在批判资本主义的过程中深深地诉诸道德。"⑤对此,声称他的目的就是要仔细追溯这两条常常是十分复杂的推理线索,解决马克思思想中的紧张,证明马克思主义能够在强调道德是意识形态的同时依然前后一致地(并且从一种道德观念出发)批判资本主义而捍卫社会主义,因此"无须挑战马克思主义理论和实践的正统概念就能表明其实这里并无冲突"⑥。有鉴于此,本文将梳理评价凯·尼尔森是如何化解二者的紧张并以他的语境主义的客观主义理论视角

---

① 《共产党宣言》宣称:"共产主义要废除永恒真理,它要废除宗教、道德,而不是加以革新。"恩格斯也指出:"共产主义者根本不进行道德说教。"但在《黑格尔法哲学批判导言》中,马克思又提出"人是人的最高本质"这一价值判断,他在批判资本主义对人的"异化"时不断使用"非人""非人化"之类的道德评价。在马克思恩格斯思想已经成熟的 19 世纪 60 年代中英第二次鸦片战争期间,他们还强烈谴责英国侵略中国是"极端不义的战争","摧残人命和败坏道德"。这些被认为是马克思恩格斯承认道德观念的例证。

② 也有学者认为可分为三派,即马克思非道德论、马克思道德论和有限相对主义,并把凯·尼尔森归为有限相对主义一派。参见魏传光:《马克思道德理论与现实》,社会科学文献出版社,2020 年,第 3～4 页。笔者认为凯·尼尔森是可以归入马克思道德论一派的。

③ 李义天:《马克思道德论的"真"与"实"》,参见魏传光:《马克思道德理论与现实》,社会科学文献出版社,2020 年,序言。

④ 一般说,正义与道德均是构建社会合理秩序的重要价值,但二者又属于不同的层面:道德是构成人伦秩序层面的价值,但正义是在最高层面统摄社会"诸价值的价值"(迈克尔·J. 桑德尔语)。故马克思"道德悖论"又与"正义悖论"有关,如凯·尼尔森文章标题——《正义之争:马克思主义的非道德主义与道德主义》所揭示的那样,道德之争与正义之争是相关联的,参与这两场争论的大体上也是同一批人。参见曹玉涛:《分析马克思主义的正义论研究》,人民出版社,2010 年,第 61～62 页。

⑤⑥ [加拿大]凯·尼尔森:《马克思主义与道德观念——道德、意识形态与历史唯物主义》,李义天译,人民出版社,2014 年,第 2 页。

来捍卫马克思道德观的。

一、问题的提出：道德悖论的分歧及其疏解

国内学术界一般认为，有关马克思道德观的争论始于 20 世纪 70 年代，但凯·尼尔森对这个问题的论争历史追溯得更远。在他看来，对马克思主义与道德观的不同解读早在 20 世纪初就已出现，第一阶段的核心人物是考茨基、普列汉诺夫和伯恩斯坦、福尔伦德。考茨基和普列汉诺夫拒绝把社会主义建立在道德哲学和道德基础之上，坚持认为道德理想和道德义愤在科学社会主义中是找不到的，对于马克思主义的社会理论来说，揭示现代社会发展的经济规律已经足够了。① 普列汉诺夫也认为，没有必要为参加一种肯定要胜利的运动提供道德的理由，因为"它是由'必然'决定了的"②，然而第二国际的伯恩斯坦和福尔伦德则持反对态度，福尔伦德主张，"社会主义不可能建立在一种客观的、在规范层面上具有中立性的社会科学之上，也不可能仅仅建立在政治实践之上，而是必须奠基于一套特定的社会主义价值和一种马克思主义的道德理论"③。福尔伦德还说："恰恰因为马克思主义……作为社会历史理论必然排除伦理观，因此，按照我们的观点，考虑这种补充的观点对社会主义的基础和对她的证实是更为重要的。"④但福尔伦德这一理由似乎混淆了马克思主义是否排除伦理观和马克思主义是否需要伦理观这两个不同层面的问题。

这场争论的第二阶段代表认为是奥地利学者马克斯·阿德勒、奥托·鲍威尔和卢卡奇、戈德曼。阿德勒们站在"正统马克思主义"一边，拒绝为社会主义谋求道德基础的任何尝试。阿德勒强调马克思主义是一种社会学知识体系，它把社会主义建立在有关社会生活进程的因果性知识上。"社会主

---

① 参见[加拿大]凯·尼尔森：《马克思主义与道德观念——道德、意识形态与历史唯物主义》，李义天译，人民出版社，2014 年，第 36 页。

② [俄]普列汉诺夫：《马克思主义基本问题》，列夫译，社会科学研究社，1949 年，第 116 页。

③ [加拿大]凯·尼尔森：《马克思主义与道德观念——道德、意识形态与历史唯物主义》，李义天译，人民出版社，2014 年，第 36 页。

④ kurt Vorlander, *Kant and Marx*, Tubingen, 1926, p.431.

义将实现,不是因为它得到了一种伦理观念的证明,而是因为它是因果进程的结果。"①鲍威尔也反对"一些修正主义者把康德实践理性的原则引入对社会主义的证明的企图"②。但卢卡奇和戈德曼则指出,那种仅仅把马克思主义当作社会科学而无其他(价值评判)的观点是没有根据的二元论,马克思相信,社会理论与社会批判相辅相成;在任何恰当的社会理论中,理解、解释和评价紧密联系在一起,以至于包括道德判断在内的价值判断(它们只能存在于具有丰富的阐释—解释性的描述话语之中)都不是独立存在或与事实无关的。他们认为福尔伦德和伯恩斯坦、考茨基和普列汉诺夫,阿德勒和鲍威尔所犯下的共同错误(而不是马克思和恩格斯所犯下的错误),就是接受了关于事实与价值的康德主义二元论。③ 而事实与价值的关系问题后来又引发了一场能否从"是"中推出"应该"的广泛争论,其焦点就是伦理学是否具有自主性的问题。④

第三阶段就是 20 世纪 70 年代以来,英美学界再次掀起关于马克思道德观的大讨论,一派持马克思与道德兼容论,以科亨、诺曼·杰拉斯、乔·埃尔斯特为代表;另一派持马克思非道德或反道德论,以罗伯特·塔克、艾伦·伍德和理查德·米勒为代表(但前后参与这场论争的人很多)。塔克一派坚持马克思非道德主义可以被树立为马克思研究的一个基本论点。罗伯特·塔克强调提出:"科学社会主义正如它的名字所暗示的在本质上是科学的思想体系,马克思主义……被认为不包含任何道德内容。"⑤艾伦·伍德认为马克思之所以批判资本主义,是基于对社会生产分析的总体批判。马克思所依据的是一种具有"综合理论"特征的历史科学,而非伦理道德。⑥ 米勒则主张:一位坚定的马克思主义者,既然接受了历史唯物主义并且意识到阶级冲

---

① Max Adler, *Kant und der Marxismus*, Berlin, 1925, p.141.

② 转引自[英]史蒂文·卢克斯:《马克思主义与道德》,袁聚录译,高等教育出版社,2009 年,第 18～19 页。

③ 参见[加拿大]凯·尼尔森:《马克思主义与道德观念——道德、意识形态与历史唯物主义》,李义天译,人民出版社,2014 年,第 38、39 页。

④ 凯·尼尔森曾于 1979 年撰文评论过这场争论。参见 Kai Nielsen, On Deriving an Ought from an Is: A Retrospective Look, *The Review of Metaphysics*, Vol. XXXII, No. 3, pp. 487－514.

⑤ Robert C. Tucker, *Philosophy and Myth in Karl Marx*, Cambridge University Press, 1972, p. 12.

⑥ Allen W. Wood, Marx on Right and Justice: A Reply to Husami, *Philosophy and Public Affairs*, Vol. 8, No. 3, pp. 267－295.

突的深刻性和说服力，那么他就会拒绝承认普遍的规范，拒绝承认针对道德观念不偏不倚的评价，拒绝承认人类存在平等。① 但这似乎有立场优先压倒学理分析的嫌疑。与此相反，主张马克思与道德兼容派的 G. A. 科亨认为，在马克思思想体系中有关道德的理论是充满独立且十分必要的，他诉诸超历史的自然权利理论来解读马克思谴责资本主义私有财产为"盗窃"和不正义，所以"这个主题需要道德论证而不需要历史论证"②。杰拉斯也认为马克思并没有囿于法律和传统的道德体系，而是凭借自然权利体系，"发现资本主义社会的利益以及负担的分配在道德上是不可欲的、令人厌恶的"③。其实，科亨、杰拉斯也知道引入自然权利概念来为马克思道德观辩护未必符合马克思的原意，但他们却认为这是马克思主义缺乏自我理解的例证，"无论怎样，马克思主义都怀有强烈的正义信念"④。对此埃尔斯特认为，马克思虽然拒斥权利原则，但他在论证共产主义第一阶段的按劳分配原则的缺陷时，却诉诸共产主义第二阶段的正义原则：按需分配。⑤ 与上述诸位学者不同的是，阿罗诺维奇、布兰克特等人直接把追求人的本质的实现看作马克思道德观的基础。乔治·布兰克特指出："马克思认为……共产主义构成了一个人作为人、作为自身目的而生活于其中的社会。也就是说，马克思伦理学的一个核心特征就是人的尊严、人作为自身目的这一概念。"⑥其实这是一个相当有力的论据，因为如果马克思确实断定资本主义损害了"人作为自身目的"这一前提，又确实坚持认为共产主义是"对人的生命的占有"，和"合乎人性的存在的复归"，⑦那么无论马克思是否大谈道德，这种判断亦可成立。

---

①　参见[加拿大]凯·尼尔森：《马克思主义与道德观念——道德、意识形态与历史唯物主义》，李义天译，人民出版社，2014 年，第 20～21 页。米勒还通过区分道德的善与非道德的善，把道德分为日常生活中的道德和政治中的道德，认为马克思对日常生活中的道德是持赞成态度的，而对政治中的道德则持批评态度(Richard W. Miller, *Analyzing Marx: Morality, Power and History*, Priceton University Press, 1984, pp. 16 – 17。

②　G. A. Cohen, Freedom, Justice and Capitalism, *New Left Review*, No. 126, 1981, p. 15.

③　Norman Geras, The Controversy about Marx and Justice, *New Left Review*, No. 150, p. 60.

④　G. A. Cohen. Freedom, Justice and Capitalism, *New Left Review*. No. 126, 1981, p. 12.

⑤　参见[美]乔恩·埃尔斯特：《理解马克思》，何怀远等译，中国人民大学出版社，2008 年，第 210 页。

⑥　Brenkert. George, Marx and Utilitarianism, *Canadian Journal of Philosophy*, Vol. 5, 1975, p. 428.

⑦　《马克思恩格斯文集》(第一卷)，人民出版社，2009 年，第 186 页。

　　面对这两派的论争,凯·尼尔森宣称自己赞同马克思主义与道德相兼容的观点,但又承认两种观点都不是愚蠢的观点,因为"两者都具有极富洞见并得到精心推理的清晰表述",前者虽缺乏道德视角的人文观点,但绝不是嗜血的现实政治(realpolitik)或玩世不恭的操纵手段的提倡;后者也并非对道德力量报以天真态度,或是对世界的变迁方式报以过于简单的理想主义,它同样强调道德在阶级社会的意识形态功能。① 对马克思道德主义与非道德主义两派理论上的优缺点,凯·尼尔森曾有一个比较公允的评价:"前者的合理处在于揭示正义、道德的阶级属性和意识形态属性,而不足之处在于过度强化马克思主义的阶级利益理论并以之拒斥正义、道德在马克思主义中的作用;而后者则在于挖掘了正义、道德的某种非意识形态性和在批判资本主义中的地位和作用,但却执迷于自然权利。因此,双方应该在较量中相互吸收。"②他认为马克思思想中的所谓道德"悖论"可分为两个层面,第一层面是如何认识马克思著作中的这一悖论,在他看来该悖论不是不可协调的。至于如何疏解这一悖论,凯·尼尔森的思路是:对意识形态概念提供一种解读;并对那种认为道德就是意识形态的主张予以阐释;从而使意识形态概念以及上述主张与任何以为"道德理念只可能具有主观性和迷惑性"的认识论或本体论断言摆脱干系;同时论证历史唯物主义提供了一种能够同语境主义的客观主义相兼容的有关道德社会学的描述。第二层面是马克思主义者是否应该对资本主义展开道德批判并为社会主义的伦理优越性进行道德辩护。他认为两派意见比较一致的是承认马克思至少有意识地拒绝道德主义,拒绝承认一种包括可靠的道德论证和清晰的道德理想在内的各种理念乃是改变世界之主要成因的信念。坚持马克思主义非道德论的一派自不必说,即使是主张道德兼容论的一派也认可马克思主义不会与道德主义的唯心史观相兼容,因此那种把道德功能绝对化的道德主义明显是与唯物史观的基本原理相背离的。但拒斥道德主义与是否承认存在道德观念与道德评价毕竟有所不同,如果有条件地承认社会离不开道德或社会现象需要道

---

　　① 参见[加拿大]凯·尼尔森:《马克思主义与道德观念——道德、意识形态与历史唯物主义》,李义天译,人民出版社,2014年,第4页。

　　② [加拿大]凯·尼尔森:《正义之争——马克思主义的非道德主义和道德主义》,林进平、郭丽丽、梁灼婷译,《马克思主义与现实》,2009年第6期。

德评价还是可以找到学理支撑的。然而如果追问马克思主义是否为道德观念留下空间？两派的分歧就显现出来了：马克思主义与道德不兼容的一派认为，在评价整个生产结构或生产方式时，或是在建构关于如何行动的战略性的政治理由时，马克思拒绝诉诸道德，当代的马克思主义者也应当拒绝诉诸道德，而是要在阶级斗争中密切关注其中所涉及的阶级利益，并搞清楚在特定的历史境遇里什么是可行的，什么又是不可行的。马克思主义与道德相兼容论者虽然也承认阶级利益与阶级斗争的重要性，但又认为马克思也对资本主义展开道德批判并为社会主义提供道德辩护。"对马克思主义者来说，提炼并发展这种批判与辩护乃是至关重要的。"①这对完整理解马克思主义的真精神很有必要，即使在当代仍然有其现实意义。

　　如果我们再进一步分析即可发现这两种观点的根本分歧在于：在社会政治领域是否存在纯粹的经验事实描述而完全排除价值判断？揭示社会发展规律是否可以排除道德？如果仅从经济基础决定上层建筑、社会存在决定社会意识等原理来看，作为阶级社会意识形态的道德确实是必须拒斥的。但拒斥道德仍是有界限的，那就是不能排斥根本价值的存在。对马克思主义而言，"人是人的最高本质"既是它的逻辑起点，也是它的终极诉求，以往的剥削制度全都违背了"人是人的最高本质"这一前提，只有共产主义社会才是实现人的最高本质的社会形式。这正是阿罗诺维奇他们为马克思道德观辩护的依据。社会发展规律推动社会形态不断从低级向高级迈进，即意味着社会进步在不断向这个根本理念靠拢。而且人类社会和自然界不同，社会规律并不像自然规律那样自发地起作用，唯物史观强调它是合规律性与合目的性的统一，就合目的性来说，它需要通过人参与社会实践、改革或革命来实现，这就需要价值批判与舆论动员，如"自由""平等""博爱"就是资产阶级革命反对封建主义的思想动员之利器。如果资本主义被共产主义取代是历史规律使然（与道德无关），那么它本身就是被决定的，对自己的种种问题也就不必承担道义责任，这样一来，受资本主义残酷压迫的无产阶级将失去控诉资本主义的道德依据，无产阶级"革命"也失去了它的社会道义

---

　　① ［加拿大］凯·尼尔森：《马克思主义与道德观念——道德、意识形态与历史唯物主义》，李义天译，人民出版社，2014年，第4页。

价值和动员力量,于是无产阶级将成为宿命论者,在历史规律面前只要听天由命地等待"天国"降临就行了。可见这两种观点不是非此即彼、无法相容的,从生产关系和社会革命的角度看,如果资本主义的压迫与反压迫是客观存在的,它对人的异化是客观存在的,那么道德批判就是不可或缺的。纳赛尔也说:马克思的社会批判理论中有一种不容置疑的伦理成分,"资本主义生产关系的持续存在阻碍了人的可能性的实现,这一点正是马克思对资本主义的伦理诉讼的基础"①。二者不仅是相兼容的,而且是相得益彰的:对资本主义的伦理诉讼可以为革命者推翻资本主义制度提供道义理由,而坚持科学理论则可以为这种革命行动提供客观依据。

二、马克思主义与道德相兼容的内在逻辑

由于凯·尼尔森持有马克思主义与道德可相兼容的观点,因此他给自己规定的使命是,解决马克思主义道德观中的矛盾并表明它们是可以合理赞成的东西。为了论证这些可合理赞成的东西,他梳理出一个诸环节有机联系的逻辑框架:从事实与价值的关系切入,以道德公理为基础,与历史唯物主义相衔接、最终导向一个以语境主义为核心的客观主义的论述体系。

事实与价值的关系是这个问题的逻辑起点。对二者的关系,凯·尼尔森引用卢卡奇一派的观点称,不要试图提供一种缺乏任何道德主张的"干干净净"的社会科学,这种受约束的社会科学既不会拥有广泛的解释力量,也不会拥有社会批判的解放功能。在任何出色的社会理论中,理解、解释和评价都是紧密联系,因而评价判断包括道德判断是不能独立于事实的。② 在卢卡奇们看来,那种仅仅把马克思主义当作社会科学而无其他(价值评价)的观点是没有根据的二元论,这些人犯下的共同错误(而不是马克思恩格斯所犯下的错误)就是接受了关于事实与价值的康德主义二元论。为避免这种错误,凯·尼尔森赞同卢卡奇的主张,并进一步提出一种马克思主义的"事

---

① [美]佩弗:《马克思主义、道德与社会正义》,吕梁山等译,高等教育出版社,2010年,第110页。
② 参见[加拿大]凯·尼尔森:《马克思主义与道德观念——道德、意识形态与历史唯物主义》,李义天译,人民出版社,2014年,第39页。

实-理论"主张,这种主张认为日常生活中有许多相当世俗的价值,它们都是以事实为基础,与人类繁荣和需要的满足等观念相关。马克思关于社会变革如何发生以及阶级力量关系如何变化、什么东西会取而代之的主张,全都向我们提供一种有关事实以及在经验上可能出现的情况的精细描述。他说:"正如我们看到卢卡奇和戈德曼所强调的那样,马克思主义的社会科学也是一种具有批判功能的解放的社会科学",但他的批判,包括它对改造世界的推动作用,是通过如实地说明事实的本来面目并向我们展示人类的可能性是什么而进行的。① 对于拥有相当世俗的道德观念的人们来说,马克思主义的世界图景就是解放。如果这幅图像是真实的,那么所做出的道德评价就站得住脚。马克思主义的事实判断,如果它们是正确的话,就会具有不小的道德相关性。② 他引用威廉·肖的观点,认为马克思的道德观就是一种"道德社会学",它着眼于道德的社会功能,这是建立在事实与价值相关的基础上的。其实,就其批判和解放的社会功能而言,它类似马克思所说的关于"批判的武器"和"武器的批判"的关系:哲学、政治经济学对社会发展规律的揭示虽能被革命家认识而成为"批判的武器",但只有当科学理论被无产阶级大众所接受(即掌握群众)才能转化为"武器的批判",才能形成推翻资本主义制度的社会力量。科学规律与道德正义对群众的感受性是不同的,在社会主义运动中,"如果没有道义上的动力就根本不会出现任何持久的群众行动"③。

那么如何看待马克思关于"道德是彻头彻尾的意识形态"的看法呢?凯·尼尔森这样疏解历史唯物主义和道德意识形态不相兼容的矛盾:其一,并非所有道德和所有意识形式都是意识形态,都是用扭曲的方式反映特定阶级利益的虚幻信念,因为我们不能断言,如果有什么是道德信念,那它一定是意识形态并扭曲了我们的思想(断定从古至今所有人的道德信念皆被扭曲显然不成立),个人或许还有群体可以拥有一些这样的理念或自我观念,它们不隶属于那个社会的公共话语的官方通行版本,也不会明显而直接

---

① 参见[加拿大]凯·尼尔森:《马克思主义与道德观念——道德、意识形态与历史唯物主义》,李义天译,人民出版社,2014年,第42页。

② 同上,第42页。

③ [德]爱德华·伯恩斯坦:《伯恩斯坦文选》,殷叙彝编,人民出版社,2008年,第87页。

受制于国家或阶级控制,甚或完全不受其控制。在马克思的论述中,它们就不是意识形态的。因此存在着一种概念上或认识上的空间,以容纳那些批判性和挑战性的道德概念。① 例如,我们"没有理由认为,马克思把他自己的自我意识形式……他自己的道德信念,以及他最紧密最信任的同道者(包括恩格斯)在这些方面的看法都当成了意识形态的东西"②。这意味着那些拥有非意识形态信念(包括道德信念)的个人或群体能够独立于官方意识形态之外并对该体系提出挑战,反过来也表明,官方意识形态的影响力与控制力是有限的而非绝对的。其二,即使所有意识形态信念都是上层建筑,但不是所有的上层建筑信念都是意识形态,其界线就是具有扭曲性与不具扭曲性。对于后者,他提出一个"道德公理"的概念,③并把该"公理"归纳为:(1)快乐是善。(2)健康是善。(3)自由是善。(4)奴役是恶。(5)受苦是恶。他认为这些信念是"未受蒙蔽的思想",因为它们并不支持任何特定的阶级利益,不一定掩盖社会现实;不一定表达虚假的意识或观念;不一定像意识形态那样依赖于统治阶级的社会理性化;不一定成为表达统治阶级利益或其他阶级利益的信念。他强调,即使在无阶级社会里人们继续保持这些信念仍然是合理的,即使共产主义实现了这些信念都不会消亡。④ 因此,只有当我们承认这些道德信念(指道德公理)可以在意识形态理论之外保持自身的生命力,只有当我们能够对"受到蒙蔽的思想"和"未受蒙蔽的思想"进行概念上的区分,我们才能继续证明大部分的道德思想事实上何以普遍具有意识形

---

① 参见[加拿大]凯·尼尔森:《马克思主义与道德观念——道德、意识形态与历史唯物主义》,李义天译,人民出版社,2014年,第180页。

② [加拿大]凯·尼尔森:《马克思主义与道德观念——道德、意识形态与历史唯物主义》,李义天译,人民出版社,2014年,第151页。

③ 对于"道德公理"的来源,凯·尼尔森认为它形成于启蒙运动之前,经启蒙运动宣传推广,在经历了被马克斯·韦伯称作现代化进程的社会中,人们对这些价值已经形成大量的共识。他把这称之为"道德公理"。他还指出,如果有人想从现代化群体的外部或以某种纯粹思辨的方式来挑战这种共识的正当性,那么除了诉诸在广泛的反思平衡中所呈现的深思熟虑的判断并指出基础主义的不可靠外,我不知道该怎么证明或确立那些道德公理。参见[加拿大]凯·尼尔森:《马克思主义与道德观念——道德、意识形态与历史唯物主义》,李义天译,人民出版社,2014年,第40~41页。

④ 参见[加拿大]凯·尼尔森:《马克思主义与道德观念——道德、意识形态与历史唯物主义》,李义天译,人民出版社,2014年,第44~45页。

态性,但仍有些不属于意识形态。如道德公理就不属于受蒙蔽的思想。① 然而凯·尼尔森坚称,他所说的道德公理不是(马克思恩格斯否定的)永恒道德原则的别称,道德公理属于非意识形态的超历史的道德信念,它适用于一切社会,但不是永恒的道德原则。所谓永恒原则通常是先验的哲学,它必须适用于一切可能世界的一切可能社会而无论人类的本性或需求会变成怎样;但道德公理是经验的常识,它没有作出这种超验的普世的断言,它仅声称适用于这个世界,适用于当前的人类。它只是我们深思熟虑判断中的暂时确定点,并极其牢固地固定在我们深思熟虑的判断之中。② "暂时确定点"看来是指道德判断的具体情境。

因此,凯·尼尔森选择了一个他认为最核心的概念——语境主义,并以融贯论的模式将它同相信存在永恒道德真理或道德原则的信念进行比较,他认为这种语境主义不同于任何形式的相对主义,而是一种极其充分的客观性概念。所谓"语境主义"是这样一个命题:道德要求几乎毫无例外地随语境而发生较大程度的改变。对或错不是由个人、文化或阶级决定的,不是由那些不可名状的正确信念决定的……相反,对或错主要是由人们具有的需求决定的,是由他们能在其中发现自我的客观情境决定的。③ "正是语境中那些明显客观的状况而非我们的思想或文化的信念体系,证明了信念的变迁是正当的。"但这里所谓"人们具有的需求"和"他们能在其中发现自我"中的人们和自我都是些什么人,凯·尼尔森却没有深究。语境主义还承认一种情境好于另一种情境的局面,这种局面至少在原则上能够被身处情境之中的理性人所识别,并在情境能够有所改变的条件下主张改变情境,一般那些适应于客观更优情境的道德信念能够得到应用。④ 而且语境主义绝非任何形式的相对主义,为此他逐一辨析语境主义与各种版本的相对主义的不同:一是对相对主义者来说,是态度,是社会的、阶级的或个人的信念体系,是一组特殊的承诺,或是一个特殊的概念框架,在证明或解释不同的道

---

① 参见[加拿大]凯·尼尔森:《马克思主义与道德观念——道德、意识形态与历史唯物主义》,李义天译,人民出版社,2014年,第47页。

② 同上,第14~15页。

③ 同上,第11页。

④ 同上,第12~13页。

德信念或评价机制；而对语境主义者来说，是一种已然改变的客观情境在证明着改变，客观情境是它与前者的区别。但这里所谓"客观情境"的改变与"社会的、阶级的或个人的信念体系"及时代变迁有何关联似乎需要深入分析。二是对文化相对主义来说，存在一些在根本上彼此冲突的不同的道德信念；而语境主义则认为这些差异，并不是建立在那些客观可见的混乱状况的基础上，而是建立在人们所遭遇的不同情境的基础上，并且会随着情境的趋同而有效地达成一致。但如果"在根本上彼此冲突的不同的道德信念"对文化相对主义来说意味着他们分属不同的文化共同体的话，那么语境主义所谓"随着情境的趋同而有效地达成一致"就显得遥远而不确定了。三是对元伦理相对主义来说，不存在可以用来证明一种道德法则或一套道德判断，优于其他法则或判断的客观可靠的程序；而语境主义则接纳一种用于证明道德主张或道德法则的共同程序，同样的程序可以在客观有别的情境中为一些具有不同内涵的道德主张或道德法则。但对这个"共同程序"究竟是什么，以及它如何在不同的情境中为不同道德主张起到"证明"作用，凯·尼尔森还是语焉不详。四是概念相对主义声称，不同的功能系统包含不可公度的道德信念，这些信念不承认任何针对不同道德法则、道德信念体系或态度状况之比较优势的客观评价。而语境主义则认为，存在着看待世界并在其中行动的正确方式，那些被我们证明为正确或错误的内容通常会随语境的变迁而改变，身处不同语境拥有不同背景的人们，能够就他们在这些不同语境中应当说些什么达成一种反思性的信息充分的共识，所以接受道德进步信念的语境主义要求人们相信一些普遍的超越文化超越历史的道德信念。[①]但"语境"应该有范围限定，若以某种民族文化或某个历史阶段为范围，那么在该范围内是否还有特殊的语境？若以个案的特殊语境为诊断对象，又会模糊道德之民族性历史性与个别性的界限。此外，对不同语境作出不同的行为判断难道不需要价值支撑且排除了"概念—判断—推理"的认识过程？

假设不承认马克思主义者关于"历史唯物主义摧毁了道德支柱"的看法，它又如何与历史唯物主义相兼容呢？历史唯物主义是一种关于道德信

---

① 参见［加拿大］凯·尼尔森：《马克思主义与道德观念——道德、意识形态与历史唯物主义》，李义天译，人民出版社，2014年，第12~13页。

念在社会中何以产生并维系的学说,而马克思主义意识形态学说则解释了道德信念在阶级社会里发生作用的方式,但历史唯物主义并未要求人们承认,如果某个道德信念被社会习俗和统治阶级认为是正确的,那么该信念在这个社会或任何社会都是正确的。它顶多要求人们承认,如果这个道德信念被该社会的统治阶级认为正确,那它在该社会一般就会被认为正确。(凯·尼尔森把这叫作"社会化",它是一种"人类学的观察")它只是一种事实描述,而不是一个价值判断。它可以同否认该信念在那个社会就是正确的看法和谐并存,也可以同一种我们能否决定什么是正确或错误的怀疑主义和谐共存。① 即便历史唯物主义是有关划时代的社会变迁的可靠观点,它也没有瓦解道德客观性的信念,即使"特定的道德观念与那些受历史决定的生产方式的相对适应,并不会表明不能出现一种迈向比以为生产方式更加充分的生产方式的进步","我们可以证明某些规范与资本主义相适应,但依然始终一致地认定资本主义与封建主义相比是个普遍的进步,而它又不如社会主义更加进步"②。因此,历史唯物主义并非僵硬的决定论,"如果社会中的道德观念都像历史唯物主义所理解的那样是被决定的,那么,我们就几乎不可能合理地对某个特定时期的社会应该或不应该是怎样的展开道德评价"③。

在凯·尼尔森看来,"道德主张能够得到客观证明"这一信念可以和"无条件接受历史唯物主义极好地结合起来"④。因为语境主义本身就是一种能与历史唯物主义相兼容的客观主义。在恩格斯看来,历史唯物主义具有一种道德进步的信念,他说:"道德方面也和人类认识的所有其他部门一样,总的说是有过进步的。"⑤道德理念随着生产力的发展,随着我们对世界支配程度的不断加深而从一种生产方式到另一种生产方式的发展,推动了道德进步。例如,在时间 t_1 和语境 X 的情况下,某一道德原则是正确的,在另一时间 t_2 和语境 Y 的情况下,另一道德原则又是正确的。这些判断跨越不同的

---

① 参见[加拿大]凯·尼尔森:《马克思主义与道德观念——道德、意识形态与历史唯物主义》,李义天译,人民出版社,2014 年,第 48 页。

② [加拿大]凯·尼尔森:《马克思主义与道德观念——道德、意识形态与历史唯物主义》,李义天译,人民出版社,2014 年,第 49 页。

③ 同上,第 183 页。

④ 同上,第 5 页。

⑤ 《马克思恩格斯文集》(第九卷),人民出版社,2009 年,第 100 页。

生产方式。历史唯物主义承认从 t_1 到 t_2 到 t_3 之间存在着合理的进步,因此在其他条件不变的情况下,经历这些发展比停留在 t_1 上更好。这种道德理解是语境主义的,它和历史唯物主义是相兼容的。① 因此,必须在道德信念的来源(即它们的理性基础)和正当理由之间作出区分,因为道德信念的因果来源并不损害其有效性:人们拥有道德信念,是由于他们生活于其中的那个社会的特定生产关系,但我们并不因此就得认为,他们的道德信念一定是不可论证的或主观的。正如威廉·肖所指出的:历史唯物主义者不但承认道德标准和方法的多样性,还承认不同的道德标准、方法和规定"对它们各自的社会而言,在它们各自的历史水平上,在功能上都是恰当的,在历史上都是必要的,在社会经济上都是不可避免的。""当且仅当道德标准在功能上是恰当的或必要的,它们就是正当的。(vindicated)"②因为更发达的生产方式能够让更多的人更充分、更平等地满足需要,而在就给我们提供了更好的理由去相信它们在伦理上也是更优越的。所以凯·尼尔森说:历史唯物主义"可以跟一种客观主义的伦理学概念很好地兼容起来。"③但这似乎把问题简单化了,如果我们说经历封建社会的道德进步就比停留在奴隶社会的道德更合理,它也许可以成立;但如果我们说奴隶制比原始社会更发达的生产方式能够让更多的人更充分、更平等地满足需要,因而在伦理上也更优越,那就很难成立了。恩格斯论奴隶制与原始社会相比是一个巨大的进步并不是从道德上立论的,而是从社会分工促进了文化艺术繁荣而言的。

三、凯·尼尔森的道德"兼容论"中的不兼容分析

平心而论,凯·尼尔森关于马克思主义与道德兼容论当然有其可取之处:他提出的"事实-理论"主张及其与道德的内在相关性,比片面强调"唯物

---

① 参见[加拿大]凯·尼尔森:《马克思主义与道德观念——道德、意识形态与历史唯物主义》,李义天译,人民出版社,2014 年,第 51 页。

② William Show. Marxism and Molar Objectivity, in Kai Nielsen and Stenven Patten(eds.), *Marx and Morality*, Guelph, Canadian Association for Publishing in Philosophy, 1981, p. 27.

③ [加拿大]凯·尼尔森:《马克思主义与道德观念——道德、意识形态与历史唯物主义》,李义天译,人民出版社,2014 年,第 173 页。

史观的科学性揭示因果关系就已经够了"的论调更有理据,论证上也更周延,特别是在无产阶级革命运动的实践中更能彰显。他关于有些意识形态和道德信念不支持任何特定的阶级利益,不一定掩盖社会现实;不一定表达虚假的意识的观点,比那种断言所有道德或所有上层建筑信念都是意识形态的主张更客观,因为他指出了例外情况的存在,某些人(如马克思恩格斯)或群体的思想意识就独立于官方意识形态之外。他提出语境主义的解释,比那种宣称"马克思的反道德主义使他在伦理学上陷入了某种相对主义"的观点更充分,因为它承认一种情境好于另一种情境的局面,并看到那些适应于客观更优情境的道德信念更能够得到识别和应用。他根据恩格斯关于道德进步的论述主张更发达的生产方式能够让更多的人更充分、更平等地满足需要,使我们有更好的理由相信它们在伦理上也是更优越的,也比声称"历史唯物主义瓦解道德"说更符合历史主义的方法原则,因为唯物史观的一个重要原则,就是把问题提到一定的历史之内加以考察分析。

应该承认,马克思主义是一个开放的发展的理论体系,如果凯·尼尔森只是对马克思主义的某些具体观点作出学理上的阐释与深化,那是没问题的。但如果他是对马克思主义的一些规范性理论观点作出修正或否定,那就失去作为马克思主义者的理论合法性了,因为规范性的理论观点正是马克思主义的根本标志。那么哪些是马克思主义的规范性理论呢?我们认为,它们大致就是社会存在决定社会意识、生产力决定生产关系、经济基础决定上层建筑(及后者对前者的反作用)、生产资料所有制及其由此派生的剩余价值理论、阶级矛盾和阶级斗争以及社会革命的条件性(如两个"决不会")未来共产主义社会的本质特征等。(当然,在这些规范性理论上还是有当代学者作出新的解读,但由于这些新解读又成为可衍生争议的新问题,故不适合以新解读新争议为基础进行评判,而应该回归到狭义的经典马克思主义这个平台上。)凯·尼尔森虽然也遵循其中的一些观点,但在另一些方面还是不太兼容的。

首先,马克思强调物质生活的生产方式制约着整个社会生活、政治生活和精神生活的过程,恩格斯则批评费尔巴哈的道德论"是为一切时代、一切民族、一切情况而设计出来的,正因为如此,它在任何时候和任何地方都是不适用的"①。但凯·尼尔森坚持认为"无论是马克思还是马克思主义者,都没有革'伦理基础'的命,也没有说道德不能拥有一种理性基础或立足点"②。这意味着他要为马克思主义寻找理性基础或伦理基础,但并未明确指出他发现的伦理基础是什么,如果是他所发现的"道德公理",那么"道德公理"又如何成为马克思主义的伦理基础,他也没有对此详加论证。此外,他所强调的"道德公理"是否成立也值得推敲。按照他的说法,永恒道德必须适用于"一切可能世界的一切可能社会",而道德公理仅仅适用于"这个世界",适用于"当前的人类"。可让我们不解的是,除了地球上"这个世界"外,难道"永恒道德论"者还主张他们的原则也适用于其他世界(如火星人社会),当然没有! 可见就适用对象而言,"这个世界"的限定根本无法把它与"永恒道德"及"道德公理"的适用范围清楚地区别开来。再说,它既然"适用于当前的人类",那就把当前世界的不同民族不同阶级不同宗教不同制度文化的人类全部包括在内了,仅就"到目前为止有文字记载的全部历史都是阶级斗争的历史"这个《共产党宣言》的著名论断而言,马克思主义的阶级立场已经被他取消了。但问题还不只于此,因为凯·尼尔森所谓的"道德公理"不仅是超阶级的,他还一再声称它是"超越文化、超越历史"的,这就更难以与唯物史观相协调,反而更可能向"永恒道德论"靠拢。然而即使限定在"当前的人类"范围内,在不同教徒之间也很难就"通奸的女人该被石头砸死"取得道德公理上的一致。此外,如果道德公理"仅仅适用于当前的人类",又怎能说它"跨历史""跨文化",如果道德公理是超历史跨文化的,它怎么可能只是深思熟虑的道德判断中的"暂时确定点"呢? 然而凯·尼尔森还特别强调,如果我们"没有禁锢于我们文化的种族中心主义里",也"不固执于我们幼稚的全能意识",我们就能在文化内部就我们自己的信念和他人的信念进行比较和对照,也能在文化之间进行类似的比较和对照,这样就能够跨文化地做同样的事。他还非常自信地宣称,通过这种方式,我们将从种族主义的"我们"拓

---

① 《马克思恩格斯文集》(第四卷),人民出版社,2009 年,第 294 页。
② [加拿大]凯·尼尔森:《马克思主义与道德观念——道德、意识形态与历史唯物主义》,李义天译,人民出版社,2014 年,第 2 页。

展到一种更广泛的"我们"，它在理想的情况下将囊括全人类。① 这分明是"普世的"主张了，但冷战后"文明冲突"的烈度已表明事实要比他设想的冷酷得多。

其次，凯·尼尔森所说的"道德公理"既然是超历史超文化的，而他的"语境主义"却不承诺"任何可普遍化的命令"，反而强调"道德要求几乎毫无例外地随语境而发生较大程度的改变"，对或错不是由个人、文化或阶级决定的，"不是由那些不可名状的正确信念决定的"②。可见语境的决定作用是凌驾于阶级和文化之上的。那么问题在于，一是在特定语境的道德价值判断中，民族文化不起决定作用吗？ 二是由于语境主义这一主张又恰好与道德公理相反，那么以子之矛攻自之盾，"语境主义"与"道德公理"如何兼容呢？ 以中国为例，所谓"自由是善""快乐是善""奴役是恶""受苦是恶"等道德公理，在中国传统社会语境中是不灵的。在古代等级名分压迫的礼教环境中，"夫自由一言，真中国历古圣贤之所深畏"③，所谓"上者专制，下者服从"④，"尊压卑也，固其义也"⑤。在这种价值判断下"奴役是恶"已不再成立。"顺上之为，从主之法，虚心而待令而无是非也。故有口不以私言，有目不以私视，而上尽制之。"⑥卑者连自己的感官都没有"私视""私言"的自由权利，这就应了马克思的一句话："使人不成其为人。"此外，在不存在"权利道德"只有"义务道德"的社会环境下，快乐也未必是善，所谓"安贫乐道"是不利于贫穷人而有利于统治者的，所以鲁迅《安贫乐道法》说："劝人安贫乐道是古今治国平天下的大经络"。⑦ 同理，受苦也不再被认为是恶，因为"饿死事极小，失节事极大"；"贫贱忧戚，庸玉汝于成也。存，吾顺事，没，吾宁也"。⑧ 由此可见，不但超民族超文化的"道德公理"难以成立，它与超阶级超

---

① 参见［加拿大］凯·尼尔森：《马克思主义与道德观念——道德、意识形态与历史唯物主义》，李义天译，人民出版社，2014 年，第 16 页。

② ［加拿大］凯·尼尔森：《马克思主义与道德观念——道德、意识形态与历史唯物主义》，李义天译，人民出版社，2014 年，第 11 页。

③ 卢云昆选编：《社会剧变与规范重建——严复文选》，上海远东出版社，1996 年，第 4 页。

④ 《易纬》，新疆人民出版社，2000 年，第 13 页。

⑤ 《春秋繁露·精华》，载《四部精要》（12·子部一），上海古籍出版社，1992 年，第 789 页。

⑥ 《韩非子·有度》，载《诸子集成》(5)，上海书店，1986 年，第 23 页。

⑦ 《鲁迅杂文全集》，河南人民出版社，1994 年，第 686 页。

⑧ 《张子全书·西铭》，商务印书馆，1935 年，第 7 ~ 8 页。

历史的"语境主义"也无法兼容。此外,语境主义把具体语境与道德正当性作线性联系是否恰当我们也不敢苟同,即使在奴隶制的条件下,人们的道德观也不敢说"人殉"对它们的社会而言,在它们各自的历史水平上是恰当的、必要的或不可避免的。孔子曾抨击"始作俑者,其无后乎?"①"人俑"尚且不道德,何况"人殉"。凯·尼尔森自己说过,对"道德公理"的归纳是以西方社会启蒙运动以来的情况为依据的,既然它是西方的而非世界的,故其普遍性不够,解释力也有欠缺。

再次,即使在一个民族文化共同体内部,语境主义还是有问题的,且不说它不适用于不同种族的"我们",即使在同一种族内部,这个"我们"也大有文章。再以中国古代为例,孔子所倡的"己所不欲,勿施于人"这个公认的黄金道德律,便不适用于礼教名分语境中的尊卑关系,而尊卑二元结构正是礼教社会人伦关系——君尊臣卑、父尊子卑、夫尊妇卑、嫡尊庶卑、长尊幼卑、上尊下卑、官尊民卑等——的主轴和原则。按照凯·尼尔森的说法,在特定语境中,道德上的"对或错主要是由人们具有的需求决定的,是由他们能在其中发现自我的客观情境决定的"②。然而古代上述情况与其说是特定的语境,不如说是特殊的群体,是占据政治统治权、社会主导权和道德话语权的一方,是可按自己"具有的需求"行使"己所不欲,可施于人"的权力过程中"发现自我"的尊者。因为社会通行的逻辑是"君可以不仁,臣不可以不忠","父可以不慈,子不可以不孝"……更需指出的是,尊卑压迫并非阶级统治,因为名分贯穿于各阶级阶层,"虽负贩者,必有尊也"。也就是说,该语境中的道德仍然不具普遍主义道德的品格,而是特殊主义道德。

最后,凯·尼尔森也申明,他的语境主义的道德兼容论不仅是融贯论,而且是可错论。所谓融贯论就是借鉴罗尔斯的反思平衡法将一组道德判断、事实信念、背景、社会的和其他相关的经验理论,以及关于道德的功能和重要性的概念整合为一套前后一致且条理分明的看法,通过这种融贯的表述而与我们反思性的道德敏感,以及关于世界是什么样和能够变成什么样

① 《孟子·梁惠王上》,载《诸子集成》(1),上海书店,1986年,第38页。
② [加拿大]凯·尼尔森:《马克思主义与道德观念——道德、意识形态与历史唯物主义》,李义天译,人民出版社,2014年,第11页。

的信念相匹配。这就是他所说的融贯论。由于世界上并不存在一种非历史的关于纯粹实践合理性的"阿基米德点"，所以他不能先验地保证我们将在广泛的反思平衡中达成共识，但同样也没有什么能够保证我们必将不会达成此类共识。也就是说它还是可错论，而不是无可置疑的真理。

四、余论

然而如果我们不停留在仅仅评论凯·尼尔森的马克思道德观研究的层面上，还可以看到，对马克思道德观的争论在学术上就是一个经典释读的问题，它会延伸出某些带有普遍性的问题。例如从凯·尼尔森主张的合理性与局限性，可推及与凯·尼尔森一样持有马克思主义与道德兼容论的其他伙伴观点可能存在的合理性与局限性，再推及与他们完全相反的持道德不兼容观点的阵营同样存在着观点的合理性与局限性，对这些见仁见智、莫衷一是的争论如果要得到恰当的疏解与评价，还需要把它们放到更广阔的讨论平台上加以审视，以便在一些原则上取得最基本的共识。对此，笔者以为西方的哲学解释学对经典的理解及其解释的方法对我们有一定的启发。

众所周知，解释学早期代表施莱尔马赫说过："诠释者对作者的理解，应该胜于作者对自己的理解。"① 被王安石称为"断烂朝报"的《五经》作者决不会料到他们留下的记载会成为后世的经典。而后世诠释者越多，就越胜于或异于原作者的理解。为什么会这样呢？按照解释学大师海德格尔的说法，经典解释者在解释文本前已存在一个影响其理解的"前结构"（诸如历史文化因素），而他对其解释对象又有一个带主观色彩的"认识预期"，因此该解释就成了自身认识的"前结构"与其"认识预期"之间交互循环。伽达默尔进一步提出要注重理解现象的历史性、主体性和现时性。也就是说经典的作者及其解释者对问题的理解本身受到特定历史条件的限制，后来的解释者又会带着所处时代的问题意识或时代课题去看待经典，而不同解释者即使在同一时代同一传统中，对同一问题也会有不同的解读（如不同的"前结构"和不同的"认识预期"），这就构成了解释者特有的"偏见"与"视界"。当

---

① 黄俊杰编：《中国经典诠释传统（一）：通论篇》，华东师范大学出版社，2008 年，第 328 页。

解释者对经典文本的理解同历史上已有的视界交会,就形成了二者的"视界融合"。中国古人所谓"我注《六经》"与"《六经》注我"其实就是"我"与六经作者之间的"视界融合"。这种情况在深受后学推崇的宗教教主(释迦牟尼、摩西)或学派祖师(孔子、老子)不在人世后,其留下的经典被后学不断解释(有时伴随着学派分化)情况中特别典型。

以中国儒学-经学研究为例,古人虽然不懂解释学也未曾对此作过理论的提炼,但由于经典解释的共通性,却自发存在一些与解释学相契合的现象,且举三点为例:一是历史条件造成解释的多样性。《韩非子·显学》指出:"孔子墨子俱道尧舜,而取舍不同,皆自谓真尧舜,尧舜不复生,将谁使定儒墨之诚乎?"由于尧舜已死无对证,后人的解释当然是异彩纷呈的。孔墨死后,儒分为八,墨分为三,同样无人能定其诚。二是个体因素理解奥义的主观性。刘歆说:"夫子没而微言绝,七十子卒而大义乖。"[①]后学通过对经典作传、笺、注、疏的层层解释,造成解释分化是必然的。所谓"引传文以解经,转相发明"[②],恰似古人自发的解释学,也表明了经典解释正是后学与先贤的视界融合。董仲舒说过:"所闻《诗》无达诂,《易》无达占,《春秋》无达辞,从变从义一以奉人。"[③]要绝对达其意客观上是不可能的,主观上则有可能从变以奉己。三是学术态度引起问题意识的差别性。同样是崇奉先师的徒子徒孙,既有咬文嚼字地作章句注疏之流,严守师法、谨守家法之徒,也有根据时代需要融会贯通地对先师学说作精神把握的通达之人。汉儒的古文经学与今文经学之争便是如此(有时还涉及政治立场的问题)。而这些因素与经典解释的历史性、现时性和主体性有关,也与解释者各自的视界有关。这些都为经典解读留下了广阔空间。

我们由此联想到,信奉经典马克思主义的学者们在解读马克思的理论主张和领会马克思主义的真精神所面临的分歧,与中国古代儒学-经学解释的分化颇有类似之处。从历史条件的限制来看,由于马恩不复生,这同样有一个难定后学之诚的问题。但只要不是僵化的教条主义者,对这个问题的

---

① (汉)班固:《汉书·刘歆传》,岳麓书社,1993年,第867页。
② 同上,第866页。
③ (汉)董仲舒:《春秋繁露·天人三策》,岳麓书社,1997年,第48页。

争议并不大。如孔子既有"祖述尧舜"的根源守护,也有"宪章文武"的现实需求。而随着时代的变化与学术的发展,后者的重要性将逐渐加强。就马克思主义来说,在20世纪的西方,宗师马克思的队伍对马克思主义的多元解释已分化出黑格尔主义的马克思主义、弗洛伊德主义的马克思主义、存在主义的马克思主义、新实证主义的马克思主义、结构主义的马克思主义等流派。在分析的马克思主义学派内部,在马克思的正义观、道德观问题上,也出现聚讼纷纭的局面。这种情况又与理解经典奥义本身的不确定性有关。无论是篇幅短小的古代经典,还是卷帙浩繁的近现代经典,都不可能清晰地明白无误地穷尽所有问题,马克思恩格斯的经典著作也是如此。所谓"经典不说话,除非我们发问"①,即隐含着经典的奥义是通过"我们"的"发问"(即我们的问题意识和认识预期)被发掘的。但由于各人各派的阐发都可能存在各自的视界"偏见",所以他人又是可以质疑、反驳及转相发明的。尽管各人各方的学术态度会有所不同,但给经典以最好的解读则是大家共同的愿望(这与学术观点不同无关),这就使大家可以在哲学解释学的框架内找到最大公约数。如对马克思主义者来说,绝对忠实于马克思的既有论述有无必要? 有无可能? 是咬文嚼字地纠缠于马克思的片言只语,还是融会贯通地着眼于马克思的思想脉络? 对马克思主义的守护与继承是墨守成规还是与时俱进? 现代社会乃至未来社会是否有可能实现"去道德化"?(对中国学者来说马克思道德理论是否得到确证还有自身的关切:它对当前中国社会的道德建设意义何在?)其实这些问题的答案是比较明显的,因为马克思主义的真精神就是批判精神;唯物辩证法不承认任何绝对的一成不变的东西。罗尼·佩弗在分析马克思道德观的时代局限时指出,在马克思那个时代道德研究尚未成熟,对道德话语的运用还缺乏严格的概念意识与学科体系。只是到20世纪中后期,哲学家才开始搞明白道德的本质,元伦理学才发展起来。② 这就比较客观,且无损于马克思的伟大形象。因此只要学者们在上述问题上有一定共识,就可以在这个平台上展开有益争论。在如何理解

---

① 黄俊杰编:《中国经典诠释传统(一):通论篇》,华东师范大学出版社,2008年,第344页。

② 参见[美]佩弗:《马克思主义、道德与社会正义》,吕梁山等译,高等教育出版社,2010年,第277~278页。

马克思正义观与道德观的问题上,艾伦·伍德提出一个"负责任的解释实践",它包括:(1)文本事实,(2)能够基于文本之上的解释,(3)与文本相符合的思维上的延伸。但也看到三者的区分"通常没有明显的界线"。罗尼·佩弗在如何认识马克思道德观的问题上虽然与艾伦·伍德观点相左,但仍表示同意伍德的主张,并把第三种情况(即与文本相符合的思维上的延伸)作为他"理性的重建"马克思道德观的依据。① 其实,只要不同学者能按照上述三点解读马克思主义经典,就能实现解释学意义上的历史性、现时性和主体性的统一;只要大家像凯·尼尔森那样在表达自身观点的同时又承认它还是"可错论",马克思主义道德观研究就会有繁荣的前景。

赵　威(华侨大学)

---

① 参见[美]佩弗:《马克思主义、道德与社会正义》,吕梁山等译,高等教育出版社,2010年,第2页。